니체(1844~1900)

▲본 대학교
니체는 이 대학에서 신학·고전 문헌학을 공부하다가 리츨 교수를 따라 라이프치히 대학으로 옮긴다. 뒤에 리츨 교수의 추천으로 바젤 대학교 교수가 된다.

◀알브레히트 리츨 교수

▼1867년 포병연대 입대, 1870년 프랑스–프로이센 전쟁, 위생병으로 지원 종군

Albrecht Ritschl, † am 20. März.

쇼펜하우어(1788~1860) 니체는 라이프치히의 어느 헌책방에서 쇼펜하우어 저서를 발견하고 세계와 인생, 자아를 만나게 된다. "…여기에서 나는 세계와 인생, 그리고 나 자신의 본성이 소름끼치도록 비치고 있는 거울을 보았다…"(니체 '라이프치히에서 보낸 2년에 대한 회고')

니체가 마지막 3년 동안 살던 집 독일, 바이마르

니체가 튜린에 잠시 머물렀던 때의 집(오른쪽 건물)

리하르트 바그너(1813~1883) 1868년 바그너의 〈트리스탄과 이졸데〉와 〈뉘른베르크의 명가수〉 전주곡을 들은 뒤 니체는 바그너의 열렬한 지지자가 된다.

▲'니체의 돌'《차라투스트라는 이렇게 말했다》의 영감을 준 돌

◀니체 초상화 에드바르드 뭉크. 1906.

DIE

GEBURT DER TRAGÖDIE

AUS DEM

GEISTE DER MUSIK.

VON

FRIEDRICH NIETZSCHE,

ORDENTL. PROFESSOR DER CLASSISCHEN PHILOLOGIE AN DER
UNIVERSITÄT BASEL.

LEIPZIG.

VERLAG VON E. W. FRITZSCH.

1872.

《비극의 탄생》(1872) 속표지 바그너에게 헌정한 저서

Die
fröhliche Wissenschaft.
(„la gaya scienza")

Von

FRIEDRICH NIETZSCHE.

Ich wohne in meinem eignen Haus,
Hab Niemandem nie nichts nachgemacht
Und — lachte noch jeden Meister aus,
Der nicht sich selber ausgelacht.

Ueber meiner Hausthür.

Neue Ausgabe

mit einem Anhange:

Lieder des Prinzen Vogelfrei.

>-||-<

LEIPZIG.
Verlag von E. W. Fritzsch.
1887.

《즐거운 지식》(초판 1882) 속표지

World Book 114

Friedrich Wilhelm Nietzche

DIE GEBURT DER TRAGÖDIE
DIE FRÖHLICHE WISSENSCHAFT
비극의 탄생/즐거운 지식

프리드리히 니체/곽복록 옮김

동서문화사

디자인 : 동서랑 미술팀

비극의 탄생/즐거운 지식/반그리스도교
차례

Die Geburt der Tragödie
비극의 탄생

비극의 탄생

자기비판의 시도(1886년)

1

이 수상쩍은 책의 밑바닥에 무엇이 깔려 있든지 간에 그것은 가장 중요하고 매력적인 문제임에 틀림없다. 뿐만 아니라 그것은 글쓴이의 깊은 개인적인 문제이기도 하다. 그 증거는 이 책이 1870~71년에 있던 보불전쟁의 어수선한 시기에 완성되었다는 것이다. 뵈르트(Wörth) 전투의 포성이 온 유럽을 뒤흔들고 있는 동안에 수수께끼를 좋아하는 이 책의 저자는, 알프스 산 어느 한 구석에 앉아 수수께끼를 풀기 위해 골똘히 생각에 잠겨 있었다.

그는 몹시 근심하면서도 평온했다. 그리고 그리스인에 대한 자신의 생각을 적어 내려갔다. 이것은 기묘하고도 어려운 이 책의 핵심을 이루는데, 여기에 뒤늦게 이 서문(혹은 후기)이 바쳐진다.

그로부터 몇 주 뒤 그는 메츠 성벽(Mauern von Metz) 아래로 출전했는데 여전히 의문은 풀리지 않고 있었다. 그것은 그가 그리스인과 그리스 예술의 '명랑성'에 대해서 오래 전부터 품고 있었던 의문이었다. 그러나 마침내 베르사이유 강화 회담이 준비되던 몹시 긴장된 달에 그에게도 평화가 찾아왔고, 싸움터에서 얻은 병도 서서히 회복되어 가면서 '음악의 정신으로부터 비극의 탄생'을 끝마쳤다. 음악으로부터? 음악과 비극? 그리스인과 비극적 음악? 그리스인과 염세주의의 예술 작품? 이제까지의 인간 가운데서 가장 훌륭하고, 가장 아름답고, 가장 부러워할 만하고, 삶에 대한 가장 큰 유혹을 지닌 종족인 그리스인이—뭐라고? 바로 그리스인들이야말로 비극을 필요로 했다고? 게다가—예술까지도? 무엇 때문에—그리스 예술이 필요했던가?

이것으로써 생존의 가치에 대한 커다란 물음표가 어디에 찍힐 것인가를 다들 짐작할 것이다. 염세주의란 늘 몰락, 퇴폐, 실패, 지치고 무력한 본능의 징후인가? 인도인이 그러했던 것처럼, 또한 이와 비슷한 우리 현대인과 유럽인이 그러한 것처럼? 강건함에서 오는 염세주의는 없는가?

생존의 냉혹함, 전율, 사악함, 그리고 문제점에 대한 지적 편애는 행복과 넘치는 건강과 생의 충만에서 오는 것이 아닐까? 어쩌면 과잉 자체에 대한 괴로움이 있는 것은 아닌가? 두려운 것을 가장 날카로운 눈초리로 꿰뚫을 것 같은 용감성은 적을 통해서 스스로의 힘을 시험해볼 수 있는 것이 아닌가? 또한 그 적을 통해서 두려움이 무엇인가를 배우려는 것이 아닌가?

비극적 신화는 가장 훌륭하고 가장 굳세고 가장 용감했던 시대의 그리스인에게 무엇을 의미하는가? 그리고 디오니소스적이라는 괴상한 현상은 무엇을 의미하는가? 그것으로부터 태어난 비극이란 또 무엇인가? 다른 한편으로 비극을 쇠망케 한, 도덕적 소크라테스주의[1], 변증법, 이론적 인간의 만족과 명랑성은 어떠한가? 이 소크라테스주의가 몰락과 피로, 병폐의 징후이며, 무질서로 해체해 가는 본능의 징후일 수는 없는가?

그리고 후기 그리스 문화의 '그리스적 명랑성'이 다만 황혼에 지나지 않는다면? 염세주의에 맞서는 에피쿠로스적 의지[2]가 고통 받는 자의 조심성에 지나지 않는다면? 그리고 학문 자체와 우리의 학문—삶의 징후로서 모든 학문은 도대체 무엇을 의미하는가? 학문은 무엇 때문에, 더 깊게 말한다면 어디에서 유래하는가?

학문은 어쩌면 염세주의에 대한 공포나 도피에 불과한 것은 아닌가? 학문은 진리에 대한 하나의 교묘한 정당방위가 아닌가?

도덕적으로 말하면 비겁과 허위와 같은 것이 아닌가? 오, 소크라테스여! 소크라테스여! 이것이 너의 비밀이 아니었는가! 오, 비밀에 가득 찬 아이러니의 대가여, 혹시 이것이 너의—아이러니였는가?

2

그때 내가 파악할 수 있었던 문제는 어떤 무섭고 위험한 것이었다. 그것은 뿔 달린 짐승 같았으나, 그렇다고 해서 황소는 아니었으며, 어쨌든 새로운 문제였다. 지금의 나라면, 그것은 학문 자체에 대한 문제였다고 말할 것이다. 처음으로 문제점 많고, 의심스러운 것으로 파악된 학문에 대한 문제 말이다.

그러나 나의 젊은이다운 용기와 회의를 나타낸 그 책은—젊은이답지 않은 과제로부터 나와야 했던 거의 불가능한 책이었다!—순전히 때 이른 미숙한 자기 체험, 그것도 겨우 전달할 수 있을 정도의 자기 체험에서 이루어졌으며, 예술의 기초 위에 세워졌다. 왜냐하면 학문의 문제는 학문의 기초 위에서는 인식될 수 없기 때문이다.

아마 이것은 분석적이며 회고적인 능력을 겸비한 예술가를 위한(말하자면 세상 사람들이 찾아다녀야 하는데 전혀 찾아다니려 하지 않는 일종의 예외적인 예술가를 위한) 책일 것이다. 또한 심리학적으로 새로운 내용과 예술가의 비밀들로 가득 차 있고, 예술가의 형이상학을 배경으로 삼은 책이다.

젊은이의 용기와 젊은이의 우수가 가득한 책으로서 권위를 인정하고 그에 대해 존경을 표하는 것처럼 보이는 대목에서도 독립적이며 반항적이라 할 정도로 자립적인 작품이다. 요컨대 이 책은 노숙한 문제의식이 담겨 있기는 하지만 청년기의 모든 결점, 특히 '장황함'과 '질풍노도'를 지닌 처녀작이다. 한편, 이 책이 거둔(특히 이 책이 마치 대화하는 것처럼 말을 걸고 있는 위대한 예술가 리하르트 바그너에게서 거둔) 성과를 고려해 볼 때, 이미 그 가치가 증명된 책이다.

아무튼 '당대 최고 인사들'을 만족시킨 책이라는 뜻이다. 따라서 이 책은 당연히 약간의 배려와 묵인 아래 다루어져야 한다. 그럼에도 나는, 이 책이 16년이 지난 지금 나에게 얼마나 불만스러우며, 얼마나 낯설게 내 앞에 있는가를 완전히 숨기지는 않겠다.

나의 눈은 늙고, 수백 배 버릇이 없어졌지만, 결코 냉담해지지는 않았으며, 이 대담한 책이 처음으로 과감하게 도전한—학문을 예술가의 관점에서 보고 예술을 삶의 관점에서 본다는 과제에 대해서도 결코 서먹서먹해지지 않았기 때문이다.

3

다시 한번 말해서 지금의 나로서는 이런 책을 쓸 수 없다. 나는 이 책을 형편없이 썼다. 서투르고, 지나치게 꼼꼼하고, 비유가 난무하고, 감상적이며, 곳곳에 달콤한 표현을 사용하여 여성적으로 보이기까지 하고, 빠르기가 고르지 않고, 논리적 명료성에 대한 의지가 없고, 너무나 확신에 차서 증명의 필요성을 인정하지 않는다. 그 결과, 증명의 적절성 자체까지도 의심하고 있다. 이 책은 전문가를 위한 책, 즉 음악의 세례를 받고 처음부터 공통적이면서도 드문 예술적 경험에 의해 맺어져 있는 사람들을 위한 '음악'이며, 예술의 혈족관계를 보여주는 식별표이다.

이것은 교만하고 열광적인 책이며, 처음부터 일반 '민중'보다 '교양인'들을 더 꺼려하고 있다. 그러나 이 책은 그 영향이 지금까지 증명해 왔고, 또 지금도 증명하고 있는 것처럼, 열광할 자를 찾아서 그를 새로운 샛길과 무도장 (武道場)으로 이끌기에 충분하며 어떻게 이런 일이 가능한지 잘 이해하고 있음에 틀림없다.

어쨌든 여기에서 말한 것은—사람들이 호기심과 혐오감을 동시에 느끼며 시인하는 것이지만—한 낯선 소리의 주인공 '미지의 신'의 사도였다. 즉 한때 학자의 두건 아래, 독일인의 둔중함과 변증법적인 무뚝뚝함 아래, 바그너주의자의 무례한 태도 아래 그 정체를 여태껏 숨기고 있던 신의 사도였다.

여기에는 낯설고, 아직 이름도 없는 욕구를 가진 하나의 정신이 있었다. 디오니소스라는 이름이 물음표처럼 붙어 있는 의문과 경험과 비밀로 가득한 기억이 있었다. 여기서 말한 것은—사람들은 시기심을 가지고 인정했다—어떤 신비로운, 거의 바카스의 무녀 마이나데스의 영혼과 같은 존재였다. 그런데 이 영혼은 힘겹게 제멋대로, 스스로를 알릴 것인지 숨길 것인지도 결정하지 못한 채 마치 외국어로 말하는 것처럼 더듬거린다.

이 '새로운 영혼'은 노래했어야 했다. 말을 하지 말았어야 했다! 내가 그때 말해야 했던 것을 시인으로서 과감하게 표현하지 못했다는 것은 얼마나 유감스런 일인가.

아마 그렇게 할 수 있었을 텐데! 적어도 문헌학자로서라도 발언하면 좋았을 것을. 지금도 이 분야에는 거의 모든 것이 문헌학자가 발견하고 발굴해야 하는 것으로 남아 있지 않은가! 특히 여기에 하나의 문제가 있다는 것— "무엇이 디오니소스적인가?"라는 물음에 우리가 아무런 대답을 할 수 없는 한 그리스인은 절대 인식되지 않으며, 상상도 할 수 없다는 문제 말이다.

4

그럼 무엇이 디오니소스적인가? 이 책 속에 그에 대한 해답이 있다. 여기서 신의 신비에 정통한 사도인 한 '지자(知者)'가 말하고 있다. 지금 내가 디오니소스적인 것이 어떻게 그리스인의 비극의 기원이 된 것인가라는 몹시 어려운 심리학적 문제를 다룬다면, 아마도 훨씬 신중하고 간략하게 말할 것이다.

근본적인 문제는 고통에 대한 그리스인의 관계, 즉 그 감수성의 정도이다—이 관계는 아무런 변화도 없었던가? 더해가는 아름다움에 대한 갈망, 즉 축제와 환락과 새로운 예배에 대한 그리스인의 욕구가 과연 결핍에서, 궁핍, 우울, 고통에서 자라났는가?.

페리클레스(혹은 투키디데스)가 큰 장례식 연설에서 우리에게 시사하고 있는 것처럼—그것이 참이라면—시간상으로 그 이전에 나타난 정반대의 욕구, 즉 추한 것에 대한 욕구, 염세주의, 비극적 신화, 삶의 밑바닥에 가로놓여 있는 모든 두려움, 악, 수수께끼, 파괴적인 것, 운명적인 것의 표상에 대한 고대 그리스인의 강한 의지는 도대체 어디서 생겨난 것인가? 비극은 도대체 어디에서 생겨났단 말인가?

그것은 쾌감에서, 힘에서, 넘치는 건강에서, 과도한 풍요에서 나오는 것이 아닐까? 비극 예술과 희극 예술이 만들어낸 광기, 즉 디오니소스적 광기는 생리학적으로 어떠한 의미를 갖는 것일까? 광기라고 해서 반드시 퇴화하고 몰락한, 말기적 문화의 징후는 아니지 않은가? 이것은 정신과 의사에게 하는 질문이다—어쩌면 건강에서 오는 노이로제가 있지 않을까? 민족의 청년기와 젊음에서 오는 노이로제가 있지 않을까? 신과 염소가 사티로스[3]의 몸 안에 함께 섞여 있다는 것은 무엇을 암시하는가? 그리스인은 어떠한 자기 체험과 충동 때문에, 디오니소스적인 열광자와 디오니소스적 인간 원형을 사티로스라고 생각한 걸까?

그리고 비극 합창단의 기원에 대해 말해 보자. 그리스인의 육체가 꽃피고, 그 영혼에 생명력이 넘치고 있었던 수세기 동안에도, 풍토병적인 광란이 있었던가! 공동체와 예배에 모인 사람들 전체에 번져나간 환영과 환각이 있었던가? 그리스인들이, 바로 자신들의 청년기의 풍요로움 속에서도 비극적인 것에 대한 의지를 가지고 있었을 뿐만 아니라 염세주의자였다면 어떨까?

플라톤의 말을 빌려서, 그리스 땅에 가장 큰 축복을 가져온 것이 바로 그 광기였다고 한다면? 거꾸로 그리스인들이 해체와 쇠약의 시기에 더 낙천적이며, 피상적이며, 연극적이며, 논리와 세계의 논리화에 대해 한층 더 열성적으로 되어 마침내 '명랑'하게 되는 동시에 '과학적'으로 되었다면 어떨까?

어떤가? 민주주의적인 취향의 모든 '현대적 이념'은 편견에도 불구하고 낙관주의가 승리하고 합리성이 우세하며, 실천적이고 이론적인 공리주의가 나타난다는 것은, 이와 시대를 같이하는 민주주의와 마찬가지로 힘이 약해지고 늙고 생리적 피로를 느끼는 징후가 아닐까? 에피쿠로스가―바로 고뇌하는 자로서―낙천주의자가 아니었던가? 보다시피 이 책은 온갖 어려운 커다란 문제를 짊어지고 있다. 우리는 이 책에다 가장 어려운 문제를 덧붙이기로 하자! 삶의 관점에서 볼 때 도덕이란 무엇을 의미하는가?

5

리하르트 바그너에게 부치는 서문에서, 예술은―도덕이 아니라―인간의 고유한 형이상학적인 활동으로 이미 설정되어 있다. 본문 속에서도 세계의 존재는 미적 현상으로서만 긍정된다는 풍자적인 명제가 되풀이 되고 있다. 실제로 이 책 전체는 모든 현상의 뒤에 숨겨진 예술적인 의미와 깊은 의미만을 다룬다. '신'이라고 불러도 좋으나, 이 신은 전혀 걱정하지 않는 비도덕적인 예술가로서의 신이다. 이 신은 파괴에서나 건설에서나, 악에서나 선에서나 변함없는 쾌락과 독재권을 느끼려고 하며, 여러 세계를 창조하여 충실과 과잉의 궁핍에서, 자기 안에서 억압된 고통에서 벗어난다. 다만 가상 속에서만 자기를 구원할 줄 아는 가장 괴로운 자, 가장 대립적인 자, 가장 모순에 차 있는 자는 영원히 변하며, 영원히 새로운 환영인 세계에서 매 순간 신의 구원이 실현된 상태에 있다.

이 모든 예술가의 형이상학을 보고 자의적이고 무익하며 공상적이라고 말할지 모른다. 중요한 점은 이미 어떠한 위험도 무릅쓰고 삶에 도덕적 해석과 의미를 부여하는 것에 저항했던 한 정신이 이 예술가의 형이상학을 통해 모습을 드러내게 된다는 것이다. 이 책에서 아마도 처음으로 「선악을 넘어서」에 있는 어떤 염세주의가 자신을 예고하고 있다.

여기에 표현되고 형식화되어 있는 것은 쇼펜하우어가 이미 분노의 저주와 번갯불을 퍼부어대던 '정신 태도의 전도'―도덕 자체를 현상의 세계 속에 두려고 하는 철학이다. 이 철학은 도덕을 여러 가지 '현상'(관념론적 술어의 의미에서) 속에 포함시킬 뿐만 아니라 가상, 망상, 오류, 해석, 가식, 기교의 허구 아래로 끌어내리려 한다.

아마 이러한 반도덕적인 성향의 깊이는 이 책 전체에서 그리스도교를 다루는 태도, 즉 신중하고 적대적인 침묵으로도 충분히 짐작할 수 있을 것이다. 그리스도교야말로 도덕적 주제의 철저한 표준으로써 인류가 여태껏 귀기울여온 것 가운데 가장 극단적인 것이었기 때문이다. 실제로 이 책에서 설명하고 있는 순전히 미적인 세계의 해석과 세계의 긍정에 대해 그리스도교의 교리보다 더 크게 대립하는 것도 없다.

그리스도교의 교의는 오직 도덕적이며 또 도덕적이기를 바랄 뿐이요, 스스로의 절대적 척도를 만들어, 예컨대 신은 절대로 거짓말을 하지 않는다는 식으로 모든 예술을 거짓의 세계 속으로 내쫓아 버린다. 즉 예술을 부정하고, 저주하고 유죄판결을 내린다. 이런 사고방식을 고집하는 한, 예술에 대해 적대적이지 않을 수 없다. 나는 오래 전부터 이런 사고방식의 배후에 삶을 적대시하는 태도와 삶 자체에 대한 원한에 찬 거역을 느끼고 있었다. 왜냐하면 그쪽에서 볼 때 모든 삶은 가상, 기교, 기만, 관점, 원근법과 오류의 필연성에 토대를 두기 때문이다.

그리스도교는 처음부터 본질적으로, 근본적으로 삶이 삶에 대해서 느끼는 구토요 권태였다. 이러한 것들이 '다른', 혹은 '더 좋은' 삶에 대한 믿음 아래 거짓으로 꾸며지고 숨겨지고, 치장될 뿐이다. '현세'에 대한 증오, 감정에 대한 저주, 미와 관능에 대한 공포는 이 세상을 더 잘 비방하기 위해서 피안(彼岸)을 생각해냈다. 이것은 궁극적으로 허무, 종말, 휴식에, '안식일 중의 안식일'에 도달하려는 욕구이다. 내게는 이 모든 것이 도덕적인 가치만을 인정하려는 그리스도교의 절대적인 의지와 마찬가지로, 언제나 '몰락에의 의지'의 모든 가능한 형식 가운데서 가장 위험하고 불쾌한 형식처럼 보였다.

적어도 삶에 대한 가장 깊은 질병, 피로, 불만, 소모, 가난의 징후처럼 보였다. 왜냐하면 도덕(특히 그리스도교적, 즉 절대적 도덕) 앞에서 삶은 본질적으로 비도덕적이라 항상 불가피하게 부정될 수밖에 없기 때문이며, 결국 삶은 경멸과 영원한 부정의 중압 아래 짓눌려 갈망할 만한 가치가 없는 것, 그 자체로서 무가치한 것으로 느껴져야만 하기 때문이다.

도덕 자체는—어떤가? 도덕은 '삶을 부정하는 의지'이며, 은밀한 파괴 본능, 몰락과 무시와 비방의 원리, 종말의 발단이 아닌가? 그렇다면 위험한 것 가운데서도 가장 위험한 것이 아닐까? 따라서 삶을 변호하는 나의 본능은 이 의심스런 책을 씀으로써 도덕에 대항하여 등을 돌렸다. 그리고 나의 본능은 삶에 대한 근본적으로 대립되는 가르침과 평가, 즉 하나의 순전히 예술적이고 반그리스도교적인 가르침과 평가를 생각해냈던 것이다.

이것을 뭐라고 부를까? 나는 문헌학자로서, 그리고 언어학자로서 어느 정도 자유롭게—반그리스도교인의 이름을 누가 제대로 알 것인가? —어떤 그리스의 신의 이름을 빌려서 불렀다. 나는 그것을 디오니소스적인 것이라 부른 것이다.

6

내가 이 책에서 어떠한 과제를 감히 다루려고 했는지 이해할 것이다. 매우 유감스러운 것은, 모든 점에서 이처럼 독자적인 견해와 시도를 독특한 언어로 표현할 만한 용기(혹은 불손?)가 내게 없었다는 것이다. 나는 쇼펜하우어와 칸트의 정식에 따라 그토록 힘들게 새로운 가치 평가를 표현하려고 노력했지만, 그것들은 칸트와 쇼펜하우어의 정신과 취미에 근본적으로 어긋나는 것이었다.

쇼펜하우어는 비극에 대해서 어떻게 생각했는가? 그는 「의지와 표상으로서의 세계」 제2편, 495쪽에서 다음과 같이 말하고 있다.

"모든 비극적인 것은, 세계와 삶은 참된 만족을 줄 수 없고, 따라서 우리가 집착할 만한 것이 못된다는 깨달아서서 획득되는 것이다. 여기에 비극적 정신의 본질이 있다. 그러므로 비극적 정신은 체념으로 이끈다."

오오, 디오니소스는 얼마나 다르게 말해주었는가! 오오, 바로 이 모든 체념주의가 당시의 나에게 얼마나 먼 것이었던가! 그러나 이 책에는 내가 유감으로 생각하는 것이 있는데, 그것은 쇼펜하우어의 방식에 따라서 디오니소스적 예감을 애매하게 하고 못 쓰게 만들어버린 것보다 훨씬 나쁜 것으로, 나의 마음에 떠오른 장대한 그리스적 문제를 최근의 일들과 섞음으로서 이를 못 쓰게 한 것이다! 그리고 아무런 희망도 없는 곳에, 모든 것이 너무나 명백하게 종말을 가리키고 있는 곳에 내가 여러 가지 희망을 걸었다는 것— 최근의 독일 음악을 근거로 내가 '독일적 본질'에서 마치 지금 내 자신을 발

견하고, 내 자신을 재회시키려고 하는 것처럼 헛소리를 지껄이기 시작했다
는 것이다.

그것도 얼마 전에야 유럽 지배의 의지와 유럽을 지도할 힘을 가지고 있던
독일 정신이 유언을 남기며 마침내 자리에서 물러나버리고 제국 건설이라는
허울 좋은 구실 아래 평범화로, 민주주의로, '근대 이념'으로 이행해 가던
바로 그 시대에 말이다! 진실로, 그동안 나는 '독일의 본질'에 대해 아무런
희망도 품지 않고서 냉정히 생각하게 되었다.

완전히 낭만주의이며, 모든 가능한 예술 형식 가운데서도 가장 비그리스
적인 현대 독일 음악에 대해서도 마찬가지였다. 게다가 독일 음악은 가장 크
게 신경을 파괴했으며 술을 좋아하고 불명료성을 미덕으로 삼아 찬양하는
민족에게는 몽롱케 하는 마취제로서의 특질을 지니고 있어서 더욱 위험했
다.

당시 나의 처녀작을 망친, 가장 현대적인 것에 대한 성급한 기대나 그릇된
판단과는 관계 없이, 이 책 속에 찍혀 있는 디오니소스적 물음표는 음악에도
여전히 적용된다. 즉, 독일 음악과 같은 낭만적 기원을 더이상 갖고 있지 않
은―디오니소스적 기원을 가진 음악은 어떠한 성질을 지녀야 하는가?

7

그러나 그대여(니체 자신을 가리킴), 만일 그대의 책이 낭만주의가 아니
라면, 도대체 무엇이 낭만주의란 말인가? 그대의 예술가적 형이상학에 나타
나 있는 것보다 '현재', '현실', '근대 이념'에 대해 더 깊은 증오심을 나타낼
수 있는 것이 있을까? 그대의 예술가적 형이상학은 '지금'보다는 오히려 '무
(無)'나 '악마'를 더 믿고 있지 않는가? 그대의 모든 대위법적 발성술과 귀
의 유혹 기술 아래서 분노와 파괴욕의 기저음이 윙윙거리고 있지 않는가?
'지금' 모든 것에 분노를 터뜨리는 결의는, 실천적 허무주의와 그다지 멀지
않는 하나의 의지가 아닌가? 그리고 이 의지는 "당신들이 옳다면, 당신들의
진리가 정당하다면, 도리어 아무것도 진리인 것은 없다!"고 말하는 것처럼
보이지 않는가!

염세주의자며 예술의 숭배자인 그대여, 귀를 열고 그대의 책에서 고른 한
대목에 귀를 기울여보라. 젊은 귀와 마음에는 쥐잡이의 피리[4]처럼 유혹적으

로 들릴지 모르는, 웅변이라 할 수 있는 용(龍) 정벌자가 나오는 대목을. 어떤가? 그것은 1850년의 염세주의의 가면을 쓰고 있지만, 사실은 1830년의 진정한 낭만주의자의 고백이 아닌가? 그 고백 뒤에서는 이미 낭만주의자의 마지막 악장이 연주되기 시작한다. 좌절, 붕괴, 낡은 신앙과 낡은 신 앞으로의 복귀와 굴복이.

어떤가? 그대의 염세주의적인 책은 그 자체로서 반그리스주의와 낭만주의이며, 그 자체로서 '도취하게도 하며, 몽롱하게도 하는' 무엇이며 하여간 일종의 마취제가 아닌가? 뿐만 아니라 한 편의 음악, 독일 음악이지 않은가? 들어보라.

대담한 눈초리로 괴물을 향해 뛰어드는, 영웅적 성향을 지닌 다음 세대를 상상해보자. 이들 용을 물리치는 자들의 대담한 발걸음과 완전하고 충실한 가운데 '과감하게 살기 위해서' 낙관주의의 모든 허약한 가르침에 등을 돌리는 당당한 과감성을 생각해 보자. 이러한 문화의 비극적 인간은 진지함과 두려움에 대해 스스로를 훈련하면서 하나의 새로운 예술인 형이상학적 위안의 예술을, 즉 자신들에게 어울리는 헬레나[5]와도 같은 비극을 갈망하며 파우스트처럼 다음과 같이 부르짖지 않을 수 없었다.

내가 동경하는 힘으로 오직 하나뿐인 인물을 되살려서는 안 되는가?

"그것은 어쩔 수 없는 일 아닌가?" 아니다, 거듭 말하지만 아니다! 그대들 젊은 낭만주의자들이여, 그것은 어쩔 수 없는 일이어서는 안 된다! 그대들이 진지함과 두려움에 대해서 자신을 훈련했음에도 불구하고 '형이상학적으로 위로받아', 요컨대 낭만주의자들처럼 그리스도교적으로 끝나는 일은 충분히 있을 수 있다.

그러나 그래서는 안 된다! 그대들은 먼저 이 세상의 위로인 예술을 배워야 한다. 나의 젊은 친구들이여, 그대들이 전적으로 염세주의로 남아 있기를 원한다면 웃는 것을 배워야 한다.

그러면 아마 그대들은 웃는 자로서 언젠가는 모든 형이상학을 악마에게로 보낼 것이다. ─특히 형이상학적 위로를 맨 먼저! 차라투스트라라고 불리는 저 디오니소스적인 괴물의 언어로 말하자면 이러하다.

"나의 형제들이여, 그대들의 가슴을 들어올려라. 높게 더욱 높게! 그리고 두 다리 또한 잊지 말아라! 그대들 다리도 들어 올려라. 그대들 훌륭한 춤꾼들이여, 물구나무를 선다면 더욱 좋으리라!

웃는 자의 이 왕관, 장미꽃으로 엮은 이 왕관, 나는 이 왕관을 스스로 머리에 썼노라. 나 스스로 나의 웃음을 신성한 것이라고 말한다. 나 말고 이러한 일을 하기에 넉넉히 강한 사람을 아무도 발견하지 못했기 때문이다.

춤추는 자 차라투스트라, 날개로 신호하는 가벼운 자 차라투스트라, 모든 새들에게 신호를 보내며 날아오를 준비를 갖춘 자, 축복받는 경솔한 자—예언자 차라투스트라, 진정으로 웃는 자 차라투스트라, 조바심내지 않는 자, 절대적이지 않은 자, 도약과 탈선을 좋아하는 자, 나는 스스로 이 왕관을 쓰노라!

웃는 자의 이 왕관, 장미꽃으로 엮은 이 왕관을. 형제들이여, 나는 이 왕관을 그대들에게 던져 주노라! 나는 웃음이 신성하다고 말했노라. 그대들 고상한 인간들이여 나에게 배울지어다—웃음을!"

「차라투스트라는 이렇게 말하였다」(제4부)

음악정신으로부터 나온 비극의 탄생

리하르트 바그너에게 바치는 서문

나는 깊이 존경하는 친구인 당신이 이 책을 받아보실 순간을 마음속에 그려보고 있습니다. 그것은 우리 미적 사회의 독특한 성격 때문에, 이 책 속에 종합되어 있는 사상이 어쩌면 불러일으킬지도 모르는 온갖 의혹과 흥분과 오해를 생각하지 않게 하기 위함이며, 훌륭하고 감격적인 순간의 화석처럼 이 책의 한 장 한 장마다 그 흔적을 남기고 있는 명상적 환희를 가지고 이 책의 머리말을 쓰기 위함입니다.

아마 당신은 겨울 눈 속의 저녁 산책을 끝낸 다음, 책의 표지 위에 그려진 〈쇠사슬에서 풀려난 프로메테우스〉를 바라보고, 또 나의 이름을 읽고 곧 이렇게 확신할 것입니다. 이 책에 무엇이 씌어 있든 간에 저자는 뭔가 진지하고 절실한 것을 말하려고 하고 있다는 것을. 그리고 저자가 생각해낸 모든

것이 당신과 얼굴을 마주하고 있는 것처럼 대화하며 이 대화에 알맞은 것만
을 써 내려가고 있다는 것을.

당신은 베토벤에 관한 당신의 훌륭한 기념 논문이 나온 것과 같은 시기에
때마침 일어난 전쟁의 공포와 감격 속에서 내가 이 사상에 몰두했다는 점을
떠올리게 될 것입니다.

그러나 이러한 몰두와 관련하여 애국적 흥분과 미적 탐닉의 대립, 용기 있
는 진지함과 쾌활한 유희 사이의 대립을 생각하는 사람이 있다면, 그 사람은
오해를 하고 있는 것입니다. 그 사람들이 실제로 이 책을 읽는다면, 오히려
우리가 얼마나 진지하게 독일적인 문제를 다루고 있는가를 알고 놀랄 것입
니다. 이 문제를 던짐으로써 우리는 진정 처음으로, 독일이 품고 있는 희망
의 한복판에 하나의 소용돌이, 전환점을 불러일으킨 것이니까요.

그러나 그들이 예술 속에서 '삶의 진지함'에 대한 유쾌한 첨가물, 또는 없
어도 상관없을 방울소리 이상의 것을 인식할 능력이 없다면, 미적인 문제를
이처럼 진지하게 다루고 있는 것을 보고 대체로 불쾌해할 것입니다. 마치 그
런 '삶의 진지함'에 대한 이러한 대조가 얼마나 중요한지를 아무도 모르는
것처럼 말입니다.

내가 예술이 삶의 최고의 과제이며 진정한 형이상학적인 행동이라고 확신
하고 있다는 사실은 이러한 독자들을 계몽하는 데 도움이 될 것입니다. 나는
이제 이러한 길을 나보다 앞서 나간 나의 숭고한 투사인 당신에게 이 책을
바칩니다.

1871년 말, 바젤에서

1

예술의 발전은 아폴론적인 것과 디오니소스적인 것의 이중성과 관련이 있
다. 이는 마치 생식이라는 것이 끊임없는 투쟁 속에서도 단지 주기적으로 화
합하는 남녀의 이중성에 의존되어 있는 것과 유사하다. 우리가 이 점을 단지
논리적 통찰에서가 아니라 직접적으로 확실한 직관에 의해 알게 된다면, 미
학을 위해 큰 소득을 얻게 될 것이다. 위의 이름들은 그리스인으로부터 빌린
것이다.

그리스인들은 자신들의 예술관의 심오하고 신비한 가르침을 개념을 통해

서가 아니라, 그들이 만들어낸 신의 세계의 명료한 형상을 통해서 통찰력 있는 사람에게 알려주고 있다. 그리스 세계에서는 아폴론적인 조각가의 예술과 디오니소스적인 비조형적 음악 예술이 그 기원과 목표 면에서 크게 대립하고 있다고 우리는 인식한다. 아주 다른 이 두 가지 충동은 서로 평행하고 있다.

이 충동들은 대체로 공공연하게 서로를 자극하여 싸움의 흔적을 영원히 보존하기 위해 새롭게 거듭 태어나며 공존한다. 이 대립은 '예술'이라는 공통언어로 겨우 해소될 뿐이다.

이렇게 해서 이 두 충동은 그리스적인 '의지'의 형이상학적 기적에 의해 부부가 되고, 이 결혼에 의해서 디오니소스적인 동시에 아폴론적인 아티카 비극이 태어난다.

이 두 충동을 더 쉽게 이해하기 위해서 우선 이것들을 꿈과 도취라는 분리되어 있는 예술 세계로 생각해 보자.

이 두 생리현상 사이에는, 아폴론적인 것과 디오니소스적인 것의 사이에 있는 것과 같은 대립이 존재한다. 루크레티우스의 생각에 따르면 웅장하고 화려한 여러 신들의 자태가 인간의 마음에 처음으로 나타난 것은 꿈속에서였으며, 위대한 조각가가 초인적 존재의 매혹적인 신체 구조를 본 것도 꿈속에서였다고 한다. 그리고 그리스의 시인이 시적 창조의 비밀에 대한 질문을 받는다면, 그도 역시 꿈을 떠올리고 비슷한 가르침을 주었을 것이다. 이는 한스 작스[6]가 〈직업 시인〉 속에서 말하는 것과 같다.

> 나의 친구여, 자신의 꿈을 해석해 적어두는 것,
> 이것이 바로 시인의 일이로다.
> 믿으라, 인간의 가장 진실한 환상은
> 꿈속에서 나타난다는 것을.
> 모든 시 예술과 시작(詩作)은
> 꿈을 해석한 것에 지나지 않는다는 것을.

꿈의 세계를 낳는다는 점에서 모든 사람은 완전한 예술가이다. 이 꿈의 세계의 아름다운 가상은 모든 조형 예술의 전제이며, 앞으로 우리가 보겠지만 창작의 중요한 전제이기도 하다. 우리는 꿈에 나타난 형상을 직접 이해함으로써 즐기고 모든 형상은 우리에게 말을 걸어온다.

거기에는 있으나 없으나 상관 없는 것과 불필요한 것은 하나도 없다. 꿈속 현실의 최고의 삶에서도 우리는 이것이 가상이라는 것을 어렴풋이 느낀다. 적어도 나의 경험은 그러하다는 것, 즉 정상이라는 것을 입증하기 위해서 나는 많은 증거와 시인들의 말을 제시할 수도 있다. 게다가 철학적인 인간은, 우리가 그 속에서 살며 또한 존재하는 이 현실의 밑바닥에 또 하나의 전혀 다른 현실이 숨어 있으며, 어떤 사람의 이 현실 역시 하나의 가상일뿐이라는 것을 예감하고 있다. 그리고 쇼펜하우어는, 인간과 만물을 때때로 단순한 환영이나 꿈처럼 생각하게 하는 소질이야말로 철학적 재능의 대표적 표시로 본다. 철학자가 삶의 현실을 보듯 예술적으로 민감한 사람은 꿈의 현실을 본다.

그는 자세하게, 기꺼이 꿈의 현실을 바라본다. 이 형상으로부터 그는 인생이 무엇인가를 해석하고 이러한 과정을 통해서 자신의 삶을 연습하기 때문이다. 명확한 이해력을 가지고 그가 경험하는 것은, 결코 유쾌하거나 좋아하는 형상만은 아니다.

진지한 것, 음울한 것, 슬픈 것, 암담한 것, 뜻하지 않은 장애, 우연의 놀림, 불안한 예감 등, 요컨대 삶의 '신곡(神曲)' 전체가 '지옥편'과 함께 그의 곁을 스쳐 지나가는 것이다. 그것은 단지 그림자 연극처럼 스쳐지나가지는 않는다. 왜냐하면 이 장면들 속에서 함께 살고 함께 괴로워하기 때문이다. 그러나 이것 역시 가상이라는 어렴풋한 느낌이 남아 있다. 그리고 아마 많은 사람들도 나처럼 꿈속의 위험과 공포의 순간에 스스로 용기를 내려고 "이것은 꿈이야. 나는 이 꿈을 더 꾸고 싶어!" 하고 소리쳐서 성공한 적이 있음을 기억할 것이다.

나는 또한 사흘 밤이 넘도록 같은 꿈의 인과관계를 계속 유지했다는 사람의 이야기를 들은 일이 있다. 이러한 사실들이야말로 우리 모두의 공통 기반이 꿈을 경험할 때, 우리의 가장 깊은 본질, 즉 필연적으로 깊은 쾌감과 기쁨을 느낀다는 것을 분명히 입증하는 것이다.

그리스인들 또한 그들이 필연적으로 받아들이는 꿈 경험을 그들의 신 아폴론 속에 표현하고 있다. 아폴론은 조형신인 동시에 예언의 신이다. 그 어원에 따르자면 '빛나는 자', 즉 빛의 신인 아폴론은 내면의 환상 세계의 아름다운 가상까지도 지배한다.

대낮의 현실이 불완전한 데 반해서 꿈 속 상태는 진실하고 완전하다. 나아가 잠과 꿈속에서 치유하고 도와주는 자연의 깊은 배려는 예언하는 능력과 삶을 가능케 하는 동시에 가치 있게 해주는 일반적 예술의 상징적 유사물이기도 하다. 그러나 꿈속 형상이 병적으로 작용하지 않도록 하기 위해서는, 넘어서지 말아야 할 미세한 선이 있다. 그렇지 않으면, 가상은 조잡한 현실로서 우리를 기만할 것이다. 그 미세한 선 또한 아폴론의 형상에 없어서는 안 되는 것인데, 그 형상이란 적절한 한정, 광폭한 격정으로부터의 자유, 조형신의 예지에 찬 평정이다. 아폴론의 눈은 그의 기원에 알맞게 '태양다워야' 한다. 그가 화를 내고 불쾌한 눈초리로 바라볼 때도 아름다운 가상의 장중함은 그에게 서려있다.

쇼펜하우어가 마야의 베일[7] 속에 사로잡힌 인간들에 대해 말하고 있는 것은, 중심에서 조금 벗어난 의미이기는 하지만 아폴론에게도 적용된다.「의지와 표상으로서의 세계」제1권, 416쪽에서는 "끝없이 펼쳐진 채 포효하며 산더미 같은 파도를 올렸다 내렸다 하는 광란의 바다 위에서, 한 뱃사람이 조각배 위에 그 허약한 배를 믿으며 앉아 있는 것처럼, 고통의 세계 한복판에서 개개의 인간은 개별화의 원리[8]를 의지하고 믿으며 고요히 앉아 있다."

그렇다. 그 원리에 사로잡힌 자의 이 원리에 대한 확고부동한 신뢰와 그 안에 사로잡혀 있는 자의 조용한 앉음새가 아폴론의 형상 속에 가장 숭고하게 표현되어 있다고 말할 수 있을 것이다. 그리고 사람들은 아폴론을 개별화 원리의 장려한 신상(神像)이라고 불러도 좋을 것이다. 그의 아름다움과 더불어 '가상'의 모든 쾌락과 지혜가 그의 태도와 눈초리를 통해 우리에게 말을 건넬 것이다.

같은 곳에서 쇼펜하우어는 근거의 원리 가운데 어느 하나의 형태를 예외로 인정해야 하는 것처럼 보이기 위해서, 인간이 현상의 인식 형식들에 대해 갑자기 혼란스러워할 때 그를 장악하는 끔찍한 전율을 묘사해 주고 있다. 이 전율과 함께 개별화의 원리가 깨졌을 때, 인간의 가장 깊은 근저로부터, 즉 자연으로부터 솟아오르는 기쁨에 넘치는 황홀감을 생각한다면, 우리는 디오니소스적인 것의 본질을 엿볼 수 있게 된다.

이 디오니소스 적인 것은 도취를 유추하면 쉽게 설명된다. 디오니소스적인 격정은 모든 원시인이나 원시 민족이 찬가 속에서 이야기하고 있는 마취적 음료의 영향에 의해서, 혹은 모든 자연을 흥겹게 관통하는 봄이 힘차게 다가올 때 눈뜨게 된다. 이 감동이 고조되면서 주관적인 것은 완전한 자기 망각 속으로 사라진다.

독일 중세에도 동일한 디오니소스적인 힘의 영향을 받은 군중들이 점점 늘어나면서 노래하고 춤추며 이곳저곳으로 몰려다니곤 했다.

성 요한제[9]나 성 화이트제[10]의 난무하는 군중 속에서, 우리는 그리스인의 바커스 합창단의 면모를 볼 수 있다. 바카스제는 소아시아의 바빌론 축제와 열광적인 사카이엔제(祭)까지 거슬러 올라가는 역사를 가지고 있다. 세상에는 경험 부족이나 둔감함 때문에, 그러한 현상들을 마치 '대중병(大衆病)'처럼 보고, 자신은 건강하다고 생각하면서 그들을 조소하거나 동정하며 등을 돌리는 사람들이 있다.

그 불쌍한 사람들은 물론 디오니소스제 열광자들의 불타는 생명이 그들 곁을 스쳐 지나갈 때, 자신들의 '건강함'이 시체 같고, 유령처럼 보이는지를 전혀 느끼지 못한다.

디오니소스적인 것의 마력 아래서는 인간과 인간 사이의 유대만 다시 맺어지는 것 아니다. 소외되고 적대시되거나 억압되어 왔던 자연도 자신의 잃어버린 탕아인 인간과 화해의 축연을 다시 여는 것이다. 대지는 스스로 선물을 보내고, 암벽과 황야의 맹수들은 온순히 다가온다. 디오니소스의 수레는 꽃과 꽃다발에 묻히고, 표범과 호랑이가 그 멍에를 메고 걸어간다. 베토벤의 '환희의 송가'를 한 폭의 그림으로 바꾸어 보아라. 그리고 수백만의 사람들이 공포에 사로잡혀 땅에 엎드릴 때도 상상력을 버리지도, 움츠러들지도 말아라. 그러면 디오니소스적인 것에 다가갈 수 있으리라.

이제 노예는 자유인이다. 이제 곤궁과 자의와 '뻔뻔스러운 풍조'가 인간들 사이에 심어놓은, 완강하고 적대적인 구분들을 모두 파괴한다. 이제 세계의 조화라는 복음 속에서, 모든 사람은 저마다 그 이웃과 결합하고, 화해하고, 융화되어 있음을 느낄 뿐만 아니라 하나라는 것을 느낀다.

마치 마야의 베일이 갈가리 찢어져 신비로운 근원적인 유일자 앞에서 펄럭이고 있는 것처럼 노래하고 춤추면서, 인간은 더 높은 공동체의 일원임을 나타낸다. 그는 걷는 법, 말하는 법조차 잊어버리고, 춤추면서 허공으로 날아오르려고 한다. 그의 몸짓이 그가 마법에 걸려 있음을 말해 준다.

이제는 짐승이 말을 하고, 대지에는 젖과 꿀이 흐르는 것처럼, 인간으로부터도 어떤 초자연적인 것이 울려퍼진다. 그는 자신을 신으로 느끼며, 꿈에 본 신들이 자유롭게 거닐듯 한껏 고양되어 황홀하게 헤매고 다닌다. 인간은 더 이상 예술가가 아니다. 그는 예술품이 되어버린 것이다. 근원적 유일자에게 최고의 환희를 안겨주기 위해, 전체 자연의 예술적 힘은 도취의 소나기 아래 스스로를 드러낸다.

가장 고귀한 점토가 반죽되고, 가장 값진 대리석이 여기에서 조각된다. 그리고 디오니소스적인 세계 예술가의 끌 소리에 맞추어서, 엘레우시스의 비밀 종교 의식의 부르짖음이 울려퍼진다. "수백만의 사람들이여, 너희들은 무릎 꿇으려 하느냐? 세계여, 너는 창조주를 예감하느냐?"

2

지금까지 우리는 아폴론적인 것과 그에 대립물인 디오니소스적인 것을 예술적인 힘으로 보아왔다. 이 힘들은 예술가라는 인간을 매개로 하지 않고 자연 그 자체에서 쏟아져 나오며 이 힘들 속에서 자연의 예술 충동은 처음으로 그리고 직접적으로 충족된다.

하나는 꿈의 형상 세계로서, 이 세계의 완전성은 개인의 지적 수준이나 예술적 교양과는 아무 상관이 없다. 다른 하나는 도취적 현실로서 이것은 개인을 존중하지 않으며, 도리어 개인을 완전히 파괴하려 하고, 신비주의적인 일체감으로 이를 구제하려고까지 한다. 자연의 이러한 직접적인 예술 상태에 대해 모든 예술가들은 '모방자'이다. 그것도 아폴론적인 꿈의 예술가, 디오니소스적인 도취의 예술가 혹은 마지막으로—예컨대 그리스 비극에서처럼—도취와 꿈의 예술가, 이 셋 중에 하나이다.

우리는 세 번째 예술가를 다음과 같이 생각해야 한다. 그는 디오니소스적인 명정(酩酊)과 신비로운 자기 포기의 상태에서 열광하는 합창단으로부터 동떨어져 홀로 쓰러진다. 그리고 아폴론적인 꿈의 영향을 받아 이제 자신의 독특한 상태, 즉 세계의 가장 깊은 근저와 하나가 된 비유적인 꿈의 형상으로 나타난다.

이러한 일반적인 전제와 대조에 따라, 우리는 이제 그리스인에게 접근하자. 저 자연의 예술 충동이 어느 정도까지, 그리고 어떤 수준까지 그들에게서 전개되었는지를 알아보자. 이렇게 함으로써 우리는 그리스 예술가와 그의 원형인 자연과의 관계 혹은 아리스토텔레스가 표현한 '자연의 모방'[11]을 더욱 깊이 이해하고 평가할 수 있게 된다.

그리스인의 꿈에 관해서는 여러 가지 문헌과 많은 일화가 있음에도 불구하고, 다만 추측으로 말할 수밖에 없다. 그러나 이것은 어느 정도 확실한 이야기다. 믿기 어려울 만큼 명확하고 확실한 그들의 조형 능력과 그들의 밝고 솔직한 색채감각을 아울러 생각해 본다면 후세 사람들이 부끄러워해야 할 일이지만, 우리는 그리스인들의 꿈에서도 역시 선과 윤곽, 색채와 배열의 논리적 인과성이 있고 그들 최고의 부조작품과도 유사한 장면이 있었다는 것을 생각하지 않을 수 없다. 만약 이런 비유가 가능하다면, 이 인과성과 완전한 연속적 장면에 비추어 꿈꾸는 그리스인들을 호메로스라고 부르고 호메로스를 한 사람의 꿈꾸는 그리스인이라고 부른다 해도 부당하지는 않을 것이다.

현대인이 자신의 꿈에 대해 생각해 보고서 자신을 감히 셰익스피어에 비유하는 것보다 더 깊은 의미에서 그러하다. 한편, 디오니소스적 그리스인을 디오니소스적 야만인으로부터 구별하는 커다란 차이를 발견하려고 할 때 우리는 단순히 추측으로 말할 필요는 없다.

로마로부터 바빌로니아에 이르기까지 고대 세계의 모든 구석에서—새로 생긴 지역은 제외하고—우리는 디오니소스적 축제의 존재를 증명할 수 있다. 이 축제의 전형과 그리스인 축제의 전형의 관계는 기껏해야 염소에서 이름과 속성을 빌려온 수염 난 사티로스와 디오니소스와의 관계와 흡사하다. 거의 모든 곳에서 이들 축제의 중심을 이루고 있는 것은 과도한 성(性)적 방종이었다.

이 물결은 범람하여 모든 가족제도와 그 신성한 법규를 휩쓸어버렸다. 바로 자연의 가장 광포한 야수성이 여기에 풀리어, 음욕과 잔인의 흉측한 혼합이 이루어졌고, 이 혼합이 내게는 언제나 '마녀의 음료'로 보였다. 이러한 축제의 열광적인 흥분에 대한 풍문은 모든 육로와 해로를 통해서 그리스인에게 밀려 왔는데, 대단한 긍지를 가지고 우뚝 서 있는 아폴론의 모습에 의해서 오랫동안 완전히 보장받고 보호받는 것처럼 보였다. 아폴론이 메두사의 머리를 가지고 대항했던 적 가운데서 이 추악하고 기형적인 디오니소스의 힘보다 더 위험한 것은 없었다.

위엄을 갖추어 거부하는 아폴론의 태도가 영원히 표현되어 있는 것이 바로 도리스 예술이다. 그러나 그리스적인 것의 가장 깊은 근원으로부터 비슷한 충동이 일어나자 아폴론의 저항은 미심쩍고 심지어 불가능하게 되었다. 이제 델포이 신이 해야 할 일은 적당한 때 화해해서 이 강적으로부터 파괴적인 무기를 빼앗는 것뿐이다.

이 화해는 그리스 제전의 역사에서 가장 중요한 순간이다. 어디를 보더라도 우리는 이 사건이 가져다 준 변혁을 볼 수 있다. 그것은 이제부터 그들이 지켜야 할 경계선을 명확하게 긋고 주기적으로 명예의 선물을 보내는 것을 조건으로 하는 두 적수의 화해였다. 그러나 근본적으로는 양자의 간격은 좁혀지지 않았다.

저 평화협정의 압력 아래서 디오니소스적인 힘이 어떻게 스스로를 드러냈는가를 본다면, 우리는 그리스인의 디오니소스 비제(秘祭)에서 세계 구원의 축제와 변종의 날이 지니는 의미를, 저 바빌로니아의 사카이엔 족의 인간이 호랑이나 원숭이로 타락해 버리는 것과 비교하여 알게 된다. 그 축제일에 비로소 자연은 예술적 환희의 절정에 도달하여, 개별화 원리의 파기가 하나의 예술적 현상이 된다.

음욕과 잔학성으로 이루어진, 저 소름끼치는 마녀의 음모도 여기서는 힘을 잃는다. 디오니소스적 열광자들의 감정에서 볼 수 있는 이상한 혼합과 이중성만이—마치 약이 치명적인 독을 상기시키는 것처럼—마녀의 술을 생각나게 한다. 그것이 바로 고통이 쾌락을 불러일으키고, 환희가 가슴으로부터 비통한 소리를 자아내는 현상이다.

최고의 환희에서 울려나오는 것은 경악의 절규나 보상할 수 없는 상실을 애도하는 탄성이다. 마치 자연이 여러 개체로 분열할 수밖에 없는 것을 탄식하는 것처럼, 저 그리스의 축제에서는 자연의 감상적인 특성이 솟아난다. 이러한 이중의 기분을 가진 열광자들의 노래와 몸짓, 언어는, 호메로스적 그리스 세계에서는 새로운 것이었고 전대미문의 것이었다. 그리고 특히 디오니소스적 음악은 그들에게 이 세계에 공포와 전율을 불러일으켰다. 음악은 이미 아폴론적인 예술이 잘 알려져 있었지만, 그것은 엄밀하게 말하면 리듬의 파동에 지나지 않았으며, 이 리듬의 조형적인 힘은 아폴론적인 상태를 표현하기 위해서 전개되었다. 아폴론의 음악은 도리스 양식에 의한 음조의 구성이었다.

그 음조는 칠현금의 고유한 특성인 암시적인 음조에 지나지 않았다. 디오니소스적 음악, 음악의 일반적 성격을 이루고 있는 요소, 즉 격동적인 음조의 힘, 멜로디의 통일적인 흐름, 비길 데 없는 화음의 세계는 비아폴론적인 음악이라 하여 조심스럽게 배척당하고 있었다. 디오니소스 송가를 부르면서 인간은 자신이 지닌 모든 상징적인 능력을 최고로 발휘하도록 자극 받는다.

즉 마야의 베일의 파기라든가, 인간 종족의, 즉 자연의 영혼으로서의 일체화라든가 지금까지 느껴보지 못했던 그 무엇의 표현이 가까이 다가온다. 이제 자연의 본질을 상징적으로 표현해야 한다. 상징의 새로운 세계가 필요하다.

우선 입술, 얼굴, 말의 상징뿐만 아니라, 몸의 모든 부분을 율동적으로 움직이는 춤추는 몸짓을 사용하는 상징법이 필요하다. 그런 다음에 다른 상징적인 힘들, 즉 리듬과 강약과 화음을 통한 음악의 상징력이 갑자기 맹렬하게 커지게 되는 것이다. 모든 상징력을 이해하기 위해서 인간은 저 힘들 속에서 스스로를 상징적으로 표현하려는 자기 포기의 높이에 이미 도달해 있어야 한다.

주신찬가를 부르는 디오니소스 숭배자를 이해하는 자는 오직 그와 비슷한 이들뿐이다! 아폴론적 그리스인이 그를 바라보고서 얼마나 놀랐던가! 그 놀라움은, 이 모든 것이 원래 자기에게 무관한 것이 아니었고, 자기의 아폴론적 의식이 다만 한 장의 베일처럼 이 디오니소스적인 세계를 은폐하고 있다는 두려움에서 더욱 커졌다.

3

이것을 이해하기 위해서 우리는 아폴론적인 문화의 저 정교한 건물을, 건물의 토대를 발견할 때까지 돌 하나하나씩 헐어 내야 한다. 여기에서 우리는 우선 웅장하고 화려한 올림푸스 신들의 모습을 보게 된다.

이들 신의 형상은 이 건물의 박공() 위에 서 있으며, 그들 행동은 뛰어난 부조에 조각되어 건물의 소벽(小壁)을 장식하고 있다. 다른 신들과 나란히 서 있는 아폴론이 첫째가는 자리를 요구하지 않은 채 다른 신들과 함께 서 있다고 하더라도, 우리는 이를 보고 잘못 생각해서는 안 된다. 아폴론 속에 구체화된 그 충동이 올림푸스적인 세계 전체를 낳았으며, 이러한 의미에서 아폴론이야말로 세계의 아버지라고 해도 좋다. 올림푸스 신들의 그처럼 빛나는 사회를 낳게 한 거대한 욕구는 도대체 무엇이었을까?

어떤 다른 종교를 마음속에 지닌 채, 이들 올림푸스 신들에게 접근하여 도덕적 숭고, 비육체적 정신성, 자애로운 사랑의 눈길을 찾으려는 사람이 있다면, 그 사람은 환멸을 느끼고 화가 나서 곧 그들에게서 등을 돌리게 될 것이다. 여기에는 금욕, 정신성, 의무를 생각하게 하는 것은 아무것도 없기 때문이다.

의기양양하기까지 한 존재만이 우리에게 말할 뿐이다. 이 존재 안에 있는 모든 것은 선악에 관계 없이 신격화되어 있다. 그래서 이를 보는 관찰자는 이 환상적인 삶의 충만 앞에서 깜짝 놀라 이렇게 자문할 것이다. 도대체 어떤 마법의 술을 마셨기에 이 오만한 사람들은, 그들이 어느 쪽을 보든, 그들 자신의 존재의 이상상인 헬레나가 '감미로운 관능 속을 떠돌며' 그들에게 미소를 던지는 것을 볼 수 있을 정도로 삶을 향락할 수 있었을까라고. 그러나 이미 등을 돌린 이 관찰자에게 우리는 다음과 같이 부르짖어야 한다. "자리를 떠나지 말고 우선 들어 보게. 여기서 도저히 설명할 수 없는 명랑성을 가지고 자네 앞에 펼쳐진 이 삶에 대해서 그리스인들의 민족적 지혜가 무엇을 말하고 있는지를."

오랜 전설이 있다. 미다스왕[12]은 디오니소스의 시종인 현자 실레노스[13]를 오랫동안 숲 속에서 추적했으나 잡지 못했다. 그가 마침내 왕의 손에 잡혔을 때 왕은 그에게 인간에게 가장 좋은 것, 그리고 가장 중요한 것이 무엇이냐고 물었다.

그 마신(魔神)은 꼼짝도 않은 채 입을 다물고 있었다. 그러다가 왕이 강요하자 마침내 껄껄 웃으면서 대답했다. "가련한 하루살이여, 우연의 자식이여 고생의 자식이여, 듣지 않는 편이 가장 복된 일일 텐데, 왜 내게 말하라고 강요하는가? 그대에게 가장 좋은 것은 그대들이 도저히 할 수 없는 것이네. 태어나지 않는 것, 존재하지 않는 것, 무(無)라는 것이지. 그러나 그대에게 차선(次善)의 것은—곧 죽어버리는 것이네."

이 민족적 지혜와 올림푸스 신들의 세계는 어떠한 관계를 가지고 있었을까? 그것은 고문 받는 순교자의 황홀한 환상과 그의 고통의 관계와 같다.

이제 우리 앞에 올림푸스의 마(魔)의 산이 나타나 그 뿌리를 우리에게 보여준다. 그리스인은 삶의 공포와 전율을 알고 있으며 또 느끼고 있었다. 살아가기 위해서 그들은 이러한 공포와 전율 앞에 올림푸스 신들이라는 꿈의 산물을 세워 두어야 했던 것이다. 자연의 거대한 힘에 대한 저 커다란 불신, 모든 인식 위에 무자비하게 군림하는 저 운명의 여신 모이라, 인간의 위대한 벗인 프로메테우스14)를 공격하는 저 독수리(Geier), 현명한 오이디푸스의 저 잔혹한 운명, 오레스트(Orest)에게 모친 살해를 강요하는 아트레우스15) 일가에 대한 저주, 요컨대 우울한 에트루리아인(Etrurier)을 멸망하게 한, 저 숲속의 신의 철학 전체와 그들의 신화 속의 여러 사례들—이 모든 것은 올림푸스 신들의 저 예술적 중간 세계를 통해 그리스인들에 의해서 끊임없이 극복되었고 은폐되고 시야에서 사라지게 되었다. 살기 위해서 그리스인은 가장 절실한 필요성에 의해 신들을 창조했다. 그 과정은 이렇게 상상해볼 수 있다. 원래의 거대한 공포의 신의 질서가 아폴론적 미의 충동에 의해서 서서히 변화하면서 올림푸스 환희의 신의 질서로 발전했다. 마치 장미꽃이 가시덤불에서 피어나는 것처럼.

만일 삶이 보다 높은 영광에 휩싸여 그리스 신들 속에 표현되어 그들에게 나타나지 않았다면 그토록 민감하고 그토록 욕망이 강렬하며, 고뇌하는 능력만을 가진 그 민족이 어찌 삶을 지탱할 수 있었을 것인가. 계속 살아가도록 유혹하는 삶의 보충 및 완성으로서의 예술을 불러일으킨 그 충동이 올림푸스의 세계를 탄생시켰으며, 그리스적 '의지'가 이 세계를 정화의 거울로 삼고 거기에다 자기 모습을 비추어보았던 것이다.

신들은 스스로 인간의 삶을 살아감으로써 인간의 삶을 정당화한다. 이것만으로도 충분한 변신론(辯神論)이지 않는가! 이러한 신들의 밝은 햇빛 아래서의 삶은 그 자체만으로도 추구할 가치가 있는 것으로 느껴진다. 이리하여 호메로스적 인간의 고통스런 삶은 이별, 특히 곧 찾아올 이별과 관계가 있는 것이다.

그러므로 이제 우리는 실레노스의 지혜를 거꾸로 뒤집어서 그리스인들에 대해 이렇게 말할 수 있을 것이다. "그들에게 가장 나쁜 것은 머지않아 죽는다는 것이며, 그 다음으로 나쁜 것은 누구나 언젠가는 죽는다는 것이다." 이 비탄이 한 번 울려 퍼지면, 단명했던 아킬레스로부터, 나뭇잎과 같은 인간의 무상함으로부터, 영웅시대의 종말에로부터 탄성이 들리게 된다.

가장 위대한 영웅이 비록 날품팔이로 산다고 해도 더 살고 싶어한다는 것은 부끄러운 일이 아니다. 이렇게 아폴론적인 단계(Apollinischen Stufe)[16]에서 '의지'는 삶을 뜨겁게 갈망했고, 호메로스적인 인간은 자신이 이러한 삶과 하나임을 느꼈기에 비탄마저도 삶의 찬가가 된다.

여기서 말해 두어야 할 것이 있다. 근대인이 동경에 가득 찬 눈으로 바라보던, 실러가 '소박'이라는 말로 표현한 자연과 인간의 조화, 즉 합일은 우리가 모든 문화의 입구에서 인류의 낙원으로서 만날 수밖에 없는 단순하고 자연 발생적인 불가피한 상태는 아니라는 것이다. 이러한 것을 믿을 수 있었던 것은 루소의 에밀을 예술가로서 생각하려 하고, 호메로스 속에, 자연의 품속에서 자란 예술가 에밀을 발견했다고 망상한 시대뿐이었다.

우리가 예술에서 '소박한 것'을 만날 경우, 거기에는 언제나 아폴론적인 최고의 문화 작용이 있다는 것을 알아야 한다. 아폴론적인 문화는 언제나 먼저 거인 왕국을 뒤엎어 괴물들을 죽여야 하고, 강력한 광기의 기만과 환희에 찬 환영으로 세계관의 무서운 심연과 민감한 고통의 능력을 이겨내야 한다. 그러나 소박한 것, 즉 가상의 미에 완전히 몰입하고 있는 상태는 얼마나 이루기 어려운가! 그러니 호메로스는 얼마나 말로 표현할 수 없을 정도로 숭고한가!

왜냐하면 그는 마치 꿈의 예술가가 그 민족과 자연이 꿈꾸는 능력을 대표하는 것처럼 아폴론적 민족 문화를 대표하기 때문이다. 호메로스적 '소박성'은 아폴론적 환상의 완전한 승리로 이해되어야 한다.

이것은 자연이 자신의 의도를 달성하기 위해서 자주 사용하는 것과 같은 환상이다. 참다운 목표는 환상에 의해 은폐된다. 우리는 이 환상을 잡으려고 두 손을 뻗고, 자연은 우리를 속임으로써 그 목표를 성취한다. 그리스인들 속에서 '의지'는 천재와 예술 세계를 찬미하면서 스스로를 나타내려고 했다.

스스로를 찬미하기 위해서는 의지의 피조물들도 자신을 찬미할 만한 가치가 있는 것으로 느껴야만 했다. 의지의 피조물들은 보다 높은 영역에서 서로 다시 만나야 했는데, 이렇게 완성된 직관의 세계는 그리스인들에게 무엇을 명령하거나 비난하지 않았다. 이것은 미의 영역이었고, 거기서 그리스인들은 거울에 비친 자신들의 영상인 올림푸스의 신들을 보았다. 미의 거울을 가지고 그리스의 '의지'는 예술적 재능과 관계있는 고뇌의 재능, 고뇌의 지혜에 이르는 재능에 맞서 싸웠다.

그리고 승리의 기념비로서 호메로스라는 소박한 예술가가 우리 앞에 서 있었다.

4

이 소박한 예술가에 대해서는 꿈의 비유가 몇 가지 가르침을 준다. 꿈을 꾸는 사람이 꿈속의 환영을 깨뜨리지 않고 '이것은 꿈이야. 나는 이 꿈을 더 꾸고 싶어' 이렇게 부르짖는다고 하자. 우리는 곧 꿈의 세계를 바라보는 일 자체가 내면적으로 깊은 쾌감을 준다는 결론을 이끌어낼 수 있다.

반면 꿈을 꿀 때 쾌감을 맛보기 위해서는 대낮과 대낮의 끔찍하고 귀찮은 일들을 완전히 잊어버려야만 한다. 이 모든 현상을 우리는 꿈 해설가인 아폴론의 인도에 따라 다음과 같이 해석할 수 있다. 삶은 확실히 반은 깨어 있고 반은 꿈꾸고 있는 상태로 있다. 그러나 우리는 깨어 있는 때가 비교도 안 될 만큼 우월하며, 중요하고 귀중하며, 살 만한 가치가 있다고 생각하거나 그때만 진정으로 살고 있는 것이라고 생각한다. 그렇더라도 나는 역설적으로 보이지만 우리 본질의—이 본질의 현상이 우리다—비밀스러운 근거를 해명하기 위해서 그와 정반대로 꿈을 평가할 수 있다고 주장한다. 즉 내가 자연 속에서 저 강력한 예술 충동을 감지하고, 이 충동들 속에서 가상에 대한 열렬한 동경과 가상을 통한 구원의 열렬한 갈망을 인식하면 할수록, 나는 다음과 같은 형이상학적 가설을 점점 더 받아들이게 된다.

실재하는 근원적 한 사람은 영원히 고통받는 자이자 모순에 가득 차 있는 자로서 자기를 끊임없이 구제하기 위해서 동시에 황홀한 환영, 환희에 넘치는 가상을 필요로 한다. 가상 속에 사로잡혀 있으며, 또 가상으로 이루어져 있는 우리 인간은 이 근원적 한 사람이 만들어 내놓은 가상을 참으로 존재하지 않는 시간과 공간과 인과율 속에 나타나는 부단한 생성으로, 바꾸어 말하면 경험적 실재로 느껴야 한다.

우리가 우리의 '실재'에서 잠시 눈을 돌려, 우리의 경험적 존재를 세계의 경험적 존재와 마찬가지로 매 순간 만들어져 나온 근원적 한 사람의 표상으로서 파악한다면, 우리는 이제 꿈을 가상의 가상으로, 그리고 가상에 대한 근원적 욕망의 보다 고차원적인 충족으로 보아야 한다. 이와 같은 이유에서 자연의 가장 내면적인 핵심은 소박한 예술가에 대해서, 그리고 '가상의 가상'에 지나지 않는 소박한 예술 작품에 대해서 말할 수 없는 환희를 느낀다.

불멸의 '소박한 예술가' 가운데 한 사람이었던 라파엘로는 어떤 비유적인 그림 속에서 가상이 가상으로 약화되는 과정(현실계라는 가상의 세계를 바꾸어 환상적 가상을 만들어내는 과정), 즉 소박한 예술가 및 아폴론적인 문화의 근원적 과정을 우리에게 묘사해 주고 있다. 그의 작품 〈그리스도의 변용〉의 하반부에는 미친 소년, 절망하는 운반자들, 어찌할 바를 모르고 겁에 질린 사도들의 모습이 그려져 있는데, 이 부분은 세계의 유일한 근거인 영원한 근원적 고통을 반영한다. '가상'은 여기서 영원한 모순, 즉 여러 사물의 아버지를 반영한다.

이 가상으로부터 이제 감미로운 향기처럼, 환영 같은 새로운 가상 세계가 솟아오른다. 첫 번째 가상(눈에 보이는 세계)에 사로잡혀 있는 사람은 이것을 전혀 볼 수 없다. 이것은 가장 순수한 환희와 크게 뜬 눈으로부터 반사되는 고통 없는 관조 속에 밝게 떠 있는 빛의 세계이기 때문이다.

여기서 우리는 최고의 예술적 상징을 통해 아폴론적인 미의 세계와 그 토대인 실레노스의 무서운 지혜를 똑똑히 보고 이 둘의 상호 필연성을 파악하게 된다. 그러나 아폴론은 또다시 우리에게 개별화 원리의 신격화로서 나타난다.

오로지 이 원리에서만 근원적 한 사람이 영원히 추구하는 목표, 즉 가상을 통한 자기 구원이 실현된다. 아폴론은 숭고한 몸짓으로 고통의 세계가 얼마나 필요한가를 우리에게 보여 준다. 개개인은 이 고통의 세계로 인해서 자기를 구원할 환영을 어쩔 수 없이 만들어내고, 이 환상의 관조에 깊이 잠겨들어 바다 한가운데 흔들리는 조각배 위에서도 고요히 앉아 있을 수 있다는 것을 보여준다.

이러한 개별화의 신격화를 일반적으로 명령적이고 훈계를 주는 것으로 생각하는 경우에는 오로지 하나의 법칙밖에 모른다. 개인의 한계를 지킨다는 것, 즉 그리스적 의미의 중용이 바로 그것이다. 윤리적인 신으로서 아폴론은 자신의 신자들에게 중용을 요구하며, 이 중용을 지킬 수 있도록 하기 위해 자기 인식을 요구한다. 그리하여 아름다움에 대한 미학적 요구와 함께 "너 자신을 알라!" "지나치지 말라!" 이런 요구가 생겨난다.

반면에 불손함과 지나침은 비아폴론적인 영역에 본래 적의를 가진 악령들로, 아폴론 이전의 시대인 거인 시대와 아폴론 이외의 세계, 즉 야만인 세계의 특성으로 생각되었다. 인류에 대한 거인적 사랑 때문에 프로메테우스는 독수리에게 몸이 찢겼고, 오이디푸스는 스핑크스의 수수께끼를 풀 정도로 지나친 지혜 때문에 범죄의 어지러운 소용돌이에 빠져야만 했다. 델포이의 신은 그리스의 과거를 이렇게 해석했다.

아폴론적인 그리스인에게는 디오니소스적인 것이 불러일으키는 영향도 '거인적'이고 '야만적'인 것으로 생각되었다. 그러나 이때도 그 자신이 내면적으로는 멸망한 거인이나 영웅들과 닮았다는 것을 스스로에게 감출 수 없었다. 뿐만 아니라 그 이상의 것을 느껴야만 했다. 고통과 인식의 은폐된 기반 위에 안주하고 그의 존재 전체는 모든 아름다움과 중용을 지녔음에도 불구하고, 저 디오니소스적인 것에 의해 다시 모습을 드러내게 된 것이다.

보라! 아폴론은 디오니소스 없이는 살아갈 수 없었다! '거인적인 것'과 '야만적인 것'은 결국 아폴론적인 것과 마찬가지로 필연적이다. 이제 우리는 가상과 중용 위에 세워져 인공적인 둑으로 둘러싸인 이 세계 속으로 디오니소스제(祭)의 황홀한 음조가 어떻게 점점 더 유혹적인 마법의 멜로디를 타고 흘러들어갈 수 있는지 생각해 보자. 또 어떻게 이 멜로디 속에 환희와 고통과 인식이 폐부를 찌르는 절규가 되었는지 생각해 보자. 유령 같은 하프 소리를 울리며 노래 부르는 아폴론의 예술가가 이 신 내리는 민요에 대해 도대체 무엇을 표현할 수 있었겠는가 생각해 보자! '가상' 예술의 여신 뮤즈들도 도취 속에서 진리를 말하는 예술 앞에서는 창백해지고 만다. 실레노스의 지혜가 명랑한 올림푸스 신들에게 '슬프도다! 슬프도다!' 탄식한다.

모든 한계와 절도를 지닌 개체들은 디오니소스적인 상태의 자기 망각 속에 빠져 갔고, 아폴론적인 규칙을 망각했다. 지나침이 진실로 모습을 드러냈고, 고통에서 탄생할 환희라는 모순이 자연의 가슴으로부터 자신을 알렸다. 그리고 디오니소스적인 것이 휩쓸고 지나간 모든 곳에서 아폴론적인 것이

지양되고 소멸되었다.

그러나 또한 명백한 사실은 첫 번째 공격을 견딘 곳에서는 델포이 신의 명성과 위엄이 훨씬 더 견고하고 위압적으로 되었다는 것이다. 따라서 나는 도리스 국가[17]와 도리스 예술을 아폴론적인 것이 살아남은 진영으로 설명할 수 있다. 디오니소스적인 것의 거인적이고 야만적인 본질에 부단히 저항함으로써 성벽으로 둘러싸인 예술, 그토록 전투적이고 가혹한 교육, 그토록 잔혹하고 용서 없는 국가 조직이 오랫동안 존속할 수 있었던 것이다.

여기까지는 내가 이 책의 첫머리에서 말한 것을 좀 더 상세하게 논한 것에 지나지 않는다. 디오니소스적인 것과 아폴론적인 것이 계속해서 새로운 탄생을 되풀이하고 서로 강화시켜 나가면서 어떻게 그리스인의 본질을 지배해 왔는가를 다루었다.

거인들의 투쟁이 있었고 잔혹한 민간철학이 있었던 '청동기' 시대로부터 아폴론적 미의 충동의 지배 아래서 어떻게 호메로스의 세계가 발전했고, 디오니소스적인 것의 거센 물결이 밀려와 이 '소박'한 장엄을 어떻게 삼켰으며, 이 새로운 세력에 맞서 아폴론적인 것이 어떻게 스스로를 도리스 예술과 도리스 세계관의 군건한 위엄으로 고양시켰는가를 다루었다.

고대 그리스의 역사는 저 적대적인 두 원리의 투쟁 속에서, 네 가지 커다란 예술 단계로 구분된다. 그러나 마지막에 도달한 단계, 즉 도리스식 예술의 시기가 저 예술 충동의 절정도 의도도 아니라면, 우리는 이제 이러한 생성과 활동의 궁극적 계획에 대해 묻지 않을 수 없다. 여기서 아티카 비극과 극적인 주신찬가라는 숭고하고 찬양받는 예술 작품이 이 두 충동의 공통적 목표로 우리 눈앞에 나타난다.

오랜 투쟁 끝에 이루어진 두 충동의 신비로운 결혼은 그들의 자식인 작품—안티고네[18]인 동시에 카산드라[19]—속에서 영광을 입었다.

5

이제 우리는 연구의 본래 목적에 가까이 가고 있다. 디오니소스적—아폴론적 예술가와 그 예술 작품을 인식하고, 적어도 그 통일성의 신비를 예감하며 이해하려 했던 목표에 다가간 것이다. 여기에서 우리는 우선 그 뒤에 비극과 연극적 주신찬가로 발전해갔던 저 새로운 싹이 그리스 세계의 어디에서 맨 처음 나타났는가 하는 의문을 제기한다. 이 점에 대해선 고대가 구체적 실례를 제공한다.

고대는 그리스 문학의 시조 및 봉화 전달자인 호메로스와 아르킬로코스를 조각이나 보석 등에 나란히 새겨 넣었는데, 이것은 쌍벽을 이루는 두 독창적인 인물만을 그리스의 후대 전체에 걸쳐서 흐른 불꽃의 흐름의 원천으로 생각해야 한다는 확신에서 비롯된다.

자기 내면으로 침잠하는 백발의 예술가, 아폴론적인 소박한 예술가의 전형인 호메로스는, 이제 삶 속을 내닫는 전투적인 뮤즈의 시종 아르킬로코스의 정열적인 정신을 깜짝 놀란 눈으로 바라본다. 이 점에 대해 근대 미학은 비로소 '객관적' 예술가 앞에 최초로 '주관적' 예술가가 대립되어 나타난 것이라고 해석할 뿐이었다.

이러한 해석은 우리에게 그다지 도움이 되지 않는다. 우리가 주관적 예술가를 열등한 예술가에 지나지 않는다고 생각하고 있고, 예술의 모든 종류와 단계에서 무엇보다 먼저 주관적인 것을 극복하고, '자기'로부터 해방되고, 모든 개인적인 의지와 욕망을 억제하도록 요구하기 때문이며, 게다가 객관성 즉 이해관계를 떠난 순수한 직관 없이는 진정한 예술적 창작은 기대할 수 없다고 생각하기 때문이다.

그러므로 우리의 미학은 '서정시인'이 어떻게 해서 예술가가 될 수 있는가 하는 문제를 먼저 해결해야 한다. 서정시인은 모든 시대의 경험에 비추어 볼 때, 항상 '나'를 말하고 자기의 열정과 욕망의 반음계(半音階) 모두를 우리에게 노래한다. 바로 이 아르킬로코스는 호메로스의 옆에서 증오와 조소를 부르짖으면서, 도취 상태에서 자기 욕망을 분출하여 우리를 놀라게 한다.

그렇다면 아르킬로코스는 최초의 주관적 예술가라고 불리는 그야말로 비예술가가 아닌가. 이것이 사실이라면, '객관적' 예술의 중심지인 델포이의 신탁마저도 주목할 만한 잠언에서 시인인 그에게 비친 그 찬양은 어디에서 온 것일까?

실러는 자기 스스로도 설명할 수는 없지만, 자신의 시 창작 과정을 의심할 여지가 없어 보이는 심리학적 관찰로써 밝힌다. 그는 시 창작을 하기에 앞서 오히려 음악적 기분을 갖는다고 한다. 사상의 질서정연한 인과율에 따라 배열된 일련의 영상들 같은 것을 마음속에 떠올리는 것이 아니다. ('나의 경우, 그 느낌은 처음에는 일정하고 명확한 대상을 갖지 않는다. 대상은 뒤에 가서 형성된다. 어떤 음악적 기분이 먼저 일어나고 그것에 이어 비로소 시적 이념이 나타난다.') 고대 서정시 전체의 가장 중요한 현상은 서정시인과 음악가의 결합, 즉 동일 인물이 시를 썼다는 사실이다—이에 비해 우리 근대 서정시는 머리가 없는 신상처럼 보이지만—이 현상은 당시에는 당연하게 생각되었다. 우리는 이제 앞서 말한 미적 형이상학을 근거로 서정 시인에 대해 이렇게 설명할 수 있다. 서정시인은 우선 디오니소스적 예술가로서 근원적한 사람과 일체되고 그의 고통 및 모순과도 완전히 하나가 되어서 음악을 만들어낸다.

만일 이 음악이 세계의 반복, 세계의 이차원적인 유출이라고 정당하게 불린다면 그는 이원적 유일자의 모상을 음악으로 산출한 것이다. 그러나 이제 이 음악은 그에게 마치 비유적인 꿈의 현상과 같은 모습으로 아폴론적인 꿈의 영향을 받아 눈에 보이게 된다. 영상도 개념도 없이 이루어진 음악 속에 아폴론적인 꿈의 영향은 근원적 고통을 구원하여 개개의 비유 혹은 표본을 만들어낸다.

예술가는 이미 디오니소스적 과정 속에서 자신의 주관성을 탈피했다. 이제 세계의 마음과 하나가 된 영상은 근원적인 쾌감과 함께 근원적 모순과 근원적 고통을 구체화 하여 눈으로 보게 해주는 꿈의 장면이 된다. 따라서 서정시인의 '자아'는 존재의 심연에서 울려나온다. 근대 미학자들이 사용하는 의미에서 그의 '주관성'은 하나의 망상일 뿐이다. 그리스의 제일의 서정시인 아르킬로코스가 뤼캄베스의 딸들[20]에게 자신의 미칠 듯한 사랑과 경멸을 표할 때, 우리 앞에서 도취의 황홀경에 빠져 춤추는 것은 그 개인의 정열이 아닌 것이다.

우리는 디오니소스와 그의 여자 시종 마이나데스이며 잠들어가고 있는 도취한 열광자 아르킬로코스다. 에우리피데스가 「바커스의 무녀들」 속 디오니소스를 그리듯이, 아르킬로코스는 높은 알프스의 목장에서 한낮의 태양 아래 잠든다. 그리고 이제 아폴론이 다가와 월계수 잎으로 그의 몸을 건드린다.

잠자는 사람의 디오니소스적·음악적 마력은 이제 형상의 불꽃처럼 그의 주위에서 타오르고 있다. 이것이 바로 최고로 발전한 비극과 연극적 주신찬가로 불리는 서정시들이다.

조각가와 이와 같은 계통의 서정시인은 형상에 대한 순수한 관조에 몰두한다. 디오니소스적인 음악가는 아무런 형상도 없이 단지 근원적 고통과 이 고통의 반향(反響)일 뿐이다. 서정적 천재는 신비한 자기 포기 상태와 합일 상태로부터 조각가나 서사시인의 세계와는 전혀 다른 색채, 인과율, 속도를 가지고 있다.

조각가와 서사시인은 이 형상들 속에서만 즐거움을 느낄 수 있고, 그 형상들을 아주 미세한 부분까지도 지칠 줄 모르고 애정 어린 시선으로 바라본다. 그들에게 화난 아킬레우스는 하나의 형상에 지나지 않으며, 그의 화난 표정은 가상에 대한 꿈의 욕망을 가지고 관상을 보는 대상에 지나지 않는다. 그래서 서사시인은, 이러한 가상의 반영을 통해서 작품 속의 인물과 융합하거나 하나가 되는 위험에서 벗어난다.

이와는 반대로 서정시인의 형상들은 그 자신에 지나지 않는다. 말하자면 그것은 자기 자신의 여러 가지 다양한 객관화일 뿐이다. 그러므로 그는 세계의 움직이는 중심점으로서 '나'를 말해도 되는 것이다. 다만 이 '자아'는 깨어 있고, 경험적·현실적인 인간의 자아도 아니며, 참으로 존재하는 유일한 자아, 여러 가지 사물의 근저에 자리잡은 자아이다. 서정적 천재는 이 자아의 모상을 통해서 사물의 근저까지 꿰뚫어 본다.

우리는 이제 어떻게 서정적 천재가 이러한 모상 아래서 자기도 천재가 아니라고 인정하는지, 그리고 커다란 자아의 모상 속에 자신의 '주관'을 인정하는지 생각해 보자. 또한 그가 실재한다고 생각되는 어떤 사물에 대한 주관적 열정과 의지가 뒤섞인 전체를 인정하는 지를 생각해 보자. 만약 서정적 천재와 그에 결부된 비천재가 마치 하나인 것처럼 보이고, 마치 서정적 천재가 자기 자신에 대해서 '나'라는 말을 하는 것처럼 보이더라도, 이러한 겉모습에 속은 사람들이 서정시인을 주관적 시인이라고 부르는 것처럼 더 이상 우리는 속지 않을 것이다. 정열에 불타올라 사랑하는 인간인 아르킬로코스는 사실 정령의 환상에 지나지 않는다.

이 정령은 이미 아르킬로코스 개인이 아니라 세계의 영이며, 자신의 근원적 고통을 인간 아르킬로코스라는 비유를 써서 상징적으로 표현한다. 이와 반대로 주관적인 의지와 욕망을 가진 인간 아르킬로코스는 결코 시인이 될 수 없다. 그러나 서정시인은 자기 앞의 인간 아르킬로코스의 현상만을 영원한 존재의 반영으로 볼 필요는 없다. 비극은 서정시인의 환영 세계가 가장 가까이 있는 저 현상으로부터 얼마나 멀리 떨어질 수 있는가를 증명한다.

서정시인이 철학적인 예술관을 갖는 데 어려움이 있다는 것을 감추지 않았던 쇼펜하우어는 하나의 탈출구를 발견했다. 나는 그와 함께 이 길을 갈 수는 없지만, 어려움을 결정적으로 없앨 수 있는 수단은 그의 손에, 즉 음악에 대한 그의 심오한 형이상학에 주어져 있다.

나는 그의 정신을 계승하여 그리고 그의 명예를 위해서 여기에 어려움을 해결했다고 믿는다. 그는 노래의 고유한 본질에 대해 「의지와 표상으로서의 세계」 제1권, 295쪽에서 다음과 같이 말한다.

"노래하는 자의 의식을 가득 채우는 것은 의지의 주체, 즉 자신의 의욕이다. 그것은 가끔 해방되고 충족된 의욕(환희)으로서, 그보다는 훨씬 더 자주 억압된 욕구(비애)일 수도 있다.

그것은 항상 정념, 열정, 감동의 마음 상태이다. 그러나 이와 동시에 주위의 자연을 바라봄으로써 노래하는 자는 자신을 순수하고 의지가 없는 인식의 주체로서 인식하게 된다. 이제 이 인식의 흔들림 없는 심적 고요는 항상 제한되어 여전히 충족되지 못한 의욕의 충동과 대조를 이룬다.

이 대조의 느낌이야말로 노래 전체에 표현되는 것이며, 일반적으로 서정적 상태를 이루는 것이다. 서정적 상태에서 말하자면 순수한 인식이 우리를 의욕과 그 충동으로부터 구원하기 위해 다가온다. 우리는 이 인식을 따른다.

이것은 잠시뿐이다. 우리는 의욕과 우리의 개인적인 목적을 상기하여 고요한 관조에서 빠져나온다. 그러나 가장 가까이 있는 아름다운 환경은 항상 다시금 우리를 의욕에서 꾀어낸다. 이 환경 속에서는 순수하고 의지가 없는 인식이 우리 앞에 나타난다. 그러므로 노래나 서정적 기분에서는 욕구(목적에 대한 개인적 관심)와 눈앞의 환경에 대한 순수한 관조가 기묘하게 뒤섞인다.

이 둘의 관계를 탐구하고 상상하면 주관적인 기분이나 의지의 흥분은 자기 색채를 관조된 환경에 반영하고, 이 환경은 다시 그 색채를 전자에 반영한다는 것을 알 수 있다. 이처럼 혼합되고 분열된 정서의 모든 상태를 복사(複寫)한 것이 진정한 노래이다."

이 서술을 읽고, 서정시가 이리저리 뛰어다니면서 목표에 도달하지 못하는 예술, 불완전하게 달성된 예술로 특정지어져 있다는 것을 오해하는 사람이 있을까? 또 의욕과 순수한 관조, 즉 비미학적인 상태와 미학적 상태의 기묘한 혼합 속에 반예술(牛藝術)적 본질이 있다는 것을 오해하는 사람이 있을까?

쇼펜하우어 또한 예술을 분류할 때 마치 주관적인 것과 객관적인 것의 대립 관계 가치기준으로 사용했는데, 우리는 도리어 이러한 대립 자체가 일반적으로 미학에서는 부적당하다고 주장한다. 왜냐하면 주체, 욕구를 가지고 자기의 이기적 목적을 추구하는 개체는 예술의 근원으로서가 아니라 오로지 예술의 적으로서만 생각되기 때문이다.

그러나 그 주체가 예술가인 이상, 그는 이미 자신의 개인적 의지로부터 해방되었고 그로 인해 실재하는 하나의 주체는 가상에서의 자기 구원을 축복하는 매개자가 되었다. 왜냐하면 모든 예술 연극이 결코 우리를 위해서, 우리의 개선과 교육을 위해서 상연된 것이 아니며, 우리가 저 예술 세계의 본래 창조자도 아니라는 사실을 자각해야 하기 때문이다. 그러나 우리는 우리 자신이 예술 세계의 진정한 창조자에게는 이미 영상들이고 예술적인 투영(投影)이며, 또한 예술 작품의 의미 속에서 최고의 존엄을 가진다는 사실을 인정해도 될 것이다. 실존과 세계는 미적 현상으로서만 영원히 정당화기 때문이다.

물론 우리의 의미에 대한 이러한 의식은 화폭 위에 그려진 군인들이 그 화폭에 표현된 전투에 대해 가지는 의식과 다르지 않다. 그러므로 우리의 예술에 대한 모든 지식은 완전히 환상적인 것이다. 왜냐하면 저 예술이라는 연극의 유일한 창조자이자 관객으로서 영원히 향락을 누리는 그 존재와 우리는 결코 하나가 아니며, 동일하지도 않기 때문이다.

다만 천재가 예술적 창조 행위를 할 때 세계의 근원적 예술가와 융합한다면, 그는 예술의 영원한 본질에 대해서 무엇인가 알게 된다. 그러한 상태에서 그는 이상하게도 눈알을 빙글빙글 돌려서 자기 자신을 바라볼 수 있는 동화 속의 섬뜩한 인물과 흡사하기 때문이다. 이때 그는 주체인 동시에 객체이며, 시인인 동시에 배우이며 관객이다.

아르킬로코스에 대해 학자들이 발견한 것은, 그가 문학에다 민요를 도입하였다는 것, 그리고 이 업적 때문에 그리스인의 일반적 평가에서 호메로스와 어깨를 나란히 할 수 있는 유일한 지위가 그에게 주어졌다는 것이다.

그러나 서사시가 완전히 아폴론적인 데 반해서 민요의 본질은 무엇인가? 아폴론적인 것과 디오니소스적인 것이 결합하는 부단한 흔적이 아니고 무엇이란 말인가. 항상 새로이 탄생하면서 강화되며 모든 민족에 퍼져가는 민요의 맹렬한 전파력은 우리에게 자연의 저 이중적 예술 충동이 얼마나 강한가를 보여주는 하나의 증거이다. 어떤 민족의 열광적인 운동이 그의 음악 속에 영원히 흔적을 남기는 것과 마찬가지로 저 자연의 이중적 예술 충동은 그 흔적을 민요 속에 남긴다.

실제로 민요가 풍미했던 시대가 동시에 디오니소스적 조류의 강력한 영향을 받았다는 사실은 역사적으로도 증명할 수 있을 것이다. 우리는 디오니소스적 조류를 항상 민요의 바탕이자 전제로 보아야 한다.

우리는 민요를 무엇보다도 음악적인 세계의 거울이며 근원적인 선율로 생각한다. 이 선율이 이제 이에 대응하는 꿈의 현상을 찾아 그 현상을 시로 표현한다. 선율이야말로 최초의 것이고 보편적인 것이다. 그렇기 때문에 여러 가지 가사에 의해서 여러 가지로 대상화할 수 있다. 민중의 소박한 평가에서도 선율은 훨씬 더 중요시되며 필수불가결한 것으로 생각된다.

선율은 그 자신의 몸에서 시를 낳는다. 그리고 그것을 늘 새롭게 되풀이한다. 바로 민요의 분절 형식이 이것을 알려준다. 마침내 이러한 해석을 발견할 때까지 나는 이 분절 형식을 늘 경탄하며 고찰했다. 예컨대 「소년의 마적」 같은 민요집을 이 이론에 비추어 보면, 이 끊임없이 산출되는 선율이 주위에 형상의 불꽃을 흩뿌리는 수많은 사례를 발견할 것이다. 이 형상들은 그 다채로움, 급격한 변화, 그리고 그 미처 날뛰는 점에서 서사시적인 가상이나 그 고요한 흐름과는 매우 이질적인 힘을 나타낸다. 서사시의 관점에서 보면 이러한 서정시의 불균형하고 불규칙적인 형상의 세계는 바로 부정되어야 한다. 테르판드로스(Terpandros)[21] 시대의 아폴론 축제에서 장엄하게 서사를 읊은 음유시인들은 그렇게 했다.

우리는 민요의 가사 속에서 언어가 음악을 모방하려고 매우 긴장하고 있는 것을 본다. 호메로스의 시 세계와 가장 근본적으로 모순되는 하나의 새로운 시 세계가 아르킬로코스와 함께 시작된다. 이로써 우리는 시와 음악, 언어와 음조 사이의 유일하게 가능한 관계를 설명했다. 언어, 형상, 개념은 음악과 유사 표현을 찾으며 이제는 음악의 위력을 전면적으로 받는다.

이러한 의미에서 우리는 그리스 민족의 언어 역사를, 언어가 현상계와 형상계를 모방했는가, 아니면 음악 세계를 모방했는가에 따라 두 개의 주요 흐름으로 구별할 수 있을 것이다.

이 대립의 의미를 파악하기 위해서는 호메로스와 핀다로스(Pindar)[22]에서 나타나는 색채, 통사적 구조와 어휘의 차이점에 대해 좀더 생각해 보는 것이 좋다. 그러면 호메로스와 핀다로스 사이에 올림푸스의 열정적 피리 가락이 울려 퍼졌다는 사실이 구체적으로 분명해질 것이다. 이 피리 가락은 음악이 비교도 안 될 만큼 발달한 아리스토텔레스 시대에도 사람들을 도취적 열광 상태로 몰아넣었고, 그 근원적 영향력은 당시 사람들을 유혹하여 그 피리 가락에서 모든 시적 표현 수단을 모방하도록 만들었다. 나는 여기서 우리 미학에는 불쾌하게만 생각되는, 우리시대의 잘 알려진 한 현상에 주의를 돌리고자 한다. 우리가 되풀이해서 경험하는 일이지만, 예컨대 베토벤의 교향악을 들을 때 개개의 청중은 아무래도 머릿속에 어떤 형상을 그리게 된다.

하나의 악장에서 산출된 여러 가지 형상 세계들이 모이면, 참으로 환상적으로 다채롭게, 또 서로 모순되게 보일 것이다. 거기에 빈약한 기지를 발휘하여 그것들을 조합하지만, 진정 설명할 만한 가치가 있는 현상을 간과해 버리는 것, 이것이 우리 미학의 수법이다. 설령 작곡자 자신이 작곡에 대해서 비유적으로 말하는데, 예컨대 어떤 교향곡을 「전원교향곡」이라 부르고, 그 한 악장을 〈시냇가의 풍경〉, 다른 악장을 〈농부의 즐거운 모임〉이라 이름을 붙이는 경우가 미학의 수법이라 할 수 있다.

그것은 다만 음악에서 태어난 비유적 표상에 불과하다. 음악이 모방하는 대상이란 전혀 없다. 이러한 표상은 음악의 디오니소스적인 내용에 대해 어느 측면도 우리에게 가르쳐줄 수 없다. 또한 다른 형상들과 마찬가지로 어떤 독자적인 가치도 지니고 있지 않다. 분절 형식의 민요가 어떻게 해서 생겨나는가, 또 언어능력 전체가 음악의 모방이라는 새 원리에 의해서 어떻게 자극되는가를 예감하기 위해서는 이제 먼저 있던 음악이 형상들 속으로 폭발적으로 표현되는 과정을 젊고 활기찬, 언어적으로 창조적인 어떤 대중들에게 적용해 봐야 한다.

이처럼 서정시는 언어가 음악을 모방한 것이며, 따라서 음악은 언어의 상징적 비유나 언어의 개념을 통해서 섬광처럼 비치는 것이라 볼 수 있다. 그렇다면 그 다음에 제기되는 문제는 그러한 상징성과 개념의 거울에 음악은 어떠한 것으로 나타나는가 하는 점이다. 그 답은 '음악은 의지로서 나타난다'는 것이다.

여기서 '의지'란 쇼펜하우어가 말하는 의미에서 해석한 것이다. 따라서 음악은 미학적이고 순수하게 관조적이며, 의지가 없는 미적 기분의 반대로를 의미한다. 이때 사람들은 가능한 한 명확하게 본질의 개념을 현상의 개념과 구별해야 한다. 음악은 그 본질상 의지일 수 없기 때문이다.

음악이 의지라고 한다면, 예술의 영역에서 완전히 추방되어야 한다. 왜냐하면 의지는 그 자체로는 미적인 것이 아니기 때문이다. 그러나 음악은 의지로서 나타난다.

왜냐하면 음악이 형상 속에 표현되기 위해서 서정시인은 사랑의 속삭임부터 광기의 노여움에 이르기까지 온갖 정열의 충동을 필요로 하기 때문이다. 아폴론적인 비유로 음악을 이야기하려는 충동에 사로잡힌다면, 서정시인은 모든 자연과 그 속에 있는 자기 자신을 영원히 갈망하고, 열망하고, 동경하는 자로서 이해하게 된다.

그러나 그가 음악을 형상으로 해석하는 한, 비록 음악이라는 매개체를 통해 관조하는 모든 것이 그의 주위에서 아무리 밀고 당기며 움직이고 있더라도, 그 자신은 아폴론적인 고요의 바다에서 편히 쉰다. 물론 그가 음악의 매체를 통해 자신을 바라본다면, 자신이 불만스러운 감정 상태에 있다는 것을 발견하게 될 것이다. 그에게 자기 자신의 의욕, 동경, 신음, 환호는 음악을 해석하기 위한 비유이다.

이것이 서정시인의 현상이다. 그 자신은 완전히 의지의 욕구로부터 벗어난 순수하고 맑은 태양의 눈이지만, 아폴론적인 천재로서 음악을 의지의 형상으로 해석한다.

이러한 모든 논의는 서정시가 음악 정신에 의존하고 있다는 사실은 물론 음악 자체가 그 무제약성 때문에 형상과 개념을 필요로 하지 않고 오히려 그 형상과 개념을 옆에 두고 참고 있는 것이라고 주장한다.

서정시인 음악을 들었을 때 자신의 느낌을 어떤 비유적인 형상과 개념으로 표현하고 싶더라도, 그의 작품인 시는 원래 음악 속에 보편타당한 것으로 존재하지 않았던 것은 아무것도 표현할 수는 없다. 음악의 세계 상징은 바로 이런 이유에서 언어로는 도저히 충분히 설명할 수 없다.

왜냐하면 음악이라고 하는 것은 근원적 한 사람의 가슴속에 있는 근원적 모순과 고통과 상징적으로 관계를 맺고 있으며, 따라서 모든 현상은 도리어 단순한 비유에 지나지 않기 때문이다. 그러므로 언어가 현상들의 기관이자 상징인 이상 결코 음악의 가장 깊은 내부를 드러낼 수는 없으며, 음악을 모방하려고 하더라도 언제나 언어는 음악과의 피상적인 접촉에만 머무를 뿐이다.

서정시가 아무리 그 표현을 다한다 하더라도, 음악의 가장 깊은 의미에서는 한 발자국도 가까이 다가갈 수 없는 것이다.

7

그리스 비극의 기원은 미로라고 표현할 수밖에 없는데, 우리가 이 미로에서 빠져나갈 길을 찾기 위해서는 지금까지 논의된 모든 예술 원리의 도움을 받아야 한다. 고대 전승의 단편적인 누더기가 이미 자주 조합되고, 쪼개졌음에도 불구하고, 비극의 기원에 대한 문제가 해결되기는커녕 지금까지 한 번도 본격적으로 제기된 적이 없었다고 말한다면, 나는 그것이 전혀 불합리한 주장은 아니라고 생각한다.

이러한 전승은 우리에게 비극은 비극 합창단에서 발생했으며, 비극은 근원적으로 합창에 지나지 않으며, 합창단 이외의 아무것도 아니라는 것을 단호히 말한다.

우리는 비극 합창단이란 이상적인 관객이라든가, 무대 장면이라는 제후들의 영역과는 반대되는 민중을 대표하는 영역이라는 상투적인 예술의 미사여구에 만족하지 않고, 본래의 연극으로써의 이 비극적 합창의 핵심에 접근해야 한다. 앞에서 마지막 해석—민중으로 이루어진 합창단에는 민주적 아테네 시민의 영원한 도덕률이 나타나 있으며, 이 합창단이야말로 왕들의 정열적인 난행과 방종을 초연하게 바라 본다—은 아리스토텔레스의 한 마디

말로 아무리 강력하게 시사되었다 할지라도, 비극이 원래 어떻게 해서 성립되었는가 하는 근본 문제에 대해서는 어떤 실마리를 제공하지 못한다.

왜냐하면 민중과 왕후와의 대립이라든가, 일반적으로 정치적, 사회적 영역의 문제는 순전히 종교적인 기원에서는 제외되고 있기 때문이다.

우리는 아이스킬로스와 소포클레스의 고전적 비극 합창 형식에 관해서도 거기에 '입헌적 대의제도'가 예감된다고 하는 설을 모독이라고 본다. 그러나 사람들은 이러한 모독을 감수하며 받아들였던 것이다. 입헌적 대의제도와 같은 것은 고대의 국가 제도가 실제로 알지 못했으며, 아마 그 비극 속에서도 '예상'조차 할 수 없었던 것이다.

합창단의 이러한 정치적 해석보다는 A.W. 슐레겔[23]의 견해가 훨씬 유명하다. 그는 합창단을 관중의 핵심이요 진수로서, 즉 '이상적 관객'으로 볼 것을 우리에게 권장하고 있다. 이 견해는 비극이 원래 합창단에 지나지 않았다고 하는 역사적 전승과 비교할 때 그 정체가 드러난다. 즉 이 견해는 조잡하고 비과학적이기는 하지만 빛나는 주장이다.

그러나 이 견해가 빛나고 있다 하더라도 그 표현의 집중적인 형식에 의해서, '이상적'이라고 불리는 모든 것에 대한 게르만적인 편파성에 의해서, 그리고 우리의 일시적인 경이에 의해서 얻어진 것에 지나지 않는다. 즉, 우리가 잘 알고 있는 극장의 관중을 저 합창단과 비교하면, 그리고 이러한 관중을 이상화함으로써 거기에서 비극 합창단과 닮은 것을 만들어낼 수 있는가를 묻게 된다면, 우리는 놀라게 되는 것이다.

우리는 이것을 마음속에서 은밀히 부정하면서 이제 그리스 관중이 전혀 다른 성질을 가졌다는 것에 놀라는 동시에, 슐레겔의 주장의 대담함에도 놀라게 된다. 왜냐하면 진정한 관객이란, 비록 그 관객이 누구든지 간에 자기들이 보고 있는 것은 예술 작품이며, 경험적 현실이 아니라는 것을 자각해야 한다는 것은 당연하다고 생각해 왔기 때문이다.

그런데 그리스인의 비극 합창단은 무대의 인물을 생생한 실재의 인물로 보게 한다. 바다의 신 오케아노스 딸들의 합창단[24]은 실제로 거인 프로메테우스를 눈앞에 보고 있다고 믿고 있으며, 자신을 무대 위의 신과 마찬가지로 실재한다고 생각하고 있다.

그러면 오케아노스의 딸들처럼 프로메테우스가 육체를 가지고 거기에 존재하며 실재하고 있다고 생각하는 것이 과연 최고의, 그리고 가장 순수한 부류의 관객이라고 할 수 있을까? 무대 위에 뛰어올라 신을 그 고통에서 벗어나게 하는 것이 이상적인 관객의 특징이라고 할 것인가? 우리는 미적 감각을 가진 관객을 믿었으며, 개개의 관객은 예술 작품을 예술로서, 즉 미적으로 받아들이는 능력이 있으면 있을수록 그만큼 유능한 관객이라고 생각했다.

그런데 이제 슐레겔의 말은 이상적인 관객이란 무대의 세계에서 미적인 감명을 받는 것이 아니라, 생생한 경험적인 인상을 받는다는 것을 우리에게 시사한다. 오오, 이 그리스인들이여! 그대들은 우리의 미학을 뒤집어 놓는 것이 아닌가! 우리는 탄식했다. 그러나 이러한 일에 익숙해진 우리는 합창단이 문제될 때마다 슐레겔의 말을 되풀이했던 것이다.

그러나 이 경우 극히 명확한 전승이 슐레겔에게 이의를 제기한다. 비극의 원시적 형태였던 무대 없는 합창단과 이상적인 관객으로 이루어진 합창단과는 양립될 수 없는 것이다. 관객이라는 개념에서 벗어난 예술이란 도대체 어떠한 종류의 것일까? 이러한 예술의 형식으로는 '관객 자체'를 생각하지 않으면 안 될 것이다.

연극 없는 관객이란 모순된 개념이다. 우리는 비극의 탄생을 합창단에 나타나 있는 민중의 도덕적 판단력에 대한 존경으로부터, 그리고 연극 없는 관객이라는 개념으로부터도 설명할 수 없는 것이 아닌가 하고 생각한다. 이러한 천박한 고찰 방법을 가지고서는 도저히 다룰 수 없을 만큼 이 문제의 내력은 너무나 깊다는 것이 우리의 견해이다.

합창단의 의의에 대한 훨씬 가치 있는 통찰은 실러가 이미 「메시나의 신부」의 유명한 서문에서 시사하고 있다. 그는 합창단을 현실의 세계로부터 차단된 비극이 비극 특유의 이상적인 영역과 그 시적 자유를 확보하기 위해서 자기의 주위에 둘러친 살아 있는 성벽이라고 보고 있다.

실러는 이 무기를 가지고 자연적이라는 비속한 생각, 연극의 경우에 자각이라는 것이 일반적으로 요구되고 있다는 견해에 맞서 싸운다. 그에 의하면 대낮이라 하더라도 무대 위에서는 인공적인 대낮에 지나지 않으며 건축물도 상징적인 것이며, 운율적인 언어도 이상적인 성격을 띠고 있으나, 결국 여전히 오해가 지배하고 있다는 것이다.

즉, 사실은 모든 시의 본질인데 사실을 단순히 시적 자유로 허용하는 것만으로는 충분하지 못하기 때문이다. 합창단을 끌어들이는 것은 그것으로 예술상의 모든 자연주의에 대해 공개적으로 선전포고하는 결정적인 조치라고 실러는 말한다. 이와 같은 고찰 방법은 자기의 우월을 함부로 믿는 현대가 '사이비 이상주의'라는 모욕적인 슬로건을 사용하는 것처럼 보인다.

내가 두려워하고 있는 것은 자연적인 것, 현실적인 것을 존중하는 나머지, 그들 현대인이 모든 이상주의와 정반대의 극에 다다른 것이 아닌가 하는 점이다. 즉, 납세공(蠟細工)의 진열장이라고도 할 영역에 다다른 것이 아닌가 하는 것이다. 이들 진열실에도 예술은 있다. 마치 현대의 어떤 통속 소설에도 예술이 있는 것처럼. 다만 이러한 예술에 의해서 실러, 괴테의 이른바 '사이비 이상주의'가 극복되었다고 자부함으로써 우리를 괴롭히지 말기를 바랄 뿐이다.

실러의 올바른 통찰에 의하면 원시 비극의 합창단, 즉 그리스의 사티로스 합창단이 언제나 걸어가는 곳은 물론 이상적인 땅이다. 이 땅은 보통의 인간이 왕래하는 현실의 길보다 훨씬 높은 장소이다. 그리스인은 이 합창단을 위해서, 가공적인 자연 상태를 나타내는 발판을 만들고 그 위에다 가공적인 자연적 존재자를 두었다.

비극은 이러한 기반 위에서 성장했으며, 이 이유만으로도 이미 처음부터 현실의 꼼꼼한 묘사는 외면되고 있었다. 그러나 그것은 멋대로 하늘과 땅 사이의 공상에 의해서 설정한 세계는 아니다. 오히려 그것은 올림푸스 산과 거기에 살고 있는 신들이, 신앙심이 두터운 그리스인에게 갖고 있었던 것과 같은 현실성과 신빙성을 가진 세계였다. 디오니소스제 합창 단원인 사티로스는 신화와 예배에 의해서 정화(淨化)된, 종교적으로 승인된 현실의 세계에 살고 있다.

사티로스와 함께 비극이 시작했다는 것, 사티로스의 입을 빌려서 비극의 디오니소스적인 지혜가 이야기되었다는 것은 일반적으로 비극이 합창단으로부터 발생한 것과 마찬가지로 우리에게는 기이하다고 생각되는 현상이다. 만약 우리가 가공의 자연적 존재자인 사티로스와 문명인에 대한 관계가 디오니소스적인 음악과 문명에 대한 관계와 같다는 주장을 듣는다면, 아마 우리는 고찰의 출발점을 얻을 것이다.

문명에 관해서 리하르트 바그너는 마치 등불이 햇빛에 의해서 그 빛을 잃는 것처럼, 문명은 음악에 의해서 무력화되었다고 말하고 있다. 마찬가지로 그리스의 문화인은 사티로스 합창단의 얼굴을 보았을 때, 그 자신의 무력함을 느꼈음에 틀림없다고 나는 생각한다.

국가와 사회, 일반적으로 인간과 인간의 간격은 자연의 가슴으로 우리를 도로 데려가는 강력한 일체감 앞에서 사라진다. 이것이 디오니소스적 비극의 가장 첫 번째의 영향이다. 사물의 밑바닥에 있는 생명은 현상의 모든 변화에도 불구하고 파괴하기 어려울 만큼 강력하고 환희에 차 있는 형이상학적 위안—내가 이미 여기에서 시사하고 있는 것처럼, 어떠한 비극을 막론하고 진정한 비극은 궁극적으로는 우리에게 형이상학적 위안을 가져다 준다—이 위안이 구체적이며 명료하게 나타난 것이 바로 사티로스 합창단이다.

말하자면 모든 문명의 배후에 불사신으로서 살아 있어, 세대와 민족사의 모든 변천에도 불구하고 영원히 동일한 자연적 존재자들의 합창단은 구체적으로 이 위안을 나타낸다.

그리스인들은 아무리 적은 고뇌에도, 아무리 무거운 고뇌에도 비할 바 없는 감수성을 가지고 있었다. 그 뛰어난 관찰력을 가지고, 이른바 세계사의 무서운 파괴 활동과 자연의 잔학성의 핵심을 다같이 통찰함으로써 불교적인 의지의 부정을 동경하는 위험 앞에 서 있었던 그리스인은 이 합창단에 의해서 위안을 얻었던 것이다.

그들을 구제한 것은 예술이다. 그리고 예술을 통해서, 스스로를 위해서 그들을 구제한 것은 삶이다.

생존의 일상적 제한과 한계를 파괴하는 디오니소스적 상태의 황홀경은, 그것이 계속하고 있는 동안에는 혼수상태적 요소를 포함하고 있으며, 과거에 개인적으로 체험한 모든 것은 잊어버리게 된다.

이러한 망각의 틈에 의해서 일상적 현실계와 디오니소스적 현실계가 서로 단절하게 된다. 그러나 저 일상적 현실계가 다시 의식에 떠오르면, 그 자각은 구토를 동반한다. 금욕과 의지에 대한 부정적인 기분은 디오니소스적인 상태에서 생겨난 것이다.

이 의미에서 디오니소스적인 인간은 햄릿과 흡사하다. 둘 다 사물의 본질을 진정으로 통찰했다. 즉 그들은 인식했던 것이다. 그들은 행동하는 것에 구토를 느낀다. 왜냐하면 어떻게 행동하더라도, 그들이 사물의 영원한 본질에 아무런 변화도 가져오지 못하기 때문에 뒤죽박죽이 된 세계를 다시 정돈하도록 기대하는 것은 우습거나 불명예스럽다고 느끼기 때문이다.

인식은 행동을 죽인다. 행동하기 위해서는 환상의 베일에 싸일 필요가 있다. 이것은 햄릿의 교훈이지, 지나친 반성 때문에 행동에 이르지 못하는 몽상가 한스의 평범한 지혜는 아니다. 행동을 촉진하는 모든 동기를 압도하는 것은—결코 반성은 아니다! —참된 인식, 전율할 만한 진리의 통찰이다. 햄릿의 경우에도, 디오니소스적 인간의 경우에도 그러하다. 이제 어떠한 위안도 쓸모가 없다.

동경은 죽음의 세계를 넘고 신들마저 넘어서 저쪽으로 달려간다. 생존은 신이나 죽지 않는 피안에서의 눈부신 반영과 함께 부정된다. 인간은 한 번 꿰뚫어본 진리를 의식하면서, 곳곳에서 존재의 두려움이나 부조리만을 본다. 이제 인간은 오필리아의 운명 속에 깃든 상징적인 것을 이해하며 숲의 신 시레노스의 지혜를 인식한다. 구역질이 그를 엄습한다.

이때 의지의 최대 위기 속에서 이를 구제하고 치료하는 마법사로서 다가오는 것은 예술이다. 예술만이 생존의 공포나 부조리에 관한 구역질나는 생각을 그것과 더불어 살 수 있는 표상으로 변화시킬 수 있다. 이 표상이야말로 두려워할 만한 것을 예술적으로 제어하고, 숭고한 것과 부조리한 것의 구역질을 예술적으로 희극화한다.

주신찬가(디티람보스)를 부르는 사티로스 합창단은 그리스 예술의 구제 행위이다. 디오니소스 축제의 이 시종들이 만드는 중간 세계에 의해 앞에서 말한 염세적인 기분은 진정되었던 것이다.

8

사티로스도, 근대 목가 속의 목자도 마찬가지로 근원적이며 자연적인 것에 대한 동경의 소산이다. 그러나 그리스인은 얼마나 무서움 없이 저 숲의 인간을 꽉 잡았던가! 이에 반해서 피리 부는 가련하고 연약한 양치기의 달콤한 모습을 가진 근대인은 얼마나 부끄럽고 연약했던가! 아직 인식이 가해지지 않은 자연, 아직 문화의 문이 열려 있지 않은 자연—그러한 것을 그리스인들은 그들의 사티로스 속에서 보았다. 따라서 그리스인에게 사티로스는 원숭이와 동일시된 것이 아니었다.

반대로 사티로스야말로 인간의 원래 형상, 인간이 갖는 최고, 최대의 감동의 표현이었다. 즉 신의 측근자임을 기뻐하는 감격한 열광자이며, 반복되는 신의 고뇌를 몸으로서 함께 괴로워하는 동반자이며, 자연의 가슴속에서 예지를 알리는 자이며, 그리스인이 버릇처럼 외경에 가득찬 경탄으로 바라보는 도덕을 가로막는 생식력(生植力)의 상징이었다.

사티로스야말로 숭고하고 신적인 존재였다. 특히 디오니소스적인 인간의 슬픔에 잠긴 눈에는 그렇게 비쳤음에 틀림없다. 치장을 한, 거짓된 양치기였다면, 틀림없이 디오니소스적 인간의 마음을 상하게 했을 것이다. 사티로스의 눈은 움츠러들지 않고 웅대하고, 드러나 있는 대자연의 자취 위에 서서 숭고한 만족을 느끼면서 대자연을 바라보고 있었다.

여기서 문명에 대한 환상은 인간의 원래 형상에서 말끔히 지워지고 있었다. 문명의 옷을 벗어 던지고 여기에 모습을 나타낸 것은 진실한 인간, 그의 신을 향해서 환호성을 올리는 수염 난 사티로스였다. 그의 앞에서 문명인은 움츠러들어서 기만적인 희화(戲畵)로 변해버렸다. 비극 예술의 발단에 대한 실러의 말이 옳다. 합창단은 밀어닥쳐오는 현실에 대한 살아 있는 장벽이다.

왜냐하면 합창단—사티로스 합창단—이 모방하고 있는 현실은 보통 자신들이야말로 유일한 현실이라고 생각하고 있는 문명인들의 현실보다 훨씬 진실에 가까우며, 훨씬 현실적이며 완전하기 때문이다. 시의 영역은 시인의 머릿속에 그려진 공상적이고도 실현 불가능한 것으로서, 이 현실 세계를 벗어난 바깥에 있는 것은 아니다. 그것은 어디까지나 정반대로 진실을 꾸밈없이 표현하려고 한다. 그러므로 시는 문명인의 현실 속에 있는 거짓된 꾸밈을 벗어 던지지 않을 수 없다.

이 본래의 자연적 진리와 유일한 현실을 가장하고 있는 거짓된 문명의 대조는, 사물의 영원한 핵심인 물자체와 모든 현상계의 대조와 매우 비슷하다. 그리고 형이상학적 위안을 가져오는 비극이 현상계에 끊임없는 몰락에도 불구하고 존재의 핵심에는 영원한 생명이 있다는 것을 지시하는 것처럼, 사티로스 합창단은 물자체와 현상의 근원적 관계를 하나의 비유로써 상징적으로 표현하고 있다. 근대인에게는 목가적 양치기는 자연인이 교양적 환상을 축적하는 것을 단순히 모사할 뿐이다. 디오니소스적인 그리스인들은 진리와 자연의 최고의 힘을 바라고 있다. 그들은 마술에 걸려서 자신들 스스로가 사티로스로 변하는 것을 본다.

이와 같은 기분과 깨달음 속에, 디오니소스 시종들의 열광적 군중은 환호성을 올린다. 그 기분과 깨달음의 위력은 그들을 자신의 눈앞에서 변신시킨다. 그 결과 그들은 자기들이야말로 다시 살아난 자연의 정령, 즉 사티로스라고 생각한다. 후세의 비극 합창단은 자연적 현상을 예술적으로 모방한 것에 지나지 않는다. 이 경우에는 물론 디오니소스적인 관중과 디오니소스의 신이 들린 사람들과 구별할 필요가 있었다. 다만 우리가 항상 유의해야 할 것은 아티카 비극의 관중은 춤추며 노래하는 합창단 속에서 자기의 모습을 다시 찾았다는 것, 결국 관중과 합창단의 대립은 없었다는 것이다. 왜냐하면 모든 것은 다만 춤추며 노래하는 사티로스이든가, 아니면 이들 사티로스에 의해서 대표되는 사람들로 이루어진 위대하고 고귀한 합창단에 지나지 않기 때문이다.

여기에서 우리는 슐레겔의 말을 더욱 더 깊은 의미로 풀어서 밝힐 필요가 있다. 합창단은 유일한 관찰자, 무대라는 환상적 세계의 관조자인 한 '이상적 관객'이다. 그리스인은 우리들이 의미하는 관객을 알지 못했다. 그들의 극장은 관객석이 중심을 향해 반원형을 그리면서 높아지는 계단 구조를 이루고 있다. 그래서 누구나 주위의 문화 세계 전체를 그대로 내려다보며, 마음껏 무대를 바라보면서 자신을 합창단의 일원이라고 생각할 수 있었다.

이와 같은 견해에 따른다면, 우리의 합창단은 비극 발생기의 원시적 단계에서는 디오니소스적 인간의 자기 반영이라고 해도 상관없을 것이다. 자기 반영의 현상은, 배우의 심리적 과정을 통해서 가장 확실히 설명된다. 즉 참으로 재능이 있는 배우는 자기가 연출하는 역할의 인물이 손에 잡히는 것처럼 선명하게 그의 눈앞에 떠 있는 것을 본다. 사티로스 합창단은 무엇보다 디오니소스적 군중의 환상이며, 무대의 세계는 또한 이 사티로스 합창단의 환상이다. 그리고 이 환상의 힘은 매우 강력해서 '현실'의 인상에 대항하여, 계단 좌석에 둘러앉아 있는 교양인의 눈을 둔감케 하고 마비시키는 것이다.

그리스의 극장 형식은 사람의 그림자조차 없는 산골짜기를 떠올리게 한다. 무대의 구성 양식으로는 산속을 미쳐 돌아다니는 바카스의 무녀들이 골짜기의 무대를 내려다보는 빛나는 구름의 형상처럼 보이며, 이 구름의 형상을 테두리로 삼아 그 한복판에 디오니소스의 모습이 나타난다.

예술의 기본적 과정에 관한 당대 학자의 견해에서 본다면, 우리가 비극 합창단을 설명하기 위해 여기서 언급하는 이 예술적 근원 현상은 거의 기괴하다고 해야 할 것이다.

그러나 시인이 시인인 까닭은, 시인이 여러 현상들에 둘러 싸여 그것들이 그의 눈앞에서 살며 행동하는 것을 보고, 그것들의 가장 깊숙한 본질을 꿰뚫어보기 때문이다. 근대인이 지닌 재능의 특유한 결함 때문에, 우리는 자칫 미적인 근원 현상을 너무 복잡하게, 너무 추상적으로 생각하는 경향이 있다.

진정한 시인에게 비유는 수사적인 형용이 아니라, 개념 대신에 그의 눈앞에 떠 있는 대리적 형상이다. 그에게 성격이란 낱낱의 특징을 끌어 모아서 구성한 전체가 아니라, 오히려 그의 눈앞에 끊임없이 생생하게 움직이고 있는 인물이다. 이 인물이 화가의 머릿속에 그려지는 동일한 인물상과 다른 점은 끊임없이 살아가며 행동한다는 것이다. 호메로스의 묘사가 모든 시인보다 훨씬 구상적인 것은 무엇 때문인가? 그것은 그가 그만큼 많이 눈으로 보았기 때문이다.

우리가 추상적으로 신을 논하는 것은 우리 모두가 보통 졸렬한 시인이기 때문이다. 근본적으로 미적인 현상이란 단순한 것이다. 항상 생기 있게 노는 것을 보고, 항상 정령의 무리 속에 둘러싸여서 살아가는 능력을 가지기만 한다면, 그 사람은 시인이다. 자기의 몸을 변신하며, 타인의 육체와 영혼이 되어 이야기하려는 충동을 느낀다면, 그 사람은 극작가이다.

디오니소스적 흥분은 앞에서 말한 예술적 능력, 즉 정령의 무리에 둘러싸여서 융합되어 내면적으로 하나가 되는 능력을 군중 전체에 전달할 수 있다.

비극 합창단의 이 과정은, 즉 자기가 눈앞에서 변모하는 것을 보고 마치 실제로 타인의 성격에 자신이 옮아간 것처럼 행동하는 이 과정은 연극의 근원적 현상에 지나지 않는다. 연극 전개 가운데 발단에 있는 것이 바로 이 과정이다. 여기에는 음유시인과는 다른 무엇이 있다. 음유시인은 자기가 낭송하는 이야기와 동화되는 일이 없다. 화가처럼 관찰하는 눈으로 자기 밖의 형상을 보기 때문이다.

연극의 초기 단계인 여기서는 이미 남의 천성에 몰입함으로써 개체를 포기하는 것이 보인다. 그리고 이 현상은 전염병처럼 나타난다. 군중 전체가 이와 같은 방식으로 전염되어, 신들린 상태에 빠지는 것을 느낀다. 그러므로 디티람보스는 다른 합창단과 본질적으로 구분된다. 월계수 가지를 손에 들고, 행진곡을 부르면서 엄숙하게 아폴론신전으로 걸어가는 처녀들은 어디까지나 그녀들 자신이며, 시민으로서의 이름도 변함이 없다. 그러나 디티람보스의 합창단은 변모한 사람들의 합창단이며, 시민으로서의 과거나 사회적 지위는 완전히 잊어버리고 있다.

그들은 디오니소스의 시종으로서 시간을 뛰어넘어서 모든 사회적 영역 밖에서 사는 자들이다. 그리스인의 다른 합창용 서정시는 아폴론적인 독창자(獨唱者)의 감정의 고양에 지나지 않는다.

그런데 디티람보스에서는 자신을 변모한 것으로 보는 무의식적인 배우의 무리가 우리 앞에 서 있다.

화법의 힘은 모든 극예술의 전제이다. 이 마법의 힘 속에서 디오니소스적인 열광자는 자기를 사티로스로 보며, 사티로스로서 신을 본다. 즉 그는 변신하면서 자기 상태의 아폴론적 완성으로서 새로운 환상을 자기 밖에서 본다. 새로운 환상을 통해서 극은 완성된다.

이렇게 본다면, 우리는 그리스 비극을 끊임없이 새로이 아폴론적 형상계로서 폭발하는 디오니소스적 합창단으로 이해하지 않으면 안 된다. 그러므로 비극 속에 여러 개로 나뉘어 편성되어 있는 합창 부문이야말로 대화 전체, 즉 무대라는 세계 전체의 모태이며, 본래 극의 모태이다. 비극의 이 근원은 차례차례로 일어나는 여러 번의 폭발에서 연극의 환상을 사방으로 분출한다.

이 환상은 어디까지나 꿈의 현상이며 서사시적 성격을 띤다. 그러나 한편으로 이 환상이 디오니소스적인 상태의 객관화인 이상, 가상의 아폴론적 구제가 아니라 반대로 개체의 파괴와 개체의 근원적 존재와의 일체화를 나타낸다. 이리하여 연극은 디오니소스적인 거대한 간격이 있는 것처럼, 서사시로부터 분리되어 있다.

디오니소스적 흥분 속에 빠진 모든 군중의 상징인 그리스 비극의 합창단은 우리의 이러한 견해로 설명된다. 우리는 근대 무대에서의 합창단, 특히 오페라 합창단의 지위에 익숙해 있기 때문에, 그리스인의 비극 합창단이 본래의 '연기'보다 더 오래이고 근원적이며, 아니 더 중대한 의미를 갖는다는 것을—이것은 매우 명료하게 전승된 사실임에도 불구하고—이해할 수가 없었다.

그리고 이 전승에서는 합창단이 근원적인 것으로서 매우 중요시되고 있는데도 왜 합창단이 미천한 시종들로, 아니 맨 처음에는 다만 염소를 닮은 사티로스만으로 구성되었는가 그 이유를 납득할 수 없었다. 그리고 무대 앞에 놓인 오케스트라가 우리에게는 언제나 수수께끼였다.

그러나 이제 우리는 무대나 연기는 다 함께, 그리고 결국 근원적으로는 단순한 환상으로 생각하게 되었으며, 유일한 '현실'은 바로 합창단이라는 견해에 이르렀다. 자기 속에서 환상을 낳고, 이 환상을 무용과 음조와 언어 등의 상징적 표현으로써 이야기하는 합창단이야말로 유일한 '현실'인 것이다. 이 합창단은 그 환상 속에서 그의 주인이자 스승인 디오니소스를 본다. 그러므로 그것은 영원히 봉사하는 합창단이다.

합창단은 디오니소스가 괴로워하고 영광을 누리는 것을 바라볼 뿐, 스스로 행동하지는 않는다. 이처럼 신에 대해서는 어디까지나 시종의 지위에 있음에도 불구하고, 합창단은 자연과 마찬가지로 감격하면서 자연의 가장 숭고한 표현, 즉 디오니소스적인 표현으로 신탁과 지혜의 말을 한다. 합창단은 신과 더불어 괴로워하는 자인 동시에 세계의 가슴속에서 진실을 알리는 현자이다.

이리하여 신과는 다른 '말 못하는 인간'인, 현명하고 감격에 도취한 사티로스의 기괴하면서도 참으로 불쾌하게 보이는 모습이 나타난다. 그것은 자연이 지닌 가장 강한 충동을 모방한 형상, 아니 자연의 상징인 동시에 자연의 지혜와 예술을 알리는 자이다. 음악가, 시인, 무용가, 영을 보는 자를 한 몸에 두루 갖춘 자이다.

이와 같은 견해와 전승에 따른다면, 무대의 본래 주인공이며 환상의 중심점인 디오니소스는 비극의 가장 오랜 시대에는 실제로 존재하지 않았으며, 다만 존재한다고 생각되고 있을 뿐이다.

즉 기원적으로 비극은 단순히 '합창'이었으며, '연극'은 아니다. 그 뒤에 디오니소스를 실재하는 신으로 드러내 보이고, 이 환상의 모습을 성스럽게 만들어주는 틀과 함께, 누구의 눈에도 볼 수 있는 것으로 표현하려는 시도가 나타나게 된다. 여기에서 좁은 의미의 '연극'이 시작된다. 이제 디티람보스 합창단은 새로운 사명을 띠게 된다. 그 사명이란 비극의 주인공이 무대에 나타났을 때, 관중이 흉한 가면을 쓴 인간을 보지 않고, 그들의 황홀경에서 나타난 환상의 모습을 보는 것처럼, 관중의 기분을 디오니소스적 흥분으로 몰아넣는 것이다. 깊은 생각에 잠겨, 얼마 전에 사별한 왕비 아르케스티스의 모습을 한결같이 눈앞에 그리는, 초췌해진 아드메트스 왕을 상상해 보자. 거기에 갑자기 자태도, 걸음걸이마저도 닮은 한 부인이 쓰개치마를 입은 모습으로 그의 앞에 다가온다.

그때 그가 느낄 몸서리칠 만큼 갑작스러운 불안, 그 요란스러운 비교, 본능적인 확신을 상상해 보자. 우리는 디오니소스적인 흥분을 일으킨 관객이, 무대 위의 신을 보았을 때와 비슷한 감정을 느낄 것이다. 관객은 신의 고뇌와 이미 하나가 된 상태이다. 관객은 그의 영혼 앞에서 마술처럼 흔들리고 있는 신의 형상을, 가면을 쓴 인물에게로 옮겨서, 가면을 쓴 인물의 실재성을 어떤 망령 같은 비현실성으로 해소시켰던 것이다.

이것이 아폴론적인 꿈의 상태이다. 이 상태 속에서 대낮 세계는 베일에 싸이고 하나의 새로운 세계가 대낮의 세계보다 더욱 선명하게, 더욱 이해하기 쉽게 손에 잡힐 것 같으면서도 어딘가 그림자처럼 끊임없이 번갈아 우리 눈앞에 나타난다. 이것으로 우리는 비극 속에서 하나의 결정적인 양식의 대립을 인식한다. 즉 대화의 말, 색채, 움직임, 역할은 합창단의 디오니소스적인 서정시의 경우와 무대의 아폴론적인 꿈의 세계의 경우라는 완전히 서로 다른 표현 영역으로 구별된다.

디오니소스가 객관화되는 아폴론적인 현상은 이미 합창단의 음악처럼 '영원한 바다, 난무하는 파도, 격렬한 생활'이 아니다. 감격한 디오니소스의 시종들이 그 속에서 신의 측근자임을 느끼는 저 힘, 형상으로 굳어지지 않는 힘이 아니다. 이제 무대에서는 서사시적 표현의 선명함과 확고함이 그들을 향해서 이야기한다.

이제 디오니소스는 힘을 가지고 말하지 않고 도리어 서사시의 주인공으로서 거의 호메로스의 말을 사용하여 이야기한다.

9

그리스 비극의 아폴론적 대화 부분에서 표현되는 것은 모두 단순하고 투명하며 아름답게 보인다. 이 의미에서 대화는 그리스인—그 타고난 본성은 무용에 나타나 있다. 무용에서는 가장 큰 힘이 숨겨져 있으면서, 동작의 유연성과 풍부함에서 암시되기 때문이다—을 모방한 형상이다.

그처럼 소포클레스의 주인공들의 말도 아폴론적 확실성과 명쾌성으로 우리를 어리둥절하게 하여, 우리는 곧 이들 주인공들의 가장 내부적인 밑바닥까지 꿰뚫어 보는 것처럼 생각할 정도이며, 이 밑바닥까지의 길이 뜻밖에도 짧다는 것에 어느 정도 놀라는 것이다. 그러나 겉으로 드러나 눈으로 볼 수 있는 주인공의 성격으로부터 일단 눈을 돌려 보라. 주인공은 결국 어두운 벽 위에 던져진 광선의 그림자 이외의 아무것도 아니다.

바꾸어 말하면 어디까지나 현상에 지나지 않는다. 도리어 우리가 이 밝은 영상 속에 그림자를 던지고 있는 신화 속에 들어가 보면, 갑자기 우리는 알고 있듯 광학적 형상을 뒤집어 놓은 것 같은 현상을 체험하게 된다. 억지로 태양을 보려고 하다가 눈이 부셔서 눈을 돌릴 때, 우리 눈앞에는 그것을 치료하는 수단으로서 색깔이 있는 어두운 반점이 떠오른다.

그런데 그것과는 반대로, 소포클레스의 주인공으로 보이는 빛의 그림자 현상, 즉 가면을 쓴 아폴론적인 것은 자연 안의 무서운 것을 본 눈의 필연적인 사물이며, 소름끼치는 밤을 들여다 본 눈을 치료하기 위한 빛의 반점이다. '그리스적 명랑성'이라는 엄숙하고도 중요한 개념은, 다만 이 의미에서만 올바로 파악한 것이라고 우리는 믿는다. 물론 아무런 위험도 없는 안일한 상태를 '명랑성'으로 잘못 이해하는 경우도 요즘 곳곳에서 발견된다.

그리스 연극에서 가장 고뇌에 찬 인물, 불행한 오이디푸스를 소포클레스는 고귀한 인간으로 이해하고 있다. 오이디푸스는 뛰어난 지혜를 갖고 있음에도 그릇된 일과 비참함에 떨어지는 운명을 타고 났다. 하지만 그도 결국에는 무서운 고뇌에 의해서, 죽은 뒤에도 활동력을 잃지 않고, 마력을 주위에 미치는 복 많은 고귀한 인간이라고 한다. 고귀한 인간은 죄를 범하지 않는다고 심오한 시인은 우리에게 말하려는 것이다.

그의 행동에 의해서 모든 법칙과 자연 질서, 윤리적 세계마저 멸망하지만, 바로 이 행위에 의해서 낡은 세계가 전복되고 폐허 위에 하나의 새로운 세계가 수립되어 여러 가지 작용을 가진, 한층 더 높은 마법의 원이 그려지게 된다. 시인은 동시에 종교적인 사상가 입장에서 우리에게 이것을 말하려고 하는 것이다. 시인 소포클레스가 우리에게 맨 처음 보여 주는 것은 놀랄 만큼 엉클어진 사건의 매듭이다.

재판관 오이디푸스 왕은 이 매듭을 하나하나 풀어서, 마침내 자신의 파멸을 가져온다. 이 변증법적 해결에 대한 진정한 그리스적인 기쁨은 대단하다. 그러므로 작품 전체에 뛰어난 명랑성이 감돌고 있으며, 저 사건의 몸서리나는 전제는 곳곳에서 완화되어 있다.

'클로노스의 오이디푸스'[15])에서도 우리는 같은 명랑성에 부딪힌다. 그러나 그것은 고양되어 무한한 정화에 도달하고 있다. 극심한 불행 때문에 늙은 왕은 자신이 관계하는 모든 일에 순전히 참고 따르며 몸을 내맡긴다. 이 왕에 대립해 서 있는 것은 하늘로부터 강림한 초지상적인 명랑성이다.

이 주인공의 이전 생활에서는 의식적인 창작과 계획이 그를 수동적으로만 움직이게 했는데, 이제 그는 도리어 순수하게 수동적인 태도 속에, 그의 생애를 훨씬 넘어선 최고의 능동성을 얻는다는 것이다. 이것이 이 명랑성으로 암시된다. 이렇게 해서 인간의 눈으로는 풀 수 없을 만큼 엉클어진 오이디푸스 이야기 전개 부분의 매듭이 서서히 풀린다. 그리고 변증법의 신적인 모사 속에서 우리는 가장 깊은 인간적인 기쁨을 얻게 된다. 지금까지의 설명이 시인에게는 흡족할지 모르지만, 신화의 내용을 충분히 드러내고 있는지는 여전히 의문이다.

그리고 여기에서 시인의 해석은, 심연을 들여다본 우리의 상처를 치료하기 위해 자연이 제시하는 빛의 그림자 이외에는 아무것도 아니라는 것이 분명해진다. 아버지를 죽이고 어머니의 남편이 된 오이디푸스, 스핑크스의 수수께끼를 푼 오이디푸스! 이 운명적 행위의 신비스러운 삼중성은 우리에게 무엇을 말하고 있는가?

재주 있는 사제는 근친상간을 통해서만 태어날 수 있다는 예부터의, 특히 페르시아에서 행해지고 있는 민간 신앙이 있다. 우리는 이것을, 수수께끼를 풀고 자기 어머니에게 구혼하는 오이디푸스에게서 다음과 같이 해석하게 된다.

즉 예언적이고 마술적인 힘이 현재와 미래의 항거하기 어려운 힘, 개별화의 움직일 수 없는 법칙, 일반적으로 자연의 본래적 마력을 깨뜨리는 곳에서는 엄청난 반자연성(反自然性)—저 근친상간의 경우처럼—이 원인으로써 선행해 있어야 한다. 자연에 반항해서 승리하는 것, 즉 반자연성을 통해서가 아니고는 어떻게 해서 자연이 그 비밀을 내던지도록 강요할 수 있을까? 나는 이러한 인식이 오이디푸스의 무서운 삼중의 운명 속에 분명히 나타나 있다고 생각한다.

즉, 자연의—이중적 성질을 지닌 스핑크스[26]의 수수께끼를 푸는 동일한 인물이 또한 아비의 살해자이며 어미의 남편으로서 가장 신성한 자연의 질서를 깨뜨리지 않을 수 없었던 것이다. 그렇다, 이 신화는 우리에게, 지혜라는 것, 바로 디오니소스적인 지혜야말로 자연을 거스르는 만행이며, 그 지식으로 자연을 파멸의 늪으로 밀어 넣는 사람은 자신 역시 자연의 해체를 경험해야 한다고 속삭이는 듯하다. "지혜의 칼끝은 현자에게 향한다. 지혜는 자연에 대한 범죄이다."

이러한 무서운 명제를 이 신화는 우리에게 호소하고 있다. 그러나 그리스의 시인이 이 신화의 숭고하고 무서운 멤논의 거상을 햇빛처럼 쓰다듬자, 그런 신화는 갑자기 소리 내어 울리기 시작한다. 소포클레스의 멜로디로!

이 수동적인 영광에 나는 지금, 아이스킬로스의 「프로메테우스」를 둘러싼 채로 빛나고 있는 능동적인 영광을 대치해 놓는다. 아이스킬로스는 여기에서 우리에게 사상가로서 말하려고 하지만 다만 시인으로서 그 비유적인 인물상을 예감케 한다. 이것을 젊은 괴테는 그의 「프로메테우스」의 대담한 말로 드러낼 수 있었던 것이다.

나 여기에 앉아 인간을 만드노라.
나의 모습에 따라서
괴로워하며 울며
즐기며 기뻐하는
나와 흡사한 한 민족을.
그런데 너를 존경하지 않으니
나와 같도다!

거인의 경지로 올라가는 인간은 자신을 위해 문화를 바꿔 취하고 신들에게 인간과 동맹하도록 강요한다.

그것은 인간이 그 개인의 지혜로 신들의 존재와 제약을 자기 마음대로 정할 수 있기 때문이다. 그런데 그 근본 사상에서 말하면, 불경스러움에 대한 찬가인 괴테의 프로메테우스의 시에서 가장 놀랄 만한 것은, 정의를 찾는 깊은 아이스킬로스적 경향이다. 한쪽에는 대담한 '개인'의 측정할 수 없는 고뇌가 있고, 다른 쪽에는 신들의 곤궁, 아니 신들의 황혼에 대한 예감이 있다.

이 두 개의 고뇌의 세계를 화해시켜, 형이상학적 합일로 강요하는 힘이 작용한다. 이 모든 것은 신들과 인간 위에 운명이 영원한 정의로 군림하고 있는 것을 보는 아이스킬로스 세계관의 핵심을 가장 강하게 떠올리게 한다.

아이스킬로스가 올림푸스의 세계를 그의 정의의 거울 위에 놓을 때 놀랄 만큼 대담한 것을 보더라도, 사색적인 그리스인의 형이상학적 사유의 확고한 기반은 그 은밀한 회의 속에 있었다는 것과, 그들의 회의적 기분은 올림푸스 신들에게 얼마든지 발산시킬 수 있었다는 것을 우리는 마음속에 새겨 둬야 한다. 더욱이 그리스의 예술가는 이들 신에 대해서, 서로 의존하고 있다고 하는 희미한 느낌을 가지고 있었다. 그리고 바로 아이스킬로스의 「프로메테우스」 속에 이 감정이 상징되어 있다. 이 거인적 예술가 소포클레스는 자기의 가슴속에서 인간을 창조하고, 적어도 올림푸스의 신들을 멸망시킬 수 있다는 반항적인 신념을 발견했다. 그리고 이것은 더 높은 지혜에 의해 가능했으며 그 지혜의 대가로 영원한 고뇌를 강요당하는 것은 당연한 일이었다.

비록 영원한 고뇌를 강요당한다 하더라도, 그 정도의 대상이라면 가벼운 것이라고 할 만큼 위대한 천재의 훌륭한 '능력', 예술가의 쓰디쓴 자부심─이것이 아이스킬로스 문학의 내용이며 영혼이다. 소포클레스가 그의 「오이디푸스 왕」에서 성자의 개선가를 전주로 노래하기 시작하는 데 반해서, 아이스킬로스는 예술가를 주제로 삼고 있다. 그러나 아이스킬로스가 신화에 대해서 내린 해석을 가지고도, 이 신화의 놀랄 만한 공포의 깊이는 측량되지 않는다.

오히려 예술가의 창작의 기쁨, 모든 불행을 무시하는 예술 창작의 명랑성은 비애의 검은 호수 위에 비치는 밝은 구름과 하늘의 영상에 지나지 않는다. 프로메테우스의 전설은 모든 아리안계 민족의 근원적인 재산이며, 이 민족이 명상적, 비극적인 것에 타고난 소질을 가지고 있었다는 것을 증명하는 하나의 기록이다.

실제로 이 신화가 아리아족의 본질에 대해서 가지는 의미는, 타죄신화(墮罪神話)가 셈족의 본질에 대해 가지고 있는 것과 같은 특성적 의미를 가지며, 이 두 신화 사이에 남매와 같은 혈연관계가 있다는 것은 아주 불가능한 일도 아니다. 프로메테우스 신화에 전제로 깔려 있는 것은, 소박한 인류가 모든 향상하는 문화의 진정한 수호신으로서 불에 엄청난 가치를 부여한다는 것이다. 그러나 인간이 불을 마음대로 지배한다는 것과 번갯불이나 태양열 등의 하늘의 선물에 의하지 않고도 불을 얻는다는 것은 명상적인 원시인에게는 신적인 자연에 대한 일종의 모독이자 약탈로 보였다. 이와 같이 인간과 신 사이에 귀찮고 풀기 어려운 모순이 최초의 철학적 문제가 되어, 모든 문화의 입구에서 하나의 바위처럼 뒹군다. 인류가 관여할 수 있는 최고의 선을 얻기 위해서는 모독을 범하지 않을 수 없다.

따라서 그 결과 역시 받아들이지 않으면 안 된다. 즉, 모욕당한 천상의 신들이 고귀한 향상을 위해 노력하고 있는 인류에게 내린—내리지 않을 수 없는 홍수와 같은 고뇌와 비애를 인류는 받아들이지 않을 수 없는 것이다. 이것은 매우 신랄한 생각이다. 이 생각은 모독에 존엄성을 베풀어 주며, 셈족의 타죄신화와 기묘한 대조를 이루고 있다.

왜냐하면 타죄신화에서는 호기심이라든가, 거짓된 사기라든가, 유혹되기 쉬운 성질이라든가, 호색이라든가, 특히 여성적인 성정이 재앙의 근원으로 여겨지기 때문이다. 이와는 반대로 아리아적 관념을 특징 지우는 것은 능동적인 죄를 본래 프로메테우스적인 덕으로 보는 숭고한 견해이다. 이 견해에 따라서 염세주의적인 비극의 윤리적 기초가 발견되었다.

그것은 인간의 죄를 시인하는 동시에, 그 죄로 인해 일어나는 고뇌도 시인하기 때문이다. 사물의 본질 속에 있는 불행—명상적인 아리아인은 이러한 해석을 좋아하지 않는다—즉 세계의 심장부에 있는 모순은, 아리아인에게 신의 세계와 인간의 세계라고 하는, 저마다 다른 세계가 뒤섞여 있는 것으로 나타난다.

이러한 세계는 개체로서 따로따로 있을 때에는 제각기 옳지만, 다른 세계와 연결되어 있는 개별적 세계로서는 스스로의 개체화를 위해서 시달릴 수밖에 없다. 개체적인 것이 보편적인 것으로 나아가려고 하는 영웅적인 충동이 일어날 때, 개체화의 넘기 어려운 힘을 넘어서서 세계의 본질 자체가 되려고 시도할 때, 개인은 사물 속에 숨어 있는 근본적 모순을 스스로 감수하게 된다. 즉, 개인은 모독을 범하여 괴로워하게 된다.

이처럼 아리아인은 모독을 남성으로, 셈족은 죄를 여성으로 해석했다. 마찬가지로 최초의 모독은 역시 남성이, 최초의 죄는 여성이 저질렀다. 게다가 〈마녀(魔女)의 합창〉은 다음과 같이 말하고 있다.

그렇게 꼼꼼할 필요야 있을라고.
아무리 여자가 서둘러
천 걸음을 달린다 해도
남자는 한 걸음에 앞지르나니

프로메테우스 전설의 가장 깊은 핵심—거인적 노력을 하는 개인은 필연적으로 모독을 범할 수밖에 없는 것—을 이해하는 사람은, 동시에 이 염세주의적인 사상의 비아폴론적 측면을 느끼지 않을 수 없었다.

왜냐하면 아폴론은 개체 사이에 경계선을 그어서, 자기인식과 절도를 요구하면서, 이 경계선을 세상에서 가장 신성한 세계 법칙으로 준수하도록 다시금 주의를 환기하여 낱낱의 존재를 안정시키려고 하기 때문이다. 그러나 이러한 아폴론적 경향 때문에 형식이 굳어져서 이집트적인 딱딱함과 차가움이 생겨서는 안 되며, 낱낱의 물결에 그 궤도와 영역을 지정하려고 노력한 나머지 호수 전체의 움직임이 죽어 버려서는 곤란하다.

그러한 일이 일어나지 않도록 때때로 디오니소스적인 것의 높은 밀물이 밀려와서는 소경계(小境界)를 파괴했다. 아폴론적인 데만 기울어진 '의지'가 그리스 정신이 짙게 깔린 소경계를 흐리게 하려 했기 때문이다. 그때 갑자기 높아진 디오니소스적인 것의 밀물이 개체라고 하는 낱낱의 작은 물결을 등에 짊어지는 것은 흡사 프로메테우스의 형제인 거인 아틀라스[29]가 대지를 짊어진 것과 같다. 마치 그것은 모든 개개인의 아틀라스가 되어 그들을 넓은 등에 업고, 점점 더 높게 그리고 더 멀리 데리고 가려는 듯하다. 이 거인적 충동이야말로 프로메테우스적인 것과 디오니소스적인 것의 공통점이다.

이 점에서 본다면, 아이스킬로스의 프로메테우스는 하나의 디오니소스적인 가면이다. 한편 아이스킬로스는 앞에서 말한 정의를 추구하는 깊은 성향에서 개체화와 정의의 한계의 신인 아폴론으로부터 그의 아버지의 혈통을 받고 있다는 것을 분별 있는 사람에게 알려 주고 있다.

이처럼 아이스킬로스의 프로메테우스가 가지고 있는 이중의 본질, 디오니소스적인 동시에 아폴론적인 그의 성질은 개념적인 형식으로 말하면 이렇게 표현할 수 있을 것이다. "모든 현존하는 것은 정당한 동시에 부당하다. 그리고 어느 쪽이나 같은 권리를 갖고 있다."

이것이 너의 세계로다! 이것이 세계라고 하는 것이로다!

10

그리스 비극은 그 가장 오랜 형태에서는 디오니소스의 고뇌만을 대상으로 하고 있었고, 상당히 긴 시간 동안 디오니소스만이 무대에 나타난 유일한 주인공이였다. 의심할 여지없이 전승에 나타난다.

그러나 이와 꼭 같은 확실성을 가지고 말할 수 있는 것은 디오니소스가 비극의 주인공을 그만둔 일은 에우리피테스에 이르기까지 한 번도 없었고, 그리스 연극의 유명한 인물들인 프로메테우스와 오이디푸스 등도 모두 본래의 주인공인 디오니소스의 가면에 지나지 않았다는 것이다. 이들 가면 뒤에 하나의 신이 숨어 있다는 것, 이것이야말로 유명한 인물들이 전형적인 '이상형'을 가지고 있다는 것에 우리가 놀라게 되는 본질적인 이유이다.

누구였는지는 잊어버렸지만, 다음과 같이 주장한 사람이 있었다. 모든 개인은 개인 그 자체로서 익살스러우며, 따라서 비극적이지 않다. 이것은 다음과 같이 해석될 수도 있을 것이다. 그리스인이 일반적으로 비극의 무대에 있는 개인을 참을 수 없었던 까닭도 이런 점에서 알 수 있을 것이라고. 실제로 그리스인은 그렇게 느끼고 있었던 것 같다. 그것은 일반적으로 말해서 플라톤이 그리스적 본질에 근거를 두고 '이데아'를 '우상', 즉 그림자와 구별하여 높이 평가하고 있는 것과 흡사하다. 그러므로 플라톤적 용어를 쓴다면, 그리스 무대의 비극적 인물에 대해서 이렇게 말할 수 있을 것이다. 디오니소스야말로 참으로 실재하는 유일한 것이며, 그것은 영웅의 가면을 쓰고 전쟁터로 나와 개개의 의지의 그물에 걸려서 여러 인물이 되어 나타난다고 말이다. 그런데 이렇게 해서 나타난 신이 말을 하고 행동을 하게 되면, 그는 방황하고 노력하며 괴로워하는 개인을 닮게 된다.

그리고 대체로 신은 이러한 서사시적 정확성과 선명성을 가지고 나타나는데, 이것은 꿈의 해석자 아폴론의 작용이다. 아폴론은 합창단을, 그 디오니소스적 상태를 비유적인 현상으로 암시한다. 그러나 실제로 주인공은 은밀한 회의로 고민하는 디오니소스, 개체의 고뇌를 몸소 체험하는 신에 지나지 않는다.

이 신에 대해서 놀랄 만한 신화는 이렇게 전하고 있다. 디오니소스는 소년 시절에 거인들에 의해서 갈기갈기 찢기고, 그 뒤 이 상태 그대로 제그레우스[30]로서 숭배를 받고 있다고. 여기에 디오니소스 본래의 고뇌가 암시되어 있는데, 이 지리멸렬은 지(地), 수(水), 화(火), 풍(風)의 변화와 같다. 따라서 우리는 개체화의 상태를 모든 고뇌의 원천이요, 근원으로서 그 자체를 비난해야 할 것으로 보아야 한다는 것이다.

이 디오니소스의 미소에서 올림푸스의 신들이 태어나고, 그의 눈물에서 인간이 태어났던 것이다. 갈기갈기 찢겨진 신으로 존재함으로써, 디오니소스는 잔인하고 사나운 마신과 상냥하고 부드러운 지배자라는 이중의 성질을 지니고 있다. 그러나 에폭푸테스[31]들의 희망은 디오니소스의 부활이었는데, 이 부활로써 개체화의 괴로움이 끝나는 것이라고 보아야 한다.

에폭푸테스들의 법석대는 환호의 노래가 울려 퍼진 것은 이 세 번째의 디오니소스[32]에 대해서였다. 그리고 이 희망이 있었기에 찢겨서 많은 개체로 부서진 세계의 얼굴에 한 가닥 환희의 빛이 드는 것이었다. 신화는 영원한 슬픔에 빠진 데메테르가[33] 다시 한 번 디오니소스를 낳았을 때에야 비로소 또다시 기쁨을 되찾았다고 상징적으로 이야기를 나타내고 있다.

위에서 말한 몇 가지 견해 가운데, 우리는 이미 염세주의적인 세계관의 모든 구성 요소를 갖고 있으며, 그것으로 동시에 비극의 비밀스런 가르침도 얻을 수 있었다. 즉, 모든 현존하는 것은 오직 하나뿐이라는 근본 인식, 개체화를 불행의 근원이라고 보는 생각, 예술이 개체화라는 금지된 규칙을 때려 부술 수 있다는 즐거운 희망, 합일이 부활될 거라는 예감이다.

앞에서 암시한 것처럼, 호메로스적 서사시는 올림푸스 문화의 시이며, 이 문화는 거인들과의 싸움에서 오는 공포를 이겨서 스스로 올린 개가였다. 그러나 이제 비극 문학의 강력한 영향을 받아서, 호메로스의 신화는 새로이 태어난다.

그리고 이렇게 새로이 태어난다는 것은 올림푸스 문화 역시 그 사이에 더욱 깊은 세계관에 의해 정복당하고 있었다는 것을 보여준다. 반항적인 거인 프로메테우스는 자신을 괴롭히는 올림푸스의 제우스에게, 만일 제우스가 적당한 시기에 자기와 동맹을 맺지 않으면 언젠가는 그의 지배에 중대한 위험이 닥쳐올 것이라고 통고했다. 협박당하며 자기의 말로를 두려워하는 제우스가 거인 프로메테우스와 동맹을 맺은 것을 우리는 아이스킬로스에게서 볼 수 있다. 이리하여 예전의 거인 시대가 저 세상에서 또다시 밝은 세상으로 되돌아온다.

야성적이며 적나라한 자연의 철학은 호메로스적 세계의 지나치게 춤추는 신화들을 진리를 감추지 않는 듯한 표정으로 바라본다. 신화들은 자연의 철학이라는 이 여신의 번개와 같은 눈앞에서 창백해져 몸서리친다. 이들 신화는 디오니소스적 예술가의 억센 주먹 때문에 새로운 신에게 봉사하도록 강요받는다. 디오니소스적 진리는 신화의 모든 영역을 자기의 인식을 표현하는 상징적 수단으로써 넘겨받는다. 그리고 이 디오니소스적 진리의 인식은 일부는 비극이라는 공개된 제사에서, 일부는 극적인 비제(秘祭)라고 하는 비밀 행사에서 표현되었는데, 항상 낡은 신화의 껍질을 쓰고 있다.

그런데 어떠한 힘이 프로메테우스를 그 독수리로부터 벗어나게 하고, 신화를 디오니소스적 지혜의 수레로 변하게 한 걸까? 그것은 음악이 갖는 헤라클레스와 같은 힘이었다. 음악은 비극에서 최고로 표현되는 동시에 신화를 가장 깊은 의미로 해석하는 힘을 지니고 있기 때문이다. 이것은 음악의 가장 강력한 능력으로, 우리가 앞에서 이미 그 특징을 지적한 것이다.

어떠한 신화라 할지라도, 차츰 그 신비성을 상실하여 이른바 하나의 역사적 현실의 구석으로 기어들어가고, 그 어떤 후대로부터 역사적 필연성이 있는 일회적인 사실로 다루어질 운명을 벗어날 수 없기 때문이다. 그리고 그리스인은 그들 청춘기의 꿈이라고도 할 신화를 통찰하여 제멋대로 역사적, 실용적인 청년 시대의 역사로 바꾸어 쓰는 일에 이미 착수했던 것이다.

이것은 종교가 사멸하는 방식이다. 어떤 종교의 신화적 여러 전제들이 어떤 독단적인 정통 신앙의 엄격한 지적인 눈 아래서 역사적인 사건의 총체로 체계화되고, 사람들이 근심스럽게 신화의 믿을 만한 점을 변호하면서도 신화가 자연적으로 더 오래 성장하는 것에 저항할 때, 그 종교는 보통 생명력을 가지지 못하게 된다. 즉, 신화에 대한 감정이 사멸하고 그 대신에 역사적 기초에 대한 종교의 요구가 나타날 때, 그 종교는 대개 사멸한다.

이 죽어 가는 신화를 붙잡는 것은 새로이 태어난 디오니소스적 음악의 정령이었다. 이 정령의 손에서 신화는 다시 한번 여태껏 한 번도 보여 주지 않았던 색채와 어떤 형이상학적 세계를 그리워하는 예감을 자아내는 향기를 가지고 꽃피었던 것이다. 이 마지막 광채를 보인 다음, 신화는 무너지고 그 잎은 시든다. 그리하여 곧 고대의 조소적인 루키아노스[34]들이 바람에 휘날리어 퇴색하고 시든 꽃들을 붙잡게 된다. 신화가 가장 깊은 내용, 가장 표현이 풍부한 형식에 도달한 것은 비극을 통해서였다. 다시 한번 신화는 상처 입은 영웅처럼 일어선다. 죽어가는 자의 지혜에 넘치는 평온과 함께, 남은 모든 힘이 그의 눈 속에서 마지막 힘찬 빛을 내며 불타고 있다.

고약한 에우리피데스여, 내가 이 죽어가는 자를 위해 다시 한번 너에게 견디기 어려운 일을 강요하려고 할 때, 너는 무엇을 원했던가? 그는 네 폭력의 손에서 죽었던 것이다. 그리고 이번에 너는 마치 낡은 장식품으로 맵시를 내는 것밖에 모르는 헤라클레스의 원숭이처럼[35] 가면을 쓴 신화를 사용하였던 것이다.

신화가 죽어 버린 것처럼, 네게는 음악의 정령 역시 죽어 버렸다. 비록 네가 탐욕의 손을 뻗쳐서, 모든 음악의 정원들을 약탈한다 하더라도, 너는 흉내를 내는 정도의 가면을 쓴 음악을 할 수 있을 뿐이었다. 네가 디오니소스를 돌보지 않았던 까닭에, 아폴론 역시 너를 떠났던 것이다. 모든 정열을 그의 잠자리에서 쫓아내어, 너의 영토에 가두어 두라.

네 주인공의 대사를 위해서, 소피스트식의 대화술을 적당하게 다듬는 것이 좋다. 그래도 역시 너의 주인공들은 흉내 정도의 가면을 쓴 정열밖에 가지지 못하며, 그런 대사밖에 말하지 못한다.

11

그리스 비극은 그 이전의 모든 손위의 자매 예술과는 다른 방식으로 멸망해 갔다. 풀리지 않은 갈등 대문에 자살하여 비극적으로 죽어갔다. 한편, 자매 예술은 모두 고령에 이르러서 가장 아름답게, 그리고 가장 고요하게 숨을 거두었다. 만약에 훌륭한 자녀를 거느리고, 임종의 마지막 발악도 없이 이 세상을 떠나는 것이 행복한 자연 상태에 알맞은 것이라면, 저들 손위 예술의 최후야말로 그와 같이 행복한 자연 상태를 보여 주고 있다. 그것들은 서서히 사라져 갔고, 그 죽어가는 눈앞에는 이미 훌륭한 후계자가 서서 용감한 몸짓으로 초초하게 머리를 뻗치고 있다.

그러나 그리스 비극의 죽음은 곳곳에서 느낄 수 있는 처절한 공허만을 남겨놓았다. 옛날 티베리우스[36] 시대에 그리스 선원들이 육지에서 멀리 떨어진 바다에서 "위대한 판(牧羊神)은 죽었다"고 하는 영혼을 뒤흔드는 외침을 들은 것처럼, 온 그리스 세계에 비통한 탄성이 들려 왔다.

"비극은 죽었도다! 시(詩)도 비극(悲劇)과 더불어 멸망하였도다! 멀리 멀리 떠나려무나. 너희들 위축되고 말라빠진 아류들이여! 저승으로 가려무나! 너희들은 거기에서 옛날 거장들의 빵 부스러기라도 배불리 먹는 게 나을 게다!"

그러나 이제 비극을 선배로, 그리고 스승으로 존경하고 있는 새로운 종류의 예술이 꽃피게 되었을 때, 거기에 어머니의 모습이 깃들어 있다고는 하지만 사실 그것은 오랜 죽음의 고투에서 보여 준 어머니의 모습이었다는 것을 알고 사람들은 놀랐다. 비극의 죽음에 시비를 걸어 싸운 것은 바로 에우리피데스였다. 비극 뒤에 온 새로운 종류의 예술은 아티카의 새 희극으로 알려져 있다. 거기에는 비극의 비참한 횡사의 기념비로서 비극의 변질된 형태가 존속해 왔다.

이러한 연관성을 생각하면 새로운 희극 작가들이 에우리피데스를 정열적으로 좋아한 까닭을 알 것이다.

따라서 "저승에서 에우리피데스를 방문할 수만 있다면 지금 곧 목 매달아 죽어도 좋다"고 한 휠레몬의 소망도 그다지 이상하지 않다. 물론 죽은 사람이 지금도 역시 제정신이라는 확신을 가질 수 있을 때의 이야기지만.

에우리피데스가 메난드로스나 휠레몬과 어떤 공통된 점을 가졌는가. 어떤 점이 희극 작가들에게 그처럼 자극적으로 모범으로 작용했는가. 이것을 장황함을 피하여 간결하게 나타내기 위해선, 관객이 에우리피데스에 의해서 무대 위에 올라오게 되었다고 말하면 충분하다.

　에우리피데스 이전의 프로메테우스적 비극 작가가 어떠한 소재로부터 그들의 주인공을 만들었는가. 그리고 현실의 충실한 가면을 무대 위에 올려놓는 의도가 얼마나 그들의 생각과 먼 것이었던가. 이것을 알고 있는 사람이라면, 에우리피데스가 전혀 다른 경향을 가지고 있다는 점에 대해서도 분명히 이해할 수 있을 것이다.

　에우리피데스의 손에 이끌려 관객석에서 무대 위로 나오게 된 것은 일상생활을 하는 인간이었다. 이전에는 크고 눈에 띄는 특징만을 비쳐주었던 거울이, 지금은 자연의 실패작인 선(線)까지도 양심적으로 재현하는 꼼꼼한 충실성을 보여주었다. 옛날 예술의 전형적 그리스인인 오디세우스는, 지금은 새로운 시인의 손에 의해서 그레클루스[37]의 모습으로 전락하게 되었고, 그 뒤에는 선량하고 약삭빠른 몸종이 되어 극적 흥미의 중심점에 서게 된다.

　에우리피데스가 아리스토파네스의 '개구리' 속에서 자기의 공로라고 말하고 있는 것, 즉 그의 조제약으로 비극 예술을 화려한 비만증으로부터 구해준 것은, 무엇보다 그의 비극 주인공들의 여윈 모습에서 알 수 있다. 이제 관객이 에우리피데스의 무대 위에서 보고 들은 것은 본질적으로는 그들의 분신이었다. 그리고 이 분신이 그렇게도 말을 잘 하는 것을 보고 그들은 기뻐했다. 기쁨은 이에 그치지 않았다. 에우리피데스 곁에서 그들 스스로가 말하는 법을 배웠다.

　이것은 그들이 아이스킬로스와의 경연에서 스스로 칭찬하고 있는 바이다. 그의 덕분에 민중은 이제 기교적으로 교활한 소피스트 논법을 가지고, 관찰하고 담판하고 추론하는 것을 배우게 된 것이다. 에우리피데스는 이처럼 공개적인 말에 일대 변혁을 가져옴으로써 새로운 희극을 가능케 했다.

　왜냐하면 일상성이라는 것이 어떻게, 그리고 어떤 격언을 가지고 무대 위에 나타나게 되었는가는 이때 이후에는 이미 비밀이 아니기 때문이다. 그때까지 비극에서는 반신(半神)이, 희극에서는 술 취한 사티로스 또는 반인(半人)이 말의 성격을 규정하고 있었으나 지금은 시민적 평범함이 발언권을 얻게 되었다. 그리고 에우리피데스는 모든 정치적 희망을 이 시민적 평범함 위에 세웠다.

　그래서 아리스토파네스 작품 속에 나오는 에우리피데스는 자화자찬하며,

자기가 표현한 것은 누구나 판단할 수 있는 일반적이며 이미 알려진 일상생활에 지나지 않다는 것을 강조한다. 이제 모든 대중이 철학을 하고, 일찍이 들어보지 못했던 영리함을 가지고 토지와 재산을 관리했다. 소송을 하게 된 것도 그의 공적이며, 그가 민중에게 심어놓은 지혜의 성과였다는 것이다.

이와 같이 마련되고 계몽된 대중이 새로운 희극의 관객이 되었는데, 에우리피데스는 이 희극 합창단의 교사가 되어 있었다. 이 경우 관객이라는 합창단만이 연습해야 할 필요가 있지만 말이다. 이 합창단이 에우리피데스식 음조의 노래 연습을 끝내자마자, 마치 장기놀이처럼 약삭빠르고 교활한 것이 줄곧 승리하는 새로운 희극이 일어나게 된다. 그러나 합창단 교사인 에우리피데스는 끊임없이 찬양받았다.

뿐만 아니라 그에게서 더 많이 배우기 위해서라면 자살을 해도 좋다고 말하는 사람이 있을 정도였다. 비극이 죽은 것처럼, 비극의 작가들도 이미 죽어서 살아날 수 없다는 것을 모르는 사람들의 이야기였지만 말이다. 그리스인은 비극을 버림과 동시에 자기들이 죽지 않을 거라는 믿음마저도 버렸다.

그들은 이상적 과거에 대한 믿음을 버렸을 뿐 아니라 이상적 미래에 대한 믿음마저 버렸던 것이다. "늙으면 경솔하고 변덕스럽다"는 유명한 묘비명[38] 속의 말은 그리스 말기의 노쇠한 그리스 정신에도 들어맞는다. 경우에 따라 재치 있게 대응하는 지혜, 경솔, 변덕이야말로 그들에게는 최고의 신이었다. 제5계급, 즉 노예 계급이 적어도 마음속에서는 이제 지배권을 잡게 되었다.

그래서 지금도 그리스적 명랑성을 말할 수 있다면, 그것은 다만 노예의 명랑성에 지나지 않는다. 그들 노예는 무거운 책임을 질 줄 모르며, 위대한 일을 이루려고 노력할 줄도 모르기 때문이다. 그리스도교 최초의 4세기 동안에 신중하고 두려워할 만한 사람들을 그토록 격분시킨 것은 이 외관상의 '그리스적 명랑성'이었다.

성실과 공포에 대한 이와 같은 여성적 도피, 그리고 안이한 향락을 즐기는 이와 같은 비겁한 자기 만족은, 그리스도교도들에게는 경멸해야 할 것일뿐만 아니라 반그리스도교적인 근성으로 보였다. 그리고 초기 그리스도교도들의 이러한 견해 때문에, 고대 그리스에는 분홍색의 명랑성이 달라붙었으며, 그것이 거의 극복하기 어려울 만큼 질기게 수세기 동안에 걸쳐 지속되었다. 이러한 고대 그리스관에서는 비극의 탄생, 비제(秘祭), 피타고라스나 헤라클레이토스가 살고 있었던 기원전 6세기라는 세기는 없었던 것 같다. 게다가 위대한 시대의 예술 작품마저 없었던 것처럼 보인다. 그러나 이러한 예술 작품은 어느 하나를 보더라도 이와 같이 늙은, 노예적인 향락과 명랑성의 지반 위에서는 결코 설명될 수 없으며, 그 존재의 근거로써 전혀 다른 세계관을 지시한다.

에우리피데스는 관객을 무대 위에 올려놓았다. 그렇게 함으로써 동시에 연극을 판단하는 진정한 힘을 관객에게 부여했다고 앞에서 말했는데, 그러면 그 이전의 비극 예술은 관객과 불균형을 이루고 있었던 것처럼 들릴 수도 있다. 따라서 예술작품과 관객의 균형을 시도한 에우리피데스의 급진적 경향은, 소포클레스를 앞지른 진보였다고 칭찬하는 사람이 나올지도 모른다.

그러나 '관객'이란 말뿐이고 동질적인 집단이 아니며 수도 일정하지 않은 상대일 뿐이다. 예술가는 숫자만을 과시하려는 힘과 타협해야 할 아무런 의무도 없지 않는가? 그의 타고난 소질과 의도 쪽을 보든지, 자기가 이러한 관객 어느 누구보다도 우월하다는 자신이 있다면, 자기보다 열등한 능력밖에 가지지 않은 사람들의 평판에 주위를 기울이지 않고 비교적 높은 능력을 가진 몇몇 관객만을 염두에 두면 그만이지 않는가?

사실 그리스 예술가로서 에우리피데스 이상으로 대담하고, 자존심을 지닌 채 자신의 긴 일생 동안 관객을 다룬 이는 없었다. 대중이 그의 발 아래 무릎을 꿇었을 때도, 그는 자신 있게 자기 자신의 경향, 바로 대중으로부터 승리를 거둔 그 경향을 공공연하게 정면으로 공격한 인물이다.

만약에 이 천재가 관객이라고 하는 악마의 무리에게 조금이라도 외경심을 가지고 있었다면, 그의 생애는 실패작이라는 몽둥이에 맞아서 중도에서 무너지고 말았을 것이다. 이렇게 보면 에우리피데스가 관객을 무대 위에 올려놓고, 관객에게 진정한 판단을 할 수 있게 했다는 앞서의 발언은, 사실 잠정적인 것에 지나지 않으며, 그의 경향을 좀더 깊이 이해할 필요가 있다는 것을 보여준다.

그와는 반대로 아이스킬로스와 소포클레스는 살아있을 때 아니, 죽은 뒤에도 민중의 인기를 한 몸에 받았다. 따라서 에우리피데스의 이들 선배들에 대해서는 작품과 관객들의 사이에 균형이 잡혀 있었다고 말할 수 있는 것도 이미 알려진 사실이다.

가장 위대한 시인이라는 명예가 태양처럼 빛나고, 민중의 인기라는 맑은 하늘이 미소 짓고 있는 와중에, 천부적 재능이 풍부하고, 끊임없는 창작욕에 사로잡혀 있었던 예술가 에우리피데스가 그처럼 강제로 떠날 수밖에 없었던 이유는 무엇 때문인가? 그가 관객에게 등을 돌리게 된 것은 관객에게 어떤 특별한 견해를 가졌기 때문인가? 관객을 존중한 나머지 관객을 경멸할 수 있었다는 것은 무슨 까닭인가?

이것이 지금 막 내놓은 수수께끼의 해답이다. 에우리피데스는 시인으로서 대중 따위는 안중에도 없었으나, 자기의 관객 가운데 두 사람에게만은 자기가 훨씬 고상하다고 생각하지 않았다. 그는 대중을 무대 위에 올려놓기는 했지만, 두 사람의 관객에게는 그의 예술을 판단할 수 있는 유일한 자격을 가진 심판자 또는 스승으로서 존경을 바쳤다. 이 두 사람은 지금까지 축제가 열릴 때마다, 눈에 보이지 않는 합창단으로서 관객석에 자리를 차지하고 있었다.

그는 이 두 사람의 지시와 충고에 따라서, 감정과 정열과 경험의 모든 세계를 그의 주인공의 영혼 속에 집어넣었다. 이들 새 등장인물을 위해서 새로운 말과 음조를 찾을 때도 이 두 사람의 요구에 따랐다. 관객의 판단에 의해서 자기가 처벌받는 한이 있더라도, 그는 이 두 사람의 소리에만 자기의 창작에 대한 판결을 듣는 동시에, 승리를 약속하는 격려의 소리를 들었던 것이다.

이 두 관객 가운데 한 사람은―에우리피데스 자신이다. 시인으로서가 아니라 사상가로서의 에우리피데스였다. 그에 대해서는 이렇게 말할 수 있을 것이다. 즉, 이상하게도 풍부했던 그의 비판력은 레싱의 경우와 흡사하며, 창작적 예술가다운 부차적 충동을 낳지는 않았지만 끊임없이 열매 맺게 했다고 말할 수 있다.

이러한 재능을 가지고 에우리피데스는 그의 비판적 사고를 밝고 민첩하게 움직이면서, 극장에 앉아 있었다. 그리고 그의 위대한 선배들의 걸작을 긴장하여 바라보면서, 마치 퇴색한 그림의 획 하나, 선 하나에 이르기까지 다시 확인하는 데 노력을 기울이고 있었다.

그리하여 여기서 아이스킬로스 비극의 더 깊은 비밀을 잘 알고 있는 사람에게는 전혀 이상할 것이 없는 일을 그는 만나게 된다. 그는 선 하나 획 하나에서도 뭔가 헤아릴 수 없는 것이 있다는 것을 알았다. 사람을 홀리게 하는 일종의 명확성과 동시에 배경의 수수께끼 같은 깊이, 아니 무한성을 알게 되었다. 아무리 분명한 인물도 반드시 혜성의 꼬리를 갖고 있으며, 뭔가 알 수 없는 것, 해명할 수 없는 것을 암시하고 있는 것처럼 보였다.

동일한 땅거미가 극의 구조 위에, 특히 합창단의 의미 위에 가로놓여 있었다. 그리고 윤리적인 문제의 해결도 그에게는 여전히 의심스러웠다! 신화의 취급도 얼마나 의심스러운가! 행복과 불행의 분배도 얼마나 불공평한가! 옛날 비극의 말 속에는 불쾌한 것, 적어도 그렇게 생각되는 것이 많았지만, 특히 그는 단순한 상황에 비해서 묘사가 너무나 화려하며, 성격의 단순함에 비해서는 수사와 기괴한 사건이 너무나 많다고 생각했다. 이처럼 그는 조마조마한 가운데 꼬치꼬치 생각하면서 극장에 앉아 있었다. 그리고 관객으로서 이들 위대한 선배들이 자기에게는 아무래도 이해되지 않는다는 것을 스스로 인정했다.

그러나 그는 오성(悟性)을 모든 감상과 창작의 기본으로 삼았기 때문에 주위를 둘러보고, 자기와 같은 생각을 하는 사람이 없는가, 자기 이외에 헤아릴 수 없는 느낌을 솔직하게 고백하는 사람이 없는가를 묻지 않을 수 없었다. 그러나 많은 사람들은 그에게 의심스러운 미소를 던질 뿐이었다. 그의 의혹과 다른 논리에 대해서 그의 선배인 대가들이 왜 꼬떡도 하지 않는지, 그 이유를 설명해주는 사람은 한 명도 없었다. 이러한 괴로운 상태에서 그는 또 한 사람의 관객을 발견했다.

이 관객은 비극을 전혀 몰랐기에 비극 따위는 문제삼지 않았다. 이 사나이와 손잡음으로써 비로소 지금까지 고군분투하고 있던 그는 아이스킬로스와 소포클레스의 예술 작품에 맞서 무서운 싸움을 시작하게 된다. 서투른 논문을 가지고서가 아니라 자기의 비극관을 전해 내려오는 비극관에 대결시키는 극작가로서…….

12

또 다른 관객의 이름을 밝히기 전에, 아이스킬로스의 비극의 본질에는 어떤 분열적이며 헤아릴 수 없는 느낌이 있는지, 앞에서 말한 것을 돌이켜 생각해 보자. 비극의 합창단과 그 주인공에 대해서 우리 자신이 의아하게 생각한 것을 떠올려 보자.

아이스킬로스의 합창단과 비극의 주인공은, 아무리 생각해도 우리의 관습과 일치하지 않으며 전승에도 맞지 않았다. 결국 우리는 그리스 비극의 근원과 본질은 서로 얽혀 있는 두 개의 예술 충동, 즉 아폴론적인 것과 디오니소스적인 것이라는 이중성 자체에 있다는 것을 발견했던 것이다.

근원적이고 강력한 디오니소스적 요소를 비극에서 배제하여 디오니소스적이지 않은 예술과 관습과 세계관 위에 순수하고 새로운 비극을 건설하는 것, 이것이 지금 밝은 조명 속에 그 정체를 나타내는 에우리피데스의 경향이다.

이 경향이 얼마만큼의 가치를 가지며 어떠한 의미를 갖는가 하는 문제는, 에우리피데스가 만년에 한 작품 속에서 같은 시대 사람들에게 강조하여 제시했다. 도대체 디오니소스적인 것은 있어도 좋은가? 그것은 강제로 그리스 땅에서 뿌리 뽑혀야 하는가? 만일 그것이 가능하다면 확실히 그렇다고 시인은 말한다. 그러나 디오니소스 신은 너무나 힘이 세다. 적의 동향에 가장 정통한 반항자—마치 「바카스의 무녀들」에 나오는 펜테우스처럼—도 모르는 사이 디오니소스의 마력에 걸려 신의 판단으로 이 늙은 시인은 갑작스레 운명을 다하게 된다.

두 노인 카드무스[39]와 티레시아스[40]의 판단이 이것처럼 보인다. 오랜 민중의 전통, 영원히 계승되어 가는 디오니소스 숭배는 아무리 현명하다 하더라도 몇 사람의 깊은 생각으로 뒤집어지는 것이 아니다. 실제로 이와 같은 이상한 힘에 대해서는 적어도 외교관과 같은 주의 깊은 관심이라도 보여주는 것이 적당할 것이다. 그러나 이때도 이러한 미지근한 협력에 신이 화를 내어, 마침내 외교관—이 작품에서는 카드무스—을 용으로 변신시키는 일은 있을 수 있다.

긴 일생을 통해 영웅적인 힘을 발휘해서 디오니소스에 대항해온 시인이 우리에게 이것을 말해 주고 있는 것이다. 그는 생애가 끝날 무렵 적에게 영광을 돌리고 일종의 자살로 삶을 끝마쳤는데, 그것은 현기증이 있는 사람이 더 이상 참을 수 없는 무서운 소용돌이로부터 벗어나기 위해서 탑에서 뛰어내리는 것과 아주 비슷하다.

비극 「바카스의 무녀들」은 에우리피데스의 경향이 실현 가능성을 가지고 있는 것에 대한 일종의 항의이다. 아아, 그리고 그것은 이미 실행되었다!

이상한 일이 일어났다. 시인이 그 시도를 멈추려 했을 때, 그의 경향은 이미 승리를 거두고 있었다. 디오니소스는 이미 비극의 무대에서 쫓겨나 있었다. 게다가 그것은 에우리피데스가 말하는 일종의 재앙을 주는 신의 힘에 의해서였다. 에우리피데스 역시 어떤 의미에서는 가면에 지나지 않았다.

그가 말하는 신은 디오니소스도, 아폴론도 아니었다. 그것은 새로 태어난 재앙의 신, 소크라테스였다. 디오니소스적인 것과 소크라테스적인 것, 이것은 새로운 대립이다. 그리고 그리스 비극이라는 예술 작품은 이 대립 때문에 멸망했다. 지금에 와서 에우리피데스가 철회를 외치면서 우리를 위로한다 해도 잘 될 리가 없다. 가장 훌륭했던 신전은 이미 폐허로 변해 버렸다.

이제 와서 이 파괴자가 울음을 터뜨려도, 신전에 무슨 도움이 되랴? 에우리피데스가 그 벌로, 모든 시대의 예술 비평가에 의해서 용으로 변해버렸다는 것—이 가련한 보상에 누가 만족할 것인가?

이제 우리는 에우리피데스가 무기로 삼아 아이스킬로스의 비극과 싸워 물리친, 소크라테스적 경향에 접근해 보기로 하자.

지금 우리가 묻지 않을 수 없는 것은, 극을 완전히 비디오니소스적인 것 위에 세우려고 하는 에우리피데스의 의도가 완전히 이상적으로 행해지는 경우, 일반적으로 어떠한 목표를 가질 수 있는가 하는 문제이다.

바꾸어 말하면, 연극이 음악의 모태에서 나오지 않는 경우, 디오니소스적인 것이 신비로운 어두컴컴한 데서 나오지 않는 경우, 어떠한 형식의 극이 아직 남아 있는가 하는 것이다. 단지 연극화된 서사시만이 남아 있다. 서사시라고 하는 아폴론적 예술 영역에서는 비극적 효과를 나타낼 수 없는 것은 말할 것도 없다. 이것은 표현된 사건의 내용에 달려 있지 않다. 아니, 나는 이렇게 주장하고 싶다. 괴테라 할지라도 그가 계획한 「나우지카」[41]에서는 목가적인 인물의 자살—제5막을 메울 예정이었다—을 비극적인 감동을 줄 수 있도록 묘사하는 것은 불가능했을 것이라고. 서사시적, 아폴론적인 것의 힘은 아무리 무서운 것이라도 가상에 대한 아폴론적인 쾌감과 가상에 의한 구제로써 우리의 눈을 홀리게 할 만큼 대단하다. 연극적인 서사시의 시인은 서사시를 읊는 음유시인과 마찬가지로, 자기가 묘사하는 형상과 완전히 융합할 수 없다.

그는 여전히 거리를 두고 바라볼 뿐이며, 결코 마음이 흔들리지 않는다.

즉 형상과 일체가 되지 않고, 현상을 자기 앞에 있는 것으로 바라볼 뿐이다. 연극화된 서사시에 등장하는 배우는 결국 역시 서사시를 낭송하는 음유시인임에는 변함이 없다. 그의 모든 동작에는 마음속에서 꿈꾸고 있다는 영감이 감돌고 있다. 그러므로 그는 결코 완전한 배우는 아니다.

그런데 아폴론적 연극의 이러한 이상과 에우리피데스의 작품은 어떠한 관계가 있는가? 그것은 고대의 엄숙한 음유시인과 후세의 낭송자의 관계와 같다. 후세의 낭송자는 플라톤의 「이온」[42])에서 자기의 본질을 다음과 같이 말하고 있기 때문이다. "슬픈 일을 말할 때에는, 나의 눈은 눈물로 가득 찬다. 그러나 내가 말하는 것이 무섭고 놀라울 때, 나의 머리털은 쭈뼛 서고 가슴은 두근거린다." 여기에는 이미 서사시적인 가상으로의 몰입, 진정한 배우가 갖는 비정은 전혀 볼 수 없다. 진정한 배우는 바로 자기 최고의 연기에 이르러서는 완전한 가상이 되며, 가상에 대한 쾌감을 느낀다. 에우리피데스는 두근거리는 가슴과 쭈뼛 선 머리카락을 가진 배우이다. 그는 계획을 짤 때는 소크라테스적 사상가이며, 연기할 때는 열정적인 배우이다.

계획을 짤 때나 연기를 할 때나, 그는 순수한 예술가는 아니다. 이처럼 에우리피데스의 극은 차가운 동시에 불 같으며, 얼 수도 있으며 동시에 불타오를 수도 있다. 그의 극에서 서사시 특유의 아폴론적 효과를 내는 일은 불가능하다.

한편 그의 극은 디오니소스적 효과로부터 가능한 한 멀리 떨어져 있기 때문에, 일반적으로 감동을 얻기 위해서는 새로운 자극이라는 감동수단을 필요로 한다. 그런데 이것은 두 가지 독특한 예술 충동, 즉 아폴론적 충동과 디오니소스적 충동 속에는 있을 수 없다. 냉정한 역설적인 사상—아폴론적 충동 대신에—과 불같은 격정—디오니소스적 황홀 대신에—이 이러한 자극의 수단이 되며, 이 사상과 격정은 지극히 사실적으로 모방되어 있다고 해도, 예술의 영기(靈氣) 속에는 결코 잠기지 않았다.

지금까지 살펴본 결과, 에우리피데스가 극을 전적으로 아폴론적인 것 위에 세우려고 했던 것이 완전히 실패했으며, 도리어 그의 비디오니소스적 경향은 자연주의적, 비예술적인 경향을 향해 길을 잃게 되었다는 것을 알았다. 이제 미적 소크라테스주의의 본질에 더 접근해 보도록 하자.

그 최고 원칙은 대체로 다음과 같다. "아름답기 위해서는 모든 것이 지적

이어야 한다." 이것은 소크라테스의 원칙 "지식이 많고 사리에 밝은 사람만이 덕이 있다"고 하는 명제와 병행한다. 이 기준을 가지고 에우리피데스는 개개의 것을 측정하고, 이 원리에 따라서 언어, 성격, 극의 구성, 합창단의 음악 등을 수정해 갔다.

보통 우리가 에우리피데스의 극을 소포클레스의 비극과 비교할 때 대체로 철저한 비판적 수속, 과감한 이지성의 산물을 자주 에우리피데스의 문학적 결함과 후퇴로 본다. 에우리피데스의 서시(序詩)는 합리주의적 방법의 생산성을 나타내는 한 예로 유용할 것이다. 에우리피데스의 극 속에 있는 서시만큼 우리의 무대 기술에 적합하지 않은 것은 없다.

한 사람의 등장인물이 작품의 첫머리에서 자기가 누구이며 무엇이 줄거리의 처음인지, 지금까지 어떠한 일이 일어났으며, 작품의 진행 중에는 어떠한 일이 일어날 것인가를 말하는 것은, 긴장의 효과를 없어지게 하는 방자한 것으로서 허용할 수 없는 것이라고 근대의 극작가는 말할 것이다. 이제부터 어떤 일이 일어날지를 다 알고 있는데, 그것이 실제로 일어나는지 보자고 기다릴 사람이 있을까? 여기서는 예언적인 꿈에, 뒤에 나타나는 현실이 갖는 긴장 관계가 생겨날 수 없기 때문이다.

에우리피데스는 다른 생각을 했다. 비극의 효과는 결코 서사시적인 줄거리의 긴장에서 나오는 것이 아니다. 지금 무엇이 일어나며, 뒤에 어떤 것이 일어날 것인가 하는, 자극적인 불확실성에 나오는 것이 아니었다. 오히려 주인공의 정열과 변론술 속에 폭넓고, 힘찬 물결이 부풀어 오르는, 장대한 수사학적, 서정시적 장면에서 비롯되는 것이다.

모든 것이 줄거리를 위한 준비가 아니라 정열을 위한 준비이다. 그리고 정열을 위한 준비가 되지 않는 것은 장애물이라고 생각한다. 그러나 이와 같은 장면을 감상하는 데 곤란한 것은, 이야기의 연결을 청중이 알 수 없다는 것, 즉 줄거리 이전의 이야기 짜임새에 빈틈이 있다는 것이다. 이 인물 저 인물이 어떠한 의미를 가지며, 애정과 의도에서 일어나는 갈등의 하나하나가 무엇을 전제로 하고 있는가에 대해서 청중이 머리를 써야 하기에, 주요 인물의 고뇌와 행위에 완전히 몰두할 수도 없고, 숨을 죽일 만큼 주인공과 함께 괴로워하고, 함께 두려워할 수도 없다. 아이스킬로스와 소포클레스의 비극은 재치 있는 예술 수단을 사용해서, 우연과 같이 첫 장면에서 이해에 필요한 여러 가지 단서를 청중에게 주도록 되어 있다.

필연적인 일에 가면을 씌워서, 그것을 우연한 사건처럼 생각하게 하는 뛰어난 예술적 수완을 입증하는 특징이다. 그러나 에우리피데스는 다음과 같은 것을 인정하지 않을 수 없다고 믿었다. 즉, 관중은 처음 장면이 전개되는 동안에는 줄거리 이전의 이야기라는 계산 문제를 풀기 위해서 독특한 불안에 빠져 있으며, 따라서 서막의 시적인 아름다움과 정열을 잃어버리게 된다는 것이다.

그래서 그는 서막 앞에 서시(序詩)를 놓고, 신뢰할 수 있는 인물의 입을 통해서 그것을 말하도록 했다. 때로는 신이 나타나서 비극의 경과를 보증하고 신화의 실재성에 대한 의혹을 제거해야 할 때도 있었다. 마치 데카르트가 경험적 세계의 실재성을, 신은 성실하며 거짓말을 할 수 없다는 것에 호소함으로써 비로소 증명할 수 있었던 것과 흡사한 방법이다.

이 신의 성실성을 에우리피데스는 극의 마지막 장에서 다시 한번 사용하며, 주인공들의 미래를 관객에게 보증한다. 이것이 악평 높은 기계 장치의 신[43]의 임무이다. 서사시적인 회고와 전망 사이에 극적, 서정시적인 현재, 본래의 '극'이 가로놓여 있다.

이처럼 시인으로서 에우리피데스는 무엇보다 그의 의식적 인식을 드러낸다. 그리고 바로 이것이 그에게 그리스 예술 역사에서 주목할 만한 지위를 부여했다. 그는 자기의 비판적, 생산적인 창작 활동을 돌이켜보고, 자기가 아낙사고라스[44] 저서의 첫머리를 연극으로 꾸미기 위해서 활동하고 있는 것이 아닌가 하는 생각을 틀림없이 자주 가졌을 것이다. 아낙사고라스 책의 첫머리는 다음과 같이 말하고 있다. "최초는 모든 것이 뒤섞여 어지럽게 있었다. 거기에 누스(理性)가 와서 질서를 창조했다."

아낙사고라스가 그의 '누스'를 가지고 철학자들 사이에 나타났을 때, 그 모습이 마치 술주정꾼들 사이에 술에 취하지 않은 사람이 처음으로 나타난 것처럼 보였듯이, 에우리피데스도 역시 다른 비극 시인들과 자기의 관계를 그와 흡사한 것으로 생각했을지도 모른다. 만물의 유일한 조각자이며 지배자인 '누스'가 예술 창작에서 제외되어 있는 한, 모든 것은 아직 뒤섞여 어지럽고 혼돈된 상태에 있을 수밖에 없다고 에우리피데스는 판단했다. 따라서 최초의 '안 취한 남자'로서 '술 취한' 시인들을 처벌하지 않을 수 없었다.

소포클레스가 아이스킬로스에 대해서 "무의식적으로 해도 그가 하는 일은 정당하다"고 한 말은, 확실히 에우리피데스의 의미로 말한 것은 아니었다. 에우리피데스라면 "아이스킬로스는 무의식적으로 창작하기 때문에 그의 창작은 정당하지 못하다"는 것밖에 인정하지 않았을 것이다. 신과 같은 플라톤마저 시인의 창조적 능력을 말할 때, 그것이 의식적 통찰인 경우를 제외하고는 대체로 반어적으로 보고, 그 능력을 예언자나 해몽가의 타고난 기품과 같은 위치에 두고 있다. 시인이란 오성이 그의 속에 조금도 깃들지 못하는 무의식 상태가 되기까지는 시를 쓸 수 없다고 플라톤은 말한다.

플라톤이 그것을 시도한 것처럼, 에우리피데스는 '이지적이지 못한' 시인과 대립하는 것을 세상에 제시하려고 시도했다. "아름답기 위해서는 모든 것은 의식적이어야 한다"는 그의 미학 원칙은, 내가 이미 말한 것처럼 "선(善)이기 위해서는 모든 것이 의식적이어야 한다"는 소크라테스의 원칙과 일치하는 명제이다. 따라서 에우리피데스를 미적 소크라테스주의의 시인이라고 보아도 무방하다.

그런데 소크라테스는 옛 비극을 이해하지도, 존중하지도 않았던 제2의 관객이었다. 에우리피데스는 소크라테스와 짜고, 새로운 예술 창조의 선구자가 되려고 했다. 만일 이 새로운 예술 창조 때문에 옛 비극이 몰락했다면, 미적 소크라테스주의는 살인적인 원리가 되는 셈이다.

그러나 옛날의 예술인 디오니소스적인 것에 대한 싸움인 만큼 우리는 소크라테스를 디오니소스의 적, 즉 새로운 오르페우스[45]로 인식한다. 오르페우스는 디오니소스에 반항해서 일어났고, 비록 아테네 법정의 디오니소스 무녀들에 의해서 갈기갈기 찢기는 운명을 타고 났지만, 그 우세한 신을 스스로 도망치게 했다. 디오니소스는 마치 옛날에 에도의 왕 류크르코스[46]로부터 도망쳤을 때처럼 깊은 바다 속으로 피난했다. 즉, 차츰 온 세상에 퍼져가는 비제(秘祭)라는 신비로운 물결 속에 몸을 던졌던 것이다.

13

소크라테스가 그 경향에서 에우리피데스와 밀접한 관계가 있다는 것은, 같은 시대의 고대인도 간과하지 않았다. 이러한 사실을 가장 잘 표현하고 있는 것은, 소크라테스가 항상 에우리피데스의 시 창작을 도왔다는 소문이 아테네에 퍼져 있었다는 사실이다.

"옛날이 좋았다"고 하는 사람들은 당대의 민중 선동가를 손꼽을 때 두 명의 이름을 단숨에 들었다. 마라톤을 하던 그 옛날에 지녔던 몸과 마음의 씩씩함이 갈수록 갈피를 잡지 못하는 계몽의 희생이 되어 체력과 정신력이 움츠려 들게 된 것은, 이들 민중 선동가 때문이라고 한다. 아리스토파네스의 희극은 분격과 경멸을 반반씩 섞어가면서, 이 두 사람에 대해 곧잘 말하고 있다.

새 시대의 사람들도 이것에 놀랐다. 사람들은 에우리피데스쯤이야 웃음거리로 만들어도 좋다고 생각했다. 하지만 소피스트의 제일인자며 두목인 소크라테스, 모든 소피스트적 노력의 거울이자 정수인 소크라테스마저 아리스토파네스의 작품에 등장하자 아연실색하지 않을 수 없었다. 이때 유일하게 위안을 주는 것은, 아리스토파네스를 주책없이 거짓말을 하는 문단의 아르키비아데스[47]로 간주하여 망신을 시키는 것뿐이었다.

나는 여기서 이와 같은 공격에 대해 아리스토파네스의 깊은 본능을 감싸주지는 않겠다. 단지 소크라테스와 에우리피데스의 밀접한 관련을 고대인의 감정을 통하여 논증해 가려고 한다. 이런 의미에서 특히 기억해야 할 것이 있다. 그것은 비극 예술의 적이었던 소크라테스는 비극의 관람을 삼가고 있었는데, 에우리피데스의 신작이 상연될 때만 관객 속에 나타났다는 것이다.

그러나 가장 유명한 것은 델포이의 신탁에 두 사람의 이름이 나란히 있었다는 것이다. 이 신탁은 소크라테스를 인간 가운데서 가장 현명한 자로 손꼽고 있는데, 동시에 지혜의 경쟁에 있어서 두 번째 자리는 에우리피데스에게 주어야 한다고 판정하고 있다.

세 번째로 소포클레스가 손꼽혔다. "내가 하는 일은 옳다. 어떻게 하면 옳은가를 알고 있기 때문이다"라고 아이스킬로스에게 자랑했던 소포클레스의 이름이 올라 있기 때문이다. 명확한 지식의 정도가 바로 이 세 인물을 당대의 세 '지자(知者)'로서 공통으로 특징짓는 것이었음에 틀림없다.

그러나 지식과 통찰을 높이 평가하는 새롭고도 전대미문의 가장 날카로운 말을 한 것은 소크라테스였다. 그는 넓은 세상에서도 자기만이 아무것도 모른다고 스스로 인정하는 유일한 인간이라는 것을 발견했다고 말했다. 비판적인 태도로 아테네 시내를 거닐면서 최고의 정치가, 웅변가, 시인, 예술가들과 이야기를 나누는 도중에 *그*가 만날 수 있었던 것은 지식의 자만뿐이었기 때문이다. 그는 그러한 사람들이 모두 자기의 직업에 대해서 올바르고 확실한 통찰을 가지지 못하고 다만 본능적으로 그것을 하고 있는 데 지나지 않다는 것을 간파하고 놀랐다. "다만 본능에서." 이 말로 우리는 소크라테스적 경향의 정수와 중심점에 이르게 된다. 소크라테스주의는 이 말을 가지고 기존의 도덕과 예술을 비판한다. 심판의 눈을 어디로 돌리나 소크라테스주의의 눈에 띄는 것은 통찰의 결여와 망상의 위력뿐이다.

소크라테스주의는 이 결여 때문에 현존하는 것이 내부적으로 어긋나 있으며, 따라서 이것을 배척해야 한다고 추론한다. 소크라테스는 다만 이 한 가지 점에서 현존하는 것들을 바로잡아야 한다고 믿었다. 우리가 그 조그만 것에 공경하며 손을 잡는 것만으로도 분에 넘치는 행복이라고 생각하는 세계 속에, 오직 개인으로서 소크라테스는 전혀 질이 다른 문화, 예술, 도덕의 선구자로서 오만불손한 얼굴로 걸어 들어간다.

이것이 소크라테스를 접할 때마다 우리가 사로잡히게 되는 엄청난 의혹이며, 몇 번이고 고대의 이 문제적인 인물의 의미와 의도를 알 것을 우리에게 자극한다. 호메로스, 핀다로스와 아이스킬로스로서, 피디아스[48]로서, 페리클레스로서, 피티아[49]와 디오니소스로서 가장 깊은 심연과 숭배의 대상인 그리스적 본질을 개인으로서 감히 부정하려고 하는 이 인물은 도대체 누구인가?

이 마법의 술을 대담하게도 먼지 속에 부으려고 하는 것은 도대체 어떠한 마신(魔神)의 힘인가? 인류의 가장 고귀한 사람들로 이루어진 정령의 합창단에게서 "슬프도다! 슬프도다! 너는 아름다운 세계를, 힘센 주먹을 가지고 파괴하였도다. 넘어져가는 세계여! 허물어져가는 세계여!" 이런 부르짖음을 들어야 하는 반신(半神)은 누구인가?

소크라테스의 본질을 나타내는 하나의 열쇠는 '소크라테스의 다이모니온(다이몬의 신호)'이라고 불리는 이상한 현상이다. 그의 오성이 동요하는 특별한 상황 아래서 그는 그 순간 들려오는 신의 소리에 의해 튼튼한 발판을 얻었다. 이 소리는 들려올 때 이것은 반드시 무언가로부터 손을 떼도록 경고했다. 이 이상한 인물에게는 때때로 의식적인 인식을 저지하는 경우에만, 본능적 지혜가 나타난다.

모든 생산적인 인간들에게 본능은 바로 창조적, 긍정적인 힘이며, 의식은 비판적이고 경고적인 역할을 하는 데 반해서, 소크라테스에게는 본능이 비판자이며 의식이 창조자이다. 이것이야말로 결함에서 나타난 진정한 괴물이 아닌가! 여기에는 신비로운 소질의 기괴한 결함이 인정되므로, 소크라테스를 특별한 비신비가라고 불러도 좋을 것이다.

왜냐하면 신비가에게 본능적 지혜가 지나치게 발달하고 있는 것과 마찬가지로 비신비가에게는 논리적 천성이 이상 발육에 의해서 과도하게 발달하고 있기 때문이다. 그러나 한편 소크라테스 속에 나타난 논리적 충동에는 자신에게로 돌리는 힘은 전혀 없었다. 이처럼 아무런 구속이 없는 분류처럼 논리적 충동이 발휘되는 모습은 자연의 위력과도 흡사하다.

그것은 큰 본능이 위력에 부딪쳤을 때 우리가 느끼는 소름끼치는 놀람과도 같다. 소크라테스의 생활신조가 신과 같은 소박함과 의젓함을 지니고 있었다는 것을 플라톤의 저서를 통해서 조금이라도 느끼는 사람이라면, 소크라테스 배후에 논리적 소크라테스 주의의 거대한 충동이 움직이고 있으며, 이것을 마치 그림자를 통해서 관찰하듯이 소크라테스를 통해서 관찰해야 할 필요가 있다고 느낄 것이다.

그러나 그 자신이 이러한 관계에 관해서 어떤 예감을 가지고 있었다는 것은, 다만 한 가지 단죄 형식이 있을 뿐이었다. 바로 추방이다. 사람들은 그를 수수께끼 같은 사람, 이름을 붙일 수 없는 사람, 해명할 수 없는 사람으로 여기고 국경 밖으로 내쫓았어야 했다. 그러면 후세 사람들이 이것을 부끄러워할 행위로 취급하여 아테네 시민을 책망하는 일은 없었을 것이다.

그런데 추방에 그치지 않고 사형이 선고된 것은, 소크라테스가 신으로부터 받은 사명을 언제 어디서나 그의 재판관 앞에서도 위엄을 갖고 성실하게 주장했기 때문이다.

이런 점을 가지고 그를 반박하는 일은 불가능했다. 그것은 여러 가지 본능을 해체하는 그의 영향을 시인할 수 없는 것처럼 불가능한 일이었다. 이러한 풀리지 않는 갈등이 일어나는 가운데 그가 일단 그리스 국가의 법정에 끌려나온 것을 보면, 완전히 맑은 심경에서 죽음에 대한 당연한 공포도 없이 스스로가 죽음을 꿰뚫어 보았을 것으로 생각된다. 마치 연회석을 담담한 기분으로 떠나듯, 그는 침착하게 죽음의 길을 갔던 것이다.

플라톤이 묘사한 바에 따르면, 동이 틀 무렵 마지막 남은 주객인 소크라테스는 새로운 하루를 시작하기 위해서 연회석을 떠났다고 한다. 그의 뒤에 있던 의자와 땅 위에는 친구들이 남아서, 진정한 에로스의 벗인 소크라테스를 꿈꾸고 있었다. 또한 죽어가는 소크라테스는 고귀한 그리스 청년들에게는 다른 데서는 절대로 발견할 수 없는 새로운 이상이 되었다. 특히 전형적인 그리스 청년인 플라톤은 그를 사모하는 마음으로 열렬하게 헌신하여 이 이상적인 모습 앞에 무릎을 꿇었던 것이다.

14

이제 우리는 소크라테스의 치클로페스[50]의 눈과 같은 커다란 눈, 예술적 감동의 아리따운 광기가 한 번도 타오른 적이 없는 저 눈이 비극을 보는 것을 상상해 보자. 그 눈은 디오니소스적 심연도 기쁨을 가지고 들여다보지 않았다. 플라톤이 말하는 것처럼 '숭고하고 높이 평가되는' 비극 예술 속에서 저 눈은 무엇을 보아야 했던가? 전혀 이치에 맞지 않는 것, 어떠한 결과도 가져오지 않는 것처럼 보이는 원인과 원인이 없는 것처럼 보이는 결과를 가진 불합리한 것을 그는 거기에서 보았다.

게다가 이것의 전체는 매우 다채롭고 복잡하기 때문에 생각이 깊은 사람들에게는 반감을 사고, 신경질적이며 감격하기 쉬운 영혼에는 일종의 위험한 도화선이 되는 것처럼 보였다. 소크라테스가 이해한 유일한 문학 장르가 이솝 우화였다는 것을 우리는 알고 있다. 그리고 그는 이것을 정직하고 선량한 겔러트가 〈꿀벌과 암탉〉의 우화 속에서, 시가를 찬미해서 노래했을 때와 흡사한 입장에서 이해하고 있다.

> 그것이 무슨 소용이 있는지 보면 알리라.
> 그다지 머리가 좋지 않은 사람에게
> 형상(形象)을 가지고 진실을 말하노라.

그러나 소크라테스에게 비극 예술은 한 번도 '진실을 말하지 않는 것'으로 보인 적은 없었다. 그것이 '그다지 머리가 좋지 않은 사람'을 상대로 하고, 따라서 철학자를 상대로 하는 것이 아니라는 것은 제외하더라도 말이다. 이것이 비극을 멀리해야 할 두 가지 이유이다. 플라톤과 마찬가지로 소크라테스는, 비극을 쾌적한 것만을 묘사하고 유용한 것을 묘사하지 않는 대중에게 알랑거리는 예술로 간주하고, 제자들에게 이러한 비철학적인 자극을 멀리하도록, 엄격히 물러나도록 요구했다. 그 성과로 젊은 비극작가 플라톤이 소크라테스의 제자가 되기 위해서 맨 먼저 그 작품을 불살라 버릴 정도였다.

그러나 그렇게 쉽사리 억제할 수 없는 소질을 타고난 사람들이 소크라테스의 원칙에 반항하는 모습도 보였다. 그러한 경우에도 굉장한 인격의 무게와 함께 소크라테스의 원칙이 지닌 힘은 여전히 컸으며, 문학 자체를 그때까지 알려지지 않았던 새로운 지위로 높이기에 충분했다.

그 예가 바로 방금 말한 플라톤이다. 그는 비극과 일반적인 예술을 판단할 때, 확실히 스승의 소박한 냉소적 혹평에 뒤지지 않았지만, 넘치는 예술가적 기질 때문에 하나의 예술 형식을 마련하지 않을 수 없었다. 그러나 사실 이 예술 형식은 그가 배척한 기존의 예술 형식과 내면적으로 밀접한 관계가 있었다. 플라톤이 옛날의 예술에 대해서 비난한 점은 그것이 다만 가상의 모방에 그치고 있다는 것이고, 따라서 경험적 현실계보다 훨씬 낮은 영역에 속해 있다는 것이었다. 이러한 비난은 어떤 일이 있더라도 플라톤이 마련한 새로운 예술 작품에는 적용되지 말아야 했다. 이리하여 우리는 플라톤이 현실을 넘어서려고 노력하며 사이비 현실계의 밑바닥에 있는 이데아를 묘사하려고 노력하는 것을 본다.

그러나 이러한 생각을 가진 사상가 플라톤은 하나의 우회로를 통해서, 결국 시인으로서의 그가 항상 고향처럼 살고 있었던 곳에 다다랐다. 그곳은 또한 소포클레스와 옛날의 예술 전체가 그의 비난에 대해 엄숙히 항의하고 있는 곳이기도 했다. 비극이 그 이전의 모든 예술의 종류를 흡수한 것이라고 한다면, 어떤 기묘한 의미에서 그러한 것은 플라톤의 대화편에도 들어맞는다.

그의 대화편은 모든 기존 스타일과 형식을 혼합하여 만들어서, 이야기와 서정시와 극의 중간, 산문과 운문의 중간에 떠돌고 있으며, 따라서 통일적인 언어 형식이라고 하는 예부터 내려오던 엄격한 법칙을 깨뜨리고 있었기 때문이다. 이 길을 더욱 전진한 것이 견유파의 문필가들이었다. 그들은 문체를 다양하게 산문 형식과 운문 형식 사이를 오감으로 그들이 생활에서 일삼았던 '미친 소크라테스'의 문학적 초상화를 그리는 데까지 이르렀던 것이다.

플라톤의 대화편은 배를 난파당한 옛날의 문학이, 그 자식들을 구하기 위해서 옮겨 탄 작은 배와 같은 것이었다. 좁은 곳에 함께 몰려, 단 한 사람의 사공인 소크라테스에게 걱정스럽게 복종하면서, 그들은 새로운 세계로 배를 타고 갔는데, 세상 사람들은 이 행렬의 환상적 모습을 보는 데 결코 싫증이 나지 않았다.

실제로 플라톤은 후세에 새로운 예술 형식의 모범을 제공해 주었다. 바로 소설(Roman)이라는 모범이다. 이 소설은 무한히 높아진 이솝 우화라고 할 수 있다. 거기서 문학은 변증법적 철학에 대해, 이 철학이 수세기에 걸쳐서 신학에 대해서 취한 것과 같은 신분으로, 즉 시녀로 살았던 것이다. 이것이 문학의 새로운 지위였다. 플라톤이 마신적인 소크라테스의 압박을 받아서 문학을 이러한 위치로 몰아넣었던 것이다.

여기서는 철학적 사상이 예술을 덮어서 무성하게 자라며, 예술은 변증법의 줄기에 꽉 매달리지 않을 수 없게 된다. 아폴론적 경향은 번데기처럼 논리적 형식주의 속에 들어앉게 된다. 우리는 에우리피데스에게서 이와 같은 것을 볼 수 있고, 나아가서 디오니소스적인 것이 자연주의적 격정으로 옮겨지는 것도 볼 수 있다. 플라톤 극의 변증법적 주인공인 소크라테스는, 에우리피데스의 주인공이 갖고 있는 것과 흡사한 성질을 떠올리게 한다.

에우리피데스의 주인공은, 이유와 반대 이유를 통해서 자기의 행동을 변호하지 않으면 안 되며, 그래서 비극적 동정을 상실할 위험에 자주 빠지기 때문이다. 결론이 나올 때마다 환호성을 올려 이를 축하하고, 차가운 밝음과 의식 속에서만 호흡할 수 있는 변증법의 본질에 낙천주의적 요소가 깃들어 있다는 것을 모르는 사람이 어디 있을까.

이 낙천주의적 요소가 일단 비극에 침입하면, 차츰 비극의 디오니소스적 영토 위에 퍼져서 필연적으로 비극을 자멸시킨다. 그 결과 비극은 시민극으로 빠져 죽음의 도약을 강요당한다. "덕은 지식이다. 무지에서만 죄를 범하게 된다. 덕이 있는 자는 행복한 사람이다"라는 소크라테스의 명제는 어떠한 귀결을 갖는가. 구체적으로 생각해 보면 된다. 낙천주의의 이 세 가지 기본 형식 속에 비극의 죽음이 가로놓여 있다. 이제 유덕한 주인공은 변증가여야 하며, 덕과 지, 신앙과 도덕 사이에 필연적인 연결이 있어야 하기 때문이다. 또한 아이스킬로스의 초월적인 정의의 대단원은, 이제 관례적인 기계 장치의 신을 가진 '권선징악'이라는 평범하고 뻔뻔스러운 원리로 타락하고 말기 때문이다.

이 새로운 소크라테스적, 낙천주의적 연극 세계에 비해 이제 합창단과 일반적인 비극의 음악적, 디오니소스적인 기반이 어떻게 보일 것인가? 뭔가 우연한 것, 비극의 기원에 대한 없어도 괜찮을 추억으로 생각되었다. 그러나 앞에서 본 바와 같이, 실제로는 합창단이야말로 비극의 원인이며, 일반적인 비극의 원인으로 이해되는 것이다.

이미 소포클레스에게서 합창단에 관한 당황함이 나타나 있다. 이것은 이미 그가 비극의 디오니소스적인 기반을 무너뜨리기 시작하고 있는 것을 보여 주는 중요한 징후이다. 그는 효과의 주요 부분을 합창단에게 맡길 만한 용기를 지니고 있지 않다. 그가 영역을 제한한 합창단은 지금은 거의 배우와 같은 배열에 놓인 것처럼 보이며, 마치 합창단석에서 무대 위에 밀려 올라간 것처럼 된다.

물론 아리스토텔레스가 합창단을 이렇게 보는 데 찬성한다고 하더라도, 합창단의 본질은 완전히 파괴되어 있다.

전해오는 바에 따르면, 소포클레스가 이 합창단의 위치를 이동시켰다고 한다. 그가 글을 통해서까지 추천하기도 한 이 위치의 이동은 합창을 부정하는 첫걸음이었다.

그리고 이 부정의 변화는 에우리피데스, 아가톤과 신흥 희극에서 놀랄 만한 속도로 연달아 일어난다. 낙천주의적 변증법은 그 삼단논법의 채찍을 가지고 음악을 비극에서 내쫓는다. 즉, 비극의 본질을 파괴한다. 왜냐하면 비극의 본질은 디오니소스적 상태의 징후와 형상화로, 눈으로 볼 수 있는 음악의 상징화로, 디오니소스적 도취의 꿈의 세계로 해석되기 때문이다.

그 밖에 소크라테스 이전에도 반디오니소스적 경향이 있었지만, 다만 그것은 소크라테스에게서 전례가 없을 만큼 강력한 표현을 얻게 되었다는 것뿐이다. 그러므로 우리는 소크라테스라는 현상이 무엇을 지시하고 있는가 하는 물음에 대해서 꽁무니를 빼서는 안 된다. 플라톤의 대화편을 보면, 이 현상을 단순히 해체해가는 소극적인 힘으로는 해석할 수 없기 때문이다. 소크라테스적 충동의 가장 직접적인 작용이 디오니소스적 비극의 해체를 목적으로 한 것은 확실하다고 하더라도, 소크라테스 자신의 심원한 생활 체험을 토대로 말하면, 과연 소크라테스주의와 예술 사이에 필연적으로 대립적 관계밖에 없는가, '예술적인 소크라테스'의 탄생은 일반적으로 그 자신에게 모순된 일인가를 다시 물어야 한다.

저 전제적인 논리가도 예술 방면에서는 자기에게도 일종의 결함과 허점이 있는 것이 아닌가 하고 생각하고 있었으며, 반쯤은 자책하는 기분이 되어 의무를 게을리 하고 있는 것이 아닌가 하는 것을 때때로 느끼고 있었다. 그가 감옥에서 친구들에게 설명한 바에 따르면, 자주 그의 꿈에 같은 환영이 나타나서 "소크라테스여, 음악을 하라!"고 말을 했다고 한다. 그는 죽는 날까지 철학하는 일이야말로 최고의 뮤즈의 솜씨라고 생각하여 안심했으며, 신이 '비속하고 대중적인 음악'을 생각하고 있으리라고는 전혀 생각지 않았다. 결국 감옥 속에서 그는 양심의 무거운 짐을 완전히 내려놓기 위해서, 그가 경멸했던 음악을 하기로 동의한다. 그리고 이러한 심정에서 아폴론에게 바치는 노래를 짓고, 몇 개의 이솝 우화를 운문으로 바꾸어 놓았다.

그에게 이와 같은 습작을 하게 한 것은, 마신의 경고와 같은 무엇이었다. 그것은 자신이 야만인의 왕처럼 고귀한 신상(神像)을 이해하지 못하고, 이 몰이해 때문에 자기의 신에 대해서 어쩌면 죄를 짓고 있는 것이 아닌가 하는 아폴론적 통찰이었다.

소크라테스의 꿈속에 나타난 말은, 논리적 천성에도 한계가 있는 것이 아닌가 하는 의혹을 나타내는 유일한 표지이다. 아마―그는 이렇게 자문하지 않을 수 없었다―자기가 모른다고 해서, 그것이 곧 비합리적이라고 할 수는 없지 않은가? 논리가에 의해서 추방당한 지혜의 나라가 어쩌면 있는 것이 아닌가? 어쩌면 예술은 학문과 필연적으로 연관되어 있고 이것을 보충하는 것이 아닌가?

15

불안에 가득 찬 이러한 의문에 관련해서 말해 두어야 할 것이 있다. 즉, 소크라테스의 영향은 오늘에 이르기까지, 아니 미래에 걸쳐 석양 아래서 점점 더 커가는 그림자처럼 후세에 퍼져가고, 이 영향은 예술―더욱이 형이상학적인 의미에 있어서 가장 넓고 깊은 의미의 예술―을 다시 창조하지 않을 수 없도록 촉진하는 것이다. 그 자신의 무한성에 의해서, 예술의 무한성도 보증한다는 것이다.

이것을 알기 전에는, 즉 어떠한 예술도 내면적으로는 그리스인에 의존하고 있다는 것과 호메로스에서 소크라테스에 이르는 그리스인에 연결되어 있다는 것이 납득할 만큼 증명되기 전에는, 아테네 시민이 소크라테스로부터 겪은 것처럼 우리는 이들 그리스인 때문에 괴로움을 당할 수밖에 없다.

거의 어느 시대, 어느 문화의 단계도, 언짢은 기분으로 그리스인에게서 벗어나려고 했다. 왜냐하면 그리스인에 직면하면 자기가 한 모든 것이, 완전히 독창적이라 생각하고 진정으로 감탄하고 있었던 것까지도 갑자기 색채와 생명이 사라지는 것처럼 보이며, 실패한 모방, 아니 단순한 회화로 오그라들기 때문이다.

그래서 자기 나라 것이 아닌 모든 시대의 것은 완강하게 '야만인의 것'이라고 뻔뻔스럽게도 꼬리표를 붙이는 저 불손한 소민족에 대한 가슴 속의 분통이 되풀이해서 터져 나온다. 도대체 저들은 무엇인가 하고 사람들은 자문한다. 자랑할 만한 것이라고는 일시적인 역사적 영광, 우스울 정도로 소규모의 제도, 갈피를 잡지 못하는 도의심밖에 없으며, 그뿐 아니라 추악한 악덕의 소유자라는 꼬리표까지 붙어 있으면서도, 무슨 까닭으로 천재에게만 부여하는 위엄과 특별한 지위를 다른 여러 나라 국민에게 요구하는가?

유감스럽게도, 이러한 존재를 간단하게 처리할 수 있는 독배는 좀처럼 발견되지 않았다. 왜냐하면 질투, 중상, 격분이 스스로 자아낸 어떠한 독도 스스로 만족하는 웅장함을 파괴하기에는 충분하지 않았기 때문이다. 그래서 사람들은 그리스인을 마주하면 부끄러워하고, 그들을 두려워했다. 그러한 쓸데없는 두려움을 가지지 않기 위해서는 철저하게 진리를 존중하여 대담하게 다음과 같은 진리를 인정해 버리면 그만이다. 즉, 그리스인은 마부로서 우리의 문화뿐만 아니라 모든 문화의 고삐를 쥐고 있다. 그러나 이 마차와 말은 거의 항상 너무도 초라해서 안내자의 영광에는 합당하지 않다. 그래서 그들은 이러한 말을 골짜기에 몰아넣는 것쯤은 장난 정도로 생각한다. 그리고 그들 자신은 아킬레스의 도약으로, 그 골짜기를 건너뛴다.

소크라테스 역시 그러한 지도적 지위에 알맞은 인물이라는 것을 증명하기 위해서는 이전에 전례가 없었던 존재 형식, 즉 자기 속의 이론적 인간의 형태를 인정하는 것만으로 충분하다. 그리고 이 이론적 인간의 의의와 목표를 통찰하는 것이 우리의 과제이다. 이론적 인간도 눈앞에 있는 것에 한없는 즐거움을 느낀다. 예술가와 다름없이 말이다.

그리고 이 즐거움 때문에, 염세주의의 실천 윤리에 빠지는 일 없이 암흑 속에서만 빛나는 륜케우스의 눈[51]으로부터 보호되어 있다는 점도 예술가와 같다. 하지만 예술가는 진리의 여신이 걸치고 있는 베일을 한 장 한 장 벗기면서 아무리 벗겨도 여전히 베일에 싸여 있는 여신의 모습을 황홀한 눈으로 보지만, 이론적 인간은 내동댕이친 베일에서 즐거움을 느껴 만족하며, 그의 최고 목표는 자기의 힘으로 베일을 벗기는 과정 자체에 있다.

오로지 벌거숭이가 된 진리의 여신만이 학문의 목표이며 그 이외에는 아무 상관없다고 한다면, 이 세상에 학문은 존재하지 않을 것이다. 왜냐하면 그렇게 되면, 학문의 사도(使徒)들은 지구를 꿰뚫고 곧장 하나의 구멍을 파려고 하는 사람과 같은 기분이 될 것이 틀림없기 때문이다.

이러한 사람들이라면 누구나 다음과 같은 사실을 알 수 있을 것이다. 아무리 열심히 평생 동안 노력하더라도 자기가 팔 수 있는 것은 엄청난 깊이의 일부분에 지나지 않으며, 그것은 자기의 눈앞에서 다음 사람의 노동에 의해 다시 메워지기 때문에, 세 번째 사람에게는 오히려 자기 힘으로 새로운 장소를 선택하는 것이 좋을 것처럼 보인다는 것을.

지금 만일 누군가가 이러한 직접적인 방법으로는 도저히 지구 반대편의 목표에 도달할 수 없다는 것을 납득할 만큼 증명해 보인다면, 그래도 낡은 구멍 밑에서 작업을 계속하려고 하는 사람이 있을까. 물론 그동안 보석의 발견, 즉 자연 법칙의 발견에 만족을 느낀다면 이야기는 다르다. 가장 정직한 이론적 인간이었던 레싱은 진리 자체보다는 진리의 탐구가 자기의 문제라고 과감하게 말했다.

이 발언은 학문의 근본적 비밀을 폭로한 것이며, 학자들을 놀라게 했다. 아니 격분케 했다. 거만하지는 않지만 지나친 정직함의 산물이었던 이러한 개별적 인식과 함께 소크라테스라는 인물로부터 처음으로 나타난 하나의 망상적 관념이 있다. 사유는 인과율이라는 끈으로, 존재의 가장 깊은 심연까지 다다를 수 있다고, 존재를 인식할 수 있을 뿐만 아니라 바로잡을 수도 있다는 흔들리지 않는 신념이다.

이 숭고한 형이상학적 망상은 본성으로서 학문에 덧붙어 있으며, 학문을 점점 더 그 한계로 이끌지만, 이 한계에서 학문은 예술로 넘어갈 수밖에 없다. 원래 예술은 이러한 메커니즘을 목표로 한 것이었다.

이상과 같은 생각에 비추어서 소크라테스에게 눈을 돌리면, 그는 우리에게, 학문의 본성에 이끌려 살 뿐만 아니라—훨씬 중대한 것은—그것을 위해 죽을 수도 있었던 최초의 인물로 나타난다. 그래서 죽어 가는 소크라테스의 모습은 지식과 논거를 통하여 죽음의 공포를 초월한 인간의 모습으로 학문의 입구에 걸려, 누구나 학문의 사명을 상기하는 문장이 그려진 방패가 된다. 즉, 우리 존재를 이해할 수 있게 하고, 그럼으로써 시인할 수 있도록 하는 것이다.

논거가 풍부하지 않는 경우에는, 결국 신화 역시 봉사해야 한다는 것은 말할 것도 없다. 신화야말로 학문의 필연적 귀결, 아니 학문의 목적에 지나지 않았던 것이다.

학문이라는 밀교의 사제인 소크라테스 이후, 밀려오는 파도처럼 철학의 유파가 차례차례로 교대했고, 지금까지 예상조차 할 수 없을 만큼 지식욕이 교양 세계의 가장 넓은 범위에 보급된 결과, 학문이 높이 추켜올려져 다소나마 재능이 있는 사람에게는 모두 학문이 본래의 과제가 되었다. 그리고 학문은 그 무대에서 다시는 추방되는 일이 없었으며, 또 이 보편화된 지식욕 덕분에 사상이라는 공통의 그물이 모든 지구상에 펼쳐졌을 뿐만 아니라 온 태양계에 걸친 법칙까지도 세울 수 있게 되었다. 실제로 이 모든 것들을 현대의 놀랄 만한 높은 지식의 피라미드와 함께 생각하는 사람은, 소크라테스 속에서 이른바 세계사의 한 전환점과 소용돌이를 바라보지 않을 수 없다.

이러한 세계적 경향에 엄청나게 많은 힘이 소비되었는데, 그것은 인식을 위해서가 아니라 개인과 민족의 실천 목표, 즉 이기적인 목표를 위해서 사용된 것이라고 가정하면 한결 이해하기 쉽다. 서로 피로써 피를 씻게 되고, 계속되는 민족 이동 때문에 같은 민족 사이에서도 양육강식이 일어나서, 그 결과 생에 대한 본능적인 기쁨이 매우 약화되었을 것이다.

그리하여 자살이 상습적으로 일어나고, 개인은 피지섬[52] 주민처럼 자식은 부모를, 친구는 친구를 목 졸라 죽임으로써 비로소 의무를 다한 것처럼 느낄 것임에 틀림없다. 결국 동정심으로 민족을 대량으로 살해하는 몸서리나는 윤리를 낳을지도 모르는 극단적인 실천적 염세주의가 나타나는 것이다.

그것은 그렇다 치고, 이와 같은 염세주의는, 예술이 어떠한 형식으로, 특히 종교와 학문이라는 형식으로, 독한 기운의 치료제로, 그리고 예방제로 나타나지 않은 곳에서는 어디서나 볼 수 있었으며 지금도 볼 수 있다.

이 실천적 염세주의에 비추어 보면, 소크라테스는 이론적 낙천주의자의 기본 형상이다. 이론적 낙천주의자란, 사물의 본성을 깊이 연구하여 밝힐 수 있다는 신념에서 지식과 인식을 만병통치약으로 인정하고, 오류야말로 악 자체라고 해석하는 인간을 말한다. 사물의 밑바탕으로 파고 들어가 참된 인식을 가상과 오류로부터 구별하는 것이, 소크라테스적 인간에게는 가장 고귀한 사명으로 여겨진다. 아니, 참으로 인식적인 유일한 사명으로 여겨졌다. 그것은 개념, 판단, 추리라는 기구가 소크라테스 이후 자연의 최고 활동이며, 가장 감탄할 만한 선물로서 다른 모든 능력 이상으로 평가된 것과 같다.

동정이라든가 희생이라든가, 영웅적 정신의 활동인 가장 숭고한 도덕적 행위, 아폴론적 그리스인이 '소프로시네(절제)'라고 부른, 쉽사리 얻을 수 없는 영혼의 바다와 같은 고요함마저도 소크라테스와 그와 같은 생각을 가진 후계자들에 의해 현대에 이르기까지 지식의 변증법으로부터 파생되었으며, 가르칠 수 있는 것으로 간주되어 왔다. 소크라테스적 인식의 기쁨을 맛본 사람, 그리고 그 인식이 차츰 윤곽을 넓혀가며 모든 현상계를 포괄하려고 하는 것을 감지하는 사람은, 이때 이후 그를 생존으로 몰아내는 가장 격렬한 자극으로 정복을 완성하고, 들어갈 틈도 없을 만큼 굳게 망을 치려는 욕망 이상의 것을 가지지 못하게 될 것이다.

이와 같은 기분을 가진 사람에게는, 플라톤이 묘사한 소크라테스야말로 전혀 새로운 형식의 '그리스적 명랑성'과 생존의 기쁨을 가르치는 교사로 나타난다. 생존의 기쁨은 물론 행동으로 폭발하려고 한다. 그리고 천재를 낳을 것을 궁극적 목적으로 삼아 고귀한 청년들을 산파술적이고 교육적으로 감화시키는 데서 주로 그 탈출구를 발견할 것이다.

그러나 학문은 강력한 망상의 자극을 받아서 제지하기 어려운 자기의 한계에 서둘러 간다. 거기에서 논리의 본질 속에 숨어 있는 학문의 낙천주의는 좌절된다. 왜냐하면 학문의 원둘레에는 무한히 많은 점이 있고, 이 원의 측정이 언제 완전히 끝날지 전혀 예견할 수도 없으며, 고귀하고 재능있는 인간은 그 생애의 반에도 미처 도달하기 전에 불가피하게 그 원주의 한계점에 부

닥쳐, 거기에서 해명할 수 없는 것을 바라보게 되기 때문이다.

논리가 이 한계에서 꼬불꼬불해져, 마침내 자기의 꼬리를 무는 것을 보고 몸서리칠 때 새로운 형식의 인식, 비극적 인식이 터져 나온다. 이것은 그 무서움을 참아내기 위한 보호와 약으로서의 예술을 필요로 하는 인식이다.

그리스인의 생기 있는 힘찬 눈으로 우리를 에워싸고 있는 세계의 최고 영역을 바라보자. 그때 우리는 소크라테스에게서 모범적으로 나타나는 만족할 줄 모르는 낙천주의적 인식의 욕망이, 비극적 체념과 예술의 욕구로 전환하고 있는 것을 본다. 물론 이 욕구도 낮은 단계에서는 예술에 적대적인 것으로 나타나고, 특히 디오니소스적, 비극적 예술을 마음속으로 싫어하지 않을 수 없다. 이것은 소크라테스주의가 아이스킬로스의 비극을 공격하는 예에서 설명한 바와 같다.

그러면 여기에서 두근거리는 마음을 가지고, 현대와 미래의 문을 두드려 보기로 하자. 과학이 예술로 변하는 '변화'의 결과는 항상 새로운 천재의 형성, 즉 음악을 하는 소크라테스와 통하는 것이 아닌가? 종교와 학문의 이름 아래서라도, 생존 위에 펼쳐진 예술의 그물은 점점 더 튼튼하고 정교하게 짜이게 되는가? 그렇지 않으면 지금 '현대'라고 부르는 불안한 야만적인 번잡함과 소용돌이에서 조각조각 찢길 운명에 있는 것인가? 마음을 졸이면서 그러나 희망을 버리지 않고, 잠시 옆에 서서 저 엄청난 싸움과 변화의 증인이 될 것을 허락받은 방관자로서 머무르지 않겠는가. 아! 이 싸움의 매력은 이것을 구경하는 자 역시 싸우지 않으면 안 된다는 것이다!

16

이 역사적인 예에서 우리가 밝히려고 한 것은, 음악의 정신에서만 비극이 탄생하는 것과 마찬가지로 음악의 정신이 소멸할 때는 비극 역시 확실히 멸망한다는 것이다. 이 주장의 이상한 점을 완화하는 동시에 이 인식의 근원을 제시하기 위해서, 우리는 이제 자유로운 눈으로 현대에 나타나는 유사한 현상과 대결해야 한다.

앞에서도 말한 것처럼 현대 세계의 최고 영역에서는 만족할 줄 모르는 낙천주의적 인식의 입장에 서는 자와, 비극적 예술을 추구하는 진영의 사이에 싸움이 벌어지고 있는데, 우리는 이 싸움의 한가운데로 들어가야 한다.

이때 나는 어느 시대나 예술, 특히 비극에 대항하는 모든 적대적 충동을 무시하고 싶다. 이러한 충동은 현대에도 승리를 확신하고 함부로 여기저기 손대고 있다. 예컨대 무대예술 가운데서도 소극(笑劇)과 발레만이 무성하게 자라나서 모든 사람에게 향기롭다고는 할 수 없는 꽃을 피우고 있을 정도다. 이와 같은 것을 제외하고 내가 지금 말하고자 하는 것은 다만 비극적 세계관의 가장 고귀한 적대 세력에 대해서이다.

이것은 그 조상 소크라테스를 선두로 하는, 가장 본질적인 낙천주의의 학문을 의미한다. 비극의 재생—독일적 본질을 위해서 이것 말고 다행스러운 희망이 또 있을까—을 보장하고 있는 것 같은 여러 가지 힘의 이름을 곧 듣게 될 것이다.

우리는 싸움의 한가운데로 뛰어들기 전에, 먼저 지금까지 얻은 인식으로 무장을 갖추기로 하자. 어떤 삶들은 모든 예술 작품에 생명의 원천으로서 오직 하나의 원리가 있다고 보고, 그것으로부터 여러 가지 예술을 이끌어 내려고 한다. 이와는 반대로, 나의 눈은 그리스인의 두 예술신, 아폴론과 디오니소스에게 향하고 있으며, 이 두 신 속에 그 가장 깊은 본질과 최고의 목표에서 서로 다른 두 개의 예술 세계가 생생하고 구체적으로 대표되어 있다고 본다. 아폴론은 개체화의 원리를 깨끗하게 하는 정령으로서 내 앞에 서 있다. 가상에서의 구제는 이 정령에 의해서만 이루어진다.

이에 비해 디오니소스의 신비적인 환호의 부르짖음 아래서는, 개체와의 속박은 풀어지고 '존재의 어머니들'에 대한 길, 즉 사물의 가장 깊은 핵심에 이르는 길이 열린다.

아폴론적 예술로서의 조형 예술과 디오니소스적 예술로서의 음악 사이에 나타나고 있는 이 엄청난 대립을 아는 사람은 많은 대사상가들 가운데서 단 한 사람밖에 없다. 그는 그리스의 신들이 갖는 상징적 표현이라고 하는 단서조차 없이, 음악에 다른 예술과는 다른 성격과 기원을 인정했다. 음악은 다른 예술처럼 현상의 모방이 아니라 의지 자체의 직접적 모사이며, 세계의 모든 형이하학적인 것에 대해서는 형이상학적인 것을, 모든 현상에 대해서는 물자체(物自體)를 표현하기 때문이라고 그는 말하고 있다(쇼펜하우어의 「의지와 표상으로서의 세계」 제1편). 이것은 모든 미학 가운데서 가장 중요한 인식이며, 엄격한 의미에서 미학은 이 인식과 더불어 비로소 시작된다.

리하르트 바그너도 이 인식에 도장을 찍어, 이것이 영원한 진리라는 것을 보증하고 있다. 그는 '베토벤론'에서 다음과 같이 확언하고 있다. 보통 바르지 못한 길에 빠진 타락한 예술에 의존하는 그릇된 미학은, 조형의 세계에서 통용되는 미의 개념을 음악에도 요구하려 한다. 즉 조형 예술 작품에 요구할 것 같은 아름다운 형상에 대한 쾌감을 불러일으키도록 요구하는 것이다. 그러나 바그너는 음악이라는 것은 조형 예술과는 다른 미학적 원리로 측정되어야 하며, 일반적인 미의 범주로 측정되어서는 안 된다고 단정한다.

나는 엄청난 대립을 알고 난 다음에, 어떻게 해서든지 그리스 비극의 본질에 접근하여 그리스 정신의 가장 깊은 계시에 접해 보고 싶은 강력한 욕구를 느꼈다. 왜냐하면 이제야 비로소 속된 무리의 미학 용어법에서 벗어나, 내가 비극의 근본 문제를 생생하게 마음에 그려낼 수 있는 마법을 가지게 되었다고 믿기 때문이다. 그 덕분에 나는 이상할 만큼 그리스적인 것을 보는 독자적인 눈을 갖게끔 허락되었다. 그 때문에 나에게는 지금 뽐내고 있는 고전 그리스학도 중요한 점에서 볼 때 오늘날까지 그림자놀이와 같은 외면적인 것에만 즐거워했던 것처럼 여겨질 수밖에 없다.

근본 문제는 다음과 같이 묻는 것이 좋을 것이다. 아폴론적인 것과 디오니소스적인 것으로 분리되어 있는 것 자체가, 즉 분리되어 있는 예술의 힘이 병행해서 작용하는 경우, 어떠한 미적 효과가 일어나는가? 혹은 간단한 형식으로 묻는다면, 음악은 형상과 개념에 대해서 어떠한 관계를 맺고 있는가? 쇼펜하우어는 바로 이 점에 대해서는 리하르트 바그너만큼 더 명확하고 투철하게 서술할 수는 없다며 그를 칭찬했다. 하지만 쇼펜하우어 자신의 설명이 가장 상세하다. 나는 여기에 그것을(「의지와 표상으로서의 세계」제1편) 그대로 인용하기로 한다.

위에서 설명해 온 바에 따라서 우리는 현상, 자연, 그리고 음악을 동일한 사물의 다른 두 가지 표현이라고 볼 수가 있다. 따라서 이 사물은 양의 유사성을 매개하는 유일한 것이며, 두 가지의 유사성을 살피기 위해서는 이 동일한 사물 자체의 실체를 인식할 필요가 있다.

음악은 세계의 표현으로 간주될 때, 최고로 보편적인 하나의 언어이다. 이 보편적인 언어는 개개의 사물이 개념과 관계있는 것처럼 보편적 개념과 거의 같은 관계에 있다. 그러나 이 음악이라고 하는 언어의 보편성은 결코 추상적인 공허한 보편성이 아니라 전혀 다른 종류의 것이며, 어디까지나 명확한 한정성과 결부되어 있다. 이 점에서 음악의 보편성은 기하학적 도형이나 수와 흡사하다. 도형과 수는 경험 가능한 모든 대상의 보편적 형식이며, 선험적으로 적용할 수 있는데다 추상적이지 않고 구체적이며 전면적으로 한정되어 있기 때문이다. 의지의 모든 가능한 노력과 흥분과 표현, 즉 인간의 마음에 일어나는 모든 일—이성은 이 일들을 감정이라고 하는 넓고 소극적인 개념 속에 던져 버린다—은 부단히 많은 멜로디로 표현될 수 있다. 그러나 그것은 언제나 소재가 없는 단순한 형식의 보편성으로 표현되고 있으며, 항상 본체에 따라서 표현될 뿐, 현상에 따라서 표현되지는 않는다.

말하자면 가장 내부적인 영혼만이 표현되고, 육체는 가지지 않는다. 음악이 모든 사물의 참된 본질과 밀접한 관계를 맺고 있는 것처럼 이것 역시 마찬가지이다.

만일 어떤 장면, 행동, 과정, 환경에 적당한 음악이 연구된다면, 이 음악은 이들의 가장 신비스러운 의미까지 해명하는 것처럼 이들에 대한 가장 옳고 명확한 주해자로서 나타난다. 이것은 교향곡의 인상에 완전히 심취해 있는 사람이 마치 자기 곁을 인생과 세계의 모든 사건들이 지나가는 것을 구경하고 있는 것 같은 느낌을 받는 것과 비슷하다.

그러나 그 사람도 스스로 생각해 보면, 교향곡의 선율과 그의 마음에 떠오른 사물과의 사이에 아무런 유사점도 들 수 없다. 왜냐하면 음악은 이미 말한 것처럼 현상의 모사가 아니기 때문이다. 좀더 정확하게 말하면, 의지에 어울리는 객관성을 모사하는 것이 아니라, 직접적인 의지 자체를 모사하는 것이다. 세계의 모든 형이하적인 것에 대해서는 형이상적인 것을, 모든 현상에 대해서는 물 자체를 표현한다는 점에서 다른 예술과 다르다.

따라서 세계를 구체화된 음악, 구체화된 의지라고 부를 수 있을 것이다. 어떠한 그림에서도, 아니 현실적인 생활과 세계의 어떠한 장면에서도 왜 음악이 높은 의미를 갖게 되는가 하는 까닭도 명백해진다. 물론 그 멜로디가 주어진 현상의 내면적 정신과 유사하면 할수록, 더욱 의미를 갖게 되는 것은 당연하다. 시를 노래로, 또는 구상적인 연출을 무언극으로, 또는 이 둘을 오페라로 음악에 맞출 수 있는 것도 이 때문이다.

음악의 보편적인 언어에 맞춘 이러한 개개의 인생 모습은, 결코 완전히 필연적으로 음악에 결부되어 있는 것도 아니며 음악에 대응하고 있는 것이 아니다. 이들 인생의 모습이 음악에 대해 갖는 관계는 임의의 실례가 보편적 개념에 대해 갖는 관계에 지나지 않는다.

즉 이들 형상은 음악이 단순한 형식의 보편성으로 표현하고 있는 것을 현실의 한정성으로 표현하는 것이다. 멜로디는 보편적 개념과 마찬가지로, 현실의 한 가지 추상이기 때문이다. 현실, 즉 개개의 사물의 세계는 보편적 개념에 대해서나, 보편적 멜로디에 대해서나 구상적인 것, 특수하고 개별적인 것, 개개의 경우를 제공할 뿐이다.

그런데 보편적 개념과 보편적 멜로디는 어느 점에서는 대립한다. 개념은 우선 직관에서 추상된 형식에 지나지 않는다. 개념은 말하자면, 사물의 벗겨진 바깥 껍질을 포함하고 있으며, 따라서 문자 그대로 추상물이다. 이에 비해서 음악은 모든 형식에 선행하는 가장 내면적인 핵심, 즉 사물의 심장을 제공하는 것이다. 이 관계는 스콜라 철학자의 용어로 잘 표현될 수 있을 것이다.

즉, 개념은 사물 이후의 보편이지만, 음악은 사물 이전의 보편을 나타내는 것이며, 현실은 사물 속의 보편을 나타내는 것이라고 할 수 있을 것이다. 그러나 일반적으로 작곡과 구체적 묘사 사이에 어떤 관계가 성립될 수 있다는 것은, 이미 말한 것처럼 이 둘이 세계의 동일한 내적 본질을 서로 전혀 다르게 표현한 것뿐이라는 사실에 기인한다.

그런데 이러한 관계가 현실적으로 존재한다면, 즉 작곡가가 어떤 사건의 핵심을 이루는 의지 활동을 음악이라는 보편적 언어로 표현할 수 있다면, 노래의 멜로디와 오페라의 음악은 표현이 풍부해진다. 그러나 작곡가가 이 둘 사이에 유사성을 발견하더라도, 그것은 이성이 개입되지 않은 채, 세계의 본질이라는 직접적인 인식에서 유래해야 하며, 의식적인 의도로 개념이 매개시킨 모방이어서는 안 된다. 그렇지 않으면 음악은 내적 본질, 즉 의지 자체를 표현하지 못하고, 본래 모사적인 모든 음악이 하고 있는 것처럼 그 현상을 불충분하게 모방하는 데 그친다.

이와 같이 우리는, 쇼펜하우어의 학설에 따라서 음악을 의지의 언어로서 직접적으로 이해하는 동시에 우리에게 말을 걸어오는 영(靈)의 세계, 볼 수는 없으나 생기있게 움직이고 있는 영의 세계에 형태를 부여하여, 어떤 유사한 실례로 이 본체의 세계를 구체화해보려고 공상을 자극한다.

한편 형상과 개념은 참으로 이에 일치하는 음악의 영향을 받으면 높은 의미를 갖게 된다. 따라서 디오니소스적 예술은 아폴론적인 예술의 힘에 보통두 가지 영향을 미친다. 첫째는, 음악이 디오니소스적 보편성을 비유의 형식으로 눈으로 볼 수 있도록 자극하는 일이며, 둘째는 음악이 비유적 형상으로그 최고의 의미를 발휘시킨다는 것이다.

이 사실은 그 자체가 이해하기 쉬우며, 조금 깊이 관찰해 보면 결코 접근할 수 없는 것도 아니다. 나는 이 사실에서 신화, 즉 가장 의미가 깊은 실례를 낳는 힘이 음악에 있다는 결론을 이끌어 낸다. 그리고 음악이 낳는 신화는 바로 비극적 신화이다. 즉, 디오니소스적 인식에 관해서 비유로 이야기하는 신화에 지나지 않는다.

나는 이미 서정시인의 현상에 대해서, 음악이 서정시인 속에서 어떻게 아폴론적 현상을 빌려서 그 본질을 알리려고 하는가를 말했다. 이제 음악이 최고로 고양될 때 틀림없이 음악은 현상의 본질을 최고로 구체화하려고 할 것이다. 이렇게 생각하면, 우리는 음악이 그 본래의 디오니소스적 지혜를 위한상징적 표현을 발견한다는 것도 알아야 한다. 만일 그 표현을 비극 속에, 일반적으로 비극적인 것의 개념 속에서 찾아서는 안 된다고 한다면, 도대체 어디에서 이를 찾아야 할 것인가?

보통 아름답게 보이는 유일한 범주로 해석되는 예술의 본질은 비극적인것을 결코 떳떳한 방법으로 이끌어 낼 수 없다. 우리는 개체 파멸의 환희를음악의 정신에서 비로소 이해할 수 있다.

이러한 파멸이라는 낱낱의 실례에서 명백해지는 것은 디오니소스적 예술의 영원한 형상뿐이다. 디오니소스적 예술은 개체화 원리의 배후에서 전능의 힘으로 의지를 표현하며, 모든 현상의 저쪽에서 모든 파멸에도 불구하고살아 있는 영원한 생명을 표현한다. 비극적인 것에서 우리가 형이상학적인환희를 느끼는 것은, 본능적이고 무의식적인 디오니소스적 지혜를 형상의언어로 옮겼기 때문이다.

최고 의지의 현상인 비극의 주인공이 파멸되는 것을 보고 우리는 쾌감을느낀다. 왜냐하면 주인공은 현상일 뿐이며, 의지의 영원한 생명은 그의 파멸에 의해서 조금도 손상되는 일이 없기 때문이다. 비극은 이렇게 외친다. "우리는 영원한 생명을 믿는다." 한편, 음악은 이 생명의 직접적인 이념이다. 그러나 조형 예술가의 목표는 이것과는 전혀 다르다. 여기서는 아폴론이 현상의 영원성이라는 빛나는 찬미로 개체의 고뇌를 극복하며, 미가 삶에 내재하는 고뇌를 극복한다. 고통은 어떤 의미에서는 자연의 성질에서 말끔히 씻긴 것처럼 보인다.

그런데 바로 이 자연은 디오니소스적 예술과 그 비극에 의한 상징적 표현에 대해 거짓 없는 진실한 소리로 우리에게 이렇게 말한다. "너희들은 나를 닮을지어다! 현상의 끊임없는 변천 속에서도 영원히 창조하고, 영원한 생존을 강요하고, 이 현상의 변천에 영원히 만족하고 있는 근원의 어머니인 나를!"

17

디오니소스적 예술 역시 우리에게 생존의 영원한 쾌감을 확신시키려고 한다. 다만 우리는 이 쾌감을 현상 속에서 찾을 것이 아니라 현상의 배후에서 찾아야 한다. 어떤 것이나 모두 한번 생겨난 이상, 고뇌에 찬 몰락을 각오해야 한다는 것을 우리는 깨달아야 한다. 우리는 개별적 존재의 공포를 어쩔 수 없이 들여다보게 된다. 그러나 겁을 먹고 머뭇거려서는 안 된다. 어떤 형이상학적인 위안이 우리를 덧없는 세상살이로부터 도망치게 하기 때문이다.

우리는 실제로 잠시 동안 근원적 존재가 되어, 그 감당하기 어려운 생존의 갈망과 쾌감을 느낀다. 삶에 뛰어들고 밀려드는 헤아릴 수 없이 많은 생존 양식을 보고, 세계 의지의 넘쳐나는 생산성에 접할 때, 여러 가지 현상의 투쟁, 고민, 파멸은 당연한 것처럼 생각된다. 이 고민의 난폭한 가시에 찔리는 그 순간에 우리는 이미 생존의 측량할 수 없는 근원적 쾌감과 하나가 되고, 이 쾌감이 파괴할 수 없는 성질을 가지며, 영원한 것이라는 것을 디오니소스적 황홀 속에 예감한다.

두려움과 동정심에도 불구하고 우리는 행복하게 사는 존재이다. 개체로서가 아니라 유일한 생명적인 존재자로서, 우리는 이 유일한 생명적인 존재자의 만물을 낳는 생식의 쾌감과 융합되어 있는 것이다.

그리스 비극의 발생 역사는, 그리스인의 비극적 예술 작품이 실제로 음악정신에서 탄생했다는 것을 우리에게 분명히 말해 주고 있다. 그렇게 생각함으로써 비로소 합창단의 근원적이며, 놀랄 만한 의미도 올바로 파악했다고 우리는 생각한다. 그러나 동시에 우리가 인정해야 하는 것은, 앞에서 말한 비극적 신화의 의미를 그리스 철학자들은 물론, 그리스의 시인들도 개념적인 명확성을 가지고 파악했다고는 말할 수 없다는 것이다. 비극의 주인공들은 행동으로 나타내기보다는 피상적으로 이야기한다. 신화는 이야기한 말 속에서, 그것에 대응하는 객체화를 발견할 수 없다.

무대 위 장면의 구성과 구체적 모습이, 시인이 언어와 개념으로 파악한 것보다 더 깊은 지혜를 나타내고 있다. 그러한 것은 셰익스피어에서도 발견되는데, 예컨대 같은 의미에서 햄릿의 대사는 행동보다는 피상적이다. 따라서 앞에서 언급한 햄릿의 가르침도 말에서 끌어내기보다는 전체를 깊이 통찰하고 개관함으로써 얻을 수 있다.

그리스 비극은 처음부터 우리에게 언어의 극으로서만 전해 오고 있었다. 내가 앞서 암시한 것처럼, 신화와 불일치한 언어에 현혹되어서, 자칫 우리는 비극을 실제보다 천박하고 무의미한 것으로 생각하기 쉬우며, 따라서 고대인의 증언에 의해서 신화에 있었으리라고 생각되는 효과보다도 피상적인 효과밖에 없었던 것처럼 생각하기 쉽다.

왜냐하면 신화의 최고 정신화와 이상성에 도달하는 것이 언어의 시인에게는 불가능했지만, 창조적 음악가인 시인에게는 언제나 가능했다는 것을 우리가 쉽게 잊어버리기 때문이다. 물론 우리는 참된 비극이라면 반드시 가지고 있을, 비할 바 없는 위안을 어느 정도 받아들이기 위해서, 이 음악의 압도적인 효과를 거의 학문적인 방법으로 재구성해 보는 도리밖에 없다. 그러나 이 압도적인 음악의 힘마저 우리가 그리스인일 때 비로소 그 진정한 위력을 느낄 수 있을 뿐이다.

사실 우리는 그리스 음악을 들으면서—우리에게 잘 알려지고 친근하고 무한히 풍부한 음악에 비해서—자기의 역량을 아직 모르고 겨우 수줍게 노래하기 시작한 천재적 음악가의 노래를 듣는다고만 생각하기 때문이다. 그리스인은 이집트 사제들이 말한 것처럼 영원한 아이들이다.

그들은 비극적 예술에서도 아이들에 지나지 않았다. 어떤 숭고한 장난감이 자신들의 손에 의해 만들어졌는지도 모르는 아이들—그리고 이것이 망가진 것조차도 모르는 아이들이었다.

음악의 정신은 비유적 신화의 형식으로 그 모습을 나타내려고 한다. 그 투쟁은 서정시에서 시작되어 아티카 비극에 이르기까지 점점 더 고조되어 가지만 겨우 방대하게 전개되는가 하면 갑자기 중단되곤 했다. 그러다가 그리스 예술의 표면에서 자취를 감추게 된다.

한편, 이 투쟁에서 생겨난 디오니소스적 세계관은 비밀의식 속에 계속해서 살아남아, 가장 이상한 변형과 변질 속에서도 멈추지 않고 비교적 진실한 사람들의 마음을 끈다. 이 세계관이 그 신비스러운 심연에서, 다시 예술로 올라올 날이 오지 않을까?

여기에서 우리가 맞닥뜨린 문제는 대항하여 비극을 멸망시킨 힘이, 어느 시대나 비극 및 비극적 세계관이 예술적으로 다시 눈뜨지 못하도록 방해할 만큼 강한가 하는 문제이다. 고대의 비극은 지식 및 학문의 낙천주의에 대한 변증법적 충동에 의해서 그 궤도에서 밀려나고 말았지만, 우리는 이러한 사실에서 이론적 세계관, 비극적 세계관이 영원히 싸우게 된다는 결론을 이끌어 낼 수 있다.

그리고 과학의 정신이 그 한계까지 나아가, 여러 가지 한계가 증명되고 보편 타당성에 대한 요구가 무효로 되었을 때, 비로소 비극을 기대할 수 있을 것이다. 앞에서 설명한 의미에서 음악을 하는 소크라테스라는 상징이야말로, 그러한 문화 형식을 위해서 주장할 필요가 있을 것이다.

이와 같은 대비 속에서 내가 과학정신이라는 말로 이해하고 있는 것은 소크라테스라는 인물에게서 비로소 세상에 나타난 신념, 즉 자연은 설명될 수 있는 것이며, 지식이 만병통치의 힘을 가지고 있다는 신념에 지나지 않는다.

이 쉴 줄 모르고 앞으로 나아가기만 하는 과학정신이 어떠한 결과를 가져왔는가를 생각해 보는 사람은 신화가 그 때문에 멸망했고, 이 파멸에 의해서 문학 역시 그 자연의 이상적인 지반에서 쫓겨나 고향을 상실하게 되었다는 것을 곧 기억할 것이다. 음악이 그 태내에서 신화를 다시 낳는 힘을 가지고 있다는 견해가 옳다면, 우리는 신화를 창조하는 음악의 힘을 적대하면서 과학정신을 찾지 않으면 안 된다. 이것은 아티카의 새로운 디티람보스의 전개에서 일어났다.

그 음악은 이미 내적 본질, 즉 의지 자체를 표현하는 것이 아니라 개념이 매개시킨 모방에 의해서 현상을 불충분하게 재현하는 데 지나지 않았다. 참으로 음악적인 사람들은 소크라테스의 예술 살해적 경향에 대해 느낀 것과 같은 혐오로 내면적으로 타락한 음악에 등을 돌렸다. 아리스토파네스는 소크라테스와 에우리피데스의 비극, 그리고 새로운 디티람보스 작가들의 음악을 똑같이 미워했다. 그리고 이 세 가지 현상에서 타락된 문화의 징후를 예감하고 있는데, 확실한 이해력을 가진 그의 본능은 여기에서 확실히 핵심을 찔렀다.

새로운 디티람보스는 부당하게도 음악을, 전투나 해상의 폭풍과 같은 현상의 모사로 만들어 버렸다. 그 때문에 음악은 신화 창조의 힘을 완전히 잃어버렸다.

대체로 모사적인 음악은 인생과 자연의 어떤 사건, 그리고 음악의 리듬 형식과 특징적인 음의 사이에 외면적인 유사성을 찾게 하여, 그것만으로 흥미를 끌려고 한다. 즉 그러한 유사성을 발견함으로써 우리의 오성을 만족시키고자 할 뿐이다. 이러한 음악을 들으면 우리는 신화적인 것을 수용할 수 없는 감정상태에 빠지고 만다.

새로운 디티람보스의 음악이 신화 창조의 힘을 가질 수 없게 된 것은 그 때문이다. 우리는 신화를 무한한 것을 응시하는 보편적 진리의 유일한 실례로서 직관적으로 깨달아야 한다. 디오니소스적인 음악은 세계 의지의 그러한 보편적 거울로서 우리 앞에 나타난다. 이 거울 속에서 직관적으로 느껴지는 것이 우리의 감정에서는 곧 영원한 진리의 모상으로 확대된다.

그와는 반대로 직관적인 사건은 새로운 디티람보스의 회화적 음악, 즉 음에 의한 회화적 모사에 의해서 그 신화적 성격을 모조리 박탈당한다. 이제 음악은 현상의 초라한 모방으로 바뀌어 현상 자체보다 훨씬 초라한 것이 되어 버린다. 이러한 빈약한 음악은 현상 자체의 품위를 우리의 감각보다 떨어지게 할 뿐이다. 예컨대 이러한 종류의 음악으로 모방된 전투는 진군의 소음과 호령 소리에 그치며, 우리의 공상은 바로 이러한 피상적인 것에 매이고 만다. 따라서 음에 의한 회화적 모사는 어떤 점에서 신화를 창조하는 힘을 가진 참된 음악의 대립물이다.

그러나 디오니소스적인 음악에 의해 하나하나의 현상은 세계의 형상으로 충실하게 확대된다. 새로운 디티람보스가 발전하면서 비디오니소스적인 정신이 음악을 자기로부터 멀리하고, 이것을 현상의 노예로 끌어내린 것은 비디오니소스적인 정신의 당당한 승리였다.

더 높은 의미에서 비음악적인 인물이라고 불리어야 할 에우리피데스가 새로운 디티람보스의 열렬한 애호자였다는 것도 이러한 이유에서이며, 그는 도둑처럼 대담하게 그 음악의 효과적인 기교와 수법을 이용했던 것이다.

소포클레스 이후의 비극에서 성격 묘사와 심리 묘사가 눈에 띌 만큼 세련되어진 것을 볼 때, 우리는 이 비디오니소스적인, 반신화적(反神話的)인 정신의 힘이 다른 방면에도 작용하는 것을 본다. 성격은 더 이상 영원한 형태로 확대되도록 다루어지지 않는다. 반대로 인위적인 부차적 특징이나 음영이 모든 선(線)에 매우 미묘한 명확성으로 개성의 인상을 부여해야 한다. 그리하여 관객은 신화를 느끼지 않게 되며, 힘찬 박진성과 예술가의 모방능력만을 느끼게 된다. 여기에서도 우리는 보편성에 대한 현상의 승리를 개개의 해부학용 표본에 대한 쾌감으로 느낀다. 우리는 학문적인 인식을 세계법칙의 예술적 반영보다 높다고 보는 이론적 세계의 공기를 이미 호흡하고 있다. 성격을 묘사하려고 하는 움직임은 급속도로 발전한다.

소포클레스가 여전히 성격 전체를 묘사하여 이들 성격의 미묘한 전개를 위해 신화를 사용하고 있는 데 반해서, 에우리피데스에 이르러서는 이미 격렬한 정열로 표명되는 하나하나의 커다란 성격적 특징만을 묘사한다. 아티카의 새 희극에서는 경솔한 노인이라든가, 기만당한 뚜쟁이라든가, 교활한 노예라든가 하는 하나의 표정밖에 없는 가면만이 되풀이해서 나타날 뿐이다.

음악의 신화적 형성의 힘은 이제 어디로 갔는가? 아직도 음악으로 남아 있는 것은 선정적 음악이든가, 회상적 음악이든가 이 둘 중에 하나다. 즉 소모되고 둔한 신경을 자극하는 수단으로써의 음악이나, 회화적 모사에 지나지 않는 음악 가운데 하나라는 말이다. 자극적인 음악에는 가사 같은 건 거의 문제되지 않는다. 이미 에우리피데스의 음악에서도 주인공이나 합창단이 노래 부르기 시작하면, 실로 야무지지 못한 데가 많았다. 하물며 그의 추종자들에 대해서야 말할 필요조차 없지 않은가?

그러나 이 새로운 비디오니소스적인 정신은 새 연극의 결말에서 가장 뚜렷이 나타난다. 고대 비극에서는 결말에 이르러 반드시 형이상학적 위안이 느껴졌고 그것이 없다면 무엇 때문에 비극을 즐기는지 모를 정도였다. 예컨대 이 세상이 아닌 다른 세계로부터 화해의 소리가 가장 순수하게 들려오는 비극을 말하면, 아마 '크로노스의 오이디푸스'일 것이다.

음악의 정신이 비극으로부터 사라진 지금, 엄밀한 의미에서 비극은 죽어 버렸다. 사람들이 지금도 형이상학적 위안을 받을 수 있을까? 사람들은 이제 불협화음이라고도 할 비극적 모순에 대한 현세적인 해결을 찾게 된다. 주인공은 운명의 손에 시달린 뒤에, 호화로운 결혼과 은총으로 그에 알맞은 보상을 얻었다. 비극의 주인공은 매우 혹사되어 만신창이의 몸이 된 다음에야, 때때로 자유를 얻게 된다. 노예 투사의 몸이 되어 버린 것이다. 기계 장치의 신이 형이상학적 위안을 대신하여 등장한 것이다.

나는 비극적 세계관이 곳곳에서 밀어닥치는 비디오니소스적인 정신에 의해 완전히 파괴되었다고 말하고 싶지는 않다. 우리가 알고 있는 것은 다만 이 비극적 세계관이, 비밀의식으로 변질함으로써 예술의 세계에서 저승으로 도주하지 않을 수 없었다는 것뿐이다. 그러나 그리스 정신의 표면에서는 넓은 범위에 걸쳐 '그리스적 명랑성'이라는 형식으로 알려져 있는 정신의 파괴적 독기가 굉장한 힘으로 퍼지고 있었던 것이다.

이 정신은 노쇠한 비생산적인 생존욕으로 이미 앞에서 말한 '그리스적 명랑성'이라는 형식으로 나타난다. 이러한 명랑성은 고대 그리스인의 훌륭한 '소박성'의 대립물에 지나지 않는다. 왜냐하면 '소박성'은 앞에서 그 특징을 설명한 것처럼 음울한 심연에서 피어난 아폴론적 문화의 꽃이며, 그리스적 의지가 자기의 모습을 미의 거울에 비춤으로써 고뇌의 지혜에 대해 거둔 승리라고 해석해야 하기 때문이다. '그리스적 명랑성'의 다른 형식인 알렉산드리아적 명랑성[53]의 가장 고귀한 형식은 이론적 인간의 명랑성이다.

이 이론적 인간의 명랑성은 내가 지금 막 비디오니소스적인 정신에서 이끌어 낸 것과 같은 특징을 갖추고 있다. 즉, 그것은 디오니소스적 지혜와 예술을 공격하여 신화를 해체하려고 한다. 그것은 형이상학적인 위안 대신에 현세적인 조화, 아니 독자적인 기계 장치의 신, 즉 기계와 도가니의 신, 바꾸어 말하면 고도의 이기주의에 봉사하도록 자연이라는 정령의 힘을 인식하고 이용한다.

그것은 지식으로써 세계를 바로잡을 수 있으며, 학문에 의해서 삶이 인식된다고 믿고 있다. 그리고 실제로도 한 인간을 해결할 수 있는 과제의 가장 좁은 테두리 속에 매어 놓는 힘을 가지고 있다. 이 테두리 속에 갇혀 있는 인간은 인생에 대해서 이렇게 말한다. "나는 너를 원하노라. 너는 인식할 만한 가치가 있기 때문이다."

18

여기 영원한 현상이 있다. 탐욕적인 의지는 사물 위에 펼쳐진 환상에 의해 의지의 피조물을 삶에다 얽어매어, 피조물이 좋든 싫든 삶을 지속하도록 끊임없이 강요한다.

이런 환상에 젖는 사람들이 있다. 소크라테스적인 인식의 쾌락에 빠진 사람도 있고 생존의 영원한 상처를 고칠 수 있다는 망상에 얽매인 사람도 있다. 또 눈앞에 어른거리는 유혹적인 예술의 아름다운 베일에 농락당하는 사람도 있으며, 소용돌이치는 현상의 배후에 영원한 삶이 늘 존재하고 있다는 형이상학적인 위로에 농락당하는 사람도 있다.

더욱이 더 일반적이고 강력한 환상을, 의지가 언제나 만약의 경우를 대비하여 준비하고 있다면, 이것은 더 말할 여지도 없다. 환상의 이와 같은 세 단계는 일반적으로 고귀한 천성을 지닌 사람들만의 것으로, 그들은 생존의 무거운 압력에 대해 범상한 사람보다 더 깊게 혐오하며, 잘 선택된 자극제가 아니면 이 혐오감을 잊어버리지 못한다.

우리가 문화라고 말하는 것은 모두 이와 같은 자극제에 의하여 성립된다. 혼합 비율에 따라 우수한 소크라테스적인 문화, 우수한 예술적인 문화, 비극적인 문화를 갖게 되는 것이다. 또한 역사적인 예증이 허용된다면 이를 알렉산드리아적인 문화, 그리스적인 문화, 인도적인(바라문교적인) 문화로 불러도 좋을 것이다.

우리 근대 사회는 알렉산드리아적인 문화의 영역에 사로잡혀 있으며, 학문을 위해 일하는 극히 고도의 인식능력을 구비한 이론적인 인간, 즉 소크라테스를 원상(原像 Urdild) 및 시조로 하는 인간을 이상으로 삼고 있다. 우리의 교육 수단은 모두 처음부터 이상을 염두에 두고 있다.

이론적 인간 이외의 인간은 의도된 인간이 아니라 다만 존재가 허용된 인간으로서, 그 이상과 대등한 곳까지 올라가기 위해 악전고투해야만 한다. 오랫동안 우리를 거의 놀라게 했던 의미로, 교양인이면 바로 학자라는 형태로 간주되어 왔던 것이다. 우리의 문학 예술 자체도 학문적인 모방에서 발전되어야 했다. 또한 우리의 시 형식이 모국어가 아니라 학자들의 말에 인위적인 실험을 거쳐 나왔다는 것은 지금의 운율의 효과를 보면 알 수 있다.

그 자체로 이해되는 근대의 문화인인 파우스트가 자신의 모든 재능에도 만족하지 않고 더 많은 지식을 구하고자 마법과 악마에 몸을 판 것을 보면, 진정한 그리스인은 그를 얼마나 이해하기 어려운 사람으로 여길까? 근대인이 소크라테스적인 인식욕의 한계를 예상하기 시작했으며 황량하고 넓은 지식의 바다에서 탈출하여 한쪽 해안에 도달하기를 원했다는 것을 알려면, 파우스트를 소크라테스와 비교하는 것만으로 충분하다.

괴테가 나폴레옹을 비판하는 에커만에게 이렇게 말했었다. "자네, 생산적인 행동을 하고 있다네."[54] 그는 비이론적인 인간이 근대인에게는 뭔가 놀라움을 일으키는 믿기 어려운 존재이기 때문에 이렇게 기괴한 존재 형식이 이해되고 허용되는 것을 간파하기 위해서는 자신과 같은 사람의 예지가 필요함을 우아하고 소박한 방법으로 상기시킨 것이었다.

우리는 그러한 소크라테스적인 문화의 태내에 비장되어 있는 것을 자신 속에 감추어 두어서는 안 된다! 자신을 무제한적으로 감추어야 한다고 망상하는 낙관주의, 이러한 낙관주의의 열매가 아무리 성숙했다 해도, 즉 최하층에 이르기까지 그와 같은 문화에 익숙해진 사회가 점차 높아지는 격앙과 갈망으로 전율한다 해도, 모든 사람에 대한 지상의 행복을 위한 신념이, 다시 말하면 보편적인 지적 문화의 가능성에 대한 신념이, 점차 알렉산드리아적인 행복에 필요한 요구에 에우리피데스적인 기계장치의 신(deus ex machina)의 부름에 호응할지라도, 우리는 조금도 놀라지 않는다. 우리가 기억해야 할 것은 알렉산드리아 문화가 오랫동안 존속하기 위해서 노예 제도를 필요로 했다는 사실이다.

그런데 낙관주의적인 생존권 때문에 그와 같은 계급의 필요성을 부정하고, 그것 때문에 '인간의 존엄성'이라든가, '노동의 존엄성' 따위의 아름다운 유혹적인 말과 위안을 주는 말을 효과적으로 사용할 때, 이 문화는 이미 무서울 만큼 파멸로 치닫기 시작했다. 자신의 존재가 부당하게 간주됨을 느끼고, 자신뿐만 아니라 다른 사람에게도 복수하려고 기회를 엿보는 야만적인 노예 계급보다 무서운 것이 또 있을까. 이와 같이 긴박한 때 태연하게 지쳐 버리고 창백한 종교에 감히 구원을 구하려고 한단 말인가? 우리의 종교는 근원적인 면에서 학자적 종교로 퇴화해 버렸다. 그 결과 모든 종교의 필연적인 전제인 신화는 이미 모든 곳에서 위축되어 침체되고, 이 종교 영역에서까지도 우리가 사회를 파멸시키는 병균이라고 부르는, 낙관주의적인 정신이 지배권을 잡기에 이르렀던 것이다.

이론적인 문화의 태내에 잠자고 있던 파멸성이 점차 근대인을 불안 속으로 몰아넣기 시작했고, 그는 불안하게 여태껏 쌓아 두었던 경험의 보고에서 위험을 피하기 위한 수단을 탐구하고 있었다. 그렇지만 그 자신조차 그러한 수단을 진심으로 믿지 않았다. 그리고 그가 그 자신의 말로를 예감하기 시작한 동안, 보편적으로 재능이 풍부하고 위대한 사람들이 믿기 어려운 깊은 생각으로 학문의 무기를 이용하여 인식의 한계와 제약을 명시하고, 이것으로 보편타당성과 보편적 합목적성에 대한 과학의 요구를 단호하게 부정하는 데 성공했던 것이다.

인과율로 사물의 가장 밑바닥에 있는 핵심을 탐구할 수 있다고 보는 망상은, 이 논증에 의해 비로소 그 정체가 논파되었다. 칸트와 쇼펜하우어의 거대한 용기와 예지는 극히 어려운 승리를 거두었다. 그것은 논리의 본질에 감추어져 있고 우리 문화의 밑받침이 되어 있는 낙관주의에 대한 승리이다.

그와 같은 낙관주의는 영원한 자기 진리에 대해 아무런 의구심도 갖지 않고 도리어 그 진리에 의거하여 모든 세계의 수수께끼를 풀 수 있고 탐구할 수 있다고 믿는다. 공간과 시간과 인과성을 무제한적이고 가장 보편 타당한 법칙으로 취급했을 때, 칸트는 다음과 같은 것을 폭로했다.

즉 공간, 시간, 인과율은 원래 마야(Maja)의 작품인 단순한 현상을 유일한 최고의 현실에까지 추켜올려, 이 현상을 사물의 가장 깊은 밑바닥에 있는 참된 본질로 대치시키고, 이것에 의해 그 본질의 실제적인 인식을 불가능하게 하는 데만 이바지한다는 것이다.

다시 말해 쇼펜하우어의 말에 따른다면 꿈꾸고 있는 사람을 더욱 깊이 잠들어 버리게 하는 데만(「의지와 표상으로서의 세계」 제1권) 필요할 뿐이라는 것이다. 이런 인식과 함께 하나의 문화가 도입되었다. 나는 이 문화를 비극 문화라고 부르겠다.

비극 문화의 가장 중요한 특징은 최고 목표로써 지혜가 학문을 대신하고,

이런 지혜가 여러 과학의 유혹적인 견제에 넘어가지 않고 거리낌 없이 세계의 전모를 응시하여, 거기에 나타나는 영원의 고뇌를 자신의 고뇌로 받아들이고, 동정적인 사랑을 갖고서 세계를 파악하려고 노력하는 것이다. 다음 세대가 두려움 없는 안목과 절륜의 영웅적인 성벽을 갖고 성장하는 것을 상상한다면, 완전한 충실함 속에서 '확고히 살기 위해' 낙관주의의 모든 유약한 원리들을 배반할 때, 그들의 거만한 무적성과 용(龍)을 퇴치하는 대담한 발자취를 생각할 수 있다. 그리고 이러한 문화의 비극적인 인간이 진지함과 공포를 견디어 나가기 위해 자신을 훈련할 때 하나의 새로운 예술, 형이상학적인 위로의 예술, 즉 그들에게 어울리는 헬레네적인 비극을 열망하여 파우스트처럼 이렇게 외치는 것은 어쩔 수 없는 일 아닌가?

"나 또한 그리워 마지않는 힘을 갖고서, 세상에 비할 바 없는 오직 하나뿐인 이 모습을 삶 속으로 이끌어 넣어선 안 된단 말인가?"

그러나 소크라테스적인 문화는 두 가지 면에서, 하나는 점차 예감하기 시작한 자신의 말로에 대한 공포 때문에, 또 다른 하나는 자신의 그 기초적인 영원한 타당성을 이미 이전과 같은 소박한 신뢰감을 갖고서 확신하지 않는다는 이유 때문에 두려워져서, 그 정직한 왕홀마저도 떨리는 손으로 간신히 잡고 있는 상태가 되었다. 오늘날 소크라테스적인 문화의 춤추는 사유가 새로운 형태를 포옹하기 위해 항상 새로운 형태를 동경하여 덤벼들다가, 마치 메피스토펠레스가 그의 유혹적인 라미아들[55]을 추방한 것처럼 떨면서 그 대상을 추방하는 모습은 정말 비참한 광경이다. 참으로 이것이 근대문화의 근원적인 고뇌에 대한 '파탄'의 징조이다.

즉, 이론적 인간은 자기의 말로에 놀라 불안스러워 하며 이미 생존의 가공할 만한 빙류(氷流)에 몸을 맡기는 용기마저 잃고, 언덕을 떠돌고 있는 것이다. 그는 이미 어떠한 사물도 완전한 모습으로 가지려 하지 않는다. 사물의 모든 자연적인 잔학상을 바라보며 그것을 완전한 모습으로 가지려고 하는 의욕은 사라져버린 것이다. 낙관주의적인 고찰은 그를 그처럼 유약하게 만들어 버렸다.

뿐만 아니라 학문의 원리 위에 이루어진 문화가 비논리적으로 되기 시작하자, 즉 자기가 자기의 말로가 두려워 도망쳐 돌아오기 시작하자 이런 문화는 몰락할 수밖에 없다는 것을 그는 느끼고 있다. 우리 예술은 그와 같은 보편적인 궁핍을 드러내고 있다. 모든 위대한 생산적인 시대와 사람을 거슬러 올라가 모방하는 것도 무의미한 일이다. 근대인을 위안하기 위해서 '세계 문학'을 그의 주위에 모으고, 모든 시대의 예술 양식과 예술가의 한가운데에 그를 세워두고, 아담이 동물의 이름을 지어 부른 것처럼 이들 예술 양식과 예술가에게 그의 이름을 짓도록 해도 무의미한 일이다.

그는 영원히 굶주린 자요, 쾌락도 힘도 없는 '비평가'요, 근본적으로 사서(司書)요, 교정자이며, 책의 먼지와 오식 때문에 불행하게도 시력을 잃은 알렉산드리아적인 인간인 것이다.

19

이 소크라테스적인 문화의 가장 내면적인 내용을 오페라 문화라고 부른다면 가장 예민하게 표현한 것이리라. 왜냐하면 소크라테스적인 문화는 이 영역에서 특히 그의 의욕과 인식을 표명하고 있기 때문이다. 이것은 우리에게는 우스꽝스럽게 보이지만, 우리가 오페라의 발생과 그 발전상의 사실을 아폴론적인 것과 디오니소스적인 것이라는 영원의 진리와 비교 대조한다면, 틀림없이 그렇다고 할 수 있다.

나는 먼저 무대조(無臺調)와 음송조(吟誦調)의 발생이 기억난다. 겉으로 보기에 전혀 경건함이 없는 오페라 음악이 팔레스트리나라는 참으로 숭고하고 신성한 음악을 일으켰던 시대에, 참된 음악의 재생으로서 열광적으로 받아들여지고 또 포용되는 힘을 갖고 있었다는 것은 믿을 만한 일인가? 그러나 다른 한편 그 플로렌스 사회의 유흥에 빠진 사치와 그들 연극 가수의 경박성이, 맹렬하게 퍼져나간 오페라 열기 때문이라고 책임을 지우는 것에 대해 그 누구도 주저하지 않을 것이다.

같은 시대에 혹은 꼭 같은 민족 가운데 중세 그리스도교가 모든 시대에 걸쳐 이루어 놓은 팔레스티나적인 화음의 돔 건축과 함께 반음악적인 화법에 대한 정열에 눈을 떴다는 사실은, 나는 레치타티브의 본질 속에 작용하고 있는 예술 외의 경향이라고밖에 해석할 수가 없다.

청중이 노래 속에 있는 언어를 명료하게 알아들으려 한다면, 가수는 노래를 부르기보다 오히려 이야기하는 편이 좋다. 이와 같이 반가요(半歌謠, Halfgesange)에 파토스적인 언어 표현을 예민하게 사용함으로써 대응하는 것은 가수에게는 좋다. 그는 파토스를 이처럼 날카롭게 하여 말의 이해를 쉽게 하고 남겨진 음악의 전반을 극복하게 한다. 이제 그를 위협하는 진정한 위험은, 그가 좋지 않은 음악에 중점을 두어서 단지 이야기의 파토스와 말의 명료성이 파괴될 수밖에 없는데도, 다른 한편으로는 그가 음악적인 폭발과 그의 노련한 발성 표현에 대한 충동을 항상 느끼고 있다는 것이다.

여기서 '시인'이 그를 돕는다. 시인은 서정적인 감탄사와 어구 문장의 반복 등으로 그에게 충분한 기회를 제공할 줄 안다. 이와 같은 입장에서 가수는 말을 고려하지 않고 순수하게 음악적인 영역에 머물 수 있다.

격정적이고 강렬한, 하지만 절반밖에 노래되지 않는 이야기와 철저하게 완전히 노래되는 감탄사와의 교체, 어느 때는 청중의 개념과 관념에, 어느 때는 그 음악적 밑바탕에 작용하려는 그런 무서운 교체의 노력은, 부자연스러우며 디오니소스적인 것과 아폴론적인 것의 예술적 충동에 모두 똑같이 매우 심각하게 모순된다.

그러므로 레치타티브의 기원은 모든 예술적 본능의 외부에 있다고 단언할 수 있다. 이 논술에 따라 레치타티브를 정의한다면, 그것은 서사시적인 낭독과 서정적인 낭독의 혼합이라고 말할 수 있다. 그러나 그것은 내면적으로 안정된 혼합—이것은 그처럼 전혀 이질적인 사물의 경우엔 이루어질 수 없다—으로써가 아니고, 극히 외면적인 모자이크식으로 붙여 모은 것으로, 자연과 경험의 영역에 그 원형을 갖고 있지 않다. 그러나 이것은 레치타티브의 창시자들의 본의는 아니었다.

오히려 그들은 동시대인들과 함께 그의 무대조(舞臺調)를 통해 고대 음악의 비밀이 풀리고 그 비밀로부터만 오르페우스, 암피온, 게다가 그리스 비극의 거대한 작용이 설명된다고 믿어왔다. 이 새로운 양식은 가장 영향력이 풍부한 고대 그리스 음악의 부활로 간주되었다.

호메로스의 세계를 원시 세계로 간주하는 속된 일반적인 견해 때문에, 이제 우리는 다시 인류의 낙원적인 원시 사회에 되돌아 들어간 것과 같은 몽상에 사로잡힐 수 있게 되었다. 그리하여 이 원시 사회에서는 음악 역시 시인들이 전원극에서 그토록 감동적으로 이야기했던 그 탁월한 순수성과 힘 및 순결성을 틀림없이 갖고 있었을 것이라고 사람들은 상상하는 것이다.

여기서 우리는 오페라라고 하는 참으로 근대적인 예술 장르의 가장 내면적인 본질을 통찰한다. 어떤 강력한 욕구가 여기서 특정 예술을 강탈하고 있는 것이다. 그러나 그것은 비심미적인 종류의 욕구이다. 즉 목가에의 동경이요, 예술적으로 선량한 인간이 옛날 원시 사회에 존재하고 있다는 신념이다.

레치타티브는 그와 같은 원시인에게 재발견된 언어로 간주되고, 오페라는 그의 목가적인, 혹은 영웅적인 선량한 인간의 재발견된 고향으로 간주되었다. 이와 같이 인간은 동시에 항상 자연적인 예술의 충동에 따라 행동한다. 어떤 것을 말해야 할 경우에도 적어도 약간은 노래를 부르고, 감정이 격해지면 곧장 큰 소리로 노래하는 것이다.

낙원적 예술가라는 새로 창조된 모습을 지닌 당시의 인문주의자들은, 인간이란 원래 부패되고 타락적인 것이라는 옛 그리스도교적 사상과 투쟁을 해 왔다. 따라서 오페라는 선량한 인간이 지니는 정반대의 교의로 해석되었다. 그러나 이 교의를 통하여 그 시대의 진정한 마음의 소유자는, 모든 불안정한 상황과 두려운 세상을 관찰하여 가장 강하게 마음을 끄는 비관주의에 대한 위로 수단을 발견했던 것이다. 그러나 이것은 지금 우리가 다룰 것은 아니다.

고유한 매력과 더불어 생겨난 이 새로운 예술형식이 비심미적인 욕구의 충족, 인간 자체의 낙관주의적인 찬미, 원시 인간을 태어날 때부터 선량하고 예술적인 인간으로 간주하는 견해를 가졌다는 것을 인식하기만 하면 충분하다. 오페라의 이런 원리는 요즘 점차 위협적이고 무서운 요구로 변화되어 버렸다. 이러한 요구가 현재의 사회주의적 운동에 직면할 때, 더 이상 보아 넘기기가 불가능하다. '선량한 원시인'이 자신의 권리를 요구하고 있기 때문이다. 얼마나 낙원적인 기대인가!

오페라가 우리 알렉산드리아식 문화와 같은 원리 위에 세워져 있다는 나의 견해와 마찬가지로 명료한 확증을 하나 더 들겠다.

오페라는 이론적 인간과 비관적인 세속인의 산물이요, 결코 예술가가 만들어낸 것이 아니다. 이것은 모든 예술 역사상 가장 괴이한 사실 가운데 하나이다. 무엇보다 우선 말을 이해해야 하는 것이 원래 비음악적인 청중의 요구였다. 여기서 마치 주종 관계에 있는 것처럼 가사가 대위법을 지배하는 노래의 방법이 발견되어야 비로소 음악의 재생을 기대할 수 있을 거라고 그들은 생각했다.

왜냐하면 말은 반주되는 화음의 체계보다 훨씬 고귀한 것으로, 이것은 마치 영혼이 육체보다 고귀한 것과 마찬가지이기 때문이다. 오페라가 발단하면서, 음악과 형상과 말의 결합은 이런 견해에서 알 수 있듯이 세속인과도 같은 난폭한 비음악으로 취급당했다. 플로렌스의 상류 사회에서는 오페라를 편애하던 시인과 가수의 손에 의해 이런 미학을 근거해 실험이 행해졌다.

예술적으로 무력한 인간이 자신이 비예술적인 인간이라는 바로 그 이유로 일종의 예술을 낳았다. 그는 음악의 디오니소스적인 깊이를 상상조차 하지 못하므로 음악의 맛을 무대조에 있는 말과 소리를 갖고 하는 지성적인 정열 수사법(情熱修辭法)에, 그리고 노래법의 쾌감에 옮겨 놓았던 것이다. 그는 어떤 환상도 볼 수 없기 때문에 도구 취급자와 장식 예술가를 강제로 자기의 일에 봉사하게 했다.

그는 예술가의 참된 본질을 파악하지 못하기 때문에 그의 취미에 맞는 '예술적인 원시인', 즉 정열에 휩싸여 노래하고 시를 읊는 인간을, 마술을 부려 자기의 눈앞에 홀연히 불러낸 것이다. 그는 정열만 있으면 충분히 노래와 시를 짓는 시대에 태어난 것처럼 상상하고 있었다. 정열이 예술적인 것을 창조할 수 있는 것처럼 말이다. 오페라의 전제에는 예술 과정에 대한 잘못된 신념이 깃들어 있다. 이것은 감수성이 풍부한 인간은 모두 다 본래 예술가라는 목가적인 신념인 것이다.

그러한 신념을 내포하는 의미에서 오페라는 세속인들의 표현이요, 이 세속인들은 이론적 인간의 명랑성과 낙관주의적 사상을 지니고서 자신의 법칙을 이어받고 있다.

만약 우리가 오페라의 발생에 작용했던 앞서 서술한 두 가지 관념을 하나의 개념으로 통합하려고 한다면, 오페라의 목가적 경향이라는 말만이라도 하는 수밖에 다른 도리가 없다.

실러의 표현을 빌려 설명해보자. 실러는 이렇게 말했다. "자연과 이상은 비애의 대상이든가, 환희의 대상이다. 자연이 상실되고 이상이 실현되지 못할 경우는 비애의 대상이고, 양자가 현실적인 것으로 생각될 때는 환희의 대상이다. 첫째 경우는 좁은 의미의 비가(悲歌)를, 둘째 경우는 극히 넓은 의미로서의 목가(牧歌)를 나타낸다."[56]

여기서 우리는 오페라가 발생했을 때 나타나는 두 가지 관념의 일반적인 특징을 알 수 있다. 이들 관념 속에서 이상은 실현되지 않는 것으로, 자연은 상실되지 않은 것으로 받아들여지고 있다는 것에 우리는 주목해야 한다.

이런 느낌에 따르면, 인간이 자연의 가슴에 안겨 자연 그대로 존재하며 그 자연 속에서 낙원적인 선량함과 예술적 재능이라는 인류의 이상이 실현되었던 원시 시대가 존재하고 있었던 것이 된다. 따라서 우리는 모두 그와 같은 완전한 원시인에서 유래하고 있으며, 지금도 그를 충실히 모방하고 있다. 자신을 그런 원시인간으로 다시 인식하기 위해서 우리는 넘쳐흐르는 학식과 여유 있는 문화를 자발적으로 버리기만 하면 된다. 즉 약간의 것을 우리로부터 던져 버려야만 하는 것이다.

르네상스의 교양인은 그리스 비극을 오페라식으로 모방하여, 자연과 이상의 화음으로 하나의 목가적 현실로 되돌아왔다. 그는 낙원의 입구까지 이르기 위해 단테가 버질을 이용했던 것처럼 이 비극을 이용했던 것이다.

그는 여기서 독자적으로 전진하여 그리스 최고 예술형식의 모방에서 '만물의 부흥'으로, 인간의 근원적인 예술 세계의 모방으로 옮겨 갔던 것이다. 이론적 문화의 울타리 안에서 그처럼 대담한 노력을 하다니, 이 얼마나 확신에 찬 선량한 행동인가! '인간 자체'는 영원히 덕 있는 오페라의 주인공이요, 영원히 피리를 불거나 노래를 부르는 목자이다.

그와 같은 목자는 언젠가 실제로 자신을 잃어버린다 할지라도, 결국 자기 본래의 모습을 목자로서 반드시 재발견하게 될 것이라는 위로의 신념만으로 설명될 수 있다. 이것이야말로 소크라테스적인 세계관의 깊이로부터 감미롭게 사람의 마음을 유혹하는 향연처럼 솟아오르는 낙관주의의 성과인 것이다.

따라서 오페라의 얼굴에 서려 있는 것은 영원의 상실이라는 비극적인 고통이 아니며, 도리어 영원의 재발견이라는 명랑성이요, 사람이 적어도 어느 순간이나 현실의 것으로 상상할 수 있는 목가적 현실의 안일한 기쁨이다. 그때 사람은 아마 한 번쯤 이 잘못된 현실이 하나의 공상적이고 어리석은 장난질에 지나지 않는다는 것을 예감할 것이다. 이런 장난을 참된 자연의 무서운 엄숙성에 비추어 측정하고 인간 시초의 본래적인 정경과 비교한다면, 어느 누구도 그와 같은 장난에 대해 적의를 품고서 환상이여 꺼져라! 고 외치지 않을 수 없을 것이다.

그럼에도 불구하고 오페라와 같은 것을 유령처럼 큰 호통으로 추방할 수 있다고 믿는다면, 그것은 잘못 생각한 것이다. 오페라를 절멸하려면 알렉산드리아식 명랑성과 싸울 것을 각오해야만 한다. 이 명랑성만이 오페라에 매우 솔직히 그 본의를 나타내고 있으며 오페라야말로 본래의 예술 형식이다. 그런데 그 기원을 심미적 영역에 머물지 않고 오히려 반(半)도덕적 분야에서 예술적인 영역으로 옮겨왔다. 여기저기서 일시적인 능력밖에 안 되는 예술 형식을 빌려 성장한 이 잡종적인 예술 영역에서 예술 자체를 위해 무엇을 기대할 수 있단 말인가!

오페라라는 이런 기생충적인 존재는 참된 예술의 수액(樹液)에 의하지 않고 어떤 수액에 의해 몸을 양성할까? 예술이 오페라적 존재의 목가적 유혹, 그 알렉산드리아식의 대중 영합의 예술 아래서 참으로 엄숙하다고 하기에 충분한 최고의 과제—어두운 전율 속을 응시한 눈을 구제하고, 가상이라는 향유에 의해 의지 활동의 경연으로부터 주관을 구조한다는 것—로부터 공허하고 분산된 오락적 경향으로 떨어져 버림은 상상할 수 없었을 것이다!

내가 무대조의 본질에 대해 말했던 그런 양식의 혼돈 속에서 디오니소스적인 것과 아폴론적인 것의 영원한 진리는 어떻게 될 것인가? 그러한 혼돈에서는 음악은 하인으로 가사는 주인으로 간주되고, 음악은 육체로 가사는 영혼으로 비유된다.

최고의 목표는 앞서 말한 새로운 아티쉬 디티람보스의 경우처럼 단지 소리 나는 그대로 음화(音畵)에 돌리는 것이다. 음악은 디오니소스적인 세계의 거울이라는 품위를 박탈당하고, 현상의 노예로서 현상의 형식적 존재를 모방하여, 선과 균형의 유희 속에서 외면적인 즐거움을 불러일으키기만 하면 그만인 것이다. 엄밀히 관찰한다면 음악에 미치는 오페라의 이 불행한 영향은 바로 근대 음악의 모든 발전과 꼭 들어맞는다.

오페라의 발생과 오페라로 대표된 문화의 본질 속에 잠복하여 기회를 노리던 낙관주의는, 음악으로부터 디오니소스적인 세계적 사명을 빼앗고, 음악에 형식적 유희물인 오락적 성격을 재빨리 새겨넣는 데 성공했던 것이다. 그와 같은 변화에 비교될 수 있는 것은 아이스킬로스적 인간이 알렉산드리아적 명랑한 인간으로 변화했다는 것뿐이다.

그러나 여기에 제시한 것처럼 디오니소스적인 정신의 소멸이 극히 주목을

요하긴 하지만, 여태껏 설명되지 않고 있었던 그리스적 인간의 변화와 타락에 관련시키는 것이 정당하다면—우리 현실 세계에서 그 반대의 과정인 디오니소스적 정신의 점진적인 각성을 우리에게 보증할 때, 어떤 희망이 우리 속에 소생할까? 헤라클레스의 신통력이 옴팔레의 유약한 남편[57]으로 영원히 위축된다는 것은 있을 수 없는 일이다.

즉, 독일 정신의 디오니소스적인 근저에서 한 줄기의 힘이 나타난 것이다. 이 힘은 소크라테스적인 문화의 근원적 제약과는 아무런 공통점이 없고, 그것으로는 설명도 변호도 되지 않는다. 오히려 그런 문화에 의해 설명할 수 없는 무서운 것, 강대한 적의에 찬 것으로 느껴진다. 바로 이 힘은 독일 음악이다.

우리는 특히 이 음악이 바흐에서 베토벤까지, 베토벤에서 바그너까지 강력한 태양의 운행처럼 진보했다는 것을 이해해야 한다. 인식에 몰두하는 우리 세대의 소크라테스적 문답이 아무리 유리한 점을 지니고 있다 해도, 이 끝없는 심연에 나타나는 다이몬을 상대로 과연 얼마만큼의 승산이 있을 것인가? 오페라 선율이라는 톱니나 아라베스크 같은 대체물로부터 둔주곡(遁走曲)과 대위법적 변증법의 산술적인 산판(板)의 조력을 빌린다 해도, 삼중의 강력한 빛으로 그 귀신을 굴복하게 하고 말을 하게 하는 방식은 결코 발견되지 않을 것이다.

오늘날 우리 미학자들이 영원한 미의 규준에 의해서도, 숭고한 기준에 의해서도 판단할 수 없는 운동을 스스로 행하고 있는 주제에, 그들만의 독특한 '미'라는 또다른 희망을 손에 잡고, 눈앞에서 이해할 수 없는 생명을 갖고 뛰어 놀고 있는 음악의 정령을 잡으려고 떠들며 돌아다니는 모습은 얼마나 가관인가! 이들 음악 기호자들이 지치지 않고 아름다움이여! 아름다움이여! 부르짖고 있을 때, 그들 곁에서 살펴보라. 그들이 미의 태중에서 육성되어 세련된 자연의 총아처럼 보이지만, 자신의 조잡함을 기만적으로 은폐하기 위한 형태를 찾고 자신의 감수성 없음과 무미건조함을 변호하기 위해 미학적 구실을 찾고 있는지를 말이다.

내가 이렇게 생각함은 예를 들면 오토 얀(Otto Jahn)과 같은 사람 때문이다. 거짓말쟁이나 위선자는 독일 음악에 대해 주의하는 것이 좋다. 왜냐하면 독일 음악은 마치 에페소스의 위대한 헤라클레이토스의 가르침처럼 우리 모든 문화의 한가운데 있는, 홀로 깨끗하고 순수하고 순화한 불의 정(精)이기 때문이다. 독일 음악은 만물이 이 불의 정에서 나와 다시 이 불의 정으로 되돌아가듯, 두 갈래 길의 원궤도를 그리며 움직이고 있다. 우리가 오늘날 문화, 교양, 문명이라고 부르는 것은, 어느 때인가는 심판자 디오니소스의 앞에 나타나야만 하는 것이다.

우리는 이와 같은 것을 떠올려 보자. 어떻게 동일한 원천에서 흘러나오는 독일 철학의 정신이 칸트와 쇼펜하우어에게, 학문적 소크라테스식의 한계를 실증하게 함으로써 그 풍요한 생존 쾌락을 완전히 없앨 수 있었는지, 어떻게 이 실증을 통해 윤리적 문제와 예술의 더 깊고 진지한 고찰, 즉 곧바로 개념적으로 파악된 디오니소스적 예지로 불리는 고찰이 생겨날 수 있었는지를 말이다.

그런데 독일 음악과 독일 철학이 융합할 때 비밀스런 종교가 새로운 생존 형식을 지시하지 않는다면, 그것은 도대체 무엇을 지시한단 말인가? 우리는 이 새로운 생존 형식의 내용에 관해 다만 그리스를 생각해 봄으로써 예감할 수 있다. 두 갈래의 서로 다른 생존 형식의 경계선에 서 있는 우리에게 그리스의 범례는 헤아리기 어려울 정도로 값진 가치를 준다. 그 속에 아직 과도적 투쟁의 모든 것이 각인되어 있고, 개발할 수 있는 많은 고전적 형식이 이루어져 있다.

다만 우리는 알렉산더 시대로 거슬러 올라가 비극의 시대로 향하는 것처럼 전도된 순서로 그리스적 본질의 위대한 중요 시기를 유추적으로 소급하여 체험하는 것이다. 이때 우리는 마치 비극 시대의 탄생이 독일 정신을 위해 자기 자신에로의 복귀, 축복스러운 자기의 재발견을 해야만 하는 것 같은 느낌을 받는다. 이러한 복귀와 재발견은 외부로부터 침입해 온 거대한 세력이 오랫동안 형식의 도움 없는 야만성 속에서 시간을 보낸 독일 정신을, 자기 세력의 형식 아래 강제로 복종하게 만들어버린 뒤에 이루어졌다.

오늘날 마침내 독일 정신은 그 본질의 원천에 복귀하여, 라틴 문명에 연결됨 없이 대담하고 자유로이 활보하는 것이 허용된다. 독일 정신은 이제부터, 배우는 것을 이미 하나의 높은 명예요 드문 일로 여기는 그리스 민족으로부터 의연히 배운다는 마음만 단단히 먹고 있으면 된다. 비극의 재탄생을 체험하면서 그것이 어느 곳에서 온 것인지 알지 못하고, 또한 어디로 갈 것인가를 깨달을 능력마저 없는 위기에 빠져 있는 오늘날, 이러한 최고의 스승을 이보다 더 필요로 한 적이 있었던가?

20

이전에 독일 정신이 그리스인에게서 배우려고 가장 힘썼던 것이 어느 시대, 어떤 인물에 대해서인가 하는 것은 뒷날 공정한 재판관 앞에서 판정될 것이다. 그리하여 우리는 괴테, 실러, 빙켈만의 매우 고귀한 교양의 싸움에 유일한 예찬을 부여해야 하는 것이다. 여기서 덧붙여 두어야 할 것은, 확고한 신념으로 이것을 인정할지라도 그 시대 이래, 즉 그 싸움의 첫 영향 이후에 동일한 길을 걸어와서 교양과 그리스인에게 도달하려는 후배들의 노력이 웬일인지 점점 약해졌다는 것이다. 독일 정신이 아주 절망하지 않고 나아가기 위해서 다음과 같은 결론을 이끌어 내지 않으면 안 된다.

즉 어떤 중요한 시점에서는 그들 전사(戰士)들도 그리스적인 본질의 핵심에 밀고 들어가, 독일 문화와 그리스 문화 사이에 영속적인 사랑의 끈을 만들어 내는 데 성공하지 못했을 것이다. 그 결과 그러한 결함을 무의식적으로 인식하면서 사정에 따라선 진지한 사람들도 그들의 선인들 뒤를 따랐고, 그로 인해 이 교양의 길을 그들보다 더 나아갈 수 있을까, 간신히 목표에 도달할 수나 있을까 하는 절망적인 의혹을 불러일으켰다. 그리하여 우리는 그 시대 이래 그리스 사람이 우리의 교양에 대해 내리는 가치 판단이 위험하게 변질됨을 보게 된다. 자신을 높임으로 타인을 가엾게 보는 동정적인 우월의 표현이, 지적이건 그렇지 않건 거의 모든 영역에서 들려온다. 그런가 하면 다른 한편에선 전혀 아무런 효과도 없는 미사여구, '그리스적 조화'라든가, '그리스' 및 '그리스 명랑성'이라든가를 시시덕거리고 있다. 바로 독일적 교양 때문에 그리스의 하천에서 지칠 줄 모르고 물을 퍼 올리는 것을 스스로의 임무로 여기는 사회에서, 즉 고등 교육 기관에 봉사하는 교사의 사회에서 사람들은, 그리스 사람과 알맞은 때에 안일하게 타협하는 것을 곧잘 배웠다. 그 결과 그리스적인 이상을 회의적으로 포기하거나, 모든 고대 연구의 참된 의도가 완전히 뒤바뀌는 것을 어렵지 않게 보게 되었다. 일반적으로 그와 같은 사회에서 고대 원전의 신뢰할 만한 교정자, 언어의 박물학적이고 현미경적인 연구자가 되려고 힘껏 노력했지만 완전히 지쳐 버린 사람은, 아마 그리스의 고대를 다른 나라의 고대와 같이 '역사적'으로 이해하려고 노력할 것이다. 그러나 어느 경우건, 현대의 교양 있는 역사 기술에 뛰어난 재간을 갖고 그 방법에 따른다.

고등 교육 본래의 교화력이 요즘만큼 저하되고 약화된 적이 없다. 교양 면에서 고등 교육 교사를 능가하는 이는 매일매일 종이의 노예가 되고 있는 '저널리스트'이다. 이미 가끔 체험했던 전향 이외에 별 방법이 없는 교사에게 남은 방법은, 저널리스트적으로 말하고 저널리즘 특유의 '경쾌한 우아함'을 갖추어 명랑하고 교양 있는 나비로서 날아다니는 것뿐이다. 이러한 현대의 교양인들은 어떤 괴롭고 혼란스러운 상태로 저 현상을 바라보아야 할까? 여태껏 좀처럼 이해되지 못했던 그리스 정신의 가장 깊은 밑바닥에서 비교해야 겨우 이해할 수 있었던 현상, 즉 디오니소스적 정신의 부활과 비극의 재생을 말이다.

모든 교양과 본래의 문화가 현재 우리 눈에 보이는 것보다 더 서로 불쾌해하고 혐오하며 대립하는 예술 시대는 존재하지 않을 것이다. 우리는 이 허약한 교양이 무엇 때문에 참된 예술을 증오하고 있는가를 이해하고 있다. 그것은 교양이 예술에 의해 몰락하게 될까봐 두려워하기 때문이다.

그러나 어떤 종류의 문화, 즉 소크라테스적이거나 알렉산더적인 문화는 현대 교양이 보는 것처럼 우아하고 가냘프고 허약한 것이 되어 버렸기 때문에, 벌써 그 생명이 끝났다고 해도 과언이 아닐 것이다! 괴테, 실러와 같은 영웅들도, 그리스의 마법의 산을 통과하는 마법의 문을 때려 부술 수 없었다. 그들이 매우 용감하게 투쟁한다 해도 괴테의 이피게네이아에서 보는 것처럼, 야만의 땅 타우리스에서 바다 저쪽 고향을 향하여 애절한 망향의 눈동자만을 던지는 일밖에 할 수 없다면, 그와 같은 영웅들에게 과연 어떤 희망이 있을 것인가? 다행히도 그들에게 홀연히 마법의 문이, 종래 문화가 행했던 노력이 손을 대지 않은 부분에서 스스로 열렸다—부활절 비극 음악의 신비로운 영향 아래서.

그 누구도 눈앞에 재현되는 그리스 고대의 재생에 대한 우리의 신념을 헐뜯지 않을 것이다. 왜냐하면 이 신념 속에서만 우리는 음악이라는 불의 마력에 의한 독일 정신의 갱신과 정화에 대한 희망을 발견하기 때문이다. 현대 문화의 황폐와 피폐 속에서 무언가 미래에 위로를 준다는 기대를 불러일으킬 수 있는 것이 이 신념 말고 또 무엇이 있단 말인가? 굳게 뻗은 나무 뿌리 하나, 혹은 풍요롭고 건전한 토양 한 움큼이라도 찾아보려는 것은 헛된 일이다. 곳곳에는 먼지, 모래, 마비, 초췌함만 있을 뿐이기 때문이다. 이 절망적이고 고독하고 울적한 상태에 몸을 둔 사람은 뒤러가 우리에게 그려 보인 죽음과 악마를 데리고 있는 기사일 것이다. 이보다 더 자기 신세를 잘 나타내는 것은 찾아볼 수 없을 것이다. 갑옷과 투구를 쓰고, 무서운 길에도 마음의 의혹 없이, 그러나 아무런 희망도 지니지 않은 채 단지 홀로 말과 개를 벗삼아, 청동과 같은 준엄한 눈빛을 하고서 자신의 공포의 길을 걸어가는 기사 말이다. 바로 그런 뒤러적인 기사가 쇼펜하우어였다. 그에게는 아무런 희망이 없었다. 그러나 그는 진리를 추구했다. 참으로 비할 바 없는 인물이다.

방금 암담하게 묘사된 우리의 지쳐 버린 문화의 황야도 디오니소스의 마력에 접촉했을 때, 얼마나 순식간에 모습을 바꾸었던가!

한 가닥의 폭풍이 온갖 노쇠한 것, 부패한 것, 좌절적인 것, 위축된 것을 움켜잡고, 빙빙 돌려 붉은 구름 속에 처넣어, 독수리처럼 허공으로 사라져간다. 당황한 우리의 시선은 멀리 사라져가는 것을 뒤쫓을 뿐이다. 왜냐하면 지금 우리 눈에 비치는 것은, 디노니소스의 충실함, 왕성한 생명력, 헤아릴 수 없을 만큼의 그를 향한 그리움에서 금색 찬연한 햇빛이 솟아올라 마치 아래로 떨어뜨리듯 광선을 내리쏘는 광경이기 때문이다.

숭고한 황홀 속에서의 비극은, 생명과 고뇌와 환희의 충일(充溢) 속에 자리 잡고 앉아 은은하고 우울한 소리에 귀를 기울인다―이 소리는 그 이름이 각각 망상, 의지, 비애인 존재의 어머니들[58]에 대해 이야기한다.

확실히 그러하니 나의 벗이여, 나와 함께 디오니소스적인 생명과 비극의 재생을 믿자. 소크라테스적인 인간의 시대는 이미 지나가버렸다. 담장나무로 그대들 머리를 장식하고 바카스의 지팡이[59]를 손에 잡아라. 그리하여 호랑이와 표범이 그대들 발밑에 기어 다니더라도 놀라지 말라.

이제 분연히 비극적 인간이 되어라. 그대들은 구제받아야 하므로. 디오니소스 축제의 행사를, 인도에서 그리스로 돌려야 한다! 격투를 준비하라. 그러나 그대들 신의 기적을 믿어라!

21

이 격려적인 어조로부터 진리를 인식하는 사람에게 어울리는 기분으로 되돌아와서 재차 말해둔다. 나는 그렇게 기적처럼 갑자기 일어난 비극의 각성을 민족의 가장 깊은 생명의 밑바탕에서 비추어볼 때, 그것이 무엇을 의미하는지를 오로지 그리스 사람만이 가르쳐 줄 수 있다고 생각한다. 페르시아 전쟁을 치렀던 사람들이야말로 이 비극적 신비에 젖은 민족이다. 또한 그런 전쟁을 수행했던 민족은 자신들이 반드시 해야 하는 회복의 음료수로서 비극을 필요로 했다.

이 민족이 여러 세대에 걸쳐 디오니소스적인 다이몬의 강렬하고 비길 데 없는 약동에 의해, 가장 깊은 밑바닥에 이르기까지 뒤흔들린 뒤에 극히 단순한 정치적 감정, 매우 야생적인 향토 본능, 원시적인 남성적 투쟁심 같은 것을 강력하게 발휘했다고 누가 추측할 것인가? 개체의 속박으로부터의 디오니소스적 해방은 무엇보다 정치적 본능에 대한 무관심뿐 아니라 적의로까지 발전되는 정치적 본능의 훼손으로 인정되는 것이다.

이것은 사실 디오니소스적 흥분이 현저히 맹위를 떨치고 있는 한편, 개별화 원리의 정령인 아폴론은 국가를 형성하고 있다는 것을 의미한다. 따라서 국가와 향토심은 개인들의 동의 없이는 존립할 수 없다고 하는 것도 동시에 확실시된다. 한 민족에서 그런 조직이 나아갈 길은 다만 한 가지, 인도의 불교라는 길뿐이다. 불교는 무(無)에의 동경을 견뎌내기 위해, 공간과 시간과 개체를 초월하려는 것으로 혼을 잃고 자신을 잊어버리는 상태를 필요로 한다. 이 상태는 중간 상태의 기술할 수 없을 정도의 한탄과 오뇌를 하나의 관념에 의해 극복할 것을 가르치는 철학적 요구이다. 또한 정치적 충동이 무제한의 힘을 구사할 경우에는 민족은 극단적인 세속화의 길로 떨어진다. 이것은 피할 수 없는 일인데, 이러한 세속화의 가장 거대하고 놀랄 만한 표현이 바로 로마 제국이다.

인도와 로마의 중간에 끼어 어느 것을 선택해야 한다는 유혹을 강요받던 그리스인은 이것과 대등한 제3의 형식을 고전적 순수성으로 창안해 내는 데 성공했다. 물론 이것을 오랫동안 사용하지는 않았지만, 바로 이것 때문에 그것을 불멸의 것으로 만들었다.

왜냐하면 신들의 총아들이 젊어서 세상을 떠난다는 것은 어떤 사물의 경우에도 동일한 것이요, 아울러 그들이 신들과 더불어 죽은 뒤 영생한다는 것도 확실한 사실이기 때문이다. 사람은 고귀한 것에 대해 가죽의 내구적인 강인성을 요구해서는 안 된다. 예를 들면 로마의 국민성에 고유한 것이 깃들어 있었던 것과 같은 지속성은, 완전하게 필요 불가결한 빈사 상태에서는 속해 있지 않은 것과 같다.

그러나 그리스 사람은 디오니소스적인 충동과 정서적 충동의 이상한 힘에도 불구하고, 어떤 약제의 힘으로 그 중대한 시기에, 황홀한 명상이나 세계적 권력과 영예에 대한 불타는 열망에 빠져들어 정력을 소진하지 않았다. 오히려 심혼을 높임과 동시에 정관적(靜觀的)인 기분에 이끌리게 하는 고귀한 술 같은 그런 탁월한 화합을 달성하려고 했다. 도대체 어떤 약제로 그들은 그렇게 할 수 있었을까? 우리는 민족의 온 생명을 흥분시키고 정화하고 폭발케 하는 비극의 힘을 떠올리게 된다.

비극이 그리스 사람들에게처럼 우리에게 모든 예방 치료력의 정수로서, 또 매우 강력하지만 그 자체는 매우 해로운 두 가지 민족성 속에 작용하는 조정자로서 우리와 관계를 맺을 때, 우리는 비로소 비극의 최고 가치를 예감하게 된다.

비극은 음악의 최고 황홀성을 자기 속으로 흡수한다. 따라서 비극은 그리스 사람들이나 우리에게도 단적으로 음악을 완성하는 역할을 하는 것이다. 비극은 음악의 옆에 비극적 신화와 비극의 주인공을 세워 둔다. 이때 비극의 주인공은 강력한 거인처럼, 모든 디오니소스적인 세계를 등에 지고 우리의 무거운 짐을 없애 준다. 다른 한편 비극은 동일한 비극적인 신화에 의해서 비극적 주인공의 몸을 통하여, 이 생존에 대한 탐욕적인 충동에서 무엇을 구제할지 알고, 경고적인 수법으로 하나의 다른 존재와 보다 높은 환희를 상기시킨다.

이보다 높은 환희는 싸우는 주인공이 자신의 승리에서가 아니라 몰락에 의해서 예감적으로 준비하는 것이다.

비극은 자기 음악의 보편적인 효과와 디오니소스적 감수성을 지닌 청중의 사이에 신화라는 하나의 숭고한 비유를 놓는다. 그리고 청중에게 음악이 다만 신화의 조형적인 세계를 약동하게 하는 최고의 묘사 수단이라는 가상을 불러일으킨다.

이와 같은 고귀한 착각에 의해 음악은 이제 사지를 움직여 열광적인 춤을 추기 시작하고, 두려움 없이 만취한 채 어지럽게 춤추는 자유감에 몸을 맡긴다. 음악은 그런 착각 없다면, 그러한 자유감에 감히 끼어들 용기를 갖지 못했을 것이다. 신화는 우리를 음악으로부터 지킨다. 그러나 다른 한편 신화는 음악에 최고의 자유를 부여한다.

그 대신 음악은 그에 대한 보상으로서 비극적 신화의 말과 형상에 그의 유일한 도움 없이는 결코 달성되지 않을, 매우 선명하고 설득력 있는 형이상학적 의의를 부여한다. 특히 음악을 통하여 비극의 관객에게 최고 환희에 대한 확실한 예감이 생겨나는 것이다. 이 환희에 이르는 길은 몰락과 부정을 뛰어넘는 길이다.

그리하여 관객은 사물의 가장 밑바닥의 심연이 그들을 향하여 명료하게 말하는 것을 듣는 것처럼 상상하고 있는 것이다.

앞서 설명한 여러 명제에 걸쳐 내가 어려운 관념에 대해 소수 사람들만이 이해할 수 있는 잠정적인 표현을 썼다면, 여기서 독자에게 한 번 격려하고 간청함으로써, 여러분이 우리의 공통된 경험인 하나하나의 실례에 근거하여 이 보편적인 명제를 인식할 준비를 해주기를 바랄 뿐이다.

나는 음악적 감각에 더욱 가까이 다가가기 위해 무대 위에서 벌어지는 여러 가지 사건의 모습과 배우들의 말과 격정을 실례로 이용하고 싶지는 않다. 이 사람들은 모두 음악을 모국어로 취급하지 않고, 또한 형상과 말과 격정의 도움을 받았다 해도 음악적 지각의 문보다 더 깊이 들어가지도 못한다. 더욱이 가장 깊은 곳에 있는 신비로운 영역에는 거의 접촉조차 허용받지 못한다. 그들 중의 많은 무리들은 게르비누스처럼 그런 방법으로 그 문에조차 이르지 못하고 있다.

내가 이야기하려는 사람들은 음악과 직접적인 혈연관계를 맺고 있고, 음악을 그의 모태로 하고, 거의 무의식적인 음악적 관계를 통해서만 사물과 관계를 맺는다. 이와 같은 참된 음악가에게 나는 다음과 같은 질문을 하려고 한다. 즉 「트리스탄과 이졸데」의 제3막을 말과 형상의 도움을 빌리지 않고, 순수하고 거대한 교향악의 악장으로서, 그러나 모든 마음과 영혼의 날개가 급속히 퍼지는 상황 아래서 숨을 죽이고, 지각하려는 인간을 당신들은 상상할 수 있는가 하고.

여기서 보는 바처럼, 세계 의지의 심실(心室)에 귀를 갖다 대고, 사납게 소리치는 큰 바다로서, 혹은 가냘프게 흘러가는 작은 시냇물로서의 이 심실로부터 삶에 대한 광포한 갈망이 세계의 모든 혈관 속에 흘러들어가는 것을 느끼는 인간, 이와 같은 인간은 순식간에 부서져버려야 하지 않는가? 그는 인간 개체라는 초췌한 유리 같은 껍질을 얽어매고서, '세계의 밤의 광막한 공간'⁶⁰⁾으로부터 울려오는 무수한 환희와 애수의 메아리를 견뎌내야 하며, 형이상학적인 목동들의 어지러운 춤을 보면서도 과연 자신의 고향으로 도피하지 말아야 하는가? 그럼에도 불구하고 그런 작품이 전체로서, 개체적 존재를 파괴함 없이 지각된다면, 또 그런 창조가 그의 창조자를 파괴함 없이 창조되었다면, 우리는 이 모순의 해결을 어디서부터 찾아야 할까?

여기서 우리 최고의 음악적 흥분과 그 음악 사이에 끼어 들어오는 것은 비극적 신화와 비극의 주인공이다. 이것들은 근본적으로 음악만이 직접 이야기할 수 있는 가장 보편적인 사실에 대한 비유에 지나지 않는다. 그런데 만약 우리가 순순히 디오니소스적인 존재자로서 신화를 받아들인다면, 신화는 완전 무시된 채로 우리 옆에 머물러 있어야 하며, 우리가 사물 이전의 보편적인 것의 메아리에 귀를 기울이는 것은 한순간이라도 방해받아서는 안 된다.

그러나 여기서 아폴론적인 힘이 거의 티끌처럼 부서져 버린 개체의 재건을 목표로 하여, 환희에 찬 착각이라는 치료할 수 있는 향유를 가지고 나타났다. 갑자기 우리는 '옛 노래, 이것이 왜 나를 눈뜨게 하는가?'⁶¹⁾ 하고 의연히 그리고 음울하게 자문하는 트리스탄의 모습이 보인다고 생각하게 된다.

이전에는 존재의 중심에서 울려온 헛된 신음소리처럼 우리의 마음을 끌던 것이, 이제는 단지 얼마나 '바다가 황량하고, 아득히 넓은가'⁶²⁾를 말하고자 한다. 우리는 모든 감정이 급격하게 격앙된 상태에서 숨 가쁘게 소멸해 가고 있다고 추측한다. 다만 사소한 것만이 우리를 이 삶에 묶어 두어, 이제 우리는 치명적인 상처를 입고도 죽지 못하는 주인공이 절망적으로 "그리워라! 그리워라! 죽음 속에 있는 나를 그리워하라! 그리움으로 죽지도 못하고"⁶³⁾ 이렇게 외치는 모습만을 보고 듣고 있다.

이전에는 너무나 크고 너무나 많은 불타는 고뇌 뒤에 들려오는 호른의 환호가 마치 최고의 고통인 것처럼 우리의 가슴을 아프게 했지만, 지금은 우리와 이 '환호 자체' 사이에 이졸데를 싣고 가는 배를 향하여 환호하는 쿠르베날(Kurwenal)이 서 있는 것과 같다.

동정심이 아무리 격렬하게 우리 마음속에 들어올지라도, 동정심은 어떤 의미에서는 세계의 근원적 고뇌로부터 우리를 구해 준다. 신화의 비유적 형상이 우리를 세계 최고 이념의 직접적인 관조에서 구해 주고, 사상과 말이 우리를 무의식적인 의지의 분주한 발현으로부터 구해주는 것처럼. 그의 훌륭한 아폴론적인 착각에 의해 마치 소리의 영역이 우리에게는 하나의 조형적인 세계처럼 나타나는 것 같고 또한 그 세계에서도 트리스탄과 이졸데의 운명만이 이 세계를 하나의 우수하고 표현력이 풍부한 소재로 삼는 것처럼 형태를 이루고, 조각되어 있는 것 같다.

아폴론적인 것은 우리를 디오니소스적인 보편성에서 분리시키고, 우리에게 여러 개체에 대해 황홀감을 느끼게 한다. 아폴론적인 것은 이들 개체에 우리의 끓어 오르는 동정심을 고정시켜 놓고, 이들 개체를 통하여 위대하고 숭고한 형식을 갈망하는 미적 의식을 만족시킨다. 그것은 모든 삶의 형상을 이끌고 우리 옆을 지나게 하고, 이들 형상 속에 포함되어 있는 삶의 핵심을 사변적으로 파악하게끔 우리를 자극한다. 아폴론적인 것은 형상, 개념, 윤리적인 교훈, 솟아오르는 공감의 절대적인 힘을 갖고서, 술에 취해 어지럽게 춤추는 자기 부정으로부터 인간을 빼내고 그를 속여 디오니소스적인 여러 일의 보편성을 보지 못하도록 눈을 감기며, 다음과 같이 망상하게 한다. 그가 보는 것은 특수한 세계의 형상, 예를 들면 트리스탄과 이졸데인데, 지금은 다만 이것을 음악을 통해서 더 잘 깊숙이 보아야 한다고 말이다.

아폴론이 우리에게 착각을 일으켜, 정말 디오니소스적인 것이 아폴론적인 것을 도와 그 효과를 높일 수 있고 게다가 음악이 본질상 아폴론적인 내용의 표현 기술인 것처럼 생각된다면, 아폴론의 마법 의술이 무엇을 못하겠는가?

완성된 연극과 음악의 사이에 작용하는 예정조화를 통해 연극은, 언어 연극에서는 보통 도달하기 힘든 최고도의 생생함에 도달한다. 무대 위에서 생동하는 모든 인물이 제각기 독립적으로 움직이는 선율이 되어 우리 앞에서 단순 명쾌한 곡선을 만들어 낸다. 이들 선의 병립은 발전하는 여러 사건과 매우 미묘하게 공명하면서 교체하는 화음으로서 우리에게 들려온다. 이 화음이 교체하면서 사물의 관계는 좀 더 감각적으로 지각되고, 전혀 추상적이지 않은 방법으로 직접 우리에게 들린다. 또한 우리는 이 화음이 교체할 때 그러한 관계 가운데서 등장 인물 성격과 선율의 핵심이 명확하게 드러나는 것을 인식한다.

그리하여 음악이 우리를 어느 때보다도 훨씬 더 내면적으로 보게끔 강요하고, 그 결과 무대 위 사건이 미세한 거미집처럼 우리 앞에 펼쳐지는 동안에 무대 위의 세계를 바라보는 우리 내면의 시선은 무한히 확대되고 안으로부터 빛난다.

언어시인이 생생한 무대세계의 내면적 확대와 내면적인 조명을 달성하기위해 말과 개념에서 출발하여 훨씬 불완전한 기구와 간접적인 방법을 쓴다면, 이것과 비슷한 어떤 것을 제공할 수 있겠는가? 음악 비극도 물론 말을 사용하기는 한다. 하지만 동시에 언어의 토대와 출생지도 덧붙이고, 우리에게 말의 생성을 안으로부터 밝혀준다.

그러나 지금까지 말한 여러 일에 대해 확실히 말할 수 있는 것은, 이러한 것들이 단순히 훌륭한 가상에 지나지 않는다는 것이다. 즉 우리를 디오니소스적인 충동과 과도함으로부터 벗어나게 하는, 앞서 언급한 아폴론적인 착각일 뿐이라는 것이다. 그러나 실제로 음악과 연극의 관계는 근본적으로 그 반대이다. 즉 음악이야말로 세계의 참된 이념이요, 연극은 단순히 그와 같은 이념의 반영, 이념의 개별적인 영상에 지나지 않는다. 선율의 선과 생동하는 인물 사이의 일치, 화음과 등장인물의 성격적 관계 사이의 일치는 음악 비극을 감상할 때 우리에게 떠오르는 생각과 반대의 의미로 진실하다.

우리가 인물을 선명하게 움직이고 생동하게 하며 안으로부터 조명한다 해도, 그는 어디까지나 현상에 지나지 않는다. 그와 같은 현상으로부터는 진정한 실재로 세계의 심장으로 통하는 어떤 다리도 존재하지 않는다. 그러나 이 심장에서부터 음악은 말한다.

이런 종류의 무수한 현상이 불변적인 음악의 곁을 아무리 스쳐 지나간다하더라도, 음악의 본질을 빨아들이는 것은 결코 아니며, 늘 피상적인 모방에 그칠 뿐이다. 물론 정신과 육체라는, 인기는 있지만 완전히 잘못된 대조를 갖고서는 음악과 연극의 난해한 관계에 대해 아무것도 설명할 수 없다. 혼란만 일으킬 뿐이다.

그러나 그와 같은 대립의 비철학적인 조잡성이 바로 우리 미학자에게는,

어떤 이유에선지는 모르겠지만 즐겨 신봉되는 하나의 신념 조항이 된 것이다. 그들은 현상과 사물 자체의 대립에 대해서는 아무것도 배운 게 없거나 역시나 알 수 없는 이유로, 무엇 하나 배우려 하지 않았던 것이다.

우리가 명백하게 분석했다시피, 비극에서 아폴론적인 것이 자신의 착각에 의해 음악이라는 디오니소스적인 근본 요소에 완전히 승리를 거두고, 음악이 착각의 의도 때문에, 즉 연극을 최고로 명확하게 하기 위해 이용되었다 해도, 여기에는 하나의 중대한 제한을 부가해야 한다. 즉 그 아폴론적 착각이 가장 중요한 점에서 파괴되었고 부서졌다는 것이다.

방직기가 상하로 급히 움직이며 천을 짜가는 것을 우리가 보듯, 우리 눈앞에 펼쳐지는 연극은 모든 운동과 형태를 명료하게 내적으로 비쳐주는 음악의 도움을 받아 모든 아폴론적인 예술 작용의 피안(彼岸)에 있는 하나의 작용을 달성한다. 비극의 전체적 작용에 있어서 디오니소스적인 것이 다시 우위에 이른다.

비극은 아폴론적인 예술의 영역에서는 결코 울리지 않는 음조로 끝나는 것이다. 그러고 나서 아폴론적인 착각은 있는 그대로의 모습으로 자신이 비극이 진행되는 동안 본래의 디오니소스적 작용을 가리고 있는 베일임을 폭로한다. 그러나 디오니소스적인 작용은 매우 강력해서, 결국에는 아폴론적인 연극을 디오니소스적 예지를 갖고 이야기하기 시작하고, 자기 자신과 아폴론적인 구상적 가능성을 부정하기에 이른다.

비극에서 아폴론적인 것과 디오니소스적인 것의 난해한 관계는, 바로 두 신의 혈맹에 의해 상징될 수 있다. 즉 디오니소스는 아폴론의 언어로 말을 함으로써—그러나 아폴론은 마지막에 이르러서는 디오니소스의 언어로 말한다—비극과 일반 예술의 최고 목적이 달성된다.

22

주의 깊은 독자는 참된 음악적 비극의 작용을, 경험하는 그대로 순수하게 다른 것과 섞지 않고 떠올리는 것이 좋다. 나는 이 작용의 현상을 두 가지 측면에서 설명해 왔다고 생각한다. 따라서 독자는 이제 자기의 경험을 스스로 명백하게 해석할 수 있을 것이다. 즉, 자기 앞에서 움직이는 신화에 대해 마치 자기 눈이 이제야 표면만 보는 데 머물지 않고 내면까지도 들여다볼 수 있는 것처럼, 의지의 격동·모든 동기의 갈등·정열의 높은 흐름을 음악의 도움으로 감각적으로 명석하게, 마치 발랄하게 움직이는 선(線)의 충만과 모습을 눈으로 보게 된다.

그리하여 무의식적인 마음의 움직임이 미묘한 비밀 속으로 들어갈 수 있게 하기 위해, 어떤 종류의 전지(全知)한 영역에까지 올라가려고 한다. 그는 명확성과 정화를 지향하는 충동이 최고도로 고양되는 것을 인식하게 된다. 그러나 한편 오랜 그는 아폴론적인 오랜 예술 작용이 의지 없는 관조 속에 황홀하게 침잠하는 것은 아니라고 느낀다.

이와 같은 침잠은 조각가와 서사시적 시인, 즉 본래 아폴론적인 예술가의 예술 작품으로 인해 일어난다. 이것은 개체와 세계의 관조에 의해 이루어지는데, 여기에서 시인이 탄생한다. 이 시인이야말로 아폴론적 예술의 극치이요 정수이다.

그는 무대 위의 정화되는 세계를 보면서 이것을 부정한다. 그는 서사시적인 명료함과 미에 포함된 비극의 주인공을 눈앞에 보면서, 자기 주인공의 파멸을 즐기고 있다.

그는 무대의 여러 일을 가장 깊은 곳까지 이해하면서도 기꺼이 이해할 수 없는 것으로 도피하고 있다. 그는 주인공의 행동을 정당하다고 느끼면서도 그의 행동이 그 자신을 파멸시킬 때 한층 쾌감을 느낀다. 그는 주인공을 괴롭히는 고뇌에 전율하면서도 보다 높고 훨씬 강렬한 환희를 예감한다. 그는 끊임없이 넓고 깊게 보면서도, 스스로 장님이기를 원한다. 이와 같은 자기 분열, 즉 아폴론적인 극치의 붕괴가 디오니소스적인 마력에서 나오지 않는다고 한다면, 우리는 어디서 이를 이끌어 낼 수 있을까?

디오니소스적인 마력은 아폴론적인 감동을 극도로 자극하는 것처럼 보이면서도 아폴론적인 힘의 이 충만함을 자신에게 봉사하는 것같이 강제하고 있는 것이다. 비극적 신화는 아폴론적인 예술 수단이 디오니소스적인 예지로 구체화한 것으로 이해된다.

신화는 현상의 세계를 그 한계에까지 이끌고, 현상의 세계는 그와 같은 한계에서 자신을 부정하고, 진실하고 유일한 실재의 대중 속으로 다시 도피하려 한다. 그리하여 이졸데같이 그의 형이상학적인 백조의 노래를 부르기 시작하는 것처럼 보인다.

"환희의 바다
물결치는 거센 파도 속에,
영감어린 파도의
울려 퍼지는 음향 속에,
우주의 숨소리가
바람결에 실려 오는 온갖 사물과 현상 속에,
빠져 들어가네—가라앉아가네—
의식 없이—이것 바로 쾌락의 극치여!"[64]

이와 같이 우리는 진실한 심미적 청중의 경험에 근거하여, 비극 예술가의
모습을 눈앞에 생생하게 그려내려고 한다.

그가 개체의 다산적인 신성(神性)과 유사하게 그 형태를 창조하는 모습을
보기란 쉽지 않다. 이런 의미에서 그의 작품을 이해하기 위해 '자연의 모방'
을 사용하는 것은 거의 불가능한 일이다. 그러나 다음에 그의 절대적인 디오
니소스적인 충동이 이전 현상 세계를 삼켜버린다. 우리의 미학자는 이 세계
의 배후에서, 그리고 이 세계의 파괴로 근원적인 한 사람의 품안에 있는 예
술적인 최후의 근원적인 환희를 예감하려 한다. 그러기 위해서는 물론 근원
적인 고향으로의 귀향에 대해, 비극에 있어서의 두 기둥이 되는 예술신의 혈
맹(血盟)에 대해, 아폴론적인 동시에 디오니소스적인 청중의 흥분에 대해
알아야 하지만 그는 무엇 하나 전할 것을 알지 못하고 있다.

그리하여 그는 지칠 줄 모르게 주인공의 운명과 싸우고, 도의적인 세계 질
서의 승리, 혹은 비극에 의해 일어나게 되는 감정의 발산 등을 참으로 비극
적인 것으로 특징짓는 데 정신을 팔고 있다.

그의 이와 같은 끈기를 볼 때마다 나는 그가 아마 미적 감수성을 갖고 있
는 인간이 아니었던가, 또는 비극을 들을 때 아마도 단순한 도덕적 존재로서
문제가 되지 않는가 회상하게 된다.

아리스토텔레스 이래 한 번도 비극의 작용에 관한 것과, 거기에 유래되는
예술적 상태와 청중의 심미적 활동을 추론하는 데 만족할 만한 설명은 없었
다.

엄숙한 사실에 대해 동정심과 공포심이 일고, 또 완화된다고 하며, 선하고

고귀한 원리가 승리할 때, 또 도의적 세계관 때문에 주인공이 몸을 희생할 때, 우리는 황홀한 감격을 깨닫게 된다고 한다. 대부분의 사람들은 바로 이 것을, 단지 이것만을 비극의 작용이라고 한다. 나도 그것을 확신한다. 그러나 거기서 나오는 결론 또한 명백하다.

즉 그러한 사람들은 모두 그들에게 해석해 주는 미학자와 함께 최고의 예술인 비극을 무엇 하나 경험하지 못했다. 문헌학자들은 아리스토텔레스의 카타르시스[65]라는 그 병리학적 폭발이 의학적 현상에 해당되는지, 도덕적 현상에 해당되는지 잘 모르고 있지만, 여기서 우리는 괴테가 그것에 대해 어떻게 생각했는지 주목하게 된다. 그는 이렇게 말한다.

"활발한 병리학적 관심이 없을 경우 실제로 나는, 어떤 비극적 상황을 다루지 못했다. 그렇기 때문에 나는 비극적 상황을 찾아내기보다 오히려 피했던 것이다. 최고의 파토스적인 것도 고대인의 경우에는 다만 심미적인 유희에 지나지 않았다는 것, 이것이 아마 그들의 장점 가운데 하나가 아니었던가? 우리의 경우에 그와 같은 작품을 만들어 내기 위해서는 사실성이 협력하지 않는다는 것을 생각한다면 말이다."

우리는 이제 훌륭한 경험을 토대로, 이 깊은 의미를 갖는 최후의 문제를 긍정해도 좋으리라. 우리가 바로 음악적 비극에 근거하여, 사실 파토스적인 것은 역시 단지 하나의 심미적인 유희에 지나지 않는다는 것을, 경탄하며 체험한 이상 말이다. 따라서 우리는 이제 비극의 근원적 현상을 어느 정도 성공적으로 서술했다고 믿어도 좋으리라.

아직도 미 이외의 영역으로부터 그의 대리적 작용을 하는 것밖에 모르거나, 병리학적 도덕 과정을 탈피하지 못한 것을 자각하는 사람은, 단지 자신의 심미적 소질을 절망하는 편이 나으리라. 그 대신에 우리는 게루이누스(Geruinus)류의 셰익스피어 해석과 '권선징악'의 탐색을 위험하지 않은 대용품으로 권장하리라.

이렇게 하여 비극의 재생과 더불어 심미적 청중도 역시 재생했던 것이다. 이제까지 극장의 관람석에는 그를 대신하여 기이하고 잘못된 장소의 대용품(Quidproquo)인 '비평가'가 반은 도덕적이요, 반은 학문적 요구를 간직하면서 버릇처럼 자리를 차지하고 있었다. 그는 지금까지의 영역에 모든 것을 인공적으로, 그리고 단지 삶의 가상으로 호도해 온 데 지나지 않다.

실제 배우도 그런 비판적인 태도의 청중을 어떻게 대해야 좋을지 알 수 없게 되어 버렸다. 거기서 그는 영감을 주는 극작가나 오페라의 작곡가와 함께, 이 요구만이 많은 살풍경하고 관상 능력이 없는 것에도 삶의 마지막 한 파편 정도는 남아 있지 않은가 하고 두리번거리면서 살피고 있는 것이다. 종래 관중은 이런 종류의 '비평가'로 구성되어 있는 것이었다.

학생과 학동, 독에도 약에도 쓸모없는 여자에 이르기까지, 그들은 무의식 중에 이미 교육과 저널리즘에 의해 예술 작품의 틀에 박힌 감상방법을 미리 훈련받았던 것이다. 예술가 가운데 다소 고귀한 인물은, 그런 관중 밑에서 도덕적 종교적인 힘의 진흥을 기대했다. 그리하여 '도덕적 세계 질서'라고 부르짖으며, 원래 강력한 예술적 마력이 진정한 청중을 매혹시키는 바로 그곳에 대신 등장했던 것이다.

또한 현대의 정치적인 면 및 사회적인 면에서 비교적 주목할 만한, 적어도 자극적인 경향이 극작가에 의해 똑똑히 무대 위에 올려졌다. 그 결과 청중은 비판의 철저한 수행을 잊고, 애국적이고 용감하게 투쟁하는 전쟁의 요소를, 혹은 의정 단상의 열변 앞에서나 범죄와 악덕의 탄핵의 소리를 들을 때와 꼭 같은 감동을 잊을 수 있게 되었다.

본래의 예술이 의도하는 대로 그와 같은 소외는 때때로 곧 경향성의 예찬으로 흐르지 않을 수 없었다. 그런데 예부터 모든 사이비 예술의 이름 밑에 나타난 것은 그 경향의 극히 신속한 타락이었던 것이다. 예를들면, 극장을 국민의 도덕적 교화의 도구로 제공하려는 경향은, 이것은 실러의 시대에는 진지하게 고찰되었던 것이지만, 이제는 이미 시대에 뒤떨어진 교양의 괴이한 유물 가운데 하나로 간주되고 있는 것이다.

비평가가 극장과 연주회에서, 저널리스트가 학교에서, 신문이 사회에서 지배권을 잡게 되었던 사이에, 예술은 극히 저속한 일종의 오락물로 타락하고, 미학자적 비평은 이기적이고 경박하여 취할 바도 못 되며, 그 위에 초라하고 특색 없는 사교의 접합제에만 이용되는 것이다. 그와 같은 사교의 의의는 쇼펜하우어의 가시다람쥐 우화[66]가 가르쳐 줄 것이다.

그리하여 예술에 대해 많이 지껄이는 것은 이제 한물 갔다. 예술을 경시한다는 것도 이제는 의젓함이 없는 상태가 되었다. 그렇다고 베토벤과 셰익스피어를 소재로 이야기의 즐거움을 나누는 사람과 아직도 교제를 계속할 수 있겠는가? 어떤 사람이든 좋아하는 그대로 대답해도 좋다. 어떻든 그는 그 대답으로, 자신이 '교양'적인 것을 어떻게 해석하고 있는가를 증명할 것이다. 그는 이 물음에 대답하려고 노력하지만, 결국은 경악한 나머지 입을 다물게 될 것이다.

이에 반해 비교적 고귀하고 섬세한 천성을 타고난 다수의 사람들은, 위에서 말한 것처럼 점차 비판적인 야만인이 되었다. 그러나 예를 들면 굉장한 성공을 했던 「로엔그린」의 공연이 그들에게 미친, 의외이기도 하며 또한 전혀 이해할 수 없는 그 작용에 대해서는 이야기하지 않을 수 없다. 단지 그들에게는 아마 그를 채찍질하여 경고하고 지시해 주는 어떠한 손도 없었던 것이다.

그 때문에 당시 그들을 감동시켰던 그 불가해한 이상한 종류, 전혀 비교할 수 없는 인상도 고립한 채로 머물고, 요성(妖星)처럼 순간적인 빛을 발하면서 사라져 갔던 것이다. 당시 그들은 심미적 청중이란 무엇인가를 예감하고 있었던 것이다.

23

매우 정밀하게 자신을 음미하여, 어느 정도로 자신이 참된 심미적인 청중을 닮았는지, 혹은 어느 정도로 소크라테스적인 비판적 인간의 계열에 속하고 있는지를 알려고 하는 사람은, 무대 위에 연출되는 기적을 그가 받아들일 때의 인상, 예를 들면 엄밀한 심리학적 인과성에 지향되는 그의 역사적 감각이 모욕되는 것을 느끼든가, 또는 호의적인 양보심으로 그 기적을 어린이다운 것으로, 인연이 없는 현상으로서 용인하든가, 혹은 어떤 무엇인가를 달리 감수하든가를 정확하게 자문하면 된다.

이것에 근거하여 그는 현상을 축소하여 기적을 낳지 않을 수 없는 신화를, 압축된 세계상을 어느 정도로 자신이 이해할 수 있는가 추측할 수 있으리라. 그러나 엄밀히 음미한다면, 틀림없이 거의 대부분은 학문적 방법, 매개적인 추상 관념에 의해 신화 속 과거의 존재를 믿을 수 없을 것이다. 그리하여 우리는 우리 교양의 비판적 역사적 정신이 우리를 해체했다는 것을 느낄 수 있으리라.

그러나 신화를 갖지 않는다면, 어떤 문화도 그의 건전하고 창조적인 자연력을 잃어버리게 된다. 신화로 둘러싸인 지평선 속에서 비로소 하나의 문화운동 전체를 완성하고, 이것에 통일을 주었던 것이다. 공상과 아폴론적인 꿈과의 모든 힘은, 신화에 의해 비로소 무선택적인 방황에서 구출되는 것이다.

신화의 형상은 사람도 모르는 사이에 어느 곳에나 존재하는 귀신과 같은 감시자라야 한다. 그의 보호 밑에 젊은 혼은 성장하고, 그의 개시에 응하여 남자는 그의 인생과 투쟁을 이해하게 된다. 국가라 할지라도 신화적 기초 이상으로 강력한 불문법을 알지 못한다. 이 기초는 국가와 종교와의 관련, 신화적 표상으로부터의 국가의 성장을 보증한다.

지금 그 옆에 신화 없이 이끌어낸 추상적인 인간, 추상적인 교육, 추상적인 풍습, 추상적인 법률, 추상적인 국가를 나란히 세워 보라. 어떤 토착의 신화에 의해서도 제어되지 않는 무규율적이고 예술적인 공상의 방황을 생각해 보라. 어떤 확고하고 신성한 본래의 고향을 갖지 않고, 모든 가능성을 고갈시키고, 모든 문화로부터 가련하게도 그의 몸을 부양할 양식을 구하지 않으면 안 되게끔 운명지어져 있는 하나의 문화를 상상하여 보라. 이것이 신화를 부인하려는 소크라테스주의의 말로이다.

이제야 신화 없는 인간은 영원히 굶주린 상태에 있으며, 모든 과거라는 나무 밑에 서서, 그 나무를 파고 구멍을 뚫으면서 그 뿌리를 찾고 있다.

가령 그 뿌리를 파서 찾으려면 아무리 먼 고대로 소급해 올라가야 할지라도, 아마 그는 별로 개의하지 않을 것이다. 어마어마한 현대 문화의 지나친 역사적 요구, 무수한 타국 문화의 수집, 몸을 불태울 것 같은 인식욕 등이 신화의 상실, 신화적 고향인 신화적 모태의 상실을 지시하지 않고 무엇을 지시할 것인가? 사람들아 스스로 물어봄이 좋으리라. 그와 같은 문화의 열병적이고 불건전한 활용이야말로 굶주린 자의 끝없는 탐식과 탐욕적인 손 벌림이 아니고 무엇이란 말인가. 그리고 어떤 것을 집어넣어도 배부른 줄을 모르고, 이것과 접촉할 때는 아무리 강력하고 효능 있는 어떤 자양물도 '역사와 심판'으로 으레 변화하는 이 문화에 무엇을 주려고 하는 사람이 어디 있겠는가?

우리는 놀랍게도 이것을 문명국 프랑스에서 보아 왔지만, 만약 우리의 독일적 본질이 이와 꼭 같이 독일의 문화와 풀 수 없게끔 결합되어 있다고 한다면, 뿐만 아니라 그것과 하나가 된다면, 우리는 독일적 본질에 대해서도 비통한 절망을 품지 않을 수 없을 것이다. 나는 오랫동안 프랑스의 장점이요, 거대한 우세의 원인을 이루고 있는, 민족과 문화와의 일체화를 보고 도리어 이와 같은 우리의 애매한 이 문화가 오늘날까지 우리 민족성의 고귀한 핵심과 공통점을 갖고 있지 않다는 것을, 행복에 겨워 찬양하지 않을 수 없다.

우리의 모든 희망은 불안 속에 우왕좌왕하는 문화생활과 교양의 경연 밑에 내면적으로 훌륭하고 건강한, 아주 먼 옛날의 힘이 잠겨 있는 그 인지를 추구하기 위해 몸을 일으켜 세우고 있는 것이다.

이 아주 먼 옛날의 힘은 물론 중대한 순간에만 강력히 활동하는 것으로, 한 번 활동하면 다음에는 미래의 각성을 기대하며 다시 잠들기 시작한다. 이 심연에서 독일의 종교 개혁이 나타나고, 그 찬미가 속에서 독일음악의 미래의 선율(멜로디)이 울렸던 것이다.

루터의 이 찬미가는, 그리고 봄의 언저리에서 돋아 나오는 풀처럼 뚫고 나오는 최초의 디오니소스의 유혹의 소리는, 실로 장엄하고 웅장하게, 패기 충만하게, 또한 한없이 온화하고 우아하게 울려퍼지고 있는 것이다.

이 찬미가에 마치 경쟁이나 하는 것 같은 반향으로 대답하는 것이 디오니소스적인 열광자들의 성스럽고 오만한 축제의 행렬이었다. 우리는 그들에게 독일 음악에 감사하고, 독일 신화의 재생에 대해 감사해야 될 것이다!

관심을 갖고 따라온 독자를 이제 나는 고독한 고찰의 높은 고개로 이끌어 가야 한다. 그리고 그곳에는 독자 거의가 동행하지 않을 것으로 알고 있다. 그러므로 나는 독자를 격려하기 위해 다음과 같이 말하려 한다. "우리는 우리의 길을 비쳐 주었던 선인들인 그리스 사람을 단단히 잡고 놓아서는 안 된다."

우리는 이제 우리의 심미적 인식을 순화하기 위해 그들로부터 두 가지 신상(神像)을 빌려 왔다. 이 신들은 각각 별개의 예술 영역을 독립적으로 지배하고 있고, 그들 상호 접촉과 고양에 대해 우리는 그리스 비극을 통하여 하나의 예감에 이른 것이다.

우리는 그리스 비극의 몰락이 예술적 근원 충동의 주목할 만한 분리에 의해 초래되었다고 생각한다. 그리스 민족성의 타락과 변화는 이 몰락의 과정에 호응하고 있으며, 이것이 예술과 민족, 신화와 풍습, 비극과 국가가 그 기초 위에 얼마나 필연적으로, 또한 밀접하게 결합되어 있는가 하는 진지한 반성을 하게끔 우리를 재촉했던 것이다. 비극의 그와 같은 몰락은 동시에 신화의 몰락이었다.

그리스 사람은 체험하는 모든 것을 바로 그들의 신화에 결부시키기 위해, 체험되는 것을 오로지 그런 결합에 의해 이해할 수 있게끔 무의식적으로 강제하고 있다. 또한 가장 가까운 현재도 그들에게는 바로 영원한 모습 아래의 것(Sub Specie aeterni), 어떤 의미로는 초시간적인 것으로 나타나지 않으면 안 되었다. 그리하여 국가도, 예술도, 초시간적인 것의 이 흐름 속에 몸을 잠기게 하고, 그 곳에서 순간의 중압과 갈망으로부터 탈피하여 안정을 발견했던 것이다.

민족은—바로 인간도 그렇듯이—자신의 체험을 통해 영원한 각인(刻印)을 찍을 능력을 어느 정도로 갖고 있는가에 따라서 그 가치가 결정되는 것이다. 바로 이런 것에 의해 민족은 이른바 세속에서 탈피하게 된다. 왜냐하면 민족은 시간의 상대성과 삶의 진실함, 즉 형이상학적인 의의에 관한 자신의 무의식적이고 내면적인 확신을 제기하기 때문이다. 그러나 어떤 민족이 자기를 역사적으로 이해하고 자기 주위에 둘러싸여 있는 신화의 방파제를 파괴한다면, 반대현상이 나타난다. 모든 윤리적 귀결로써 결정적인 세속화, 민족의 생존을 이제까지 이끌어 오고 있었던 무의식적인 형이상학과의 결렬은, 일반적으로 이미 말한 바와 같이 파괴와 결합하고 있기 때문이다.

그리스 예술, 특히 그리스 비극은 무엇보다도 신화의 파괴를 억제했던 것이다. 고향의 땅에서 해방되어 사유와 풍습과 행위의 황야에 아무 제약도 받지 않고 살아가기 위해서는, 그리스 비극을 파괴하지 않으면 안 되었다.

그런데 아직도 그 형이상학적인 충동은 약간 쇠약하기는 했지만 하나의 성화(聖化) 형식을, 생존을 촉구하는 과학상의 소크라테스주의라는 형태를 창조하려고 시도하고 있다. 그러나 그와 같은 저급한 단계에서는 동일한 형이상학적 충동도 도처에서 모은 신화와 미신과의 복마전 속에 점차로 흘러 빠지는 열병적인 탐구로 이끌어가는 데 지나지 않았다. 그런데 그리스 사람은 그런 복마전 중앙에 충만하지 않는 마음으로 앉아 있었는데, 그리스적 명랑성과 그리스적 경박성을 갖고서—가련함이여, 이것이 후세의 그리스 사람인 것이다—그 열병을 위장하는 방법을, 혹은 무엇인가 동양적인 음울한 미신에 의해 완전히 자기를 마비시키는 방법을 발견하게 되었던 것이다.

우리는 그와 같은 상태에 대해 15세기의 알렉산드리아적 로마적인 고대의 부활 이래 서술하기조차 곤란한 오랫동안의 중간 시기를 거친 다음에, 극히 현저하게 접근하여 왔던 것이다.

똑같이 과잉된 지식욕, 똑같이 싫증나지 않은 행복, 똑같이 거대한 세속화가 극점에 달하고, 그 옆에는 고향 없는 방황, 타인의 식탁에 대한 쇄도하는 탐욕, 현재에 대한 경박한 찬미, 혹은 둔하고 마비된 도피, 시대의 아래에 있는 모든 것, 즉 '현대'의 모든 것이 놓여 있다. 바로 그와 같은 여러 징후는 이 문화의 핵심에 있는 결함, 즉 신화의 파괴가 추측되는 것이다. 타국의 신화를 이식하는 데 오랫동안 계속 성공하는 것은 거의 불가능하다.

그것은 나무가 그의 이식으로 치명상을 입기 때문이다. 나무가 이 이질의 요소를 무섭게 투쟁해서 다시 배제할 수 있을 만큼 건강하고 건전하다는 것도 때에 따라서는 가능할 것이다. 그러나 보통나무는 쇠약하고 위축하며, 혹은 병적으로 무성하여 말라 죽을 수밖에 없다.

우리는 독일적 본질의 순수하고 강력한 핵심을 극히 높이 평가하므로, 바로 이 독일적 본질에 폭력적으로 생긴 이질적 요소들을 배제하기를 감히 기대하는 것이며, 독일 정신이 본래의 자기를 자각하고 본래 자기 모습으로 되돌아가는 것이 가능하다고 간주하는 것이다. 아마 많은 사람들은, 독일 정신이 프랑스적인 것을 배제하기 위해 투쟁을 개시해야 된다고 생각할 것이다.

독일 정신은 그것을 위한 외적 준비와 격려를 이번 전쟁에서 보여주어 무적의 무용과 피에 젖은 영광 속에서 인정하는 것이 좋다. 그러나 그 내적인 요청은 루터와 우리의 위대한 예술가, 시인들과 같은 이 길의 숭고한 선구자들을 항상 욕되게 하지 않는 경쟁심 속에서 구해야 한다.

그렇지만 독일 정신은 그런 투쟁을 자기 집의 수호신 없이, 자신의 신화적 고향 없이, 모든 독일적인 사물의 '탈환' 없이, 투쟁할 수 있다고 결코 믿어서는 안 된다! 그리고 독일 사람이 소심하여 오래 전에 잃어버리고 거의 길을 알지 못하는 고향에 자신을 다시 데리고 갈 선도자를 찾으려고 한다면, 그때 그는 다만 디오니소스적인 새(鳥)의 유혹적인 노랫소리에 귀를 기울이는 것이 좋을 것이다. 이 새는 그의 머리 위에서 몸을 흔들며 가는 길을 지시해 주기 때문이다.

24

우리는 음악적 비극의 고유한 예술 작용 중에 특히 아폴론적인 착각을 강조해야만 했다. 이 착각이야말로 우리를 디오니소스적인 음악과의 직접적인 일체화로부터 구출하고, 다른 한편 우리의 음악적 흥분이 아폴론적인 영역과 그 사이에 놓여진 가시적인 중간 세계에 의해 발산될 수 있기 때문이다.

그때 우리는 바로 이 발산에 의해 무대 위에 일어나는 사건의 그 중간 세계, 즉 일반적으로 연극이 그 밖의 아폴론적인 예술에서는 도달할 수 없을 정도로 내부로부터 명료하게 이해할 수 있게끔 되었다고 믿었다. 그리하여 우리는 아폴론적 예술이 음악의 정신에 의해 날개를 얻고 하늘 높이 날아오를 지점에 아폴론적인 예술의 힘이 최고로 상승한 점을 인정하고, 또한 아폴론과 디오니소스와의 그 혈맹 속에 아폴론적인 예술적 의도 및 디오니소스적인 의도의 여러 극치를 인정하지 않을 수 없었던 것이다.

물론 아폴론적인 빛의 형상은 바로 음악에 의한 이 내면적 조명을 받으면서 저급한 아폴론적인 예술의 고유한 작용에 이를 수 없었다. 서사시와 마음과 혼이 깃든 석상(石像)이 할 수 있는 것, 즉 관조하는 눈을 개체의 세계에 고요한 황홀로 빠져들게 하는 것은, 더 뚜렷한 그의 생동감과 그의 명료함에도 불구하고 어떻게 해도 달성할 수가 없었다.

우리는 연극을 관조하면서, 난폭하게 날뛰는 내적 동기의 세계로 찌르는 듯한 시선으로 뚫고 들어갔다. 그럼에도 불구하고 마치 단순히 비유적인 형상이 우리 옆을 지나가는 것처럼 우리에게 생각되었다.

그리하여 그 형상의 극히 깊은 의미 가운데 아주 작은 부분만 우리가 고찰한 것처럼 생각되고, 그 배후에 잠겨 있는 형상을 보기 위해 장막 같은 비유의 형상을 걷어 올려 볼 생각에 사로잡히게 된다. 형상의 어떤 찬란한 명료성도 우리를 만족하게 하지는 못했다.

이런 형상은 어떤 것을 나타내 주기도 하고, 또한 가리어 숨겨 주기도 한다. 즉 이 형상은 그 비유적인 공개에 의해 장막을 찢고 신비에 찬 배후를 폭로하도록 재촉하는 것처럼 보인다. 그러나 예외 없이 구석까지 비쳐 내는 명료성이 눈을 흐리게 하고, 눈이 다시 깊은 곳까지 파고들어가는 것을 막는다.

관조해야 하고 동시에 관조를 초월하여 동경하는 것을 체험하지 못한 사람은 비극적 신화를 고찰할 때 이 두 과정이 얼마나 명확하고 명료하게 나란히 존재하고 똑같이 느끼는가를 상상하기 곤란하다. 반면 진실로 심미적인 청중은 비극의 고유한 작용 속에 이 병립을 가장 주목할 만한 것으로 증언할 것이다. 이제 심미적 청중의 이 현상을 비극 예술가의 비슷한 과정으로 옮겨 보자. 그러면 비극적 신화의 발생이 이해될 것이다.

비극적 신화는 가상과 관조에 대한 충실한 쾌감을 아폴론적인 예술 영역과 함께 나누고, 동시에 이 쾌감을 파괴하는 가시적인 가상의 세계를 부정하는 것에 한층 높은 만족을 얻는다. 비극적 신화의 내용은 우선 투쟁하는 주인공을 찬미하는 서사시적인 사건이다.

그러나 그 자체는 수수께끼와 같은 경향, 즉 주인공의 운명에서 보게 되는 고뇌, 모든 동기의 가장 비통스러운 극복, 극한 고민에 찬 대립, 요컨대 시레노스의 지혜의 예증, 혹은 심미적으로 표현된다면 추악함과 부조화가 수없는 형태로 그와 같이 편애를 받으며 언제나 새롭게 묘사된다. 그것이 바로 한 민족의 가장 혈기 왕성한 청년 시대에 바로 이 추악함과 부조화에 대해 더 높은 쾌감이 느껴지는 것이 아니라면, 도대체 어디서 느껴진단 말인가?

예술이 다만 자연적 현실의 모사가 아니라 자연적 현실적 형이상학적인 보충이요, 그런 현실의 극복 때문에 그 옆에 나란히 놓여지는 것이라면 삶이 현실적으로 그렇게 비극적이라는 것이 예술 형식의 발생을 설명할 수 있다. 비극적인 신화는 그것이 예술에 속하는 한, 예술 일반의 이 형이상학적인 성화(聖化)의 의도에 전폭적인 관심을 갖는다.

신화가 현상 세계를 괴롭히는 주인공의 모습을 빌려 제시할 때, 그것은 무엇을 성화하는 것일까? 그것은 이 현상 세계의 '현실'이 아니다. 왜냐하면 신화는 우리를 향하여 바로 다음과 같이 말하기 때문이다. "보라! 똑똑히 보라! 이것이 그대의 삶이다. 이것이 그대 실존 시계에 달려 있는 시침이다."

그렇다면 신화가 그와 같은 삶을 제시한 것은 삶을 우리 앞에서 성화하기 위함이었단 말인가? 그러나 만약 그렇지 않다면, 그들 형상이 우리 옆을 스쳐 지나갈 적에 실제로 우리가 느끼는 저 심미적 쾌감은 무엇 때문인가? 나는 이와 같은 심미적 쾌감을 묻고 있는 것이다. 이들 형상 가운데 대부분은 때에 따라 그 이외의 도덕적인 즐거움, 예를 들면 동정이라든가, 혹은 도의적 승리라든가 하는 형태로 만들어지게 되는 것을 나도 충분히 알고 있다.

그러나 비극적인 것의 작용을 그런 도덕적인 원천에서 이끌어 내려 하는 사람은—물론 이것이 너무나도 오랫동안 미학에서 폐단을 이루고 있지만—이것에 의해 미학을 위한 어떤 일을 수행했다고는 믿지 않는 것이 좋으리라. 예술은 무엇보다도 그 영역에서 순수성을 요구해야 하기 때문이다.

비극적 신화의 설명 때문에 첫 번째로 요구된 것은 신화의 고유한 쾌감을 순수하게 심미적인 영역에서 구하는 것이고 동정심, 공포, 도의적 숭고의 분야와 관련되어서는 안 된다는 것이다. 비극적 신화의 내용인 추함과 부조화는 어떻게 해서 심미적 쾌감을 일으킬 수 있는가?

이제 여기서 대담하게 돌진하기 위해 예술의 형이상학 속으로 들어가는 것이 필요하다. 그것 때문에 나에게는 존재와 세계가 하나의 심미적 현상으로서만 시인되는 것처럼 보인다. 이것 때문에 이전에 말했던 명제를 되풀이하련다. 비극적 신화는 추함과 부조화마저도 하나의 예술적 유희이다. 우리는 이와 같은 명제의 의미를 확신하지 않으면 안 된다.

디오니소스적인 예술의 이 파악하기 힘든 근원적인 현상은 다만 직접적인 방법에 의해서만 이해되고, 음악적 불협화음의 놀랄 만한 의미로서 단적으로 파악된다. 일반적으로 세계 옆에 세워진 음악만이 심미적 현상으로서 세계의 시인을 어떻게 해석할 것인가를 깨닫게 해준다. 비극적 신화가 만들어 내는 쾌감은 음악에서 불협화음을 듣고 느끼는 쾌감과 근본적으로 동일하다. 고통에 대해서조차 근원적인 쾌감을 주는 디오니소스적인 것은 음악과 비극적 신화와의 공통의 모태이다.

우리는 불협화음이라는 음악적 관계의 도움을 받아 비극적 작용의 곤란한 문제를 본질적으로 쉽게 없앨 수 있지 않았던가? 이제 우리는 비극을 관조하려 하며 이 관조를 초월하여 동경하는 것이 무엇을 의미하는가를 이해하고 있지 않는가! 그와 같은 상태, 이것을 예술적으로 사용되는 불협화음에 관계하여 말한다면, 우리는 다음과 같이 특징지을 수 있을 것이다. 즉, 우리는 들으려고 함과 동시에 듣는 것을 초월하기를 바란다.

명료하게 지각되는 현실에 대해 최고의 쾌감을 느끼면서, 무한한 것에 향하려는 동경의 날갯짓은, 이 두 상태 속에 포함된 디오니소스적인 현상이 개체 세계의 유희적인 건설과 파괴를 근원적 쾌락의 분출로서 되풀이한다는 것을 새롭게 우리에게 나타내 준다. 그것은 어두움의 사람인 헤라클레이토스가 세계를 형성하는 힘을, 장난처럼 돌을 옮겨 놓기도 하고 모래산을 쌓고 또 이를 무너뜨리는 어린이 놀이에 비유한 것과 아주 비슷한 현상이다.

우리가 한 민족의 디오니소스적인 능력을 올바르게 평가하기 위해서는 그 민족의 음악뿐 아니라 필연적으로 민족의 비극적 신화마저도 그 능력의 제2의 증언자로서 다루지 않을 수 없다. 이제 음악과 신화가 밀접한 혈연관계에 있는 것처럼, 한편의 변질과 타락은 다른 한편의 위축과 침체와 연결되어 있다는 것을 추측할 수 있다.

그런데 이것은 디오니소스적인 능력의 쇠약이 신화 일반의 쇠퇴로써 나타나는 것을 전제한다. 그러나 독일적 본질의 발전을 잠시 살펴본다면, 우리는 이미 말한 두 가지 사실에 대해 의심할 이유는 없으리라. 즉 오페라에서도, 우리의 신화가 없는 생존의 추상적 성격에서도, 실로 오락에 떨어져 버리고만 예술에서도, 개념이 이끄는 삶에서도, 소크라테스적인 낙관주의의 비예술적이며 삶을 침식하는 성질이 우리에게 폭로된 것이다.

그럼에도 불구하고 우리를 위로하는 것으로서, 독일정신은 그의 빛나는 건전함과 깊은 생각, 디오니소스적인 힘을 파괴하지 않고 선잠에 떨어진 기사처럼 밑바닥을 알 수 없는 심연 속에서 꿈꾸고 있는 증세를 타나낸다. 이 심연에서 그의 디오니소스의 노래가 우리에게로 들려오고 있다.

그것은 이 독일의 기사가 아주 먼 옛날 디오니소스의 신화를 지금도 즐거워하면서도 엄숙한 환상 속에 꿈꾸고 있다는 것을 우리에게 깨닫게 하기 위함이다. 보금자리를 그리워하는 새소리를 아직도 명료하게 이해하고 있는 이상, 독일 정신이 그의 신화의 고향을 영원히 잃어버렸다고 믿어서는 안 된다. 어느 땐가 독일 정신은 깊고 긴 잠에서 깨어난 뒤에 자신이 깨어나 있음을 깨닫게 될 것이다. 그때야말로 그는 용을 퇴치하고, 간악한 난쟁이들을 쳐 없애고, 브륀힐데를 잠에서 깨울 것이다. 그러면 보탄의 창도 그의 가는 길을 막을 수 없을 것이다! [67]

나의 벗이여, 디오니소스적인 소리를 믿는 여러분들, 여러분들도 또한 비극이 우리에게 무엇을 의미하는가를 알고 있다. 비극 속에서 우리는 음악에서 재생된 비극적 신화를 갖는다―그리하여 이 신화에서 모든 것을 희망하고, 가장 고통스러운 것까지 잊을 수 있다! 우리에게 가장 고통스러운 것은 독일 정신의 집과 고향으로부터 떨어져, 간악한 난쟁이들에게 봉사하며 살아 왔던 오랜 동안의 굴욕뿐이다. 여러분에게는 이 말이 이해될 것이다―여러분들이 결국 나의 희망을 이해하게 되는 것과 같이.

25

음악과 비극적 신화는 꼭 같이 한 민족의 디오니소스적인 능력의 표현이요, 서로 분리할 수 없다. 둘은 아폴론적인 것의 너머에 존재하는 하나의 예술적 영역에서 유래한다. 이 둘은 불협화음도 무서운 세계상과 같이 '즐거움'을 향한 화음 속으로 매력 있게 사라져 들어가는 하나의 영역을 성화한다. 양자는 자신의 강력한 요술을 믿고 불쾌한 자극물을 가지고 유희하면서 어떤 '극악의 세계'의 존재도 시인한다. 여기서 디오니소스적인 것은 아폴론적인 것과 비교할 때, 영원하고 또한 근원적인 예술의 힘으로 나타난다. 이 힘이 일반적으로 모든 현상 세계를 생존으로 불러들이는 것이다.

그 현상계의 중앙에는 약동하는 개별화의 세계를 삶 속에 붙잡아두기 위해서 하나의 새로운 성화라는 가상이 필요하게 된다. 우리가 불협화음의 인간화를 만약 가정할 수 있다면, 인간이란 그 밖에 또 무엇이란 말인가? 그와 같은 불협화음은 살아 나가기 위해 자신의 본질에 미의 장막을 걸쳐 주는 장엄한 환상을 필요로 한다. 이것이 아폴론의 참된 예술적 의도이다.

우리는 이 아폴론의 이름에 의해 아름다운 가상의 그 무수한 환상을 모두 총괄하며, 이들 환상은 어느 순간에도 실존 일반에 삶의 가치를 두며 사람을 다음 순간을 체험하도록 밀어준다.

이 경우 모든 존재의 기초, 즉 세계의 디오니소스적인 밑바닥에는 그 아폴론적인 성화의 힘으로 다시 극복할 수 있는 범위 안에서만 인간 개인의 의식이 허용된다. 따라서 이 두 가지 예술적 충동은 영원한 정의의 법칙에 따라 엄밀한 상호 균형 속에서 자신의 힘을 발휘하게끔 강요받는다. 디오니소스적인 것의 위력이 우리가 현재 체험하고 있는 것과 같이 맹렬한 기세로 치솟아오를 경우에는, 아폴론 또한 이미 구름에 싸여 우리에게로 내려와 있음에 틀림없다. 아마도 다음의 세대가 그의 매우 왕성한 미적 작용을 볼 수 있을 것이다.

그러나 그와 같은 작용이 필요하다고 하는 것은—가령 꿈속에라도—고대 그리스 사람들의 생활 속으로 한 번쯤 거슬러 올라간다고 가정한다면, 어떤 사람이든 이것을 직관에 의해 확실히 알게 될 것이다. 높은 이오니아식의 기둥이 세워진 복도를 거닐면서, 맑고 고귀한 선으로 절단된 지평선을 바라보면서, 빛나는 대리석에 자신의 성화된 모습을 비추면서 주위를 정중하게 거닐고 있는 사람들, 혹은 조화롭게 소리 나는 음율과 율동적인 몸가짐을 갖고 우아하게 움직이는 사람들은 끊임없이 밀어닥치는 미의 흐름 속에서 아폴론을 향하여 손을 들며 다음과 같이 외쳐야 한다.

"행복한 그리스 민족이여! 델로스의 신 아폴론이 그대들 디오니소스적인 광기를 고치기 위하여 그와 같은 마법이 필요하다고 생각한다면, 그대들 사이의 디오니소스는 역시 위대함에 틀림없다!"

그러나 그와 같은 감회를 품는 사람에 대해 백발의 그리스 사람은, 아이스킬로스와 같이 콧대 센 눈으로 쳐다보면서 다음과 같이 대답할지 모른다.

"그러나 또한 이것을 말하게. 아, 그대 이상한 이방인이여! 그렇게도 아름답게 되기 위하여, 이 민족은 얼마나 괴로워해야만 했던가! 그러나 이제 나를 따라 비극에게로 오라. 그리하여 나와 함께 두 신의 신전에 산 제물을 바치자!"

〈주〉
1) 인간의 성품을 본래 선한 것으로 보고, 나쁜 짓을 하는 것은 무지 때문이라고 하는 소크라테스의 주장.
2) BC 3세기 경의 그리스 철학자. 그는 인생의 최고선은 '쾌락'이며, 그것은 '마음의 평정'에 있다고 보고 검소한 생활을 했다. 만년의 니체는 거기에 '디오니소스적 그리스인의 반대 유형'을 인정하고 그리스도교에 가장 가까운 것이라고 보았다.
3) 염소의 특징을 가진 요정으로서 디오니소스의 시종. 주색을 좋아함.
4) 독일의 전설 속에 나오는 마법사. 요술 피리로 쥐를 잡았으나, 마을 사람들이 약속을 어겨 화를 내어 아이들을 꾀어서 데려갔다. 보통 '유혹자'의 뜻으로 쓰인다.
5) 그리스 제일의 미녀. 여기서는 괴테의 「파우스트」 제1부 제3막에 등장하는 파우스트의 아내.

6) 16세기 독일의 작가.

7) 마야는 산스크리트에서 미망(迷妄) 또는 '트리'라는 뜻. 새끼줄을 보고 뱀이라고 생각하는 것처럼, 환상계를 나타내게 하는 힘을 가진 베일.

8) 쇼펜하우어가 한 말. 우주의 본체인 의지는 하나이지만, 현상 또는 사물은 많다. 즉 개체의 차별상은 반드시 시간과 공간의 제약을 받고 있으며, 그러한 제약 속에서만 생각할 수 있다는 뜻. 「의지와 표상으로서의 세계」제1편 제2권 25장.

9) 성 요한제는 6월 24일로 세례요한을 위한 의식이다. 옛날 하지의 축제일로써 많은 이교적 관습이 섞여 있었다.

10) 성 화이트제는 6월 15일에 치르는 비토우스 성자의 제일이다.

11) 아리스토텔레스 미학의 근본 개념. 그는 예술의 본질은 "자연의 충실한 모방"에 있다고 했다.

12) 프류기아의 전설적인 왕. 디오니소스의 친구인 시레노스에 친절을 다한 결과 그 답례로 디오니소스는 무엇이든지 그의 손이 닿는 것은 황금으로 변하도록 해 주었다. 그러나 음식마저 황금으로 변했으므로 마침내 용서를 빌었다고 한다.

13) 지혜가 있었기 때문에 디오니소스의 스승이 된 반수신(半獸神). 용모는 대머리에 납작코, 짧은 뿔과 말의 귀와 발과 꼬리를 가지고 있다. 주색을 좋아하는 장난꾸러기.

14) 제우스가 인간에게 불을 빼앗았을 때, 프로메테우스는 하늘에서 이것을 훔쳐서 인간에게 주었다. 제우스는 그를 코카서스의 큰 바위에 매달아 놓고 독수리에게 그의 간을 쪼아 먹게 했다. 그러나 그의 간은 밤마다 새로이 생겨났고 오랜 괴로움 끝에 헤라클레스에 의해서 해방되었다고 한다.

15) 아킬레우스는 트로이 전쟁 때 그리스군 총사령관 '아가멤논'의 아버지. 이 일족은 대대로 저주를 받아, 트로이에서 귀국한 아가멤논은 불의의 아내에게 살해당하고, 아가멤논의 아들 '오레스테스'는 간부(姦夫)와 어머니를 죽이고 미쳐서 방황한다.

16) 호메로스 시대를 말함.

17) 스파르타에 의해 대표되는 무예를 중히 여기는 국가. 도리스는 중부 그리스 지방의 이름. 도리스 족은 처음 그리스의 북부 지방에 정주하고 있었으나 남하하여 도리스를 본거지로 했고 뒤에 스파르타로 옮겨갔다.

18) 오이디푸스의 딸. 소포클레스의 비극 「안티고네」가 있다.

19) 트로이왕의 딸. 아가멤논과 함께 살해되었다. 아이스킬로스의 「아가멤논」에 묘사되고 있다. 아폴론에게서 예언하는 힘을 얻었으나, 아폴론의 사랑을 거절한 까닭에 아무에게서도 신용을 얻지 못했다.

20) 뤼캄베스는 아르키로코스와 같은 고향 사람. 두 딸이 있었다. 큰딸 네오브레를 아르키로코스와 결혼시킨다고 약속하고서는 이를 지키지 않아 아르키로코스의 저주를 받았다. 아버지와 딸은 견디다 못해 목매어 죽었다고 한다.

21) BC 7세기 전반에 살았던 스파르타의 서정시인. 칠현금을 발명했다고 한다.

22) 프류기아의 유명한 피리의 명수. 아폴론과 피리부는 시합을 하여 패배했다 함.

23) 유명한 독일 낭만파의 이론가. 프리드리히 슐레겔의 형. 「극예술과 문학에 관한 강의」 (1805년) 제3장에서 "합창단은 한마디로 말해서 이상적 관객이다"라고 말한다.

24) 오케아노스의 딸들은 아이스킬로스의 비극 「포박된 프로메테우스」에 합창단으로 등장한다.

25) 소포클레스의 비극. 장님이 되어 방랑의 길을 떠난 오이디푸스는 아테네 교외 코로노스에서 온갖 정략적 유혹을 물리치고 편안하게 죽어간다.

26) 스핑크스는 이집트에서는 남성이지만 그리스에서는 여성으로 되어 있다. '자연'이라는 명사는 독일어에서는 여성 명사이다. 생(生)과 사(死)의 이중의 성질을 가진 '자연'은 일종의 스핑크스라는 것이다.

27) 이집트와 멤논의 테바이에 있는 주상(柱像)은 해뜰 때와 해질 때에 울려 퍼졌다는 설이 있다.

28) 아담과 이브의 실낙원 이야기. 셈족은 유태인.

29) 거인족의 반역에 가담했기 때문에, 그 벌로 그는 천공을 떠받치도록 명령받았다고 한다.

30) 오르휘크교에서 디오니소스와 동일시되고 있는 신.

31) 어의는 '목격자'라는 뜻. 에레우시스의 비밀의식에서 성상(聖像)을 보도록 허가된 장.

32) 디오니소스의 어머니 세메레는 헬라의 책략에 걸려 제우스의 진정한 모습을 보려고 원했기 때문에 제우스의 번개로 불타 죽었지만, 태내에 있었던 디오니소스는 제우스의 허벅다리에 꿰매져서 달이 차자 제3의 디오니소스가 태어났다.

33) 에레우시스의 비밀의식의 주신.

34) BC 2세기 그리스의 풍자시인. 〈루키아노스들〉은 BC 5세기의 아티카 희극 작가를 말함.

35) 헤라클레스가 잠자고 있는 동안에 그 무기를 훔치려고 하다가 실패하고 지독히 혼이 난 케르코베스라고 하는 원숭이와 같은 종족.

36) 로마 제2대의 황제. (BC 42—AD 37)

37) '그리스인'의 축소 명사. 헬레니즘 시대 이후의 말로 로마의 유력자에게 의지하고 있는 그리스인의 지식 계급을 경멸해서 부를 때 쓰인다.

38) 괴테의 시 〈묘비명〉(grabschrift).

39) 카드므스는 테바이시의 전설적 건설자. 그의 딸 아가웨는 펜테우스의 어머니. 그의 딸 세메레와 제우스 사이에 태어난 것이 디오니소스다.

40) 테바이의 장님 예언자.

41) 괴테가 이탈리아 여행 중에 쓴 미완성 희곡. 「나우지카」는 〈오디세이아〉 제6권에 나오

는 소녀. 이미 아내가 있는 오디세우스에게 연정을 품은 그녀는 그녀의 아버지와 오디세우스가 그 해결책을 생각하고 있는 동안에 죽어 버린다.

42) 이온은 호메로스를 이야기하는 사람. 호메로스의 옛 시를 암기하고 있으면서 부분적으로 암송하기도 하고 해설하기도 하는 사람.

43) 고대 그리스의 비극에서 기계 장치 위에 탄 신이 공중에 나타나서는 비극의 대단원의 막을 내린다.

44) BC 5세기 경 그리스의 자연 철학자. 에우리피데스보다 15세 연장이며 에우리피데스에게 영향을 주었다.

45) 호메로스 이전의 최대의 시인이며 음악가. 오르휘크교의 창설자라고도 한다. 그는 아폴론으로부터 하프를 배워서 노래와 음악의 거장이 되었다. 아내 에우리디케 이외의 여자를 접근시키지 않았기 때문에, 혹은 미소년을 사랑했기 때문에, 혹은 그의 비밀의 식에 여성의 참가를 거부했기 때문에 디오니소스제의 광란 속에 여자들에 의해서 갈가리 찢겨 죽었다.

46) 트라키아의 에도노스인의 왕. 디오니소스신을 모욕하고 추방한 최초의 사람이라고 함. 신의 시종들은 포로가 되었지만, 신 자신은 바다 속으로 도망쳤다. 그러나 류크르코스는 신의 저주를 받아 발광하게 되었고, 후에 백성들에 의해서 갈가리 찢기었다.

47) 아테네의 장군, 정치가. 재산이 많고 미남으로 유명했으나 교만했다.

48) BC 5세기 그리스의 가장 위대한 조각가.

49) 델포이의 신탁을 알리는 여신관.

50) 외눈의 거인.

51) 아르고선(船)의 사공으로서 예리한 눈을 가지고 있었다. 괴테의 「파우스트」 제2부에 나오는 탑의 감시인.

52) 남태평양에 있는 섬. 한때 식인(食人)의 풍속이 있었다.

53) 알렉산더 대왕의 출현부터 약 2, 3세기 동안의 헬레니즘의 경향을 가리킴.

54) 에커만의 「괴테와의 대화」 제3부 1828년 3월 11일의 항 참조.

55) 괴테의 「파우스트」 제2부 제2막 참조. '라미아들'은 인간의 피에 굶주린 요괴로서 요염한 교태로 인간을 유혹함.

56) 실러의 「소재 문학과 감정 문학에 대하여」 2의 B-2참조.

57) 노예로서 헤로메스신에게 팔린 헤라클레스는 뤼데이아의 여왕 옴팔에 팔려 그 밑에서 3년 동안 여장하여 실을 뽑는 여자의 얼굴을 하며 극히 유약한 생활을 함.

58) 괴테의 「파우스트」 제2부 제1막 〈어두운 낭하〉에서 괴테는 '어머니들'은 모든 사물의 원형, 이상적인 것의 모든 '근원 현상'을 신화적으로 의인화했다.

59) 그리스 주신 중의 하나. 난쟁이며, 포도잎을 감은 지팡이를 갖고 다님.

60) 바그너의 가극 「트리스탄과 이졸데」의 제3막 트리스탄의 말. 그러나 원문은 "세계의

밤의 광막한 나라"로 되어 있다.

61) 바그너의 가극 제3막의 서두.

62) 동 3막 목인의 말.

63) 동 3막 트리스탄의 말.

64) 동 3막 최후의 이졸데의 말. 작곡되어 있는 것은 〈환희의 바다〉와 〈영기(靈氣)의 바다〉와의 2행이 생략되어 있다.

65) 아리스토텔레스의「시학」제6장 참조, "비극은……그리하여 애련함과 공포를 일으키는 일을 포함하고, 그것을 통하여 그런 정서의 비극 카타르시스를 행한다." 이것은 아리스토텔레스의 비극 정의의 제 일절이다. 이 정의의 해석에는 두 가지 유형이 있다. 하나는 병리학적 해석이요, 또 하나는 윤리적 종교적 해석이다. 전자는 카타르시스를 '배설', '방출', '해방', '폭발'이라 해석하고 후자는 '정화'라고 해석한다.

66) 쇼펜하우어의「파레르가와 파라리포메나」제400절의 우화.

67) 바그너의 오페라 4부작「니벨룽겐의 반지」의 제3부 〈지그프리트〉제2막·제3막 참조, 용은 용으로 화하여 반지를 갖고 있는 거인 후아후나를 뜻하며 '난쟁이'는 알베리히의 동생인 매미를 뜻한다. 여기서 니체가 '용'과 '난쟁이'를 복수로 든 것은 물론 비유적 용법이다.

Die Fröhliche Wissenschaft

즐거운 지식

나는 내 집에 살며
그 누구도 모방하지 않는다
더욱이 마음껏 웃을 줄 모르는
모든 대가들을 비웃는다

우리 집 문 위에 적은 글

제2판을 위한 머리말

1

서문을 하나 붙이는 것만으로는 이 책에 부족할 수도 있다. 그러나 서문이 아무리 많아도, 결국 비슷한 체험을 해 보지 않은 사람이 서문만으로 이 책의 **경험**에 가까워질 수 있는지에 대한 의구심은 남게 될 것이다. 이 책은 얼음과 눈을 녹이는 봄바람의 언어로 쓰였음이 분명하다. 즉 신념과 긍지, 방황, 모순 그리고 변덕스러운 봄날씨가 이 책 속에 뒤섞여 있다. 겨울이 아직 물러가지 않았음을 경고하는가 하면 동시에 겨울을 **이겨 내고** 다가올, 아니 어쩌면 이미 와 있는 승리를 일깨워 준다.

전혀 예기치 않았던 일이 금방 일어난 것처럼 끊임없는 감사가 흘러나온다. 회복을 전혀 예기치 않았던 회복기 환자의 감사함이다. 《즐거운 지식》은 길고 무서운 억압을 끈질기게, 준엄하게, 냉정하게, 굴하지 않고 희망조차 없이 저항해 온 영혼의 사투르날리아 축제[*1]를 의미한다. 이제 이 영혼은 건강에 대한 희망과 회복의 **도취**에 한꺼번에 사로잡히게 된 것이다. 이 과정에서 여러 가지 부조리하고 어리석은 사항들이 밝혀진다는 것도, 가시가 너무 많아서 도저히 사랑할 수도 부둥켜 안을 수도 없는 문제들에게까지 거리낌 없는 애정이 쏟아졌다는 것도 과히 놀랄 만한 일은 아니다. 이 책을 통틀어 말할 것 같으면, 오랜 기간의 궁핍과 무기력 뒤에 벌어지는 축하 잔치 외에 아무것도 아니다. 되돌아온 활력과 내일과 모레에 대해 새롭게 피어나는 믿음의 환희이다. 갑자기 생겨난 미래, 임박한 모험, 다시 펼쳐진 바다와 다시 허락되고 믿게 된 삶의 목표들. 이러한 것들을 느끼고 예감한 기쁨이다. 그때 내가 이미 겪지 않았던 것이 무엇이 있었나! 청춘 한가운데의 이 한 덩어리의 사막, 소모, 불신, 동결, 그것이 엉뚱한 장소에 틀어박힌 노년기, 이 고통의 잔혹함과 그보다도 더한 그 고통의 **결론**(즉 위로)을 거부하는 자존심의 잔혹함, 병 때문에 심해진 인간에 대한 증오로부터 자신을 방어하기 위한 수단으로서의 완전한 고독, 부주의한 정신적 금욕과 탐식—사람들이 낭만주의라 부르는 것—에서 생기는 **부작용**을 다 받아 주는 영혼의 식이요법, 생각해 보면 잔인하고 모질고 가슴 아픈 것들에 대한 이 주의로서의 원칙적 태도. 아, 누가 이 모든 것을 다시 경험할 수 있단 말인가? 하지만 이런 것을 경험할 수 있는 사람이 있다면 그는 분명히 약간의 어리석음도, 약간의 어리광도 용서해 줄 것이다. 더 나아가 약간의 '즐거운 지식'—예를 들어 이번에 이 책에 실린 몇 편의 노래들, 즉 어쩌면 한 시인이 무례한 방법을 써 모든 시인을 우스갯거리로 만들어 버리는 노래들—도 용서해 줄 것이다. 그러나 부활한 저자가 풍자하는 대상은 시인과 그들의 '서정적 감정'에 국한되어 있지 않다. 그가 어떠한 희생물을 찾을지, 어느 괴물이 풍자를 위한 소재로서 그의 호기심을 끌지 아무도 모르는 일이다. 이 보잘것없는 책 마지막에 '**비극**이 시작되다(*Incipit tragoedia*)'라고 쓰인 것을 우리는 읽을 수 있다. 독자들이여, 조심하라! 사악하고 고약한 것이 발표됐음을 경고한다. 이제 **패러디**가 시작된다(*Incipit parodia*). 의심할 바 없이.*2

2

하지만 이제 니체를 떠나자. 니체가 다시 건강을 회복한 것이 우리하고 무슨 상관이 있는가?

심리학자에게 건강과 철학의 관계에 대한 질문보다 더 흥미로운 질문은 거의 없다. 만약 그가 병이 나면, 그는 가지고 있는 모든 과학적인 호기심을 자신의 병에 집중할 것이다. 사람이라면 누구든 저마다의 인격에 따라 철학이 있기 때문이다. 하지만 개인마다 커다란 차이는 있다. 어떤 사람들은 자신의 결핍에서 철학을 하고, 또 다른 사람들은 풍요와 활력에서 철학을 할 수도 있다. 전자의 경우 그들은 버팀목으로든, 진정제, 약, 속죄양, 기분전환, 혹은 자신을 고립시키는 수단으로든지 간에 아무튼 자신의 철학이 **있어야 한다**. 한편 후자에서 철학은 아름다운 사치품에 지나지 않는다. 기껏해야 그것은 승리감에 도취한 감사의 기쁨이며, 그마저도 결국 개념의 하늘에 우주적 대문자로 새겨져야 할 것에 지나지 않는다. 하지만 모든 병든 사색가의 경우가 그렇듯이—아마 철학역사에는 병든 사색가가 압도적으로 많을 것이다—괴로움이 철학을 낳는다면, 생각 자체가 병으로부터 **압력**을 받는다면 어떻게 될 것인가? 이 질문이야말로 심리학자들의 관심의 초점이다. 게다가 여기에서는 실험이 가능하다. 여행자가 조용히 잠들기 전에 특정한 시간에 일어나야겠다고 결심하는 것처럼, 우리 철학가들 역시 병이 났을 때는 몸과 영혼을 병에게 맡기고 우리 자신들로부터 눈을 감아 버린다. 무엇인가가 잠자지 **않고** 시간을 재다가 그를 깨울 것을 여행자가 알듯이, 우리 역시 결정적인 순간에 깨어 있을 것이며 그때에 그 무엇인가가 **생동하는** 영혼을 잡아줄 것을 알고 있다. **생동하는** 영혼이란 곧 건강할 때는 **자존심** 때문에 허용이 안 되는 허약함, 회개, 포기, 실망, 경직된 상태 등 영혼의 온갖 병리학적인 상태의 다른 이름들이다(옛날 속담은 아직도 유효하다. "세상에서 가장 자존심이 강한 짐승들은 자존심 강한 영혼, 공작새, 그리고 말(馬)이다").

이렇게 자신에게 물음을 던지고 유혹해 본 사람은 지금까지 행해져 온 철학을 좀더 섬세한 눈으로 바라볼 수 있다. 아픈 사상가가 병의 고통 때문에 무의식적으로 인도되어 헤매는 사상의 우회로, 옆길, 안락한 휴식처 그리고 **밝은 생각**들을 우리는 전보다 좀더 쉽게 추적해 낼 수 있다. 이런 섬세한 눈을 가진 사람은 아픈 **육체**와 그 육체가 필요로 하는 것들이 영혼을 무의식적으로 어떤 태양을 향하여, 잔잔함과 온유함, 인내, 약, 흥분제를 향하여 재촉하고 몰아붙이고 구슬린다는 것을 안다. 전쟁보다 평화를 더 중요시하는 모든 철학, 행복을 부정적으로 규정짓는 모든 윤리학, 어떤 형태이든 종말을 인정하는 모든 형이상학과 형이하학, 세상을 초월하고 극복한 상태, 분리되고, 넘어서고, 밖으로 나가고, 높이 오르는 것을 원하는, 주로 예술적이거나 종교적인 모든 열망, 이 모든 철학들은 각 철학자들이 병으로부터 영감을 받지 않았나 하는 질문을 할 수 있게 해 준다. 객관적인 것, 관념적인 것, 혹은 순수하게 영적인 것이라는 이름 아래 무의식적으로 숨겨진 생리적인 욕구의 변장술은 놀랍도록 다양하다. 그래서 나는 넓은 안목으로 봐서 지금까지의 철학은 고작 육체에 대한 해설, 더 정확히는 **육체에 대한 오해**가 아닌가 하는 질문을 자주 해 본다. 지금까지 사상의 흐름을 장악해 온 최고의 가치판단 뒤에는, 개인의, 계급의, 또는 종족 전체의 육체 구성에 대한 오해가 숨겨져 있었다. 형이상학의 모든 과감한 미친 짓, 특히 현존재의 **가치** 문제에 대한 답변들은 무엇보다도 가장 먼저 특정한 육체의 증세로 간주될 수 있다. 그리고 대체로 이러한 세계 긍정이나 부정이 과학적으로 측정했을 때 눈곱만큼의 의미도 없다 한들, 그것들은 역사학자나 심리학자들한테는 육체의 성공과 패배, 역사에서의 육체의 충실함과 힘과 자주성의 징후, 혹은 그것의 좌절과 피로와 빈곤과 종말에 대한 경고, 종말에 대한 의지의 증세로서, 일종의 귀띔으로 더욱더 가치 있는 것이다.

나는 아직도 단어의 예외적인 의미에서 철학적인 **의사**를 기다리고 있다. 아주 예리한 의사를. 국민, 시대, 인종, 인류 등의 총체적인 건강을 진단할 수 있는 의사, 나의 의혹을 끝까지 파헤쳐 대담하게도 다음과 같은 명제를 제시하기 위하여 용기를 불러일으킬 수 있는 의사를 기다리고 있다. 그 명제란 이렇다. 지금까지 행해진 모든 철학의 목표는 '진리'가 아닌 다른 것—건강, 미래, 성장, 힘, 생명—이었다.

3

내가 심하게 아팠던 시절에 얻은 이득을 난 오늘까지도 다 소모하지 못했다. 그 시절에 충분한 고마움을 전하지 않고서는 떠나고 싶지도 않다. 나는 나의 변덕스러운 건강이 나를 거친 영혼들(Vierschötigen des Geistes)보다 유리하게 만든다는 점을 잘 알고 있다. 여러 종류의 건강 상태 속을 횡단하고 또 계속 횡단하는 철학자는 그만큼 많은 철학을 뚫고 지나갈 수밖에 없다. 건강 상태가 바뀔 때마다 철학자는 자기 자신의 상태를 가장 영적인 형태와 거리로 바꿀 **수밖에** 없는 것이다. 이 변모의 기술이 바로 철학이다. 우리 철학자들에게는 일반사람들처럼 몸을 혼(魂)으로부터 갈라놓을 자유가 없을 뿐만 아니라 혼(soul)을 영혼(Spirit)으로부터 갈라놓을 자유 또한 없다. 우리는 생각하는 개구리가 아니며, 뭐든지 객관화하고 기록하는 배알 빠진 기계도 아니다. 우리는 우리의 고통을 통하여 끊임없이 새로운 사상을 낳아야만 하고, 또 어머니들과 마찬가지로 우리가 가진 모든 것들, 피, 심장, 활기, 쾌락, 정열, 고뇌, 양심, 운명, 숙업 등을 그 사상들에게 물려주어야만 한다. 삶—그것은 우리에게 있어서 자기의 모든 것을 끊임없이 빛과 화염으로 바꾸는 것이다. 또한 우리가 마주치는 모든 것을 그렇게 하는 것이다. 그밖에는 다른 **도리**가 없다. 병에 대해서는, 우리는 오히려 병 없이 어떻게 살 것인가를 묻고 싶은 충동을 느끼지 않는가? 오직 거대한 고통만이 영혼의 최종적인 해방자이다. 그것은 모든 U를 X로, 알파벳 마지막에서 두 번째인 진짜 X로 바꾸는 **거대한 의심**(great supicion)의 스승이다.*³

거대한 고통, 시간을 끝대로 끌면서 아주 천천히 그리고 길게 우리를 괴롭히는 고통, 마치 생나무 장작불 위에서 불태워지는 것과 같은 고통, 오직 이러한 고통만이 우리 철학자들로 하여금 우리의 가장 깊은 곳에 이르게 강요할 것이다. 또한 그 고통은 모든 신뢰, 모든 선량한 것, 온유한 것, 적당한 것, 중간에 베일을 드리우는 모든 것, 즉 우리가 지금까지 그 속에서 인간성을 찾았던 것들을 저버릴 수 있게 할 것이다. 이러한 고통이 우리를 좀더 '좋게' 만든다고는 생각하지 않는다. 다만 우리의 생각을 **좀더 심오하게 만든다**는 것만은 안다.

수많은 고문을 당하고도 오직 저주로만 복수를 하려는 아메리칸 인디언들처럼 우리가 병에 대한 자존심, 경멸, 이기려고 하는 의지를 포기한다 해도, 혹은 우리가 열반(Nirana)이라고 부르는 동양의 무(無), 즉 벙어리나 귀머거리와 같이 경직된 단념, 스스로 자기 자신을 잊고 자기 소멸로 빠져드는 그런 상태로 병으로부터 도피한다 해도, 우리는 이러한 길고 위험한 자제훈련을 통해 새로운 사람으로 변모하게 된다. 새로운 질문들과 함께 지금까지의 그 어떤 질문보다 더 깊고 엄밀하게, 거칠고 악랄하게, 그리고 조용하게 더 많은 질문들을 할 새로운 **의지**가 생기는 것이다. 삶에 대한 신뢰는 없어지고 그 자체가 **문제**가 된다. 그러나 이런 상태가 사람을 우울하게 만들 것이라고 쉽게 판단해 버리면 곤란하다. 삶에 대한 애정은 여전히 가능하다. 다만 애정 표현 방식이 달라질 뿐이다. 그것은 곧 우리로 하여금 의심을 품게 하는 여성에 대한 사랑이다.

이렇게 더욱 영적이며 영적화된 사람이 지닌 모든 문제적인 것들에 대한 호기심, 즉 X*⁴에 대한 환희는 이루 말할 수 없을 만큼 커서 문제성에 대한 모든 고민도, 불확실한 상태의 모든 위험도, 심지어는 사랑하는 사람의 질투까지도 몇 번이고 번뜩거리는 섬광과 같이 덮어 버린다. 우리는 새로운 행복을 알게 된 것이다.

4

마지막으로 가장 중요한 말을 해야겠다. 이러한 나락으로부터, 무거운 병으로부터, 또한 심각한 의심에서 생기는 병으로부터 돌아올 때 우리는 다시 **새롭게 태어난다.** 우리는 낡은 껍질을 벗고 좀더 민감해지고, 더 심술궂은 사람이 되고, 기쁨에 대해 더 섬세한 취미를 갖고 좋은 것들에 대해서 더 민감하게 감사할 줄 아는, 좀더 명랑한 감각을 지니고 기쁨 속에서 두 번째의 좀더 위험한 순진함을 지닌, 좀더 어린애 같으면서도 그전보다도 백 배나 더 섬세해진 사람으로 다시 태어나는 것이다.

그렇다면 쾌락이란 얼마나 구역질 나는 것인가─쾌락을 누리는 사람들, 즉 우리의 '교육받은' 사람들, 부자들, 우리의 지배자들이 이해하는 그 미숙하고 곰팡내 나는 우중충한 쾌락 말이다! 요사이 이른바 '교육받은' 사람들, 도시민들이 축제다 뭐다 하는 떠들썩한 이름으로 미술, 책, 음악을 이용하면서 알코올의 도움으로 무턱대고 '영적인 쾌락'을 즐기는 것을 우리는 얼마나 더 지켜봐야 하는가! 정열을 부르짖는 연극과도 같은 비명이 이제는 얼마나 우리의 귀를 아프게 하는가! 교육받은 군중이 그토록 사랑하는 모든 감각의 낭만적 대소동과 흥분, 또 그들이 밑도 끝도 없이 추구하는 치솟고, 부풀고, 과장된 것들이 이제는 우리의 입맛에 얼마나 맞지 않는가! 아니다, 우리 회복기 환자에게 아직도 예술이 필요하다면 그것은 **다른 종류**의 예술이어야 한다. 조롱할 줄 알고, 가볍고, 지나치듯 머물지 않고, 신처럼 완벽하고 신의 기술처럼 정묘한, 순수한 불꽃처럼 구름 한 점 없는 하늘을 핥아 올라가는 예술이어야 한다. 그 무엇보다도 예술가를 위한, 예술가만을 위한 예술이어야 한다! 우리는 **이를 위해서** 가장 필요한 것이 무엇인지를 후에 잘 알게 된다. 나의 동지들이여, 그것은 곧 쾌활함이며 **아무 쾌활함**이나 상관이 없다. 예술인으로서도 마찬가지이다. 그럼 이것을 증명하도록 하자. 우리 지식인들이 이제 너무나 잘 아는 몇 가지가 있다. 아, 우리는 이제 얼마나 잊어버리기를 잘하고 알지 **못하도록** 길들여지는가, 그것도 예술가로서 말이다!

이제 우리의 미래에 대해서 이야기하자면, 밤마다 신전을 위태롭게 만들며 조상(彫像)을 껴안고, 다 이유가 있어서 숨겨진 것들을 무슨 수를 써서라도 베일을 벗기고, 파헤치고, 환한 불빛에 비추어 보고 싶어 하던 이집트 청년들이 걸었던 그 길을 또다시 걷진 않을 것이다.*5 아니, 이런 악취미,

'어떤 대가를 치르고라도 진리'를 찾겠다는 의지, 진리와 사랑에 빠진 젊은 열광, 이런 것들에 우리는 더 이상 매력을 느끼지 못한다. 그러기에 우리는 너무나 많은 경험을 했고, 너무나 진지하고, 너무나 명랑하고, 너무나 지쳤고, 너무나 생각이 깊다. 이제 베일이 걷힌 뒤에도 진리가 변하지 않고 그대로 있으리라고 믿지 못한다. 그렇게 믿기에는 너무나 많이 살았다. 오늘날 우리는 모든 것을 발가벗겨 보고 싶어 하지도 않고, 모든 것을 체험하기를 원하지도 않고, 모든 것을 이해하고 알고 싶어 하지도 않는 것을 예의로 여기고 있다.

'하느님이 어디에서나 우리를 보고 계신다는 것이 정말인가요?' 하고 어린 소녀가 어머니한테 묻더니 말했다. '그건 점잖지 못하잖아요' ―철학자들을 위한 경고이다! 사람들은 진줏빛 불확실함들과 수수께끼들 뒤에 몸을 숨긴 자연의 **수줍음**을 좀더 존경할 줄 알아야 한다. 어쩌면 진리란 자신의 바닥을 보여 주지 않을 만한 이유를 숨기고 있는 여자인지도 모른다. 어쩌면 그녀의 이름은―희랍어를 쓰자면―바우보(Baubo)*6가 아닐까?

아, 그리스인들! 그들은 정말 인생을 어떻게 살아야 하는지 아는 사람들이었다. 그러기 위해서 필요한 것은 겉으로든 속으로든 피상적 수준에 머무르는 것, 가상 숭배와 형식, 음조, 단어, 가상의 올림푸스에 대한 믿음을 과감하게 품는 것이다. 그리스인들은 피상적이었지만, 그것은 **깊은 생각에서 나온 것이었다!** 이것이 바로 우리가 되돌아와야 할 곳이 아닌가―현재 사상의 가장 높고 가장 위험한 고지에 올라 그 위에서 주위를 둘러보고 그 **밑을 내려다본** 우리 영혼의 곡예사들이 말이다. 바로 이러한 의미에서 우리도 그리스인들이 아닌가? 형식과 음조와 단어의 숭배자들? 그러므로 또한 예술인들?

제노바 교외의 루타에서

1886년 가을

〈주〉

＊1 Saturnalia : 로마시대 때 12월 중에 열린 농업의 신을 위한 축제.

＊2 '비극이 시작되다'는 원래 이 책 제1판의 마지막 항인 제342항의 제목이자, 니체의 다

음 책인 《차라투스트라는 이렇게 말하였다》의 첫 대목이기도 하다. 그렇다면 니체의 이 말은 《차라투스트라는 이렇게 말하였다》가 실지로 그러하듯이 풍자소설임을 가리킨 다—2세기 전반의 거의 모든 독자들은 이 점을 미처 보지 못했지만 말이다.

*3 상대를 속인다는 의미의 독일 표현. 여기서 U와 X는 원래 로마숫자 V와 X를 가리키는 것으로, 즉 5를 10으로 바꿔친다는 의미이다. 여기서 니체가 언급한 의심은 일상적인 가치를 넘어서지 않는다. 니체의 의심이 주장하는 것은 X의 가치는 알려지지 않았으며, 미지의 분량, 즉 수학자들을 위한 제1 미지수 X라는 것이다.

*4 주 3 참고.

*5 실러(F. Schiller)의 위대한 발라드, '사이의 가려진 조상(彫像)을 인유함.'

*6 원시적이고 음란한 여자 귀신으로, 옥스포드 클래식 사전에는 여성 생식기를 인격화한 것이라고 나와 있다.

농담, 음모 그리고 복수
독일식 압운의 서곡

1 초대
음식맛에 정통한 그대들이여!
내 음식을 맛보시라.
내일은 그럭저럭 맛있을 테고
모레는 정말 맛있다고 느끼게 되리라.
그대들이 내 음식을 더 원한다면
과거에 했던 내 모든 일들이
분발하여 제 능력껏 내게 새로운 영감을 주리라.

2 나의 행복
'추구하는' 일에 지치게 된 나는
'발견하는' 일을 배우게 되었다.
역풍을 만난 이후로 나는
어떤 바람과도 함께 갈 수 있게 되었다.

3 두려움 없이
네가 서 있는 곳을 깊이 파라!
그 밑에 샘이 있다!
어리석은 인간들은 외치게 놔두어라.
'아래로 가면 오직 지옥뿐이다!'라고 해도.

4 대화
A : 나는 병이 났을까? 나았을까?

누가 나의 의사였을까? 너는 말해 줄 수 있느냐?

　오! 나는 모든 것을 잊어버렸다!

B : 너는 지금 정말로 건강하다.

　잊어버린 자만이 건강한 것이다.

5 덕이 있는 자들에게

우리의 덕도 발 빠르게 오가게 하자.

호머의 시구에서처럼 덕은 왔다가

그리고 가야만 한다.[*1]

6 처세술

평지에 머물지 말라!

너무 높이 오르지도 말라!

세상이 가장 아름답게 보이는 곳은

중간 높이이다.

7 나를 따르다—너 자신을 따르다(*Vademecum-Vadetecum*)

나의 방식과 말에 유혹되어

나를 따르고 나를 추종하는가.

오직 너 자신만을 충실히 따르라—

그것이 나를 따르는 것이다—천천히, 천천히!

8 세 번째 탈피에 즈음하여

벌써 내 껍질이 갈라진다.

이제껏 흙을 많이도 삼켜 놓고선

새로운 욕망을 불태우며

내 안의 뱀은 대지를 갈망한다.

돌과 풀의 경계를 기어

굶주림에 몸을 비틀며 나아간다.

항상 먹어 온 것을 나는 먹으려 한다.

너 뱀의 식량이여! 너 대지여!

9 나의 장미
그렇다! 나의 행복은 사람들을 행복하게 하는 것.
모든 행복은 사람들을 행복하게 해 주는 것이리라.
너희는 나의 장미를 따고 싶으냐?

바위와 가시덤불 산울타리 사이에
너희는 웅크리고 앉아 몸을 감추고
자주 손가락을 찔릴 것이다.

나의 행복은 조롱을 즐기기 때문에
나의 행복은 음모를 즐기기 때문에
너희는 나의 장미를 따고 싶으냐?

10 경멸하는 자
나는 많은 것들을 떨어뜨리고 엎지르지.
그래서 너희는 나를 경멸하는 자라고 부른다.
만일 너도 가득 찬 술잔을 비운다면
많은 술을 떨어뜨리고 엎지르겠지.
그래도 전혀 술을 깔보는 것은 아니리라.

11 잠언에 이르기를
예리함과 유연함, 조잡함과 세련됨,
낯섦과 친숙함, 더러움과 깨끗함,
바보와 현자와의 대면,
나는 이 모든 것이고, 또 모든 것이고 싶다.
돼지요 뱀이며 비둘기이고 싶다!

12 빛을 사랑하는 사람에게
눈과 마음이 시들기를 원치 않는다면
태양을 향해도 그늘 속을 걸어라!

13 무용수를 위하여
미끄러운 얼음
춤을 잘 추는 자에게는
그곳이 바로 천국.

14 용감한 사람
아교로 붙인 우정보다는
차라리 완벽한 적의(敵意)가 낫다!

15 녹
녹도 필요하다. 예리함만으로는 부족하다!
그렇지 않으면 사람들은 언제고 말할 것이다—'너는 너무 어리다!'

16 위로
산에 오르는 가장 좋은 방법은?
오른다는 생각조차 하지 말고 그저 오르기만 하라!

17 권력자의 말
구걸하지 마라! 왜 우는 소리를 내느냐?
빼앗아라! 부탁하노니, 자 뺏어 가라!

18 옹졸한 넋
옹졸한 넋에는 머물 수가 없다.
거기는 선도 악도 서 있을 곳이 못 된다.

19 본의 아닌 유혹자

그는 기분 전환으로 공허한 말을 던졌다. 공처럼
허공 속으로—그것이 여자를 명중시켜 쓰러뜨렸다.

20 생각을 위하여

고통도 하나보다 둘 쪽이 견디기 쉽다.
한번 그렇게 해 보겠느냐?

21 교만을 경계함

너무 우쭐대지 말라! 그러다가
작은 침(針) 한 방에 터져 버린다.

22 남과 여

'내 마음을 사로잡는 여성이 있으면 빼앗겠다!'고
남자들은 생각한다. 여자들은 빼앗지 않고 훔친다.

23 해석

나를 해석하려면 내 안으로 들어가야 한다.
그러므로 나는 나의 해석자는 될 수 없다.
다만 자신의 길을 가는 자가 있다면
그는 나의 모습도 밝은 빛 속으로 높여 주리라.

24 염세주의자를 위한 처방

무엇 하나 뜻대로 되는 것이 없는가, 친구여?
지치지도 않고 여전히 불평하고 있는가?
너의 끝없는 욕설, 호통, 비방에
내 인내심은 점점 찢겨 속이 뒤집어질 지경이다.
내게 처방이 있다. 친구여!
나의 좋은 충고와 보증된 휴식을 따르라.
눈 딱 감고 두꺼비를 삼켜라.

망설이지 말고 당장!
그러면 너의 소화불량이 고쳐질 테니까.

25 소망
타인의 마음은 잘 알면서도
내가 누군지, 그것을 모른다!
내 눈은 나 자신과 너무 가까워서
내가 보았던 것, 그리고 보고 있는 것은 내가 아니다.
내가 나 자신으로부터 한층 멀리 자리잡을 수 있다면
나도 내게 더 유익할 수 있으련만.
하지만 내 적만큼 멀지는 않은 곳에!
가장 가까운 친구조차도 역시 너무 멀다.
그와 나 사이의 중간 지점!
너는 나의 소망을 알아맞힐 수 있겠느냐?

26 나의 냉혹함
나는 백 계단을 뛰어 올라가야 한다.
위로 올라가야만 하는데 너희가 소리지르는 것을 들었다.
'너는 냉혹하구나! 우리가 돌로 만들어진 줄 아느냐?'
나는 백 계단을 뛰어 올라가야 한다.
그러나 누구도 계단이 되려고 하지 않는다.

27 방랑자
'더 이상 길은 없다! 주위는 심연! 그리고 죽음의 정적뿐!'
너는 그것을 원했고, 너 자신의 의지에 따라 길을 버렸다!
이 순간이 중요하다, 방랑자여! 이제야말로 냉정하고 똑똑하게 바라보라!
위험의 존재를 믿는다면 너에게 남는 것은 파멸뿐.

28 초심자를 위한 위안

돼지들 사이에 둘러싸인 어린아이를 보라.
어쩔 줄 몰라 말조차 못한다.
아이는 계속 울기만, 그저 울기만 할 뿐이다.
언젠가 서서 걸을 날이 올까?
절망하지 마라! 곧 너희는
그 아이가 춤추는 모습을 보게 될 테니!
일단 두 발로 설 수만 있다면
곧 물구나무도 설 수 있으리라.

29 별들의 에고이즘

둥근 회전통 주위를 스스로
끊임없이 돌고 또 돌았나니
그러지 않고서야 어떻게 불타는 태양 뒤를 따르면서
불타지 않고 견뎌 낼 수 있겠는가?

30 이웃

이웃을 가까이하고 싶지 않다.
제발 높은 곳, 먼 곳으로 떠나 주길!
아니면 어떻게 그가 나의 별이 되겠는가?

31 복면의 성자

너의 행복이 우리를 억누르지 않도록
너는 악마의 요술로
악마의 기지로, 악마의 옷으로 몸을 감쌌다.
하지만 아무 소용없다! 너의 눈에서는
성스러운 빛이 비치는구나!

32 노예

A : 그는 서서 듣고 있다. 무엇을 듣고 있는가?

그의 귀에 들리는 시끄러운 철컹철컹 소리는 무엇인가?
무엇이 이토록 그를 상심케 하였는가?
B : 한때 쇠사슬에 묶였던 모든 사람들처럼
그는 가는 곳마다 듣는다—쇠사슬 소리를.

33 고독한 자

추종하는 것도 앞장서는 것도 싫다.
복종, 아니! 지배, 그것도 아니다!
자신을 두려워하는 자만이 남에게 공포를 느끼게 한다.
공포를 느끼게 하는 자만이 타인을 지도할 수 있다.
자신을 이끄는 것조차 나는 싫다!
내가 좋아하는 것은, 숲이나 바다의 동물처럼
한동안 나를 잊는 것.
외딴섬에서 행복한 망상에 잠겨 앉아 있는 것.
이윽고 멀리서부터 나를 불러들여
나 자신을 나 자신에게로 유혹하는 것.

34 세네카[*2]와 그의 무리 (Seneca et yenus omre)

그들은 그 참을 수 없을 정도의
헛소리를 쓰고 또 썼다.
일단 쓰고 나서
그때부터 철학한다는 식으로.[*3]

35 얼음

그렇다, 때때로 나는 얼음을 만든다.
얼음은 소화를 도와주니까!
소화 안 된 것이 잔뜩 있다면
너희도 내 얼음을 사랑하게 되리라!

36 청년기의 글
젊은 날 가졌던 내 지혜의 알파와 오메가*4를
나는 여기에서 다시 듣는다. 그러나 무엇을 들었던가?
그 시절 그대로는 더 이상 들리지 않는다.
내 귀에 이해되는 것은 그저
내 청춘의 끝없는 '아아!'와 '오오!'뿐.

37 주의
저 지역은 이방인에겐 안전하지 않다.
만일 너희에게 지혜가 있다면, 두 배로 주의하라.
너희는 유혹되거나 사랑을 받아, 마침내 갈가리 찢기리라.
열광하는 그들에게는 정신이 결여되어 있다!

38 신앙심 깊은 자는 말한다
신은 우리를 사랑한다, 우리를 창조했기 때문에!
'하지만 인간이 신을 창조했다!'고 너희 현명한 자들은 말한다.
인간이 창조한 것을 인간이 사랑하지 않겠는가?
하물며 스스로 창조했는데 그를 부정할 수 있겠는가?
그것은 악마의 발굽을 지닌 절름발이의 논리이다.

39 여름에
이마에 땀이 흐를 때만
우리는 빵을 먹을 수 있는가?
현명한 의사는 먹지 못하게 한다.
땀을 흘릴 때는 아무것도.
천랑성(天狼星, *Sirius*)이 지금 빛나고 있다. 이것은 무엇이 부족하다는
징조인가?
저 불타는 섬광은 무엇을 소망하는가?
이마에 땀이 흐를 때는
포도주를 마시는 것이 좋다!

40 질투 없는 눈

참으로 그의 눈에는 질투가 없다. 그래서 너희는 그를 존경하는가?
너희가 존경해도, 그는 거들떠보지도 않는다.
그의 눈은 먼 곳을 바라보는 독수리의 눈이다.
그는 너희를 보지 않는다―오직 별, 별들만을 본다.

41 헤라클레이토스주의

친구여, 오직 싸움만이
지상의 온갖 행복을 준다!
그렇다. 우정이 싹트기 위해서는
포연(砲煙)이 필요하다.
친구가 되기 위한 삼위일체는
힘들 때는 우정,
적 앞에서는 평등,
죽음에 임박해서는―자유!

42 지나치게 고상한 자의 원칙

네발로 기어다니기보다는
발끝으로 서는 게 낫다!
열린 문틈으로 기어들어 가기보다는
차라리 열쇠구멍으로 훔쳐보는 게 낫다!

43 권고

네가 원하는 것이 명성이냐?
그렇다면 이 가르침을 가슴에 새겨라.
적당한 때에 스스로 체념하라.
명예를!

44 철저한 인간

내가 탐구자라고? 오오, 그런 말은 그만두라!

나는 다만 무거울 뿐—무게가 많이 나갈 뿐!
나는 떨어진다. 끊임없이 떨어진다.
마침내 바닥에 이르렀다!

45 영원한 방문자
'나는 오늘 왔다. 오늘이야말로 적절한 날이기 때문이다.'
영원히 오는 자는 누구나 이렇게 생각한다.
세상의 독설이 그를 괴롭힌다.
'너는 너무 일찍 왔다! 너는 너무 늦게 왔다!'

46 피곤한 자의 판단
모든 지친 자는 태양을 저주한다.
그들에게 나무의 가치는—그림자뿐!

47 몰락
'그는 가라앉는다, 그는 떨어진다'—누가 너희에게 그렇게 말하는가?
실은 그가 너희를 향해 내려오는 것이다.
그의 지나친 행복이 그에게는 괴로움이 되고
그의 지나친 광명이 너희의 어둠을 지향하는 것이다! *5

48 법칙에 반대하여
오늘부터 나의 목에는
튼튼한 가죽끈으로 된 시계가 걸려 있다.
오늘부터 별들의 운행,
태양, 닭 울음소리, 그림자, 모두가 그 힘을 잃었다.
전에는 내게 시간을 알려 주던 것들이
이제는 벙어리요, 귀머거리요, 장님이 되었다.
나는 모든 자연이 바위처럼 침묵하는 것을 발견했다.
법칙이라는 이름의 시계가 똑딱거리는 곳에서는.

49 현자는 말한다

민중과 거리를 두면서도 민중에게 유의하도록.
나는 간다 나의 길을―태양이 되어서건 구름이 되어서건
언제나 그들 민중을 넘어서!

50 분별을 잃다

그녀는 방금 현명함을 손에 넣었다―어디서 얻었는가?
조금 전 그녀에게 매혹되어 한 남자가 정신을 잃었다.
이 혼란 전에 그는 상당히 분별 있는 사람이었다.
그의 기지는 악마의 손아귀 속으로 사라져 버린 건가?
아니, 아니다! 틀림없이 그녀에게로 간 것이다!

51 경건한 소망

'모든 열쇠들이여 사라져 버려라, 어서.
모든 열쇠구멍이여, 여벌 열쇠의 말을 들어라!'
이런 방식으로 언제나 원하고 있다.
여벌 열쇠인 사람들은.

52 발로 쓴다

나는 손으로만 쓰는 것이 아니다.
발도 항상 함께하고 싶어 한다.
그것은 확고하고 자유로우며 용감하게
혹은 들판을, 혹은 종이 위를 달린다.

53 인간적인, 너무나 인간적인 : 어떤 책

과거를 회고하는 동안은 우울하고 부끄럽지만
자신에 대한 신뢰가 있어야 미래에 대한 신뢰도 있다.
오오 새여, 너를 독수리의 일종으로 생각해야 하나?
아니면 너는 미네르바가 사랑하는 부엉이인가?

54 나의 독자에게
튼튼한 치아와 튼튼한 위장
내가 너에게 바라는 건 이것이다!
그리하여 네가 내 책을 소화하면
나와도 사이가 좋아질 터!

55 사실주의 화가
'자연에 충실하게, 완전하게―이것이 예술이다!'
그는 어떤 식으로 시작할까,
자연이 그림 속에 전부 **담기는** 날이 과연 올까?
세계의 지극히 작은 조각도 무한하다!
그는 결국 그의 **마음에 드는 것만을** 그린다.
무엇이 그의 마음에 드는가?
그가 그릴 **수 있는** 것!

56 시인의 허영심
내게 아교만 다오, 나무는 내가 가까운 아무 데서나
찾을 수 있으니까!
4개의 무의미한 시구를 모아 의미 깊게 만든다.
그것은 꽤 자랑할 만하다!

57 선택하는 취미
자유롭게 선택해도 좋다면,
나는 낙원 한가운데에
나를 위한 작은 장소를 택하고 싶다!
더 좋은 자리는 낙원문 바로 앞이 아닐까!

58 구부러진 코
코는 거만하게 멀리 내다본다.
그 콧구멍을 크게 벌리고

그래서 너 뿔이 없는 코뿔소, 교만한 소인은
항상 앞으로 넘어진다!
그리하여 똑바른 긍지에는
늘 구부러진 코가 따른다.

59 펜을 휘두르다
펜이 휘둘러지지 않는다—빌어먹을!
이렇게까지 안 써질 팔자란 말인가?
그렇다면 과감하게 잉크병에
펜을 쑤셔 넣어 굵은 글씨로 검게 쓰리라.
그러자 어쩌나 힘 좋게 내달려 가는지!
거침없이 흐르는 것처럼
뜻한 대로 되는지!
글씨는 별로 확실치 않지만
그것이 무슨 상관인가? 대관절 누가 이것을 읽는단 말인가?

60 더 높은 인간
그는 높이 오른다—그를 칭찬하자!
그러나 또 다른 그는 늘 위로부터 온다!
그는 칭찬이 닿지 않는 곳에서 산다.
너의 시야 저 너머에.

61 회의주의자는 말한다
네 인생의 반은 끝났다.
시곗바늘은 움직이고 네 영혼은 전율한다!
혼은 이미 오랜 시간 방황을 거듭하여
구하려고 했지만, 발견할 수 없었다—이 혼이 이제 무엇을 주저하리?
네 인생의 반은 끝났다.
매시간이 고통이요 오류였다.
너는 무엇을 아직도 구하느냐? 무슨 이유로?

내가 구하는 것이 바로 그것이다—이러는 것에 대한 이유이다!

62 이 사람을 보라(*Ecce Homo*)
그렇다. 나는 내가 어떤 자인지 안다!
탐욕스러운 불꽃처럼
타올라 몸을 태워 버린다.
내 손에 쥔 것은 모두 빛이 되고
내가 버린 것은 모두 숯이 되니
그렇다, 확실히 나는 불꽃이다!

63 별의 도덕
별이여 가라, 예정된 네 궤도를.
너에게 암흑이 무슨 상관인가?
기쁨에 차서 구르며 이 세상 이 시대를 초탈해 가라!
지상의 비참은 너에겐 낯설고 먼 것이다.
너의 광휘는 먼 세계를 위한 것.
연민은 악덕이라고 생각하는 게 좋다.
네게 필요한 단 하나의 계명은—순수하라!

〈주〉
＊1 즉, 덕은 때때로 우리를 평화 속에 둔다.
＊2 Seneca(B.C. 4~A.D. 65) : 로마의 정치가, 철학자, 비극 작가.
＊3 원어는 Primum Scribere, deinde philosophari로 되어 있다.
＊4 A와 *Ω* : 시작과 끝.
＊5 342항과 《차라투스트라》 서문을 참조.

제1부

1 생존의 목적을 일깨우는 교사

호의적인 시선으로 바라보든 악의 어린 시선으로 바라보든 나는 인간에게서 어떤 사실을 발견하게 된다. 즉 인간은 전체로서나 특히 개인으로서나 종족을 유지하는 데 이바지한다는 사명을 늘 지니고 있단 사실이다. 그것은 인간에 대한 애정에서가 아니라, 그 어떠한 본능보다도 뿌리 깊고 강해서 도저히 극복할 수 없는 본능에서 비롯된다. 이 본능이야말로 바로 우리 인간 종족과 모든 무리의 존재적 **본질**이기 때문이다. 우리는 보통 근시안적 안목으로 이웃을 유익한 인간과 유해한 인간, 선한 자와 악한 자 따위로 깔끔하게 분류해 버린다. 그러나 긴 안목으로 전체를 본다면, 우리는 이에 곧 회의를 느끼고 결국은 그 방식을 포기할 것이다. 가장 유해한 인간조차 종족의 보존에는 가장 유익한 인간일는지도 모른다. 이미 오래전에 황폐해지거나 타락했을 본능을, 그는 자기 자신에게 혹은 그의 영향을 통해 다른 사람에게 보존되도록 하기 때문이다. 증오, 악의 어린 희열, 약탈욕, 지배욕, 기타 모든 악이라 불리는 것, 그런 본능들은 종족 보존을 위한 놀랄 만한 경제를 구성하는 요소이다. 물론 그것은 너무 비싸고 소비적이며 전체적으로 극히 어리석어 보이는 경제이지만. 그러나 그것은 **보이지 않는 힘**으로 우리 인류를 유지하여 왔다. 나는 모르겠다, 우리 친애하는 동포와 이웃들이여, 그대들은 과연 종족에게 해를 입히려는 방식, 즉 '비이성적으로' 그리고 '악하게' **살아갈 수 있는가.**

대체로 종족을 해롭게 하는 것들은 이미 수천 년 전에 소멸해 버려서 이제는 신조차도 그것을 어찌하지 못하는지도 모른다. 그대들의 최선의, 또는 최악의 욕망에 몸을 맡기고 파멸하든 말든 오로지 전진해 보라! 어떠한 상황이라도 그대들은 반드시 어떤 의미에서는 인류의 은인이 될 것이며 그로 인해 칭송을 받게 될 것이다—동시에 비웃음도 사리라! 그러나 결코 개인으로서의 그대를 구석구석까지 철저하게 비웃을 수 있는 사람은 만나지 못할 것이다. '당신은 한 마리 파리처럼, 개구리처럼 한없이 보잘것없는 존재에 지나지 않는다'라고—정말로 그것이 진리라고 생각될 정도로 완벽하게—그대를 납득시키는 사람은 나타나지 않을 것이다! **완전한 '진리'에서** 나오는 웃음으로 자기 자신을 비웃는 것. 이에 대해선 이제까지 가장 우수했던 사람들도 진리에 대한 충분한 감각이 없었던 것이며, 가장 하늘의 은총을 받았던 사람들도 사실은 극히 미약한 천재성밖에 지니지 못했던 것이다! 웃음에도 미래가 있다! '종족이 전부이며 개인은 언제나 무(無)나 다름없다'라는 명제, 이것이 인간성 그 자체에 결합되어 각자에게 늘 이 최종적인 해방과 무책임을 향한 길이 열릴 때, 분명 그때에는 즐거운 지식(*gay science*)만이 남게 될 것이다.

지금은 아직 그곳에까지 도달하지는 않았다. 지금은 현존재의 희극이 아직 스스로 의식되기에 이르지 않았다. 여전히 비극의 시대, 각종 도덕과 종교가 활개를 치는 시대이다. 도덕과 종교의 저 창시자들, 윤리적 평가를 둘러싼 투쟁의 저 장본인들, 양심의 가책과 종교전쟁의 저 교사들이 부단히 새롭게 출현하는 것은 무엇을 의미하는가? 이러한 무대 위의 이러한 주역들의 존재는 무엇을 의미하는가? 이는 다시 말해 지금까지는 그러한 주역만이 세상에 존재했다는 이야기이다. 그리고 다른 모든 것은 대부분 사이사이에 잠깐 나타났다가 소멸해 버리는 그 주변의 존재들로서, 언제든지 이들 주역을 돋보이게 하는 역할을 할 뿐이었다는 것이다. 즉 그들은 조종당하고 들러리나 시녀의 역할을 연기해 왔던 것이다(예를 들면 시인들은 늘상 어떤 도덕의 시녀였다). 이들 비극배우 역시—설령 그들이 신을 위해, 신의 사자(使者)로서 움직인다고 믿는다 할지라도—결국 **종족을 위해서** 일해 왔음은 분명한 사실이다. 그들도 또한 '**삶에 대한 믿음을 촉진함으로써**' 종족의 삶을 촉진한다. '산다는 것은 가치가 있다' 또는 '이 삶에는 의미가 있다. 삶은 그 배후에, 아니면 그 밑바닥에 중요한 뭔가를 감추고 있다. 명심해라!'라고 그들은 외치고 있다.

최상의 인간도 최하의 인간도 마찬가지로 지배하는 저 충동, 종족 보존의 충동은 때로 '정신'의 이성이나 정열로서 분출된다. 이때 충동은 눈부시게 화려한 이유라는 수행원들에 둘러싸여, 자기 자신이 본디 충동이며 본능이고 어리석음이며 무근거라는 사실을 최대한 잊으려 한다. 삶을 사랑**해야만 한다, 왜냐하면!** 인간은 자기와 이웃의 삶을 촉진시켜**야만 한다, 왜냐하면!** 이 모든 '해야만 한다'와 '왜냐하면'이라는 것이 뭐라고 불리든, 또 앞으로 뭐라 불리게 되든 상관없다. 어쨌든 필연적, 자발적으로 아무런 목적 없이 일어나던 일이 앞으로는 어떤 목적을 지향하는 듯, 도리와 궁극의 규정인 듯 보이게 된다. 그것이 '생존 목적'을 가르치는 도덕 교사가 등장하는 까닭이다. 바로 그 때문에 그러한 교사는 제2의 또 다른 생존을 발명하고, 그의 새로운 기계학에 따라 낡고 통속적인 생존을 낡고 통속적인 틀에서 떼어 내 버리는 것이다. 그렇다, 도덕교사는 우리가 생존 또는 우리 자신에 대해 웃는 것을, 특히나 그들에 대해 **웃는 것**을 바라지 않는다. 그들에게 개인이란 늘 개인이며, 처음이자 끝이며, 위대한 것이다. 그들에게 종족이란 없으며 전체도 없고, 그리고 0도 존재하지 않는다. 그가 한 발명이나 평가는 얼마나 어리석고 몽상적인가. 그는 얼마나 자연의 섭리를 오해하며 그 조건들을 부인하는가. 그리고 지금까지 등장한 모든 윤리는 만일 그것이 지배한다면 인류가 멸망하겠다 싶을 정도로 얼마나 어리석고 반자연적인가. 그럼에도 불구하고! '주인공'이 무대에 등장할 때마다 뭔가 새로운 것이 나타난다. 웃음과는 끔찍할 만큼 반대되는 것이. '그렇다. 사는 것은 가치가 있다! 그렇다, 나는 살 가치가 있다!'는 사상으로 많은 개인을 공략하는 저 깊은 감동이. 이리하여 삶과 나와 너, 그리고 우리 모두는 당분간 다시 한 번 우리의 **관심거리**가 될 것이다.

그러나 **긴 시간을 두고 보면** 이들 위대한 목적의 교사들이 웃음과 이성과 자연의 지배에 굴복하게 된다는 것은 부정할 수 없다. 짧은 비극은 결국 언제나 생존의 영원한 희극으로 되돌아오고 이것에 굴복하게 된다. 그리고 아이스킬로스의 말을 빌리면 '무수한 웃음의 물결'은 마침내 이 비극의 가장 위대한 주인공조차 압도해 버린다. 그러나 모든 수정을 요구하는 이러한 웃음에도 불구하고 전체적으로 볼 때, 저 생존의 목적을 가르치는 교사들의 끊임없는 출현으로 인간의 본성은 변화를 겪게 되었다. 이 본성은 바야흐로 하나의 욕망을 증가시켰는데, 이것은 그런 '목적'의 교사와 그 가르침이 끊임없이 새로 출현하길 바라는 욕망이다.

인간은 점점 다른 모든 동물들과는 달리, 추가로 또 하나의 존재조건을 충족해야만 하는 일종의 공상적인 동물이 되어 버렸다. 인간은 때때로 자신이 존재하는 이유를 스스로 알고 있다고 믿어야만 한다. 인간이라는 종족은 삶에 대한 주기적인 신뢰, 다시 말해 **삶에 내재하는 이성**에 대한 믿음 없이는 번영할 수 없게 된 것이다. 그리고 인류는 수없이 되풀이하여 선언하게 될 것이다. '결코 비웃음을 허락하지 않을 어떤 것이 존재한다!'라고. 그리고 가장 신중한 박애주의자는 덧붙일 것이다. '웃음과 즐거운 지식뿐만 아니라, 모든 탁월한 비이성을 지닌 비극도 종족을 보존하는 수단이 되며, 필요한 것이다!'라고. 또한 그러므로! 그러므로! 오, 동포여, 그대들은 내가 무엇을 이야기하려는지 이해하는가? 그대들은 이 새로운 밀물과 썰물의 법칙을 이해하는가? 우리에게도 역시 우리의 시대가 있다!

2 지적 양심

나는 수없이 같은 경험을 반복하면서도 그때마다 새롭게 그것에 반발한다. 즉 **대부분의 사람들에게는 지적 양심이 부족하다는 것**, 그것이 확실한데도 나는 믿고 싶지 않은 것이다. 실제로 그러한 지적 양심을 품어야 할 때, 나는 사람들이 북적대는 도심에 있으면서도 마치 사막에 고독하게 서 있는 듯한 착각을 한다. 모든 사람들이 의심 가득한 눈으로 그대를 바라보며 쉬지 않고 저울질한다. 이것을 선, 저것을 악이라고 부르면서. 그들의 저울추는 무게도 안 나가는 엉터리라는 사실을 그대가 주의시킨다 해도 누구 하나 무안해하지 않는다. 누구 하나 화를 내지도 않는다. 아마도 사람들은 그러한 의혹을 비웃을 것이다. 나는 말하고 싶다. **대부분의 사람들**은 이것이기도 하고 저것이기도 한 것을 믿으며 그에 의지해 살아간다는 것을. 게다가 그에 대해 찬반을 논할 궁극적이고도 확실한 이유를 미리 깨닫지도 못하고, 더구나 그러한 이유를 구할 노력조차 하려 하지 **않으면서** 살아간다는 것을. 그들은 이를 경멸해야 할 것이라고 생각하지 않는다. 가장 재능 있는 남성이나 가장 고귀한 여성이라도 이 '대부분의 사람들'에 속한다. 그러나 인간의 선의나 세련됨 또는 천재성이라고 해서 별것이 있겠는가. 만일 이러한 덕성을 지닌 인간들이 신념과 판단에서 자신에게 느슨한 감정을 허용하고 있다면, 또한 **확실성에 대한 욕망**이 그에게 가장 깊숙한 욕망과 절실한 필요로서— 고귀한 인간[*1]을 저급한 인간으로부터 구별짓는 것으로서—간주되지 않는다면, 이 덕들이 무슨 의미가 있겠는가.

나는 경건한 사람들 사이에서 이성에 대한 증오를 발견하면서도 그것을 나쁘게 생각하지 않는다. 적어도 거기에는 사악할지언정 지적 양심이 드러나기 때문이다! 그러나 이러한 부조화의 조화 상태(*rerum concordis discors*) *², 현존재의 놀라운 불확실성과 애매함 한가운데에 있으면서도 그것을 **문제 삼지** 않는다는 것, 의문의 욕구와 즐거움으로 전율하지 않는다는 것, 질문하는 자를 미워하지도 않고 심지어 노리개 삼아 실컷 웃고 떠든다는 것, 이것이야말로 내가 **경멸하는** 바로 그것이다. 바로 이런 감각을 나는 사람들에게서 찾고자 한다—내 속의 어리석은 마음이 끝없이 나를 설득하려 한다. 모든 인간이 인간으로서 나와 같은 이러한 감각을 지녔으리라 믿게 하려고 한다. 이것이 내 방식의 편견이다. *³

3 고귀함과 비속

비속한 인간들에게는 모든 고귀하고 관용적인 감정은 불리하고 또 믿기 어려운 것이라 여겨진다. 그들은 눈을 부릅뜨고 이렇게 말하려 할 것이다. "거기에는 분명 뭔가 상당한 이익이 있을 것이다. 다만 우리가 벽을 꿰뚫어 보듯 뭐든지 볼 수는 없지만." 그들은 고귀한 인간이 샛길 어딘가에서 이익이나 챙기고 있는 듯 나쁘게 생각한다. 거기에 이기적인 의도나 이익이 없다는 점을 분명히 납득한다 해도, 이번에는 고귀한 인간을 일종의 바보라고 생각한다. 그들은 고귀한 인간이 즐거워하는 것을 경멸하며 그의 눈에서 빛나는 광채를 비웃는다. '어떻게 손해를 입어도 즐거워하며, 뻔히 보이는데도 일부러 손해를 입을 수 있는가! 그것은 일시적으로 흥분된 고상한 감정과 결합한 이성의 병이나 다름없다'—그들은 이렇게 생각한다. 마치 미친 사람의 즐거움을 경멸하듯 고귀한 사람의 열정을 과소평가한다. 비속한 인간의 특징은 자신의 이익이 위협당하지 않을까 늘 주시한다는 점, 그리고 목적과 이익을 추구하는 마음이 자기 내부의 그 어떤 충동보다도 강하다는 점이다. 여러 충동 때문에 목적에 맞지 않는 불리한 행동으로 이끌리지 않으려는 것—이것이 비속한 인간의 지혜이자 자존심이다.

그들과 비교하면 고귀한 인간은 훨씬 **비이성적**이다. 고귀하고 관용적이고 희생적인 인간은 진실로 자신의 충동에 따르며, 그 최상의 순간에 이성을 **멈**

추기 때문이다. 목숨을 걸어 제 자식을 지키고, 교미 시기에는 죽음을 감수하면서까지 암컷을 찾아 나서는 동물들은, 위험이나 죽음에 대해서는 생각하지 않는다. 이때 이들 동물의 이성도 마찬가지로 중지되며, 오로지 자식이나 교미에서 얻는 희열과 그리고 그 희열을 빼앗길지도 모른다는 공포에만 지배당하게 된다. 동물은 평소보다 어리석어진다. 고귀하고 관용적인 인간과 마찬가지이다. 이런 인간은 지성을 침묵하거나 그에 복종하게 만들 만큼 강한 쾌감이나 불쾌감을 지니고 있다. 이런 감정이 느껴질 때 그의 심장은 머리 위에 있게 된다. 이렇게 되면 이제는 '정열'에 대해 말할 때이다. (때로는 반대로, 퐁트넬의 경우처럼 이른바 '정열의 역전'이 이루어지기도 한다. 어느 날 한 여인이 퐁트넬의 가슴에 손을 갖다 대며 이렇게 말했다고 한다. '친애하는 분이시여, 여기에 있는 것도 머리로군요.') *4

비속한 인간이 고귀한 인간에게서 발견하고 경멸하는 바로 그 점이 정열의 비이성 또는 반(反)이성이다. 특히 그들이 볼 때 완전히 공상적이며 제멋대로인 가치밖에 없는 듯한 대상으로 그 정열이 향해지고 있는 경우에 그렇다. 비속한 인간은 뱃속의 정열에 굴복하는 인간에 대해 분개하면서도 폭군으로 군림하는 그 충동을 이해는 한다. 하지만 인식의 정열 때문에 자기 건강과 명예를 위험에 빠뜨리는 일은 이해하지 못하는 것이다. 고귀한 인간의 취향은 예외적인 것으로 향한다. 보통 인기가 없고, 뭔가 달콤한 구석이라고는 찾아볼 수 없는 대상으로 향하는 것이다. 고귀한 인간은 독특한 가치 기준을 지니고 있다. 게다가 대개 자신의 특이한 취미 속에 독특한 가치 기준이 세워져 있다고는 믿지 **않는다**. 그는 오히려 자신의 가치와 무가치를 일반적으로 타당한 가치와 무가치로 본다. 그래서 이해하기 어려운 비실제적인 존재가 된다. 고귀한 인간에게 일반인을 일반인으로서 이해하고 받아줄 이성의 여유가 있는 경우는 극히 드물다. 대개 그는 모든 사람들에게 내재된 정열보다 자신의 정열을 믿으며, 바로 여기서 웅변의 힘을 얻는다. 만일 그와 같은 예외적인 인간들이 자기 자신을 예외로 느끼지 않는다면, 어떻게 비속한 인간들을 이해하고 규칙을 나름대로 올바르게 평가할 수 있겠는가! ─ 이리하여 그들도 인류의 어리석음이나 반(反)목적성, 환상에 대해 말한다. 어찌하여 이 세계가 이렇듯 미치광이처럼 되어 가는가, 왜 세계는 '세계에 필요한 일을' 인정하려 들지 않는가 하고 의아하게 여기면서─이것이 고귀

한 사람들의 영원한 불공정이다.*⁵

4 종족 보존

가장 강하고 악랄한 사람들이 지금까지 인류를 가장 진보시켜 왔다. 그들
은 잠들어 있는 정열—모든 질서 정연한 사회는 정열을 잠재운다—에 거듭
해서 불을 붙여 왔다. 그들은 무수한 비교나 모순 감각, 새로운 것·모험적인
것·아직 시험되지 않은 것에 대한 즐거운 감각을 일깨운다. 견해에 대해서
견해를, 이상에 대해서 이상을 제시하기를 강요한다. 무기를 사용해 경계석
을 무너뜨리는 것을 통해, 특히 숭배심을 무너뜨리는 것을 통해 그렇게 한
다. 그러나 또한 새로운 종교와 도덕을 통해서도 그렇게 한다! 정복자의 평
판을 깎아내리는 **악의**는 **새로운 것**을 교시하고 설교하는 모두에게도 있다.
그런 자들의 악의는 한층 고상하게 표현되고, 직접 근육을 움직이는 것도 아
니기에 그 정도로 악평을 받진 않지만. 그러나 이 새로운 것이란 정복하는
것, 낡은 경계석과 낡은 숭배심을 정복하는 것으로서 어떤 사태에서건 **악하
다.** 단지 낡은 것만이 선하다! 어느 시대에나 선인들이란 낡은 사상을 경작
하여 열매를 맺는, 정신의 농부들이다. 그러나 토지는 언젠가 전부 경작될
테고, 따라서 밭을 뒤엎는 악의 쟁기가 또다시 필요해진다.

현재 특히 영국에서 크게 호평을 받는, 철저히 잘못된 도덕적 교설이 있
다. 그에 따르면 '선'과 '악'의 판단은 '합목적'과 '비합목적'에 대한 경험의
축적에서 나온다. 또 '선'은 종족을 보존하는 것이며, '악'은 종족을 해치는
것이라 한다. 그러나 실은 악한 충동도 선한 충동과 마찬가지로 고도로 합목
적적이며, 종족을 보존하는 데 필요불가결하다. 단지 그 기능이 다를 뿐이
다.*⁶

5 무조건적인 의무

일반적으로 효과다운 효과를 얻기 위해서는 극도로 강렬한 말투와 목소
리, 매우 웅변적인 태도와 자세가 필요하다고 생각하는 모든 사람들, 또 혁
명가·사회주의자·기독교 혹은 기독교 이외의 참회설교자 등과 같이 미온적
인 성과로는 만족하지 않는 사람들, 그들은 모두 '의무'에 대하여 말할 때면
그것에 무조건성을 부여한다. 만일 무조건적인 의무란 것이 없다면, 그들은

위대한 파토스를 발휘하기에 알맞은 권리를 잃을지도 모른다. 그들도 이런 사정을 충분히 알고 있다! 그래서 뭔가 정언적(定言的) 명령을 설교하는 도덕철학에 손을 뻗고, 또는 마치니*7가 했듯이 종교의 상당량을 자기 내부에 받아들인다. 그들은 사람들로부터 무조건적인 신뢰를 받고자 하기 때문에 우선 스스로 자기 자신을 무조건 신뢰할 필요를 느낀다. 그리하여 무언가 궁극적이며 논의를 초월한 숭고한 율법을 근거로, 자신을 그러한 것의 봉사자나 도구로서 느끼고 자칭하려는 것이다.

여기서 우리는 도덕적 계몽과 회의에 대항하는 가장 소박한, 그리고 많은 경우 대단히 감화력이 강한 적대자를 만나게 된다. 그러나 이런 사람은 드물다. 반면에 상당히 광범한 부류에 속하는 적대자는 다음과 같은 점에서 언제나 존재한다. 즉 명성이나 명예의 힘은 굴종을 허락하지 않는 듯 보이지만 실은 이익의 힘이 굴종을 가르친다는 점이다. 예를 들면 뼈대 있는 가문의 후손과 같은 출신으로서 어떤 왕 또는 당파나 종파, 더 나아가 어떤 금권의 **도구**가 되는 데 굴욕을 느끼는 사람이, 자기 자신이나 사회에 대하여는 바로 이 도구가 되려 하거나 또는 도구가 되어야만 하는 상황이라고 하자. 이때 이들은 언제나 우리가 입에 담을 수 있을 만한 비장한 원리를 필요로 한다. 부끄러움 없이 복종하고, 복종 상태를 거리낌 없이 사람들에게 보일 수 있을 저 무조건적인 당위의 원리를 요구하게 된다. 겉보기 좋은 모든 굴종은 정언적 명령에 달라붙기 마련이며, 이런 근성은 의무로부터 무조건적인 성격을 배제하려는 사람들의 불구대천의 적이 된다. 그들에게 이러한 원리를 구하도록 만드는 것은 체면이며, 동시에 체면만은 아니다.

6 품위 상실

명상은 그 형식적인 품위를 확실히 상실했다. 사람들은 명상하는 인간의 엄숙하고도 점잔 빼는 태도를 비웃으려 한다. 옛날과 같은 현자를 사람들은 더 이상 참고 인정해 주지 못하게 된 듯하다. 우리는 몹시 성급하게 생각한다. 길을 걸으면서도, 한창 일할 때에도 생각한다. 매우 진지한 것을 생각할 때조차 그러하며 어떤 준비나 조용함도 그다지 필요로 하지 않는다. 마치 머릿속에, 어떤 불리한 상황에서도 끊임없이 돌아가는 기계라도 있는 것처럼. 전에는 누구든지 한번 생각하는 것은 까다로운 것으로 보였다. 이것이 예외

였단 말인가! 머리를 맑게 하고 어떤 생각에 전념하려는 것은 누구에게나 찾아볼 수 있는 모습이었다. 그들은 생각하기 위해 기도할 때처럼 얼굴을 굳힌 채 걸음을 멈췄다. 아니, 심지어 사상이 '찾아왔을'—한 발로든 두 발로든—때에는 길 위에라도 멈춰 서 몇 시간이고 생각에 잠겼다. 이것이 '그 일에 어울리는' 품위 있는 태도였다!

7 근면한 연구자들을 위한 몇 마디

오늘날 도덕적인 문제를 연구하려는 사람은 넓은 영역을 개척해야 할 것이다. 여러 가지 정열을 하나하나 고찰하고, 시대와 민족과 크고 작은 개인을 일일이 연구해야 한다. 그것들의 모든 체계와 그 모든 가치 평가와 사물의 해명이, 분명히 이루어져야만 한다! 지금까지 현존재에 색칠을 해 왔던 모든 것은 아직 그 역사를 지니지 못하고 있다. 어디에 사랑의 역사가, 식욕과 질투와 양심과 존경과 잔혹의 역사가 있는가? 법이나 형벌의 비교사(比較史)조차도 아직은 매우 부족하다. 하루의 여러 가지 배분, 노동·축제·휴식 시간의 규칙적인 확립을 연구 대상으로 삼은 적이 있었던가? 우리는 음식물의 도덕적 영향을 알고 있는가? 영양철학이 있는가? (채식주의에 대한 찬반 소동이 해결되지 않고 있는 것은 아직 그러한 철학이 존재하지 않음을 증명해 준다!) 공동생활에 관한 체험, 예를 들면 수도원의 체험은 이미 수집되어 있는가? 결혼과 우정의 변증법은 이미 해명되었는가? 학자나 상인, 예술가나 기술자들의 풍습—이러한 것을 고찰하는 사람은 있는가? 거기에는 연구해 봄직한 것들이 실로 많다! 현재까지 인간이 그의 '존재조건'으로 생각해 왔던 모든 것, 그리고 이를 고찰하는 도구로서의 모든 이성과 정열과 미신, 이러한 것이 이미 철저히 연구되고 있는가? 인간 충동이 여러 가지 도덕적 풍토에 따라 해냈거나 앞으로 해낼 여러 가지 성장에 관한 고찰, 그것만으로도 이미 근면한 사람들에게는 꽤 많은 일이 제공된다. 이러한 시각과 자료를 빠짐없이 검토하기 위해서는 모든 시대 사람들과, 그리고 계획적으로 함께 연구할 학자들 수 세대가 필요하다. 물론 이것은 도덕적 풍토가 다양하게 나타나는 이유도 증명해 줄 것이다. (왜 이곳에서는 도덕적 근본판단과 주요 가치판단의 이 태양이 빛나고 저곳에서는 저 태양이 빛나는가?) 그리고 이 모든 이유의 오류와 기존의 도덕적 판단이 지닌 모든 본질을 확인하는 것은, 또 하나의 새로운 연구과제이다.

이 모든 연구가 행해진다면, 여러 가지 문제 중에서도 가장 복잡한 문제가 우리 앞에 나타날 것이다. 바로 과학은 행동의 목표를 **제시할** 수 있는가 하는 것이다. 물론 이에 앞서 과학이 행동의 목표를 제거하고 파괴할 수 있는가를 증명해야 한다. 그렇게 되면 어떤 종류의 영웅주의도 만족시킬 수 있을 만한 실험이 실시될 것이다. 지금까지의 역사가 해 온 모든 위대한 사업이나 희생이 그 빛깔을 잃게 될, 수 세기에 걸친 실험이. 지금까지의 과학은 자신의 거대한 자연석 건축물을 아직 짓지 못했다. 그러나 그 시기 또한 올 것이다!

8 무의식의 덕

어떤 인간이 스스로 의식하는 자신의 모든 성질—특히 주위 사람들이 보기에도 명백하고 뚜렷하다고 스스로 전제하는 그런 성질—은, 그에게 무의식적이거나 혹은 잘 인식되지 않은 여러 성질—그 섬세함 때문에 날카로운 관찰자의 눈에도 띄지 않고 아무것도 아닌 듯 숨어 있는 그런 성질—과는 완전히 다른 발전법칙에 지배된다. 파충류의 비늘 위에 새겨진 정밀한 조각이 바로 그러한 것이다. 그것이 장식 혹은 무기라는 추측은 잘못된 것이리라. 왜냐하면 그것은 현미경을 통해서야 비로소 보이기 때문이다. 즉 그것을 장식이나 무기라고 여길 만한 다른 종류의 동물들은 그렇게 인위적으로 만든 예리한 눈이 없다!

우리의 눈에 보이는 도덕적 자질, 특히 눈에 보인다고 **믿어지는** 자질은 그 자신의 길을 걷는다. 그리고 눈에 보이지 않지만 완전히 같은 이름으로 불리는 자질—그것은 타인에 대한 장식도 무기도 되지 않는다—은 **또 그 자신의 길을 걷는다.** 분명 그것은 전혀 다른 길이며, 신묘하고 불가사의한 현미경을 가진 신을 즐겁게 하는 선과 미세함과 구조를 갖춘 길이리라. 예컨대 우리는 우리의 근면, 우리의 명예심, 우리의 통찰력을 지니고 있다. 세상이 그것을 알고 있다. 그런데 그 밖에 우리는 완전히 다른 종류의 **우리의** 근면, **우리의** 명예심, **우리의** 통찰력을 지니고 있는 것이다. 그러나 우리의 이 파충류 비늘에 대해서는 아직 현미경이 발명되지 않았다!

여기에서 본능적 도덕의 신봉자들은 말할 것이다. '만세! 그는 적어도 무의식의 덕을 가능한 것으로 생각한다. 우리는 거기에 만족한다!' 오, 그대들, 쉽게 만족하는 인간이여!

9 우리의 분출

인류가 초기 단계에서 획득한 많은 것들, 그러나 극히 미약하고 맹아적이어서 누구도 얻었다고 깨닫지 못했던 많은 것들이 오랜 시간, 어떤 때에는 수 세기를 거치면서 돌연 명확하게 나타난다. 그 사이에 강해지고 성숙해진 것이다. 많은 개인의 경우처럼 많은 시대의 경우에도 이러저러한 재능, 이러저러한 덕이 부족해 보이기 마련이다. 그러나 혹시 기다릴 여유가 있다면 손자나 증손자 대까지 한번 기다려 봐라. 그러면 그들은 할아버지 안에 있었지만, 할아버지 자신은 미처 몰랐던 것을 명확하게 드러내 보일 것이다. 아들이 아버지에게 감추어져 있던 것을 드러내는 경우도 자주 있다. 아버지는 자식을 얻은 뒤에 자신을 더 잘 이해하게 된다.*8

우리는 모두 비밀 정원이나 밭을 우리 안에 지니고 있다. 달리 말하자면, 우리는 모두 언젠가 분출할 때를 기다리며 성장해 가는 활화산과 같다. 다만 이 분출의 시기가 언제일지는 아무도 모른다. '신'조차도.

10 일종의 격세유전

나는 어떤 시대의 비범한 인간들을, 가능하면 과거의 문화와 그 힘에서 갑자기 솟아난 새로운 싹이라고 생각하고 싶다. 한 민족과 그 풍습의 격세유전이라 생각하고 싶다는 것이다. 실제로 이렇게 보면 어느 정도 그들을 **이해할** 수 있다. 현재로서 그들은 생소하고 기묘하고 이상한 존재로 보인다. 그러나 이 힘을 자기 안에서 느끼는 사람은, 이를 적대시하는 바깥 세계에 대항하여 그 힘을 키우고, 보호하고, 공경하며 육성해야만 한다. 그럼으로써 그는 어쩌다 빨리 멸망해 버리지 않는 한, 위대한 인간이 되거나 때로는 광인이 되어 버리거나 할 것이다.

과거에는 비범한 이런 특성들도 흔히 있을 수 있는 것이었고 따라서 평범한 것으로 여겨졌다. 즉 조금도 탁월하지 않았다. 아마도 그에 대해 당연한 요구가 있었을 것이며 그것이 전제가 되었을 것이다. 그들을 통해 위대해진다는 것은 불가능한 일이었다. 그 특성 때문에 미치거나 고독해질 위험이 전혀 존재하지 않았으니 말이다.

이러한 낡은 충동으로부터 새로운 싹이 출현하는 것은 특히 한 민족의 오래오래 **보존된** 가계나 계급에서이다. 이에 반하여 종족과 습관과 가치평가가 매우 빠르게 변화하는 곳에서는 이러한 격세유전이 발생할 확률이 극히 낮다. 템포(*tempo*)는 음악에서와 마찬가지로 민족 발전의 힘에서도 중요하다. 우리의 경우에는 정열적이고도 느긋한 정신의 템포로서 발전의 안단테가 꼭 필요하다. 그리고 보수적인 가계의 정신은 실로 '이러한' 종류의 것이다.

11 의식

의식은 유기체에서 가장 최종적으로 발전한 것이며, 따라서 가장 미완성이고 무력한 부분이다. 의식으로부터 무수한 실책이 생겨나고, 그것이 동물이나 인간을 필요 이상으로 빨리―호메로스의 표현을 빌리자면 '운명을 넘어서'―파멸에 도달하게 한다. 가령 유기체를 보존하는 본능의 유대가 그처럼 의식보다 뛰어나고 우수하고 강력하지 않았더라면, 본능은 그 조정기의 역할을 다하지 못했을 것이다. 인류는 잘못된 판단과 환상, 그 피상적인 성격과 경솔한 믿음, 요컨대 틀림없이 그 의식 때문에 멸망할 것이다. 아니, 오히려 그러한 본능의 유대가 없었다면 인류는 벌써 존재하지 않았을지도 모른다!

하나의 기능은 그것이 형성되어 성숙하기 전에는 유기체에게 위험하다. 그러므로 그것이 오랫동안 학대받는 것도 당연한 일이다. 이리하여 의식은 지독하게 학대를 받게 된다. 더구나 대개 의식에 대한 긍지 탓으로! 사람들은 생각한다. '여기에야말로 인간의 **핵심**이 있다, 인간의 항구적이며 영원하고 궁극적이며 가장 근본적인 것이 있다!' 사람들은 의식을 확연하게 부여되는 일정량처럼 생각한다. 그들은 그 성장을, 그 단속성을 부인한다! 그것을 '유기체의 통일'이라 주장한다!

의식에 대한 이 웃지 못할 과대평가와 오해는, 의식의 너무나도 급속한 성장을 막아 주기에 결과적으로는 크게 유익하다. 인간은 의식을 이미 소유했다고 믿었기 때문에 그것을 획득하는 데에 전혀 노력을 기울이지 않았다. 지금도 그러한 사정에는 변함이 없다! **지혜를 자기 몸에 동화시켜** 본능으로 만든다는 것은 지극히 새로이 점진적으로 인간의 눈에 들어온 것으로서, 아직 확실하게 인식되지 않은 **과제**이다. 그것은 이제까지 우리의 **착오**만이 우리에게 동화되어 왔다는 사실, 우리의 모든 의식은 착오와 관계되어 있다는 사실을 이해한 사람들에게만 인식되는 과제인 것이다!

12 학문의 목표에 대해서

뭐라 했는가? 학문의 궁극적 목표는 인간에게 되도록 많은 쾌락과 최소한의 불쾌를 주는 데에 있다고? 그러나 가령 쾌락과 불쾌가 한 개의 끈으로 이어져 있어서, 한쪽을 되도록 많이 **가지려는** 자는 다른 한쪽도 되도록 많이 **가질 수밖에** 없다면 어떻겠는가? '하늘을 찌를 듯한 환호'를 욕심내는 자는 또한 '죽을 만큼의 비애'*[9]도 각오해야 할 수밖에 없다면 어찌될 것인가? 실제로 그러할 것이 틀림없다! 적어도 스토아주의자는 그렇다는 것을 믿었고, 그들이 인생에서 되도록 적은 불쾌를 얻고자 되도록 적은 쾌락을 구한 것은 이치에 맞는 일이다. ('가장 덕이 높은 사람이 가장 행복한 사람'이라는 격언을 말할 때, 그들은 이 학파의 대중을 향한 표어와 함께, 신사들에 대한 회의론적인 날카로운 평가를 보여 준 것이었다)

오늘도 역시 그대들에게는 다음과 같은 선택의 가능성이 있다. **되도록 적은 불쾌**, 요컨대 고통이 없든가—사회주의자들이나 모든 당파의 정치가들이 그들의 인민에게 그럴듯하게 약속하는 것은 물론 여기에 해당된다—아니면 이제까지 맛보지 못한 멋진 쾌락과 환희의 증대에 대한 대가로서의 '보다 많은 불쾌'든가! 그대들이 전자를 택하기로 결심한다면, 즉 인간의 고통을 덜거나 소멸시키려 한다면 그대들은 **환희를 맛볼 수 있는 능력**을 저하시키고 소멸시켜야만 한다. 실제로 우리는 **학문**을 통해 한쪽 목적과 함께 다른 쪽 목적도 촉진할 수 있을 것이다! 어쩌면 학문은 인간으로부터 기쁨을 박탈하고, 인간을 차갑고 기계적이고 스토아적으로 만드는 그러한 힘으로서 많은 사람들에 더 알려졌을 것이다. 그러나 학문은 또한 **위대한 고통을 가져오는 것**으로서 발견될 수 있을지도 모른다. 그때에는 아마 동시에 그 반대의 힘, 즉 환희의 새로운 별을 빛낼 위대한 능력도 발견될 것이다!

13 권력감정에 대하여*10

기쁨이나 고통을 줌으로써 우리는 타인에게 권력을 행사한다. 우리가 원하는 것은 바로 그뿐이다! 먼저 우리의 권력을 좀더 느끼게 해야만 할 것 같은 사람에 대해서는 고통을 준다. 쾌락보다는 고통이 권력을 느끼게 하는 데 더욱 효과적인 수단이기 때문이다. 고통은 항상 원인을 묻는다. 그러나 쾌락은 자기만족에 그칠 뿐, 뒤돌아보려 하지 않는다. 어쨌든 우리에게 이미 의존하고 있는(즉, 평소에도 우리를 그들의 존재원인이라 생각하는) 사람들에게 우리는 **기쁨**과 호의를 베풀어 준다. 우리는 그들의 권력을 증대시켜 주려고 마음먹는다. 그럼으로써 우리의 권력이 증대되기 때문이다. 혹은, 그들에게 우리의 권력 아래에서 존재하는 것이 가져다주는 이익을 보여 주려고 한다. 그러면 그들은 자신의 상태에 한층 만족하며 **우리의** 권력에 대항하는 적대자에게 더한층 적의를 품고 투지를 불태울 것이다.

우리가 주는 기쁨이나 고통이 희생을 불러올지라도, 그것이 우리 행위의 궁극적인 가치를 변화시키지 않는다. 가령 우리가 생명을 그런 행위에 걸어도(순교자가 교회를 위해 그러하듯이)—그것은 '우리'의 권력을 구하려는 염원에, 또는 우리 권력감정의 보존에 바쳐진 희생인 것이다. '나는 진리를 소유하고 있다'라고 느끼는 사람은 이 감정을 지키기 위하여 얼마나 많은 소유물을 잃을 것인가! 자신을 '윗사람'으로 보존하기 위해서—즉 '진리'를 갖지 않은 다른 사람을 '뛰어넘어' 자신을 보존하기 위해서—그는 이것도 저것도 다 내던질 것이다!

누군가에게 고통을 가할 때는 기쁨을 줄 때만큼의 쾌감, 그토록 순수한 쾌감이 거의 없다. 그것은 아직 우리에게 권력이 부족하다는 증거이거나, 또는 이 부족함에 진력이 났다는 표시이다.*11 그것은 우리가 현재 소유하고 있는 권력에 새로운 위험과 불안을 가져오며, 우리의 시야를 복수·조롱·형벌·실패의 예측으로 어둡게 한다. 단, 권력감정이 가장 민감하고 가장 탐욕스런 인간에 한하여, 자기를 거스르는 자에게 권력의 인장을 찍는 것은 유쾌한 일일 것이다. 이미 굴복당한 자(따라서 그는 호의의 대상이 된다)를 보는 것을 부담스럽고 지루하다고 생각하는 그러한 사람들에 한해서는 말이다. 우리가 자신의 생활에 어떤 **양념을 치는** 데 익숙한가 하는 것이 문제이다. 서서히 권력을 증대하길 원하는가 아니면 급격히 그러길 원하는가, 안전하고 확실한 권력 증대를 원하는가 아니면 위험을 무릅쓰고라도 그것을 원하는가, 그것은 기질 문제이다. 우리는 이러저러한 양념을 늘 자신의 기호에 따라 치는 것이다. 쉽게 얻은 물건은 자랑하기 좋아하는 사람에게는 경멸의 대상이 된다. 그들은 상대하기에 부족하지 않다고 생각될 정도로 강인한 사람을 만났을 때 비로소 쾌감을 느낀다. 마찬가지로 그들은 손에 넣기 어려운 재물과 맞닥뜨렸을 때 비로소 쾌감을 느낀다. 괴로워하는 자에 대해서 그들은 대단히 냉혹하다. 자신의 노력과 긍지에 버금갈 만한 가치가 그에게는 없기 때문이다. 반면 한번 기회가 생기면 맞서 싸우는 것이 명예롭다고 생각되는 **동등한 자**들에 대해서는 그만큼 정중한 태도를 보인다. '이러한' 원근법적인 쾌감으로, 기사들은 조심스런 예의로 자신을 낮추면서 서로 대결했던 것이다.

별다른 긍지도, 원대한 정복에 대한 희망도 없는 사람들에게는 동정이 가장 쾌적한 감정이다. 그들에게는 손쉬운 획득물—모든 번민하는 사람—이 매력적인 것이다. 여기서는 보통 창녀의 덕이라고 불리는 동정이 인기가 높다.[12]

14 사랑이라 불리는 모든 것

소유욕과 사랑. 이 두 단어는 우리에게 각각 다른 느낌으로 다가온다! 그러나 그것들은 단지 부르는 이름이 다를 뿐 같은 충동에 지나지 않을지도 모른다. 즉 한쪽은 이미 소유한 자—그 소유의 충동이 어느 정도 안정되어 있고, 이제는 그 '소유물'을 보살피는 위치에 있는 자—의 관점에서 폄하되는 호칭이며, 다른 한쪽은 만족에 이르지 못하고 갈망하는 자의 관점에서 당연히 '선한 것'으로 찬양되는 이름일 수 있다는 것이다. 우리의 이웃사랑도 새로운 '**소유권**'에 대한 충동은 아닐까? 또한 우리의 앎에 대한 사랑, 진리에 대한 사랑도 그러한 것이 아닐까? 일반적으로 신기한 것을 구하려는 저 모든 충동 역시 그러한 것은 아닐까? 우리는 낡은 것, 확실히 소유하고 있는 것에 점차 권태를 느끼며 다시 다른 것에 손길을 뻗친다. 어떤 아름다운 풍경이라도 그곳에서 3개월 정도 생활한 뒤에는 더 이상 사랑을 불러일으키지 못할 것이다. 그리고 어딘가의 먼 해변이 우리의 소유욕을 자극하게 될 것이다. 소유물은 소유됨으로써 대개 시시해진다.

우리가 자신에게서 느끼는 쾌락은, 새로운 것을 계속해서 **우리 자신 속에**

흡수해 변형시킴으로써 스스로를 유지하고 있다—소유란 바로 그러한 것이다. 어떤 소유물에 권태를 느끼는 것은, 바로 우리 자신에게 권태를 느낀다는 것이다(너무 많아도 사람들은 고민한다—버리거나 나누어 주고 싶은 욕구 또한 '사랑'이라는 이름을 얻을 수 있다). 누군가가 괴로워하면 우리는 항상 그의 소유물을 침해하려 하고 그 기회를 좋아하며 이용한다. 예컨대 은혜를 베푼다거나 동정한다거나 하는 자가 취하는 행동이 바로 이것이다. 그들도 역시 자기 마음속에 눈뜬 새로운 소유에 대한 욕망을 '사랑'이라 부르며, 그때에도 그에게 손짓하는 새로운 정복에 나선 듯한 희열을 느낀다.

그러나 소유의 충동이 가장 확실하게 모습을 드러내는 것은 이성 간의 사랑에서이다. 사랑하는 자는 상대를 무조건 독점하고자 한다. 그는 상대의 마음과 육체에 대한 절대권을 요구한다. 자기 혼자만 사랑받기를 원하며, 상대에게 최고의 존재로 임하려 들고, 상대를 지배하려 한다. 이것이 하나의 귀중품과 행복과 쾌락에 사로잡혀 그 밖의 모든 세상을 **배제한다는 것** 말고는 아무런 의미도 없다는 것을 생각하면, 또 사랑하는 자가 다른 모든 연적들을 몰락시키고 실패하게 하여 마치 모든 '정복자'와 착취자 중에서도 가장 용서받을 수 없는 이기주의자처럼 자신의 보물을 지키는 용이 되려 한다는 것을 생각하면, 그리고 결국 사랑에 빠진 사람은 세상의 다른 모든 것들이 무의미하고 무미건조하고 무가치하게 여겨져 어떠한 희생도 치를 수 있고, 모든 질서를 어지럽히고, 무슨 이익도 무시한다는 것을 생각하면—성애(性愛)의 이런 난폭한 소유욕이나 부정이 모든 시대에 걸쳐 그토록 찬미되고 신성화되는 데에 놀라지 않을 수 없다. 아니, 사람들이 이러한 성애로부터 에고이즘의 반대라고 생각되는 사랑의 개념을 끌어낸다—사랑은 분명 에고이즘의 가장 솔직한 표현일 텐데—는 데에 놀라지 않을 수 없는 것이다.

여기서 분명한 점은, 소유하지 않은 채 갈망하는 자들이 이러한 언어 용법을 만들어 냈단 것이다. 확실히 그들은 항상 지나칠 정도로 많았다. 이 영역에서 많은 소유와 포만을 허락받은 자들은, 때때로 사랑에 대해 '날뛰는 악마'라는 단어를 썼다. 그 모든 아테네 사람들 가운데 가장 사랑스럽고 가장 사랑받았던 소포클레스가 그러했듯이. 그러나 에로스는 늘 그러한 모독자들을 비웃어 왔다. 그들은 분명 늘 에로스의 최대의 총아였던 것이다.

때로는 지상에도 일종의 사랑의 지속, 두 사람 상호의 소유욕이 새로운 욕망과 소유욕에, 즉 그들을 초월한 이상으로 향하는 **공동**의 고차원적 갈망에 길을 양보하는 사랑의 지속이 있다. 그러나 누가 이 사랑을 알겠는가? 누가 이 사랑을 체험했겠는가? 그것의 참된 이름은 **우정**이다.

15 멀리서

이 산은 그것이 군림하는 지방 전체를 온갖 방법으로 매력적이고 의미 있는 것으로 만들어 준다. 이런 이야기를 수백 번 듣는 가운데 우리는 산에게 터무니없이 고마워하게 되고, 그 매력을 베풀어 주는 산 자체가 이 지방에서 가장 매혹적인 존재임에 틀림없다고 생각하게 된다. 이리하여 그 산에 오르게 되고, 그리고 실망한다. 돌연 그 산과 우리 발아래에 펼쳐진 풍경이 마치 마법에서 풀린 듯이 보인다. 우리는 잊고 있었던 것이다. 많은 위대함은 선과 아름다움처럼 일정한 거리를 두고, 더욱이 절대로 위로부터가 아니라 밑에서 바라볼 때만 감화력을 발휘한다는 것을. 그대들의 주변에도 자기를 일정하게 먼 거리에서 조망했을 때 비로소 자신감이 생기고, 자신을 매력적이며 쾌활하다고 느끼는 사람이 있을 것이다. 자기인식은 그들에게는 금물이다.

16 다리를 건너

자기 감정에 대하여 수치스러워하는 사람들과 사귈 때에는 위장할 각오를 해야만 한다. 그러한 사람들은 상냥하고 달콤하거나 또는 몽상적이고 고조된 감정을 지적당하면, 그것을 알아챈 사람에게 갑자기 증오심을 품기 때문이다. 마치 소중한 비밀을 들킨 것처럼 말이다. 그런 순간에 그들에게 친절을 베푸는 길은 그들을 웃게 만들거나 또는 약간 냉정하게 쏘아붙이는 것이다. 그러면 그들의 감정은 얼어붙고 그들은 그것을 다시 지배할 수 있게 된다. 그나저나 이야기하기도 전에 교훈만 늘어놓아 버렸다.

나와 너는 매우 친했으므로 이미 아무것도 우리의 친교를 방해한다고는 생각하지 않았다. 우리 사이에는 단지 작은 다리 하나가 있을 뿐이었다. 네가 그 다리에 발을 올려놓으려 했을 때 나는 네게 물었다. "그 다리를 건너 내게 올 생각이군?" 그러나 그때 너는 이미 다리에서 발을 뗐다. 그리고 내가 네게 다시 한 번 부탁했을 때 너는 말이 없었다. 그 뒤로 산과 급류를 비롯한 모든 분리된 소원함이 우리 사이에 놓이게 되었다. 우리가 서로에게 가려 해도 이제는 가지 못하게 되었다! 네가 지금 저 작은 다리의 일을 생각한다면, 더 이상 할 말이 없을 것이다. 단지 흐느낌과 놀라움밖에는.

17 빈곤함을 그럴듯하게 하다

물론 어떤 기교를 통해서도 빈곤한 덕을 풍부하고 풍요로운 덕으로 바꿀 수는 없다. 그러나 그 빈곤함에 보기 좋은 필연성을 줌으로써 새로이 해석할 수는 있다. 그 결과 그 빈약한 덕을 바라보는 일은 더 이상 우리의 마음을 상처 입히지 않고, 우리는 운명에 대하여 원망스런 얼굴을 하지 않게 된다. 현명한 정원사의 솜씨는 이렇다. 그는 정원의 보잘것없는 물줄기를 분수대에 있는 님프상(像)의 팔에 연결시킴으로써 제법 그럴듯하게 활용할 줄 안다. 세상에 그와 똑같은 님프상을 필요로 하지 않는 자가 있을까! *13

18 고대적인 긍지

고대적인 높은 격조가 이제 우리에겐 없다. 우리의 감정은 고대 노예에 대한 것이 빠져 있기 때문이다. 귀족 출신 그리스인은 자신의 고매함과 노예의 미천함 사이에 넓은 중간계급을 놓아 두고, 아득히 먼 거리를 두고 있었기 때문에, 노예의 모습을 잘 보지도 못할 정도였다. 플라톤조차 노예를 충분히 보지는 못했다. 우리는 이와 다르다. 이를테면 우리는 인간 평등이라는 **가르침**에—평등 그 자체는 아닐지라도—익숙해져 있다. 자기 자신을 뜻대로 좌우하지도, 여유를 누리지도 못하는 자, 이들이 우리의 눈에는 결코 경멸해야 할 존재로 비치지 않는다.*14 생각건대 고대인의 그것과는 근본적으로 다른 우리 사회의 질서와 활동 때문에, 그러한 노예적인 성질이 우리 한 사람 한 사람에게 상당히 배어 있을 것이다.

그리스의 철학자는 사람들이 아는 것보다 훨씬 더 많은 노예가 있다는 비밀스런 감정, 즉 철학자가 아니면 모두 노예라는 감정을 지닌 채 살아갔다. 지상 최대의 권력자라 해도 그의 이러한 노예들 속에 포함된다고 생각할 때, 철학자의 긍지는 흘러넘쳤을 것이다. 이 긍지 또한 우리에게는 낯설고 불가능한 감정이다. '노예'라는 말은 비유로 사용될 때조차 우리에게는 충분한 힘을 발휘하지 못한다.

19 악(惡)

최고의 풍요로운 인간이나 민족이 살아가는 모습을 보며 이렇게 자문해 보라. 하늘 높이 자라려는 나무가 과연 비바람이나 눈보라를 겪지 않고 그렇게 될 수 있는가. 외부로부터 가해지는 불이익과 반대, 증오, 질투, 의심, 냉혹, 탐욕, 횡포 등등은, 덕의 위대한 성장에 거의 반드시 필요한, 저 **알맞은** 환경의 구성 성분이 아닐까. 약한 천성의 인간을 쓰러뜨리는 독은 강자에게는 강장제이며,*15 강자는 또한 그것을 독이라 부르지 않는다.

20 어리석음의 가치

금세기의 길을 수천 년 앞으로 더 전진시켜 보자! 그러면 모든 인간이 최고의 현명함을 보이리라. 그러나 바로 그 때문에 현명함은 모든 가치를 상실하고 말 것이다. 현명함은 물론 필요하겠지만 또 그것은 대단히 보편적이며 일반적인 것으로 느껴질 것이다. 따라서 고상한 취미는 이 현명함의 필요성을 **비속**하다고 느낄 것이다. 또 진리와 학문의 전횡이 오히려 허위의 가격을 끌어올리게 되고, 마찬가지로 현명함의 전횡이 새로운 종류의 고상한 취향을 만들어 낼 것이다. 이때 고상하다는 것, 그것은 아마 두뇌 속에 어리석음이 자리잡고 있음을 의미하리라.

21 사심 없음을 주장하는 사람들에게

우리는 어떤 사람의 미덕을 **선**이라 부르는데, 이는 그 미덕이 그 자신에게 미치는 영향을 두고 한 말이 아니다. 그것이 우리 자신과 사회에 미치는 영향을 예상하면서 이르는 말이다. 예로부터 찬양 받아 온 여러 미덕들은 결코 '사심이 없거나' '비이기적'인 것은 아니었다! 만약 그렇지 않다면 우리는 여러 가지 미덕(근면·순종·순결·경건·정의 등)이 그 소유자에게는 대체로 **유해**하다는 사실을 발견했을 터이기 때문이다. 또 우리는 그것들이 대단히 격렬하고도 탐욕스럽게 소유자들을 쥐어흔들며, 이성적인 다른 충동들과 균형을 유지하려 하지 않는 충동임을 발견했을 터이기 때문이다. 당신이 완벽한 미덕(어떤 미덕을 추구하는 단편적인 충동이 아니라)을 지녔다면 당신은 반드시 그 미덕의 **희생물**이 될 것이다. 그러나 주위 사람들은 바로 그 점 때문에 당신의 미덕을 떠받든다. 사람들은 근면한 사람을 칭찬한다. 그가 바로 그 근면 때문에 자신의 시력을 해치고 정신의 독창성이나 참신함을 상실해 버렸음에도 불구하고. 사람들은 '몸이 망가질 때까지 일한' 청년을 칭찬하고 애석해하길 마지않는다. 이렇게 판단하기 때문이다. '사회 전체로 볼 때 가장 뛰어난 개인을 잃는 일은 지극히 작은 희생에 불과하다! 물론 그러한 희생이 필요하다는 것은 슬픈 일이다! 그러나 개인이 그러한 생각 없이 오로지 자신의 유지와 발전에만 집착하면서 사회를 위한 노동을 무시한다면, 그 것은 더욱 슬픈 일이다!' 따라서 사람들이 애석해하는 것은 그 청년에 대해서라기보다, 자신의 성공을 조금도 고려하지 않는 순종적인 **도구**—'부지런한 인물'—가 죽음으로 인해 사회로부터 떨어져나갔기 때문인 것이다.

어쩌면 사람들은 한술 더 떠서, 청년이 한층 자신의 몸을 돌보면서 일해 오래도록 생명을 유지했다면 사회에 더 유익하지 않았을까 하고 생각할지도 모른다. 그러나 사람들은 실제 그러한 경우가 가져다주는 이익을 분명 충분히 인정하면서도 그와는 다른 이익, 즉 어떤 **희생**이 따르며 그 희생양의 마음가짐이 **여실히** 확인되는 이익 쪽을 보다 숭고하고 가치 있는 것으로 평가하리라.

따라서 여러 덕이 칭송될 때 실제로 칭송되는 것은 결국 덕의 도구적 성질이며, 각 개체의 어떠한 이익에도 제약당하지 않는 맹목적인, 모든 미덕에 내포되어 있는 충동이다. 요컨대 그것은 개인을 전체의 기능으로 탈바꿈시키는 대부분의 미덕에서의 비이성적인 충동이다. 미덕에 대한 찬미는 대부분 개인에게 유해한 것에 대한 찬미이다. 인간으로부터 그 가장 고귀한 자기애와 자신을 보호할 수 있는 최상의 자주적 능력[16]을 앗아가는 충동에 대한 찬양인 것이다. 물론 교육을 위해 또는 여러 유덕한 관습을 확립하기 위해, 사람들은 미덕과 개인적 이익 간의 밀접한 관계를 보여 주는 방식으로 미덕의 효과를 나열하기도 한다. 그리고 실제로 그러한 밀접한 관계는 존재한다! 예를 들면 무조건적인 근면, 이 전형적인 도구적 미덕은 부와 명예에 이르는 길로서 권태와 정열에 대한 특효약으로 제시된다. 그러나 사람들은 그 약의 위험성, 그것도 치명적인 위험성에 대해서는 침묵한다. 교육은 어디까지나 그러한 형태로만 행해진다. 교육은 일련의 자극과 이익을 통해서, 개인을 특정 행위나 사고방식—그것이 습관·충동·정열로 변하자마자 **자신의 궁극적 이익에 반하여** '일반적인 이익을 위해' 개인의 내부에, 개인의 위에 군림하는 행위나 사고방식—에 묶어 두려고 한다. 얼마나 자주 보아 왔던 가. 무조건적 근면이 확실히 부나 명예를 가져다주지만, 그와 동시에 그 부와 명예를 누리게 하는 유일한 통로인 감각의 예민성을 앗아가는 예를. 또 권태나 정열에 대한 특효약이 동시에 감각을 둔화시켜, 정신을 새로운 자극에 대해 반항적으로 만들어 버리는 예를. (인간 역사상 가장 근면한 시대인 현대는 그 엄청난 근면과 돈으로써 보다 많은 재능이 돈과 근면을 생산해 낼 뿐이다. 돈을 벌기보다는 쓰기에 더 많은 재능이 필요한 시대다. 하지만 이 일은 우리의 '자손'에게 기대하도록 하자!)

만약 교육이 성공을 거두면 개인의 모든 미덕은 공익이 되는데, 최고의 개인적 목표에 비추어 볼 때 이것은 손실이다. 아마도 어떤 정신과 감각이 위축되거나 아니면 때 이른 파멸에 이를 것이다. 이러한 관점에서 이제 순종, 순결, 경건, 정의라 불리는 미덕을 차례로 생각해 보자. 사심 없고 희생적인 덕망 높은 인물—자신의 모든 힘과 이성을 **자기**의 보호, 발전, 향상, 촉진, 권력 확대 등에 사용하지 않고, 오히려 자신에 관해서 무심하고 스스로를 돌보지 않으며 심지어 스스로에게 냉담하거나 냉소적인 인물—을 칭송할 때 그러한 칭찬은 사심 없는 정신에서 나온다고 할 수 없다. '주위 사람들'은 **자신들이 이익을 얻기 때문에** 사심 없는 사람을 칭찬하는 것이다! 그들이 만약 '사심 없는' 입장에서 생각했다면, '자신들을 위해 투여된' 힘의 소모나 손해를 거절하고 그런 경향에 저항하면서, 무엇보다도 먼저 '그것을 선이라 부르지 않음으로써' 자신의 사심 없음을 알릴 것이다.

이로써 확실히 오늘날 매우 존경받는 특정 도덕의 근본적 모순이 드러난다. 이 도덕의 **동기**는 그 **원리**와 충돌하고 있다! 이 도덕이 증명하려는 바로 그 대상이, 도덕을 그 도덕적 기준에 비추어 반박하고 있다. '당신은 자신을 내버리고 희생해야만 한다'는 명제가 그 도덕 자체와 모순되지 않기 위해서는, 오직 다음과 같은 사람의 입에서만 선포되어야 한다. 바로 자신의 이익을 내버리고 희생이라는 요구에 따라 스스로를 파멸시킨 인물이다. 그러나 주위 사람들(또는 사회)이 이타주의를 **이익을 위해** 장려하는 순간 정반대의 명제, 즉 '설사 다른 모든 사람에게 불이익을 초래할지라도 당신의 이익을 추구해야 한다'라는 명제가 성립한다. 결국 '해라'와 '하지 마라'가 동시에 주장되는 것이다!

22 국왕의 하루 일정*17

하루가 시작된다. 오늘을 위해 우리는, 아직 주무시는 우리 인자하신 주군의 집무와 행사 일정을 짜놓아야 한다. 오늘 폐하는 심기가 불편하시다. 불쾌하다는 말씀이 나오지 않게 주의하자. 그쪽 화제는 아예 건드리지 않을 참이다. 오늘 우리는 모든 업무를 여느 때보다 필요 이상으로 장중하게, 행사를 아주 위엄 있게 수행할 것이다. 폐하는 혹시 병환이 드셨는지도 모른다. 조찬 때는 지난밤에 들어온 가장 좋은 소식, 몽테뉴 씨가 도착했다는 소식을 올릴 예정이다. 몽테뉴 씨는 질병을 아주 유쾌하게 얼버무리는 재주가 있다. 그도 담석증으로 고생하고 있지만. 또 몇몇 인물을 맞아들일 예정이다(인물! 그중 하나인 늙고 오만한 개구리가 이 단어를 듣는다면 뭐라고 할까! 아마 이러겠지. '나는 인물 따위가 아니다. 언제나 사물 자체이지'). 그리고 배알은 누구나 지겨워할 만큼 오래오래 길게 이어질 것이다. 자기 집 문에 '여기에 들어오는 사람은 나에게 존경을 바칠 테지만, 들어오지 않는 사람은 나에게 기쁨을 줄 것이다'라고 써 붙인 어느 시인의 일화를 이야기해야 할 이유가 충분할 정도로. 이는 그야말로 무례한 것을 예의바르게 말한 예이다! 이 시인은 무례를 선택해야 할 충분한 이유가 있었다. 바로 사람들이 그의 시가 시인 자신보다도 훨씬 뛰어나다고 말했다는 것이다. 그렇다면 그는 더욱 많은 시를 지어 자신을 되도록 세상에서 떨어져 있는 편이 좋다. 그것이야말로 그의 예의바른 무례함의 의미이다. 반대로 국왕은 언제나 국왕의 '시'보다도 훨씬 커다란 가치가 있다. 아니, 그나저나 우리가 지금 대체 뭘 하고 있는 거지? 이렇게 수다나 떨고 있는데, 신하들은 우리가 이미 머리를 짜내 일한다고 생각할 것이다. 이미 우리 창문에선 어디보다도 이른 불빛이 반짝이니까.

들어 봐! 종소리 아니야? 안 돼! 오늘 하루의 분주한 춤이 벌써 시작되다니, 그런데 우리는 이 원무의 순서를 알지 못한다! 어쩔 수 없지. 즉흥적으로 출 수밖에. 세상은 모두 그날그날을 즉흥적으로 보내니, 우리도 오늘은 세상과 함께 그렇게 지내 보자!

그러나 여기서 나의 불가사의한 아침나절 꿈은 현실로 돌아온다. 그 독특하게 묵중한 음조로 다섯 시를 알리는 탑의 종소리 때문인가 보다. 오늘 아침에는 꿈의 신이 나의 습관을 놀려 대는 듯하다. 하루를 **나를 위해** 계획해서 어떻게든 보낼 작정으로 매일매일을 시작하는 게 나의 습관이다. 그래서 나는 지나치리만치 형식적으로 또 지나치리만치 귀한 신분인 체했던 것이다.

23 부패의 징후

'부패'라는 말로 표현되는, 때로는 사회가 불가피하게 빠져드는 상태에 관하여 다음과 같은 징후에 주목하자. 어디에서든지 부패가 생기자마자 곧 여러 가지 **미신**[*18]이 맹위를 떨치게 되고, 그에 비해 그 민족 본디의 보편적 신앙[*19]은 색이 바래서 무력해진다. 이윽고 미신은 이류 자유사상이 된다. 미신을 좇는 자는, 기분 내키는 형식이나 방식을 선택하며 또 그런 선택의 권리를 스스로 허용한다. 미신적인 인간은 종교적인 인간에 비교할 때 훨씬 '인격적'이다. 따라서 미신적인 사회는, 많은 개인과 개인적인 것에 대한 긍정이 이미 존재하는 사회라고 말해도 될 것이다. 이런 관점에서 미신은 언제나 신앙에 대한 **진보**로서, 지성이 더욱 독립적이 되어 그 권리를 주장하려고 하는 표지처럼 보인다. 이때 낡은 종교·종교심의 숭배자들은 부패를 슬퍼한다. 그들은 과거에 언어 용법까지 규정해, 더없이 훌륭한 자유사상가마저 미신적 존재라고 비방해 용서하지 않았다. 우리는 이러한 미신이 **계몽**의 징조임을 배워야 하지 않을까?

둘째로, 사람들은 부패로 찌든 사회는 **느슨해진다**고 비난한다. 실제로 이런 사회에서는 전쟁을 존중하는 마음은 엷어지고, 전쟁에 대한 희열은 감퇴하고, 안락한 생활이 이전의 군사적·육체단련적인 명예에 뒤지지 않을 정도로 열렬하게 추구된다. 그러나 사람들이 못 보고 지나친 사실이 있다. 전쟁이나 전쟁기술로 화려한 그림 두루마리를 장식한 저 옛날의 민족적 에너지와 정열이, 이제는 무수한 개인적인 정열로 분해되어 눈에 띄지 않게 되었을 뿐이라는 사실이다. 아마도 **부패**된 상태에서 지금 소비된 민족 에너지의 위력은 이전보다 클 것이다. 개인은 전례를 찾아볼 수 없으리만치 그런 힘을 낭비하듯 다 쓰고 있을지도 모른다. 예전에는 그러한 일이 가능할 정도로 에너지가 풍부하지 않았던 것이다! 이처럼 정말로 느슨해진 '이완'의 시대야말로 비극이 가정이나 길거리에서 발생하고 큰 사랑과 큰 증오가 생겨나서, 인식의 불길이 하늘 높이 솟아오르는 그런 시대이다.

셋째로, 사람들은 미신과 이완의 비난에 대한 변호로서, 그러한 부패의 시대에 대하여 보통 다음과 같이 말한다. 즉 그 시대가 더 온정이 있고, 낡은 신앙이 존재한 더욱 강력했던 시대와 비교하면 잔혹함이 대단히 줄었다고. 그러나 나는 앞의 비난에 그러했듯이 이 칭찬에도 동의할 수 없다. 다만 이것만큼은 어느 정도 인정한다. 지금까지의 잔혹성은 오늘날 더욱 세련되어지고 또 과거의 낡은 형식은 취향에 맞지 않게 되었다는 점은 말이다. 그러나 언어·시선이 가하는 상해(傷害)·학대는 부패된 시대에 최고도의 완성을 보인다. 지금이야말로 악의가 창조되고, 악의에서 기쁨을 구하는 일이 생겨난다. 퇴폐적 인간은 기지가 있으며 욕쟁이다. 그들은 칼이나 기습을 통한 살인과는 전혀 다른 종류의 살인이 있음을 잘 안다. 또 입에 발린 말로 **솜씨 좋게 말하면** 사람들에게 신임 받는다는 사실도 익히 알고 있다.

넷째로, '도덕이 땅에 떨어지면' 저 폭군이라고 불리는 존재가 출현한다. 이러한 자들은 **개체**의 선구자들로서 이른바 개체의 조숙한 **첫아이**이다. 조금 시간이 지나면, 이 열매 중의 열매는 노랗게 익어 민족이라는 나무에 붙어 늘어진다. 그리고 다만 이 열매만을 위하여 이 나무는 존재한다! [*20] 도덕의 부패가 가장 심해지고 또한 동시에 여러 종류의 폭군들이 벌이는 투쟁이 절정에 도달했을 때, 최후의 독재자인 카이사르가 나타난다. 그는 독재권을 둘러싼 투쟁의 피로가 극도에 이른 그때, 그 피로를 잘 이용해서 투쟁을 끝맺는다. 그러한 시대에는 통상적으로 개인이 최고로 성숙함에 따라 '문화'는 가장 발달하고 풍요로워진다. 그러나 그것은 카이사르를 위한 것도, 카이사르에 의한 것도 아니다. 설령 최고의 문화인들이 자기를 **카이사르**의 작품이라 말함으로써 그에게 아부하더라도 말이다. 진실은 문화인들이 외부로부터의 안정을 필요로 한다는 점이다. 그들은 내면에 불안과 고생을 안고 있기 때문이다.

이러한 시대에 뇌물·배반은 흔히 발생한다. 왜냐하면 방금 발견된 자아에의 사랑은, 이미 낡고 더러워진 손때 묻은 '조국'에 대한 사랑보다도 훨씬 강력하기 때문이다. 따라서 운명의 무서운 동요에 대하여 무엇인가 자기를 보호할 대책을 강구하려는 욕구는, 아무리 고결한 자라 할지라도 부유한 세도가가 건네는 황금에 손을 내밀지 않을 수 없게 만든다.

이제 확실한 미래의 안전은 지극히 적을 수밖에 없다. 따라서 사람들은 오늘 하루를 위해 산다. 이는 모든 유혹자가 쉽게 이기는 도박을 할 수 있는 정신상태이다. 사람들은 미래와 덕은 미뤄둔 채 다만 '오늘 하루'만 유혹되고 매수될 것이기 때문이다!

개체, 이 진실로 혼자인 그리고 독자적인 자기 자신*21은 익히 아는 바와 같이, 그들의 반대인 군중보다도 훨씬 눈앞의 것들에 마음을 빼앗긴다. 왜냐하면 자기 자신을 미래와 똑같이 파악하기 어려운 것으로 생각하기 때문이다. 따라서 그들은 즐겨 자기를 권력자에 연결시킨다. 대중의 이해나 은혜를 바랄 수 없는 행동과 방법에 의지하는 까닭이다. 그러나 폭군 또는 카이사르는 개체의 권리를, 그의 일탈적인 행동의 경우에도 이해하며, 따라서 꽤나 대담한 사적인 도덕을 위해 변명하고 손 내미는 일을 재미있어 한다. 왜냐하면 그들은 자신의 일을 생각하며, 나폴레옹이 이미 그 고전적인 어조로 표현한 바 있는 말이 자신에게도 적용되길 바라기 때문이다. "사람들이 나에 관하여 이러쿵저러쿵 불평하는 것 일체에 대하여 나는 언제라도 변함없이 '그것이 나다!'라고 대답할 권리가 있다. 나는 세상 전체와 별개의 존재이고, 누구로부터도 제약을 받지 않는다. 나는 사람들이 나의 이런 몽상에조차 복종하여, 내가 저렇게도 되고 이렇게도 되는 기분 전환에 빠져도 그 모두를 당연히 받아들이길 원한다." 이것이 남편으로서의 충실을 의심하는 그의 부인을 향해 나폴레옹이 한 대답이다.

부패의 시대는 과실이 나무로부터 떨어지는 시대이다. 나는 지금 개인들, 즉 미래의 씨앗을 심는 사람들, 새롭게 정신적 식민운동과 국가적·사회적 결합을 형성하는 창시자들에 대해 말하고 있다. 부패라는 것은 한 민족의 **가을**에 대한 비방에 지나지 않는다.

24 여러 가지 불만

약하디 약한, 이른바 여성적인 불평가들은 삶을 미화하고 심화하는 데 온 힘을 쏟는 재능이 있는 사람들이다. 강한 불평가들, 비유하자면 남성적인 불평가들은 삶을 개선하고 안정화하는 데 온 힘을 쏟는 재능을 가진 사람들이다. 전자는 자주 기만을 당하고, 약간의 도취·몽상에 기대어 안주하는 수도 있다. 그러나 전체적으로 결코 만족하지 못하며 자신의 불만을 해소할 수 없음을 고민한다는 점에서 나약함과 여성적인 점을 내보인다. 게다가 그들은 대체로 진정제와 마취제 같은 위안을 만들어 내는 일당의 후원자이다. 바로 그 때문에 종교인보다도 의사를 높이 평가하는 사람들은 그들의 혐오를 받게 된다. 이리하여 그들은 현실의 궁핍이 **지속되는 것**을 지지한다! 중세 이후 이런 종류의 불평가들이 다수 유럽에 존재하지 않았더라면, 부단하게 **변화**를 지향하는 저 유명한 유럽의 능력은 결코 성립하지 못했을 것이다. 왜냐하면 강력한 불평가들의 요구는 너무 조잡해서, 궁극적으로는 요구가 이루어지지 않은 채 결국 진정되기 때문이다.

중국은 대규모의 불만과 변화 능력이 수 세기 이래 사멸된 국가의 좋은 예이다. 아마 유럽의 사회주의자와 국가우상숭배자는 생활의 개선·보증을 겨냥한 그들의 방책을 가지고 유럽에서도 쉽게 중국 같은 상황과 '행복'을 달성할 수 있을 것이다. 만일 그들이 여기에서 우선 저 병적이고 섬세하며 여성적인, 여전히 널려 있는 불만·낭만주의를 근절할 수 있다면 말이다. 그 난치병에 가까운 성격과 끝없이 변화하는 고뇌에 대해, 유럽은 최고의 감사를 올려야만 하는 병자이다. 이렇게 끊이지 않는 새로운 사태, 즉 부단히 닥쳐오는 새로운 위험·고통과 그 타개책이 결국 지적인 민감성을 낳았다. 그것은 거의 천재적 힘과 동일하다고 말할 수 있으며, 모든 천재적 힘의 어머니라고도 할 수 있다.[*22]

25 인식에 어울리지 않는 성질

세상에는 결코 진귀하다 할 수 없는, 어리석은 겸허라 일컬어지는 것이 있다. 이런 성질을 지닌 사람은 인식의 사도가 될 수 없다. 그는 무언가 변화된 것을 지각하는 순간 몸을 돌리고 독백한다. '이것은 오해이다. 정신 차리자! 이런 것이 진리일 리 없다!' 그리고는 다시 한 번 더욱 자세히 보거나 듣거나 하는 대신에, 겁에 질린 채 색다른 것으로부터 도피하여 될 수 있으면 그것을 빨리 머릿속에서 쫓아내려고 한다. 그들의 속마음에 있는 규범은 말하자면 이와 같다. '사물에 관한 일반적 견해와 배치되는 것은 단 하나도 보고 싶지 않다! 이러한 내가 새로운 진리를 발견하는 데 과연 적합할까? 하지만 낡은 진리도 넘치도록 많지 않은가.'

26 살아 있다는 것은 무엇일까?

삶, 그것은 죽음을 우리 몸으로부터 부단히 떼어 놓는 과정이다. 삶, 그것은 우리 안에 있는 약해지고 늙은 것들에 대하여 잔혹하고 인정사정없이 구는 것이다. 그러므로 삶, 그것은 죽음에 이른 것·초췌해진 것·늙은 것에 대해 경건한 마음이 없다는 말 아닐까? 결국 부단히 살해하는 일이라고 할 수 있지 않을까? 그럼에도 불구하고 늙은 모세는 말한다. '살인하지 말라!'

27 속세를 떠난 사람*23

속세를 떠난 사람이 하는 일은 무엇일까? 그는 더 높은 세계를 추구한다. 그는 모든 것을 긍정하는 사람보다 아득하게 멀리, 높이 날아가고자 한다. **그는** 비상을 방해하는 **여러 가지 것들을 내버린다.** 그중에는 그에게 반드시 무가치하지도 불쾌하지도 않은 것이 많이 포함된다. 그는 그것들을 높은 곳에 대한 욕망의 희생물로 삼는다. 그런데 이런 희생과 내버림이야말로, 사람들의 이목을 모으는 유일한 것이다.

그래서 사람들은 그를 일컬어 '속세를 떠난 사람(체념한 사람)'이라고 한다. 그리하여 이러한 모습을 띤 그는 우리의 눈앞에 나타난다. 두건 달린 외투로 몸을 감싼 자유로운 정신으로서. 우리에게 주는 이런 인상에 대해, 그는 아마도 만족하리라. 그는 우리를 '초월하여' 날아가려는 욕망이나 긍지, 의도들을 숨겨 두고 싶어 한다. 그렇다! 그는 우리의 생각보다도 더 현명하고 또 실로 정중하다. 그는 긍정의 인간이다. 그것은, 그가 세상을 체념하더라도 우리와 마찬가지로 긍정의 인물이기 때문이다.

28 최선의 것으로써 해를 끼치다

우리의 강점은 때때로 우리를 대단히 몰아세운다. 이로써 약점을 더는 견딜 수 없게 된 우리는 파멸에 이르기도 한다. 우리는 물론 이 결말을 예견하지만 그럼에도 불구하고 그 밖의 진척을 바라지 않는다. 그때는 마음속에서 구하는 위안에 냉혹한 태도를 취할 뿐이다. 이런 무자비함이 곧 우리의 위대함이다.

결국에는 생명을 대가로 지불해야 할 그런 체험은, 위대한 인간들이 타인이나 그 시대에 미치는 총체적인 영향의 비유이기도 하다. 확실히 그들의 최선의 것, 다만 '그들만'이 이룩할 수 있는 것을 통해, 위대한 인간들은 많은 약한 것·불확실한 것·생성되는 것·기대되는 것을 파괴한다. 그들은 그 때문에 유해하다. 아니! 전체적으로 보아 다만 해로울 뿐이라고 말할 수도 있으리라. 왜냐하면 그들의 최선은 강렬한 술과도 같아 오성과 이기심을 잃어버리는 사람들에게만 받아들여지고 삼켜지기 때문이다. 그들은 거나하게 취해서 모든 미로란 미로에 떠밀려 들어가, 자신들의 사지를 부러뜨리는 꼴이 되는 것이다.

29 겹거짓말쟁이들*24

프랑스인들이 아리스토텔레스의 삼일치(三一致)법칙*25을 공격하고 그리하여 이 법칙에 대한 옹호론이 일어났을 때, 흔히 볼 수 있지만 별로 좋지는 않은 일이 또다시 일어났다. 즉 사람들이 그 법칙이 존속해야 하는 **이유를 억지로 만들어 내 스스로에게 거짓말을 해 버린 것**이다. 이러한 법칙에 **익숙하며** 더는 그것이 달라지기를 원하지 않는다는 사실을 인정하지 않으려는 단순한 이유 때문이었다. 이런 일은 일반화된 모든 도덕이나 종교에서도 언제나 재연되어 왔다. 모든 관습의 근거와 목적은 항상 거짓말로서, 이는 혹자들이 이러한 관습들을 공격하기 시작하여 근거와 목적을 **물을 때** 비로소 만들어진다. 이 점에서 모든 시대의 보수주의자들은 철저하게 불성실하다. 그들은 뒤늦게 거짓말을 보탠다.

30 저명인사의 희극

이를테면 정치가처럼 명성이 **필요한** 모든 저명인사가 동지나 친구를 선택할 때는 반드시 숨겨진 속마음이 있다. 그들은 이 사람에게서는 그 미덕을 빛내 주는 반영의 한 조각을 구하고, 저 사람에게서는 세상에 이미 알려진 그의 좋지 않은 성질이 유발하는 위협적인 힘을 구한다. 그리고 또 다른 인물에게서는 매우 유유하게 한가로운 세월을 즐기고 있다는 평판을 남모르게 챙긴다. 그것이 때로는 너그럽고 게으르고 태만한 인물로 보이고 싶다는 그들의 목적에 쓸모가 있기 때문이다. 요컨대 그것은 그들이 빈틈없이 매복하여 기회를 기다리고 있음을 숨겨 준다. 그들은 또는 공상가를, 또는 박식한 사람을, 또는 외골수를, 또는 현학자를 그때그때마다 또 다른 자기로서 필요로 한다. 그러나 곧바로 그들을 필요 없어 하게 된다! 이리하여 모두가 끊임없이 그들의 주변에 들어오는 것처럼 보이고 그들의 '성격'과 하나가 되려고 하는 것 같지만, 그들 주위는 활기가 없어져 간다. 이러한 점에서 그들은 큰 도시와 유사하다. 명성은 그들의 성격처럼 끊임없이 변화한다. 왜냐하면 그들의 변화하는 수단이 이 변화를 바라고, 때에 따라 이런저런 현실 또는 허구의 성질을 끄집어내 무대에 **올리기** 때문이다. 그들의 친구나 동지는 앞에서 서술한 바와 같이 이러한 무대 위의 성질 중 일부이다. 이에 반하여, 그들이 바라는 바는 그만큼 한층 견고하게 흔들림 없이 저 멀리까지 빛나야만 한다. 그러나 이것 또한 때때로 희극이나 무대 연출을 필요로 한다.

31 상업과 귀족

읽거나 쓰는 기술처럼, 팔고 사는 일은 이제 일상사로 취급되고 있다. 예컨대 상인이 아니더라도 누구랄 것 없이 그런 일을 두고두고 되풀이해 매일 이 기술을 닦는다. 마치 옛날에 인류가 수렵생활을 할 때, 누구나가 사냥꾼이었고 매일 사냥기술을 연마했던 것과 같다. 그 시대에 사냥은 일상사였다. 그러나 그것은 결국 권력자나 귀족의 특권이 되었고, 그에 따라 일상다반사의 성격을 상실했다. 사냥은 필요한 일이 아니라 변덕스럽고 사치스러운 일이 된 것이다. 매매도 언젠가 그런 모습이 될지 모른다.

팔고 사는 일이 없는 사회, 이러한 매매 기술의 필요성이 점점 사라져 버리는 사회를 생각해 보자. 어쩌면 이곳에선 일반 사회의 법칙에 복종하지 않는 소수자가, **감각의 사치**로서 매매하는 일을 멋대로 할지도 모른다. 그때 비로소 상업은 고귀성을 획득하는데, 그러면 귀족은 마치 과거에 전쟁이나 정치에 즐겨 매달렸던 것처럼 상업에 종사하게 될 것이다. 반대로 정치에 대한 평가는 그때 완전히 일변해 버릴 것이다. 지금은 이미 정치가 귀족의 전업이 아니다. 그리고 언젠가는 사람들이 정치를, 모든 당파문학이나 통속문학에 그랬듯이 '정신적 매음'이란 꼬리표를 붙여도 될 만큼 비속한 것으로 생각할지도 모른다.

32 바람직하지 않은 제자

"이 두 청년은 대책 없는 자들이다!" 예전의 소크라테스처럼 청년들을

'타락'시켰던 어느 철학자는 불쾌한 기분으로 부르짖는다. "그들은 나에게는 바람직하지 않은 제자이다. 이 중 한 사람은 '아니다'라고 말하질 못한다. 또 한 사람은 어떤 일에나 '적당히 하자'고 말한다. 그들이 나의 가르침을 이해했다면, 첫 번째 제자는 너무나도 많은 **고민을 할** 것이다. 왜냐하면 나의 사고방식은 전투적인 혼을, 고통을 주려는 의지를, 거부의 즐거움을, 견고한 피부를 요구하기 때문이다. 그러나 이 제자는 결국 외상이나 내상 때문에 쇠약해져 버릴 것이다. 그리고 다른 제자는, 그가 대변하는 여러 사항 중 중용을 골라 그 모든 사항을 범용한 것으로 만들어 버릴 것이다.*26 이런 제자는 적에게나 주고 싶다!"

33 강의실 밖에서

"인간은 본디 마음씨가 좋은 동물에 속한다지. 이 명제를 증명하기 위해 나는 여러분에게, 인간이 실제로 오랫동안 얼마나 쉽게 무언가를 믿는 존재였는지를 상기시키고 싶다. 그런데 인간은 지금, 몹시 더디긴 하지만 굉장한 자기극복을 거친 뒤에 **불신하는** 동물이 되었다. 그렇다! 인간은 바야흐로 과거 어느 때보다도 더 사악해졌다." 아니! 나는 이 점이 아무래도 이해되지 않는다. 어떻게 해서 인간이 지금은 불신하는 존재가 되어 사악해졌다는 말인가? "왜냐하면 인간은 지금 과학을 소유한 한편 필요로 하기 때문이다!"

34 숨겨진 역사(*Historia abscondita*[*27])

모든 위대한 인간은 시간을 거슬러 올라가는 힘이 있다. 모든 역사는 그 덕분에 재차 저울 위에 올라간다. 그리하여 과거의 많은 비밀이, 그것이 숨어 있던 은신처에서 튕겨 나온다. **그의** 태양 아래로. 앞으로 무엇이 또 역사가 될지 우리가 살필 길은 전혀 없다. 과거는 아마 본질상 계속 발견되지 않은 채로 있는 것이리라! 지금도 여전히 많은, 시간을 거슬러 작용하는 힘이 필요하다!

35 이단과 마법

일반적 관습과는 다른 사고방식을 지니는 것. 이것은 뛰어난 지성의 결과라기보다는 사악한 경향의 결과, 즉 이탈적이고 고립하려는, 그리고 반항적이고, 못되고, 음험한 경향이 야기한 결과이다. 이단은 마법의 부속물이다. 그리고 마법과 마찬가지로 해가 되며 본질적으로 결코 존경할 만하지 못한 것이다. 이단자와 마녀는 사악한 인간의 두 종류이다. 그들의 공통점은 그들 스스로도 자기가 사악하다고 '느낀다는 점', 그러나 억누를 수 없는 열망 때문에 지배적인 것(그것이 인간이든 견해든 간에)에 해를 끼치고자 한다는 점이다. 중세적 정신을 배증시킨 것이라고 할 수 있는 종교개혁—그것은 그 정신이 더 이상 선한 양심을 동반하지 못하게 된 시대에 이단과 마법 양쪽을 엄청나게 만들어 냈다.

36 유언

다음 사실을 상기할지어다. 저 가공할 만한 인간 아우구스투스 황제, 이른바 현자 소크라테스에 못지않게 자기를 극복하고 똑같이 침묵을 터득한 인간이, 임종의 말로써 자기 자신에 대한 신중함을 내동댕이친 사실을. 그는 자기가 가면을 쓰고 희극을 연기했다는 것을 암시함으로써 처음으로 가면을 벗었다. 그는 국부(國父)의 역을, 또 왕좌의 지혜를, 그것이 그의 본성이라고 생각될 정도로 훌륭하게 연출해 왔다! '박수치라, 친구여, 희극은 끝났다!'[28]라고 그는 말했다. 네로 황제가 임종 때에 '예술가로서 나는 죽는구나!'[29]라고 생각했던 것은, 죽음에 임박한 아우구스투스에게서도 그대로 나타났다. 배우 같은 허영! 배우 같은 재잘거림이여! 실로 죽음에 이른 소크라테스와는 정반대이다!

그러나 티베리우스 황제는 침묵을 지키며 죽었다. 모든 번뇌하는 이들 중 가장 심하게 번뇌했던 이 사람은 배우가 아니라 진실된 자였다! 마지막 순간에 그의 뇌리를 스친 것은 무엇이었을까? 아마도 이런 것이 아니었을까. '삶, 그것은 완만한 죽음이다. 그런데 이 바보 같은 나는 그토록 많은 인간의 생명을 단축시켰다! 나는 은혜를 베푸는 자가 되었어야 하지 않을까? 나는 그들에게 영원한 생명을 주었어야 했다. 그러면 그들이 영원토록 **죽어 가는 모습을 볼 수 있었을 텐데.** 나의 눈은 **그럴 수 있을 만큼** 실로 훌륭하지 않은가. 이토록 뛰어난 관찰자가 나의 죽음과 함께 사라지다니!'[30] 그가 오랜 단말마의 고통 후에 다시 생기를 되찾는 것처럼 보였을 때, 사람들은 베개를 가지고 그를 질식시킬 것을 고려하였다.[31] 그는 말하자면 두 번 죽었던 것이다.

37 세 가지 오류 때문에

사람들은 지난 몇 세기에 걸쳐 과학을 촉진시켜왔다. 그 이유는 첫째, 사람들이 과학과 함께 또 과학을 통해, 신의 선의와 지혜를 가장 잘 이해할 수 있다고 생각했기 때문이다. 이것은 위대한 영국인들(뉴턴과 같은)의 마음속에 있었던 주요 원인이었다. 둘째, 사람들이 인식의 절대적인 유익함을, 더욱이 도덕과 지식과 행복의 심오한 결합을 믿었기 때문이다. 이것은 위대한 프랑스인들(볼테르와 같은)*32의 마음속에 있었던 주요 원인이었다. 셋째, 사람들은 과학을 통해 무엇인가 공정한 것, 무해한 것, 자기만족적인 것, 진실로 선한 것, 요컨대 인간의 사악한 충동과 전혀 얽히지 않은 듯한 것을, 손에 넣고 사랑할 수 있다고 생각했기 때문이다. 이것은 인식자로서의 자기를 신과 같은 존재로 느낀 스피노자의 마음속에 있었던 주요 원인이었다. 그리고 이러한 세 가지 오류가 과학을 촉진시키는 이유가 되었다.

38 폭발적인 인간

젊은이들이 얼마나 폭발하고 싶어 하는지를 생각하면, 그들이 전혀 기호도 없이 대충 결정해서 이런저런 일에 뛰어드는 것도 놀랄 일이 아니다. 그들을 유혹하는 것은 그 일을 둘러싼 열정의 광경이다. 즉 불타는 도화선의 광경이지, 일 그 자체는 아니다. 따라서 솜씨 좋은 유혹자는, 그 일에 뛰어들어야 할 이유를 설명하는 노력 없이도 젊은이들의 마음속에 폭발의 기대를 불러일으키는 기술을 알고 있다. 이유를 늘어놓아 보았자, 이 화약통을 손에 넣을 수는 없다!

39 취향의 변화

보편적 취향의 변화는 여론의 변화보다도 중요하다. 여론은 그것의 모든 증명이나 반박이나 지적 치장과 더불어, 단순히 변화하는 취향의 낌새에 불과하다. 아직도 종종 사람들은 여론이 취향의 변화 원인이라고 추정하지만 결코 **그렇지 않다**. 그렇다면 보편적 취향은 어떻게 변화하는 것일까? 그것은 소수의 사람, 권력이 있는 사람, 영향력이 큰 사람이 망설임도 없이 '이것은 우습고 바보스럽다'*[33]라는 감정을, 즉 그들의 취향·혐오에 따라 내린 판단을 표명함으로써 독단적으로 해치우는 식으로 이루어진다. 그들은 그에 따라 다수자에게 일종의 압박을 가하고, 그 압박이 점점 다수의 습관으로 바뀌어 결국에는 **만민의 욕구**로 변하는 것이다. 한편 이들 소수자의 느낌과 취향이 다른 이유는 보통 그들의 생활방식이나 음식이나 소화의 독특성에서 발견된다. 혹은 그들의 혈액이나 뇌수에 포함된 무기염분의 양이, 다시 말하면 그들의 체질*[34]이 그 이유일 수도 있다. 그들은 더구나 자기의 체질을 의심 없이 믿고, 그것의 자연스러운 요구의 가장 섬세한 음색에 이르기까지 귀를 기울이는 용기가 있다. 그들의 미적 또는 도덕적인 판단은, 그러한 체질의 '지극히 섬세한 음색'인 것이다.

40 고귀한 풍채의 결핍에 관하여

병졸과 지휘관 사이에는 노동자와 고용주의 관계보다도 훨씬 고상한 상호 관계가 아직 남아 있다. 적어도 오늘날에는 모든 군사적인 기초 위에 선 문화가, 이른바 모든 산업문화보다도 높은 곳에 위치해 있다. 산업문화는 그 현재 형태로 볼 때, 지금까지 있었던 것들 중 가장 비속한 생활양식이다. 여기에서는 인간이 짐승 같은 궁핍의 법칙에 좌우된다. 살고 싶은 인간은 자기를 팔아야만 한다. 그러면서도 사람들은 이 궁핍을 이용하여 노동자들을 **사들이는** 자를 경멸한다. 기묘하게도, 위협하여 전율을 안겨 주는 강대한 인물인 폭군이나 장군에 대한 복종이, 산업계의 거물처럼 일반에게 알려지지 않고 관심도 끌 수 없는 인물에 대한 복종에 비교하면 비통한 느낌이 훨씬 덜하다. 노동자는 보통 고용주를, 단순히 교활하고 착취하며 모든 궁핍을 돈벌이 기회로 이용하는 비굴한 인간으로 본다. 여기서 그 인간의 이름·인품·의로운 행동·평판 등은 전혀 문제되지 않는다. 공장주나 기업가에게는 모든 **고귀한 종족**이 갖춘 풍채나 특색(그것이 있어야 비로소 관심을 끄는 **인물**이 된다)이 너무나도 결여되어 있다. 만일 그들이 세습귀족의 고귀함을 그 시선이나 태도에서 드러냈다면, 아마도 대중의 사회주의는 존재하지 않을 것이다. 왜냐하면 대중은 본디 여러 종류의 **노예적 봉사**를 달갑게 여기기 때문이다. 만일 그들의 위에 서 있는 자가 늘 '더 높은 자'로서, '명령하도록 **태어난 자**'로서 고귀한 풍채를 통해 자기를 증명한다면 말이다. 더없이 비속한 인간은 기품이라는 것이 즉각 만들어질 수 없다는 사실, 기품은 오랜 세월에 걸친 과실로서 존중받아야만 한다는 사실을 감지한다. 그러나 고상한 풍채 없이 손만 붉게 살찐 악명 높은 공장주의 속물근성은, 단순한 우연과 행운이 한 사람을 다른 사람 위로 밀어올린다는 느낌을 비속한 자들에게 안겨 준다. 그래, 그렇다면—그들은 진심으로 생각한다—**우리도** 우연과 행운을 시험해 보자! '우리도' 주사위를 던져 보자! —이리하여 사회주의가 시작되는 것이다.

41 후회에 반대하여

사상가는 자신의 행동을, 무언가를 해명하기 위한 실험과 질문이라고 생각한다. 즉 일의 성공과 실패는 그에게 무엇보다도 최우선의 **해답**이다. 그러나 무슨 일인가가 실패했기 때문에 화를 낸다든가 후회한다든가 하는 것은, 명령받았기 때문에 행동하고, 주인이 그 결과에 만족치 않을 때는 두들겨 맞는 것을 각오하는 자에게 맡겨 버린다.

42 일과 권태

보수를 위해 일을 구한다는 점은 문명국가에 사는 거의 모든 인간에게 똑같다. 그들 모두에게 일은 하나의 수단이지 목적은 아니다. 따라서 그들은 별로 주의 깊게 일을 선택하지 않는다. 그저 그 일이 충분한 이익을 가져다 준다면 충분하다. 그런데 일의 **기쁨** 없이 노동하기보다는 차라리 죽는 게 낫다고 생각하는 특이한 사람도 있다. 골라 잡기 좋아하고 쉽게 만족하지 않는 사람들인데, 그들에겐 일 그 자체가 최대의 수익이 아니라면 충분한 수익도 아무런 의미가 없다. 이렇게 독특한 인종에 속하는 이가 여러 부류의 예술가와 명상가이다. 또한 일생을 사냥, 여행, 연애, 모험에 소비하는 한가로운 사람들도 그러하다. 이들 모두는 그것이 쾌락과 관계될 때만, 그리고 필요할 때만 육체적 고통이나 힘들고 가혹한 일을 감당하려고 한다. 그렇지 않으면 그들은 철저히 게으르다. 설령 빈곤, 불명예, 건강이나 생명의 위험 등이 이 게으름에 연결되어 있을지라도. 그들은 권태보다도, 차라리 즐거움이 없는 일을 두려워한다. 그러나 '그들의' 일이 성공하기 위해서는 많은 권태가 필요하다. 사상가에게 또 모든 독창적인 정신에, 권태는 그 순조로운 항해나 즐거운 바람에 앞선 유쾌하지 못한 마음의 '잔잔한 바다'이다. 그들은 그것을 견디어 내야만 한다. 그런 것의 영향이 사라질 때를 **계속 기다려야만 한다.** '이것이야말로' 확실히 평범한 인간은 도저히 해낼 수 없는 것이다! 권태를 여러 방법으로 우리 몸에서 내쫓는 일은, 즐거움 없는 일을 하는 것만큼이나 천박하다. 아시아인이 유럽인보다 우수한 까닭은 훨씬 오래, 훨씬 깊은 안식을 취할 수 있기 때문일지도 모른다. 그들의 마취제조차도 유럽의 독약인 알코올의 혐오스러운 급격함과는 반대로 서서히 효과가 나타나 참고 견딜 만하지 않은가.

43 법률이 말하는 것

어느 민족의 형법을 그 민족성의 표현인 것처럼 연구한다면, 큰 착오를 저지르게 된다. 법률은 민족의 본질을 말하지 않는다. 그것은 차라리 그 민족에게 낯설고 기이하며 놀랍도록 이국적으로 보이는 것을 나타낸다. 법률은 관습과 도덕으로부터 벗어난 예외적인 일에 관계된다. 그리고 가장 가혹한 형벌은, 인근 민족의 습관에 따를 경우 적용되었다. 와하비파*³⁵에서 죽을죄는 다만 두 가지뿐이다. 와하비파의 신이 아닌 다른 신을 믿는 것, 담배를 피우는 것(그들의 기준에서는 '매우 치욕스런 음주'라 불린다). '그러면 살인이나 간통은 어떻습니까?'라고 이런 법률을 발견한 영국인이 깜짝 놀라서 물었다. '신은 인정이 많아 관대하시네!'라고 늙은 추장은 대답했다.

마찬가지로 고대 로마인의 기준에서 사형감에 해당하는 여성의 죄는 단 두 가지, 간통과 음주뿐이었다. 늙은 카토의 말에 따르면 근친끼리 키스하는 풍습은 오직 여성의 음주 여부를 검사할 목적으로 생겨났다고 한다. 키스로 '그녀에게서 술냄새가 나지 않는가?' 하고 확인하는 것이다. 사람들은 실제 음주를 하다가 붙잡힌 여성들을 사형에 처했다. 이는 비단 알코올에 취한 여성들이 '아니요'라고 말하는 잘못된 버릇을 배우기 때문만은 아니었다. 로마인들이 무엇보다 두려워했던 것은 밀교적인 바쿠스 제의였다. 포도주가 아직 유럽에서 신기한 것이었을 무렵 남부유럽의 여성들이 때때로 포도주에 빠져들었는데, 이는 '로마적인 감각을 뒤집어 엎으려는 무서운 외국 풍속'이었다. 그것은 외국에 합병되는 것과 다름없는 로마에 대한 배반이었던 것이다.

44 믿어졌던 동기

인류를 지금까지 실제로 행동하게 만든 여러 가지 동기를 아는 일은 확실히 중요할 것이다. 그러나 아마도 각 동기에 대한 '신념', 즉 인류가 지금까지 자기 행위의 진정한 원인이라고 스스로 생각하거나 공상해 왔던 것이, 인식자에게는 한층 더 중요할 것이다. 왜냐하면 인간의 내적인 행복과 비참을 결정짓는 것은, 이런저런 동기에 대하여 그들이 품은 신념이지 실제 동기는 **아니기** 때문이다. 후자, 즉 실제 동기는 모두 이차적 중요성밖에 없다.

45 에피쿠로스

그렇다. 나는 에피쿠로스라는 인물을 분명 어느 누구와도 달리 느끼며, 그것을 자랑스럽게 생각한다. 나는 에피쿠로스에 관하여 무엇을 듣고 읽는 데에서 고대 오후의 행복을 음미하게 된다. 햇볕을 흠뻑 쬐는 바닷가의 절벽 위에서 에피쿠로스의 눈은, 그 너머에 광대하게 펼쳐져 희게 빛나는 바다를 보고 있다. 한쪽에서는 크고 작은 동물들이 햇빛 속에서 즐거워하며 그 햇빛처럼 또한 저 눈과 같이 평온하게 노닐고 있다. 그 모습이 내 눈에 선하다. 그런데 이러한 행복을 만들어 낼 수 있는 것은, 끊임없이 고뇌하는 자뿐이다. 이러한 눈[眼] 앞에서 현존재의 바다는 잔잔해진다. 그리고 이 다채롭고 섬세하면서도 두려움을 주는 바다의 표면을, 그 눈은 언제까지고 바라보며 싫증을 느끼지 않는다. 이러한 눈의 행복. 이전에는 이런 겸손한 열락은 존재하지 않았다.*36

46 우리의 경탄

과학이 오래 유지되고, 또 새로운 탐구를 위해 계속적인 기초를 제공한다는 것은 매우 깊고 근본적인 행복이다. 그것이 실제와는 다르다 해도 말이다! 사실 우리는 우리 판단의 불확실성과 환상성 그리고 모든 인간적 법률 및 개념의 영원한 변동성을 확신하고 있다. 그러니 과학의 성과가 오래 유지되는 걸 보고 얼마나 놀랐겠는가! 이전에는 인간들이 모든 것의 이러한 변덕스러움에 관해 알지 못했다. 그 시대에는 도덕적 관습에 따라, 모든 인간의 내면세계는 영원한 법칙과 결합되어 있다는 신념이 유지되었다. 아마도 그 시대 사람들은 동화나 요정 이야기를 들었을 때, 지금의 우리와 마찬가지로 경탄과 기쁨을 느꼈을 것이다. 기적적인 것은, 가끔 규칙과 영원성에 진저리 난 사람들에게 쾌감을 주었다. 지반을 잃어 버리는 것! 둥둥 떠돌아다니는 것! 헤매는 것! 미치는 것! 그것은 과거 시대의 낙원이며 건전하지 못한 쾌락의 일부분이었다. 반면 우리의 행복은 물에 빠진 자가 뭍에 올라가 반갑고 든든한 땅 위에—그것이 흔들리지 않는 데 경탄하며—두 다리로 서 있는 행복과 유사하다.

47 정열의 억압에 관하여

오랫동안 끊임없이 정열의 표현을 삼간다면, 이를테면 그 표현을 무언가 저급한 패거리, 저속하고 서민적이며 농민 같은 계층에게나 맡겨야 할 일로 생각한다면, 정열 그 자체를 억압하려는 게 아니고 정열적인 말이나 태도만을 억압한다면, 그 결과 우리는 본디 의도하지 않았던 바도 **동시에** 달성하게 된다. 즉 정열 그 자체의 억압을, 적어도 정열의 쇠약과 변화를 초래하게 되는 것이다. 가장 교훈적인 예로서 루이 14세의 궁정과 그 궁정에 종속된 모두가 체험한 것을 들 수 있다. 표현의 억압을 **계승하는 시대**에는 정열이 줄어든 대신에 그 자리를 풍류적이고 천박하며 유희적인 것이 메우게 되었다. 그것은 예의에서 벗어나지 못하는 무력함으로 특징지워지는 시대였다. 거기에서는 모욕조차도 정중한 언어로 받아들여지고 돌려보내진다. 아마도 현대는 이와 가장 두드러진 대조를 이루는 시대가 아닐까. 나는 가는 곳마다, 인생에서건 연극에서건 특히 모든 책에서는 말할 것도 없이, 정열의 온갖 **조야**한 표출과 몸짓에 대한 쾌감을 본다. 지금이야말로 정열적인 것이 습관으로서 요구되고 있다. 진짜 정열은 결코 아닌 것! 그럼에도 불구하고 사람들은 결국 이렇게 함으로써 '정열 그 자체에' 도달한다. 그리하여 우리의 자손은 단순히 야만적이고 제멋대로인 형식에 빠질 뿐만 아니라 **참된 야성**을 지니게 될 것이다.

48 고통의 지식

아마도 인간이나 시대는, 다름 아닌 고통에 대한 지식이 얼마나 있느냐에 따라 가장 잘 구분될 것이다. 즉 정신의 고통에 따라서, 또한 육체의 고통에 따라서.

육체에 관해 말하자면 우리 현대인은 누구든 예외 없이 육체적 결함이나 질환이 있다. 그럼에도 불구하고 충분한 자기경험이 부족하기 때문에 무능하면서도 동시에 공상가이다. 공포의 시대(가장 길었던 시대)에 비하면 말이다. 그 시대에는 개개인이 폭력에 대하여 자기 자신을 지켜야만 했으며, 또 이 목적을 위해 스스로 폭력적 인간이 되어야만 했다. 그 시대에 인간은 끊임없는 육체적 고통과 결핍으로써 충분히 단련되었다. 인간은 자기에 대한 어느 정도의 잔혹이나 더 나아가 스스로 부과한 고통의 훈련을 통해 필요한 자기보존의 수단을 얻었다. 그 시절 사람들은 자기 주변 사람들도 고통에 견디게끔 교육했다. 즐겨 남에게 고통을 가하고, 그중에서도 가장 끔찍한 것이 타인의 육체에 일으키는 고통을 보면서도, 자신의 안전 말고는 다른 어떠한 감정도 느끼지 않았던 것이다.

정신의 고통에 관해서는, 나는 오늘날의 모든 인간을, 그가 그러한 고통을 경험으로부터 알까 책으로부터 알까 하는 관점에서 본다. 그가 이 고통의 지식을 위장하는 일을 이른바 세련된 교양의 증거로서 필요하다고 생각할까 어떨까 하는 점에 주목한다. 또한 그가 정신의 고통을 마음 깊숙한 곳에서는 믿지 않고, 그것을 그저 극심한 육체적 인내(치통이나 복통을 떠올리며)를 말할 때처럼 부르지 않나 생각한다. 내 생각엔 아무래도 오늘날 대다수의 사람이 그런 듯하다.

정신의 고통과 육체의 고통 양쪽의 무경험과, 고뇌하는 자의 모습을 눈앞에서 보는 일이 드물어졌다는 점 때문에, 오늘날 중요한 결과가 생긴다. 사람들은 이제 옛날 사람보다도 명확히 많은 고통을 싫어하면서, 이전보다도 훨씬 그것을 나쁘게 말한다. 아니 이미 고통을 **생각**하는 것조차도 견디지 못한다. 그래서 거기에서부터 현존재 전체에 대하여 양심 문제나 비난을 만들어 낸다.

염세적인 철학*[37]의 출현은 결코 위대한 고통의 표지(標識)가 아니다. 오히려 모든 삶의 가치에 붙는 이러한 의문부호는 이러한 시대에, 현존재가 예민해지고 안이해져서 모기에 물리는 정도의 불가피한 정신이나 육체의 고통조차 지나치도록 잔인하고 악랄한 것으로 느끼는 시대에, 또 현실의 고통 경험의 빈약함에서 비롯된 **고통의 일반적 표상***[38]을 최고의 고뇌로 생각하는 시대에 만들어진다.

염세철학과 극심한 민감함—그것이야말로 나에게는 진정한 '현재의 고통'으로 생각되지만—에 대한 처방은 당연히 있다. 그러나 아마도 이 처방은 너무나 잔혹하게 여겨지고, 그 자체가 징후—사람들로 하여금 지금이야말로 '생존은 악한 것이다'라고 판단하게 만드는 징후—에 속할 것이다. 그렇다! '고통'에 대한 처방은, **고통**이다.*39

49 관대함과 그것의 친척

마음이 괴로운 사람의 태도에 돌연 나타나는 냉담함, 우울한 사람의 유머, 복수 또는 질투가 만족되거나 갑작스레 단념되었을 때의 **관대함** 등과 같은 역설적 현상은, 강대한 정신적 원심력을 갖고 있어 돌연한 포만감 또는 돌연한 구토감을 느끼는 인간에게서 일어난다. 그들의 만족은 매우 급속하고 강렬하므로 그에 따른 염증과 혐오, 반대되는 취미로의 도주가 연달아 일어나게 된다. 이러한 대립 속에서 감정의 지나친 긴장은 해소된다. 이것은 어떤 사람에게는 돌연 냉정해짐을 통해, 어떤 사람에게는 웃음을 통해, 또 어떤 사람에게는 눈물과 자기희생을 통해 이루어진다.

나에게 관대한 인간은—적어도 항상 지극히 큰 감명을 주어 왔던 부류의 '관대'한 인간은—극도의 복수심을 지닌 인간으로 보인다. 그들은 만족을 주위에서 쉽게 발견하여 그것을 마음껏 철저하게 마지막 한 방울까지 **이미 관념 속에서** 다 마셔 버리는데, 이 때문에 거대하고 급속한 구토감이 이러한 급속한 방종에 계속된다. 현재 그는 사람들이 흔히 표현하는 대로 '자기를 이겨 냄'으로써 자기 자신을 높이고, 적을 용서하거나 심지어 축복해 주고 존경한다. 그러나 이렇게 자신을 억압함으로써 더없이 강력한 복수 충동을 이렇게 경멸함으로써, 확실히 그는 바로 지금 그의 마음속에서 강력해진 새로운 충동(구토감)에 따를 뿐이다. 그리고 이 충동, 즉 혐오감이 이제 그의 마음에서 강력한 힘을 휘둘러, 그는 조금 전 공상을 통해 **먼저 얻어서** 만끽했던 복수의 기쁨과 마찬가지로 초조하고 과도하게 이것을 낭비하는 것이다. 관대함에는 복수와 마찬가지로 에고이즘이 있다. 그러나 그것은 성질이 다른 에고이즘이다.

50 고독화의 논거

양심의 가책이라는 것은 지극히 양심적인 인간의 경우에도, 다음과 같은 감정에 대해서는 약해지는 법이다. 즉 '이러이러한 것은 **네가 속한** 사회의 미풍양속에 어긋난다'는 감정이다. 그들 아래에서 교육받고 또 그 사람들을 위해 교육되었는데, 그런 그들에게서 냉대를 받고 험한 말을 듣는다면 아주 강한 사람이라도 **무섭다는 생각**을 하게 된다. 그를 무섭게 만드는 것은 도대체 무엇일까? 고독해지는 것! 개인이나 여러 가지 일을 위한 최선의 논거마저 파괴해 버릴 논거로서의 고독화(化)! 우리 내부에 있는 군집본능은 그렇게 우리에게 영향을 준다.

51 진리감각

'그렇다면 한번 시험해 봅시다.' 나는 이러한 응답을 허락하는 모든 회의(懷疑)를 찬미한다. 반면에 시험이 허락되지 않는 어떤 사물, 어떤 물음에 관해서도 더 이상 듣고 싶지 않다. 이것이 내 '진리감각'의 한계이다. 왜냐하면 그 경우에는, 진리를 위한 용기가 권리를 상실하기 때문이다.

52 타인이 우리에 대해 아는 것

우리가 자신에 대해 알고 또 기억하는 것은, 생각보다 우리 인생의 행복에서 그렇게 결정적이지는 않다. 어느 날 **다른 사람들**이 우리에 관하여 아는 (또는 안다고 생각하는) 것이 우리를 덮쳐 온다. 그리고 그때 우리는 그것이 더 강력하다는 사실을 깨닫는다. 사람들은 나쁜 평판보다도 양심의 가책을 훨씬 쉽게 처리한다.

53 선(善)이 시작되는 곳

시력이 약한 눈이 악의 충동을, 그 악의 충동이 정묘(精妙)한 모습으로 변했기 때문에 더 이상 그것으로서 파악할 수 없게 되었을 때, 바로 그곳에 인간은 선의 왕국을 설정한다. 그러면 그때야말로 선의 왕국 속에 발을 디디고 있다는 감각이, 지금까지 악의 충동에 위협받아 억압되었던 모든 충동 (우리가 안전·쾌적·호의라 일컫는 종류의 감정)에 공통된 흥분을 일으킨다. 눈이 침침해질수록 선의 범위는 광대해진다! 거기에서부터 민중이나 아이들의 한결같은 명랑함이 생겨난다! 거기에서부터 위대한 사상가들의 암울함과, 양심의 가책과 비슷한 우울도 생겨난다! *40

54 가상의 의식

인식을 가지고 현존재의 모든 것에 직면할 때 나는 얼마나 경이와 신선함 또 전율과 야유를 느끼는지! 나는 그 옛날 인간과 동물의 현존재가, 아니 태곳적 시대와 과거의 모든 것을 느끼는 존재가 내 안에서 시를 짓고, 사랑하고, 증오하고, 추론한다는 사실을 **발견했다.** 나는 돌연 '이런' 꿈의 한복판에서 깨어난다. 그러나 그것도 다만 나 자신이 지금 꿈을 꾸고 있다는 의식, 또 자신이 파멸하지 않기 위해서는 꿈을 쉴 새 없이 꾸어야만 한다—마치 몽유병자가 굴러 떨어지지 않기 위해서는 꿈을 계속 꾸어야 하듯이—는 의식에 도달했음에 지나지 않는다. 지금 나에게 '가상'이란 무엇일까? 틀림없이 본질의 대립물은 아니리라. 설령 내가 어떤 본질에 대해 말할 수 있다 해도, 그것은 단지 그 가상의 술어에 지나지 않을 테니! 확실한 것은 그것이 미지의 X에 덮어씌우거나 벗겨 낼 수 있는 죽은 가면은 아니라는 점이다.

나에게 가상이란 정말로 생생하게 움직이는 것 그 자체이다. 그것은 자기 경멸 속에서 나로 하여금 다음과 같이 느끼게 만든다. 즉 여기에는 가상과 도깨비불과 유령의 춤만이 존재한다는 것—이런 모든 꿈속에서 '인식자'인 나 자신도 나의 춤을 춘다는 것이다. 인식자는 지상의 춤을 오래 끌게 하는 하나의 수단이며, 그런 점에서 현존재의 축제를 주선하는 지위에 속한다는 것이다. 또 모든 인식의 숭고한 귀결과 연계는, 아마도 몽상의 보편성과 이러한 모든 몽상가의 상호 이해를 유지하며, 따라서 이를 통해 **꿈의 영속성을 유지**하는 최고의 수단이고 앞으로도 그러리라는 것이다. *41

55 최후의 고귀함

고귀함을 만드는 것은 도대체 무엇일까? 분명 희생은 아닐 것이다. 난폭한 육욕에 조종당한 인간도 희생을 치르기 때문이다. 열정에 따르는 행위는 더욱 아닐 것이다. 경멸할 만한 열정도 있기 때문이다. 타인을 위해 무슨 일을 하고 심지어 자신의 아집까지 버리는 행위도 분명히 아니다. 아마도 아집이 내포한 일관된 이기심은 정말로 고귀한 인간에게서 가장 잘 나타날 것이다. 고귀함의 비밀은 고귀한 사람을 엄습하는 열정이 특수하다는 사실이다. 고귀한 사람은 이 특수성을 모르지만, 이런 기이하고도 특수한 척도에 따라 거의 광기에 가까워진다는 사실이다. 다른 모든 사람에게는 차갑게 느껴지는 일을 뜨겁다고 생각하는 감각, 아직 저울로 잴 수 없는 가치를 살펴서 아는 일, 알려지지 않은 신의 제단에 희생을 봉헌하는 일,*42 명예를 대가로 구하지 않는 용기, 흘러넘치는 부를 소유하고 그것을 인간이나 사물에 나눠주는 자기만족 상태, 이런 데에 고귀함의 비밀이 있다. 요컨대 이제까지 사람을 고귀하게 만든 것은 기이한 것이며, 이 기이한 것에 관한 무지이다. 그러나 여기서 우리가 고려해야 할 것이 있다. 바로 이 규준에 따라 모든 습관화된 것·가까이 있는 것·불가결한 것 등등 요컨대 종(種)을 보존하는 데 가장 쓸모 있는 것, 다시 말하자면 인류에 있어서 이제까지의 '규칙'이, 이런 예외적인 사람에 유리하도록 부당하게 평가되어 대체로 비방을 받아 왔다는 점이다. 이러한 인류의 규칙의 옹호자가 된다는 것—어쩌면 이것은 고귀함이 지상에 현현(顯現)하는 최후의 세련된 형식일지도 모른다.*43

56 고뇌를 향한 욕망

수백만의 유럽 젊은이들이 권태에 어찌할 바를 몰라 자기 자신을 견딜 수 없어 한다. 그러한 그들을 끊임없이 부추기고 자극하는 일을 어떻게든 하고 싶다는 열망을 생각하면, 그들의 마음속에 고뇌하고자 하는 욕망이 있어, 그들이 이 고뇌로부터 행동의 마땅한 근거를 얻어내려 한다고 여기게 된다. 고통이 필요한 것이다!*44 거기에서부터 정치가들의 외침이 나오며, 거기에서부터 많은 잘못되고 과장된 온갖 계급의 가공적 '긴급사태'와 그것을 기쁜 마음으로 믿어 버리는 맹신이 생겨난다. 이런 젊은이들은 **외부로부터** 행복이 아니라 차라리 불행이 찾아와서 드러나게 되기를 바란다. 그래서 그들의 상상력은 엄청난 괴물을 만들어 낸 뒤에 그것과 싸우기 위해서 미리 손을 쓰기에 바쁘다. 이런 고민을 원하는 젊은이들이 자신의 내면에서 스스로를 기쁘게 하고 스스로에게 무언가를 보태려는 힘을 느낀다면, 그들은 또한 자기 특유의 내면적 고민을 창조하는 일도 할 수 있게 된다.*45 그때 그들의 창조물은 더욱 정교해지고, 그들의 만족은 좋은 음악과 같이 화려하고 아름다울 것이다. 그런데 지금 그들은 세계를 고뇌의 부르짖음으로, 지나치리만치 **고뇌의 감정**만으로 가득 채워 버리고 있다! 그들 스스로도 자신이 무엇을 하고 있는지를 알지 못한다. 그래서 타인의 불행을 벽에 그린다. 그들은 항상 타인을 필요로 한다! 끊임없이 또 다른 타인을 필요로 한다! 나의 친구들이여, 용서해 다오. 내가 감히 나의 행복을 벽에 그리려는 것을.

〈주〉

*1 301항을 참고할 것. '확실성에 대한 욕망'에 관하여는 347항과 특별히 주 25를 참조.

*2 '부조화의 조화 상태' : 호라티우스(Horace)의 말. 그의 《서간시 *Epistles*》 I 의 12, 19 참조.

*3 니체 사상에 관한 많은 해석들은 이 매우 중요하고도 특징적인 항 때문에 무효화되었다. 니체는 그것을 부인하지 않았다. 319, 335, 344항과 비교할 것. 그리고 니체의 《반그리스도》 50～55항 참조.

*4 퐁트넬(Bernard le Bovier de Fontenelle, 1657～1757) : 프랑스 사상가, 문학자. 많은 연애물, 비극, 희극, 가극, 산문을 지었다. 계몽사상을 쉽게 해설한 《세계 다수문답(多數問答)》이나 《신탁의 역사》를 썼고 신구(新舊) 전쟁에 개입하여 진보설을 지지하였다. 어떤 젊은 여성이 그의 가슴에 손을 대고 '여기에 당신이 지니고 있는 것은 심장이 아닙니다. 이것은 머릿속에 있는 뇌입니다'라고 말하자, 그는 아무 말 않고 미소를 지었다는 일화가 있다.

*5 2항의 결론을 참조할 것.

*6 이 항은 니체의 공리주의에 대한 끊임없는 반대만큼이나 그의 '비도덕주의'를 설명하고 있다. 니체 철학의 중심 주제 중 하나는 선과 악에 대한 어떤 단순한 대비도 거부한다는 것이다. 이 반(反)마니교적 예민함을 간과하는 어떤 해석도, 그리고 그가 단순히 전통적 가치를 전복했을 뿐이라는 어떤 가정도, 유지될 수 없는 조야한 것에 불과하다. 우리는 이 주제를 더욱 주의 깊게 언급할 수도 있지만, 그보다는 이를 잘 해설해 놓은 다음의 몇몇 항들을 소개하는 것으로 충분하리라 본다. 14, 19, 21, 23, 24, 27, 28, 35～37, 49항 등.

*7 마치니(Giuseppe Mazzini, 1805～72) : 이탈리아의 혁명가, 저술가. 이탈리아 통일운동의 지도자. 과격한 공화주의자. 한때 노동계급에게 '신의 섭리에 따라 이 세상에서 이탈리아가 맡은 임무를 이해시키기 위하여' 이탈리아 역사를 쓰려고 희망하였다. 하지만 그 책은 결국 쓰이지 않았다. '그러나 아무도 그 단순한 인간적 위대함, 그 도덕적 힘의 강함, 인류의 부단한 진보를 안내하는 신에 대한 신뢰의 영감을 얻지 않고는, 마치니가 남긴 간결한 문장의 단편을 읽을 수 없으리라.'(《브리태니커 백과사전》)

*8 《차라투스트라》 II권 《타란툴라에 대하여》: '자식이 아버지의 밀고자가 되는 일도 종종 있다. 그리고 종종 나는 자식에게서 그 아버지의 숨겨진 비밀을 발견한다.'

*9 괴테의 《에흐몬트(Egmont)》 3막 2장에 나오는 Clärchen의 노래에 관한 암시. 베토벤은 이를 오페라로 만들었다.

*10 이것은 니체가 그의 《권력에의 의지》의 교의를 발전시키는 동안 쓰였다. 그는 일 년 후 《차라투스트라》에서 '권력에의 의지'를 분명히 나타낸다.

*11 타인을 해치는 것은 그에게 권력이 결여되어 있다는 표시이다.

*12 동정에 대한 비판은 《차라투스트라》에서 완전히 발전된다.

*13 290항 참조.

*14 이러한 의미에서 '노예근성'은 '해방된' 또는 '자치적인'과 동의어이다.

*15 《우상의 황혼》 I부 8항, 《이 사람을 보라》 I부 2항 참조.

*16 Obhut üiber Sich selbs.

*17 L'ordre du jour pour le roi.

*18 Aberglaube.

*19 Glaube.

*20 니체, 《선악을 넘어서》 126항 참조.

*21 diese wahren An-und Für-sich's.

*22 처음 홀깃 보아서는 니체가 약함이나 불리한 여성형을 강함 및 남성형과 대비하는 것처럼 보인다. 그러나 그의 저작을 자꾸 대하다 보면 이 최초의 대비는 놀랄 만큼 반전된다. 니체는 변증법적 사상가이며, 흑백논리로 사고하지 않는다. '끊임없이 변화하는 능력(Verwandelung)'은 시의 마음을 가져오고, 이것은 4년 후에 《선악을 넘어서》에서 결실을 맺는다. 변화하는 자만이 나와 동족이라면서, 니체는 이러한 능력을 놀랄 만큼 소유하고 또 가치를 매긴다. 그리고 '중국적' 착실함과 '행복'은 그에게는 소름끼치는 전망—살아 있는 죽음—이다. 그의 다음 작품 《차라투스트라》의 서언에서 이러한 '행복'은 '최후의 인간'과 연관되어 있다. 5년 후인 1888년, 그는 칸트에게서 '중국'을 추측할 수 있다고 말했다. 왜냐하면 그는 매우 완고하며 그의 도덕철학에서는 정열을 '병리학적'으로 고려하기 때문이었다. 국가 숭배자: 《차라투스트라》 1부에서는 국가에 대한 장에 '새로운 우상에 대하여'라는 제목을 붙였다.

*23 285항 참조.

*24 Hinzu-Lügner(겹거짓말쟁이들)란 거짓말을 보태서 합리적으로 사고하는 자들을 말한다.

*25 비극에서의 시간, 공간, 구성의 일치. 아리스토텔레스 자신은 앞의 두 가지는 요구하지 않았다.

*26 원문의 독일어보다 요점을 더 명료하게 번역하다 보니 니체의 의미에 관해서 의심할

바 없게 되었다. 예로서 그의 누이의 이야기를 인용하는 것이 가장 명쾌한 방법일 듯
하다. 첫째로 그녀는 니체와 바그너를 '반반씩' 합치기를 원했다. 후에 그녀는 자신의
이름을 엘리자베스 푀르스터 니체로 바꾸고 하나의 절충을 꾸며 내기 위해 노력했다.
그것은 지도적인 반유대주의자였던 작고한 남편 베른하르트 푀르스터와, 푀르스터를
매우 싫어하는 동시에 반유대주의자가 아니었던 오빠의 철학을 절충하기 위해서였다.

* 27 숨겨진, 비밀의, 혹은 알려지지 않은 역사.

* 28 Plaudite amici, comoedia finita est!

* 29 Qualis artifex pereo!

* 30 Qualis spectator pereo!

* 31 타키투스, 《연대기(Annals)》 제6권 50장에서. 또 다른 재평가 : 종종 찬양되는 아우
구스투스는 네로에 비유된다. 반면 잔인한 티베리우스는 인간적으로 평가된다. 중요
한 것은 마니교도의 단순성을 다른 것으로 대치하는 데 있는 것이 아니라, 오히려 그
러한 단순성들을 새로운 시각으로써 넘어서는 것이다.

* 32 니체, 《선악을 넘어서》 35항을 참조.

* 33 Hoc est ridiculum, hoc est absurdum.

* 34 physis : 자연을 의미하는 그리스어.

* 35 와하비파 : 이슬람교의 일파. 18세기 압둘 와하브(Muhammad ibn Abdul-Wahab)가
창시했다. 원시 이슬람교로의 복귀를 주장하는 점에서 일종의 종교개혁운동이라고 볼
수 있다.

* 36 에피쿠로스에 대한 니체의 동족의식은 분명한 것처럼 보인다. 이는 대부분의 니체 해
석가들이 전적으로 무시해 온 니체의 또 한 측면이다. 니체의 시 〈남쪽에서〉 참조.
나아가 《선악을 넘어서》 270항과 《즐거운 지식》의 서문, 《니체 대 바그너》에서 니체
가 덧붙인 마지막 3쪽에서는, 이 작가가 얼마나 그의 이런 측면에 애착을 보이는지가
나타난다.

또한 Peter Gast에게 보낸 니체의 편지에서는 에피쿠로스에 대한 많은 흥미로운 언
급이 등장한다. 이 모두는 감탄과 동류의식을 표현하고 있다. 이것은 비록 종종 니체
가 오직 전(前) 소크라테스적 철학자에 감복했을 뿐이라고 잘못 전해졌지만.

'내 건강은 여전히 지겹게 고통으로 차 있다네. 나의 인생은 혹독하고 외롭고, 나
자신은 대체로 거의 완벽한 성자처럼 살고 있는데, 외양은 거의 완전한 그리고 참된
에피쿠로스의 것일세('참된'이란 표현은, 일반적으로 쓰이는 '에피큐리언'이라는 표현
에서 발견되는 통속적 오해에 반대해서 쓴 것)—내 영혼은 매우 고요하고 인내심 있
으며, 아직은 기쁨으로 생을 관찰하고 있으이.' '다시 한 번 에피쿠로스의 파멸을 숙고
해 보는데, 의지의 강함과 탈속은 가장 높은 정도의 머리에서나 표현되는 것이야.' 에
피쿠로스에 관해서는 또한 277, 306, 370, 375항 이하 참조. 그리고 니체의 에피쿠로

스에 관한 마지막 언급은 《반그리스도》 58항에 나온다. 니체가 결국 에피쿠로스와 결별하게 되는 이유는 《권력에의 의지》 1029항에 가장 간결하게 설명되어 있다. '나는 이토록 두려운 일들을 인식해 왔으므로 모든 에피쿠로스적 위안이 그때는 불가능해진다. 오직 디오니소스적 쾌감만으로 충분하다…….' 결국 니체는 정열과 열정을 포기할 수 없었던 것이다.

* 37 특히 쇼펜하우어의 철학.

* 38 쇼펜하우어의 철학을 염두에 두고 있다. 이 단어는 쇼펜하우어의 대표적 저작 《의지와 표상으로서의 세계》의 그 '표상(表象)'이다.

* 39 쇼펜하우어가 만일 진정으로 불행을 겪어 보았다면, 그의 염세주의는 치료되었을 것이다. 니체처럼. 《선악을 넘어서》 186항. 니체의 의문은 쇼펜하우어가 진정한 염세주의자인가에 있다.

* 40 《선악을 넘어서》 212항에서 니체는 다음과 같이 말했다. '철학자는 자기의 임무를, 그 어렵고 원하지 않는 것, 그러나 피할 수 없는 임무를 발견해야 한다……. 그 시대의 떳떳치 못한 양심 안에서.'

* 41 다시 말해 우리의 경험세계는 전(前) 이성적인 과거에 따라 형성되며 꿈에 비유할 수 있을 것이다. 그러나 우리의 경험세계가 그 객관성이나 현실에 대한 독립성을 얼마나 결여하고 있는가를 깨닫는 그 순간조차도 우리는 계속 '꿈속을 헤매야'만 한다. 우리가 경험하는 것은 '피상, 외양'이다. 왜곡된 그 뒤에 '본질'이 숨어 있는 것도 아니다. '외양'이란 알려지지 않은 X의 얼굴로부터 제거될 수 있는 가면이 아니다. 그것은 아무런 객관적인 현실이 아니며 본질적인 것도 아니다. 오직 여러 종류의 관점에서 본 외양인 것이다. 이 사상은 57~59항과 제3부에서 더욱 발전된다. 그리고 훨씬 뒤 《우상의 황혼》 3, 4부에도, 《권력에의 의지》에도 이와 관련된 많은 항이 있다.

* 42 니체의 초기 시 〈알려지지 않은 신〉 참조.

* 43 제2부 70항 참조.

* 44 Not ist nötig.

* 45 예를 들면 니체와 같이. 이 문장과 다음 문장의 앞 부분은 이 항의 마지막 문장을 설명하고 있다. 기본적인 대조는 자기만족의 주위를 맴돌고 있다. 타인에게 투사하는 경향성이 결여돼 있는 사람은 누구나, 완화하기 위해 노력할 수 있는 고통의 조건들을 필요로 한다. 그 자신에게 투사하지 않을 때, 그는 그의 삶을 어떤 목적에 줄 수 있는 것이다.

제2부

57 리얼리스트들에게

너희 냉철한 자들아! 너희는 정열이나 환상에 대해 갑옷을 입은 것 같이 느끼며, 자기의 공허함을 자랑거리와 장신구로 삼고 싶어 한다. 너희는 스스로 리얼리스트라 칭하면서, 이 세계는 너희의 눈에 비치는 모습과 똑같은 것이라고 암시한다. 너희 앞에서만 현실은 베일을 벗으며, 너희 자신은 그 현실의 최고의 부분이라고 암시한다. 아, 너희 사랑스런 자이스(Sais)의 신상(神像)*¹이여! 그러나 비록 완전히 껍데기를 벗어젖혔다 해도, 너희는 역시 물고기들 못지않게 매우 정열적인 어두운 존재이며, 여전히 사랑에 빠진 예술가와 유사한 존재가 아닌가? 그리고 사랑에 푹 빠진 예술가에게 '현실'이란 무엇인가? 너희는 변함없이 지나간 세기의 정열이나 애착에서 비롯된 사물의 평가를 완곡하게 표현하고 있다! 너희의 냉철함에는 변함없이 근절할 수 없는 은근한 도취가 내재되어 있다! 예를 들면 너희의 '현실'에 대한 애착. 오오! 그것은 오래된, 참으로 오래된 '사랑'이다! 모든 감정에, 모든 감각적 인상에 이 오래된 사랑의 한 조각이 있다. 마찬가지로 얼마간의 환상, 선입관, 부조리, 무지, 공포, 그 밖의 모두가 그것에 섞이고 얽혀 있다! 저편의 저 산! 저 하늘의 저 구름! 도대체 그 어디가 '현실적'인가? 환영과 모든 인간적인 **첨가물**을 거기서 제거한다면 말이다, 너희 냉철한 인간들아! 만일 너희가 **그런 일**을 할 수 있다면! 너희의 유래나 과거, 그 학교를 잊을 수 있다면, 너희의 인간성과 동물성 전부를 잊을 수 있다면 말이다! 우리에게는 현실적인 것이 없다. 역시 너희에게도 없다. 냉철한 인간들아, 우리는 너희가 생각하듯이 서로 그렇게 무관한 존재가 결코 아니다. 그리고 도취는 **불가능**하다는 너희의 신념이 존경할 만한 것이라면, 그와 마찬가지로 도취를 극복하고자 하는 우리의 좋은 의지도 존경할 만할 것이다.

58 오로지 창조자로서!

내가 이제까지 가장 노력했고 지금도 가장 노력하고 있는 것은, 사물이 무엇인가 하는 점보다는 **사물이 무엇이라 불리는가** 하는 점이 훨씬 중요하다는 것을 통찰하는 일이다. 어떤 사물의 평판, 명칭, 외관, 효력, 평소 용량과 무게—그것은 그 기원에서 보면 본디 의복처럼 사물에 입혀져 그 본체, 아니 그 피부와도 전혀 무관한 한낱 오류이며 자의적인 것인데—등은, 그것에 대한 신념과 세대에 걸친 그 신념의 성장을 통해 점점 사물에 유착하고 동화해서 마침내 신체 자체가 되어 버린 것이다. 처음엔 가상이었던 것이 결국에는 언제나 본질이 되어 본질로서 **작용한다**! 여기서 본질로서 인정되는 세계, 이른바 '현실'을 멸망시키기 위해 그 기원과 모호한 망상의 덮개를 지적하면 충분하다고 생각하는 것은 얼마나 어리석은가! 우리는 오직 창조자로서만 이 세계를 멸망시킬 수 있다! 하지만 다음과 같은 사실도 잊어서는 안 된다. 장기적으로 새로운 '사물'을 창조하기 위해서는 새로운 이름과 평가와 개연성을 창조하면 그것으로 충분함을.

59 우리 예술가!

여성을 사랑할 때 우리는 걸핏하면 자연에 대해서 증오심을 품는다. 모든 여성을 지배하는 일체의 꺼림칙한 자연성이라는 것을 생각하기 때문이다. 우리는 대체로 그 점을 생각하지 않으려고 한다. 그러나 이따금 우리의 정신이 이런 사정에 맞닥뜨리면 정신은 초조해져서 경련하고, 지금 말했듯이 경멸의 눈초리로 자연을 곁눈질한다. 우리는 모욕당한 것이다. 자연이 우리의 소유물에 아주 더러운 손을 댄 것처럼 보인다. 그때 우리는 모든 생리학에 대해서 귀를 막고 속으로 조용히 결심한다. '나는 인간이 **영혼과 형상** 이외의 또 무엇인가라는 소리에는 일체 귀를 기울이지 않겠다!' '피부를 뒤집어쓴 인간'이란 말은 모든 애인들에게 만행이자 불합리이며, 신과 사랑에 대한 모독이다.

그런데 지금도 여전히 사랑하는 사람이 자연과 자연성에 대해 느끼는 이 감정을, 과거에는 신(神)과 그 '성스러운 전능'의 모든 숭배자들이 느끼고 있었다. 그들은 자연에 관해서 천문학자나 지질학자나 생리학자나 의사가 말하는 바 일체를, 그들의 가장 귀중한 소유물에 대한 간섭(*Eingriff*)과 공격(*Angriff*)이라고 느꼈다. 더욱이 공격하는 자들이 뻔뻔스럽기 그지없다고 생각했다! '자연법칙'은 그들에게는 이미 신의 비방이라고 여겨졌다. 결국 그들은 모든 메커니즘을 도덕적인 의지와 자의(恣意)의 작용으로 환원해 보이고자 했던 것이다. 그러나 어떤 사람도 그들을 위하여 실제로 이 일을 해낼 순 없었기 때문에, 그들은 이러한 자연과 그 메커니즘을 되도록 **감추고** 꿈속에서 생활했다. 아, 이들 과거의 인간들은 **꿈꾸는 법**을 알고 있었다. 그래서 꿈을 꿀 때 꼭 잠자리에 들 필요는 없었다! 또한 우리 오늘날의 인간 역시 깨어 있는 낮 시간을 요구하는 좋은 의지를 지니고 있음에도 불구하고, 아직도 너무나 잘 꿈꾸는 법을 알고 있다! 사랑하고 미워하고 열망하기만 하면, 즉 느끼기만 하면 **갑자기** 꿈꾸는 정신과 힘이 우리를 덮친다. 우리는 눈을 둥그렇게 뜬 채 모든 위험에도 태연하게, 아주 위험한 길을 올라간다. 환상의 지붕 또는 탑 위에, 마치 타고난 등산가처럼 약간의 현기증도 느끼지 않고. 우리 대낮의 몽유병자들은! 우리 예술가들은! 우리 자연스러움을 숨기는 자들은! 우리 달밤과 신에게 혼을 빼앗겨 방황하는 자들은! 산봉 우리를 낯익은 평지, 참된 안식처로 보며 오르는, 우리 죽음처럼 고요하고 싫증을 모르는 나그네들은! *[2]

60 여성들과 원격작용

나에게 아직 귀가 있는 걸까? 아니면 나는 오직 단순한 귀 이상의 아무것도 아닌 걸까? 나는 여기 그 물보라의 하얀 불꽃이 발밑을 핥으며 물결이 격렬하게 밀어닥치는 파도의 한가운데 서 있다. 사방팔방에서 천지가 울부짖고 위협하고 비명을 지르고 절규하며 나에게 덤벼드는데, 한편 깊고 깊은 밑바닥에서는 늙은 '땅을 흔드는 자'(그리스 신화에 나오는 바다의 신 포세이돈)가 마치 울부짖는 황소처럼 불분명한 소리로 그 아리아를 노래하고 있다. 또한 그는 노래와 아울러, 땅을 흔드는 자 특유의 박자에 발장단을 맞추고 있다. 그 때문에 이들 비바람에 바랜 암석의 요괴들도 두려워 부들부들 떨 정도이다. 그때 돌연히 마치 허무에서 태어난 것처럼 이 혼돈의 미궁(迷宮) 문 앞에, 그저 몇 발 떨어진 곳에 커다란 범선 한 척이 출현한다. 유령처럼 묵묵히 미끄러져 가는 범선이. 오오, 이 유령 같은 아름다움이여! 이것은 대체 어떤 마력으로 나를 사로잡는 것인지! 어쩐 일일까? 이 세상의 모든 고요함과 침묵이 이 배에 실려 있는 것일까? 나의 행복 자체가 이 조용한 곳에 자리잡은 것일까? 나의 보다 행복한 자아가, 나의 제2의 영원해진 자신이? 아직 죽지는 않았지만 그렇다고 이미 살아 있지도 않은 채로? 정령(精靈)과 같이 조용하고 관조적이며 미끄러지듯 떠돌아다니는 중간존재로서? 그 하얀 돛을 올려 거대한 나비처럼 어두운 바다 위를 건너가는 배와도 같이! 그렇다! 존재의 **위를** 건너가는 것이다! 바로 그것이다! 틀림없이 그렇다!

이 장소의 소음이 나를 몽상가로 만들어 낸 것이다. 모든 커다란 소음은 우리로 하여금 행복을 조용한 먼 곳에서 찾게끔 한다. 남자는 **자신의** 소음 한가운데, 온갖 구상이나 기획의 격랑 한가운데 있을 때, 조용하고 매력적인 존재가 자기의 곁을 미끄러져 가는 모습을 볼 것이다. 그리고 그는 그들의 행복과 은둔을 동경하게 된다. **그 존재가 바로 여성이다.** 남자는 그 여성 곁에 자기의 보다 좋은 자아가 깃들어 있다고 생각한다. 그런 조용한 장소에서는 귀를 먹먹하게 하는 소란스러움마저도 죽음과 같은 고요로 변하고, 인생 자체가 인생을 초월한 꿈이 된다고. 그러나! 그러나! 나의 고귀한 몽상가여, 가장 아름다운 범선에서도 많은 잡음이 있으며, 또한 유감스럽게도 온갖 잡다하고 가련한 소음이 있다! 여성들의 매력과 그 가장 강력한 작용은, 철학자의 말을 빌려 말하면 **원격작용**(actio in distans)인 것이다. 그러나 그 작용에는 우선 필요한 것이 있다—**거리**라는 것이!

61 우정의 영예를 위해

고대에는 우정이 최고의 감정으로 여겨졌다. 이 감정은 사람들이 우러러보는 저 자족의 심경에 도달한 현자의 긍지보다도 높은 것으로 보였다. 말하자면 그 긍지의 유일한, 심지어 그것마저 능가하는 신성한 형제라고 생각된 것이다. 이 사실을 더없이 훌륭하게 표현하는 것은 마케도니아 왕의 이야기이다. 그는 세상을 경멸하는 아테네의 어느 철학자에게 1달란트*³를 주었는데 그것이 되돌아오자 이렇게 말했다. '어찌된 일이냐. 그는 친구를 필요로 하지 않는단 말이냐?' 그 의미는 다음과 같다. '나는 고고한 현자의 이 긍지를 존경한다. 하지만 만일 그의 마음속 친구가 그의 긍지를 이겨 냈다면 나는 그의 인간성을 더욱 존경했을 텐데. 저 철학자는 자신이 두 가지 최고의

감정 중 하나인 더 높은 쪽을 모른다는 점을 보여 줌으로써, 내 앞에서 스스로를 낮추었다.'

62 사랑
사랑은 사랑하는 이에게 정욕조차도 허락한다.

63 음악 속의 여성
비를 품은 따뜻한 바람이, 음악적인 느낌과 선율을 만들어 내는 기쁨을 일으키는 것은 왜일까? 교회를 가득 채우고, 여성들에게 사랑의 황홀함에 대한 생각을 일으키는 것도 그와 같은 바람이 아닐까?

64 회의주의자
생각건대 나이 든 여성들은 그 숨겨진 마음 밑바닥에서는 어떤 남성들보다도 더 회의적이지 않을까. 그녀들은 현존재의 피상성, 표면성을 그 본질이라고 믿는다. 그리고 모든 덕과 심오함은 그녀들에게 단지 이 '진리'를 가리는 것, 말하자면 치부를 가리는 좋은 가리개에 불과하다. 다시 말해 예의와 수치에 관한 것이지 그 이상의 것은 아닌 셈이다!

65 헌신
일종의 정신적 빈곤함으로 괴로움을 당하는 고상한 여성들이 있다. 그녀들은 자신들의 미덕이나 수치를 제공하는 것 외에는, 그들의 진심 어린 헌신을 **표현하는** 더 나은 방법을 모른다. 즉 그녀들로서는 그것이 최선이다. 그런데 종종 이 선물은 기증자가 예상하는 깊은 감사의 마음을 상대에게 불러일으키지도 못한 채 받아들여진다. 아주 우울한 이야기이다!

66 약자의 강함
모든 여성은 자신의 약함을 과장하는 데는 교묘하다. 심지어 그녀들은 어디까지나 곧 깨질 것 같은 장식품—아주 작은 먼지 하나에도 상처를 입는 존재—처럼 보이기 위해 약함 속에서 지혜를 짜낸다. 즉 그녀들의 존재는 남자들로 하여금 자신의 무식함을 깊이 깨닫고 부끄러움을 느끼게끔 해야 한다. 이런 식으로 그녀들은 강자와 모든 '강권'에 저항하는 것이다.

67 자기 위장

그녀가 그를 사랑한 이래, 그녀는 암소처럼 느긋하게 완전히 몸을 내맡긴 채 황홀한 눈을 하고 있다. 그러나 슬프게도! 그녀가 참으로 변덕스럽고 헤아릴 수 없는 여자처럼 보였기 때문에 그는 그녀에게 매료되었던 것이다! 그는 자기의 변화없는 삶에 이미 질려 있었기 때문에. 그녀는 지금까지의 성격으로 위장하는 것이 좋지 않을까? 사랑에 냉담한 듯 위장하는 것이? ─사랑? **희극이여 영원하라!** *⁴

68 의지와 승낙

사람들이 한 청년을 현자(賢者) 앞에 데리고 와서 말했다. '보십시오. 여자 때문에 타락한 자입니다.' 그러자 현자는 고개를 흔들며 미소지었다. '그렇게 한 것은 남자다.' 그는 말했다. '여자를 타락시키는 것이야말로 남자다. 여자의 모든 결함을 남자가 보상하고 고쳐야만 한다. 왜냐하면 남자는 멋대로 여성의 이미지를 만들어 내고, 여성은 그 이미지를 흉내 내어 자신을 만들었기 때문이다.' *⁵

'당신은 여자에 대해 지나치게 관대하구려.' 주위에 서 있던 한 사람이 말했다. '당신은 여자를 모르오!' 그러자 현자는 대답하였다. '남자의 본성은 의지이고 여자의 본성은 승낙이다─진정 이것이 양성(兩性)의 법칙이다. 물론 여성에게 이것은 가혹한 법칙이지만. 모든 인간은 자신의 존재에 대해 결백한데, 특히 여성은 이중의 의미에서 결백하다. 그녀들을 위해서 몇 사람이나 충분한 위로와 관대함을 베풀까!'

'무엇이 위로요? 무엇이 관대요?' 군중 속의 한 사람이 외쳤다. '우리는 여자들을 더욱더 잘 교육시켜야만 하오!' 현자는 이렇게 말했다. '오히려 남자들을 더 잘 교육시켜야 한다!' 그리고 젊은이에게 뒤따라오라고 눈짓했다. 그러나 젊은이는 현자의 뒤를 따르지 않았다.

69 복수하는 능력

누군가 자신을 방어할 수 없으며, 따라서 방어하려고 생각지도 않는다면 우리는 그것을 치욕이라고 보지 않는다. 그러나 우리는 그가 남자든 여자든, 복수할 능력도 그 확고한 의지도 없는 사람은 경멸한다. 상황에 따라서는 '**우리에게** 대항해서 품었던 칼(어떤 종류의 칼이든)'을 멋지게 휘두를지도 모른다는 기대를 결코 주지 못하는 여성에게, 과연 우리가 마음을 빼앗길 수 있을까(이른바 '매료'라는 것)? '우리에게'라고 했지만 그 칼은 사실 그녀 자신에게 휘둘러질 수도 있다. 때에 따라서 그것은 더욱 통렬한 복수가 되리라(중국인의 복수처럼).

70 남자를 지배하는 여성*6

때때로 극장에서 듣는 낮고 힘찬 알토의 목소리는 우리가 보통 있을 수 없다고 생각해 왔던 가능성의 막을 돌연히 열어 준다. 우리는 갑자기 이 세상 어딘가에, 고귀하고 영웅적이며 왕자다운 혼을 가진 여성, 당당한 응수와 결의와 희생적 행위를 할 수 있는 여성, 따라서 남성들도 지배할 수 있는 여성이—그 내부에 남성의 가장 좋은 요소가 성별을 초월하여 재현되어 있는 이상적인 여성이—존재함을 믿게 된다. 그러한 목소리로 이러한 여성상을 제시하는 것이 극장의 의도는 **아닐 것이다.** 이 목소리는 예컨대 로미오와 같은 이상적인 남자 연인을 표현해야 마땅하다. 그러나 나의 경험으로 판단하건대, 이 경우 극(劇)과 더불어 그런 목소리로부터 그런 효과를 기대하는 음악가는 참으로 진부한 오류에 빠져 있다. 사람들은 **그런** 연인의 존재는 믿지 않는다. 이런 목소리는 모성적이고 주부다운 음색을 지니고 있다. 그리고 그 목소리는 정말로 연애 감정이 그 소리에서 울려나올 때야말로 가장 그런 음색을 낸다.

71 여성의 정결에 관하여

귀족가문의 여성교육에서는 실로 놀라울 만큼 당치도 않은 것들이 다루어진다. 아니! 아마 이 이상 모순된 일은 없을 것이다. 세상은 그 여성들을 성적으로는 되도록이면 무지하도록 교육한다. 즉 그녀들의 마음속에 성적인 사항에 대한 깊은 수치심을 심어 줌으로써 그러한 이야기가 나왔을 때는 극도로 초조해지고 거기서 도피하도록 만드는 데에 세상 사람들은 동의하는 것이다. 여성의 모든 '명예'는 결국 여기에 달려 있다! 그만큼 그녀들에게 엄격히 허락되지 않는 게 달리 무엇이 있겠는가? 이 점에 관해서는, 그녀들은 마음의 밑바닥까지 무지한 채로 있어야만 한다. 자신의 '악'에 대해 눈도 귀도 말도 사상도 가져선 안 된다. 아니, 여기에서는 지식 자체가 이미 악한 것이다. 그런데! 결혼과 함께 그들은 마치 무서운 번개에 맞은 것처럼, 그 점에 관한 현실과 지식의 한복판으로 처넣어진다. 그것도 그들의 가장 사랑하고 존경하는 상대에게 이끌려서. 그녀들은 사랑과 수치의 모순된 현장을 몸으로 맛보는 것이다. 아니! 황홀, 몸을 내맡김, 의무, 연민, 게다가 예상도 못했던 신과 동물의 가까운 관계에 접했을 때의 경악, 그리고 그 밖의 모든 것을 단숨에 느껴야만 하는 것이다.

여기에서 유사한 것을 찾기 어려운 정신적 갈등의 응어리가 생겨난다. 가장 현명한 인간들의 동정적 호기심을 가지고 다가간다고 해도, 여성의 그 수수께끼에 대한 해결과 그 해결의 수수께끼에 대답해 줄 수는 없다. 또한 그 순간에 얼마나 공포스러운 광범위한 의혹이 그녀의 가엾고 어지러운 영혼을 휘저어 놓을 것인가! 아니! 결국 여성의 궁극적 철학과 회의가 바로 이 한 점에서 얼마나 닻을 내리고 말 것인가!

그 후에는 종전과 똑같은 깊은 침묵이 그녀를 지배하게 된다. 종종 자기 자신을 향해 침묵하고 자기 자신에 대해 눈을 감기도 한다.

젊은 아내들은 피상적이고 생각이 없는 것처럼 보이기 위해 비상한 노력을 기울인다. 그녀들에게 가장 현명한 방법은 일종의 뻔뻔스러움으로 치장하는 것이다.

아내들은 남편을 자기들 명예의 의문부호로 느끼고, 자식들을 이에 대한 변명 또는 속죄로 여긴다. 그녀들은 남편이 자식을 원하는 것과는 전혀 다른 의미에서 아이가 필요하다. 요컨대 우리는 여성들에게 아무리 상냥히 대해 줘도 지나침이 없다!*7

72 어머니들

동물은 여성이라는 존재를 인간과는 다르게 생각한다. 동물에게 암컷은 생산적인 존재이다. 그들에게 부성애란 없다. 단지 사랑하는 이의 자식들에 대한 사랑과 같은 것, 또 그 자식들에 대한 친밀감 같은 것이 있을 뿐이다. 암컷은 자식들을 통해 자신의 지배욕을 만족시키려 한다. 자식들은 재산이며, 일거리이며, 말 상대가 되는 거리낌 없는 존재인 셈이다. 이 모두를 종합한 것이 모성애이다. 그것은 예술가가 자기 작품에 쏟는 사랑과 비교할 만하다.[8] 임신은 여성을 더욱 온화하게, 더욱 기대감에 부풀게, 더욱 조심스럽게, 더욱 순종하게 만든다.[9] 마찬가지로 정신적인 임신도 여성적인 성격에 가까운 명상적인 성격을 낳는다. 그것은 남성성을 지닌 어머니이다. ─그리고 동물의 경우 아름다운 성은 수컷이다.

73 성스러운 잔혹성

갓 태어난 아이를 안은 남자가 어느 성자에게 찾아와 물었다. '이 아이를 어떻게 하면 좋을까요? 이 아이는 보기에도 가련하며 불구자인 데다가 죽기에도 부족한 생명밖에 없을 정도입니다.' 이에 성자는 '죽여야지'라며 무서운 목소리로 외쳤다. '죽여라, 그리고 네 기억에 깊이 새겨지도록 3일 동안 네 팔에 안고 있어라. 그러면 너는 두 번 다시 아이를 낳지 않게 되겠지. 낳아야 될 때가 올 때까지.' 남자는 이 말을 듣고 실망하여 떠나갔다. 많은 사람들은 성자가 잔혹함을 가르친다며 비난했다. 성자가 아이를 죽이는 일을 권고하였기 때문이다. '그러나 아이를 살려 두는 것이 더욱 잔혹한 일 아닐까?' 성자는 이렇게 말했다.

74 실패자들

사랑하는 사람을 마주 대하면 불안에 빠져 침착성을 잃음으로써 말이 많아지는 여성들은, 늘 성공을 잡으려다 놓친다. 남성들은 조용하고 느긋한 우아함에 가장 잘 유혹되기 때문이다.

75 제3의 성

'모순으로 들리겠지만 작은 남자도 남자는 남자다. 그러나 작은 여자는, 키가 큰 여자와 비교할 때 별개의 성(性)에 속한 것처럼 생각된다'라고 한 늙은 무용선생이 말했다. '작은 여성은 결코 아름답지 않다'라고 늙은 아리스토텔레스는 말했다.[10]

76 최대의 위험

모든 시대를 통틀어 두뇌의 훈련—그들이 말하는 '합리성'—을 자기의 자랑거리·의무·미덕으로 느낀 사람들, '양식'의 친구로 자처하고 모든 환상이나 분방한 사고에 모멸과 치욕을 느낀 사람들, 이런 다수의 사람들이 존재하지 않았더라면 인류는 아주 옛날에 파멸하여 버렸을 것이다! 인류의 머리 위에는 끊임없이 최대의 위험으로서 **광기**의 폭풍우가 떠다녔고, 또 지금도 떠다니고 있다. 광기의 폭풍우는 결국 느끼고 보고 듣는 일에서 발생하는 자유분방한 정신의 돌발이며, 두뇌의 방탕한 향락이며, 인간의 무분별을 즐기는 처사이다.*[11] 광기의 인간세계에 대립하는 것은 진리·확실성이 아니라 어떤 신념의 보편성과 일반적인 구속성, 간단하게 말하면 자의적 판단이 허용되지 않은 것이다. 그래서 이제까지 인류의 가장 큰 일은, 대부분의 사물에 관하여 서로 신념을 통일해서 **일치의 법칙**을 자신에게 부과하는 것이었다. 이런 사물들이 참일지 거짓일지는 불문하고서 말이다. 이것이 인류를 유지하여 온 두뇌의 훈련이다. 그러나 그 반대의 충동이 전과 다름없이 강력하기 때문에, 우리는 결국 인류의 미래에 관해 지나친 신뢰를 갖고 말하기는 어렵다. 사물의 모습은 지금도 끊임없이 움직이고 변화하며, 아마도 앞으로는 더욱 많이, 더욱 급속하게 그렇게 될 성싶다. 최고로 우수한, 선발된 정신이 끊임없이 저 신념의 일반적인 구속성에 반항한다. **진리**의 탐구자가 그 선두에 서 있다! 일반에 통용되는 보편적인 신념은 우수한 두뇌에게는, 구토감과 그에 따른 새로운 욕구를 끊임없이 만들어 낸다. 그리고 그런 신념이 모든 정신적 과정에 요구하는 완만한 템포, 거기에서 규범으로서 인정되는 예의 거북이처럼 느린 모방이, 이미 예술가나 시인들을 탈주자로 만들어 버린다.*[12] 이처럼 참고 견딜 수 없는 성급한 정신이야말로, 광기가 주는 선명한 즐거움이 터져 나오는 장소이다. 왜냐하면 광기의 템포는 실로 즐겁고 빠르기 때문이다! 바로 그렇기에 덕망 있는 지성이 필요하다. 가장 명료한 말을 쓰자면, '**덕망 있는 어리석음**'이 필요하다. 그리고 일반적으로 공유된 신념의 신봉자들을 같은 장소에 모여 계속 춤추게 할 수 있는, '완만한' 정신을 지닌 둔감한 메트로놈이 필요하다. 그것이 여기서 요구되고 또 청구되는 가장 필요한 것이다. **우리들 타자는 예외이며, 위험인물이다.** 우리는 어떠한 세상에서도 변명이 필요하다! 그런데 이런 예외를 위해 약간 변명할 수 있

는 것은, **예외가 규칙이 되려고 하지 않는 한에서이다.** *13

77 양심을 아프게 하지 않는 동물

남부유럽에서 인기 있는 모든 것—이탈리아의 가극(예를 들면 로시니나 벨리니)이든 스페인의 악한소설(《질 블라스》*14와 같이 프랑스화된 것이 우리가 접근하기에 가장 쉽다)이든, 남부유럽에서 인기를 끄는 모든 것의 비속성(卑俗性)을 나는 간과할 수 없다. 그러나 그 비속성은 내게 아무런 불쾌감도 주지 않는다. 마치 우리가 폼페이를 구경할 때나 고대의 모든 책을 읽을 때에도 그 비속함에 불쾌해하지 않는 것과 같다. 왜 그럴까? 거기에 수치감이 보이지 않기 때문일까? 모든 비속함이 동류(同類)의 음악이나 소설에 나타나는 고귀한·가련한·열정적인 것에 뒤지지 않고, 가슴을 편 채 자신 있게 등장하기 때문일까? '동물도 인간에 뒤지는 일 없이 그 권리를 갖는다. 따라서 동물도 자유롭게 뛰어다녀도 좋다. 그리고 친애하는 인간이여! 그대도 결국 동물이다. 어떻게 표현해도 그렇다!' 나는 이것이 당면한 문제의 도덕이며 남국적인 인간성의 특성이라고 생각한다. 나쁜 취미도 좋은 취미와 마찬가지로 권리가 있다. 게다가 만일 나쁜 취미가 만족을 주는 것이며, 보편적인 언어이며, 무조건 이해할 수 있는 가면과 연극이라면, 그 취미는 좋은 취미 이상의 특권을 지닌다고 말할 수 있다. 이에 반하여 좋은 취미는, 늘 무언가를 탐색하는 듯하고, 부추겨진 듯하며, 이해되는 데에 충분한 확신이 없는 듯한 구석이 있다. 그것은 결코 대중적이지 않으며, 또 그래 본 적도 없다! 대중적인 것은 어느 때이건 **가면**이다! 그러므로 이러한 모든 가면 같은 것으로 하여금, 이러한 가극의 선율이나 카덴차 속에서, 리듬의 도약과 즐거움 속에서 깡충깡충 뛰어다니게 놔두면 좋겠다! 저 고대인의 생활을 보라! 어떻게 우리에게 그것을 이해시키겠는가. 만약 우리가 가면의 즐거움, 모든 가면 같은 것의 스스럼없는 양심을 이해하지 못한다면! *15 여기에 고대정신의 온천욕과 휴식이 있다—그리고 아마도 이 온천욕은 비속한 일반 사람들보다도 고대사회의 비범하고 고귀한 인물들에게 더욱 필요했을 것이다.

반면에 북유럽의 작품에 나타나는 비속한 표현, 예를 들면 독일 음악에 나타나는 그런 표현은 무어라 말하지 못할 정도로 나에게는 불쾌하다. 여기에는 **수치심**이 나타나 있다. 예술가는 일부러 자기 자신의 격조를 낮추고 있으며, 그때 뺨을 붉히는 일조차 감출 길이 없다. 우리는 그 사람과 더불어 부끄러움을 느끼고 실로 혐오스런 마음을 품게 된다. 결국 그 사람은 우리를 위해 격조를 낮추어야 한다고 믿으며, 우리도 그것을 눈치채기 때문이다.

78 우리가 감사해야 하는 것

사람들 저마다가 자신이 어떤 존재이고, 무엇을 체험하고, 무엇을 바라는가를 약간의 기쁨으로 보고 들을 수 있도록 그 눈과 귀를 처음으로 만들어 준 이들은 예술가, 그것도 특히 극장 예술가였다. **그들이** 비로소 우리에게 이러한 일상적인 개인 속에 숨겨진 연극 주인공에 대한 존중을 가르쳐 주었다. 또 우리가 자신을 멀리서 단순화되고 변용된 모습으로 바라보게 하는 기술, 즉 자신을 '무대에 올려' 자기 앞에 세우는 기술을 가르친 것도 그들이다. 이러한 방식으로만 우리는 자신이 갖고 있는 몇 가지 비천한 세부 요소를 초월할 수 있다! 이런 기술이 없다면 우리는 오직 전경(前景)일 뿐이고, 가까이 있는 더없이 비속한 것을 엄청나고 거대한 현실 그 자체로서 보이게 만들어 버리는 저 광학의 속박으로부터 벗어나지 못할 게다.

한 사람 한 사람에게 자신의 죄를 확대경으로 볼 것을 명하고, 이 죄인을 불멸의 대단한 범죄자로 만들어 버리는 저 종교에도, 어쩌면 위의 기술과 같은 종류의 공덕이 있을지 모른다. 이 종교는 인간을 둘러싼 영원의 원근법을 제시해 줌으로써, 인간이 자신을 멀리에서부터 어떤 지나간 존재이자 완료된 존재로서 보도록 가르쳐 주었다.

79 불완전함의 매력

여기에 한 시인이 있다. 그는 많은 사람들처럼 불완전함을 통해—그가 수완을 발휘하여 완벽하게 완성한 다른 모든 것들을 통해서보다 더—고도의 매력을 발휘한다. 참으로 그런 풍부한 역량보다는, 오히려 그 궁극의 무능력을 통해 명성을 떨치고 있는 것이다. 그의 작품은 그가 본디 말하려 했던 것, **보고 싶다고 생각한 것**을 전부 표현한 적이 단 한번도 없다. 그는 비전에 대한 예언적 취미가 있는 듯 보이지만, 실제로 비전 그 자체를 즐긴 적은 없는 듯하다. 그러나 이 비전에 대한 이상할 정도의 열망은 그의 가슴속에 남고, 거기에서부터 그는 소망이나 갈구의 거대한 화술을 끌어낸다. 그에 따라 그는, 그에게 귀 기울이는 사람들을 그의 작품이나 모든 '작품'을 초월한 곳으로 끌어올리고, 대체로 듣는 사람이 이제껏 한 번도 오른 적이 없을 정도로 높이 오르도록 날개를 달아 준다. 그 결과 듣는 사람은 스스로 시인이자 예언자가 되고, 그들의 행복을 창조한 자에게 찬탄을 바친다. 마치 그가 그들을 직접 그 자신의 가장 신성한 것, 궁극인 것의 직관에까지 안내해 준 것처럼. **마치** 그가 자신의 목표에 도달해서 그 비전을 정말로 **보고** 전하기나 한 것처럼. 결국 그가 실제로는 그 목표에 도달해 있지 않은 것이, 그의 명성에 도움이 되는 셈이다.

80 예술과 자연

그리스인(아니면 적어도 아테네인)들은 능숙한 언변을 듣기 좋아했다. 심지어 그들은 이것에 적극적으로 달라붙는 성벽까지 있었다. 이 점이야말로 무엇보다도 그리스인을 비그리스인으로부터 구별하는 요소였다. 그들은 무대에서 나타나는 정열조차 능숙하게 표현되기를 바랐다. 그리하여 극적인 시구의 부자연스러움까지 즐거이 참았다. 본디 정열이라는 것은 지극히 말수가 적은 것이다! 침묵하여 낭패하는 것이다! 또는 그것이 말이 되어 나올 때는, 더없이 혼란하여 그 부조리 때문에 스스로도 수치를 느끼는 것이다! 그런데 우리는 모두 그리스인 덕분에 이러한 무대 위의 부자연스러움에 길들여져 있다. 마치 또 다른 부자연스러움, 즉 **노래하는** 정열을 이탈리아인 덕분에 용서하는 것, 그것도 즐거이 용서하는 것과 마찬가지이다.

최악의 상황에 빠진 인간이 능숙하게 이야기하는 것을 듣고 싶다는 소망은, 현실에서는 충족될 수 없는 욕구이다. 현실에서는 너무 당황스러워서 아름다운 말 따위 도저히 입에 담을 수 없을 듯한 생사의 벼랑 끝에서, 비극의 주인공은 이런저런 말과 논거와 웅변적인 몸짓 그리고 전체적으로 맑은 정신을 보여 주어 우리를 기쁘게 한다. 이런 **자연으로부터의 일탈**은 아마도 인간의 긍지를 북돋우는 가장 기분 좋은 만찬이 될 것이다. 그렇기에 인간은 대체로 예술을 사랑한다. 고상하고 영웅적인 부자연스러움과 습관의 표현으로서. 극작가가 모든 것을 이성과 언어로 바꾸어 버리지 않고, 언제라도 **침묵**의 여운을 가까이에 남겨 두면, 비난을 받는 것도 당연하다. 오페라 작곡가가 최고의 감동에 대해 선율이 아니라, 그냥 흥분해서 자연스럽게 더듬거리며 말하거나 큰소리로 부르짖는 것만 내놓을 때, 사람들이 만족하지 못하는 것과 마찬가지이다. 여기에서는 틀림없이 자연이 부인되어야 **마땅한 것이다!** 여기에서는 정말로 환상의 비속한 매력이 보다 고상한 매력에 길을 양보해야 **마땅한 것이다!**

그리스인은 이 길을 어디까지라도 따라간다. 두려울 정도로 멀리까지! 그들은 무대를 될 수 있는 한 옹색하게 구성하여 안쪽 깊숙이 있는 배경이 부여하는 모든 효과를 금지한다. 그리고 배우로 하여금 표정의 움직임이나 가벼운 동작을 불가능하게 하여, 그를 과장되고 딱딱한 가면을 쓴 색다른 형태의 인물로 바꾸어 버린다. 이처럼 그들은 정열 그 자체로부터도 깊은 배경을 없앤 뒤, 그 대신 정열에 아름다운 이야기의 법칙을 부과했다. 아니, 나아가 일반적으로 공포와 동정을 일으키는 정경의 자연적인 효과에 대항하기 위해 온갖 방법을 썼다. **그들은 공포와 동정을 바라지 않았던 것이다.** 아리스토텔레스에게 존경을, 그것도 최고의 존경을 보내지만! 그런 그조차도 그리스 비극의 궁극적 목적에 대해 이야기할 때 문제의 핵심은커녕 문제 자체도 제대로 건드리지 못했다.*[16] 무엇이 그리스 비극시인의 근면·창의·경쟁심을 가장 많이 부채질했는지 살펴보라. 감동으로 관중을 사로잡으려는 의도는 결코 아니다! 아테네인은 **아름다운 이야기 쪽에** 귀 기울이기 **위해** 극장에 다녔던 것이다! 그래서 소포클레스가 노렸던 것은 아름다운 이야기 쪽이었다! 나의 이러한 이단적인 견해를 관대하게 용서해 달라!

그랜드 오페라의 경우에는 사정이 상당히 다르다. 이 분야의 모든 대가들은, 등장인물들이 관객들에게 이해되지 않게끔 하려고 애쓴다. '때때로' 귀에 남는 말은 부주의한 청중에게 쓸모가 있을지도 모른다. 하지만 고작 그뿐, 일반적으로는 상황이 그 자체를 설명해야만 한다. '이야기'의 역할 따위는 중요하지 않다!' 그들은 모두 이렇게 생각하여 말을 바보 취급한다. 말에 대한 결정적인 경멸을 완벽하게 표현하지 않는 것은 다만 용기가 없기 때문일 뿐이리라. 로시니가 조금만 더 뻔뻔했다면, 그는 철두철미 '라·라·라'만 부르게 했을 법하다. 그래도 별로 이상한 것은 없었을 게 틀림없다! 우리는 오페라 등장인물의 '말'이 아니라 음성을 믿어야 마땅한 것이다! 이것이 차이점이다! 이 아름다운 **부자연스러움** 때문에 사람들은 오페라를 보러 가는 것이다! 건조한 서창(*recitativo secco*)도, 본디 말이나 가사로 들려주어야 하는 것이 아니다. 이런 종류의 반음악(半音樂)은 차라리 음악적인 귀에 짧은 휴식을 주는 것이다. 바로 이 예술의 가장 숭고한, 따라서 가장 긴장된 향락으로서의 **선율**에 대한 휴식을. 그러나 곧 이어서 이것은 무언가 다른 것을 준다. 즉 증대하는 초조감, 증대하는 거부감, **완전한** 음악에 대한, 선율에 대한 새로운 갈망을.

이러한 관점에서 본다면 리하르트 바그너의 예술은 어떨까? 같은 것일까? 다른 것일까? 때로 나는 관객들이 그의 공연을 보기 전에 그 작품의 대사**와** 음악을 완전히 외워야 할 것 같은 생각이 든다. 그렇게 하지 않으면—내 생각에는—말도, 또 음악조차도 **들리지 않기** 때문이다.

81 그리스적 취향

'그것의 어디가 아름답단 말인가?' 저 기하학자는 〈이피게니아(*Iphigenia*)〉의 상연 후에 말했다. '거기에는 아무것도 증명된 것이 없다!' 그리스인들은 이러한 취향으로부터 그렇게 멀리 떨어져 있었던 것일까? 적어도 소포클레스의 경우에는 '모든 것이 증명되어' 있다.

82 비그리스적 에스프리

그리스인들은 모든 사유에서 말할 수 없을 만큼 논리적이고 간단명료했다. 프랑스인들과는 달리 이러한 방법에, 적어도 그 오랜 전성기 동안에는 싫증을 느끼지 않았다. 프랑스인은 어쨌든 반대편에 뛰어들기를 좋아한다. 또한 논리의 정신이 그러한 수많은 반대에를 향한 작은 도약을 통해 그 **사교적** 예의, 그 사교적 자기부정을 나타낼 때에만 프랑스인은 그 정신을 용인한다. 논리란 그들에게는 빵이나 물처럼 필요한 것으로 생각되지만, 순전히 그것만을 섭취해야 한다면 그것도 일종의 죄수의 음식이나 마찬가지로 여겨지는 것이다. 상류사회에서는 사람들은 결코, 마치 모든 순수한 논리가 요구하는 것과 같은 독단적인 올바름을 강요해서는 안 된다. 그래서 모든 프랑스적 에스프리에는 약간의 부조리가 섞여 있다.

그리스인들의 경우에는 그 사교감각이 현재와 과거의 프랑스인의 그것에 비해서 훨씬 뒤쳐져 있었다. 이것이 바로 그리스인 가운데 가장 재치 있는 사람에게서조차 그렇게 적은 재치를, 그리고 가장 총명한 사람에게서조차 그토록 적은 에스프리를 발견하게 되는 이유이다. 그리고—아아! 사람들은 이제 내가 말하는 바를 믿지 않으리라. 그렇지만 내 영혼에는 이런 것이 얼마나 많이 떠돌고 있는가! '침묵이 소중하다(Est res magnatacere)'*[17]라고 마르티알리스는 탄식했다. 모든 수다쟁이들과 같이.

83 번역
어떤 시대가 소유하고 있는 역사적 감각의 정도는 그 시대가 어떻게 번역하고, 어떻게 과거의 시대와 서적을 자기 것으로 만들고자 노력하는가에 따라 평가될 수 있다. 코르네유(Corneille) 시대와 혁명시대*[18]의 프랑스인들은 오늘날 우리로서는 감히 그렇게 할 용기를 못낼 방법으로—역사적 감각이 높아진 덕택에—고대 로마를 자기의 것으로 취하였다. 그리고 로마는 또 얼마나 고대적인 그리스의 훌륭하고 고귀한 모든 것에 난폭하고도 단순한 방식으로 손을 댔던가! 그것을 얼마나 제멋대로 로마의 현재로 해석했는가! 얼마나 고의로 거리낌 없이, 순간이라 불리는 나비 날개의 가루를 털어 버렸던가! 이런 방식으로 호라티우스(Horace)는 알카이오스(Alcaeus)와 아르킬로코스(Archilochus)를 번역했으며, 프로페르티우스(Propertius)는 칼리마코스(Callimachus)와 필레타스(Philetas, 우리 판단으로는 테오크리토스 Theocritus와 비견할 만한 시인)를 번역했다.*[19] 실제 작가가 이것저것 체험하고 그 흔적을 자신의 시 속에 남겼다는 것은 그들이 문제 삼을 바 아니었다! 시인으로서 그들은 역사적 감각의 선구에 해당하는 골동품 탐구정신을 좋아하지 않았다. 시인으로서 그들은 이러한 모든 개인적인 사물과 이름, 그리고 어떤 도시, 해안, 세기(世紀)에 특유했던 모든 의상이나 가면을 허용하지 않았다. 신속히 그것을 현재의 것, 로마적인 것으로 바꾸어 놓았다. 그들은 우리에게 다음과 같이 묻는 듯 보인다. '과거의 것을 우리를 위해 새롭게 하고, 그것을 우리가 살기 좋게 꾸며서는 안 되는가? 이러한 시체 속에 우리의 영혼을 불어넣을 권리가 없는가? 무어라 해도 그것은 결국 죽은 것이기 때문이다. 죽어 있는 모든 것은 얼마나 추한가!' 그들은 역사적 감각이 주는 기쁨을 알지 못했다. 과거의 것, 이국적인 것은 그들을 불쾌하게 하며, 로마인으로서의 정복욕을 부채질해 대는 것이었다. 실제 그 시대의 그들에게 번역은 정복의 한 형태였다. 그들은 단지 역사적인 것을 빼놓았을 뿐 아니라 현대적인 풍자를 첨가했으며 무엇보다도 원작자의 이름을 말살하고 그것을 자신의 이름으로 대치하였다. 그것도 도둑 근성으로가 아니라 로마제국 최상의 양심을 가지고서.*20

84 시의 기원에 관하여

인간의 환상적 측면을 애호하는 동시에 직감적 도덕본능을 옹호하는 사람들은 다음과 같이 주장한다. '만약 우리가 어떤 시대에든 이익이라고 하는 것을 가장 신성한 것으로 존중해 왔다면, 대체 시는 어디에서 유래되었단 말인가? 전달의 명료성을 돕기는커녕 오히려 방해하는, 그럼에도 모든 유익한 합목적성을 바보 취급하듯이 지상 구석구석까지 뻗어 갔으며 지금도 뻗어가고 있는 이 언어의 운율화는! 시의 생생하고 아름다운 비합리성은 너희 공리론자의 주장을 반박하고 있다. 이익 자체를 단호히 **물리치려** 하는 것, 그것이 인간을 고양시키고 인간에게 도덕성과 예술적 영감을 주었던 것은 아닐까?'

그런데 이 점에 관한 한 나는 공리주의자들 편에 설 수밖에 없다. 그들의 주장이 인정되는 경우가 드문 것은 참 안타까운 일이다! 시라고 하는 것이 생겨났던 저 고대에도 사람들은 결국 이익을 안중에 두었던 것이다. 그것도 매우 큰 이익을. 즉 사람들이 리듬—문장의 모든 구성분자를 새롭게 조직하고 단어의 선택을 명령하고, 인간의 사상을 보다 어둡고 이상하고 희미하게 만드는 새로운 색깔을 부여하는 힘—을 문체의 한가운데에 끌어들였던 그 시대에 말이다. **그것은 틀림없이 미신적인 이익성이었다!** 왜냐하면 인간은 운율이 있는 시구를 산문보다 더 잘 기억한다는 점이 인식되었기 때문이다. 또한 운율이 있는 소리가 더욱 멀리까지 들리고, 운율이 있는 기도 문구가 신의 귓가에 더 가깝게 올라간다고 여겨졌던 것이다. 그러나 무엇보다도 인간은, 자신이 음악을 들을 때 경험하는 근원적 압도감에서 이익을 얻고자 했다. 리듬은 말하자면 하나의 강제력이다. 리듬은 그것에 굴복하고, 또 영합하도록 하는 누르기 어려운 욕망을 불러일으킨다. 우리의 발걸음뿐만 아니라 영혼도, 계속 울리는 이 박자에 따른다. 추측건대 신의 영혼 또한 그럴 것이다! 그러므로 인간은 리듬을 써서 신을 **강제**하고 제압하려고 시도했다.

시는 신에게 마법의 덫처럼 던져졌던 것이다.

더욱이 거기에는 기묘한 관념이 있었다. 이 관념이야말로 분명 가장 강력하게 시의 성립에 영향을 미쳤으리라. 피타고라스 학파에서 시는 철학적 교설과 교육상의 수단으로 여겨졌다. 그러나 철학자들이 존재하기 훨씬 전부터 사람들은 음악이 지닌 격정을 가라앉히는 힘, 영혼을 정화하는 힘, **마음의 광란**^{*21}을 진정시키는 힘을 믿었다—바로 음악의 율동적인 속성에서 나오는 힘을. 영혼의 적절한 긴장과 조화가 상실되었을 때 인간은 노래 부르는 사람의 소리에 맞추어 춤을 추어야만 했다. 그것이 이 의술의 처방이었다. 이 방법으로 테르판드로스(Terpander)^{*22}는 소요를 가라앉혔으며, 엠페도클레스(Empedocles)^{*23}는 광인을 달랬다. 또한 다몬(Damon)^{*24}은 사랑에 빠져 수척해진 젊은이를 회복시켰다. 이것은 또한 복수에 대한 열망으로 미쳐 버릴 정도였던 신에게도 사용된 치료법이었다. 이 치료법은 먼저 신들의 격정의 흥분과 방종함을 극한까지 몰아대어, 그 결과 광폭한 자는 광란 상태로, 복수심에 불타는 자는 복수적인 도취로 몰아넣는 방식이었다. 이 모든 주신제(酒神祭)적 예배는 신의 광폭함(ferocia)을 일시에 발산시키고, 그것을 마시며 노래하고 춤추는 주신제로 전환시키는 것을 목표로 하고 있다. 신의 광폭함이 가라앉아 그가 더욱더 자유로움을 느끼고 안식을 얻어 인간을 평화로운 상태로 놓아둘 수 있게 하기 위하여. 어원상 선율(melos)^{*25}은 진정제를 의미한다. 그 자체가 평온한 것이 아니라, 그 여파가 사람을 평온하게 만들기 때문이다.

태고 시대의 제의 음악뿐만 아니라 그 시대의 세속적인 노래들 속에도, 운율이 마술적인 작용을 한다는 전제가 존재한다. 예를 들어 인간이 물을 퍼올리거나 노를 저을 때, 활동하고 있다고 여겨지는 악마들을 노래로 홀리는 것이다. 노래는 악마를 인간에게 예속된 유순한 도구로 만들어 버린다. 인간은 행동할 때마다 노래를 불러야 할 이유가 또 있었다. **모든** 행동은 정령의 도움과 결부되었기 때문이다. 즉 마법의 노래나 주문은 시의 원시형태로 추정된다.

시구는 또한 신탁으로 쓰였다. 그리스인들은 육각운(六脚韻)이 델포이에서 발명되었다고 주장하였는데, 어쨌든 여기에서도 리듬은 강제력을 발휘할 만한 것으로 생각되었다. 예언을 듣는다는 것은 본디(내가 바르다고 생각하는 그리스어의 어원에 따르면) 결정된 어떤 것을 얻는 일을 의미한다. 인간은 초기에 예견하는 신보다도 높은 신으로 여겨졌던 아폴로를 자기 편으로 함으로써 미래를 조종할 수 있다고 믿었다. 제의 양식을 갖춘 기원의 말이 운율에 따라 정확히 제창되면 그것은 장래를 구속한다. 그것은 리듬의 신이며 운명의 여신들조차 구속할 수 있는 아폴로의 발명품인 것이다.

전체적으로 보자면, 미신적이었던 옛날 인간종족에게 무릇 리듬보다 더 **유익한** 것이 있었겠는가? 리듬만 있으면 무엇이라도 완수할 수 있었다. 마법으로 어떤 일을 촉진하는 것 ; 신의 출현, 근접, 경청을 강요하는 것, 미래를 자기 뜻대로 만드는 것 ; 과도한 불안, 광기, 연민 또는 복수로부터 그 자신의 영혼뿐만 아니라 날뛰는 악령의 영혼조차도 해방시키는 것 등 뭐든지 할 수 있었다. 시구가 없었다면 인간은 아무것도 아니었으며, 시구를 통해 우리는 거의 신에 가까워질 수 있었다. 그러한 근본감정을 완전하게 일소하기란 이미 불가능하리라. 인간은 이제까지 오랜 세월 동안 그러한 미신과 열심히 싸워 왔으나, 지금도 우리 중에서 가장 현명한 자가 종종 리듬으로 인해 광대가 되고 있다. 예를 들어 그는 어떤 사상을, 단지 그것이 율동적인 형식으로 신과 같이 빠르게 도약하면서 접근한다는 이유만으로, **보다 바른 것이라고 느끼는** 것이다. 가장 진지한 철학자들조차 다른 것들은 엄밀하게 온갖 확실성을 갖고 취급하면서도, 그의 사상에 힘과 신빙성을 부여할 때에는 여전히 **시인의 언어**를 빌려온다는 점이 참으로 우습지 않은가? 그러나 진리의 입장에서는, 시인이 진리에 반대하는 때보다 동의하는 때 더욱더 위험하다! 호머(Homer)가 말하는 것처럼 '시인은 참으로 거짓말을 많이 한다.'[*26]

85 선(善)과 미(美)

예술가들은 끊임없이 **찬미한다.** 그들이 하는 일은 그것뿐이다. 게다가 그들은 인간이 자기를 선하고, 위대하고, 도취되어 즐겁고, 행복하고, 현명하다고 느끼게끔 해 준다고 정평이 난 상태와 사물을 모두 찬미한다. 인간의 **행복을** 위한 이런 심사되어 **선택된** 상태나 사물의 가치는 안전하고 확실한 것으로 여겨지며, 예술가들의 대상이 된다. 예술가들은 항상 그러한 대상들을 발견하고 그것을 예술의 영역 속으로 끌어들이려 준비하고 있다. 내 말은, 그들이 그들 자체로 행복이나 행복한 것의 가치 심사자는 아니라는 뜻이다. 차라리 늘 최대의 호기심으로 이러한 평가들을 즉시 이용하려는 욕망을 품고 그러한 심사자들 곁으로 몰려드는 존재들이라 할 수 있다. 이러한 성급함 외에도 예술가들은 전령의 큰 폐(肺)와 달리기 선수의 발을 달고 있기 때문에, 늘 **새로운** 선을 찬미했던 최초의 사람들 가운데 속한다. 그리하여 자주 그들은 그것을 선한 것이라 부르고 또 선하다고 평가하는 최초의 사람처럼 **보이기도** 한다. 그러나 위에서 말했듯이 이것은 잘못이다. 그들은 진실된 가치 심사자라기보다 단지 날렵하게 커다란 소리를 내는 사람일 뿐이다. 그렇다면 누가 진실된 심사자들인가? 바로 부자나 한가한 사람들이다.

86 극장에 관하여

오늘 낮에 나는 오랜만에 강력하고 고귀한 감정을 맛보게 되었다. 만약 내가 오늘 저녁에 음악과 예술을 접했더라면, 내가 **싫어하는** 음악과 예술은 어떤 종류인지 잘 알았을 것이다. 즉 그것은 청중을 도취시키며, 청중을 강하고 고양된 느낌의 순간까지 강제로 **끌어올리려고** 노력하는 모든 음악과 예술이다. 이러한 종류의 예술에 대하여 청중은 속물이다. 그것은 저녁이면 승리의 꽃마차에 탄 승리자가 아니라, 삶에 너무나 많이 채찍질당해 피곤한 노새와 같은 범속한 영혼들을 위해 고안된 것이다. 만약 도취하게 하는 수단이나 이상(理想)의 채찍이 없다면 이러한 유형의 인간들이 '고귀한 분위기'를 어떻게 알 수 있겠는가? 이리하여 그들은 술에 취하듯, 그들을 열광하게 해주는 대상에 감격한다. 그러나 그들의 술과 도취가 내게는 무엇이겠는가? 이미 감격해 있는 자에게 술이 무슨 필요가 있겠는가! 차라리 일종의 구토감을 느끼며 나는 그러한 수단이나 매개자를 바라본다. 그것들은 충분한 근거도 없이 영혼의 고조를 흉내 내는 원숭이인 것이다!

대체 어떻게? 두더지가 잠들 시간이 되기 전에, 구멍에 기어 들기 전에 그에게 날개와 교만한 망상을 주는가? 두더지를 극장 속으로 몰아넣은 뒤 그 침침하고 피곤한 눈앞에다 커다란 안경을 놓는 건가? '행동'이 아니라 차라리 '사무(事務)'의 연속인 삶을 사는 인간들이 무대 앞에 앉아, 그 삶이 사무를 초월한 이질적 존재를 구경하는 건가? '그것은 나쁘지 않다'라고 너희는 말한다. '그것은 즐거움이다. 그것은 교양이다!'라고.

과연! 그렇다면 나의 교양도 부족한 편인가 보다. 이러한 것을 바라보며 나는 도무지 구토를 누를 수 없다. 스스로 충분히 비극과 희극을 체험하는 사람은 되도록 극장을 멀리하는 법이다. 또는 예외적으로는 모든 사건―극장, 청중, 작가를 포함하여―이 그에게는 진정한 비극적·희극적 연극이 되고, 따라서 무대에 올려진 것은 거의 없는 것이나 마찬가지가 될 수도 있다. 그 스스로 파우스트와 맨프레드(Manfred) 같은 사람에게, 극장의 파우스트와 맨프레드가 무슨 쓸모가 있겠는가! 물론 그것은 그에게, 사람들이 그러한 유형의 인물들을 무대에 올린다는 것 자체에 대해 생각할 거리를 주긴 하지만. **도취**할 줄밖에 모르며 사고와 열정을 품을 수 없는 사람들 앞에 제시되는 **가장 강력한** 사고와 열정! 그것이 도취를 낳는 수단이다! 유럽인이 대마초를 피우고 빈랑자(마약의 일종)를 씹는 것과 같은 극장과 음악이여! 누가 우리에게 마취제의 모든 역사를 이야기할 것인가? 그것은 거의가 '교양'의 역사, 이른바 고등 교양의 역사인 것이다!

87 예술가의 허영에 관하여

생각건대 예술가들은 자신이 가장 잘할 수 있는 것이 무엇인가를 종종 알지 못한다. 그들은 너무 허영이 심해서, 작은 식물(그것들도 새롭고 진기하며 아름답고 완벽하게 자기의 땅에서 돋아날 수 있다)보다도 더욱 자랑스러운 어떤 것에 자신의 감각을 쏟기 때문이다. 그들의 정원이나 포도원의 진짜 가치는 바로 그들 때문에 피상적으로 평가절하되며, 그들의 애정과 통찰력은 동일한 자격을 얻지 못한다.

여기에 어떤 음악가가 있다. 그는 번민하고 짓눌리며 가책을 받았던 영혼의 나라로부터 음조를 발견한다. 게다가 말이 없는 동물들에게조차 언어를 준다는 점에서 다른 모든 음악가와 비교할 때 솜씨가 훨씬 뛰어나다. 늦가을의 음색을 연주할 때 최후의, 가장 최후의, 가장 짧은 쾌락의 형용할 수 없는 감동적인 행복을 표현하는 데 그에 견줄 만한 사람은 아무도 없다. 그는 영혼의 비밀스럽고도 기분 나쁜 한밤중―거기에서는 원인과 결과의 실이 끊어진 것처럼 보이며 당장이라도 무엇인가가 '무(無)로부터' 출현할 것 같다―을 표현하는 울림(소리)을 알고 있다. 말하자면 가장 쓰고 싫어할 만한 물방울과 가장 달콤한 물방울이 뒤섞인, 쭉 들이켰던 행복의 빈 잔에 남은 찌꺼기를 아는 것이다. 그는 거기서 남들보다 훨씬 능숙하게 행복을 찾아낸다. 그는 더 이상 뛸 수도 날 수도 없을 뿐만 아니라, 걷지조차 못할 만큼 피로에 지친 영혼들이 어떻게 발을 질질 끌며 걷는지를 안다. 그는 숨겨진 고통, 위안 없는 이해, 고백 없는 작별의 조심스런 시선을 안다. 아니! 모든 비밀스러운 비참을 노래한 오르페우스(Orpheus)로서, 그는 누구보다도 더 위대하다. 게다가 지금까지 표현할 수 없는 것으로 여겨지고 또 예술에 걸맞지 않은 것으로조차 생각되던, 특히 언어를 통해서는 다만 내쫓길 뿐으로 손에 잡히지 않았던 많은 것들—영혼의 가장 작고 미미한 특징들이—그를 통해 예술의 일부로서 추가되어 왔다. 진정 그야말로 지극히 작은 것의 대가인 것이다.

그러나 그는 그런 거장이 되고자 하지 않는다. 그의 **성격**은 오히려 커다란 벽과 대담한 프레스코 벽화들을 **선호한다**! 그는 자기의 **정신**이 그것과는 별도의 취미와 경향을 보이며, 무너져 가는 집의 구석진 곳에 조용히 앉아 있기를 무엇보다도 좋아한다는 사실을 깜빡 잊고 있다. 사실 그는 거기에서 세상으로부터, 또 자기 자신으로부터 몸을 숨기고 그의 진정한 걸작을 그린다. 그 걸작들은 전부 매우 짧은 것들이다. 종종 단지 한 음절에도 미치지 못하기도 한다. 여기에서 비로소 그는 완전히 선하고 위대하며 완벽하게 된다. 아마도 거기에서만. 그러나 그는 그 사실을 알지 못한다! 그것을 알기에 그는 너무 허영심이 강하다.

88 진리를 구하는 진지함

진리를 추구하는 진지함! 사람들은 이 말을 얼마나 가지각색으로 이해하는가! 사상가로서는 부끄럽게도 어떤 때에 사로잡히게 되는, 경박한 견해나 증명 그리고 음미의 방법들이 있다. 그런데 그 똑같은 견해가, 그것과 마주치게 되어 얼마 동안 여기에 몸을 맡기며 살아가는 예술가에게는, 자신이 지금이야말로 진리를 구하는 가장 깊고 진지한 정신에 휩싸였다는 의식을 주기도 한다. 그 결과 그는 자신이 예술가라 할지라도 동시에 가상과는 반대되는 실물로 향해 더없이 진지한 욕구를 보이는 것을 감동한 만한 일로 생각하기도 한다. 그리하여 그는 그의 진지한 파토스 때문에, 그의 정신이 지금까지 인식의 왕국에서 얼마나 표면적으로 만족하여 유희했던가 폭로하게 된다. 우리가 **중대하다고** 생각하는 모든 것은 우리의 정체를 폭로하는 존재가 아닐까? 그것은 어디에서건 우리에게 중요한 것과 그렇지 않은 것을 보여 준다.

89 지금과 이전

만약 우리가 보다 높은 예술, 축제의 예술을 상실한다면 모든 현대 예술작품이 무슨 의미가 있겠는가! 이전의 모든 예술작품은 인류의 위대한 축제의 길에 진열되었다. 숭고하고 행복한 순간에 대한 추억의 징표이자 기념비로서. 그러나 지금은 예술작품이 피로에 찌든 초라한 자나 병들고 가엾은 자들에게 열락의 한순간을 제공함으로써, 그들을 인류의 커다란 '고뇌의 길*27'로부터 잠시 벗어나도록 유도하는 수단이 되고 있다. 인간들은 그들에게 작은 도취와 열광을 제공하는 것이다.

90 빛과 그림자

책이나 기록 같은 것들은 사상가에 따라 상당히 다른 모습으로 나타난다. 어떤 사상가는 책 속에 빛을 모은다. 그의 마음속에 번쩍였던 인식의 광선으로부터 재빨리 훔쳐 낸 빛을.

다른 사상가는 우리에게 그림자만을 줄 뿐이다. 낮 동안 그의 마음속에 쌓아 놓았던 것의 검은색이나 회색 잔상을 재현하는 것이다.

91 조심

잘 알려진 것처럼 알피에리*28는 놀라운 눈으로 자신을 바라보는 동시대인들에게 자기의 삶을 이야기했을 때 상당히 많은 거짓말을 했다. 그는 자기 자신에 대한 예의 그 독재자풍으로—말하자면 자기 특유의 언어를 창조하여 자기를 억지로 시인으로 만들고자 했던 그러한 방식으로—거짓말을 했던 것이다. 그는 마침내 숭고함의 엄격한 형식을 발견해 내고 그 속에 그의 삶과 기억을 **강제로 짜 맞추었다.** 이 모든 일에는 심한 고통이 따랐을 것이다. 나는 플라톤 자신이 쓴 자서전도 전혀 신뢰하지 않을 것이다. 루소의 자서전이나 단테의 《신생(*Vita Nuova*)》도 마찬가지이다.

92 산문과 시

산문의 대가들은 거의 항상 시인들이었다―공공연하게든 은연중에든, 또
는 단지 '침실'에서만이든 간에―는 사실을 주목하라! 실제로 사람들은 좋
은 **시를 마주 대했을 때에만** 좋은 산문을 쓰는 것이다! 왜냐하면 산문은 시
에 대한 끊임없는 우아한 전쟁이기에. 산문의 모든 매력은 그것이 끊임없이
시를 피하고 거기에 대항한다는 점에 있다. 모든 추상적 표현은 시에 대한
농담으로서, 말하자면 조롱 섞인 목소리로 낭독될 것이다. 모든 건조성과 차
가움은 사랑스런 시의 여신을 가련한 절망으로 밀어 넣으리라. 때로는 잠시
동안의 화해와 조화가 있다. 그런가 하면 갑작스런 반발과 비웃음도 있다.
마침 여신이 그 몽롱한 박명(薄明)을 즐기는 때에 종종 장막이 걷히고 현란
한 빛이 쳐들어온다. 종종 여신의 입에서 말이 빼앗기고, 그녀가 그 화사한
손으로 화사한 작은 귀를 틀어막지 않을 수 없는 노랫가락이 시작된다. 그리
하여 시적이지 못한 인간들, 이른바 산문적 인간들이 알지 못하는, 패배도
포함하고 있는 이러한 수많은 전쟁에는 온갖 종류의 즐거움이 있다. 그런데
산문적인 그들은 오직 조악한 산문만을 쓰고 말할 뿐이다! **전쟁은 모든 좋
은 것의 아버지**이며, 또한 모든 좋은 산문의 아버지이기도 하다![*29]

네 명의 매우 비범한, 진정 시적인 인물만이 금세기에 산문의 대가라고 불
릴 만하다. 사실 이미 암시했듯이, 일반적으로 이 세기에는 시가 결핍되어
있는 관계로 산문을 할 만한 사람도 없었다. 괴테는 그를 낳았던 세기에 포
함시키는 것이 적당한 까닭에 그를 제외한다면, 나는 단지 지아코모 레오파
르디(Giacomo Leopardi), 프로스페르 메리메(Prosper Merimee), 랄프 왈도
에머슨(Ralph Waldo Emerson), 그리고 《가공담화(架空談話)》의 저자인 월
터 세비지 랜더(Walter Savage Landor)만이 산문의 대가로 불릴 자격이 있다
고 생각한다.[*30]

93 그렇다면 도대체 당신은 왜 쓰는가?

A : 나는 잉크가 묻은 펜을 손에 들고 생각하는 부류에 속하지 않는다. 더
군다나 의자에 앉아 종이를 응시하면서, 열린 잉크병 앞에서 자신의 열정에
빠져 있는 부류의 인간은 더욱 아니다. 나는 쓰는 것이 개탄스럽고 수치스럽
다. 쓴다는 것은 내게는 어쩔 수 없이 하는 일이다. 비유해서 그것을 말하는

것조차 혐오스럽다.

B : 아니, 그렇다면 당신은 왜 쓰는가?

A : 그런데 나의 친구여. 솔직히 말한다면, 여태까지 나의 생각들을 **털어 버릴** 다른 어떤 방식도 발견해 내지 못했다.

B : 왜 당신은 생각들을 털어 버리고자 하는가?

A : 왜 그렇게 하려느냐고? 내가 그렇게 하려 한다고? 아아, 나는 어쩔 수 없기에······.

B : 아니, 됐네! 됐어!

94 사후(死後)의 성장

퐁트넬이 그의 불후의 저서 《사자와의 대화(*Dialogus of the Dead*)》*31에서 아무렇지도 않게 던진 도덕문제에 관한 저 대담한 어구들은, 그의 시대에서는 단지 조금 지나치다 싶은 어떤 기지를 지닌 사람이 토해 낸 역설이며 농담으로 여겨졌다. 가장 고상한 취미와 에스프리를 가진 최고의 심판자들조차 여기에서 더는 아무것도 발견하지 못했다. 아니, 아마 퐁트넬 자신도 발견하지 못했으리라. 그런데 지금 믿을 수 없는 일이 일어나고 있다. 이러한 생각들이 진리가 되고 있는 것이다! 과학이 그것들을 증명하고 있다! *32 농담이 현실이 되어 가고 있다! 지금 우리는 볼테르와 엘베시우스(Helvetius)가 읽었던 것과는 다른 느낌으로 그 대화를 읽고 있으며, 그래서 그들과는 달리 그 저자를 당시의 인간들이 행했던 것보다 **훨씬 높은** 정신적 위치로 상승시키고 있다. 과연 옳은 것인가? 그른 것인가?

95 샹포르*33

인간과 대중을 속속들이 잘 알았던 샹포르 같은 사람이, 철학적 단념이나 보신(保身)의 입장에서 방관하지 않고 그 대중에게 가담한 것, 나는 이것을 다음과 같이 설명할 수밖에 없다. 결코 만족될 수 없었던 하나의 본능이 그의 내면에서 그의 지혜보다도 강하게 작용했던 것이다. 그 본능이란 바로 모든 혈통적 귀족에 대한 증오이다. 분명 그의 어머니가 품었던 오래된, 의심할 여지 없는 증오로서 그것은 그의 어머니에 대한 애정을 타고 그의 내면에서 신성화되어 왔을 것이다. 즉 그것은 그가 어릴 때부터 버렸던 복수의 본능으로서, 그는 어머니를 위해 복수할 때를 기다렸던 것이다. 그런데 한편으로 그의 인생과 천분 그리고, 아아! 무엇보다도 결정적으로 그의 혈관 속에 흐르는 아버지의 피는 그로 하여금 이 고귀한 태생인 귀족 계급에 끼도록, 그리고 그것에 자신을 결합시키도록 유혹해 왔다. 아주 오랜 세월에 걸쳐! 그러나 결국 그는 자기 자신의 모습, 구체제(ancient Regime) 아래 있는 '낡은 인간'의 모습을 더 이상 견딜 수 없었다. 그는 격렬한 열정으로 회개하게 되었다. 이 **열정 속에서** 그는 평민의 옷을 입었다. **그다운** 모피 수도복을! 그의 양심의 가책은 복수를 꺼리게 해 왔던 것이다.

샹포르가 그때 조금 더 철학자로 남아 있었다면 혁명은 그 비극적 기지와 최고로 날카로운 가시를 지니지 못했으리라. 그것은 훨씬 어리석은 사건으로 여겨졌을 것이며 결코 그처럼 유능한 사람들을 유혹하지 못했으리라. 그러나 샹포르의 증오와 복수는 동시대인 모두를 교육했으며 가장 고상한 사람들이 이 학교를 졸업하도록 했다. 미라보[34]가 샹포르를 자기의 보다 고상하고 연장자인 자아로 추앙했음에 주목하자. 그에게서 미라보는 격려와 경고, 심판을 기대하고 그것에 따랐던 것이다. 위대한 인물들 중에서도 전혀 차원이 다른 정신 계급에 속하고, 작금의 위대한 정치가 중에서도 일류에 속하는 미라보가 말이다.

기묘한 것은 이러한 친구와 대변자—실제로 미라보가 샹포르에게 보낸 편지가 남아 있다—그 모든 모럴리스트 중에서도 가장 재기발랄했던 인물 샹포르가 프랑스인들에게는 거의 알려지지 않았다는 점이다. 이는 마치 이 세기의 모든 프랑스인 중에 최고로 사색적인 눈과 귀를 가졌던 스탕달[35]의 경우 못지않다. 스탕달은 독일과 영국의 색이 너무 많이 배어서 파리의 인사들에게 받아들여지기 어려웠던 걸까? 광대한 혼의 깊이와 배경의 풍부함을 갖춘, 어둡고 고뇌하며 불타오르던 인간, 웃음이 삶의 약이며 웃지 않았던 날에는 자신이 존재하지 않았던 것으로 생각했던 사상가, 그 샹포르는 프랑스인보다도 오히려 이탈리아인인 단테나 레오파르디와 가까운 부류처럼 보인다! 사람들은 샹포르의 마지막 말을 알고 있다. 그는 시에예스에게 이렇게 말했다. '아아! 나의 친구여. 심장이 무너져 내리는가. 청동처럼 견고하지 않다면 앞으로 나아갈 수 없는 이 세상에서 나는 마침내 떠나가고 있는 것이다.'[36] 이것은 확실히 죽어 가는 프랑스인의 말은 아니다!

96 두 사람의 연설가

이 두 명의 연설가 중 한 사람은 열정에 취해 있을 때만 그의 주제 전체를 완전히 파악한다. 열정의 펌프가 비로소 그의 고상한 정신을 펼치는 데 충분할 만큼의 피와 정열을 그의 두뇌에 보내는 것이다. 다른 한 사람도 때때로 똑같은 방식을 써 본다. 즉 정열의 힘을 빌려 그의 주제를 뜨겁고 격렬하게 감동적으로 전개하는 것이다. 그러나 아무리 해도 뜻대로 되질 않는다. 이내 그의 이야기는 애매해지고 혼란스러워진다. 그는 과장하고 생략하여 그의 주제에 대한 사람들의 불신을 초래해 버린다. 아니, 그 자신이 그 불신을 의식해 버린다. 그리하여 결국 청중이 그의 정열 자체가 진짜였는지의 여부를 의심하도록 이끄는, 가장 냉정하며 불쾌한 논조로 그는 돌연 비약하게 되는 것이다. 그의 경우에는 항상 정열의 파도가 정신을 집어삼켜 버린다. 아마도 그의 정열이 처음 연사보다 더 강렬하기 때문이리라. 그러나 그는 감정의 범람에 저항하여 실제로 그것을 비웃을 때 힘의 절정에 도달한다. 그때야 비로소 그의 정신, 논리적이며 냉소적이고 농담을 좋아하면서도 두려운 정신은 은신처에서 완전히 나타나게 되는 것이다.

97 작가의 수다스러움에 관하여

분노에서 나오는 수다스러움이 있다. 이것은 쇼펜하우어나 루터에게서 자주 접하게 된다. 칸트처럼 개념적 공식들의 풍부한 저장량 때문에 수다스럽게 되는 사람도 있다. 동일한 내용에 끊임없이 새로운 표현을 부여하는 기쁨으로 인한 수다스러움도 있다. 몽테뉴에게서 발견되는 수다스러움이다. 악의에 찬 인물들의 수다스러움도 있다. 현대의 저작을 읽는 자는 누구나 여기서 두 명의 작가를 떠올리리라. 좋은 말과 언어형식에 대한 쾌락으로부터 나오는 수다스러움, 이것은 괴테의 산문에서는 드문 것도 아니다. 감정의 소음과 혼란에서 깊은 쾌감을 느끼는 수다스러움도 있다. 이를테면 칼라일의 그것이다.

98 셰익스피어를 찬미하며

내가 **인간**으로서의 셰익스피어에게 바칠 수 있는 가장 아름다운 찬사는 다음과 같다. 그는 브루투스(Brutus)를 믿었다. 그리고 이런 형태의 덕에 대해 한 점 의혹도 품지 않았다! 그는 브루투스에게 자기의 가장 훌륭한 비극을 바쳤다. 그것은 오늘날에도 아직 그릇된 이름으로 불리고 있지만. 그것이야말로 숭고한 도덕성의 가장 두렵고도 가장 순수한 존재인 브루투스에게 바쳐진 것이었다. 영혼의 독립성—이것이 문제의 핵심이다! —그것을 위해서는 어떤 희생도 지나친 것이라고 할 수 없다. 사람은 그것을 위해 가장 친한 친구도 희생시킬 수 있어야만 한다. 그 친구가 누구보다 명예로운 인간, 세계에 빛을 더해 주는 인물, 비길 데 없는 천재일지라도, 우리가 사랑하는 위대한 영혼의 자유를 위협한다면 말이다. 이러한 사실을 셰익스피어가 느꼈음은 분명하다! 그가 카이사르를 높은 곳에 올려 세웠던 것은, 브루투스에게 표할 수 있었던 최고로 정교한 경의였다. 이리하여 비로소 그는 브루투스의 내면적 문제를 거대한 문제로 격상하고, 이러한 갈등의 **매듭**을 절단할 수 있었던 그 영혼의 힘을 찬양했던 것이다!

이 시인을 브루투스에 대한 공감에까지 몰아가 브루투스와 공범자가 되도록 만든 것이 과연 정치적 자유였던가? 아니면 정치적 자유는 단지 표현할 수 없는 어떤 것에 대한 상징적 표현일 뿐이었는가? 시인이 단지 상징적으로만 말할 수 있었던, 시인 자신의 영혼에서 유래하는 무엇인가 인간에게 알려지지 않고 끝났던 어두운 일과 모험에, 우리는 직면한 것일까? 브루투스의 우울에 비하면 온갖 햄릿적 우울 따위가 대체 뭐란 말인가! 분명 셰익스피어는 햄릿의 우울에 대해 그랬듯이 부르투스의 우울도 경험으로 알고 있었을 것이다. 그 역시 브루투스와 마찬가지로 자신의 암흑의 시간과 악마를 지니고 있었을 것이다!

그러나 이런 종류의 유사성이나 은밀한 관련이 있다고 하더라도, 브루투스의 형상과 미덕 앞에 셰익스피어는 완전히 기세가 꺾여 엎드렸다. 자신은 무가치하고 보잘것없다고 느끼면서. 이에 대한 증언을 그는 자기의 비극 속에 써 놓았다. 그는 비극 속에 시인을 두 번 등장시키고, 매번 참을 수 없는 결정적인 모욕을 그에게 퍼부었다. 그러한 모욕은 마치 울부짖음처럼, 자기 경멸의 울부짖음처럼 들린다. 시인이 등장할 때는 브루투스, 저 브루투스조차도 참을성을 잃어버린다. 이 시인은 뭇 시인들처럼 자만에 차 있으며 비장하고 뻔뻔스럽고 위대함의, 도덕적 위대함의 가능성에 가득 차 터져 넘칠 것 같이 보인다. 게다가 행위와 생의 철학에 푹 빠져 있음에도 불구하고 비속한 성실조차도 달성할 수 없는 존재로서 나타난다. 그리하여 '하다못해 장소라도 분별한다면 그 변덕스러움도 용서해 주련만…… 이 광대여, 나가라!'라고 브루투스는 소리 지른다. 이 말의 의미를 제대로 이해하려면 우리는 이 글을 쓴 시인의 영혼 속으로 되돌아가 해석해야만 한다.[*37]

99 쇼펜하우어의 제자들

야만인들이 고도의 문명과 접할 때 볼 수 있는 현상이 있다. 즉 저급한 문화는 고급문화로부터 무엇보다도 먼저 그 악덕과 약점, 방종을 받아들여 여기에서 매력을 느낀다. 그리고 마침내는 획득한 악덕이나 약점을 매개로 고차원 문화가치를 풍부히 지닌 힘의 일부를 함께 받아들여 마음껏 향수하게 된다. 이러한 현상은 우리가 일부러 먼 야만인의 나라까지 여행하지 않고서도 가까이에서 관찰할 수 있다. 물론 우리가 가까이에서 보는 것은 다소 정제되고 정신적으로 변한 문명의 형상을 취하고 있어 그렇게 명료하지는 않지만.

쇼펜하우어의 독일인 제자들은 일반적으로 이 대가로부터 무엇을 가장 먼저 받아들이는가? 그들은 쇼펜하우어가 구현했던 뛰어난 문화와 비교하면 확실히 야만적이어서, 처음부터 야만인과 같이 그에게 매혹되고 유혹되는 것이다. 쇼펜하우어 같은 인물을 종종 이처럼 영국적이며 비독일적으로 보이게끔 하는 것, 그의 엄격한 현실 존중심, 그의 쾌활함과 이성에 대한 선호. 이런 것들이 그의 요소인가? 아니면 존재와 의지 사이에서 평생 동안의 모순을 **견디고**, 그의 저술에 있어 거의 모든 점에서 끊임없이 그 자신과 모순되도록 강요했던 그의 지적 양심의 엄격함인가?[*38] 그렇지 않다면 교회와 기독교 신에 관련된 문제에 대한 그의 결백함인가? 생각건대 그의 이러한 결백함은 지금까지의 독일 철학자 가운데서 전혀 볼 수 없는 것으로, 그는 '볼테르주의자'로서 살고 죽었다고 할 수 있다. 아니, 그것도 아니면 직관의 주지성(主知性)에 관한, 인과율의 선천성에 관한, 지성의 도구적 성격 및 의지의 부자유에 관한 그의 불멸의 교설들인가? 아니다! 그 무엇도 그의 독일 추종자들을 매혹하지 못하였다. 그들은 그것을 전혀 매력적으로 보지 않았다. 그들을 매혹시킨 것은, 사실을 존중하는 이 사상가를, 세계 수수께끼의 해명자가 되겠다는 허영 가득한 충동에 타락하도록 만든, 쇼펜하우어의 신비적 낭패나 핑계들이었다. 그 예를 살펴보면 다음과 같다.

하나의 의지에 관한 증명 불가능한 설 : '모든 원인은 단지 그 시기 그 장소에서 의지 표상의 기회원인에 불과하다', '삶에 대한 의지는 가장 미미한 존재물 속에 이르기까지, 나누는 것은 불가능하게 완벽히 존재하고 있다. 과거·현재·미래에 걸쳐 존재하는 모든 것의 내면을 총괄하는 완벽함으로'. **개체의 부정** : '모든 사자(獅子)는 궁극적으로 하나의 사자에 불과하다', '개체의 복수성(複數性)은 하나의 가상이다', 똑같이 발전이라는 것 역시 단지 하나의 가상일 뿐이다—쇼펜하우어는 라마르크(Lamarck)의 사상을 '천재적이지만 부조리한 오류'라 부르고 있다. **천재**에 대한 몽상 : '미적 직관 앞에선 개체는 더 이상 개체가 아니며 순수한 인식의 주관, 의지와 고통과 시간으로부터 벗어난 인식의 주관이다', '그 주관은 관조되었던 대상에 완전히 몰입함으로써 그 대상 자체가 된다'. 그리고 그 밖에, **동정**으로써 모든 도덕의 근거인 개체화의 원리*³⁹를 돌파할 수 있다는 무의미한 생각, 더 나아가 '죽음은 본디 현존재의 목적이다', '이미 죽은 것으로부터는 마술적 작용이 나타나지 않는다는 것은 선험적으로 부정할 수 없다'는 주장. 이 철학자의 이러한 종류의 탈선이나 악덕은 항상 무엇보다도 먼저 받아들여져 신앙의 대상이 되었다. 왜냐하면 탈선이나 악덕은 항상 가장 쉽게 모방되고, 오랜 준비훈련을 요구하지 않기 때문이다.

현존하는 쇼펜하우어주의자 중 가장 유명한 인물, 리하르트 바그너(Richard Wagner)에 대해 이야기해 보자. 그에게도 모든 다른 예술가에게 일어났던 일이 발생했다. 그는 그 자신이 창출해 왔던 인물들의 해석에서 오류를 범했다. 또한 그의 가장 독자적인 예술의 배경에 있는 암묵적 철학을 오해했다. 생의 중반까지 리하르트 바그너는 헤겔의 인도를 받아 잘못된 길로 들어서 있었다. 뒷날 그가 스스로 창조했던 인물 속에서 쇼펜하우어의 교설을 찾아내고 '의지', '천재', '동정'과 같은 개념들로 그 자신을 공식적으로 표현하기 시작했을 때, 동일한 오해가 그에게 다시 한 번 발생했다. 그럼에도 불구하고 다음과 같은 사실은 진실로 남아 있을 것이다. 즉 바그너의 주인공(영웅)들에게서 나타나는 본질적으로 바그너적인 것—말하자면 극도의 이기적인 무죄(無罪)함, 그 자체가 선한 것으로 생각되는 위대한 정열에의 신앙, 요컨대 바그너의 모든 주인공의 풍모에서 드러나는 지크프리트(Siegfried)적인 것—만큼 쇼펜하우어의 정신에 반하는 것은 없다는 사실이다. '이런 모든 것은 나보다도 오히려 스피노자의 냄새를 풍긴다'라고 분명 쇼펜하우어는 말했으리라.*40

따라서 바그너는 쇼펜하우어와는 다른 어떤 철학자를 찾아볼 충분한 이유가 있었다. 그러나 그가 이 사상가에게서 느낀 마력은, 단지 다른 모든 사상가에 대해서뿐만 아니라 학문 그 자체에 대해서까지 그를 눈멀게 만들어 버렸다. 더 나아가 그의 모든 예술은 쇼펜하우어 철학의 파트너적 작품 및 그 보완물을 자임하려 하고, 그만큼 인간적 인식 및 학문의 파트너적 작품이나 보완물이 되려는 고상한 명예심은 더 확실히 단념하게 되었다. 이 철학의 신비적인 화려함이나 장관 전체만이 그를 이토록 매혹했던 것이 아니라—그것은 그저 칼리오스트로(Cagliostro)*41와 같은 인간을 매혹했으리라—이 철학자의 몸짓과 감정 하나하나가 그를 유혹했다.

예를 들면 바그너는 독일어의 붕괴(타락)에 격분한다는 점에서 쇼펜하우어적이다. 그러나 만약 이러한 점에서 그의 모방을 칭찬하려면, 바그너의 문체 자체가 온갖 궤양과 종기로 뒤덮여 있어 그것을 본 쇼펜하우어를 격분시켰다는 사실을 숨겨서는 안 된다. 또한 독일어를 쓰고 있는 바그너파(Wagnerian) 사람들에 관해서 말한다면, 그들이 바그너투의 문장이 헤겔투의 문장만큼이나 뒤떨어진다는 점을 보여 주기 시작했다는 것도 은폐되어서는 안 된다.

유대인에 대한 바그너의 증오는 쇼펜하우어적이다. 유대인의 가장 위대한 행위조차 바그너는 정당하게 평가하지 않는다. 유대인은 실로 그리스도교의 발명자가 아닌가!

그리스도교를 바람에 날려 흩어진 불교의 씨앗으로 해석하여, 가톨릭적 방식 및 감각과 잠시나마 화해하면서 유럽에 불교적 신기원을 마련해 보려는 바그너의 시도는 쇼펜하우어적이다.

동물들과 우리의 관계에서 연민을 이야기하는 바그너의 설교는 쇼펜하우어적이다. 이 점에서 쇼펜하우어의 선구자는 익히 알다시피 볼테르였다. 분명 볼테르도 이미 그의 후계자와 같이, 어떤 종의 사물이나 인간에 대한 그의 증오를 동물에 대한 연민으로 위장했을 것이다. 적어도 바그너의 설교에서 드러나는 학문에 대한 증오는 확실히 인자함이나 선의의 정신으로부터 나온 것이 아니다. 하물며 일반 **정신**[*42]으로부터 나온 것도 아니다.

물론 한 예술가의 철학이라는 것은 단지 보충적인 철학이며 그의 예술에 해가 되지 않는다면 그렇게 문제가 되지 않는다. 우리는 어떤 예술가의 우연적이고 솜씨 없는, 허영에 찬 허구(가장)를 이유로 그에게 나쁜 감정을 품지 않도록 늘 주의를 기울여야 한다. 우리는 예외 없이 우리의 친애하는 예술가들이 배우이며, 배우여야만 한다는 사실을 잊어서는 안 된다. 그들은 배우로서 연기하지 않으면 예술가로서의 삶을 오래 지속하지 못하는 것이다.

바그너의 제자인 우리는 바그너가 자기 자신에 대해 진실하고 근본적인 것을 잃지 않는 한 그에게 신뢰를 남겨 두리라. 특히 우리 자신에 대해 **진실하고** 근본적인 것에 따라 스스로에게 신뢰를 남김으로써. 우리는 그의 지적 변덕이나 경련을 비난하지 말자. 오히려 공정하게 고려하자. 바그너의 예술 같은 예술이 살아 성장할 수 있기 위해서는 어떤 특이한 영양이나 필수품이 필요한가에 대해서! 사상가로서 그가 종종 그렇게 잘못을 저질렀다는 것은 문제가 되지 않는다. 정의와 인내는 **그의** 본업이 아니다. 그의 삶은 그 자신을 통해 충분히 정당화되고 또 정당화될 수 있다는 것만으로 족하다. 우리 모두에게 '인간이 되어라, 그리고 나를 따르지 마라,[*43] 차라리 너 자신을 따르라, 차라리 너 자신을!'이라고 외치는 것이 그의 삶이다. 우리의 인생 역시 우리 자신에게 정당한 것으로 남겨져야만 한다! 우리 역시 자신들로부터, 자유롭고 두려움 없이 순결한 자기본위로 성장하여 꽃을 피워야만 한다! 이러한 인간을 문제로 삼을 때면, 다음과 같은 문장이 이전과 같이 지금도 나의 귀를 울린다.

'정열은 스토아주의나 위선보다 낫다. 악에 대해서도 진솔한 것은 전통적인 도덕에 열중해 스스로를 잃는 것보다 아직은 낫다. 자유로운 인간은 악할 수도 있고 선할 수도 있다. 그러나 부자유한 인간은 자연에 대해 수치이며 천상 또는 지상의 위안을 공유하지 못한다. 결국 **자유로워지고자 원하는 자는 누구든지 자신의 노력으로 그렇게 되어야만 한다.** 누구에게나 자유는 기적적인 선물처럼 하늘에서 뚝 떨어지는 것이 아니다.'[*44]

100 경의를 표하는 것을 배우다

인간은 경멸을 표하는 것 못지않게 경의를 표하는 것을 배워야만 한다. 새로운 길을 걷고 또 많은 사람을 새로운 길로 인도했던 이들은 누구나, 이 많은 사람들이 고마움을 표하는 데에 얼마나 서투르고 형편없는지, 아니 전체적으로 감사를 얼마나 표현**할 수 없는지** 발견하고 놀란다. 마치 그들이 고마움을 표하고자 할 때마다 목이 막히기 시작하고 헛기침이 나와서 말을 제대로 잇지 못해 침묵하는 것처럼 보인다. 어떤 사상가가 그의 사상의 영향과 그 개혁적, 혁명적 위력을 스스로 느끼는 과정은 거의 한 편의 희극이다. 때때로 이러한 영향을 느낀 사람들이 실제로 마음속에서는 모욕당한 것처럼 느끼고, 그들이 위협당했다고 생각하는 자기의 독립성을 다만 온갖 무례한 형태로만 표현하는 경우도 있다. 단지 감사에 대한 예의바른 관례를 고안하기 시작하는 데만도 여러 세대를 거쳐야 한다. 그리고 감사의 표현 속에조차 일종의 정신과 천재성이 철저히 침투하는 시기는 그보다도 훨씬 뒤에나 온다. 그 시기에는 위대한 감사의 수혜자가 출현할 텐데, 그는 자신이 행해 온 선한 일에 대한 감사만이 아니라, 선배들이 쌓아 온 최고로 선하고 고귀한 보배들에 대한 감사도 받을 것이다.

101 볼테르

궁정이 있는 곳은 어디에나 뛰어난 대화법의 규칙이 마련되고, 따라서 글을 쓰는 자를 위한 문체의 규칙 또한 마련되었다. 그러나 궁정어(宮廷語)는 학문적 문제들에 관한 대화를 나눌 때조차 전문적 냄새가 난다면서 모든 편의적이고 기술적인 표현을 금지하는, 아무런 **전문직업**이 없는 궁정 사람들의 언어이다. 그 까닭에 기술적 표현이나 전문적인 모든 말은 궁정문화의 나라에서는 **문체상의 오점**들로 여겨진다. 모든 궁정이 과거와 현재의 희화(戲畫)가 되어 버린 오늘날에 이르러, 우리는 볼테르까지도 이러한 점에서 지나치게 격식을 차려 까다롭고 딱딱하다는 것을 발견하는 놀란다(예를 들면 퐁트넬이나 몽테스키외 같은 문장가에게 가했던 그의 비판에서). 우리 모두는 이제 막 궁정취미로부터 해방된 반면 볼테르는 그 **완성자**였던 것이다!

102 문헌학자를 위한 한마디

매우 가치 있는 훌륭한 책들이 학자들의 모든 세대에 걸친 노력 덕분에 순수하게 보존되고 또 해석될 수 있다면, 이들 학자의 노고가 허무하지 않을 만큼 훌륭한 책이 있다고 거듭 확신하기 위해 문헌학은 존재한다. 문헌학은 실제로 그러한 가치 있는 책을 어떻게 이용할지 아는 비범한 인물들(설사 사람들은 그들을 몰라본다 할지라도)이 있음을 전제로 한다. 아마 그들은 스스로도 그런 책들을 쓰거나 쓸 수 있었던 사람들이리라. 내 말은 문헌학이 고귀한 신앙을 전제로 한다는 것이다. 즉 현재는 없지만 언젠가는 '올 터인' 바로 그러한 소수의 인간들을 위해, 그렇게 많은 양의 까다롭고 심지어 더럽기까지 한 일을 미리 행해야 한다는 신앙 말이다. 요컨대 이 모든 것은 황태자를 위한 고전(*in usum Delphinorum*)*45을 만드는 일이다.

103 독일 음악에 관하여

오늘날 독일 음악은 가장 유럽적인 음악이다. 독일 음악만이, 유럽 혁명*46에서 비롯된 변화를 표현했기 때문이다. 오직 독일 음악가들만이 흥분하는 민중에게 어울리는 표현—굳이 큰 소리일 필요는 없는, 거대하고 매우 인위적인 소음—을 알고 있었다. 예를 들어 이탈리아 오페라가 '민중'이 아닌 하인이나 군인의 합창만 아는 데 비하면 더욱 그렇다. 더욱이 모든 독일 음악에서는 귀족에 대한 심한 시민적 질투, 특히 궁정적이고 기사도적이며 오래되고 자기확신적인 사회의 표현인 에스프리와 우아함에 대한 질투가 들려온다. 그것은 결코 괴테의 성문 앞 가수의 노래 같은 음악, 공연장에서도 게다가 국왕에게도 마음에 들 음악은 아니다. '기사들은 용감한 태도로 응시하고, 미녀들은 얼굴을 내려 무릎을 보았다'*47라는 식은 아닌 것이다. 우아함의 세 여신—광휘, 기쁨, 개화를 상징하는 여신—조차 양심의 가책 없이는 독일 음악 속에 등장하지 않는다. 세 여신의 시골티 나는 자매인 '애교'에 이르러서 겨우 독일인들은 자기 자신을 도덕적이라고 느끼기 시작한다. 또한 그러한 점에서부터 점차 발전해서 몽상적이고 박학하고 매우 거친 '숭고', 베토벤적인 숭고에까지 이르게 된다.

만약 **이러한** 음악과 어울리는 인간을 상상하고자 한다면 베토벤을 떠올리면 된다. 예를 들면 테플리체(Teplitz)에서 베토벤이 괴테의 곁에 서 있던 모습을. 문화의 곁에 있는 반(半)야만, 귀족 곁에 있는 평민, 선하지만 선한 것 이상인 존재 옆에 나란히 서 있는 선량한 사람, 예술가 옆에 서 있는 몽상가, 위안을 얻은 자 곁에 있는 위안을 얻고자 하는 자, 공정한 자 곁에 있는 과장하는 자, 수상쩍은 자, 우울하고 자학이 버릇된 자, 어리석을 만큼 환상에 빠진 자, 황홀에 넘쳐 불행한 자, 고지식하게 무모한 자, 불손하고 서투른 자, 한마디로 '길들여지지 않은 인간', 이것이 괴테가 베토벤에 대해 느낀 바이며 그를 가리키는 말이다. 괴테, 그는 독일인들 중에서 예외이다! 아직 그의 수준에 오른 음악은 발견되지 않았다.*48

마지막으로 우리는 독일에서 현재 더더욱 퍼지고 있는 선율에 대한 경멸 및 선율감각의 퇴화가, 민주주의적 악습과 혁명의 여파로서 이해되어야 하지 않는가의 여부를 생각해 봐야 할 것이다. 무릇 선율이란 규칙성에 대한 극히 명랑한 즐거움으로, 생성 중인 것, 아직 형성되지 못한 것, 자의적인 것 모두에 반감을 품는다. 그래서 그것이 유럽의 옛 질서에서 흘러나오는 메아리같이, 또는 이 질서로 돌아가고자 하는 유혹같이 들리는 것이다.

104 독일어의 음향에 관하여

지난 수 세기 이래 보편적인 문어(文語)로 사용되고 있는 독일어가 어디에서 유래되었는가는 이미 모두가 아는 바이다. 궁정으로부터 유래된 모든 것에 존경을 바쳐 온 독일인들은 편지, 문서, 유언장 등 그들이 써야 할 일체의 것에 관해서 관청용어를 표본으로 택했다. 관청용어로 글을 쓴다는 것은 궁정과 행정부의 문체로 쓴다는 것이며, 이는 자기들이 현재 생활하는 도시의 독일어에 비해 기품 있는 것으로 여겨졌다. 이 경향이 심해져 감에 따라 사람들은 점차 쓰는 대로 말하게 되었다. 이리하여 사용하는 언어 형태, 어구와 어법의 선택 그리고 마침내는 그 음향도 한층 더 고상하게 되었다. 사람들은 말할 때 궁정풍의 음향을 흉내 냈다. 이러한 흉내는 결국 제2의 본성이 되었다.

아마 이러한 선례─구어에 대한 문어의 승리, 온 국민의 짐짓 꾸민 태도와 속물근성이 방언(方言)을 능가하는 통상적·보편적 언어의 기초를 제공한 예─는 어디에도 없으리라. 중세와 중세 이후의 독일어 음향은 심하게 거칠고 비속했다고 생각된다. 그런데 최근 몇 세기에 걸쳐 그것이 얼마쯤 우아해지고 있다. 왜냐하면 주로 프랑스어나 이탈리아어나 스페인어의 음향을 많이 모방할 것을, 다른 사람도 아닌 독일의(또는 오스트리아의) 귀족─그들은 모국어에 전혀 만족할 수 없었다─측으로부터 강요받았기 때문이다. 그러나 이러한 훈련에도 불구하고 몽테뉴에게는 독일어가 참을 수 없이 비속하게 들렸음이 분명하며, 라신의 귀에도 그렇게 다가왔으리라. 오늘날까지도 그것은 독일 여행자들의 입을 통해, 이탈리아의 하층계급 한가운데에서도 여전히 무례하고 산적 같은 목쉰 소리를 내고 있다. 마치 끽연실에 들어와 있거나 예의 없는 지역 출신인 것처럼.

그런데 나는 현재 또다시 과거의 관청어를 예찬하던 독일인들 사이에서 음향의 고상함에 대한 유사한 욕구가 광범위해지는 것, 또한 독일인이 이 기묘한 '음향의 마력'에 홀리기 시작하는 것을 보고 있다. 이것은 장기적으로 언젠가 독일어에 심각한 위험이 될지도 모른다. 이것 이상으로 혐오스러운 음향은 유럽에서 찾아볼 수 없기 때문이다. 목소리 가운데 조소적이고, 냉정하고, 무관심하고, 조심성 없는 어떤 것을 이제 독일인들은 '고상'하다고 여기는 것이다. 그래서 나는 젊은 관리, 선생, 여인, 상인의 목소리에서 그 고상함을 성취하려는 음향을 듣고 있다. 귀여운 소녀들조차 이런 장교들의 독일어를 흉내 내고 있다. 장교, 그중에서도 프로이센 장교가 이러한 음향의 발명자이기 때문이다. 군인이자 전문인으로서 저 경탄할 만큼 겸손한 말씨를 쓰는 장교에게서 모든 독일인들(대학교수나 음악가도 포함해서!)이 배우려 하는 것이다. 그러나 독일 장교들이 말하고 움직이자마자 곧 그들은 오랜 유럽에서 가장 불손하고 혐오스러운 인물임이 드러난다. 의심할 바 없이 자신은 그 사실을 모르지만 말이다. 그들을 가장 고상하고 가장 우아한 사회의 본보기로서 찬미하면서 기꺼이 그로 하여금 '선창하게 할 때' 우리의 친애하는 독일인 역시 그러한 사실을 알지 못한다. 선창하는 인물은 누가 뭐라 해도 그 장교이다! 그리고 먼저 하사관들과 상사들이 그 소리를 모방하며 상스럽게 하고 있다. 온 도시란 도시의 성 밖에서 연병이 이루어지고 있는 오늘날, 독일 도시들을 포효의 소용돌이로 몰아넣는 그 외침 소리와 호령 소리에 귀를 기울여 보라.*49 이러한 포효로부터 어떤 교활함, 광포한 권위 의식, 조소적인 냉혹함이 울려 나오는가! 독일인들은 과연 음악적 국민일 수 있겠는가? 독일인의 언어에서 그 음향은 분명 군대의 성격을 띠어 가고 있다. 아마 한번 군대식 논조로 말하는 데 익숙해진다면, 결국 글 또한 그러한 방식으로 쓰게 될 것이다. 어떤 음향에 익숙해져 간다는 것은 성격에 중대한 영향을 미치기 때문이다. 곧 그는 이러한 음향과 어울리는 용어, 문구, 결국에 가서는 생각마저 익히게 된다! 아마 우리는 이미 장교풍으로 글을 쓰고 있을 것이다. 아니면 내가 현재 독일어로 쓰인 글들 중 아주 조금만 읽었을 뿐이든지. 그러나 나는 한 가지 사실만은 확실히 알고 있다. 외국에도 전해지는 공적인 독일 문서 역시 독일 음악에 고취된 것이 아니라, 몰취미한 교활함을 품은 이 새로운 음향으로부터 영감을 얻은 것이라는 사실이다. 독일의 탁월한 일급 정치가*⁵⁰의 연설에조차, 제국의 대변인*⁵¹의 입에서 나오는 이야기에마저 외국인의 귀에 반감과 혐오감을 주는 악센트가 있다. 그러나 독일인들은 그것을 참아 낸다. 그들은 그들 자신을 참아 내는 것이다.

105 예술가로서의 독일인

독일인들은 진짜로 정열에 빠져 들면(그들이 보통 그러하듯이 단지 정열에 추파를 던지는 것만이 아니라!) 그 정열에 흠뻑 젖어 정열이 시키는 대로 행동하며, 그 행동에 대해 이러니저러니 생각하지도 않게 된다. 그러나 실제로는 그러한 때에 그들의 행위는 매우 어색하고 추하고 종잡을 수 없기에, 그 모습을 보는 사람들은 고통이나 연민 이상은 느끼지 못한다. 다만 독일인이 많은 정열을 통해 가능한 숭고함과 황홀의 경지까지 오르는 경우를 제외하고는. 이럴 때는 독일인도 **아름다워진다!** 미(美)가 그 매혹적인 영향력을 독일인들에게까지 미치는 것 같은 그러한 **절정의 예감이,** 독일 예술가들을 고양하고 지고의 고귀함과 분방한 정열로 몰고 간다. 다시 말해 추함과 어색함을 넘어로—보다 좋고, 보다 가볍고, 보다 남국적이고, 보다 햇빛 비치는 세계 저편으로—가고자 하는, 아니면 하다못해 그쪽을 엿보기라도 하고자 하는 실로 깊은 바람이 그들을 내모는 것이다. 그리하여 그들의 경련은 종종 단지 그들이 **춤추고** 싶다는 징후에 불과하다. 그 내부에서는 숨겨진 님프들과 숲의 신들이 소란을 피우고 있다. 때로는 보다 높은 신들도!

106 매개자로서의 음악

어느 개혁가가 그의 제자에게 말했다. '나는 음악의 거장을 끊임없이 구하고 있다. 그가 나의 사상을 배운 뒤 그것을 장래에 그의 언어로 말할 테니, 그러한 방식으로 나는 내 사상을 인간의 귀와 가슴에 더 잘 전할 수 있으리라. 우리는 음악을 통해 사람들을 온갖 망상이나 진리로 유인할 수 있다. 누가 음악을 논박할 수 있겠는가?'—'그러면 선생님은 논박할 수 없다고 여겨지기를 원하는 것입니까?'라고 제자가 물었다.

개혁가는 대답했다. '나는 묘목이 나무가 되기를 원한다. 하나의 교설이 한 그루의 나무가 되려면, 그것은 상당히 오랫동안 신봉을 받아야 한다. 그리고 신봉을 받으려면, 그 교설은 논박할 수 없는 것으로 여겨져야만 한다. 나무가 그 묘목의 본성과 힘을 나타내기 위해서는 폭풍, 회의, 벌레, 악의가 필요하다. 만일 충분히 강하지 않다면 그것은 베어 쓰러져도 상관없다. 그 편이 더 낫다. 그러나 새싹은 뿌리 채 뽑힐지언정 논박되지는 않는다!'

그때 제자가 격렬하게 외쳤다. '저는 선생님의 견해를 믿습니다. 그 견해는 너무 강력해서, 제가 지금 품고 있는 반대 의견을 모두 말한다고 해도 꿈쩍도 안 할 것 같습니다.'

개혁가는 마음속으로 웃으면서 경멸의 표시로 제자에게 손가락을 흔들어 보이며 말했다. '이런 제자가 가장 좋은 제자이다. 그러나 또한 위험한 제자이기도 하다. 어떤 종류의 교설도 이런 제자를 견뎌 내지는 못하기 때문이다.'

107 예술에 대한 우리의 궁극적인 감사

만약 우리가 여러 가지 예술을 인정하지 않고 또 비현실적인 것에 대한 숭배를 발명하지 않았다면, 현재의 과학이 우리에게 제공하는 일반적인 비현실이나 허구에 대한 통찰—인식하고 감각하는 현존재의 조건인 망상 및 착각에 대한 통찰—은 도저히 견딜 수 없는 것이 되리라. **진실**을 억지로 밀어붙인다면 그것은 우리를 구토와 자살로 이끌 것이다. 그러나 현재 그러한 결과를 피하도록 우리를 도와주는, 우리의 정직에 대항하는 반대세력이 있다. 바로 가상에 **우호적**인 예술이다. 우리는 어떻게든 한데 모아 끝마치는 것을, 시적 허구로 결말짓는 것을 무조건 거부할 수만은 없다. 그리고 그렇게 되었을 때 우리가 생성의 강을 건너 옮기는 것은 더 이상 영원한 불완전성이 아니다. 그때 우리는 **여신**을 옮겨 드리는 듯한 느낌을 받아 이 봉사를 자랑스럽게 여기며 어린아이와 같이 즐거워한다. 미적 현상으로서의 현존재도 우리에게 참을 만한 것이 된다. 예술은 그러한 현상으로 우리를 변화시킬 **수 있는** 눈과 손, 특히 좋은 양심을 제공한다.[*52] 우리는 잠시 우리 자신으로부터 벗어나 쉬어야 한다. 우리 자신을 들여다보고 깔보며 예술적인 먼 곳으로 부터 자기 자신에 **대해** 웃고 슬퍼함으로써. 우리는 우리 인식의 정열 속에 숨어 있는 **주인공**과 **광대**를 발견해야만 한다. 우리는 때때로 우리의 어리석음에서도 즐거움을 발견해야 하는데, 그러지 못하면 우리의 지혜에서 계속적인 즐거움을 발견할 수 없을 것이다. 엄밀히 말해 우리는 본질적으로 엄숙하고 심각한 인간이며, 인간이기보다는 오히려 저울추이다. 따라서 확실히 우리에게 **광대의 방울 달린 모자**보다 더 쓸모 있는 것은 없다. 우리는 우리 자신에 대해 스스로를 지키기 위해서 그것을 필요로 한다. 우리의 이상(理 想)이 우리에게 요구하는 저 **사물을 초월하는** 자유를 잃지 않기 위하여, 우리는 모든 화려하고 가볍고 춤추고 조롱하는, 어린애 같고 기쁨에 찬 예술을 필요로 한다. 우리가 우리의 신경질적인 정직함 때문에 도덕 속으로 완전히 함락되거나, 또는 스스로에게 부과하는 도덕적인 가혹한 요구들 때문에 고결한 괴물이나 허수아비가 되어 버리는 것은, 우리에게 **병이 도진다**는 의미이리라. 우리는 도덕을 **초월해야만 한다.**[*53] 또한 당장이라도 미끄러져 넘어지지 않을까 두려워하는 사람의 염려스러운 긴장을 느끼며 서 있는 것이 아니라, 도덕을 초월하여 춤추고 즐길 수 있어야 한다! 광대 없이는 못 사는 것과 마찬가지로 우리가 예술 없이 살 수 있겠는가? 그대들이 아직 얼마간 자신을 **부끄러워하는** 동안은, 아직 우리의 동지가 아니다! [*54]

⟨주⟩

[*1] 자이스는 실러의 발라드에 나오는 고대 이집트의 신전. ⟨베일에 가려진 자이스 상⟩(니체 서문의 마지막 항 참조).

[*2] 이 항의 첫 단락에 있는 비교는, 60~75항에 나타난 여성에 관한 관찰로 니체를 이끌었다.

[*3] 1달란트=6,000드라크마. 1드라크마는 노동자의 하루 품삯.

[*4] Vivat comedia!

[*5] 니체의 여성에 관한 논의는 일반적으로 그의 명성을 떨어뜨렸다. 그러나 여기에서 그는 80년 뒤에야 비로소 광범위하게 받아들여지게 된 점을 지적하고 있다. 그것은 여성이 여성에 관한 남성들의 이미지를 스스로 본받음으로써 자신을 잃어버린 것이다. 이점은 71항에서 더욱 발전된다.

[*6] Die Herrinnen der Herren.

＊7 이 결론은 68항의 두 번째 단락 첫 문장으로 회귀된다. 그러나 거기서 쓰인 독일어는 Weiber인 반면 여기에서는 그것이 Frauen이다. 훨씬 예의바르게 들린다.

＊8 이런 비교는 니체의 작품에서 규칙적으로 반복되는데, 때로는 창작가나 자기에 대해 이야기하는 방식으로도 이루어진다.

＊9 니체는 어떤 여성성도 사회학적으로는 설명하지 않는다(68항과 71항을 보라). 그러나 생물학적 요소에는 중요성을 부여한다.

＊10 아리스토텔레스의 《니코마코스 윤리학》 참조. '영혼의 위대성은 크다는 것을 함축하며, 아름다움 역시 장대한 신체를 의미한다. 작은 사람은 산뜻하고 잘 균형잡혔을지는 몰라도 아름답지는 않다.' 이 터무니없는 아포리즘으로 여성에 관한 이야기(60～75항)는 끝났다. 제2부의 나머지(107항까지)는 예술에 관한 이야기이다.

＊11 무지(無知)는 인지(人智)와 대조를 이룬다(건전한 상식).

＊12 《선악을 넘어서》의 27항과 28항 참조할 것.

＊13 규칙에 관해 니체는 예외를 칭찬한다. 그러나 이따금 규칙은 보존되어야만 한다고 명백하게 덧붙이며, 때때로 규칙을 지지하고 옹호하기까지 한다. 55항과 같이. 규칙에 대한 니체의 이상과 같은 요점 3개는 모두 명백히 양립한다. 따라서 오직 첫 번째 요점만 인식하는 사람은—매우 흔한 잘못인데—심각하게 니체를 오해하게 된다.

＊14 《질 블라스(Gil Blas)》는 프랑스의 소설가요 극작가인 르사주(Alain René Lesage, 1668～1747)가 1715년부터 35년까지 4권으로 출판한 이른바 '악한소설(惡漢小說)'이다. 가난한 집안에서 태어난 질 블라스는 17세 때 대학에 들어가기 위해 고향을 떠났다가 도둑을 만난다. 그 패거리에 들어가 투옥과 출옥을 반복하며 방탕한 생활을 하지만, 이후 사욕을 버리고 성공적이며 평온한 여생을 보낸다.

＊15 니체 자신이 사용하는 가면에 관해서는 《선악을 넘어서》에 많은 문구들이 나와 있다.

＊16 아리스토텔레스의 《시학》, 6장 1449b.

＊17 마르티알리스(Martial, 40～104) 스페인 태생의 로마 풍자시인. 인용한 구절은 그의 《경구집》 Ⅳ, 80의 6에 있다.

＊18 위대한 극작가 코르네유는 1606년에 태어나 1684년에 죽었다. 프랑스 혁명은 1789년 발발.

＊19 로마 시인들의 시대 : 호라티우스(B.C. 65～8), 프로페르티우스(B.C. 50～15).
　　그리스 시인들의 시대 : 아르킬로코스(B.C. 7세기), 알카이오스(B.C. 620～580), 칼리마코스, 필레타스, 테오크리토스(모두 B.C. 3세기 초).

＊20 독일에서는 번역 기술이 역사적 감각과 서로 이어졌다. 현대 독일 전통의 근원은 J.H. Voss가 호머의 《오디세이》를 독일식 강약약격(强弱弱格)의 육보격(六步格) 시로 번역한 데서 나타난다(1781). 한편 20세기 미국의 번역가들은 반대가 되어 버렸다. 즉 극단적인 로마식이 되었다. 에즈라 파운드의 《Homage to Sextus Propertius》(1917)가

그 시초이다. 파운드는 칼리마코스와 필레타스를 적절하게도 가장 첫 줄에서 언급했다.

*21 ferocia animi.

*22 B.C. 7세기 초 그리스의 서정시인.

*23 B.C. 5세기 초 그리스의 철학자이자 시인.

*24 아테네의 유명한 음악가. 플라톤의 《국가론》 400, 424항에 그의 이름이 보인다. 니체의 초기 문헌학적 저서에서도 거론되고 있다.

*25 melos : 선율이라는 의미의 그리스어.

*26 바로 비판되었던 성질. 그것의 예로써 이 항목을 끝마친다는 아이러니는 계획적이다. 《차라투스트라》에서의 '시인에 관하여'를 참조할 것. '그러나 차라투스트라가 너에게 한때 말했던 것은 무엇이냐? 시인들은 너무 많이 거짓말을 한다는 것? 그러나 차라투스트라 역시 시인이다. 그가 여기서 진리를 말한다는 사실을 지금 너는 믿느냐? 왜 그것을 너는 믿느냐?' 제자는 대답했다. '나는 차라투스트라를 믿습니다.' 그러나 차라투스트라는 고개를 흔들며 웃었다. '신념은 내게 은총을 내리지 못한다.' 그는 말했다. '특별히 나를 믿지 마라. 그러나 만일 누군가가 굉장히 신중하게 말한다면, 시인들은 너무 거짓말을 많이 한다. 그가 옳을 것이다. 우리가 너무 많은 거짓말을 하기에.'

*27 Via dolorosa.

*28 알피에리 Vittorio Alfieri 백작(1749~1803) : 이탈리아의 극작가. 《자서전(*Memoirs of his Life*)》이 그의 사후에 출판되었다.

*29 Heraclitus의 단상 53 : '전쟁은 모든 것의 아버지이다.'

*30 괴테(1749~1832), 레오파르디(1798~1837)는 아마도 이탈리아의 가장 위대한 서정시인으로 잘 알려져 있을 것이다. 메리메(1803~70)는 오늘날 주로 《카르멘(*Carmen*)》의 저자로 기억된다. 에머슨(1803~82)은 서문에서 언급했다. 랜더(1775~1864)는 이 사람들 가운데 니체의 저작 중 다른 곳에서 언급되지 않은 유일한 사람이다. 비록 네 명의 '대가' 중 두 명이 18세기에 태어난 사람이지만—괴테처럼—괴테의 배척은 사리에 맞다. 왜냐하면 그의 최고의 시와 산문은 대부분 이 세기에 쓰였기 때문이다. 여기서 생각할 만한 것이 있다. 즉 니체의 선택을 보면 한 사람은 이탈리아인이요, 또 한 사람은 프랑스인, 그리고 미국인, 영국인인데 독일인만 빠졌다는 사실이다. 사실상 하이네를 제외한 것까지 생각한다면 니체의 이러한 경향은 강화되어 온 셈이다. 그러나 하이네의 생략에 대해서는 《이 사람을 보라》에 설명이 나와 있다. '언젠가 하이네와 내가 독일어권의 단연 최고의 예술가로 불릴 것이다. 단지 독일어가 이루었던 모든 것으로부터 이루 말할 수 없는 먼 거리에 있기에.'

*31 1683, 퐁트넬에 관해서는 3항을 보라.

*32 니체가 말하고자 하는 바가 도저히 불분명하다. 퐁트넬에 대한 그의 다른 언급들은 아무런 실마리를 제공하지 않는다. 니체의 마음속에 있던 것은 추측건대 다음과 같은 주제였으리라. 진리는 얻기 어렵다는 것, 오류는 생을 위해 필요하다는 것, 그리고 진리를 인간이 발견할 수 있다는 믿음 그 자체가 오류라는 것. 이러한 생각들은 《대화》의 재치 있는 즉답에서 발견된다. 그리고 지금 그것은 니체에게는 칸트와 다윈을 통해 증명된 것으로 보인다. 매우 간결하게 요점을 말한다면, 칸트는 그의 《순수이성 비판》(1781)에서 우리의 경험세계는 궁극적인 실제가 아님을 보여 주었다. 다윈의 《종의 기원》(1859)에서는 칸트의 사상이 새로운 시각으로 펼쳐진다. 니체는 이러한 생각을 제3부에서 더욱 완전히 발전시킨다.

예를 들면 퐁트넬의 《사자와의 대화》에 있는 다음 문장을 보라.

제3부, 대화 4 : '아, 너는 아직 얼마나 어리석음(folie)이 우리를 돕고 있는지를 모른단 말이냐? 그것은 우리로 하여금 우리 자신을 알지 못하게 한다. 왜냐하면 스스로를 바라보는 것은 너무 슬프기 때문이다. 그리고 스스로를 아는 것은 결코 좋지 않기 때문에, 어리석음을 위하여 잠시라도 인간을 방치해서는 안 될 것이다.' '미쳤다(frénétiques)는 것은 단순히 다른 종류의 어리석음이다. 모든 인간들의 어리석음은 본질적으로 같다.' 그렇기 때문에 인간들은 서로서로 맞추기가 쉽다는 사실을 발견하게 된다. 그리고 서로 미쳐 가는 것을 고려하지 않는다. '그래서 아무도 서로를 바보라 부르지 않는다. 다만 이른바 보조를 흩뜨리거나 그의 어리석음이 다른 모든 사람들의 어리석음과 조화되지 못하는 경우는 예외로 하고……'

제5부, 대화 2 : '사람들은 매력을 얻기 위한 가상의 목표를 눈앞에 두어야만 한다……. 만일 잘못된 사상들을 통해 유지되지 않는다면 사람들은 용기를 잃을 것이다……. 만일 몇 개의 불행을 통해 진리가 스스로 본연의 모습을 드러낸다면 모든 것을 잃게 될 것이다. 그러나 그것이 잘 파악되는 것이라면 항상 남아 있는 중요성은 잘 숨겨진다.'

제6부, 대화 4 : '사람들은 철학자들의 약속에 따라 기만된 몇 개의 원리들을 항상 소유하고 있다. 때때로 그들은 대수롭지 않은 작은 진리, 약간의 즐거움을 제공하는 작은 진리들을 발견한다. 그러나 철학의 본질에 관하여는, 나는 어떤 진보도 없다고 말하고 싶다. 때때로 사람들은 그 문제의 요점들에 관한 진리를 발견하지만, 문제는 사람들이 그가 발견한 것이 무엇인지 모른다는 데 있다고 나는 믿는다……'

이 마지막 구절은 데카르트의 입을 빌려 말한 것이다. 이 세 가지 예는 퐁트넬의 기조와 니체가 유념하고 있던 것을 보여 주는 데 충분할 것이다.

*33 샹포르(Sébastien Roch Nicholas Chamfort, 1741~94) : 그의 유명한 경구집은 니체가 경구적 저작을 쓰는 데 하나의 본보기가 되었다. 그는 혁명이 일어났을 때 바스티유를 습격한 최초의 한 사람이었다. 그러나 후에 궁정에 관한 그의 초기 언급처럼 국민

회의에 대해 풍자적으로 말하였다가 체포되었다. 그 뒤 석방되었으나 다시 체포령이 떨어지고, 그는 자살을 시도했다. 그로부터 며칠 후 그는 사망하였다.

* 34 Honoré Gabriel Riqueti, Comte de Mirabeau(1749~91) : 혁명 기간 동안 탁월했던 프랑스 정치가.

* 35 본명은 앙리 벨 Henri Beyle(1783~1842) : 프랑스의 소설가. 니체는 종종 커다란 존경을 표하며 그를 언급한다.

* 36 'Ah! mon ami, je m'en vais enfin de ce monde, où il faut que le coeur se brise ou se bronze.' 시에예스 Abbé Emmanuel Joseph Sieyès는 프랑스의 정치적 초상이다(1748~1836).

* 37 이 항은 몇 가지 차원에서 논의를 요한다. 시인에 관한 셰익스피어의 언급은《줄리어스 시저》에서 인용됐는데, 니체는 그다지 정확하지 않은 독일어 번역본을 참고한 듯하다. 그러나 비록 '광대'라는 것이 Schellen-Hanswurst라고 밝힐 만한 가치가 있다 해도 이 잘못은 크게 문제 되지 않는다. 왜냐하면 광대 Hanswurst는 니체의《이 사람을 보라》에서는 중요한 비중을 차지하기 때문이다(《이 사람을 보라》 II장 4항, 그리고 IV.I). 시인이 나오는《시저》의 다른 장면은 3막 3장인데, 거기에서 시나(Cinna)는 산산조각이 난다. 우선 대중은 그를 공모자로 오해했다. 그가 '나는 시나, 시인이다! 나는 시인 시나이다'라고 설명했을 때 그에 대한 반박은 다음과 같았다. '그의 나쁜 시를 이유로 그를 상처 내어라, 그의 나쁜 시를 이유로 그를 찢어라!' 결국, 한 시인 역시《아테네의 티몬(Timon of Athens)》앞으로 나왔다. 그리고 그는 철저하게 모욕당하면서 티몬에게 쫓겨났다.

브루투스로 말하자면, 이 기간 동안의 니체의 노트에서 다음 인용문을 볼 수 있다. '차라투스트라, 모세, 무함마드, 예수, 플라톤, 브루투스, 스피노자, 미라보 등이 움직이는 곳에—나 역시 살아 있다'(Werke, Musarion edition, XII, p.98). 이것은 오래 전에 기록해 놓았던 것으로 이 항에서 니체는 바그너와의 관계를 끊기로 결심했다. 그러나 이런 노트 속의 언급, 즉 단지 특별한 개인적 경험의 영향만을 보고 니체의 말을 평범화해 버리는 것은 어리석은 일일 것이다. 이 항이 니체 자신에게 광명을 비추는 한, 적어도 독립을 얻기 위해 그가 바그너만이 아니라 스스로 사랑했던 모든 것에 등을 돌렸음을 기록해야만 한다. 다른 기록을 인용한다면, '가장 통속적인 오류, 한 사람의 신념에 대해 용기를 내는 것, 오히려 누군가의 신념에 대한 공격을 위해 용기를 내는 것이 문제다'(Werke, XVI, 318). 또 다른 인상적인 설명들은 쇼펜하우어에 관한 그 다음 항을 보라.

* 38 비록 쇼펜하우어가 인간에 대해 바라던 것과는 매우 다르다 해도 그는 그의 '의지'를 그의 '존재'와 조화시키지 않음으로써, 그리고 타협하지 않음으로써 지적 양심을 보여 주었다. 니체 역시 '모순을 숨기지 않은, 그리고 조화에 대한 통찰을 단념하지 않은'

쇼펜하우어의 지적 양심을 신용했다.

＊39 개체화의 원리 *Principium individuations*：쇼펜하우어의 중심 개념 중 하나.

＊40 스피노자가 유대인이었으며, 바그너가 열렬한 반유대주의자였음을 기억해야 한다.

＊41 18세기 이탈리아의 모험가, 마법가, 그리고 특히 현자의 돌을 손에 넣으려 했던 연금술사. 그는 이름난 협잡꾼으로, 지하감옥에서 죽었다.

＊42 여기에서 니체는 예사로―같은 문장의 앞 부분은 그렇지 않다―정신 *Geist*을 지성(결코 배타적은 아닌)과 강력히 연관시킨다.

＊43 괴테는 이 말들을 그의 첫 소설《젊은 베르테르의 슬픔》의 이후 판에 추가했다. 주인공의 자살은 수많은 사람에게, 그들의 손이나 주머니에 있는 책과 함께 자살의 영감을 불러일으켰기 때문이다.

＊44 니체는 1876년, 그들이 결별하기 바로 6개월 전에 출판한 바그너에 관한《미숙한 명상》을 인용하고 있다. 이 부분의 언급들은 초판의 것이다.

'쇼펜하우어의 제자들'에 관한 이야기는 전 항에서 묘사된 '영혼의 독립'을 보여 준다. 쇼펜하우어와 바그너에 대한 니체의 오랜 경탄은 여기에서 보는 바와 같이, 그로 하여금 그들의 강함과 약함을 골라내도록 만드는 것을 쉽지 않게 한다. 더구나 바그너(니체가 4살 때 돌아가신 니체의 아버지와 마찬가지로 1813년 태생이다)는《즐거운 지식》이 등장한 1882년까지도 아직 살아 있었다(바그너는 1883년 2월에 죽었다). 바그너는 눈먼 경배를 요구했고 비평을 싫어하였다. 그러므로 이 항을 쓰고 출판하는 데에는 굉장한 용기만큼이나 남다른 '영혼의 독립성'이 진정으로 요구되었다. 따라서 브루투스에 대한 항에서 그 남다른 기초의 준비가 이루어진 것이다.

＊45 프랑스 황태자를 위해 쓰인 그리스·로마 고전의 특별판. 보통은 단수 in usum Delphini로 쓰이는 것을 니체가 복수로 쓴 것은 미래의 왕권을 위해서이리라.

＊46 프랑스 혁명.

＊47 이 구절은 괴테의 발라드 〈가수(*Der Sänger*)〉로부터 따왔다. 〈가수〉는 왕의 말로 시작한다. '성문 앞에서 들리는 것이 무엇인가…….' 가수는 다만 기뻐서 스스로 노래한 것이었는데, 왕은 그를 안으로 불러들여 그의 음악을 즐거이 듣고선 그에게 눈부신 황금사슬을 주었다. 가수는 그것을 거절하고 대신에 미주(美酒) 한 잔을 원했다. 그리고 감사를 남기고 '새가 노래하듯이' 노래하며 떠나갔다.

＊48 오스트리아 테플리체에서 이 두 천재가 점심을 먹으며 대화를 나누게 되었다. 그때 괴테는 '오스트리아 황후는 예술에 대하여 훌륭한 생각을 지니고 있으므로 존경한다'는 자신의 뜻을 밝혔다. 이에 베토벤은 조금 격한 말투로 '귀족 따위가 당신이나 나의 귀한 예술에 왈가왈부한다는 것은 참을 수 없는 일'이라고 응수했다.

그 뒤 두 사람이 거리를 산책하고 있는데, 저편에서 황후가 귀족들에게 둘러싸여 오는 것이 보였다. 이에 괴테는 길가로 비켜 모자를 벗고 경의를 표했으나, 베토벤은 혼자 무표정하게 걸어갔다. 그러자 황후와 귀족들이 길을 내주며 베토벤에게 인사를 했다. 베토벤이 괴테에게 말했다. "당신도 이제부터는 저런 사람들에게 경의를 표하지 말고, 저런 사람들이 경의를 표하게 만드시오."

테플리체에서의 네 번의 만남 이후 두 사람은 이러한 기질 차이 때문에 관계를 지속하지 못했다.

＊49 니체가 이것을 의식했든 안 했든 간에, 여기에는 괴테의 성문 밖 가수에 대한 좋은 대조가 나타나 있다.

＊50 비스마르크.

＊51 빌헬름(Wilhelm) Ⅰ세. 이 문장에서 그를 대변인이라고 부르는 것은 공정하지 못하다.

＊52 이것은 《비극의 탄생》을 위한 암시이다. 《비극의 탄생》에서 니체는 '그것은 오직 존재와 세계가 영원히 정당화되는 미적 현상으로서이다'라고 말했다. 분명 '참을 만한 것'은 '정당화되는'과 같은 의미가 아니다. 그리고 그 뒤에 따라오는 문장들의 분위기도 《비극의 탄생》의 그것과는 사뭇 다르다. 그럼에도 니체는 비슷한 용어를 사용함으로써 우리에게 그의 첫 책을 떠올리게 한다. 거기에서 그가 처음으로 제기한, 지식에 대한 예술의 혈연관계가 다뤄지기 때문이다. 그러나 그때 그에게는 '즐거운 지식'이라는 개념이 아직 결여되어 있었다.

＊53 이 문장은 그 바로 전의 문장과 더불어 니체의 '반(反)도덕주의', 그리고 그의 유명한 글 《선악을 넘어서》를 암시하고 있다.

＊54 여기서 이야기된 주제는 《즐거운 지식》의 이해를 위해, 그리고 머리말에 있는 시와 부록의 시들의 감상을 위해, 아울러 많은 니체의 후기 저작들, 예를 들어 《차라투스트라》《바그너의 경우》《이 사람을 보라》 등의 이해를 위해 결정적인 것이다. 275항 이하를 참조, 제3부의 끝 부분도 참조.

제3부

108 새로운 투쟁

붓다(Buddha)가 죽은 뒤에도 인간들은 여전히 수 세기 동안 동굴 안에 그의 그림자를 안치했다. 거대하고 섬뜩한 그림자를. 신은 죽었다.*1 그러나 인간의 세상이기에 분명 앞으로도 수천 년에 걸쳐 신의 그림자가 나타나는 온갖 동굴이 존재하리라. 그리고 우리는, 계속 신의 그림자를 정복해야만 한다!

109 경계하자!

우주가 생명체라는 생각을 경계하자. 그것은 어디를 향해 자라고 있는가? 무엇으로부터 자기의 양분을 얻으며, 어떻게 성장하고 번식할 수 있는가? 우리는 유기체의 본질에 관한 몇 가지 관념을 가지고 있다. 그런데도 만물을 유기체라고 부르는 어떤 일당들이 하는 것처럼, 다만 지각(地殼) 위에서 인식했을 뿐인 지극히 파생적이며 말기적이며 희귀하고 우연적인 것을 본질적, 보편적, 영원한 것으로 해석해 버릴 수 있단 말인가? 나는 그러한 방식에 구토를 느낀다. '우주는 기계다'라는 믿음도 경계하자. 우주는 하나의 목표만을 향해 구성된 것은 아니다. 아울러 '기계'라고 부르는 것은 우주에 너무 큰 영예를 안겨 주는 일이다.

이웃 별의 순환운동같이 질서 정연한 것이 어디에나 있는 것으로 예상하지 말도록 하자. 은하수를 한번 쳐다보는 것만으로도, 거기에는 매우 불규칙하고 모순으로 가득 찬 운동 또는 무한으로의 직선적인 낙하 궤도를 보이는 별의 무리가 있지 않을까 하는 의심을 하게 된다. 우리가 생존하고 있는 이 별의 질서는 하나의 예외이다. 그리고 이 질서와 그에 따라 제약된 상당 기간의 지속이, 예외 중의 예외인 유기체의 형성을 가능하게 했다. 이에 반해 이 세계의 전체적 성격은 영원한 카오스(혼돈)이다. 그것도 필연성의 결여라는 뜻에서의 혼돈이 아니라, 질서, 조직, 형식, 미, 지혜, 기타 모든 우리의 미적 인간성의 형용사, 즉 미적 신인동형론(神人同形論, *anthropomorphism*)의 결여라고 하는 의미에서의 혼돈이다. 우리의 이성으로 판단하건대, '법칙'이란 어떻게 보든지 실패한 시도들이며 예외가 숨겨진 목적은 아니다. 그리고 우주의 운동이라는 음악상자 전체는 도저히 멜로디라고 부를 수 없는 것을 영원히 반복하는 것이다.*² 궁극적으로는 '실패한 시도'라는 말조차 이미 그 가운데 비난의 의미를 포함한 의인화이다. 그런데 어떻게 우리가 우주를 비난하거나 칭찬할 수 있겠는가? 냉혹함이나 부조리, 또는 그 반대를 우주의 탓으로 돌리는 것을 경계하자. 우주는 완전하지도 아름답지도 고귀하지도 않다. 또한 이러한 것들 중 어느 것이 되기를 원하지도 않는다. 우주는 전혀 인간을 모방하려고 노력하지 않는다. 우리가 갖고 있는 어떠한 미적, 도덕적 판단도 우주에는 적용되지 않는다. 우주는 자기보존본능을 비롯하여 다른 어떤 본능도 없다. 우주는 어떠한 법칙도 준수하지 않는다. 자연 속에 법칙이 존재한다고 말하는 것을 경계하자. 그곳에는 단지 필연성만이 있을 뿐이다. 명령하는 자는 없다. 복종하는 자도 없다. 위반하는 자도 없다. 일단 그대가 목적이 없다는 것을 알게 되면 우연 또한 없다는 것도 알게 될 것이다. 왜냐하면 '우연'이라는 말은 목적의 세계와 비교할 때에만 의미가 있기 때문이다. 죽음이 삶과 반대된다고 말하는 것을 경계하자. 삶은 죽음의 한 형태, 그것도 매우 드문 한 형태이다.

세계가 영원히 새로운 것들을 창조하고 있다는 생각을 경계하자. 영속적인 실체는 없다. 물질이라는 것은 엘레아 학파*³의 신과 같은 오류이다. 그런데 우리가 주의와 염려를 끝마치는 날은 언제인가? 이 모든 신의 그림자가 우리의 마음을 어둡게 하는 것을 멈출 날은 언제인가.*⁴ 자연에 대한 비신격화(非神格化, *de-deification*)를 완성할 날은 대체 언제인가? 언제 우리는 순수하고 새로이 발견되었으며 새로 구제된 자연이라는 의미에서 인간을 **'자연화'** 하기 시작할 수 있을 것인가? *⁵

110 인식의 기원

매우 오랜 세월에 걸쳐 지성은 오류만을 낳았을 뿐이다. 이들 가운데 소수의 오류는 종족을 보존하는 데 유용한 것으로 판명되었다. 이러한 오류를 우연히 만났거나 선조로부터 계승했던 사람들은 그 자신과 자손을 위한 투쟁을 성공리에 해 나갈 수 있었다. 지금까지 끊임없이 계승되었으며 마침내 인간이라는 종의 기본적 상태로 굳어져 버린 그러한 잘못된 신조는, 예를 들면 다음과 같다. 즉, 영속하는 사물이 존재한다는 것, 동등한 사물이 존재한다는 것, 사물·물질·물체가 존재한다는 것, 사물은 그 보이는 바가 전부라는 것, 우리의 의욕이 자유롭다는 것, 나에게 선한 것은 그 자체로서 또한 선하다는 것 등이다. 이러한 명제를 부정하거나 회의하는 자가 출현한 것은 최근이다. 인식의 가장 무력한 형식인 진리가 출현한 것 역시 최근 들어서이다. 인간은 진리로는 살 수 없는 것처럼 보였다. 우리의 유기체 기구는 진리와 반대되는 것을 위해 준비되었다. 유기체의 보다 높은 고급 기능, 감관(感官)의 지각 및 모든 종류의 감각은, 태고 이래로 섭취되고 동화되었던 그 근본 오류들을 가지고 활동했다. 그것만이 아니다. 그런 신조의 명제들은 인식의 내부에서조차 '참'이냐 '거짓'이냐를 측정하는 규범이 되었다. 순수이론의 가장 멀리 있는 영역에서까지도.

따라서 인식의 '힘'은 그 인식의 진리성의 정도에 있는 것이 아니라 그 오래된 정도에, 그것이 구체적으로 섭취되고 동화된 정도에, 그리고 그 삶의 조건으로서의 성격에 있다. 삶과 인식이 서로 모순되는 것처럼 보이는 경우에는 결코 진정한 투쟁이 일어날 수 없었다. 이 경우 부정과 회의는 미친 행위로 여겨졌기 때문이다. 그럼에도 불구하고 근본적인 오류와 대립되는 것을 학설로서 주장하며 그것을 고집했던 이른바 예외적 사상가들—예를 들면 엘레아 학파—은, 이 반대되는 것으로 **사는 삶**도 가능하다고 믿었다. 그들은 불변의 인간, 비인격적 인간, 직관의 보편성을 지닌 인간, 그 반대되는 것의 인식을 위해 고유한 능력을 구비한 '단독인 동시에 전부'인 자로서 현자를 구상하였다. 그들은 그들의 인식이 동시에 '**삶**의 원리'이기도 하다고 믿었다. 그러나 이 모든 것을 주장하기 위해 **자기를 속일** 수밖에 없었다. 즉 스스로에게 비개인성과 변함없는 지속성이 있다고 꾸며 내야만 했던 것이다. 그들은 인식하는 사람의 본성을 오해해야만 했다. 인식 작용 내부에 존재하는 충동의 역할을 부정해야 했다. 나아가 일반적으로 이성을 완전히 자유롭고 자발적인 활동으로서 인식해야 했다. 그들은 다음과 같은 사실, 즉 상식에 저항하거나 휴식이니 독점이니 지배니 하는 것을 열망함으로써 자신들의 교의를 정해 왔었다는 사실을 외면했다. 정직과 회의주의의 난해한 발전은 결국 이러한 사람들의 존재마저 불가능하게 만들었다. 그들의 삶과 판단도 온갖 감성적인 존재들 특유의 오랜 충동과 기본적 오류에 역시 의존하고 있음이 밝혀졌다.

이런 난해한 정직과 회의주의는, 두 가지 모순된 명제가 생에 **적용될 수** 있다고 판단되는 곳 어디에서나 생기게 된다. 왜냐하면 둘 다 예의 기본적 오류와 조화되며, 그러므로 생에 대한 **유용성**의 높낮이에 관해 논쟁하는 것이 가능하기 때문이다. 또한 이러한 정직과 회의주의는, 새로운 명제가 비록 생에 유용한 것은 아닐지라도 최소한 해는 안 되는 곳에서는 어디에서나 생기게 된다. 그러한 경우 그 명제는 지적인 유희의 충동에 관한 표출이거나, 갖가지 유희와 마찬가지로 순진하고 즐거운 것이다. 이리하여 점차 인간의 두뇌는 그러한 판단과 확신으로 가득 차게 되었고, 흥분과 투쟁 그리고 권력욕은 이러한 혼란 속에서 발전하였다. 유용성이나 기쁨뿐만 아니라 모든 종류의 충동이 '진리'에 관한 이 투쟁에 참가했다. 지적인 투쟁은 직업, 매력, 신앙고백(*profession*), 의무, 고귀한 어떤 것이 되었다. 결국 인식 활동과 진리를 얻기 위해 애쓰는 노력은 다른 욕구들 가운데서 하나의 욕구로서 그들의 자리를 발견했다. 이제는 신념과 확신뿐만 아니라 음미, 부인, 불신과 모순들도 '힘(권력)'이 되었다. 모든 '악마적' 본능은 인식에 종속되어 그에 봉사하면서 이윽고 허용과 명예와 유용성의 미관을 얻었으며, 종국에는 '선'의 광채와 순수함까지도 획득했다.

그래서 인식은 한 조각의 생명 그 자체가 되었다. 그리고 생의 자격으로써 인식은 끊임없이 성장해 가는 힘이 되었다. 결국 인식이 그러한 태고의 기본적 오류와—두 개의 생명들, 두 개의 힘들, 둘 다 한 인간 안에 존재하는 것으로서—상충하게 될 때까지.

오늘날 사색가는 진리에 대한 충동과 생의 보존을 위한 오류들이 그 첫 번째 투쟁을 벌이는 전쟁터와 같은 존재이다. 지금은 진리에 대한 충동 역시 생을 보존하는 힘이기도 하다는 점이 **증명**되었기 때문이다. 이러한 투쟁의 중요성과 비교할 때 그 밖의 모든 것은 사소한 문제에 불과하다. 생의 조건에 대한 궁극적 질문이 여기에 있고, 실험을 통해 이 질문에 답하려는 첫 시도가 여기서 이루어진다. 진리가 어디까지 체화를 견딜 수 있을까? 그것이 질문이자 실험이다.

111 논리적인 것의 기원

논리는 어떻게 인간의 머릿속에 생겨났는가? 그것은 본디 영역이 매우 광대했던 비논리에서 생겨났음이 틀림없다. 오늘날의 우리와는 다른 방식으로 추론했던 셀 수 없이 많은 존재들이 사멸하였다. 그럼에도 그들의 방식이 더 참됐을지도 모른다! 예를 들면 먹을거리나 적대적인 동물과 관련하여 '동등한 것'을 충분히 발견하는 법을 모르는 사람들—다시 말해 추론을 할 때 너무 느리게 또 조심스럽게 사물을 포섭하는 사람들—은, 비슷한 것들에게서 즉시 동등함을 추론해 내는 사람들보다 생존 가능성이 낮은 것으로 확증되었다. 그런데 단순히 비슷한 것을 같은 것으로서 취급하는 지배적 경향, 즉 하나의 비논리적 경향—왜냐하면 현실적으로 동등한 것은 존재하지 않기 때문에—이, 무엇인가 논리학을 위한 기초를 창조했던 것이다.

마찬가지로 실체의 개념이 성립될 수 있기 위해서는—엄격한 의미에서 실체의 개념과 일치하는 것은 실제로 아무것도 없다 할지라도 그 개념은 논리학에서 꼭 필요한데—오랫동안 사물 속에서 변화를 보지도 감지하지도 않는 것이 필요했다. 따라서 그렇게 자세하게 사물을 보지 않았던 존재들은 '유동 속에서' 모든 것을 보았던 사람들보다 유리했다. 사실 추론에서 고도의 주의(注意)와 모든 회의적 경향은 삶에 대해 큰 위험을 형성한다. 만약 반대의 경향—판결을 보류하기보다는 차라리 확정하는 것, 기다리기보다는 정도에서 벗어나 사물을 형성하는 것, 부정하기보다는 찬성하는 것, 공정함을 유지하기보다는 판결을 내리는 것—이 특별히 강하게 양육되지 않았더라면 생명체는 살아남지 못했을 것이다.[*6]

오늘날 우리 뇌에서 이루어지는 논리적 사유와 추론의 흐름은, 그 자체가 저마다 매우 비논리적이고 불공정한 충동들의 과정과 투쟁에 적응한 것이다. 우리는 일반적으로 그러한 투쟁의 결과만을 경험하고 있다. 왜냐하면 이러한 태고의 메커니즘은 그만큼 빠르게 또한 잘 숨겨진 채로 지금도 우리 내부에서 작용하고 있기 때문이다.

112 원인과 결과

우리는 인식이나 학문의 보다 낡은 단계들로부터 현재의 그것들을 구별해 주는 것을 '해명'이라고 부르지만, 사실 그것은 '기술(記述)'이다. 우리의 기술 능력은 과거보다 발달했다. 그러나 우리는 선임자들보다 더 많이 해명하지는 않는다. 오래된 문명의 소박한 사람들이나 탐구자들이 오직 분리된 두 가지—'원인'과 '결과'—만을 보았던 곳에서, 우리는 다양한 계기(繼起)의 연쇄를 발견하였다. 그러나 우리는 상(像)을 넘어서거나 상 뒤에 도달하진 못한 채 단지 만들어진 상을 완성해 오고 있다. 모든 경우에 일련의 '원인들'은 이전에 비해 더욱 완전하게 드러나 있다. 그리고 우리는 이렇게 추론한다. 이것과 저것이 선행되어야만 저런 결과가 나온다고. 그러나 이 추론을 통해 **파악**할 수 있는 것은 없다. 예를 들면 모든 화학 과정에서 질(質)은 여느 때처럼 하나의 '기적'으로 나타난다. 또한 모든 운동의 경우도 마찬가지로, 어떤 사람도 그 추진력 자체는 '해명'하지 못한다! 어떻게 우리가 그것을 해명할 수 있겠는가? 우리는 실제로 존재하지 않는 것들을 빌려서 조작하고 있다. 즉 선, 평면, 물체, 원자, 나눌 수 있는 시간들, 나눌 수 있는 공간들 따위가 그것이다. 우리가 먼저 모든 것을 하나의 **상**, 우리의 관념적인 상으로 바꿔 버리는데 어떻게 해명이 가능하겠는가!

과학은 되도록 충실하게 사물들을 인간답게 하려는 시도로만 여기는 것으로 충분하다. 사물과 그 사물의 계기를 기술함으로써 우리는 우리 자신을 더욱 자세히 기술하는 법을 배울 것이다. 원인과 결과, 그러한 이원성은 아마 결코 존재하지 않을 것이다. 실은 하나의 계속적인 것이 있을 뿐이고, 우리는 거기서 약간의 부분을 분리하여 보는 것이다. 이는 우리가 운동을 볼 때 언제나 조각조각 분리된 많은 점들만 지각하며, 따라서 실제로는 그 움직임을 보지도 않고 그 움직임을 추론하는 것과 마찬가지이다. 많은 결과들이 갑자기 튀어나오는 돌발성, 그것이 우리를 혼란에 빠뜨리고 있다. 그러나 사실상 그것은 우리에게만 돌발성이다. 이러한 돌발성의 짧은 시간 안에는, 우리가 보지 못하는 무수한 과정이 있다. 원인과 결과를 연속적인 것으로 볼 수 있는 지성인, 그것을 우리가 해 왔던 바와 같은 임의적 구분과 분할로 보지 않을 수 있는 지성인, 즉 사건의 흐름을 볼 수 있는 지성인이 있다면, 그는 원인이나 결과의 개념을 거부하고 모든 제약성을 부인할 것이다.

113 독(毒)에 대한 훈계

하나의 과학적 사고를 생성하려면 매우 많은 것들이 합체되어야 한다. 그리고 이 모든 필요한 힘들은 따로따로 고안되고, 실행되고, 배양되어야 한다. 그러나 아직 그것들이 분리되어 있던 때에는, 그 힘들은 종종 그것들이 과학적 사고 안에서 서로를 제약하거나 억제하는 경우와는 전혀 다른 작용을 일으켰다. 그것들은 독으로 작용했다. 그러한 작용의 예로서 의심, 부정, 기다림, 모음, 해체의 충동 등을 들 수 있다. 이러한 충동들이 자신들의 공존성을 이해하고, 한 인간 내에 있는 한 유기화(有機化)된 힘의 모든 기능으로서 서로 느끼게 되기까지, 얼마나 많은 인간들이 희생됐는지! 그리고 예술적 에너지나 삶의 실용적 지혜가 과학적 사고와 결합한 상태, 즉 우리가 현재 알고 있는 학자, 의사, 예술가, 입법가들이 고대의 무가치한 유물로 보일 만큼 고도로 유기적인 조직이 형성된 상태, 그런 상태에 우리가 도달하려면 또 얼마나 먼 길을 가야 할지!

114 도덕의 범위

우리는 본 것을 과거의 모든 경험에 의존하여 새로운 상으로 구성해 낸다. 우리의 정직과 정의의 **수준에 따라** 했던 경험에 의존해서. 모든 경험들은 감각적 인식의 영역에서조차 도덕적 경험들이다.*7

115 네 가지 오류*8

인간은 오류를 통해 배우곤 한다. 첫째, 그는 항상 자신을 불완전하게만 보았다. 둘째, 그는 자신에게 허위의 속성들을 부여하였다. 셋째, 그는 동물과 자연과의 관련 속에서 자신을 잘못된 순위에 놓았다. 넷째, 그는 언제나 선(善)의 새로운 목록을 만들어 그것을 얼마 동안은 영원하고 무조건적인 것으로 인정하였다. 그 결과 때에 따라서 이런저런 인간적 충동과 상태가 최고 자리에 오르고, 그런 평가에 의해 그것이 고귀한 것으로 간주되었다. 만일 우리가 이러한 네 가지 오류들의 효과를 제외한다면, 우리는 아울러 인간성, 인간다움, '인간의 품위'도 제외하게 될 것이다.

116 군집본능

도덕성에 직면할 때마다 우리는 또한 인간의 충동과 행위에 대한 한 가치 평가 및 순위매김에 직면하게 된다. 이러한 가치평가와 순위는 항상 공동체 와 집단이 필요로 하는 욕구의 표현이다. **이 공동체와 집단**에 최고로—또는 두 번째, 세 번째로—도움이 되는 것, 그것이 모든 개인들의 가치를 결정하 는 제일의 기준으로 역시 고려되는 것이다. 도덕성은 개인을 대중의 한 기능 이 되도록, 그리고 오직 그 기능으로서만 자신의 가치를 정하도록 훈련한다. 다른 공동체들의 경우 보존을 위한 조건들은 매우 다르므로 도덕성 역시 다 르다. 더구나 미래에 대중, 공동체, 국가, 사회에서 일어날 본질적인 변화를 고려할 때, 앞으로도 매우 차이 나는 도덕성이 존재하리라는 것을 예견할 수 있다. 도덕성은 개인들 속의 군집본능이다.

117 집단의 양심적 가책

과거 인류의 가장 오랜 기간 동안 존재했던 양심의 바늘은 현재의 그것과 전혀 달랐다. 오늘날 인간은 자신의 의지와 행동에 대해서만 책임을 느낀다. 아울러 자신 속에서 자부심을 발견한다. 모든 법학자들은 개인의 이러한 자 부심과 즐거움을 출발점으로 삼고 있다. 마치 이것이 항상 법률의 원천이었 던 것처럼. 그러나 인간 역사의 가장 오랜 옛 시대에는, 인간이 자기 혼자 서 있다고 느끼는 것보다 더 끔찍한 일은 없었다. 혼자라는 것, 복종하지도 지배하지도 않는 것, 자기 힘으로 사물들을 경험하는 것, 개인이 되는 것— 그것은 즐거움이 아니라 형벌이었다. 인간은 '개체성'을 선고받았다.*⁹ 사고 의 자유는 불안 그 자체로 여겨졌다. 우리가 법과 통제를 속박과 손실로서 경험하는 반면에, 옛날 사람들은 이기주의를 고통스럽고 정말로 불행한 것 으로 경험했다. 자기 자신이 되는 것, 스스로를 자신의 무게와 정도에 따라 평가하는 것—그것이 그 시대에는 사람들의 감정을 상하게 했다. 그리고 이 렇게 하려는 경향은 광기로 여겨지기도 했다. 왜냐하면 고독은 모든 불행과 고통에 연결되었기 때문이다. 그 시대에는 '자유의지'가 악한 양심과 밀접히 관련되어 있었다. 그리고 인간의 행위가 자유롭지 못하면 못할수록, 한 행위 에 어떤 개인적 의향보다 군집본능이 더 많이 표현되면 될수록, 인간은 더욱 더 자신을 도덕적이라고 느꼈다. 무리를 해치는 것은 어떤 것이라도—개인이 그것을 원했든 원하지 않았든—개인 속에서, 그리고 이웃이나 심지어 모든 대중 속에서도 양심의 바늘을 자극했다! 이런 점에서 우리의 사고방식은 참으로 많이 변하였다.

118 호의

하나의 세포가 보다 더 강한 세포의 한 기능으로 변하는 것은 미덕인가? 그것은 선택의 여지가 없는 필연일 뿐이다. 반대로 더 강한 세포가 약한 세포와 동화한다고 해서 그것이 악인가? 이것 역시 선택의 여지 없는 필연일 뿐이다. 세포는 필요성에 따라 그렇게 행동한 것에 불과하다. 그것은 보다 풍부한 보충물을 얻으려고 노력하며 그 자신을 쇄신하려고 하기 때문이다. 따라서 우리는 호의 속에서 소유하려는 충동이나 복종하려는 충동을 구별해야만 한다. 즉 강자와 약자가 각각 호의를 느끼는 일이 무엇인지에 따라 그렇게 해야 한다. 어떤 존재를 자신의 한 기능으로 변형시키려고 하는 강자에게는 기쁨과 욕망이 함께 나타난다. 반면 하나의 기능이 되고자 하는 약자에게는, 기쁨은 욕망의 대상이 되고자 하는 바람과 함께 나타난다.

동정은 분명 전자의 형태이다. 즉 약한 것을 보았을 때 소유하려는 본능의 유쾌한 흥분인 것이다. 그러나 이때 '강한 것'과 '약한 것'은 상대적 개념이라는 사실을 명심해야 한다.

119 이타주의가 아니다!

나는 많은 사람들에게서 다른 자의 한 기능이 되고자 하는 매우 강력하고 넘치는 욕망을 발견한다. 그들은 틀림없이 '그들이' '기능'이 될 수 있는 모든 장소를 찾아내는 예민한 감각을 갖추었으며, 그러한 방향으로 열심히 나아가고 있다. 예를 들면 남자에게서 공교롭게도 발달되지 않은 어떤 기능으로 자신을 바꾸어서 그의 자산, 그의 정책, 그의 사교성이 되어 주는 여자들이 그런 부류에 속한다. 이러한 존재들은 다른 유기체 속에서 적절한 장소를 발견해 안착했을 때 스스로를 최상으로 보존한다. 만약 이에 실패한다면 그들은 까다롭게 굴며 화를 내거나 자신을 파멸시킨다.

120 영혼의 건강

도덕에 관한 대중적인 의학적 비유로서 다음과 같은 표현이 있다(이 말은 키오스의 아리스톤*[10]에게서 나왔다). '덕은 영혼의 건강이다.' 하지만 이 말은 쓸모 있도록 아래와 같이 변화돼야 한다.

'그대의 덕은 그대 영혼의 건강이다.' 왜냐하면 건강 그 자체는 없으며, 그런 방식으로 한 사물을 규정하려는 모든 시도는 비참한 실패를 맛보아 왔기 때문이다. **무엇이** 그대의 '**몸**'을 위한 '건강'이냐 하는 결정조차도 그대의 목표, 그대의 시야, 그대의 역량, 그대의 충동, 그대의 착오, 그리고 무엇보다도 그대 영혼의 이상이나 환상들에 의존하고 있다. 그래서 무수히 많은 육체적 건강이 존재한다. 우리가 독특하고 개별적인 것이 머리를 다시 들도록 허락하면 할수록, '인간의 평등'이라는 도그마를 버리면 버릴수록, 질병의 정상 과정이니 정상적 식이요법이니 하는 '정상적' 건강이란 개념은 의사들에게서 멀어지게 될 것이다. 그리고 그때서야 '**영혼**'*[11]의 건강이나 질병에 대해 숙고하고, 자기 영혼의 건강 속에서 저마다 특별한 미덕을 발견할 시기가 도래할 것이다. 물론 한 사람의 이러한 건강은 또 다른 사람한테서는 그 반대로 보여질 수도 있지만.

하지만 결국 우리가 우리의 미덕을 위해서조차 정말 **병 없이 지낼 수 있는지**, 그리고 특히 인식과 자기인식에 대한 갈증이 건강한 영혼만큼이나 아픈 영혼을 요구하는 것은 아닌지, 아울러 건강만을 위한 의지라는 것은 편견이나 비겁함 또는 매우 대단한 야만이나 퇴보의 일종은 아닌지, 이러한 커다란 의문은 여전히 남을 것이다.*[12]

121 삶은 논거가 될 수 없다

우리는 우리가 살 수 있도록 세계를 머릿속에 만들어 왔다. 물체, 선(線), 면(面), 원인과 결과, 운동과 정지, 형식과 내용을 가정함으로써. 이러한 믿음이 없었다면 아무도 인생을 견디지 못했을 것이다! 그러나 그러한 믿음은 아직 하나도 증명되지 않았다. 삶은 결코 논거가 될 수 없다. 삶의 조건은 오류를 포함하는지도 모른다.*[13]

122 그리스도교에서의 도덕적 회의주의

그리스도교도 역시 '계몽'을 위해 큰 역할을 해 왔다. 그것은 매우 통렬하게 효과적으로 도덕적 회의주의를 가르쳤다. 즉 불굴의 인내와 교묘함을 발휘해 인간을 비난하며 한층 더 비참하게 하였다. 그리스도교는 모든 개인에게 있는 '미덕'에 대한 믿음을 파괴했다. 그리스도교는 고대에 많이 발견되었던 저 위대한 미덕을 지닌 사람들을 영구히 지상에서 소멸시켰다. 자기 완성에 달했다고 믿으며 투우장의 영웅처럼 위엄을 보이면서 돌아다녔던 저 인망 있는 인간들을. 오늘날 우리가 이러한 회의주의를 그리스도교 학교에서 교육받고 고대의 교훈서—예를 들면 세네카나 에픽테토스의 작품과 같은—를 읽을 때, 우리는 전화된 우월감을 느끼며 비밀스런 통찰이나 전망을 충분히 획득한다. 그것은 우리 눈에는 마치 어린아이가 노인 앞에서 말하는 것처럼, 또는 감격한 젊은 여성이 로슈푸코*14 앞에서 이야기하는 것처럼 보인다. 우리는 덕에 대해 고대인보다 더 잘 알고 있다!

하지만 우리는 이러한 회의주의를 죄, 참회, 은총, 신성화와 같은 모든 종교적 상태나 사상(事象)에 적용하고 회의주의의 벌레가 뜻대로 구멍을 파는 것을 허용함으로써, 결국 그리스도교 서적을 읽을 때에도 똑같은 우월감과 통찰의 감정을 느끼게 되어 버렸다. 우리는 종교적 감정에 대해서도 더 잘 알고 있다! 또한 지금이야말로 이 감정을 잘 알고 잘 묘사해야 할 그러한 시간이다! 이때를 놓치면 그런 낡은 신앙에 얽매인 독특한 신앙인들도 사멸할 터이기 때문이다. 적어도 인식을 위해서 그들의 이미지와 유형을 구하자.

123 수단 이상으로서의 인식

이러한 새로운 열정, 인식의 열정이 없어도 학문은 향상될 것이다. 학문은 지금까지 그것 없이 성장하고 발전해 왔다. 학문에 대한 경건한 믿음, 현대 국가를 지배하는(과거에는 교회까지 지배했다) 학문에 유리한 선입견은, 결국 인식의 열정이라는 절대적인 충동과 애착이 학문 속에 매우 희귀하게 나타났고 또 사람들이 학문을 열정이 **아니라** 단순한 상태나 '에토스'라고 간주한 것에 근거하고 있다. 실제로 자주 단순한 인식(지식)의 쾌락에 기초한 사랑*15(호기심)만으로 충분하다고 느껴진다. 명예나 생존이라는 숨은 동기를 지닌 학문상의 습관으로 충분하고 허영심 즉 허영에 기초한 사랑*16만으로 충분하기도 하다. 또한 많은 사람의 경우 시간이 남아 돌아서 읽거나, 모으거나, 배열하거나, 관찰하거나, 이야기하는 것 외에는 어떻게 시간을 보낼지 모르는 것만으로도 충분하다. 그들의 '학문적 충동'은 그들의 권태를 보여준다. 교황 레오 10세는 한때 학문의 찬가를 불렀다(베로알도에게 보내는 서간에서*17). 그는 학문을 우리 인생의 가장 아름다운 장식이자 최대의 긍지로, 불행할 때뿐만 아니라 행복할 때에도 고귀한 직업으로 불렀다. 마지막으로 그는 이렇게 말했다. '학문 없이는 모든 인간의 노력들은 어떤 확고한 발판을 잃어버릴 것이다. 물론 학문이 있다고 해도 사물의 변화와 불안이 사라지는 것은 아니지만!' 그러나 상당히 회의적인 이 교황은 교회의 다른 학문 찬미자들처럼 그의 궁극적 판단에 대해서 침묵을 지키고 있다. 그의 말을 통해 우리는 다음과 같은 것을 추론해 볼 수 있다. 즉 예술 애호가들에게는 매우 드문 일이지만, 그가 예술보다 학문을 더 높이 평가한다는 것이다. 그러나 결국엔 교황이 그 어떤 학문보다도 더 높이 평가하고 있는 것, 바로 '계시된 진리'와 '영혼의 영원한 구원'에 대해 입을 다문 것은, 말하자면 일종의 예의일 뿐이다. 그런 진리나 구원에 비하면 인생의 장식, 자만, 위안, 담보에 해당하는 학문이 그에게 다 무엇이겠는가! '학문은 부차적인 것이지, 궁극적이며 무조건적인 어떤 것이 아니다. 그것은 열정의 대상도 아니다.' 레오 10세의 영혼은 이러한 판단을 내리고 있었다. 이것이야말로 학문에 대한 그리스도교의 기본적 판단인 것이다!

고대에는 학문을 가장 열성적으로 추구하는 학도들도 덕의 추구를 보다 중요시했다. 그리고 학문을 덕으로 향하는 가장 좋은 수단으로 추앙하였고, 그때야말로 학문 역시 최고의 칭찬을 받는다고 믿었다. 그리하여 학문의 존엄과 그에 대한 칭찬은 줄었던 것이다. 인식이 단순한 수단 이상이 되려 하는 것은 역사에서 새로운 사건이다.

124 무한의 수평선에서

우리는 대지를 떠나 출항했다! 뒤에 두고 온 다리들을 불태우며 떠났다. 아니, 정확히는 되돌아갈 땅을 파괴하였다! 자! 작은 배여, 밖을 보라! 너의 곁에 광활한 바다가 있다. 확실히 그것은 항상 포효하지는 않는다. 때때로 그것은 비단이나 금처럼, 자비로움의 환상처럼 펼쳐져 있기도 하다. 그러나 '바다는 무한하다. 그리고 무한보다 더 두려운 것은 없다'는 사실을 깨달을 때가 올 것이다.*18 아아, 자유를 느꼈던 불쌍한 새여! 지금은 무한이라는 새장의 벽에 부딪히고 있구나! 아아! 마치 대지가 더 많은 '자유'를 제공했던 것처럼 네가 대지에 대한 향수를 느낄 때, 더는 어떠한 '대지'도 없다.

125 광인

밝은 대낮에 등불을 켜 들고 광장에 나와 '나는 신을 찾노라!'고 계속 고함쳤다는 저 광인의 이야기를 그대들은 들은 적이 없는가. 마침 광장에는 신을 믿지 않는 사람들이 모여 있어서 그는 큰 웃음거리가 되었다. '신이 없어지기라도 했나 보군.' 한 사람이 말했다. '어린아이처럼 길을 잃어버렸나 보지.' 다른 사람이 말하였다. '아니면 숨어 버렸단 말인가? 신은 우리를 겁내는가? 배를 타고 가 버렸단 말인가. 떠나 버렸단 말인가?' 그들은 떠들썩하게 소리치며 비웃었다.

광인은 그들 가운데로 뛰어들어가 꿰뚫는 듯한 시선으로 그들 한 사람 한 사람을 노려보았다. '신이 어디로 가셨느냐고?' 그는 소리쳤다. '내가 너희에게 말해 주마! **우리가 신을 죽였다.** 너희와 내가 말이다. 우리 모두가 그의 살해자다! 그런데 어떻게 우리가 이런 일을 저질렀을까? 어떻게 우리가 대양을 마셔 말라 버리게 할 수 있었을까? 지평선 전체를 깨끗이 닦아 없애 버리도록 우리에게 해면(海綿)을 준 자는 누구인가? 지구를 태양으로부터 풀어 놓게끔 우리는 무엇을 하였던가. 지구는 지금 어디로 가고 있는가. 우리는 어디로 가고 있는가? 모든 태양들로부터 멀어져 가고 있는 것은 아닌지. 우리는 끊임없이 돌진하고 있지 않은가? 그것도 뒤로, 앞으로, 모든 방향으로. 아직도 어떤 위아래가 있는가? 우리는 마치 무한한 무(無) 속을 헤매듯이 방황하고 있는 것은 아닌가. 적막한 허공이 우리에게 한숨을 내쉬고 있는 것은 아닐까? 한파가 몰려오는 것은 아닐까? 우리에게 연이어 밤이, 더욱 깊은 밤이 다가오는 것은 아닐까. 대낮에 등불을 밝힐 필요는 없을까? 신을 매장하는 자들이 소란 피우는 소리가 아직 들리지 않는가? 신의 사체가 부패되는 냄새가 나고 있지 않은가? 신도 역시 부패된다! 신은 죽었다! 신은 죽은 채로 있다! 우리가 그를 죽인 것이다!

살해자 중의 살해자인 우리는 어떻게 스스로를 위안할 것인가. 세상이 지금까지 소유했던 가장 성스럽고 가장 강력한 자가 우리의 칼 밑에서 피 흘리며 죽어 버린 것이다. 우리에게서 이 피를 씻어 줄 자 누구인가. 우리를 씻어 줄 물은 어디에 있나. 어떤 속죄의 제의와 어떤 성스러운 제의를 우리는 고안해 내야 한단 말인가. 이러한 행위의 위대성은 우리가 감당하기엔 너무 지나친 위대성이 아닐까? 그런 행위를 할 자격이 있음을 보이려면, 우리 자신이 신들이 돼야 하지 않을까? 이보다 더 위대한 행위는 일찍이 없었다. 그리고 우리 뒤에 탄생하는 자는 누구든지, 이 행위 덕택으로 지금까지 있었던 어떤 역사보다 더 고귀한 역사에 속할 것이다!'

여기에서 광인은 입을 다물고 청중을 둘러보았다. 그들 역시 입을 다물고 놀란 눈으로 그를 쳐다보았다. 마침내 그는 자기의 등불을 땅에 내동댕이쳤다. 등불은 산산조각 나고 불은 꺼져 버렸다. '나는 너무 일찍 왔다.' 그는 계속 말했다. '나의 때는 아직 오지 않았다. 이 엄청난 사건은 아직도 중도에서 꾸물거리고 있다. 그것은 아직 인간의 귀에까지 도착하지 못했다. 번개와 뇌성에도 시간이 필요하다. 별빛에도 시간이 있어야 한다. 행위 역시 비록 완성된 것일지라도, 사람들이 그것을 볼 수 있고 들을 수 있게 될 때까지는 시간이 걸리는 법이다. 이 행위는 아직 인간들에게는 가장 멀리 있는 별보다도 더욱 멀리 있다. 그럼에도 불구하고 **그들은 이런 짓을 했던 것이다!**'

소문에 따르면 그 광인은 그날 여러 곳의 교회에 뛰어들어 자신의 '신의 영원 진혼곡(*requiem aeternam deo*)'을 불렀다고 한다. 교회 밖으로 끌려 나와 심문을 받았을 때 그는 오직 다음과 같은 말만 계속했다고 한다. '이 교회들이 신의 무덤과 묘비가 아니라면 도대체 무엇이란 말인가?'[*19]

126 신비적 해석
신비적 해석은 심오한 것으로 여겨진다. 그러나 실은 피상적인 것조차도 못 된다.[*20]

127 가장 오래된 종교의 영향
지각 없는 사람들은 의지가 단독으로 작용한다고 생각한다. 그러한 의지는 단순한 것, 맹목적인 명제, 추리할 수 없는 것, 그 자체로 명료한 것이다. 누가 어떤 일을 할 때, 예를 들면 무엇인가를 때렸을 때 공격하는 것은 자기 자신이며, 자기가 그렇게 **의도했기** 때문에 그런 행위를 했다고 그는 확신한다. 그로서는 여기에서 어떤 문제점도 느낄 수 없다. 오히려 원인이나 결과를 가정할 뿐 아니라 나아가 이 둘 사이의 관계를 '**이해한다**'고 믿는 데에는, 그로서는 '의지'의 느낌만으로 충분한 듯이 보인다. 어떤 일이 일어나는 메커니즘, 공격하는 일이 이루어지기 위해 필요한 수백 가지 정교한 일의 메커니즘, 또는 이러한 일의 가장 작은 부분을 달성할 힘조차 의지 자체에는 없다는 사실, 이것을 그는 전혀 모르고 있다. 의지는 그에게는 신비한 효과적 힘이다. 결과물의 원인으로서의 의지에 대한 신념은 불가사의하게 작용하는 힘에 대한 신념이다. 그런데 인간은 애초부터 어떤 일이 발생하는 것을 볼 때마다 그 배경에는 하나의 원인이 작용하고 있으며, 즉 의지를 가진 인격적 존재가 작용하고 있다고 믿었다. 메커니즘에 대한 어떠한 개념도 그로부터 거리가 멀었다. 그렇지만 아주 오랫동안 인간은 오직 인격적 존재만을 (물질이나 힘, 사물 등이 아니라) 믿었기 때문에, 원인과 결과에 대한 믿음이 그에게는 근본신앙이 되었고, 어떤 일이 일어날 때마다 그는 그 신앙을 적용하게 되었다. 이는 태고에 유래를 둔 격세유전의 흔적으로서, 현재도 본능적으로 행해지고 있다.

'원인 없는 결과는 없다', '모든 결과는 결국 원인이다' 등의 명제들은 더욱 뜻이 제한된 협의의 명제들을 일반화한 것으로 여겨진다. 그 협의의 명제란 다음과 같다. '의지가 없는 곳엔 결과도 없다', '결과를 얻을 수 있는 사람은 오직 의지적 존재뿐이다', '결과의 순수한 영향이 전혀 없는 수용이란 결코 없으며, 모든 수용은 의지를 유발하는 자극—행위, 방어, 복수, 보복을 향한—이 된다' 등등. 그러나 원시시대에는 이 협의의 명제들과 광의의 명제들은 동일한 것이었다. 광의의 명제는 협의의 명제를 일반화한 것이 아니었다. 협의의 명제는 광의의 명제에 대한 설명이었다.

쇼펜하우어는 존재하는 모든 것이 단지 '의지'일 뿐이라고 가정함으로써, 태고의 신화를 왕좌에 올려 추앙했다. 그는 의지에 대한 분석을 시도조차 하지 않은 듯 보인다. 왜냐하면 다른 모든 사람들처럼 그 역시 모든 의지의 단순성과 직접성을 **믿었기** 때문이다. 실제로 의지란, 주의해서 보아도 거의 파악할 수 없을 만큼 잘 단련된 하나의 메커니즘일 뿐인데도.

그에 반하여 나는 다음과 같은 명제들을 내세우고자 한다. 첫째, 의지가 발생하기 위해서는 쾌(快)와 불쾌의 표상이 필요하다. 둘째, 강한 자극이 쾌 또는 불쾌로서 느껴질 때, 이것은 우리에게 의식되지 않고 이루어지는 지성의 해석에 의존하고 있다. 그래서 동일한 자극이 쾌로도 불쾌로도 해석될 수 있는 것이다. 셋째, 지성적인 존재들에서만 쾌, 불쾌, 의지가 발견된다. 유기체의 대다수는 이런 것이 전혀 없다.

128 기도의 가치

기도는 본디 자신의 사상이 전혀 없는 사람들, 영혼의 고양을 알지 못하거나 적어도 인식하지 못하는 사람들을 위해 고안된 것이다. 신성한 장소에서, 또는 정숙과 일종의 위엄이 요구되는 삶의 모든 중대한 국면에서, 이런 인간은 어떻게 해야 하는가? 그들이 적어도 다른 사람들을 **방해**하지 않도록 하기 위하여, 크고 작은 모든 종교의 시조들은 지혜를 짜서 기도문을 처방했다. 기도는 오랜 시간 입술을 놀리는 기계적 움직임을 통해 손이나 발, 심지어 눈까지 고정된 자세로 있게 하며 기억을 위한 노력 역시 획일적으로 만든다! 티베트인처럼 '옴 마니 파드메 훔(om mani padme hum)'을 무수히 반복하게 하기, 베나레스인처럼 신의 이름인 '람-람-람(Ram-Ram-Ram)' 등을 (우아하게 또는 무미건조하게) 손가락으로 헤아리게 하기, 또 비슈누(Vishnu)를 천 번 부르고 알라를 아흔아홉 번 부르게 하기, 기도자들에게 기도용 회전 바퀴나 묵주를 사용하게 하기, 중요한 점은 이러한 일들이 사람들을 잠시 동안 구속할 수 있으며, 그럭저럭 참을 만하게 만들어 준다는 사실이다. 본디 이런 종류의 기도는, 자기 자신의 사상이나 정신적 고양에 대한 지식이 있는 신앙심 깊은 자들을 배려해서 고안된 것이다. 그러나 이런 사람들도 때로는 게을러질 때가 있다. 이때는 신성한 말과 음향의 연속, 경건한 기계적 동작이 환영받는다. 그러나 이들 희귀한 인간들—종교적 인간은 모든 종교에서 하나의 예외이다—은 그런 경우에도 무엇을 해야 할지를 아는 사람들이다. 이에 비해 정신이 가난한 자는 무엇을 해야 할지 모르기에, 그들에게 기도문 외기를 금지한다면 그들로부터 그 종교를 빼앗는 일이 될 것이다. 프로테스탄티즘이 매일 우리에게 더 많이 보여 주는 것처럼. 종교가 그런 대중에게 요구하는 바는 그들이 손과 발, 눈 그리고 다른 신체 기관들을 가지고 **정숙하게 있는 것**, 단지 그뿐이다. 그럼으로써 그들은 잠시 동안 이라도 더욱 아름답고 더욱 인간다워 보이게 된다!

129 신의 조건

'신은 현명한 인간 없이는 존재할 수 없다'고 루터는 말하였다. 참으로 옳은 말이다. 그러나 '신은 어리석은 인간 없이는 더더욱 존재할 수 없다'—우리의 훌륭한 루터는 이 점을 말하지 않았다!

130 위험한 결심

세상을 추하고 악한 것으로 보려는 그리스도교적 결심이, 세상을 추하고 악하게 만들고 있다.

131 그리스도교와 자살

그리스도교는 그 성립 당시 인간이 품고 있던 자살에 대한 이상한 동경을 자기 권력의 지렛대로 이용하였다. 그리스도교는 자살 가운데 오직 두 가지 형식만을 허용하였다. 이 두 가지 자살은 최고의 존엄과 최고의 희망으로 꾸며졌고, 나머지 자살은 놀라운 방식으로 금지되었다. 그리하여 오직 순교와, 고행자의 완만한 자살인 금욕만이 허용되었다.

132 그리스도교에 반대하여

지금 우리를 그리스도교에 반대하게 만드는 결정적인 것은 우리의 취향이지, 더 이상 우리의 이성은 아니다.

133 원칙

장기적으로 볼 때, 인류가 거듭 의지할 수밖에 없는 불가피한 가설은, 결국 진리가 아닌 것에 대한 가장 확고한 믿음(예컨대 그리스도교 신앙 같은 것)보다도 **더욱 강력하다**. 여기에서 장기적으로 본다는 것은 십만 년을 이른다.

134 희생자인 염세주의자들

인생에 대한 깊은 불만이 만연한 곳에서는, 오랫동안 한 민족이 저질러 온 식생활의 커다란 과오의 영향이 분명히 나타난다. 예컨대 불교 전파(그 성립이 **아니라**)는, 인도인들이 전적으로 쌀만 주식으로 삼아 일반적으로 활기를 잃게 된 것과 상당 부분 관련이 있다. 근대 유럽에서 나타나는 불만은 우리 이전 시대, 즉 중세 전체에 걸쳐 게르만족 성향이 유럽에 미쳤던 영향으로 조상들이 음주를 계속하게 된 것과 연관이 있는 듯하다. 중세는 유럽이 알코올중독에 빠져든 시기를 의미한다. 독일인들의 인생 불만은 본질적으로는, 독일 주택의 숨 막힐 듯한 지하 술 창고 공기와 거실에서 나오는 난로 연기의 독기로 인해 악화된 겨울 질병이다.

135 죄의 기원

그리스도교가 지배하는 곳 또는 지배했던 곳 어디에서나 경험할 수 있는 죄, 이 죄는 유대인의 감정이며 유대인 특유의 발명품이다. 모든 그리스도교적 도덕성의 이러한 배경을 고려해 보면, 그리스도교의 목적은 사실 전 세계를 '유대화'하는 것이었다.*21

그리스도교가 이 점에 관해 얼마나 유럽에서 성공했는가는, 고대 그리스—죄의 감정이 없는 세계—가 우리의 감각에 얼마나 안 맞는 것으로 여겨지는지 살펴보면 잘 알 수 있다. 그 시대 이후로 많은 특출한 개인뿐만 아니라 모든 세대들이 그리스 세계에 접근하여 동화하려고 애썼음에도 불구하고 말이다. '**참회할 때만** 신은 은총을 베풀 것이다.' 이러한 생각은 그리스인에게는 쓴웃음과 분노를 자아내는 것이다. 그리스인은 이렇게 말하리라. '노예들은 그런 방식으로 느낄 것이다.'

그리스도교인은 복수를 즐기는 힘 있고 압도적인 존재를 전제하고 있다. 그의 힘은 너무 강해서 그의 명예에 대한 것을 제외하고는 아무도 그를 해칠 수 없다. 모든 죄는 신에 대한 명예훼손이며, 신에 대한 반역죄(*crimen laesae majestatis divinae*)*22이다. 그 밖의 것은 없다! 회개, 자기비하, 자기멸시의 오뇌(懊惱)—이 모든 것이 신의 은총의, 최초이자 최후의 조건이다. 즉 그 신의 신성한 명예 회복인 것이다. 죄가 다른 화를 불러오진 않을까, 인간들을 질병처럼 차례차례 사로잡아 질식시키는 심각한 재앙이 죄로 인하여 자라나진 않을까. 이러한 문제는 하늘에 있는 이 명예욕 강한 동양적 존재자에게는 그렇게 큰 것이 아니었다!

죄는 인간이 아니라 이 존재자, 즉 신에 대한 모욕이다. 신의 은총을 부여받은 사람들에게 신은 죄의 자연적 결과에 개의치 않는 평안함 또한 부여했다. 여기서 신과 인간은 너무 철저히 분리되고 서로 대립하게 되어, 인간에 대한 죄는 실지로 생각할 수 없게 된다. 모든 행위는 그 자연적인 결과에 대한 고려 없이 오로지 그 **초자연적인 결과들에 관해서만** 검토되어야 한다. 그것이 유대인적 감정이 요구하는 것이다. 여기서 자연적인 것은 무엇이든지 그 자체로 무가치하다.

이에 반해 **그리스인들**은 차라리 죄는 하나의 고귀함을 가질 수도 있다는 인식을 지녔다. 이를테면 프로메테우스의 경우에서처럼 도둑질조차도. 또 아이아스(Ajax)의 경우처럼 미칠 듯한 질투심의 표현으로 가축을 무분별하게 살해하는 것조차도. 그리스인들은 죄에 대한 하나의 위엄을 창안하려는 욕구에서, 또 그 안에서 고귀한 가치를 구현하려는 욕구에서 **비극**을 창작하게 되었다. 반면에 모든 문학적 재질들과 숭고함에 대한 애착에도 불구하고 유대인들은 비극에 내재된 심오한 본질을 알지 못했다. 그 비극은 하나의 예술이요 쾌락이다.

136 선택된 민족

유대인들은 스스로를 모든 민족 중에서 선택된 민족이라고 느끼는데, 왜냐하면 많은 민족 중에서도 가장 뛰어난 도덕적 천재성을 지녔기 때문이다(그들은 다른 어떤 민족보다도 인간을 **더 심하게** 경멸하는 능력이 있다). 그들은 마치 프랑스 귀족이 루이 14세에 대해 품은 것과 같은 즐거움을 그들의 신성한 군주와 성자에게서 얻고 있다. 프랑스 귀족들은 자신의 모든 권력과 재량권을 빼앗겨 비참한 꼴이 되어 버렸다. 이 비참함을 느끼지 않고 잊어버리기 위해, **비할 데 없는** 국왕의 영광과 권위와 권세—오직 귀족만이 가까이 다가갈 수 있는 것—를 필요로 하였다. 이러한 특권으로 그들은 궁정의 가장 높은 곳까지 올라 그 위치에서 모든 것을 자신의 발밑으로 내려다보았다. 모든 것을 경멸하였고 그로 인해 모든 양심의 가책을 넘어서 버렸다. 이리하여 그들은 국왕의 권력 탑을 어느 때보다도 더 높이 구름을 뚫고

쌓아올린 다음, 자기 권력의 맨 마지막에 남은 돌들을 그 위에 세웠다.[*23]

137 비유로 이야기하자면

예수 그리스도의 출현은 오직 유대적 풍토 가운데서만 가능하였다. 분노한 여호와의 어둡고 장엄한 천둥구름이 끊임없이 뒤덮이던 그 풍토. 이런 곳에서야말로 섬뜩하게 만물을 늘 뒤덮고 있는 그 대낮의 어둠을 뚫고 돌연 내리쬐는 한 줄기 햇빛이, '사랑'의 기적으로서, 온몸 가득 넘치는 '은총'으로서 느껴지는 것이다. 이곳에서야말로 예수는 무지개의 꿈, 하느님이 인간에게 내려 준 하늘에 이르는 사다리의 꿈을 꿀 수가 있었다. 다른 곳에서는 좋은 날씨든 햇빛이든 매우 평범한 일상적인 것으로 여겨질 뿐이었다.

138 그리스도의 착각

그리스도교의 창시자가 말하기를, 인간만큼 자신의 죄에 고통받는 사람은 없다고 했다. 이것이 그리스도의 착각이다. 스스로 죄가 없다고 느끼는 자, 죄의 최초 경험을 하지 못한 자의 착각인 것이다! 그래서 그의 영혼은, 죄의 발명자인 그의 민족조차 별로 큰 불행이 아니라고 여겼던 불행에 대한 놀랍고 환상적인 연민으로 가득 채워져 있었다. 그리스도교인들은 그의 사후에 자기들 스승의 정당함을 인정하고, 그의 착각을 '진리'로서 신성시하는 길을 깨달았다.

139 정열의 색깔

사도 바울과 같은 사람은 정열을 악의에 찬 눈으로 바라본다. 그들이 정열에 대해 아는 바라곤 고작 정열이 더럽고, 인간을 추악하게 하며 비통하게 만든다는 것 정도이다. 그런 까닭에 그들의 이상주의적 경향은 정열을 아주 없애 버리는 데 목적을 두고 있으며, 신성함에서 정열이 완전히 사라진 상태를 발견한다. 사도 바울이나 유대인들과는 달리 그리스인들은 그들의 이상주의적 충동을 정확히 정열로 향하도록 했고 그 정열을 사랑했으며 북돋았다. 또한 그들은 정열을 더욱 가치 있어 보이도록 꾸미고 신성시하였다. 정열은 분명 그들을 더욱 행복하게 했을 뿐만 아니라 더욱더 순수하고 신적인 존재처럼 느끼게 만들었다. 그런데 그리스도교인들은 어떤가? 그들은 이런 점에서 유대인이 되기를 원하지 않았는가? 또는 이미 그렇게 되었는가?

140 너무나 유대적인

만일 신이 사랑의 대상이 되고자 했다면, 무엇보다도 먼저 심판의 사상과 정의의 주장을 포기해야 했을 것이다. 심판자는 비록 자비로운 심판자라 할지라도 사랑의 대상이 될 수 없다. 그리스도교의 창시자는 이 점에서 충분히 섬세하지 못했다. 유대인이었기 때문에.*24

141 너무나 동양적인

뭐라고? 인간을 사랑하는 신, 그러나 오직 '만일' 인간이 그의 존재를 믿는다면 사랑하는 신이라고! 그리고 이러한 사랑을 믿지 않는 자에게는 무서운 눈길을 보내며 위협하는 신이라고! 뭐라고? 전능한 신이 품으신, '만일'이라는 가정법 안에 담긴 사랑이라고? 명예와 복수의 감정조차 억누르지 못하는 사랑이라고? 이 모든 것이 얼마나 동양적인가! '내가 너를 사랑한들 거기에 네가 주의를 기울일 일이 있는가?'*25 이것이야말로 그리스도교 전체에 대한 충분한 비판이다.

142 그윽한 향불

붓다는 말한다. '은혜를 베푸는 사람에게 아첨하지 말라.'*26 그리스도교 교회에서 이 말을 되풀이하라! 즉시 그리스도교의 모든 공기가 맑아질 것이다.

143 다신교의 가장 큰 이점

한 개인이 자신의 이상을 정하고 그 이상으로부터 **고유한** 법과 즐거움과 권리들을 이끌어 내는 것, 그것은 지금까지 이른바 인간이 저지를 법한 과오 가운데 분명 가장 큰 과오로서, 우상숭배로 간주되어 왔다. 실제로 이러한 일을 감행했던 소수의 사람들은 보통 다음과 같이 자신에게 해명해야 했다. '그것은 내가 아니었다. **신이** 나를 통해 그렇게 하였다.' 신을 만들어 내는 이 놀라운 기술과 재능인 다신교야말로, 앞서와 같은 충동이 자기를 해방하고 정화하고 완성해 고귀하게 만들도록 해 줄 수 있는 매개체였다. 왜냐하면 본디 그것은 아집, 불복종, 질투 등에 가까운 비속하고 보잘것없는 충동이었기 때문이다. 자신의 이상으로 향하는 이러한 충동을 **적대하는** 것이야말로 모든 도덕의 중심법칙이었다. 여기에는 유일한 규범인 '인간 그 자체'가 있었다. 그리고 모든 민족은 이 하나의 궁극적인 규범을 가지고 있다고 믿었다. 그러나 인간들은 자신들 위에, 또 자신들 밖에, 먼 초월 세계에 존재하는 **다수의 규범들**을 볼 수 있게 되었다. 하나의 신이 다른 신의 부정으로 여겨지지 않았으며 그 신에 대한 신성모독으로도 여겨지지 않게 되었다! 여기에서 비로소 사람들은 '개체'를 허용했으며, 개체의 권리를 존중하였다.

온갖 종류의 신들, 영웅, 초인*²⁷이나 범인, 열등한 사람, 난쟁이, 요정, 켄타우르스(Centaurs: 그리스 신화에 나오는 반인반마의 괴물), 사티로스(Satyrs: 그리스 신화에 나오는 반인반수의 숲의 신), 데몬(Demons), 악마 등을 만들어 내는 것은 개인의 에고이즘과 자주성의 정당화를 위한 귀중한 준비훈련이었다. 다른 신들과의 관련 속에서 어떤 신에게 우리가 부여해 줬던 자유, 그 자유를 인간은 마침내 법, 관습, 그리고 이웃과의 관련 속에서 스스로에게도 부여하기에 이르렀다.

이에 반해 일신교, 즉 하나의 규범적 인간이라는 교리의 완고한 논리적 귀결—다시 말해 규범적인 유일신 외의 나머지 신들은 모두 허위라고 믿는 신앙—은 분명 지금까지 인간이 직면해 온 최대의 위협이었다. 일신교는 우리가 보는 한 대부분의 다른 동물들이 일찍이 빠져 든 정체 상태로 우리를 위협하였다. 이 동물들은 모두가 규범적인 개체와 이상을 믿고, 그들의 살과 피 속에다 도덕과 관습을 뿌리내리게 해 버렸던 것이다.*²⁸ 다신교에는 인간의 자유정신과 다수정신*²⁹의 작용이 전형적으로 표현되어 있었다. 곧 자신을 위해 새롭고 독자적인 안목을 창조하는 힘, 게다가 또다시 새롭게 보다 독자적인 안목을 창조해 내는 힘이 표현되어 있었다. 그래서 모든 동물 중에서 인간에게만 영원한 지평과 관점이 주어지지 않게 된 것이다.

144 종교전쟁

지금까지 민중에게 가장 커다란 발전을 이루게 한 것은 종교전쟁이었다. 왜냐하면 종교전쟁은 민중이 '외경심'을 품고 여러 개념을 취급하기 시작했다는 증거이기 때문이다. 종교전쟁이란 각 종파간의 정교히 다듬어진 논쟁들이 일반 사람들의 이성을 더욱 세련되게 만들 때 생겨난다. 이 경우에는 속된 대중도 나름대로 이론을 만들고 또 세세한 것들을 중요시하게 된다. 아니, 심지어 그들은 '영혼의 영원한 구원'이 여러 개념의 미세한 차이에 좌우될 수도 있다고 생각하기에 이른다.

145 채식주의자의 위험

감자를 주식으로 하면 독한 술을 즐기게 되듯이, 쌀을 주식으로 하는 것은 아편과 마취제에 손을 대게 한다. 더욱이 그것은 사고방식이나 느끼는 방법까지도 마취적으로 작용하는 쪽을 선호하게 하는 더욱 미묘한 효과가 있다. 예를 들어 인도의 힌두교 설교자처럼 마취적 사고와 감정을 장려하는 사람들은, 전적으로 채식주의자의 음식을 칭찬하며 이것을 민중의 계율로서 삼기를 원한다. 이러한 방식으로 그들은 **자기들이** 만족시킬 수 있는 욕구를 창조해 내고 증대시키려 한다.

146 독일의 희망

민족 이름들은 대개 '욕설'이었다는 것을 잊지 말라. 예컨대 타타르인은 어원상으로 '개'라는 뜻이다. 중국인들이 그들을 그렇게 부른 것이다. '독일인'이란 본디 '이교도'를 의미한다. 고트인(Goths)이 개종 뒤, 세례 받지 않은 동족의 가장 큰 무리를 이렇게 불렀던 것이다. 이는 본디 '여러 민족'을 의미하는 그리스어 단어를 이교도에 대해 사용하는 《70인역 성서》 번역본의 예에 따른 것이다. 울필라스를 보라.*30

독일인들은 유럽에서 가장 먼저 **비그리스도교** 민족이 됨으로써 욕된 옛 이름을 명예로운 이름으로 변화시킬 수도 있을 것이다. 이런 일을 감히 할 만한 소질을 다분히 갖추고 있음을, 쇼펜하우어는 독일인의 명예로서 인정하였다. 만일 그 일이 이루어진다면, 그들에게 비로마인이 되라고 가르쳤던 **루터**의 사업은 완성될 것이다. 루터는 말하였다. '여기에 **내가** 서 있다. **나에게는** 이렇게 있는 수밖에 다른 도리가 없다.'*31

147 질문과 대답

오늘날 야만족들이 유럽인으로부터 무엇을 가장 먼저 받아들이는가? 유럽의 마취제인 독한 술과 그리스도교이다. 무엇이 그들을 가장 빨리 타락시키는

가? 그것은 유럽의 마취제이다.

148 종교개혁이 일어나는 곳

교회의 타락이 일반적으로 극에 달했던 시대에 가장 적게 타락했던 교회가 독일의 교회였다. 그래서 **이 땅에서** 종교개혁이 일어났던 것이며, 이는 타락의 징조조차 그들에게는 참을 수 없는 것이었음을 보여 주는 증거이다. 즉 상대적으로 말하자면 루터 시대의 독일인보다 더 나은 그리스도교인은 어디에도 없었다. 그들의 그리스도교 문화는 이미 수많은 화려한 꽃봉오리를 피울 준비가 되어 있었다. 오직 필요한 것은 하룻밤의 시간뿐이었다. 그러나 이 밤이 모든 것을 끝장내는 폭풍우를 몰고 왔다.

149 종교개혁의 실패

새로운 그리스 종교를 창립하려는 여러 번의 시도가 실패로 끝난 것은, 아주 오랜 옛날부터 상당히 고도의 그리스 문화가 존재했다는 사실을 가르쳐 준다. 그것은 그 옛날부터 신앙과 희망이라는 유일한 처방만으로는 치유될 수 없는, 다양한 욕구와 고통들을 지닌 많은 개인들이 그리스에 존재했음이 틀림없다는 사실을 제시하고 있다.

피타고라스, 플라톤, 엠페도클레스(Empedocles), 그리고 이들보다 훨씬 이전에 있었던 오르페우스교(Orphism)의 광신자들은 모두 새로운 종교를 세우려 하였다. 그들 중 최초의 두 사람은 분명히 누구라도 그들이 실패했다는 사실에 크게 놀라지 않을 수 없을 만큼, 종교 창설자에 적합한 영혼과 재능을 갖추고 있었다. 그러나 그들이 간신히 세웠던 것은 모두 종파일 뿐이었다. 한 민족 전체의 종교개혁이 실패하고 여러 종파만이 고개를 들 때마다, 우리는 그 민족이 이미 내면적으로 복잡해져서 대략적인 군집본능과 관습적 도덕으로부터 벗어나기 시작하는 것이라고 결론내리게 된다.[*32] 그것은 일반적으로 도덕의 부패와 타락으로서 비난되기 쉬운 의미심장한 미결정 상태, 즉 중간자적 위치에서 방황하게 되는 상태이다. 그런데 실제로 그것은 알이 성숙하여 이제 막 껍데기를 깨려 하고 있음을 알려 준다.

루터의 종교개혁이 북유럽에서 성공했다는 사실은 유럽 북부가 남부에 비해 뒤처져 있었으며, 그들의 요구가 아직도 그저 일률적이고 단조로웠다는 것을 보여 준다. 또한 만약 유럽 남방지역에서 고대 세계의 문화가 게르만족 야만인의 피와 지나치게 혼합됨으로써 점점 야만적으로 변해 그 문명의 우월성을 잃어버리는 일이 없었다면, 유럽은 그리스도교적으로 변하지 않았을 것이다.*33

개인 또는 개인의 사상이 보편적이고 절대적으로 작용하면 할수록, 영향받는 대중은 더욱더 동질적이고 저급한 존재로 하락함이 분명하다. 이에 비해 그 반작용으로는 자기만족과 자기실현을 요구하는 내면적인 반항들이 그 모습을 나타낸다. 그리고 이와 반대로 강력하고 지배적인 야심에 찬 인물들이 거의 영향력을 행사하지 못해서 고작 종파만을 만들어 낼 뿐일 때, 사실상 그곳의 문화 수준은 매우 높다는 것을 항상 추론할 수 있다. 이런 원리는 또한 여러 가지 예술과 인식의 분야에도 적용될 수 있다. 지배가 있는 곳에 대중이 있다. 대중이 있는 곳에 노예가 요구된다. 노예가 있는 곳에선 개인은 겨우 조금밖에 존재하지 않으며, 그들은 군집본능과 양심을 적으로 돌린다.

150 성인(聖人)을 비판한다
사실상 가장 잔혹한 형태로밖에는 덕을 취할 수 없는가? 저 그리스도교의 성인들이 덕을 그렇게 구하고 또 필요로 했던 것처럼? 그 성자들은 그들의 덕행을 보는 사람들이 자신에 대한 수치심을 느낄 것이라 생각함으로써, 삶을 견뎌 냈다. 그러나 그런 효과를 낳는 덕을 나는 잔혹하다고 부른다.

151 종교 기원에 관하여
쇼펜하우어가 제시한 것처럼, 형이상학적 요구는 종교 기원이 아니다. 그것은 종교에서 파생된 싹에 불과하다. 사람들은 종교적 이념의 지배 아래 '다른 (배후의, 아래의, 위의) 세계'가 존재한다는 관념에 길들여지며, 종교적 망상들이 파괴될 때마다 불안한 공허감과 결핍으로 고통을 겪는다. 이에 따라 이번에는 '다른 세계'가 또다시 성장의 기틀을 잡는다. 다만 이제 그것은 더 이상 종교적인 것이 아닌 단순한 형이상학적 세계일 뿐이다. 어쨌든 태고시대에 '다른 세계'가 존재한다고 하는 가정(假定)으로 사람들을 이끌었던 것은 어떤 충동이나 욕구가 아닌, 특정한 자연현상에 대한 **잘못된** 해석이며 지성의 곤경이다.

152 가장 커다란 변화

모든 사물의 조명과 색채가 변해 버렸다! 우리는 옛날 사람들이 그들에게 가장 친숙하고 흔한 것을 어떻게 느꼈는지 더는 알지 못한다. 예를 들면 낮이 라든가 깨어나 있을 때라든가. 옛날 사람들은 꿈을 믿었기 때문에 깨어나 있을 때의 삶은 다른 빛을 지니고 있었다. 죽음과 그 의미로 조명된 삶 전체도 마찬가지였다. 그리고 그 죽음도 우리의 '죽음'과는 전혀 다른 죽음이었다. 모든 체험은 다른 빛을 발하고 있었다. 이런 체험 가운데서 신은 그 빛을 비추었기 때문이다. 모든 결심과 먼 미래에 대한 희망 역시 마찬가지였다. 그들은 신의 계시와 신탁에 의지했으며 예언을 믿었기 때문이다. '진리'도 지금과는 다르게 느껴졌다. 지금의 **우리에게는** 공포와 웃음을 자아내는 광인이 옛날에는 진리의 대변자로 받아들여지기도 했기 때문이다.

모든 잘못은 오늘날과는 다른 형태로 인간 감정에 영향을 미쳤다. 그들은 단순한 사회적 형벌이나 불명예보다도 신의 처벌을 두려워했기 때문이다. 인간들이 유혹자와 악마들을 믿었던 때 과연 어떤 즐거움이 있었을까, 악마가 그들 옆에서 안색을 살피고 있다고 생각할 때 생길 수 있는 인간 정열은 과연 어떤 것일까! 의심이 가장 위험한 죄로서, 영원한 사랑에 대한 모독으로서, 선하고 고귀하고 순수하며 은혜로운 모든 것에 대한 불신으로서 느껴졌을 때, 과연 철학은 무엇이었을까! 우리는 사물에게 새로운 색깔을 주어 왔다. 또한 거기에 계속해서 새로운 색을 칠하고 있다. 그러나 옛날의 거장—과거의 인류—이 보여 주는 **색채의 화려함**에 맞서 우리가 무엇을 할 수 있겠는가!

153 시인으로서의 인간(*Homo Poeta*)

'나는 완전한 자력으로 이 비극 중의 비극을 지금까지 만들어 왔으며, 도덕적 갈등의 매듭을 처음으로 현존재에 결부시켜 오직 신만이 그것을 풀 수 있도록(이를 바란 사람은 호라티우스였다! *[34]) 단단히 잡아매었다.

그리고 이런 내가 지금 제4막에서 모든 신들을 살해했다—도덕을 위하여! 이제 제5막은 어떻게 될 것인가? 어디서부터 비극적 결말을 끌어낼 수 있을까? 머지않아 희극적 결말을 생각해야만 하는가?'

154 인생의 여러 가지 위험성

너희는 너희가 무엇을 체험하며 살고 있는지 전혀 모른다. 너희는 술에 취해 종종 계단에서 떨어지는 것처럼 인생을 달려가고 있다. 그러나 너희는 취한 덕분에 떨어져도 갈비뼈를 부러뜨리지는 않는다. 너희 근육은 너무 느슨해져 있고 너희 두뇌는 너무 어리석어, 계단의 돌들이 얼마나 딱딱한가를 알지 못한다. 너희에 비해 우리에게 인생은 커다란 위험이다. 우리는 유리로 만들어졌으니까. 단지 서로 쿵 하고 **부딪치기만 해도** 우리는 고통스럽다! 만일 **굴러 떨어지기라도** 한다면, 우리는 모든 것을 잃고 만다! *35

155 우리에게 결여된 것

우리는 **위대한** 자연을 사랑하고, 그것을 발견해 왔다. 우리 머릿속에 위대한 인간이 결여되어 있기 때문이다. 그리스인은 그 반대였다. 자연에 대한 그들의 느낌은 우리와는 다르다.

156 가장 영향력 있는 사람

한 인간이 그의 시대 전체를 향해 저항하며 문앞에서 막아 서서 시대에 회개를 요구할 때, 이러한 일은 '영향을 미칠 수밖에 없다!' 그가 이것을 바라는가 아닌가는 문제되지 않는다. 오로지 그가 그러한 일을 **할 수 있었다는** 사실이 중요한 것이다.

157 거짓말하다(*mentiri*)

조심해라! 그는 깊이 생각하고 있다. 곧 그는 거짓말을 준비할 것이다. 이것은 모든 민족이 거쳤던 문화의 한 단계이다. '거짓말하다(*mentiri*)'란 단어를 가지고 로마인들이 표현하려 했던 것을 깊이 생각해 보라! *36

158 불편한 특성

모든 것을 심각하게 생각하는 것은 불편한 특성이다. 그 특성은 내내 사람들의 눈을 크게 뜨도록 만들며, 결국 인간이 스스로 바랐던 것보다 더 많은 것을 발견하게 한다.

159 모든 미덕에는 때가 있으니

오늘날 강직한 인간은 그 자신의 정직함 때문에 자주 양심의 가책을 느낄 것이다. 강직함이란 정직함과는 다른 시대에 속하는 미덕이기 때문이다.

160 덕과의 교제

인간은 덕과 교제하면서도 품위 없이 아첨을 한다.

161 시대의 숭배자들에게

도망친 목사와 풀려난 죄수는 모두 표정을 꾸미고 있다. 그들이 바라는 것은 과거의 흔적이 없는 얼굴이다. 그런데 미래가 그 얼굴에 반영됨을 알면서도, 그대들 '시대의 숭배자들' 앞에서는 미래 없는 표정을 지어 보일 만큼 예의바른 사람을 본 적이 있느냐?

162 에고이즘

에고이즘은 감정의 **원근법**이다. 가까운 것일수록 크고 중요해 보이며, 반대로 사물이 멀어짐에 따라 그 크기나 중요성은 줄어든다.

163 위대한 승리 뒤에

위대한 승리의 가장 좋은 점은, 그 승리자에게서 패배의 두려움을 없애 준다는 사실이다. 그는 자신에게 말한다. '언젠가 한 번쯤은 져도 괜찮지 않을까? 나에게는 지금 그것을 받아들일 만한 여유가 있다.'

164 안식을 구하는 사람들

나는 그들이 주변에 놓아두는 수많은 **어두운** 사물들을 통해, 안식을 구하는 사람들을 분간한다. 잠을 자려는 사람들은 방을 어둡게 하거나 동굴로 들어가는 법이다. 자신들이 본디 무엇을 가장 원하는지 모르면서도 그것을 알고자 하는 사람들을 위한 하나의 힌트!

165 체념한 자의 행복

만일 누가 철저하게 오랫동안 어떤 것을 체념해 오다가 우연히 그것과 다시 만난다면, 그는 그것을 새롭게 발견했다고 느낄 것이다. 발견 안에는 얼마나 많은 행복이 있는가! 똑같은 햇빛 아래 너무 오랫동안 누워 있는 뱀보다는 더욱 현명해지자!

166 항상 우리의 동료 안에

자연과 역사 가운데에서 나와 동류인 모든 것이 나에게 말을 걸고, 나를 칭찬하고 나를 앞으로 나아가게 하고 나를 위로한다. 그 밖의 것은 나는 듣지 못하거나 들어도 곧 잊어버린다. 우리는 항상 자신의 동료 안에 있다.

167 인간 혐오와 사랑

우리는 인간을 더 이상 소화해 낼 수 없을 때, 그리고 인간으로 뱃속이 꽉 찼을 때 비로소 인간이 지긋지긋하다고 말한다. 인간 혐오는 인간에 대한 지나친 사랑과 '인간 탐식'의 결과이다. 그러나 누가 너에게 사람들을 굴처럼 삼키라고 명령했는가, 나의 햄릿 왕자여! [*37]

168 어떤 병자

'그는 상태가 신통치 못하다!'—무엇 때문에? —'그는 칭찬받으려는 욕구로 인해 고통받으며, 그 갈망을 채우지 못하고 있다.'—믿을 수 없군! 온 세계가 그를 칭찬해 주고 있다. 그를 소중히 여길 뿐 아니라 추어올리기까지 하잖은가! —'물론 그렇지. 그러나 그는 칭찬에는 귀가 어둡다. 친구가 그를 칭찬할 때면, 그에게는 그것이 친구가 자기 자신을 칭찬하는 것처럼 들린다. 적이 그를 칭찬할 때면, 이번엔 그의 적이 자신의 너그러움에 대한 칭찬을 기대하는 것처럼 보인다. 마지막으로 그 밖의 누군가에게 칭찬받을 때면, 이제 그는 너무 유명해져서 이런 사람은 별로 남아 있지 않지만, 그는 상대가 그를 친구로도 적으로도 여기지 않는다는 사실에 모욕감을 느낀다. 그리고 그는 말한다. 뭐가 됐든 이 몸에 대해 공정한 판단을 내리는 인간 따위는 사양하겠다!'

169 공공의 적

적 앞에서의 용기는 단지 그뿐이다. 그 용기가 비겁함과 우유부단함 그리고 어리석음을 물리치는 것은 아니다. 이것이 나폴레옹이, 그가 아는 '가장 용감한 사람'인 뮈라*[38]에 대해 내린 판단이었다. 따라서 다음과 같은 결론이 나온다. 즉 인간은 **자신의** 미덕, 용감함, 쾌활함을 발휘하는 데 반드시 공공의 적이 필요하다.

170 대중과 함께
지금까지 그는 대중과 함께 가고 있었으며 대중의 찬미자였다. 그러나 언젠가 그는 대중의 적이 될 것이다. 왜냐하면 그는 자신의 게으름을 그들이 문제 삼지 않으리라는 믿음으로 대중을 따르고 있기 때문이다. 그러나 그는 곧 알게 될 것이다. 대중은 그만큼 게으르지 않다는 것을. 대중은 항상 앞으로 나아가며, 결코 누구든 멈춰 서 있는 것을 허용하지 않음을 그는 모르고 있다. 그런데 그는 조용히 멈춰 서 있기를 좋아한다.

171 명성
한 인간에 대한 다수자의 감사가 수치심을 남김없이 떨쳐 버렸을 때 명성이 생겨난다.

172 취미를 망치는 자
A : '자네는 계속해서 취미를 망치고 있어. 다들 그렇게 말한다네.' B : '물론, 나는 모든 사람들의 당파 취미를 망치고 있네. 어떤 당파에서도 이것은 받아들이기 힘들지.'

173 깊이 있는 것과 깊이 있게 보이는 것
자신을 깊이 있게 알고 있는 사람은 명석함을 얻기 위해 힘쓴다. 대중에게 자신을 깊이 있게 보이려는 사람은 애매함을 얻으려 애쓴다. 대중은 밑바닥이 보이지 않는 것은 무엇이든지 깊은 것이라고 믿기 때문이다. 그들은 너무 겁이 많아서 물 속으로 들어가기를 꺼린다.

174 한편에 비켜서서
의회제도, 곧 다섯 가지 정치적 근본견해 중에서 무엇인가를 선택하는 것을 공적으로 허락하는 제도는, 마치 자신들의 의견을 위해 투쟁하는 양 독립적이며 **개성적으로** 보이고 싶어 하는 다수자에게 아첨하는 구조이다. 그러나 결국 한 무리에게 하나의 의견을 명령하든 다섯 가지 의견을 허용하든, 그것은 그리 중요하지 않다. 다섯 가지 여론에서 벗어나서 따로 한편에 비켜서 있는 사람은, 결국 집단 전체를 적으로 삼게 될 것이다.[*39]

175 웅변에 대하여

지금까지 누가 가장 설득력 있는 웅변을 했는가? 바로 북 치는 사람이다. 그리하여 왕들이 그들을 장악하고 있는 한, 그들은 여전히 가장 훌륭한 웅변가이자 민중 선동가로 남는다.

176 동정

가엾은 지배 군주들! 이들의 모든 '권능'은 이젠 갑자기 '요구'로 바뀌었으며, 그 모든 '요구'는 머지않아 '철면피한' 것으로 들리기 시작할 것이다! 그리고 그들이 단지 '우리' 또는 '나의 국민'이라고 말하기만 해도 늙고 악의에 찬 유럽은 비웃기 시작할 것이다. 확실히 근대의 의전장관은 이들에 대해선 거의 의식을 거행하지 않을 것이다. 그는 분명 이렇게 말하리라. '군주는 벼락부자와 동급이다.'[*40]

177 '교육제도'에 관하여

독일에는 상류층 사람들을 위한 중요한 교육수단이 결여되어 있다. 그것은 상류층 사람들의 웃음이다. 독일에서는 이들은 웃지 않는다.[*41]

178 도덕적 계몽을 위하여

우리는 독일인에게 메피스토펠레스적 성격과 파우스트적 성격을 단념하도록 설득해야만 한다. 그것은 인식의 가치에 반대하는 두 가지 도덕적 편견이다.

179 사고

사고는 우리 감각의 그림자이다. 사고는 감각보다 항상 더 애매하고 공허하며 단순하다.

180 자유로운 정신을 위한 좋은 시대

자유로운 정신은 학문에서도 자유를 얻는다. 그리고 사람들은 교회가 존속하는 한, 당분간 자유로운 정신에도 학문을 허용할 것이다. 그 정도로 현대는 자유로운 정신에게 좋은 시대이다.

181 뒤따르는 것과 앞장서는 것

A : '둘 중 하나는 항상 따라가고, 다른 하나는 항상 앞장선다. 운명이 그들을 어디로 이끌든지. **그렇지만** 전자는 따름에도 불구하고 도덕에서나 정신에서나 후자를 앞지른다.'

B : '그럼에도 불구하고? 그렇지만? 그것은 타인을 위한 말이다. 그것은 나를 위해, 우리를 위해 하는 말이 아니다! —이것이 규칙이다.'[*42]

182 고독 속에서

홀로 사는 사람들은 크게 이야기하지 않으며, 또 글에서도 큰소리를 내지 않는다. 공허한 울림을 두려워하기 때문이다—메아리의 요정이 들려주는 비판을. 게다가 고독 속에서는 모든 목소리가 이상하게 울린다.

183 가장 좋은 미래의 음악[*43]

최고의 음악가는 가장 깊은 행복이 가져다준 슬픔 외에 다른 슬픔은 모르는 음악가일 것이다. 하지만 그러한 음악가는 아직까지 단 한 사람도 없었다.

184 법

내 주위에 허수아비를 세워 두느니 차라리 도둑질을 당하겠다. 이것이 나의 취향이다. 이것은 어떤 상황에서도 취향의 문제이지 그 이상은 아무것도 아니다.

185 가난

그는 지금 가난하다. 그러나 이는 누군가가 모든 것을 그로부터 빼앗아 버렸기 때문이 아니라, 그가 모든 것을 내버렸기 때문이다. 그런 것이 그에게 다 뭐란 말인가! 그는 찾아내는 데 익숙하다. 그의 자발적 가난을 오해하는 자야말로 가난한 자이다.

186 양심의 가책
그는 지금 모든 일을 올바르게 정상적으로 하고 있다. 그러나 그는 양심의 가책을 느끼고 있다. 왜냐하면 보통 사람과는 다른 특별한 일을 하는 것이 그의 사명이기 때문이다.

187 불쾌한 표현
이 예술가는 비록 그의 착상이 매우 좋다 해도 그것을 표현하는 태도들로 나에게 불쾌감을 준다. 그의 표현은 마치 군중에게 설교하는 것처럼 과장되고 강조를 많이 하며 거친 설득의 기술에 의존하고 있다. 그의 예술을 접하자마자 곧 우리는 마치 '하등한 사회'에 있는 것같이 느끼게 된다.

188 노동
오늘날 우리 중 가장 한가한 사람들에게조차 노동과 노동자는 얼마나 가까이 있는가! '우리는 모두 일꾼이다'라는 왕족의 겸손한 말은, 루이 14세 시대에는 아직 냉소적이고 어울리지 않는 말일 뿐이었는지도 모른다.

189 사상가
그는 사상가이다. 이것은 사물을 실제로 존재하는 상태보다 더욱 단순화하는 법을 그가 알고 있음을 의미한다.[*44]

190 칭찬하는 사람들에 반대하여
A : '우리는 자신과 똑같은 사람에게서만 칭찬받는다.'
B : '그렇다. 그리고 너를 칭찬하는 사람들은 너에게 말한다—나는 너와 똑같은 사람이다.'

191 많은 변론에 반대하여
하나의 주장을 해치는 가장 비열한 방법은, 일부러 잘못된 근거를 내세워서 그것을 변론하는 행위이다.

192 선량한 사람들

호의가 얼굴에 나타나는 선량한 사람들과 그렇지 않은 사람들의 차이는 무엇인가? 선량한 사람들은 새로운 인물을 만나자마자 곧 호의를 느끼며 곧 그에게 푹 빠지게 된다. 그러므로 그들은 그 사람이 행복해지길 바란다. 그들의 첫 번째 판단은 다음과 같다. '나는 그가 좋다.' 이들을 다른 사람들과 구별짓는 것은 다음과 같은 일이 이어진다는 점이다. 그를 얻고자 하는 바람(그들은 상대의 가치에 대해 거의 의심하지 않는다), 신속한 소유, 그들의 소유에 대한 기쁨, 그리고 그들의 최종적인 정복을 위한 행동.

193 칸트의 기지

칸트는 '보통 사람'이 아연실색할 방식으로, '보통 사람'이 옳다는 것을 증명하고자 했다. 이것이 그의 숨겨진 기지였다. 그는 민중의 편견을 지지하면서 학자들에 반대하는 글을 썼다. 그러나 그 글은 학자들을 위한 것이지 민중을 위한 것은 아니었다.

194 '솔직한' 사람

그 사람은 항상 숨겨진 이유에 따라 행동하는 듯하다. 왜냐하면 항상 제시할 수 있는 이유를 입에 달고 다닐 뿐 아니라, 그 이유를 손바닥 위에 펼쳐 놓고 여봐란듯이 보이기 때문이다.

195 웃음거리!

보라! 보라! 그는 사람들로부터 **달아나고** 있다. 그러나 사람들은 그를 따른다. 왜냐하면 그가 그들 앞에서 달아나고 있기 때문이다. 그만큼 사람들은 무리 짓는 동물이다!

196 우리 청각의 한계

우리의 귀는 대답할 수 있는 질문만 듣는다.

197 그러니까 조심하라!

비밀을 지키겠다는 서약 이상으로 우리가 다른 사람과 함께 나누기를 즐기는 일도 없다―그 비밀의 내용과 더불어.

198 자존심 강한 사람의 분노
자존심이 강한 사람은 자기를 이끌어 주는 사람에게까지 화를 낸다. 그는 자기 마차를 끄는 말들에게도 분노의 눈길을 보낸다.

199 인색하지 않은 것
인색하지 않다는 것은 부자들에게는 흔히 나약함의 하나일 뿐이다.

200 비웃음
비웃음이란 양심의 가책도 없이 남의 불행을 통쾌하게 여기는 것[*45]이다.

201 칭찬
칭찬에는 항상 하나의 잡음이 따른다. 우리가 우리 자신을 칭찬할 때조차.

202 낭비자
그는 아직 자신의 재산을 하나도 남김없이 헤아리고 있는 어떤 부자만큼 가난하지는 않다. 그는 자기의 정신을 '자연이라는 낭비자'의 무모함으로써 낭비하고 있다.

203 그는 마음이 검다 (*Hic niger est*)
보통 그는 아무 생각도 없다. 그러나 예외적으로 그에게 나쁜 생각들이 찾아들기도 한다.

204 거지와 예의
'초인종이 없어 돌로 문을 두드리는 것은 무례한 짓이 아니다.' 이는 거지나 그와 비슷한 처지의 가난한 모든 사람이 생각하는 바이다. 그러나 그들이 옳다고 동의하는 사람은 아무도 없다.

205 필요

필요는 발명의 어머니라고들 한다. 그러나 실제로 필요는 대개 발명의 결과일 뿐이다.

206 비가 올 때

비가 오고 있다. 나는 가난한 사람들을 생각한다. 그들은 그들의 많은 근심을 껴안은 채, 그 근심들을 숨기려고도 하지 않으면서 함께 떼지어 있다. 그리하여 저마다 남몰래 다른 사람을 해치고, 날씨가 나빠도 그 자신만은 비참한 만족감을 누리려 한다. 그것, 바로 그것이 가난한 자들의 가난함이다!

207 질투심 많은 자

그는 질투심이 많은 사람이다. 그가 아이를 갖지 않기를 바라자. 그는 아이에게도 질투할지 모르기 때문이다. 왜냐하면 그는 더 이상 아이가 될 수 없으므로.

208 위대한 남자

그가 '위대한 남자'라는 사실만으로 그가 젊은 남자라고 결론내릴 수는 없다. 어쩌면 그는 소년이거나 또는 모든 나이를 오가는 카멜레온이거나, 더 나아가 마법에 걸린 소녀일지도 모른다.

209 이유를 묻는 한 방식

우리의 가장 좋은 이유들을 잊게 할 뿐만 아니라 모든 이유들에 대해 반항심과 반감을 일으키는, 우리가 스스로에게 이유를 묻는 한 방식이 있다. 이는 매우 어리석은 질문 방식으로서 폭군 같은 인간이 사용하는 속임수이다!

210 절도 있는 부지런함

아버지의 부지런함을 넘어서려고 노력해서는 안 된다. 그러면 병에 걸린다.

211 은밀한 적*46

은밀한 적을 계속 둔다는 것은 호화로운 사치이다. 이는 고귀한 인물의 덕성으로도 쉽사리 누릴 수 없는 사치이다.

212 속지 말아라

그의 정신은 예의범절이 없으며, 성급하고, 항상 안절부절못하여 더듬거린다. 그래서 사람들은 그의 영혼이 얼마나 호흡이 길고 가슴이 넓은지를 알아차리지 못한다.

213 행복으로 가는 길

어떤 현자가 어떤 바보에게 행복으로 가는 길을 물었다. 그 바보는 가장 가까운 도시로 가는 길이라도 가르쳐 주듯 바로 대답하였다. '너 자신을 찬미하는 것, 그리고 번화가에서 사는 것이다.' '기다려!' 현자가 외쳤다. '너무 많은 것을 요구하는구나. 자신을 찬미하는 것만으로 충분하지 않느냐?' 바보는 반격했다. '하지만 어떻게 끊임없이 경멸하지 않고 끊임없이 찬미할 수 있겠는가?'

214 믿음이 축복을 내린다

덕은 오직 그 덕에 대한 믿음을 잃지 않는 사람들에게만 행복과 축복을 내린다. 그러나 자기에 대하여, 또 모든 덕에 대하여 깊이 불신하는 데에서 자신의 덕성을 발견하는 보다 총명한 사람들에게는 축복을 내리지 않는다. 결국 '축복을 내리는 것은 신앙'이지 덕이 **아니다**!

215 이상과 재료

네가 마음속에 그리고 있는 이상은 고귀하다. 그러나 실제로 너는 과연 그런 신성한 이미지로 만들어질 수 있을 만큼 고귀한 돌이냐? 그렇지 않다면 너의 일이란 일은 모두 야만적인 조각 작업이 아니겠는가? 그것은 너의 이상에 대한 모독이 아니겠는가?

216 목소리의 위험

목소리가 큰 자는 섬세한 것을 생각할 능력이 거의 없다.

217 원인과 결과

우리는 결과 이전에는, 결과가 나온 이후와 다른 원인을 믿는다.

218 나의 반감

나는 어떤 효과를 내기 위해 폭탄처럼 작렬해야만 하는 사람들을 사랑할 수 없다. 나는 그들의 곁에 있을 때 항상, 갑자기 청력이나 그 이상의 것을 잃어버리지 않을까 두려워하게 된다.

219 형벌의 목적

'형벌의 목적은 **형벌을 가하는 사람**들을 선하게 만드는 데 있다.' 이것이 형벌을 변호하는 자들의 마지막 도피처이다.

220 희생

희생자는 희생과 헌신에 대해 관찰자들과는 생각이 다르다. 그러나 옛날부터 인간들은 희생자가 그 생각을 말하도록 내버려 두지 않았다.

221 소중함

아버지와 아들이 어머니와 딸보다 서로를 더 소중하게 여긴다.

222 시인과 거짓말쟁이

시인은 거짓말쟁이를 젖형제로 생각한다. 시인이 거짓말쟁이의 젖을 빼앗아 먹은 것이다. 그리하여 시인은 불행 속에서 살아가며, 양심의 편안함도 누리지 못한다.

223 대리감각

'우리는 눈으로도 사물을 들을 수 있다.' 귀머거리가 된 늙은 참회자가 말하였다. '그리고 눈먼 자 중에서 가장 귀가 긴 사람이 왕이다.'

224 동물의 비판

나는 동물이 인간을 그들과 동류이지만, 매우 위험하게도 동물의 건전한 상식을 잃어버린 존재로 여기지 않을까 생각한다. 동물은 인간을 정신이상을 일으킨 동물로서, 웃는 동물로서, 우는 동물로서, 불행한 동물로서 여기지나 않을까.

225 자연성

'악은 항상 커다란 효과를 거두어 왔다. 자연의 본성은 악이다! 그러므로 자연 상태로 돌아가라!' 이것이 역사상 가장 놀라운 효과를 거두고자 했던 인간들이 심중에 품었던 비밀스러운 추론이다. 그리고 그들은 너무나 자주 위대한 인간으로 여겨져 오고 있다.

226 의심 많은 자와 그 말투

자기의 역량을 믿는 사람들로 둘러싸여 있을 때, 우리는 가장 강렬한 사항들도 아무렇지 않은 듯이 단순하게 말한다. 그러한 환경은 사람이 '말투의 단순함'에 이르도록 가르친다. 의심이 많은 사람은 강조해서 이야기한다. 의심이 많은 사람은 또한 강조하듯이 행동한다.

227 오류, 오발*47

그는 자신을 조절할 수 없다. 그래서 한 어리석은 여자는 그를 쉽게 지배할 수 있으리라 여기고 그에게 그물을 던진다. 그녀는 곧 그의 노예가 될 것이다.*48

228 중재자에 반대하여

두 명의 확고한 사상가를 중재하고자 하는 자는 '평범'이란 이름에 걸맞은 사람이다. 그는 단 하나뿐인 독특한 것을 보는 안목이 없다. 모든 사물을 비슷한 것인 양 보는 것, 똑같은 것으로 단정해 버리는 것, 이러한 것은 허약한 눈의 특징이다.*49

229 반항심과 성실

그는 반항심 때문에 그가 이미 파악해 낸 것에 집착하고 있다. 그러나 그는 그것을 '성실'이라고 부른다.

230 침묵의 결여

그의 인격은 전체적으로 사람을 **설득**하지 못한다. 자기가 한 선행에 대해 전혀 침묵하지 못하기 때문이다.

231 '철저한' 사람들

늦게 깨닫는 사람들은 생각한다. 그 '느림'도 바로 인식의 일부라고.[*50]

232 꿈꾸는 것

꿈을 전혀 꾸지 말든가 아니면 재미있게 꿈을 꾸든가 해야 한다. 깨어 있을 때도 이와 마찬가지이다. 아예 깨지 말든가, 아니면 재미있게 깨어 있든가.

233 가장 위험한 관점

내가 지금 행하거나 행하지 않은 것은 **지금부터 마땅히 오게 될 모든 일에서**, 과거의 가장 위대했던 사건들과 마찬가지로 중요하다. 결과를 이런 놀랄 만한 원근법에 따라서 보면 모든 행위가 동시에 크게도 작게도 보인다.[*51]

234 어느 음악가를 위로하는 말

'네 삶은 인간들의 귀에 들리지 않는다. 그들이 보기에 너는 침묵의 삶을 살아가는 셈이며, 그 삶을 뒤따르고 앞서 가는 모든 정교한 선율과 섬세한 결의들은 그들에게는 숨겨져 있다. 사실 너는 군악대를 거느리고 넓은 대로를 행진하는 것은 아니다. 그러나 그렇다고 해서, 너의 생활에 음악이 결여되었다고 말할 수 있는 권리가 이들 선한 사람들에게 있는 것은 아니다. 귀 있는 자는 들을지어다.'

235 정신과 성격

많은 인간들은 성격의 힘으로 그의 정점에 이른다. 그러나 그의 정신은 이러한 높이까지 오르지 못한다. 반면 이와 반대로 정점에 이르는 사람들도 많다.

236 대중을 움직이기 위하여

대중을 움직이고자 하는 사람은 자신을 연출하는 배우가 되어야 하지 않을까? 먼저 그는 자기를 그로테스크하고 노골적인 모습으로 변장시키고, 자신의 모든 인격과 관심사를 이 조잡하고 단순한 형상으로 꾸며 **무대에 올려야만** 하지 않을까?

237 예의바른 사람

'그는 매우 예의바르다!' 그렇다. 그는 항상 케르베로스*52에게 줄 과자를 가지고 있다. 그는 너무 소심하여 모두가 케르베로스라고 생각한다. 너와 나까지도. 이것이 그의 '예의바름'이다.

238 질투심이 없다

그는 전혀 질투심이 없다. 그러나 이 경우 그것은 아무런 장점도 아니다. 왜냐하면 그는 아직 아무도 소유한 적 없고 거의 본 적도 없는 나라를 정복하고자 하기 때문이다.

239 기쁨을 모르는 인간

단 한 사람의 기쁨을 모르는 인간만으로도 온 가정에 구름 낀 하늘과 끊임없는 불쾌감을 조성하기에 충분하다. 이러한 사람이 한 사람도 없다면 그것은 기적이다! 반면에 행복은 그렇게 전염성이 강한 병이 아니다. 왜일까?

240 바다에서

나는 나 자신을 위해 집을 짓지 않으리라. (내가 집 없는 사람이란 점이 나에게는 행복이다!) 그러나 만일 집을 가져야만 한다면, 많은 로마인들이 그랬듯이 바다 가운데로 뚫고 들어가 집을 세울 것이다. 나는 바다라는 이 아름다운 괴물과 몇 가지 비밀을 함께 나누고 싶다.

241 작품과 예술가

이 예술가는 명예욕에 사로잡혀 있다. 그뿐이다. 결국 그의 작품은 단지 그를 주목하는 사람들에게 그가 제공하는 확대경일 뿐이다.

242 각자에게 자기 몫을(*suum cuique*) *53

나의 지식에 대한 욕망이 아무리 클지라도, 나는 이미 나에게 속해 있는 것 이외에는 아무것도 사물로부터 얻을 수 없다. 다른 사람들에게 속해 있는 것은 그 상태 그대로 사물 가운데 남아 있다. 한 인간이 도둑이나 강도가 되는 것 따위가 애초에 가능하기나 하겠는가!

243 '선'과 '악'의 기원

'이것은 좋지 않다'고 느낄 수 있는 사람들만이 개선이라는 것을 고안해낸다.

244 생각과 말

우리는 자기 생각일지라도 완전히 말로 표현할 수 없다.

245 선택에 담긴 칭찬

예술가는 자신의 주제들을 선택하고 있다. 이것이 그가 칭찬하는 방식이다.

246 수학

수학의 정밀함과 엄격함을 되도록이면 모든 학문에 도입하자. 이 방법을 쓰면 사물을 인식하는 것이 가능하리라고 믿기 때문이 아니라, 이 방법으로 우리 인간의 사물에 대한 관계를 **확정 짓기 위해서이다.** 수학은 단지 인간에 대한 보편적이고 궁극적인 지식에 이르기 위한 수단일 뿐이다.

247 습관

모든 습관은 우리의 손을 더욱 기민하게 하고, 우리의 지적 기민함을 더욱 무디게 한다.

248 책

책이란 책을 모두 뛰어넘은 저편으로 우리를 데려다 주지 못하는 책이, 우리에게 무슨 의미가 있겠는가?

249 지식을 추구하는 자의 탄식

'오, 나의 탐욕이여! 내 영혼에는 공평무사 따위는 없다. 이곳에는 오히려 모든 것을 갈망하는 자아, **자신의** 눈을 통해 보듯이 많은 개체들을 통해 보고, **자신의** 손으로 움켜쥐듯이 많은 개체들을 통해 움켜쥐려 하는 자아가 있을 뿐이다. 과거 전체를 되찾고 싶어 하는 자아, 아울러 소유할 수 있는 것은 무엇 하나 잃지 않으려는 자아! 오, 내 탐욕의 불꽃이여! 오, 내가 몇백 명의 사람으로 다시 태어날 수 있다면!'—이런 탄식을 겪어 보지 못한 자는 누구든지 지식을 추구하는 자의 정열도 알 수 없다.

250 죄

마녀를 재판했던 가장 빈틈없는 재판관뿐만 아니라 마녀 자신들조차 마법의 죄를 굳게 믿었다 할지라도, 그런 죄는 실제로 존재하지 않았다. 이는 모든 죄에 적용된다.

251 고통에 대한 오해

위대한 인물들은 그들의 숭배자들이 상상하는 것과는 매우 다른 고통을 겪는다. 그들은 사명에 따르는 희생이나 헌신 때문에 고통을 겪는 것이 아니다. 견딜 수 없는 몇몇 순간에 나타나는 천하고 쓸모없는 격앙 때문에, 요컨대 자신의 위대함에 대한 회의 때문에 가장 격렬하게 고통받는다. 프로메테우스는 인간들에게 동정을 느끼며 그들을 위해 자신을 희생하는 동안은, 행복하고 위대하다. 그러나 제우스를 시기할 때, 그리고 인간들이 제우스에게 바치는 존경을 질투할 때 그는 고통당한다!

252 차라리 채무자인 채로

'우리의 초상이 조각돼 있지 않은 동전으로 지불하느니, 차라리 채무자가 되겠다!' 우리의 주권의식은 이렇게 말한다.

253 항상 집에 있다

어느 날 우리는 **목적지**에 이르러 자부심을 느끼며 우리가 거쳐 온 기나긴 여행길을 가리킨다. 사실상 우리는 자신이 여행을 하고 있다는 것을 알아채지 못했다. 그럼에도 이 먼 곳까지 도착한 것이다. 우리는 어디에 있든지 항상 집에 있다고 생각했기 때문이다.

254 실패에 반대하여

언제나 일에 깊이 몰두하는 사람은 모든 실패를 넘어서고 있다.

255 모방자

A : '뭐라고? 너는 네 모방자를 원하지 않는다고?'

B : '나는 사람들이 나를 모방하는 것을 원하지 않는다. 모든 사람들이 저마다 자신의 본보기를 만들길 바란다. **내가** 하는 것처럼.'

A : '그래서—?'[*54]

256 표피성 (表皮性)

모든 깊이 있는 인간은, 때로는 나는, 물고기처럼 파도의 꼭대기에서 장난치며 노는 것에 커다란 행복을 느낀다. 그들이 사물에서 가장 높이 평가하는 것은 그들 사물에 표면이 있다는 사실이다. 그것들이 피부로 덮여 있다는 사실—표피성

257 경험으로부터

많은 인간들은 자기가 얼마나 부자인지를 모른다. 그들의 부유함이 도둑으로 변하는 것을 경험하기 전까지는.

258 우연을 부정하는 자

승자는 우연을 믿지 않는다.

259 낙원으로부터

'선악은 신의 편견이다.'—뱀은 이렇게 말했다.

260 곱셈

한 사람으로는 항상 오류가 된다. 그런데 둘이 되면 진리가 시작된다. 한 사람으로는 자신을 증명할 수 없다. 그러나 둘에게는 이미 반박할 수가 없다.

261 독창성

독창성이란 무엇인가? 우리 모두의 눈앞에 있지만 아직 이름이 없으므로 불릴 수 없는 어떤 것을 **보는 것**이다. 인간 세상에 있는 평범한 것, 그것은 이름이 있어 비로소 사물로서 보이는 것이다—독창적인 사람들은 대부분 명명자(命名者)들이기도 했다.

262 영원에 관한 견해(Sub specie deterni) [*55]

A : '너는 살아 있는 사람들로부터 매우 빨리 멀어져 가고 있다. 그들은 곧 네 이름을 자기들의 명부에서 지워 버릴 것이다.'

B : '그것이 죽은 자의 특권에 참여하는 유일한 수단이다.'

A : '무슨 특권?'

B : '더 이상 죽지 않을 특권.'

263 허영심 없이

사랑할 때 우리는 우리 결점이 상대에게 보이지 않기를 바란다. 허영심 때문이 아니라, 사랑하는 사람에게 상처를 주지 않기 위해. 사실 사랑하는 연인은 신처럼 보이고 싶어 하지만, 이것 역시 허영심 때문은 아니다.

264 우리가 하는 일

우리가 하는 일은 결코 이해되지 않는다. 그저 항상 칭찬받거나 비난받을 뿐이다.

265 궁극적 의심

그러면 결국 인간의 진리란 무엇인가? 그것은 단지 **논박할 수 없는** 인간의 오류일 뿐이다.[*56]

266 잔인함이 요구되는 경우

위대함을 지닌 사람들은 그들의 이차적인 덕이나 생각에 대해서는 잔인하다.

267 위대한 목표를 세우면

위대한 목표를 품은 사람은 자기 행위나 심판자들뿐만 아니라 심지어 정의에 대해서도 우월하다.

268 무엇이 사람을 영웅적으로 만드는가?

최고의 고통과 최고의 희망을 향하여 동시에 나아가는 것이.

269 너는 무엇을 믿는가?

모든 사물의 무게가 새롭게 정해져야 한다는 사실을.

270 너의 양심은 무엇을 말하는가?

'너는 너 자신이 되어야 한다.'[*57]

271 너의 가장 커다란 위험은 어디에 있는가?

동정(同情)에.[*58]

272 너는 다른 사람들에게서 무엇을 사랑하는가?

나의 희망을.

273 너는 어떤 자를 악하다고 부르는가?

항상 남에게 모욕을 주려는 자를.

274 네게 가장 인간적인 행위란 무엇인가?

누구도 부끄럽게 하지 않는 것.

275 무엇이 자유의 징표인가?

더 이상 자기 자신에게 부끄러움을 느끼지 않는 것.*59

〈주〉

*1 이 유명한 공식은 니체의 저서 중 여기서 처음 나타났다. 우리는 이 공식을 125항 이하에서 다시 만날 것이다.

*2 이것이 영겁회귀의 원리에 대한 하나의 암시이다(285항과 341항을 보라).

*3 남부 이탈리아에 있었던 초기 그리스 철학자 집단. 그들 중 가장 유명한 사람은 파르메니데스(Parmenides)로서 B.C. 510년쯤에 태어났다.

*4 여기에서 이 항이 108항과 얼마나 이어져 있는가, 그리고 109항의 중심 주제가 무엇인가가 확실해졌다. 니체가 본성의 '비신격화'라고 계속해서 부르는 것.

*5 '자연화(자연에 따르게 함)'라는 것은 여기서 '자연주의' 의미로 쓰이고 있다. '초자연주의'와 반대되는 의미로서 인간은 자연 속에서 다시 통합된다.

*6 이 항은 니체의 다음과 같은 주장을 설명하고 있다. 즉 '진리는 어떤 종족에게는 생존을 위해 반드시 필요했던 그러한 종류의 오류이다.' 니체는 이것을 《권력에의 의지》의 주(註)에서 가끔 인용한다.

*7 이것은 제3부에서, 우주적·인식론적인 첫 번째 부분으로부터 도덕성을 다룬 두 번째 부분으로의 변이이다. 108항은 제3부의 머리말로서 최상이다. 109, 110, 113항의 마지막 문장들은 니체가 그의 핵심적 관심, 인간은 어떻게 되는가—이 관심은 비록 니체의 견해가 몇몇 전통적 도덕 옹호자들에게는 다소 '비도덕적'으로 들릴지 몰라도 용어의 넓은 의미에서는 도덕적이다—에 대해 얼마나 여러 방식으로 지적하는지 기록하고 있다.

*8 《우상의 황혼》은 '네 개의 커다란 오류들'이라는 제목의 절들을 포함하고 있다. 니체는 그곳에서 이것을 다시 반복하지는 않았지만 그의 사고에는 일련의 계속성이 있다.

*9 verurteilt zum Individuum, 독일어로 장 폴 사르트르의 경구, 인간은 '자유롭도록 운명지워져 있다'는 것을 만들어 가끔 zur Freiheit verurteilt로 인용한다.

*10 스토아 학파 창시자인 제논(Zenon)의 제자 아리스톤(Ariston)은 이 학파의 독립분파

를 창설했으며 아테네에서 B.C. 250년쯤 커다란 영향력을 행사했다. 니체는 아마 플루타르코스의 《윤리론집(*Moralia*)》 440을 염두에 두었을 것이다. '키오스(Chios)의 아리스톤 역시 덕을 본질적 성격으로 여겼고 그것을 건강이라 불렀다……' 그러나 100년이나 더 일찍 플라톤은 그의 《공화국》 444에서, 정의는 영혼의 건강이라고 제시했다. 니체가 이 점을 간과한 것은 이상하다.

* 11 Seele 역시 프로이트가 사용한 용어였는데 번역자들은 이를 soul, psyche 또는 합쳐서 'psychic'이라고 쓴다.

* 12 프로이트의 '자각(자기를 알고자 함)'에 대한 탐구를 보면, 그러한 추구가 위대한 선각자들의 경우에는 적어도 영혼의 병 때문에 자극된다는 전형적인 사실이 니체의 경우보다 더 명백히 나타난다.

* 13 《선악을 넘어서》의 첫 항을 참조할 것, 특히 4항에 있는 '생의 조건으로서의 비진리' 참고. 이 오류가 무엇을 의미하는가는 110항(첫 문장)과 111, 112, 115항에 설명되어 있다.

* 14 로슈푸코(Francois de La Rochefoucauld, 1613~80)의 《잠언(*Maxims*)》은 프랑스 문학의 보배이다. 《잠언》의 문학적 형태나 그 완성도, 그리고 비감성적이고 심리적인 통찰은 확실히 니체에게 영향을 미쳤다. 《잠언》의 대부분은(700항쯤 된다) 2, 3줄을 넘지 않으며, 반 페이지 이상 되는 것은 거의 없다. 전혀 기계적이거나 연역적인 방법을 쓰지 않으면서 작자는 인간적 자기애(自己愛)라는 동기에 끊임없이 주의를 기울인다.

* 15 amour-plaisir.

* 16 amour-vanite.

* 17 타키투스의 《역사》 초판 5권과 나중판 6권을 수록하고 있는 인쇄판의 복사본뿐만 아니라 타키투스의 《연대기》 중 지금까지 출판되지 않았던 초판 5권(나중에 6권이 되었다)의 손수 쓴 원고를 구했기 때문에, 교황 레오 10세는 '이를 되도록 완벽한 형태로 세상에 내놓기로 결정했다. 그 목적을 위해 그는 그 손수 쓴 원고를 젊은 Filippo Beroaldo에게 넘겨주었다. 본문을 다듬고, 우아하고 쓸모 있는 형식으로 인쇄하는 것을 감독하게 하기 위해서였다. 이러한 큰 사업에서 편집자가 떠맡는 수고에 보답하기 위해 그 작품의 재인쇄와 판권에 대한 배타적 특권을 그에게 선사했다. 그리고…… 이 특권을 인정한 편지에는, 세속적인 학문의 증진에 그렇게 많은 주의를 기울인 교황에 대한 정당화가 포함되어 있다……'
'우리는 문학이나 쓸모 있는 예술 증진을 이끌어 낸 그러한 추구를 조금도 대단하게 생각하지 않는다. 왜냐하면 초창기부터 생각하는 데에 익숙해져 왔기 때문이다. 실제로 창조자가 인류에게 준 것 중에 뛰어나거나 쓸모 있는 것은 하나도 없다. 만일 인간이 신에 대한 지식과 진정한 숭배심만 빼 버릴 수 있다면, 그때는 이러한 배움들은 인

간 생활의 장식과 안내자가 될 것은 물론 온갖 특별한 상황에서 적절하고 쓸모 있게 쓰일 것이다. 위로받아야 할 역경의 순간에, 기쁘고 영광된 번영의 순간에, 이러한 학문이 없다면 그만큼 인생의 모든 축복과 사회 품위를 빼앗길 수밖에 없다.'(William Roscoe, *The Life and Pontificate of Leo the Tenth*, 5th ed, London, 1846, Ⅰ권, P. 355f). 니체의 인용문은 오히려 침묵을 지킴으로써 교황이 실제로는 신에 관한 지식과 진정한 '숭배'에 대해 침묵하지 않았다고 할 것이다. 그러나 이러한 비평들은 니체가 삼가 말했던 관점을 훼손하지는 않는다.

*18 부록에 있는 시 '새로운 바다를 향하여' 참조.

여기에서 바로 앞 항의 결론은 새로운 빛으로 조명된다. 신의 그림자를 정복하려는 시도는 108항에서 선포되었는데 이는 두려운 것으로 느껴진다. 그리고 다음 항에서 이 공포는 더욱 완전하게 설명된다.

*19 이것은 이 책에서 가장 유명한 항이다. 앞의 108항의 주석을 보라. 거기에서 니체가 똑같이 또는 비슷한 표현으로 쓰고 있는 다른 문장들에 주의하라. 그러나 무엇보다도 이 항이 그 당면한 주제에 대응하느냐, 그리고 어떻게 109항의 '비신격화'와 모든 항들이 광인의 우화를 쌓아 올렸느냐를 주목해야 한다. 가끔 니체의 '신은 죽었다'라는 말이 무엇을 의미하느냐는 질문이 나온다. 누군가 분명히 대답할지도 모른다. 그 말의 의미는 108항부터 125항 그리고 그 이후 항에 쓰여 있다고, 문제는 다음과 같은 점 때문에 광범위하게 발생한다. 즉, 우리가 제공하는 것은 책 여기저기에 있는 '아포리즘'들을 닥치는 대로 모은 것일 뿐이라는 '잘못된' 가정에 근거하여 어떤 주제로부터 한 항을 떼어 내는 것이다.

*20 《우상의 황혼》Ⅰ절, 27항. 이것은 짧은 하나의 아포리즘에 불과하다. 그러나 비록 '말로 나타내는 것'이 거의 비슷하다 할지라도 126항은 의미 있는 이견으로서 125항과 127항 사이에 자리잡고 있다. 이것이 요점이다. 신비적 해석은 추상적인 설명이 아니다. 아무것도 설명하지 않기 때문이다. 그것들은 오직 무엇인가를 '설명하는 것처럼' 보일 뿐이다.

*21 니체는 이미 잘 알려진 견해에 부분적인 동의를 표시하고 있다. '유대화(*verjüdeln*)'는 강력한 반유대주의자의 톤이 담긴 불쾌한 단어이다. 다시 말한다면, 실제로 서구 세계가 그리스도교의 특성인 죄라는 개념에 물들어 '유대화'되어 왔다는 감정이 있는 것이다.

*22 니체는 라틴어를 사용하였다. 영어에서는 그것을 프랑스어 형태, lèsemajesté로 사용하는 것이 관례이다.

*23 덧붙여 말하면 경멸에 관한 비평은 '차라투스트라의 서곡'에 나오는 '위대한 경멸'에 관한 열광적인 문장들과 비교해야 한다. '네가 갖고 있는 가장 위대한 경험은 무엇이냐? 그것은 위대한 경멸의 순간이다……'

＊24 서문에 있는 독일인과 유대인에 관한 논의 참조.

＊25 이 인용은 스피노자의 《윤리학》에 나오는 격언에 대해 괴테가 논한 내용을 빌린 것이다(《시와 진실(Dishtung und Wahrheit)》, 3부. '신을 사랑하는 자는 누구라도 신이 그 보상으로 사랑을 주리라 기대하지 말아야 한다.'

＊26 에머슨의 수필 《선물》의 끝에서부터 세 번째 단락 마지막을 참조. '상처 없이, 마음의 불꽃도 없이 불운한 한 사람의 불운을 벗겨 주는 것은 큰 행복이다. 이 섬겨진다는 것은 매우 부담되는 일로서 채무자는 자연적으로 너에게 모욕 주기를 원하게 된다. 이들 신사들을 위한 황금 교본은 내가 그렇게 경배하는 불교도 속에 있다. 그들은 결코 감사하지 않으며 말한다. 너한테 은혜 베푸는 사람에게 아첨하지 말라.'

＊27 니체의 책에서 '초인(Uebermenschen)'이 처음 등장하는 부분이다. 이 단어는 니체 전에도 독일 문학에서 몇 번 쓰였다. 이 단어에 대한 니체의 특징적인 사용은 《차라투스트라》 서문에서 소개되고 있다.

＊28 다시 말하면, 관습의 도덕성(앞의 43항)은 그들의 제2의 천성뿐만 아니라 그 본질이 되었다.

＊29 '자유정신(Freigeisterei)'은 니체가 만든 단어이다. 그 시작은 《인간적인 너무나 인간적인》부터였고, 끝은 《즐거운 지식》이었다. 이 작품들 속에서 그는 자유정신으로서의 자신을 발견하였다. 본문에서는 물론 그 언급이 명백히 자서전적인 것은 아니다. '다수정신(Vielgeisterei)' 역시 니체가 만든 것인데, '정신'의 또 다른 의미에 의존하고 있다.

＊30 울필라스(Ulfilas) : '튜턴문학의 아버지'로 4세기 무렵의 고트족 사제였다. 성서를 고트어로 번역하였다.
니체의 친구(Peter Gast)는 이 책의 교정쇄를 읽었을 때 146항에 대한 의문을 제기하였다. 이에 대한 니체의 답은 1882년 7월 30일에 다음과 같은 논평으로 주어졌다. '《70인역(譯) 성서(B.C. 270년쯤에 완성된 가장 오래된 그리스어 역 구약성서)》는 구약의 그리스어 번역본이다. 여기에서 '이교도'라는 말은 셀 수 없이 많이 언급된다('왜 이교도가 날뛰는가'). 이에 사용된 그리스어는 항상 '여러 민족(ethnê)'(유대어 goyim의 바른 번역)이었다. 그리고 울필라스는 '민족'을 글자 뜻 그대로인 thiuda, thiudos(deutsch로부터 유래된, '독일인'들을 위한 독일어 : 나는 더 이상 옳은 결말을 생각할 수 없다)로 번역하였다. 왜냐하면 thiuda는 '민족 Volk'(단어의 어원학적 의미는 모두가 다 다를 것이다!)을 의미하기 때문이다. 이제 나는 주장한다. 고트족은 민족에 관한 자기들의 단어를 '이방인'이라는 의미와 연관지어 버렸다. 마치 그리스어로 그리스도교인이라는 것이 그들의 ethnê(고대 유대인어로는 goyism)으로 끝을 맺은 것처럼.'

＊31 '성서로부터 논박되지 않는 한 새 교리를 철회하기를 거부한다.' 1520년에 기생충들의

회의 석상에서 루터가 한 말.

*32 43항과 143항 참조.

*33 앞의 134항을 참조. 독일 인종주의에 정면으로 반대한 또 다른 비난.

*34 니체가 말한 호라티우스(Horace)의 문장은 《시론(Ars Poetica)》 191에 나온다. 그 요점은, 매듭이 어떤 누구라도 풀 수 없을 만큼이 아니면 신을 받아들여서는 안 된다는 것이다.

*35 283항 참조.

*36 이 말은 '정신(mens)'에서 비롯된다. 그리고 어원은 어떤 것을 생각해 낸다는 뜻.

*37 《햄릿》 2.2.330을 참조할 것. '남자들은 나를 기쁘게 하지 못한다―여자들은 절대로 못하고…….'

*38 요아힘 뮈라(Joachim Murat, 1767~1815) : 나폴레옹이 스스로 황제가 되던 1804년에 제국의 대장 서열로 승진했던 18명 가운데 하나.

*39 의회주의 주장자들에 대한 니체의 경멸이 파시스트에 대한 경멸과 얼마나 다른가를 주목하라. 바로 다음 항도 참조할 것.

*40 les souverains rangent aux parvenus.

*41 《차라투스트라》 제4부 참조.

*42 Fit secundum regulam.

*43 10년 전만 해도 니체와 그 밖의 사람들은 바그너 음악을 '미래의 음악'이라고 불렀다.

*44 179항 참조.

*45 Schadenfroh : 이 단어는 번역할 수 없는 유명한 말이다. 타인의 실패에서 기쁨을 느끼는 것을 의미한다.

*46 169항 '공공의 적' 참조.

*47 Fehlschluss, Fehlschuss.

*48 분명히 비철학적인 이러한 아포리즘은, 다른 사람을 넘어서는 힘에 대한 의지는 스스로를 넘어서는 힘의 결여에 뿌리박고 있다는 니체의 견해와 잘 어울린다.

*49 니체는 그와 바그너를 화해시키려는 다른 사람들뿐만 아니라 그의 여동생을 특별히 염두에 두었던 것 같다.

*50 《선악을 넘어서》 27, 28, 246항 참조. 그리고 무엇보다도 381항을 보라.

*51 341항 참조.

*52 Cerberus. 그리스 신화에서 지옥의 문을 지키는 머리 셋 달린 개.

*53 이것은 예술, 문학, 철학 작품에 적용될 때 가장 쉽게 이해된다.

*54 A와 B가 《즐거운 지식》에서 대화할 때 B는 일반적으로 니체의 마음을 표현한다. 그렇다면 A는 니체를 한 단어(그래서―?)로 모욕한 것이리라.

*55 스피노자의 말. 357항과 83항을 참조.

＊56 94항과 109항 참조.

＊57 니체는 이 구절을 핀다로스(Pindar)의 《피티아(Pyth)》 2부 73으로부터 가져왔다. 그리고 나중에는 그의 《이 사람을 보라》의 소제목으로 사용했다. '어떻게 한 인간이 그자신이 되는가.' 헤겔의 '정신……은 그것이 되고자 하는 것에 따라 스스로를 만든다'라는 공식과 비교할 것.

＊58 이 간략한 아포리즘은 니체의 동정(연민)에 대한 공격을 암시하고 있다. 한 줄로 여기에 소개된 이 주제는 많은 다른 문장들로 발전되었다. 특히 338항과 《차라투스트라》 4부에서.

＊59 제2부의 결론, 즉 107항과 그 주석 참조.

제4부
성 자누아리우스

그대가 불꽃의 창을 휘둘러
내 영혼의 얼음을 깨뜨리니,
내 영혼은 환호성을 내지르며
지고한 희망의 바다로 서둘러 간다.
더 밝고, 더 건강하게
사랑으로 충만한 운명 속에서 자유롭게.
그대의 기적을 내 영혼은 찬양하노라.
더없이 아름다운 1월이여! *1

—제노바에서, 1882년 1월

276 새해에

나는 아직 살아 있다. 나는 아직 생각하고 있다. 나는 아직 살아야만 하고, 나는 아직 생각해야만 하기 때문에. 나는 존재한다, 고로 나는 생각한다. 나는 생각한다, 고로 나는 존재한다(*Sum, ergo cogito : cogito, ergo sum*).*² 오늘날에는 모든 사람이 자기의 희망과 가장 소중한 생각을 감히 표현한다. 그런 까닭에 나 역시 내가 오늘 자신에게 원하는 것, 올해 나의 머리에 스치는 첫 번째 생각─곧 앞으로 나의 삶에서 토대와 보증과 달콤함이 될 사상을 말하려고 한다. 나는 사물의 필연적인 것을 아름답게 보는 법을 배우고자 한다. 그리하여 나는 사물을 아름답게 만드는 사람들 중의 한 명이 될 것이다. 네 운명을 사랑하라(Amor fati),*³ 이것이 앞으로 나의 사랑이 될지어다! 나는 추한 것과 싸우고자 하지 않는다. 나는 비난하기를 원하지 않는다. 비난하는 자를 비난하는 일조차 하지 않으련다. **눈길을 돌리는 것**이 나의 유일한 부정이 되리라.*⁴ 요컨대 언젠가 나는 긍정만 표시하는 자가 되고자 하는 것이다!*⁵

277 인격적 섭리

삶에는 어떤 정점이 있다. 일단 그곳에 이르기만 하면 우리는 어느 정도 지녔던 자유에도 불구하고, 정신적 부자유라는 커다란 위험 앞에 다시 한 번 놓이게 된다. 또한 비록 우리가 현존재의 아름다운 혼돈에 직면하여 모든 사려 깊은 이성이나 선의 존재를 부인한다 해도, 여전히 가장 고된 시험을 거쳐야 한다. 왜냐하면 그때는 이 인격적 섭리라는 사상이 가장 날카로운 힘을 가지고 우리에게 찾아오기 때문이다. 이제 그것은 '검증'이라는 최상의 변호사를 데리고, 자기가 만나는 모든 것이 언제나 **최선이 된다**는 점을 우리가 분명히 경험하도록 해 준다. 매일, 매시간의 삶은 바로 이 명제를 다시 증명하는 것 외에는 다른 어떤 바람도 없는 듯 보인다. 그것은 무엇이라도 상관 없다. 즉 나쁜 날씨, 좋은 날씨, 친구를 잃음, 병, 비방, 편지가 도착하지 않음, 발목을 뺌, 가게를 들여다봄, 반론, 책을 펴는 것, 꿈, 기만—이 모든 것은 당장에 또는 매우 빨리 '없어서는 안 되는 것'으로 판명된다. 그것은 바로 **우리에게** 깊은 의미와 이익으로 가득한 것들이다! 그곳에는 한층 위험한 유혹이 도사리고 있지 않을까. 인간들로 하여금 에피쿠로스 신, 이 무관심하고 알려지지 않은 신을 저버리고, 대신 우리의 머리카락 하나하나까지도 친히 알고 지극히 천한 봉사조차 꺼리지 않는 소심한 신*[6]을 믿도록 하는 것보다 더 위험한 유혹이 있을까?

자! 이 모든 것에도 불구하고 나는 이렇게 생각한다! 우리에게 봉사할 준비가 되어 있는 요정들이나 신들은 그냥 내버려 두자. 그리고 사건의 해석이나 해설에서 우리의 실천적, 이론적 기술이 이제 최고점에 이르렀다는 가정에 만족하자. 또한 우리가 악기를 연주할 때 생기는 화음—너무 훌륭하게 들려 스스로를 감히 믿을 수 없을 정도의 화음—때문에 이따금 지나치게 놀라더라도, 우리 지혜의 이러한 좋은 솜씨를 너무 높이 평가하지는 말자. 실은 때때로 누군가가 우리와 같이 연주해 주어서 그런 것이다. 바로 좋은 우연이. 이런 우연이 이따금 우리 손을 이끌고 있다. 가장 현명한 신도 이때 우리의 바보스런 손이 만들고 있는 음악보다 더 아름다운 음악을 고안해 낼 수는 없을 것이다.*[7]

278 죽음에 대한 사상

골목길들, 여러 가지 욕구와 목소리들이 섞여 빚어내는 이러한 혼란의 한가운데에서 산다는 것이 나에게 우울한 행복을 주고 있다. 얼마나 많은 향락과 초조, 열망, 얼마나 많은 목마른 인생과 삶의 도취가 매순간 빛나는가! 그러나 이 모든 소란을 일으키는 사람들, 살아 있으며 삶에 목마른 자들 위에도 곧 깊은 침묵이 내려올 것이다. 각자의 등 뒤에는 그 그림자, 그 어두운 동반자가 서 있다! 그것은 언제나 이민선(移民船)이 떠나는 바로 그 순간과도 같다. 사람들은 어느 때보다 서로에게 할 말이 많다. 그러나 시간은 임박했으며 큰 바다와 그 황량한 침묵은 초조해하면서 이러한 소란 뒤에서 기다리고 있다. 그렇게 탐욕스럽게 그들의 먹이를 갈망하며, 당장이라도 손에 넣으려는 듯이! 그들 모두는 한 사람도 남김없이 생각한다. 지금까지는 아무것도 아니며 보잘것없을 뿐이었다고. 반면 가까운 미래는 그 자체가 모든 것이라고 말한다. 이러한 생각으로부터 이 조급함, 이 절규, 이 자기비하나 자기기만이 나오는 것이다. 누구나 이러한 미래에서 첫째가 되기를 원한다―그럼에도 불구하고 오직 죽음과 죽음의 침묵만이 이러한 미래에 모두에게 확실하고 공통적인 것이다. 이 유일하게 확실하고 공통적인 것이 인간들에게 인상적이지 못하다는 사실, 그리고 그들이 마음속으로부터 자기를 죽음의 형제로서 **털끝만큼도** 느끼지 못한다는 사실은 얼마나 이상한 일인가! 인간들이 죽음에 대해 생각하기를 전혀 원하지 않는다는 사실이 나를 행복하게 만든다! 그들의 삶에 대한 생각을 백배로 **생각할 만한 가치 있는** 것으로 만들기 위해, 나는 기꺼이 어떤 일이라도 하고 싶다.

279 별들의 우정

우리는 친구였으나 점점 서먹서먹한 사이가 돼 버렸다. 그것은 당연하다. 우리는 그것을 부끄럽다는 듯 우리 자신들에게서 숨기거나 애매하게 만들기를 원하지 않는다. 우리는 저마다 목표와 진로가 있는 두 척의 배다. 우리의 길은 교차될 수도 있으며 때로는 옛날에 그랬듯이 함께 축제를 즐길 수도 있다―그때는 이 웅장한 배 두 척이 한 항구에서 같은 햇빛을 쬐며 조용히 휴식함으로써, 마치 둘의 목적지가 같았으며 이미 그곳에 도착한 것처럼 보였을지도 모른다. 그러나 이윽고 우리 임무의 전능한 힘은 우리를 다시 다른 바다와 해역으로 따로따로 내몰았다. 아마 우리는 서로를 다시 못 보게 될 것이다. 그리고 다시 만나게 된다 해도 서로를 알아보지 못할 것이다. 다른 바다와 다른 햇빛이 우리를 변화시켰다. 우리가 서로 서먹서먹해질 수밖에 없었다는 것은, 우리 **능력 밖의** 법칙이다. 바로 이 때문에 우리는 서로를 위해 더욱 존경할 만한 사람이 되어야 한다―그로써 더욱 신성해질 지난날 우정의 추억을 위해서도.

아마 우리의 실로 달랐던 길이나 목표가 하나의 작은 행적으로서 **포함되어 있을**, 우리 눈에 보이지 않는 엄청나게 큰 곡선과 별의 궤도가 존재할 것이다. 이러한 생각에 이르도록 우리를 높이자! 그러나 우리 삶은 너무 짧고 우리 시력은 너무 약해, 이런 숭고한 가능성이란 점에서의 친구 이상은 되지 못한다. 그러니 우리가 비록 지상에서 서로 적일 수밖에 없다 할지라도, 우리 별들의 우정을 **믿도록 하자!** *8

280 지식 추구자를 위한 건물

아마도 곧 우리는 우리의 큰 도시에 특히 결여되어 있는 것이 무엇인가에 대해 깊이 생각해 봐야 할 것이다. 그것은 사색을 위한 조용하고 넓게 펼쳐진 장소이다. 날씨가 안 좋거나 햇볕이 지나치다 싶은 때를 위해 높은 천장과 길게 뻗은 회랑(回廊)이 있는 곳, 호객 소리나 마차 소음이 하나도 들리지 않는 곳, 매우 숙연한 분위기 때문에 성직자조차도 큰 소리로 기도할 수 없는 곳. 요컨대 전체적으로 자기성찰과 속세 이탈의 숭고함을 표현하는 건물과 환경이다. 교회가 사색의 독점권을 쥐고 있던 시대, 묵상생활(*vita contemplative*)이 항상 종교생활(*vita religiosa*)이어야만 했던 시대는 지나갔다. 실제로 교회가 세운 모든 것은 이러한 사상을 표현하고 있다. 그런 건축물이 그 교회적 특징을 벗어 버린다 해도, 우리가 어떻게 그런 건축물에 만족할 수 있겠는가. 이 건물들이 말하는 언어는 너무 웅변적이고 부자연스러워 내게는 이것들이 신의 집이며, 어떤 영적(靈的) 세계와 소통하는 호사스러운 기념비로서 여겨진다. 그러한 환경에서 우리 무신론자들이 **우리의 사상**을 생각하기란 너무 괴롭다. 이들 홀이나 정원에서 산책할 때, 우리는 차라리 **우리 자신을** 돌이나 초목으로 바꿔 **우리 자신 안으로** 산책하기를 바란다.

281 유종의 미

일류 대가들의 특징은 일의 대소를 불문하고, 완벽한 유종의 미를 거둔다는 데 있다. 멜로디의 결말이든 사상의 결말이든, 비극 또는 정치극의 제5막이든 간에 모두. 이류 대가들은 으레 결말에 가까이 갈 때마다 점점 불안해진다. 예를 들면 제노바만(灣)이 그 멜로디를 최후까지 부르는 저 포르토피노(Portofino)의 산맥과 같이, 그렇게 자랑스럽고 유유한 조화를 유지하며 바다 가운데로 가라앉지 못하는 것이다.

282 걸음걸이

정신의 어떤 태도들 때문에 위대한 인물조차도 그가 천민이나 반(半)천민 출신이라는 사실을 드러내곤 한다. 무엇보다도 그 점을 드러내는 것은 그들 사상의 걸음걸이이다. 그들은 **걸을 줄 모른다**. 그리하여 나폴레옹도 엄청난 대관식의 대행렬 등과 같이 미리 정해진 걸음걸이가 실제로 요구되는 때, '정식으로' 황제처럼 걸을 수가 없었다. 그런 행사에서도 그는 한결같이 한 부대의 지휘관일 뿐이었다. 그는 뽐내는 듯 성급하게 걸으면서 스스로도 그런 걸음걸이를 몹시 의식하고 있었다. 길고 무거운 의상과 같은 문장들을 정력적으로 중첩해 쓰기를 즐기는 작가들을 볼 때면 나는 웃음이 난다. 그들은 이런 방식으로 자신들의 **발을** 감추려고 애쓴다.

283 준비된 인간

사람들이 무엇보다도 다시 용기를 존중하게 될, 보다 남성적이며 투쟁적인 시대가 다가옴을 가르쳐 주는 모든 징후를 나는 환영한다! 왜냐하면 그 것은 보다 높은 시대를 위해 길을 닦아 줄 것이며, 그런 시대가 언젠가는 필요하게 될 힘을 결집할 것이기 때문이다. 영웅주의를 인식하고 그 사상과 결과를 위해 **전투를 벌일** 그런 시대.

이를 위해서는 오늘날 용기를 지니고 준비하는 사람들이 많이 필요하다. 그러나 이런 선각자들은 무(無)에서도, 현대 문명이나 대도시 문화의 모래와 진흙에서도 생겨날 수 없다. 그들은 묵묵하고 고독하고 결연하며, 비록 공적이 눈에 띄지 않으나 자기 일에 만족할 뿐만 아니라 꾸준히 나아갈 줄 아는 사람들이다. 그들은 모든 사물에 대해 진심에서 우러나오는 애착심을 가지고 거기에서 **극복해야** 할 것을 추구하는 사람들이다. 쾌활함, 인내, 소박함, 제멋대로 설치는 허영심을 경멸하는 마음, 그리고 승리했을 때의 도량이나 모든 패자의 조그마한 허영심에 대해 베푸는 관용 등은 그들 특유의 것이다. 그들은 모든 승자들에 대해서, 또 모든 승리와 명성에는 우연이 존재함에 대해서 예민하고 자유로운 판단을 할 줄 안다. 그들은 자기 방식의 휴일, 근무일, 애도일을 가졌으며, 확실하고 원숙한 솜씨로 명령을 할 뿐더러 필요하다면 명령에 복종할 준비도 되어 있다. 명령할 때와 마찬가지로 복종할 때도 긍지를 지니고 어떤 일에나 한결같이 자기 일처럼 몰두하는 사람이다. 그들은 보다 많은 위험에 부딪쳐 왔던 보다 더 중요한 사람들이며, 보다 더 행복한 사람들이다! 부디 내 말을 믿어 주길 바라는데, 왜냐하면 생존으로부터 최대의 수확과 최대의 향락을 거두어들이는 비결은 바로 **위험하게 생활하는 것이기 때문이다!**[*9] 그대들의 도시를 베수비오 화산 위에 세우라![*10] 그대들의 배를 미지의 대양으로 보내라! 그대들과 동등한 사람, 또 그대들 자신과 더불어 싸워 가며 살라! 그대들 자신이 지배자요 소유자가 될 수 없다면, 강도와 약탈자가 되라! 그대들, 인식하는 자들이여! 마치 겁 많은 노루와도 같이 숲 속에 숨어 살아갈 수 있는 시대는 곧 지나갈 것이다! 마침내 인식은 자신의 고유한 권리를 요구할 것이다—인식은 **지배하고 소유하기를** 원한다. 물론 인식과 더불어 그대들도 그러하게 되리니!

284 자기에 대한 믿음

극히 적은 수의 인간만이 자기 자신을 믿는다. 이 극소수의 사람들 중 몇 명은 유익한 맹목성에 사로잡히거나 그들 정신이 부분적으로 덮여 가려짐으로써 그 믿음을 얻는다. (만일 그들이 자기 마음속 **밑바닥까지** 들여다볼 수 있다면, 도대체 무엇을 인정할 것인가!) 반면 그 나머지들은 스스로 그것을 얻어내야 한다. 그들이 행하는 선한 것, 유용한 것, 위대한 것은 모두 무엇보다도 먼저 그들 내부에 있는 회의주의자에 대한 반박이다. 이 **회의주의자**를 납득시키고 설득하는 데에는 대개 천재적인 재능이 필요하다. 그들은 자신에 대해 만족하지 못하는 위대한 인간들이다.

285 보다 높이(Excelsior)!

'그대는 이제 더 이상 기도하지 않으리라. 이제는 숭배하지 않으며 더 이상 끝없는 신뢰 속에 안주하지 않으리라. 그대는 궁극적 지혜, 궁극적 선의, 궁극적 힘 앞에 멈추어 서서, 사상의 굴레를 벗기기를 단념하리라. 그대는 그대의 일곱 가지 고독을 지켜 줄 파수병도 친구도 두지 않으리라.[*11] 그대는 머리 위에 만년설이 있고 가슴에 불길을 짊어진 산악에 대한 조망도 없이 살아가리라.[*12] 그대에게는 궁극의 심판자도 교정자도 존재하지 않으리라. 이미 세상에 생겨난 일들에는 아무런 체계가 없고, 그대에게 일어날 일들에는 더 이상 사랑이 없으리라. 그대의 심장에는 다만 발견해야 할 뿐이지 구할 필요가 없는 것 같은 안식의 장소는 이미 없다. 그대는 어떤 궁극적 평화도 거부한다. 그대는 전쟁과 평화의 영원한 회귀를 원하는 것이다.[*13] 체념의 인간이여! 그대는 모든 것 안에서 체념하기를 원하는가? 그런 힘을 누가 그대에게 주겠는가? 아직 그 누구도 그런 힘을 지니지 못하였다!' 호수가 하나 있었다. 어느 날 그것은 스스로 흘러 나가기를 그만두고, 지금까지 흘러 나가던 길목에 둑을 쌓았다. 그러고 나서부터 그 호수는 자꾸 높아만 갔다. 아마도 저 체념은, 체념까지도 견디어 내는 힘을 우리에게 주리라. 아마도 인간은 더 이상 신에게로 **흘러 나가지 않을 때부터** 점차 높아져 가리라.

286 첨언
여기에 희망이 있다. 그러나 그대들이 자신의 영혼에서 광채와 열정과 새벽빛을 경험하지 못했다면 희망으로부터 무엇을 듣고 볼 수 있겠는가? 나는 단지 그대들에게 되새기게 할 뿐이다. 그 이상은 할 수 없다. 돌을 움직이고, 동물을 사람으로 만들고―그것이 그대들이 나에게 원하는 것인가? 오! 그대들이 아직 돌이고 동물이라면, 먼저 그대들의 오르페우스(Orpheus)부터 찾도록 하라!

287 맹목성의 기쁨
방랑자는 그의 그림자에게 말했다.[*14] '나의 사상은 내가 서 있는 곳을 내게 보여 줘야만 한다. 그러나 그것은 내가 **어디로 갈 것인가**를 알려 줘서는 안 된다. 나는 미래에 관한 나의 무지를 사랑한다. 약속되어 있는 일을 미리 훔쳐보는 식으로 나의 파멸을 손짓해 부르고 싶지는 않다.'

288 고양된 느낌
대부분의 인간들은 고양된 느낌이라는 것이 얼마간의 순간, 단 15분 동안만이라도 지속되지 않으면 아예 그 존재를 믿지 않으려는 듯하다. 고양된 감정이 오래 지속되는 것을 직접 경험으로 아는 소수의 예외적인 인간을 제외하고는 말이다. 그러나 고양된 감정 그 자체와 같은 인간이 된다는 것, 비길데 없이 위대한 느낌을 몸으로 나타내는 존재가 된다는 것, 이것은 지금까지는 단지 꿈이며 매혹적인 가능성일 뿐이었다. 왜냐하면 역사는 아직도 우리에게 분명한 실례를 전혀 제공하지 않고 있기 때문이다. 그럼에도 불구하고 역사는 언젠가 그런 사람들을 생겨나게 할 수도 있으리라. 현재로는 최대의 요행으로도 끌어 모을 수 없을 만큼 많은 유리한 전제조건들이 만들어지고 확립될 그때에는. 지금은 우리를 전율케 하는 예외로서 가끔씩만 우리의 영혼 속에 들어오는 것이, 어쩌면 미래의 영혼에게는 일상사가 될 수도 있을 것이다. 높이와 깊이 사이의 지속적인 운동, 높이와 깊이의 감정, 끊임없이 '계단을 뛰어오르는' 동시에 '구름 위에서 휴식'하는 느낌이.

289 승선하라!

저마다 살아가고 사고하는 그 나름의 방식에 관한 전반적이고 철학적인 시인(是認)이 각 개인에게 어떤 영향을 미치는지 생각해 보라. 그는 특히 따뜻함과 축복, 비옥함을 내려 주는 태양처럼 철학적 시인을 경험한다. 철학적 시인은 그를 칭찬과 비난으로부터 독립시켜 주며, 행복과 선한 의지를 느끼고 자기만족적이며 부유하고 자유분방하도록 만든다. 또한 그것은 끊임없이 악을 선으로 바꾸고, 모든 힘을 꽃피워 열매 맺게 하며, 슬픔과 분함의 크고 작은 잡초마저도 도대체 돋아나는 것을 허용치 않는다. 결국에는 누군가가 외친다. 오, 그런 새로운 태양이 더 많이 생겨나기를 나는 얼마나 바랐는가! 악인도, 불행한 자도, 예외적 인간도 모두 자신의 철학, 정당한 권리, 햇빛을 가져야만 한다. 필요한 것은 그들에 대한 동정이 아니다. 지금까지 오랫동안 인류가 이런 교만한 생각, 즉 동정을 배우고 실행해 왔다 할지라도 우리는 이를 포기하고 잊어야 한다. 그들이 필요로 하는 것은 영혼의 고백도, 마술도, 죄의 용서도 아니다. 새로운 정의다! 새로운 해결책이다! 새로운 철학자다! 도덕의 지구 역시 둥글다. 도덕의 지구 역시 양 극점이 있다. 양 극점의 사람들 역시 생존할 권리가 있는 것이다! 게다가 아직 발견해야 할 또 하나의 세계가 있다—아니, 하나가 아니라 많은 세계가! 승선하라, 철학자들이여! *15

290 하나의 일이 필요하다

자신의 성격에 '양식(樣式)'을 부여한다는 것', 이것은 위대하고 아주 드문 예술이다! 이러한 예술을 실행하는 사람은 자기 천성의 강함과 약함으로부터 나오는 모든 것을 조망한다. 그리하여 그러한 것들을 예술적 '큰 그림'의 일부로 추가시켜 각 부분을 예술적이요 합리적으로 나타냄으로써, 약점조차도 보는 인간의 눈에 황홀하게 비치도록 한다. 어떤 데에서는 많은 제2의 천성이 덧붙여지고, 어떤 데에서는 제1 천성(근원적 천성)의 일부가 없어진다—어떤 경우도 오랜 훈련과 일상의 근면을 필요로 한다. 어떤 데에서는 없애 버릴 수 없었던 추함이 숨겨져 있으며, 또 어떤 데에서는 그 추함이 숭고한 것으로 다시 해석된다. 많은 애매한 것, 형식에 따르지 않으려는 것은, 먼 곳을 바라보기 위한 자료로서 이용되어 멀고 무한한 것을 향해 사람들의 눈을 돌리도록 하는 것을 의미한다. 작품이 완성되면 결국 단일 취향의 지배력이 크고 작은 모든 것에 걸쳐 행사되고 이루어졌다는 점이 분명해진다. 이러한 취향이 좋은가 나쁜가 하는 것은 중요한 문제가 아니다. 그것이 하나의 취향이라는 사실만으로도 충분하다!

그러한 강제, 다시 말해 자신의 법칙 아래에서의 그와 같은 구속과 완성 속에서, 자신의 가장 섬세한 기쁨을 누리는 것은 강하고 지배욕에 불타는 천성을 지닌 사람들일 것이다. 그들의 무서운 의욕에 대한 정열은 모든 양식화된 자연, 모든 정복되어 봉사하는 자연을 바라볼 때 비로소 진정된다. 그들은 궁전을 세우고 정원을 꾸며야만 할 때조차도 자연에게 자유를 주는 것에 반대한다.

이와 반대로 약하고 자기 자신을 지배하지 못하는 성격의 사람들은 양식의 구속력을 **싫어한다**. 그들은 이러한 고통스럽고 가혹한 억제가 주어진다면, 자신들이 **천하게** 되리라고 느낀다. 그들은 봉사하자마자 노예가 된다. 그래서 봉사하기를 꺼린다. 이러한 정신을 지닌 자들—그들도 일류의 정신일 수 있다—은 자신과 주위 환경을 항상 **자유로운** 자연으로서—야성적이고 제멋대로이며 환상적이면서 무질서하고 경이로운 것으로서—표현하거나 해석하려고 한다. 그들이 그렇게 하는 것은 지당하다. 왜냐하면 그런 방식으로만 기쁨을 느낄 수 있기 때문이다. 그들에게는 분명 하나의 일이 필요한 것이다. 즉 인간이 자신에게 **만족하는** 일이. 어떤 시와 예술을 통해서든 상관없다. 그럼으로써 인간은 비로소 볼품 있는 존재가 되는 것이다! 그 자신에게 만족을 느끼지 못하는 자는 누구든지 계속 복수할 준비가 되어 있다. 우리 다른 인간들은, 적어도 그의 추한 모습을 견뎌 내야 한다는 점에서 그

의 희생물이 될 것이다. 추한 모습을 본다는 것은 인간을 열악하고 음울하게 만들기 때문이다.[16]

291 제노바

나는 이 도시를, 이 별장들과 정원들, 사람들이 살고 있는 언덕과 구릉으로 이루어진 넓은 주변 지역을 오랫동안 바라본 끝에, 마침내 이렇게 말할 수밖에 없다. 이곳에는 지나간 세대의 **얼굴**들이 보인다고. 이 지역은 대담하고 자주적인 인간들의 모습이 사방에 흩어져 있다고. 이들은 **살아왔으며** 계속 살기를 원한다. 짧은 순간이 아니라 몇 세기를 목표로 짓고 꾸며 온 그들의 집을 통해 나한테 그렇게 말하고 있다. 가끔 서로에게 악의를 품지만, 그들은 삶에 호의적이다. 건축가가 그 멀고 가까움을 불문하고 자기 둘레에 세워진 모든 것에, 또한 도시나 바다나 산과 언덕에 그 시선을 떠돌게 하는 모습이 언제나 내 마음에는 보인다. 또한 그가 그 시선을 가지고 강압과 정복을 행하는 모습도. 이 모든 것을 건축가는 **자기** 설계도의 일부분으로 포함시켜 결국 자기의 **소유물**로 만들어 버리는 것이다. 이 지역 전체에는 만족할 줄 모르는 이 화려한 소유욕과 약탈욕의 이기심이 무성하게 뒤덮여 있다. 이런 그들은 먼 영토에서도 어떤 한계도 인정하지 않고 새로운 것을 갈망하여 새로운 세계를 옛 세계 옆에 세웠고[17] 그와 다름없이 본국에서도 각자가 각자에 대해 반란을 일으켰으며, 자신의 우월성을 표현하고 자신과 이웃 사이에 자신의 한없는 인격을 확립하는 방법을 발견했다. 그들은 자신의 건축학적 사상으로써 고향을 다시 한 번 압도하였다. 즉 자신들의 집을 위한 눈요깃감으로 개조함으로써 고향을 다시 한 번 정복하였던 것이다.

도시의 건축방법을 보면 북부에서는 법률이나 합법성, 복종에 대한 일반적 열정이 우리의 눈길을 끈다. 이로부터 나는 모든 건축가를 지배했으리라 여겨지는 어떤 내적 평등화와 질서화를 추측한다. 그런데 여기 제노바에서는 어떤 각도로 눈을 돌려도 바다, 모험, 동양(東洋)을 알고 있는 독립적 인간, 또한 법률이나 이웃을 마치 하나의 지루함처럼 싫어하며, 이미 세워진 낡은 것 전체를 질투의 시선으로 바라보는 인간을 발견하게 된다. 이들 놀랍고 영리한 상상력을 갖춘 자들은 이 모든 낡은 것을 적어도 머릿속에서 일단 한번 새로 확립하여, 자기 손을 그 위에 두고 마음을 그 안에 두기를 바란다. 설령 그것이, 만족할 줄 모르는 우울한 영혼이 만족하며, 그 눈에 남의 것은 보이지 않고 자신의 것만 보이는, 태양이 내리쬐는 오후 한순간의 일에 불과할지라도.

292 도덕의 설교자에게

나는 도덕을 설교할 생각이 조금도 없다. 그러나 도덕을 설교하는 인간에게는 다음과 같은 충고를 하고 싶다. 만일 그대가 최상의 사물과 상태로부터 그 모든 명예와 가치를 빼앗고자 한다면, 지금까지 그랬듯이 그것들에 관해 계속 설교하라! 그 최상의 사물과 상태를 그대 도덕의 정점에 올려놓고, 아침부터 밤까지 미덕의 행복에 관해서, 영혼의 안식에 관해서, 정의나 내적으로 반드시 뒤따르는 보복에 관해 설교하라. 그대가 그렇게 한다면 이들 모든 선한 사물들은 결국 통속성과 항간의 풍문을 얻게 될 것이다. 그러나 동시에 그들에게 입혀졌던 모든 금박은 그렇게 많이 다뤄지면서 벗겨져 버릴 것이며, **내부의 금마저** 전부 납으로 변할 것이다. 진실로 그대는 거꾸로 된 연금술, 곧 가장 가치 있는 것을 무가치한 것으로 만드는 데 통달해 있다. 따라서 그대 소망과 정반대의 효과만을 낳았던 지금까지와는 다른 결과에 이르기 위해, 다른 처방을 한번 시도해 보라! 저 선한 것들을 **부정하고**, 이러한 것들로부터 군중의 갈채와 손쉬운 유통을 빼앗아 보라. 이것들을 다시 고독한 영혼들의 숨겨진 수치로 만들어라. **도덕성은 금지된 어떤 것**이라고 말하여라! 그러면 너희는 이것들에 참으로 어울리는 종류의 인간들, 곧 영웅적 인간들을 얻을 수 있을 것이다. 하지만 그러기 위해서는 거기에 무언가 공포를 일으킬 만한 것이 있어야만 한다. 종래처럼 구토를 일으킬 만한 것 말고! 오늘날 우리는 도덕에 관해 마이스터 에크하르트(Meister Eckhart)처럼 말해야 되지 않겠는가? '나는 나에게서 신을 없애게 해 줄 것을 신에게 간청한다.'

293 우리의 공기

우리는 잘 알고 있다. 어떤 사람들은 여자들이나 유감스럽게도 많은 예술가들이 그러듯이 기껏해야 산책할 때의 기분으로 학문에 눈길을 흘낏 주며 지나갈 뿐이란 사실을. 그런 사람들에게는 학문의 엄격함, 크고 작은 문제를 불문하고 조금도 가차 없는 냉혹함, 문제의 비중을 파악하고 판단하며 판결을 내릴 때의 그 속도감이, 어지럽고 두렵게 느껴진다. 무엇보다도 이들을 두렵게 하는 것은, 거기서 얼마나 곤란한 일이 요구되며 그를 위해 최선을 다해야 되는가 하는 점, 게다가 그 대가로는 칭찬과 영예가 아니라 오히려 군인들의 경우처럼 주로 비난과 거센 질책만이 **돌아온다**는 점이다. 왜냐하면 학문에서는 일을 잘한다는 것이 당연한 일이며, 실패는 예외일 뿐이기 때문이다. 그러나 다른 모든 경우와 마찬가지로 이 경우에도 이런 당연한 일은 단지 침묵할 뿐이다. 이러한 '학문의 엄격함'은 실제로 상류사회의 형식이나 예절과 같은 성격을 띤다. 이것은 문외한을 두렵게 한다. 그러나 여기에 익숙해진 사람들은, 이렇게 맑고 투명하며 활기차고 충전된 공기에서—이런 **남성적**인 공기에서—벗어나 다른 어떤 곳에서도 살기를 원하지 않는다. 그 밖의 **다른 모든 곳**에서는 사물들이 그들에게 충분히 확실치 않고 유쾌하지 않다. 그들은 의심한다. 그 밖의 모든 곳에서는 나의 최상의 기술이 아무에게도 이익을 주지 않으며 나에게도 또한 기쁨을 주지 못하는 것이 아닐까, 나의 반생을 온갖 오해 속에서 잃어버리지나 않을까, 계속해서 조심하고 일부러 숨겨야 할 많은 것들, 침묵이 늘 필요하지나 않을까? —막대하고 무익한 힘의 상실만을 감수해야 하는 것은 아닐까! 그러나 이 엄하고 뚜렷한 생활요소(element) **속에서는** 그들은 자기의 힘을 충분히 발휘할 수 있다. 여기서 그들은 날 수 있다! 무엇 때문에 그들이 헤엄쳐 강을 건너, 날개를 더럽힐 그런 진흙의 늪 속에 재차 내려갈 필요가 있겠는가?

아니다! 그곳은 우리가 살기에는 너무 어렵다. 우리가 공기, 깨끗한 공기를 위해 태어났다는 것, 우리가 빛의 경쟁자로 태어났다는 것, 또한 우리가 이 빛처럼 에테르(ether)의 알갱이를 타고 태양으로부터 멀어지지 않고 **태양을 향해서** 달려가고자 하는 것은, 우리의 어쩔 수 없는 욕망이다! 그러나 우리는 그렇게 할 수 없다. 그러므로 우리가 할 수 있는 유일한 것을 하자. 지구에 불을 밝혀라, '지상의 빛'이어라! 그 빛이 되자. 그를 위해서 우리는 날개와 빠른 속도와 엄격함을 갖는다. 그를 위해서 우리는 불과 같이 남성적이며 남에게 두려움을 주기까지 한다. 우리 곁에서 몸을 따뜻하게 할 뿐 스스로 몸을 밝히지는 못하는 자들이 우리를 두려워하게 하자!

294 자연의 비방자에게 반대하여

모든 자연적 성향과 우연히 만날 때마다 그것을 병으로 취급하고 그릇된 것, 또는 치욕스러울 수밖에 없는 것이라고 생각하는 인간들이 있어서 나를 불쾌하게 한다. **그들은** 인간의 성향과 충동이 악하다는 잘못된 생각으로 우리를 이끈다. **그들이야말로** 우리의 본성과 모든 자연에 대해 우리가 범하고 있는 커다란 불의의 원인이다! 근심 없이 자신을 그들의 충동과 본능에 맡겨도 **되는** 적지 않은 인간들이 있다. 그러나 그들은 이렇게 상상되고 있는 자연의 '악한 성격'을 두려워하여 그렇게 하지 않는다! **그로 인해** 인간들 사이에선 고귀함을 거의 찾을 수가 없다. 왜냐하면 인간이 자기 자신에 대해 아무런 두려움을 갖지 않으며 자신이 수치스러운 일을 하리라고 생각하지 않는 것, 그러면서 우리가—우리들 자유롭게 태어난 새들이—날고 싶은 곳을 향하여 망설임 없이 날 수 있다는 것이, 바로 고귀함의 징표이기 때문이다! 우리가 어디로 가든 주위에는 항상 자유와 햇빛이 있을 것이다.

295 단기적 습관

나는 단기적 습관을 사랑한다. 이것이 **많은** 사물과 상태에 관해 그 달콤함과 쓰라림의 밑바닥까지를 알게 해 주는 더없이 귀중한 수단이라고 생각한다. 나의 타고난 본성은 전적으로 단기적인 습관에 맞춰져 있다, 육체적으로 건강하고 싶다는 욕망에서까지도. 또한 내가 볼 수 **있는 한** 가장 하찮은 것에서부터 가장 높은 것에 이르기까지 그러하다. 나는 **이것이** 내게 영속적인 만족을 주리라고 항상 믿어 왔다. 단기적인 습관 또한 이런 정열적 믿음, 영원을 향한 믿음을 지닌 것이다. 그것을 발견하고 깨달았다는 점에서 나는 남에게 부러움을 살 만한 가치가 있다고 믿는 것이다. 이리하여 지금 이 단기적 습관은 밤낮으로 나에게 자양분을 주며, 주위의 모든 것에 깊은 만족을 나누어 주고 있다. 또한 그 만족이 내 속 깊이 스며들어 있음으로 해서 나는 비교할 것도, 경멸할 것도, 미워할 것도 전혀 없으며 남에게 아무것도 원하지 않는다. 그러나 언젠가 이러한 습관이 끝날 날이 올 것이다. 이 좋은 단기적 습관은 나를 떠날 것이다. 나에게 혐오감을 불러일으키는 것이 아니라 평화롭게, 그것이 내게 만족한 **만큼** 나도 그것에 만족하는, 즉 서로 감사하며 마치 이별할 때 악수하듯이 그것은 떠나가리라. 그러면 벌써 새로운 습관이 나의 신념에 따라 이미 문밖에서 기다리고 있을 것이며, 나는 똑같이 이 새로운 습관을 바른 것, 궁극적으로 바른 것이라고 믿는다―현명함과 어리석음의 이 끊임없는 되풀이. 이것이 나의 식사, 사상, 인간들, 도시들, 시(詩), 음악, 이론들, 일과, 처세술들이다.

반면에 나는 **지속적인** 습관을 싫어한다. 마치 폭군이 가까이 다가온 것 같은 느낌이다. 지속적인 습관이 필연적으로 탄생할 수밖에 없다고 여겨지는 사태에서, 나는 내 신변의 공기가 나를 **짓눌러 오는** 것처럼 느낀다. 예컨대 관직이나, 똑같은 인간들과 늘 얼굴을 마주해야 하는 것, 고정된 주거, 변함없는 건강 등이 그런 것들이다. 사실 나는 나의 모든 비참과 질병, 내가 지닌 불완전한 모든 것에 감사하다. 이런 것들이 내가 지속적인 습관들로부터 도망칠 수 있는 많은 뒷문을 열어 두기 때문이다.

물론 나에게 가장 참을 수 없고 두려운 것은 전적으로 아무 습관 없는 생활, 늘 즉흥적인 생활일 것이다. 그것이야말로 나의 추방, 시베리아 유형일 것이다.*18

296 고정된 평판

과거에는 고정된 평판이 매우 쓸모 있는 것이었다. 그리고 사회가 여전히 군집본능에 지배되는 한 지금도, 비록 실제로는 그렇지 않다 할지라도 저마다 자신의 성격이나 직업이 일정불변하다는 인상을 **주는 것**, 곧 그것들을 일정불변한 것처럼 꾸미는 것은 아주 유용한 일이다. '그 사람은 믿을 만하다. 그는 늘 변하지 않는다.' 이것이 위태로운 사회 상황에서는 가장 좋은 칭찬이다. 사회는 온갖 인간의 미덕, 야망, 사색이나 정열 등에서, 언제든 사용할 수 있도록 준비된 믿을 만한 **도구**를 발견할 때 만족한다. 사회는 갖가지 견해와 노력, 심지어 패덕에조차도, 이러한 **도구적 본성**이나 자기충실이나 불변성이 나타날 때 최고의 경의를 표한다. 이러한 존경은 관습의 도덕성이 있는 곳이면 어디에서나 번성하며 또한 번성해 왔다.*19 이 존경은 '성격(character)'을 기르고, 모든 변화, 개혁, 자기변신 등이 **나쁜 평판**을 얻도록 만든다. 그런데 이러한 사고방식이 가져다주는 이익이 매우 크다 할지라도, 이것은 **인식**을 추구하는 영역에서는 가장 해로운 종류의 일반적 판단이다. 왜냐하면 언제라도 자기의 과거 의견에 용감하게 **맞서** 새로운 소신을 표명하고, 또 일반적으로 우리 내부에 **고정되려 하는** 모든 것에 의문을 품는 인식자의 선한 의지가, 여기에서는 단죄되고 나쁜 평판을 받기 때문이다. '고정된 평판'과 모순되어 싸우면서 인식을 구하는 인식자의 의향은 **불명예스러운** 것이 되고, 반면 우리 안의 고정된 견해들은 모든 명예를 획득한다. 이러한 평가의 속박 아래에서 오늘도 우리는 살아가야 한다! 몇 천 년간 통용되어 온 판단이 자기의 것과 반대되며 자신을 포위해 압박함을 느낄 때, 산다는 것은 얼마나 어려운 일인가! 지난 몇 천 년 동안, 가장 위대한 정신의 역사 속에서는 인식 추구가 양심의 가책으로 괴로움을 당했을 것이며, 수많은 자기경멸과 남모를 비참함이 그 안에 포함되었음이 틀림없으리라.

297 모순될 수 있는 힘
비평과 모순을 받아들일 수 있다는 것이 고급 문화의 징표라는 사실을 지금은 모든 사람들이 알고 있다. 몇몇 사람들은 실제로, 더 고급한 인간들은 그들이 아직 모르는 자신의 불의에 대한 지표를 구하기 위해 자기모순을 원하고 또 불러일으키기도 한다는 사실을 깨달았다. 그러나 모순될 수 있는 힘, 즉 관습적이고 전통적이며 신성시된 것과 싸움으로써 얻어지는 부끄럼 없는 양심이야말로, 위의 두 경우보다 더욱 중요하다. 그것은 우리 문화에서 참으로 위대하고 새롭고 놀라운 것이며, 해방된 정신이 걸어왔던 모든 한 걸음보다 더 나은 한 걸음이다. 누가 이 점을 알랴?

298 탄식
나는 이 통찰을 길 위에서 낚아챘다. 그것이 날아가 버리지 못하도록 하려고 손에 닿자마자 서투른 말(언어)로 그것을 재빨리 붙잡아 두었다. 그러나 그 통찰은 무미건조한 말에 부딪치자 바싹 말라 죽은 채, 말에 대롱대롱 매달려 흔들리고 있다. 이것을 바라보고 있자니, 왜 내가 이 새를 잡았을 때 그렇게 행복한 느낌을 받았는지 더 이상 알 수가 없었다.[20]

299 예술가에게서 배워야 할 것
우리가 보기에 사물이 아름답고 매력적이며 바람직하지 않을 때, 어떻게 그것을 아름답고 매력적이며 바람직하도록 만들 수 있을까? 사실 사물은 본디 아름답지도 매력적이지도 바람직하지도 않다고 생각되지만! 이럴 때는 의사가 쓴 약을 희석하거나 약에 포도주와 설탕을 섞거나 하는 것에서 무언가를 배울 수 있으리라. 그러나 그러한 발명과 기술을 애초부터 항상 염두에 두는 예술가들로부터는 더 많은 것을 배울 수 있다. 우리 몸을 사물로부터 멀리하여 그 많은 부분이 보이지 않게 되도록 하거나, 그래도 **사물을 계속해서 보기 위하여** 거기에 많은 부분을 덧붙이는 것. 또는 사물을 부분적으로 한 단면만 보는 것. 또는 위치를 바꿔 사물들이 원근법에 따라서만 보이게 하는 것.[*21] 또는 석양에 비추거나 색유리를 통해서 보는 것. 또는 사물에게 어느 정도 불투명한 표면과 피부를 주는 것—우리는 이 모든 방법을 예술가로부터 배워야만 하며, 게다가 그 밖의 점에서는 그들보다 현명하여야 한다. 그들의 경우에는 보통 이러한 교묘한 능력도, 예술이 그치고 생활이 시작되는 곳에서 사라져 버리기 때문이다. 그러나 **우리는** 몸소 생활의 시인이고자 한다—무엇보다도 먼저 가장 평범하고 진부한 일상생활에 관해.

300 과학의 전주곡

마술사, 연금술사, 점성술사 그리고 마녀들이 약속과 기만을 통해 **숨겨진 금단**의 힘을 계속 구하는 갈증, 배고픔, 호감을 만들어 냄으로써 과학의 선구가 되는 일이 없었더라도 여러 과학이 발생하고 성장할 수 있었으리라 생각하는가? 아니, 일반적인 인식 영역에서 무엇인가 실현(충족)되기 위해서는, 실현될 수 있는 것보다 오히려 끝없이 많은 것이 **약속되어야만** 하지 않을까?

어쩌면 여기서 과학의 전주곡이나 예행연습이—그것들은 그런 것으로서 자각적으로는 결코 실행되지도, 경험되지도 않지만—우리의 눈에 그 정체를 드러내는 것과 똑같이, 아득히 먼 미래에는 모든 **종교** 역시 연습이나 전주곡으로서 그 정체를 보일지도 모른다. 어쩌면 언젠가 종교는, 소수의 인간들이 신과 같이 완전한 자기만족과 자기구제의 힘을 듬뿍 누리기 위한 기묘한 수단으로 인식될지도 모른다. 그렇다! 이런 물음을 던져 보자. 애초에 인간은 그런 종교적 교육과 경력이 없었다면 과연 **자기에 대하여** 굶주림과 갈증을 느끼고, **자기로부터** 만족과 충만을 얻어 내는 것을 배울 수 있었을까? 프로메테우스는 아마도 먼저 **빛을 훔쳤다고 망상하고**, 그리하여 그 죗값을 치러야만 했던 것이 아닐까? 그리고 마침내 자신이 빛을 갈망함으로써 빛을 창조했고, 인간만이 아니라 **신** 또한 **자기** 손의 작품이며 수중의 점토였다는 사실을 발견하게 된 것은 아닐까? 모든 것은 이 창조자가 만들어 낸 창작물에 불과한 것은 아닐까? 마찬가지로 망상, 도둑질, 카프카스산맥, 독수리, 모든 인식자의 프로메테우스적 비극 그 자체도 그런 것이 아닐까?

301 관조자의 환상

고귀한 인간은 표현하기 어려울 정도로 많은 것을 보고 듣는다는 점, 게다가 생각하면서 보고 듣는다는 점에서 미천한 인간과 구별된다—그리고 바로 이 점이 인간을 동물과 구별하고, 고등동물을 하등동물과 구별하게 하는 징표이다. 드높이 인간성의 정점을 향하여 뻗어 올라가는 자에게 세계는 더욱더 풍부한 것이 된다. 그에게는 더욱더 많은 흥미의 낚싯바늘이 던져진다. 그가 받는 자극의 양은 끊임없이 커지고, 쾌와 불쾌의 가짓수도 마찬가지로 늘어난다—고귀한 인간은 항상 더욱 행복해지며 동시에 더욱 불행해진다. 그런데 이때 하나의 **환상**이 그의 곁을 떠나지 않고 줄곧 그를 따른다. 그것이 무엇인가? 곧 그는 인생이라는 저 거대한 연극과 음악 앞에서 자기는 **관중**이나 **청중**으로 앉아 있다고 생각하는 것이다. 그는 자신의 본성을 '관조적'이라 규정함으로써, 자기 자신 역시 그 인생의 창작자이며 또 계속 창작하는 자임을 간과하게 된다. 물론 그는 이 연극의 **배우**, 이른바 행동하는 사람과는 뚜렷이 구별되지만, 무대 **앞**에 앉은 하나의 단순한 관람자나 초대객과는 더욱 분명히 구별된다. 그러나 그는 이 점을 간과한다. 창작자로서의 그는 자기 작품에 대한 관조 능력(*vis contemplativa*)과 회상을 갖고 있다. 그러나 동시에 무엇보다도, 외관이나 세속적 믿음이 여하하든 간에 행위하는 인간에게는 **결여되어 있는** 창조 능력(*vis creativa*)이 그에게 고유한 것으로 속해 있다. 아직 존재하지 않는 그 무엇을 실제로 끊임없이 **창조해** 나가는 것이 진실로 사고하는 자이며 감독자인 우리의 할 일이다. 즉 우리는 평가, 색채, 비중, 관점, 순서, 긍정과 부정이 영원히 성장해 가는 세계 전체를 창조해 나가는 것이다. 우리가 안출한 이 창조물은 이른바 실천적 인간들(위의 표현을 빌리면 배우들)을 통해 끊임없이 습득되고 숙련되어 육체와 현실로, 더 나아가서는 일상사로 변형된다. 현재 세계에서 **가치**가 있다고 해서 무엇이든지 본질상(본질은 언제나 무가치한 것이다) 그 자체로서 가치가 있는 것은 아니다―그렇지 않고 사람이 한때 가치를 그것에 부여하고 증여했던 것이다. **우리**가 바로 이 부여자이며 증여자였다! 우리가 처음으로 세계를, **인간에게 어떤 의의가 있는** 세계를 만들어 낸 것이다! 그런데 바로 이 사실을 우리는 모르고 있다. 또한 어떤 순간 우리가 이것을 포착할지라도 그 직후에 다시 잊어버린다. 우리는 자신의 최선의 능력을 오인하고, 우리 관조자들을 한 단계 낮게 평가하고 있다. 우리가 지닌 능력만큼의 **자부심과 행복**을 느끼지 못하는 것이다.

302 가장 행복한 인간의 위험

섬세한 감각과 세련된 취향을 갖는 것, 선별된 최상의 정신적인 것에 대해 마치 입맛에 맞고 친숙한 음식을 대하는 양 익숙한 것, 강하고 대담하고 과감한 영혼을 누리는 것, 조용한 눈과 확고한 걸음으로써 모든 최악의 사태를 마치 축제와도 같이 준비하고 기다리는 것, 발견되지 않은 세계와 바다, 인간과 신들에 대한 갈망에 가득 차서 인생을 걸어가는 것, 모든 쾌활한 음악에 귀 기울이는 것―이때 마치 대담한 무인들, 군인들, 뱃사람들이 그들의 간단한 휴식과 즐거움을 맛보고 이 찰나의 심오한 즐거움 속에서 행복한 자의 눈물과 진홍빛 우울에 젖어 들듯이 생각에 잠기는 것, 누가 이 모든 것이 자신의 소유이자 상황이기를 바라지 않겠는가! 이것이 **호메로스의 행복**이었다! 그리스인들에게서 그들의 신을 발견하게 해 주었던―아니! 자기에게서 **자신의** 신을 발견했던 인간의 상태였다! 그러나 우리는 다음과 같은 사실을 지나쳐서는 안 된다. 자신의 영혼 속에 있는 이러한 호메로스의 행복으로 인해, 인간은 또한 태양 아래 있는 어떤 다른 창조물보다 더 큰 고통을 당할 수 있다! 이런 대가를 지불해야만 우리는 생존의 파도가 지금까지 해안에 실어다 준 것들 중에서 가장 귀중한 조개껍데기를 살 수 있는 것이다! 우리는 그 조개껍데기의 소유자로서 고통에 점점 예민해지고 마침내는 지나치게 민감해져 버린다. 단지 작은 불쾌와 혐오만으로도 호메로스의 삶을 망쳐 놓기에는 충분했다. 그는 젊은 어부가 그에게 내놓은 어리석고 소소한 수수께끼조차 풀 수 없게 되었던 것이다. 그렇다! 소소한 수수께끼야말로 가장 행복한 인간들이 부딪치는 위험이다.

303 두 종류의 행복한 사람

참으로 이 사람은 젊은 나이에도 불구하고, 가장 예민한 관찰자들조차 감탄할 만큼 **삶을 즉흥적으로 연출**할 줄 아는 사람이다. 다시 말해 그는 끊임없이 대담한 일을 하지만 결코 실패하지 않는 것처럼 보인다. 우리는 이러한 즉흥적인 음악 연주의 대가들을 기억하는데, 모든 사람들이 그렇듯이 이들도 역시 인간이기에 때때로 실수를 하지만 청중은 그들의 손이 신처럼 **전혀 실수하지 않는다고** 믿는 것이다. 그들은 숙달되었을 뿐 아니라 창의적 재능도 풍부하다. 어떤 순간에나 의미 없는 손가락의 움직임 또는 변덕이 만들어 내는 가장 우연한 음향(tome)까지도 금세 음악 주제의 구성 가운데로 집어넣어, 그런 우연에 아름다운 의미와 영혼을 불어넣을 준비가 되어 있다.

이와는 전혀 다른 사람도 있다. 실제로 이런 사람이 원하고 계획하는 모든 것은 결국 실패한다. 그가 때때로 열중했던 일은 여러 번 몰락과 파멸로 그를 몰고 갔다. 만일 그가 그것을 가까스로 피했다 해도 분명히 '검은 눈을 가진'[*22] 것은 아니었다. 그대들은 그래서 그가 불행하다고 생각하는가? 그는 이미 오래전에 자신의 욕망과 계획들을 너무 심각하게 취급하지 않으려고 마음먹었다. 그는 자신에게 말한다. '이것이 계획대로 되지 않는다면 아마 다른 것이 성공하지 않을까? 전체적으로 보면 나는 무엇인가 성공보다도 실패 쪽에 감사할 의무가 있을지도 모른다.[*23] 나는 본디 고집스럽고 위험한 성정인 것일까? 내게 인생의 가치와 성과를 지니는 것은 어딘가 다른 데 있다. 나의 비극뿐만 아니라 나의 자존심 역시 어딘가 다른 곳에 있다. 나는 인생의 보다 많은 것을 알고 있다. 왜냐하면 인생을 잃을 만큼 위험한 순간을 종종 겪어 왔기 때문이다. 그리고 바로 이 때문에 나는 너희 모두보다 인생의 더 많은 것을 소유**했다**!'

304 행동함으로써 내버려 둔다

실제로 다음과 같이 말하는 모든 도덕을 나는 싫어한다. '이것을 하지 마라! 단념해라! 너 자신을 극복하라!' 반면에 내가 사랑하는 도덕은, 어떤 일을 아침부터 저녁까지 반복해서 하도록 하고, 밤은 밤대로 그것을 꿈꿀 수 있도록 재촉하며, 그리고 그 일을 되도록 잘하는 것 외에는 아무것도 생각하지 않도록 나를 선동하는 도덕이다. 그처럼 살아가는 사람에게서는, 그러한 생활에 속하지 않는 것들은 계속해서 탈락해 사라져 간다. 증오나 반감도 없이 오늘은 이것이, 내일은 저것이, 대기의 가벼운 흔들림으로도 나무에서 떨어지는 노란 잎들처럼 그 자신에게 이별을 고한다. 아니, 이별을 고한다는 사실조차 그는 인식하지 못할 수도 있다. 왜냐하면 그의 눈은 단호하게 그의 목표에 고정되어 옆도 뒤도 아래로도 향하지 않고 앞만 바라볼 뿐이기 때문이다. '우리가 하는 일이 우리가 내버려 두는 것을 결정한다. 우리는 행동함으로써 내버려 둔다.'—이것이 내가 좋아하는 것이요 나의 신조, 플라시툼 (*placitum*) *24이다. 반대로 나는 눈을 크게 뜨고 자신의 영락을 위해 노력하고 싶지는 않다. 나는 부정적인 덕을 좋아하지 않는다. 그 덕의 본질은 부정과 단념이기 때문이다.

305 극기

입을 열 때마다 무조건 자신을 통제하라고 사람들에게 명령하는 저 도덕 교사들은, 그로 인해 인간들을 특수한 병에 걸리게 한다. 곧 모든 자연스러운 흥분이나 애정에 대한 끊임없는 신경질과 하나의 간지럼증을 일으키는 것이다. 그 뒤로는 무엇이든 간에 마음 내부로부터 또는 외부로부터 그를 당기고 밀며 유혹하고 자극하는 것은, 이 신경질적인 인간에게는 자신의 자제력을 위험에 빠뜨리는 요소로 여겨질 것이다. 그는 이제 더 이상 자기 자신을 어떤 본능이나 자유로운 날갯짓에 맡기지 않는다. 그는 거부적인 몸짓으로 자기 자신에 대하여 무장하고 날카로운 의심의 눈초리를 보내며, 자신이 만든 성의 영원한 파수꾼으로서 고정된 위치에 서 있다. 물론 그는 이 방식으로 **위대해질** 수 있다! 그러나 그는 확실히 타인에게 받아들여지지 못하게 되었으며 자신에게도 견디기 힘든 존재가 되었다. 영혼의 가장 아름다운 많은 우연으로부터 단절된 빈곤한 존재가 되었다. 아울러 그 밖의 모든 더 나은 **가르침**으로부터도! 왜냐하면 사람은 자신과는 다른 사물들로부터 무언가를 배우고자 할 때, 자기 자신을 상실하는 일을 피할 수 없기 때문이다.

306 스토아파와 에피쿠로스파

에피쿠로스파는 자신의 극도로 민감한 지적 성질에 알맞은 상황과 인물, 사건을 찾아낸다. 그리고 이 밖의 것—실제로 대부분의 것—을 포기해 버린다. 그 모든 다른 것들은 그가 소화하기에는 너무 많고 부담되기 때문이다.

반면 스토아파는 돌과 벌레, 유리 조각, 전갈 따위를 조금의 구역질도 없이 삼키도록 자신을 단련한다. 그는 생존의 우연들이 그 속에 무엇을 들이붓든지 간에 끝끝내 그의 위(胃)가 무관심하게 되기를 원한다. 이 점에서 스토아파는 오늘날 알제리의 아라비아의 아사신(Assasin)파를 연상케 한다. 이들 무감각한 사람들처럼 스토아파 역시 자신의 무감각한 상태—에피쿠로스파가 싫어하는 상태—를 청중 앞에서 과시했다. 한편 에피쿠로스파는 자기의 '정원'*25이 있었으므로 청중이 필요 없었다. 운명의 즉흥곡에 참가하고자 하는 인간들, 강압적인 시대에 살며 황급히 변화하는 값싼 사람들에 의존하여 살아가는 인간들에게 스토아주의는 실로 권할 만하다. 그러나 운명이 자신에게 **긴 실을 자아내도록** 허용하고 있다는 것을 어느 정도 **예견한** 사람은 누구든지 에피쿠로스의 길을 따르는 편이 좋다. 정신적인 일에 종사해 온 모든 인간들이 지금까지 이 길을 걸어왔다! 그들에게 섬세한 감수성을 잃게 하고, 그 대신 고슴도치 바늘이 달린 스토아파의 단단한 피부를 입히는 것은 손실 중의 손실일 것이다.

307 비판을 위하여

그대가 과거에 진리로서 또는 개연성이 높은 것으로서 사랑했던 어떤 것이 이제와서 오류로 나타난다. 그대는 그것을 물리치고는 이성이 승리했다는 망상에 사로잡힌다. 분명 그 오류는, 그대가 아직 지금과는 다른 사람이었을 그 시절에는—그대는 항상 다른 인간인데—그대에게 필요한 것이었을 터이다. 다시 말하자면 그것은 현재의 모든 진리와 마찬가지로, 그대가 아직 보아서는 안 되는 많은 것들을 덮어 주고 가려 주는 피막이었던 것이다. 그대를 위해 그러한 견해를 죽인 것은 그대의 새로운 생활이지 이성이 아니다. **그대는 더 이상 그것을 필요로 하지 않는다.** 그래서 지금 그 견해가 무너지고, 거기서 비이성이 벌레처럼 빛 속으로 기어 나온 것이다.

우리가 어떤 것을 비판할 때 이것은 자의적이거나 비개인적인 일이 아니다. 그것은 적어도 우리 안에서 생생히 활동하며 피막을 찢는 활기찬 힘의 증거이다. 우리는 부정하고 부정해야만 한다. 우리 속에서는 무엇인가가 생동하고, 자기를 긍정**하려고 하기** 때문이다. 우리가 아마도 알지 못하고 아직까지 보지 못한 어떤 것이! —이것이 비판을 위해 내가 말하고자 하는 바이다.*26

308 매일의 역사

그대에게는 무엇이 매일의 역사인가? 그것을 이루고 있는 그대의 습관들을 돌아보라. 그대의 습관들은 수많은 사소한 비겁함과 게으름의 산물인가? 아니면 용기와 창의적인 이성의 산물인가? 이 둘은 매우 다르다. 이에 대해 사람들은 그대에게 똑같이 칭찬을 보낼 수도 있고, 사실상 그대는 그 사람들에게 어느 경우에든 똑같이 이익을 줄 수도 있다. 그러나 칭찬과 이익과 명성은 오로지 양심의 평안을 구하는 사람들에게만 충분한 것이다. 그것은 그대들 '신장을 검사하려는' 자, **양심의 사정을 훤히 아는** 자에게는 불충분할 것이다.*27

309 제7의 고독으로부터

어느 날 방랑자는 자기 등 뒤의 문을 쾅 닫고 우두커니 서서 울었다. 그는 말했다. '진실한 것, 실재하는 것, 가상이 아닌 것, 확실한 것*28을 향한 이 집착과 갈망! 이것이 얼마나 나를 괴롭히는지! 왜 이 어둡고 정열적인 선동자가 계속 **내** 뒤를 따라다니는 것인가? 나는 쉬고 싶다. 그러나 이 선동자가 나를 놓아 주지 않을 것이다. 얼마나 많은 것들이 나로 하여금 머물도록 유혹하는가! 나를 부르는 아르미다의 정원*29은 어디에나 있다! 그래서 어느 곳에서나 나의 혼은 끊임없이 새로운 결별과 새로운 고통을 겪어야만 한다! 나는 또다시 나의 발을 들어올려야 한다, 아무리 내 발이 지치고 상처 입었다 할지라도, 계속 가야만 하기 때문에. 나는 종종 나를 붙잡아 둘 수 없었던 지극히 아름다운 것들을 분노에 찬 시선으로 흘깃 뒤돌아본다. 그것들이 나를 붙잡아 둘 수 없었던 **까닭에!**'

310 의지와 파도

욕망에 타오르는 것처럼 그저 밀려오는 저 파도! 기필코 무언가에 이르려는 듯이! 저 파도는 얼마나 서두르며 절벽의 가장 깊은 틈새까지 무서운 속

도로 기어 오는지! 흡사 누군가를 앞지르기라도 하려는 듯이. 마치 가치 있
는, 가장 높은 가치가 있는 것이 거기에 숨겨져 있기나 한 듯 보인다. 그리
고 이제 파도는 다소 천천히, 그래도 아직 흥분하여 하얀 거품을 내며 되돌
아오고 있다. 실망했는가? 찾고 있던 것을 발견했는가? 실망한 척을 하고
있는가? —그러나 이미 또 다른 파도가 처음 것보다 더 탐욕스럽고 야만스
럽게 다가오고 있다. 이 파도의 영혼 역시 비밀과 보물을 찾으려는 욕망으로
가득 찬 것처럼 보인다. 이렇게 파도는 산다. 이것이 우리, 의지를 품고 갈
망하는 자들의 삶이다! 이 이상 나는 말하지 않을 것이다.

그래서? 너희는 나를 불신하는가? 너희는 나에게 화를 내는가? 너희 아
름다운 괴물들이? 내가 너희 비밀을 폭로하는 것이 두려운가? 그렇다면,
자! 내게 화를 내거라. 네가 할 수 있는 한 높이, 녹색의 위협적인 네 몸을
쭉 뻗어서 나와 태양 사이에 장벽을 세워라. 지금 눈앞에 보이는 것처럼!
참으로 녹색 여명과 녹색 번개 외에는 이 세상에 지금까지 남은 것은 아무것
도 없다. 너희 오만한 자들이여, 쾌락과 악의로 고함치면서 좋을 대로 행하
라. 그러지 않으려면 다시 물속으로 돌아가라. 너의 에메랄드를 가장 깊은
해저에 쏟아 넣고, 네 거품의 한없이 하얀 갈기를 그 위에 던져라. 모든 것
이 좋다. 왜냐하면 모든 것이 정말로 너희답기 때문이다. 또한 나는 너희의
모든 행위를 좋아한다. 어떻게 내가 **너희를** 배반하겠는가? 왜냐하면—잘
들어라! 나는 너와 너의 비밀을 알고 있다. 나는 네 본성을 알고 있다! 너
와 나, 우리는 한 종족이 아니냐? 너와 나, 우리는 같은 비밀을 공유했다!

311 굴절된 빛
인간이 늘 용감한 것은 아니다. 피곤해지면 우리는 이런 식으로 탄식하기
쉽다. '인간에게 상처를 입히는 것은 가혹하다—오, 왜 그것이 필요한가!
울화가 치미는 것을 자기 가슴속에만 묻어 둘 생각이 아니라면, 인간을 피해
은둔생활을 하는 것이 무슨 의미가 있는가? 차라리 혼탁한 속세에 살면서,
나 자신이 모든 사람들에게 저지를 수밖에 없는 과오를 개인들에게 보상하
는 것이 낫지 않겠는가? 우둔한 자와 함께 우둔하게 살고, 허영심 가득한
자와 함께 허영을 부리고, 광신자와 함께 열광하는 편이 낫지 않겠는가? 세
상이 이처럼 바른 길에서 벗어나 있을 때에는 그렇게 하는 것이 더 낫지 않

은가? 나에 대한 남들의 악의를 들을 때—내 첫 번째 반응은 하나의 만족이 아니었던가? 옳다! 나는 그들에게 말할 것이다—나와 너희는 생각이 전혀 다르며, 많은 진리는 나의 편에 있다. 그렇지만 나의 희생을 통해 너희가 완성된 만큼 되도록 마음껏 즐겁게 지내라! 여기에 나의 잘못들, 큰 실수들, 나의 망상, 나쁜 기호, 나의 혼란, 눈물, 허영심, 나의 올빼미와 같은 은둔주의, 나의 모순이 있다! 여기서 너희는 웃을 수 있다. 웃어라! 즐거워하라! 나는 결함이나 실수가 인간을 즐겁게 해 준다는 그런 식의 사물 법칙과 본성에 화를 내지 않는다! 물론 옛날에는 '보다 좋은' 시대가 있었다. 그 시대에는 어느 정도 새로운 사상을 펼치면 자기를 **꼭 필요한 존재라고** 느낄 수 있었다. 그래서 거리로 나아가 모든 사람들에게 '보라! 하늘나라가 가까웠느니라!'라고 외치는 것이 가능했다. 나는 나 자신이 존재하지 않는다 해도 유감스러워 하지는 않을 것이다. 우리는 모두 없어도 될 존재들이다!'

그렇지만 전에 말했던 대로 우리는 용기로 충만할 때엔 그렇게 생각하지 않는다. **그것에 관해** 생각조차 하지 않는다.*30

312 나의 개

나는 내 고통에 '개'라는 이름을 붙였다. 그것은 다른 모든 개처럼 똑같이 영리하고 위안이 되고, 부끄럼을 모르며 주제넘게 나서 대지만 충직하다. 나는 그 개를 꾸짖을 수 있고, 기분이 나쁠 때면 그 개에게 풀 수도 있다. 다른 사람들이 자기 개와 하인 그리고 부인에게 그러듯이.

313 수난 그림을 거부함

나는 라파엘로가 했던 것처럼 하려고 한다. 곧 수난 그림은 그리지 않을 것이다. 숭고함은 그것이 잔인함과 결합해 있는 곳에서 찾아서는 안 된다. 거기가 아니더라도 숭고함은 곳곳에 많으니까. 그리고 내 야망 역시, 자기 자신을 숭고한 수난자로 기른들 결코 만족을 얻지 못할 것이다.

314 새로운 가축

나는 곁에 사자와 독수리를 거느리기를 원한다. 그래서 항상 내 힘이 얼마나 작은지 또는 큰지를 깨닫도록 도와주는 암시와 징조를 갖고자 한다. 현재

나는 그들을 내려다볼 때 공포를 느껴야만 하지 않는가? 그런데 그들이 공포를 느끼면서 나를 우러러보는 날이 과연 다시 올까?*31

315 최후의 시간에 대해서

폭풍은 나의 위험이다. 올리버 크롬웰(Oliver Cromwell)이 자신의 폭풍 때문에 파멸했던 것처럼, 나도 나를 몰락시킬 폭풍을 만날 수 있을 것인가? 또는 바람을 맞아 꺼지는 것이 아니라, 자기 자신에게 싫증나고 지쳐 버린 등불처럼 홀로 다 탄 등화가 되어 꺼질 것인가? 그렇지 않으면 최후의 수단으로, 어이없이 다 타 버리지 않기 위해 내 스스로 바람을 불어 꺼야만 할 것인가?*32

316 예언자적 인간

그대들은 예언자적 인간이 고뇌에 가득 찬 인간이라는 것을 전혀 알지 못한다. 다만 그들에게 아름다운 '신의 선물'이 주어졌다고 생각하고, 그것을 갖고 싶어 하기까지 한다. 그래서 나는 비유를 통해 내 생각을 표현하고자 한다. 동물은 대기와 구름 속 전기로 인해 얼마나 고통을 받겠는가! 우리는 동물 가운데 몇몇 종들이 날씨를 예견할 수 있다는 것을 알고 있다. 예를 들면 원숭이에게 그런 능력이 있다(유럽에서도 이를 직접 관찰할 수 있다. 동물원에서만이 아니라, 예컨대 지브롤터로 여행하면 볼 수 있을 것이다). 그러나 우리는 그들의 고통이 그들을 예언자로 만든다는 점을 미처 눈치채지 못한다! 눈에 보이지는 않으나 접근 중인 구름의 영향 아래서는 강한 양전기가 갑자기 음전기로 변한다. 이렇게 날씨 변화가 일어날 때, 이러한 동물들은 마치 적이 가까이 다가온 것처럼 행동하며 방어나 도망칠 준비를 한다. 대개는 어딘가에 숨으려고 노력한다. 그들은 나쁜 날씨를 날씨가 아니라, 그들이 한발 앞서 느끼고 있는 적의 손으로 이해하는 것이다.*33

317 회고

우리가 생애의 각 시기에 안고 있는 고유한 파토스(*pathos*)를 의식하는 일은, 우리가 그 같은 시기에 머물러 있는 한 거의 없다. 우리는 오히려 그것이 우리에게 있어 언제나 가능한 단 하나의 이성적 상태라고 생각한다. 즉 그리스인의 말을 빌려 분류한다면, 그것은 어디까지나 에토스(*ethos*)이지 파토스는 아니라는 식으로.*34 나는 음악의 몇 가락을 들으며 공교롭게도 어떤 해 겨울과 집, 내가 그 시기에 맛봤던 느낌뿐만 아니라 극히 고독한 은자로서의 내 생활을 연상하였다. 그때 나는 영원히 그런 방식으로 살아가리라고 생각했다. 그러나 지금은 그것이 참으로 파토스이며 정열이었음을 이해한다. 곧 그것이 내게 안락을 주는 이 비장한 음악과 같다는 것을. 이러한 것이 몇 년 동안 계속될 수는 없으며, 더구나 영원히 그렇게 산다는 것은 아예 불가능한 일이다. 그렇게 하는 것은 이 지구에선 너무 '초현세적(超現世的)'인 일이 될 것이다.

318 고통 속의 지혜

쾌락과 마찬가지로 고통도 그 안에 많은 지혜를 지니고 있다. 고통도 쾌락처럼 종족 보존에 기여하는 커다란 요건들 중 하나이다. 만약 그렇지 않다면 고통은 오래전에 자취를 감추었을 것이다. 고통이 사람을 괴롭힌다는 것은, 고통을 부정할 근거가 되지 못한다. 그것은 고통의 본질이다. 고통 속에서 나는 '돛을 내려라!' 하는 선장의 명령을 듣는다. 대담한 뱃사람인 '인간'은 온갖 종류의 돛을 조정하는 기술을 배워 둬야 한다. 그렇지 않으면 그는 즉시 궁지에 몰릴 것이며, 바다는 그를 삼킬 것이다. 우리는 감소된 에너지로 사는 법 역시 배워야만 한다. 고통이 경고신호를 울리는 바로 그 시간은 우리가 에너지를 감소시켜 버려야 할 때이다. 어떤 커다란 위험, 폭풍이 다가오고 있다는 뜻이므로 우리는 되도록 작게 몸을 움츠리는 것이 좋다.

그러나 커다란 고통이 다가오고 있는 순간에 위와 반대되는 명령을 듣는 사람들도 있다. 이러한 인간들은 태풍이 밀어닥칠 때 더욱더 긍지에 차 있고, 전투적이며 보다 행복하게 보인다. 실제로 고통이야말로 그들에게 가장 위대한 순간들을 가져다준다! 그들은 영웅적 인간들이며 인류의 **위대한 고통을 가져오는 자들**이다. 고통에 필요한 변명이 이 극소수의 인간들에게도 필요하다. 그리고 진실로 우리는 이 비범하고 독특한 사람들을 위해, 이 변명을 거부해서는 안 된다. 그것은 종족을 보존하고 진보시키는 최고의 힘이다. 비록 그것이 안락한 생활방식에 반항하고, 이런 종류의 행복이 얼마나 그들을 욕지기나게 하는지를 숨기지 않는 것에 불과하다 해도.*35

319 우리 경험의 해석자로서

어떤 종류의 정직은 모든 종교의 창시자들 및 그와 비슷한 사람들하고는 인연이 없었다. 그들은 결코 그들의 체험을 양심적인 인식 문제로 취급하지 않았다. '나는 실제 무엇을 체험했는가? 그즈음 내 마음속과 내 주위에 무엇이 일어났는가? 내 이성은 충분히 똑똑했는가? 내 의지는 감각의 모든 속임수에 대항하고, 환상적인 것에 저항할 때 용감하게 대처했는가?' 그들 중 어떤 자도 이런 질문들을 하지 않았으며, 우리 친애하는 종교인 중 어느 누구도 오늘날까지조차 그러한 질문을 하지 않고 있다. 오히려 그들은 **이성에 반대되는** 것들을 갈망하며, 그 갈망을 만족시키기 위해 너무 까다롭게 생각하지 않으려고 한다. 그래서 그들은 '기적'과 '부활'을 체험하고 천사들의 목소리를 듣는 것이다! 그러나 우리는, 이성을 갈망하는 다른 종류의 인간인 우리는, 자신의 체험을 과학 실험처럼 매일 매시간 엄밀히 조사하려고 한다! 우리는 스스로 실험이 되고 실험용 동물(*guinea pigs*)*36이 되고자 한다!

320 재회

A : 나는 여전히 너를 충분히 이해하고 있는 것일까? 너는 찾고 있느냐? 오늘날 이 현실 세계에 네 안식처와 이상(理想)의 별은 어디에 있는가? 어느 태양 아래 어느 곳에서 네가 몸을 눕혀야, 많은 행복이 네게도 찾아오고 네 생존 의미가 승인이 될까? '그것은 모든 사람이 스스로 풀어야 할 문제다.' 너는 그렇게 나에게 말하는 것처럼 보인다. '그리하여 공적인 참견이나 타인과 사회를 위한 배려 등은 마음속으로부터 쫓아 버려야 한다!'라고.

B : 내가 원하는 것은 그 이상이다. 나는 결코 찾는 자가 아니다. 나는 스스로 나 자신의 태양을 창조하고자 하는 것이다.

321 새로운 조심

남을 벌하고, 비난하고, 좋게 인도하는 것에 대해 더 이상 지나치게 생각하지 말자! 한 개인을 바꾸기란 거의 불가능한 일이다. 설사 성공한다 할지라도, 그때는 생각지도 않은 별개의 일이 동시에 성취되어 있을 것이다. 곧 **우리도** 그들을 통해 바뀌는 것이다. 차라리 **다가올 모든 것에 미치게 될** 우리의 영향이, 상대의 영향과 비슷하거나 그보다 뛰어날 수 있도록 노력하자! 직접적인 싸움은 하지 말자, 그것이 대체로 비난, 처벌, 개선을 위한 것이라 해도. 그보다도 더 높은 우리 자신들을 일으키자. 우리 자신의 본보기를 더욱더 찬란하게 색칠하자! 우리의 빛으로 그들을 더욱 어둡게 보이도록 하자! 결코 모든 처벌하는 자, 불만으로 가득한 자들처럼 상대를 위해 자신이 **더 어둡게** 되어 버리지는 말자! 차라리 우리가 길을 비키자. 눈을 돌리자! *37

322 비유

모든 별이 순환궤도 위에서 움직인다고 보는 사상가들은 가장 심오한 사상가가 아니다. 자기 내면을 마치 끝없는 우주 공간을 보듯이 들여다보며 그 내면에 은하수를 간직한 자는, 누구든지 또한 모든 은하수가 얼마나 불규칙한지를 알고 있다. 이들은 현존재의 혼돈과 미궁 속 깊숙한 곳으로 인간을 안내한다. *38

323 운명이 주는 행복

운명이 우리에게 가장 큰 경의를 표하는 경우는, 우리를 잠시 적의 편에 들어가서 싸우게 만들 때이다. 그로써 우리는 위대한 승리에 이르도록 이미 **예정된** 것이다. *39

324 인생의 한가운데에서

아니다! 삶은 나를 실망시키지 않았다! 도리어 해마다 나는 삶이 더욱 진실되고, 바람직하며 신비스럽다는 것을 발견하고 있다. 인생은 인식하는 자의 하나의 실험이 될 수 있다—의무도 아닌, 숙명도 아닌, 기만도 아닌 실험일 수 있다—는 이 위대한 사상, 이 위대한 '해방자'가 나를 갑자기 찾아온 그날 이후로! 그리고 인식 그 자체, 그것이 남들과는 다른 그 밖의 어떤 것이 되게 하라. 예컨대 안락의자 또는 그러한 의자에 다다르는 길, 위안, 태만 등과는 다른 어떤 것. 나에게 인식 그 자체는 영웅적 감정이 춤추고 뛰어노는 위험과 승리의 세계다. '**삶은 인식의 수단이다**'—이러한 원칙을 가슴 속에 품고 있으면, 인간은 용감해질 뿐만 아니라 **즐겁게 살고 즐겁게 웃기까**

지 할 수 있다! 무릇 전쟁과 승리에 대해 충분히 알지 못하는 자가 어찌 잘 웃고 잘 사는 방법을 알겠는가? *40

325 위대함에 속하는 것

인간에게 커다란 고통을 가하는 힘과 의지를 자기 내면에서 발견하지 않는다면, 누가 위대한 것을 달성할 수 있겠는가? 고통을 견디는 것은 사소한 일이다. 연약한 아녀자와 노예들까지도 고통을 느끼는 것에 대해서는 흔히 익숙하다. 하지만 우리가 큰 고통을 인간에게 가하고, 그의 고통스런 비명을 들으면서도 내심의 곤혹이나 불안에 마음을 뺏기지 않는다는 것, 이것이 바로 위대함이요 위대함에 속하는 것이다.

326 영혼의 의사와 고통 *41

신학자들뿐만 아니라 도덕의 모든 설교자들은 공통된 악습을 지니고 있다. 그들은 입 모아 인류를 이렇게 설득해 왔다. 인류는 큰 병에 걸려 있으며, 따라서 최후의 근본적이고 과감한 어떤 치료가 필요하다고. 인류는 몇 세기 동안 매우 열정적으로 이러한 선생들의 말에 귀를 기울여 왔기 때문에 실제로 이러한 미신, 즉 인류가 중태에 빠져 있다는 미신에 많이 빠져 들어 버렸다. 지금 그들은 언제나 한숨 쉴 준비만 되어 있고, 생활이 매우 **견디기** 어려운 것처럼 우울한 얼굴을 하고 있으며, 생활 속에서 선한 것은 아무것도 발견하지 못하고 있다. 그러나 실제로 그들은 자기 인생을 확신하고 거기에 열중해 있다. 또한 불쾌한 것을 타파하고 고통이나 불행을 털어 버리기 위해 이루 말할 수 없는 권모술수를 쓰고 있다. 내가 보기엔 고통이나 불행에 대해서 인간들은 언제나 **과장해서** 말하는 듯하다. 마치 이러한 과장이 중요한 처세술이나 되는 것처럼. 반면에 인간들은 고통을 줄여 주는 한없이 많은 방법―예컨대 마취, 사상적 열광, 평온한 상황, 좋고 나쁜 추억들, 온갖 의도와 희망, 거의 마취제 같은 효과를 발휘하는 많은 종류의 자존심과 동감 등―이 있다는 것에 관해서는 고의로 침묵한다. 한편, 극도의 고통에 이르면 사람들은 꼭 의식을 잃는다. 우리는 우리의 고통, 특히 영혼의 고통에 단맛을 가미하는 방법을 잘 알고 있다. 우리는 우리의 용기와 숭고함에서, 또한 굴복과 체념이라는 고상한 착란 상태에서 도움을 얻는다. 피해가 지속되는 것은 고작 한 시간 정도에 지나지 않는다. 한 시간 뒤면 그것은 더 이상 피해가 아니다. 다소의 피해는 또한 우리에게 하늘로부터의 선물을 가져다주기 때문이다. 예컨대 새로운 힘, 아니면 적어도 힘에 대한 새로운 기회를!

도덕 설교자들은 악한 사람의 내적 '고통'에 대해 얼마나 많은 환상을 품어 왔던가! 정열적 인간들의 불행에 대해 그들이 우리에게 말해 온 것은 얼마나 **거짓이었던가!** 그렇다! 거짓이 틀림없다. 그들은 이런 종류의 인간들이 지닌 풍부한 행복을 너무나 잘 알고 있으면서도 이에 대해 철저하게 함구했다.*42 왜냐하면 이러한 행복은, 모든 행복이 정열의 부정 및 의지의 침묵에서 비로소 성립한다는 자신들의 이론을 부인하는 것이기 때문이다! 마침내 이들 영혼의 의사들이 내리는 처방이나 단호한 근본적 치료에 관한 그들의 주장에 대해, 우리는 다음과 같은 질문을 던질 수 있다. 우리 삶이, 스토아파의 화석화된 생활방식과 바꾸는 것이 더 나을 만큼 실제 그렇게 고통스럽고 짐스러운가? 우리는 스토아적 방법으로 열악하게 살아야 할 만큼 **그렇게 중태에 빠지진 않았다!**

327 진지하게 생각하는 것

대다수 사람들에게 지성은 움직이기 어렵고, 둔중하고 우울하고 삐걱거리는 기계이다. 그들은 이 기계를 움직여 잘 생각하려고 할 때 '문제를 진지하게 생각한다'고 말한다. 아! 그들에게 잘 생각하는 것이란 얼마나 부담스러운 일인가! 이 사랑스러운 동물인 인간은, 잘 생각할 때 기분이 언짢아지는 것처럼 보인다. 그들은 '진지하게' 되는 것이다! 그래서 '웃음과 즐거움이 있는 곳에서 생각은 아무 쓸모가 없다'고 한다. 이것이 이 진지한 동물들의 '즐거운 지식'에 대한 편견이다. —자! 이제 우리는 이것이 편견임을 입증해 보자!

328 어리석음을 공격하다

'이기주의는 비난할 만한 것이다'라는 끈질기게 주장된 믿음이 크게 보아 이기주의를 공격해 온 것은 사실이다(내가 몇 백 번 되풀이해 말했듯이 **군집본능을 위해!**). 특히 그것은 무엇보다도 먼저 이기주의로부터 선한 양심을 없애고, 이기주의 속에서 모든 불행의 진실한 근원을 발견할 것을 우리에게 명령함으로써 이루어졌다.

'네 이기심은 네 삶의 재난이다'—이것이 몇 천 년 동안 설파돼 온 것이다. 이미 말했듯이 이 설교는 이기심을 공격하고 그것으로부터 많은 재능, 많은 명랑, 많은 독창력, 그리고 많은 아름다움을 빼앗아 갔다. 그것은 이기심을 어리석은 것, 추한 것, 해로운 것으로 만들었다!

반면에 고대 철학자들은 재난의 근본적인 원인을 매우 다르게 가르쳤다. 소크라테스로 시작되는 이러한 사상가들은 지치지 않고 이렇게 설교해 왔다. '네 지각 없음과 어리석음, 네 규범적이고 무위한 생활방식, 이웃의 견해에 대한 복종, 바로 이런 것들이 네가 그렇게 행복을 얻지 못하는 이유들이다. 우리 사상가들은 사상가인 그 까닭으로 가장 행복한 인간이다.' 지금은 어리석음에 대한 이러한 설교가 이기심에 대한 앞의 설교보다 나은 논거인지 아닌지에 관해서는 결정하지 말자. 다만 분명한 것은, 이러한 설교가 어리석음으로부터 양심의 평화를 빼앗았다는 사실이다. 이 철학자들은 어리석음을 **공격했던 것이다**!

329 한가함과 여가

미국인들이 금을 탐하는 태도에서는 인디언 같은, 인디언 혈통 특유의 야성이 느껴진다. 노동에서 그들의 숨 가쁘게 서두르는 태도—신세계의 고유한 악덕—는 벌써 전염되어 오랜 역사를 지닌 유럽을 야만적으로 만들었고, 그 위에다 매우 기괴한 정신결여증*[43]을 전파하기 시작했다. 이제 우리는 휴식을 부끄럽게 생각하게 되었다. 오랜 명상은 양심의 가책을 느끼게까지 한다. 사람들은 시계를 손에 들고 생각을 한다. 마치 정오에 주식 신문을 읽으면서 점심을 먹듯이. 사람들은 마치 언제나 무엇을 '놓치지는 않을까' 하고 불안해하는 듯하다. '아무것도 하지 않기보다는 무엇인가를 하라.' 이 원칙이 모든 문화와 고상한 취미의 맨 마지막 숨을 끊어 버렸다. 그리고 인간의 조급성 때문에 이런 식으로 모든 형식이 무너진 것과 같이 형식에 대한 감각 자체도, 온갖 움직임의 선율에 대한 이목 역시도 무너졌다. 그 분명한 증거는 진실하고자 하는 모든 관계들, 곧 친구, 여성, 친척, 어린이, 교사, 학생, 지도자, 영주들과의 교류에서 오늘날 요구되는 저 **무례할 정도의 명료함**에서 찾아볼 수 있다. 우리는 이미 의식(儀式)에 대한, 완곡한 친절에 대한,

즐거운 담화에 필요한 모든 에스프리를 위한, 무엇보다도 먼저 모든 **여유**(otium)를 위한 시간과 능력이 더는 없다. 왜냐하면 이익을 좇는 삶이란 사람들에게, 끊임없이 자신을 기만하고 계략을 짜내고 남을 앞지르는 일에 언제나 정신을 기진맥진하도록 소모해 버릴 것을 강요하기 때문이다. 오늘날 진정한 미덕은 어떤 일을 다른 사람보다 더 짧은 시간 내에 해치워 버리는 것, 그것이다.

그리하여 하려면 **할 수 있는** 어떤 성실을 위하여 우리에게 남겨지는 시간은 거의 없다. 이러한 시간에 우리는 피로하여 쉬고 싶어진다. 그리고 '멋대로 쉬고' 싶을 뿐만 아니라, 길고 넓게 몸을 뻗쳐 **벌러덩** 드러눕고자 한다. 사람들은 이제 **편지도** 이러한 성향에 맞게 쓴다. 편지 문체나 정신은 언제나 '그 시대의 진정한 징표'이다. 오늘날 여전히 사교나 예술의 향락이 남아 있다면, 그것은 노동으로 피로해진 노예들이 스스로 고안해 낸 향락이다. 오! 우리 교양인들과 교양 없는 자들이 보여 주는 이 '기쁨의 절제'라니! 오! 모든 '기쁨'에 대한 이 점증하는 '의심'이라니! **노동**은 더욱더 모든 오점 없는 양심을 자기편으로 만든다. 희열을 추구하는 경향은 이제 '휴양의 필요'인 양 자칭하면서 자신 스스로를 부끄러워하게끔 되었다. 어쩌다 야외로 소풍간 현장에서 누군가를 만났을 때 '이것은 내 건강 때문이야' 하고 변명 삼아 그들은 말한다. 이대로 간다면 사람들은 곧 자기경멸과 양심의 가책 없이는 명상생활(즉 사상과 친구를 동반하는 산책)에 대한 애착을 느끼지 못할 것이다.

그런데! 과거에는 사정이 정반대였다. 그때는 노동이 양심의 가책을 수반했던 것이다. 혈통이 좋은 사람은 노동을 할 수밖에 없는 상황으로 내몰렸을 때 자기 노동을 **숨겼다.** 노예조차 자기가 어떤 천한 일을 하고 있다는 느낌에 짓눌리며 일했다. '노동' 자체가 경멸할 만한 그 무엇이었다. '고귀함과 명예는 오직 여가와 전투(bellum)에만 있다'—그렇게 고대의 편견은 말하였던 것이다!

330 박수갈채

사상가는 자신이 스스로에게 보내는 박수갈채만 확신한다면, 갈채도 박수도 필요로 하지 않는다. 이 자기 자신의 박수갈채만은 반드시 있어야 한다.

이러한 자기 찬성이나 온갖 종류의 칭찬 없이 견딜 수 있는 자가 과연 있겠는가? 나는 이에 대해 회의적이다. 결코 현자의 비방자는 아니었던 타키투스(Tacitus)도 최고의 현자들에 대해 이렇게 말했다. '현자들이라 할지라도 영광을 구하는 마음은 마지막에 가서야 버릴 것이다(*quando etiam sapientibus gloriae cupido movissima exuitur.*)'*44 타키투스의 이 말은, 이런 일은 '결코 일어나지 않는다'는 뜻이다.

331 귀머거리가 되느니 귀를 막아라
옛날 사람들은 명성을 얻고 좋은 **평판**을 듣고자 바랐다. 그러나 지금은 그것만으로는 부족하다. 시장이 너무 커져 버렸기 때문이다. 이제는 **소리를 지를 수밖에** 없다. 그 결과 좋은 목소리조차 목이 쉬도록 소리를 지르며, 가장 좋은 상품도 쉰 목소리를 통해 팔려 나간다. 팔고자 하는 사람들이 소리질러 선전하지 않고는, 그리고 목이 쉬지 않고는 더 이상 어떤 천재적 재능도 소용이 없다.

이런 현대는 확실히 사상가에게는 열악한 시대이다. 그는 소란과 소란 사이에서 자기의 고요함을 찾아내는 법을 배워야만 한다. 그는 귀머거리가 실제로 되기까지 귀머거리 행세를 해야만 한다. 이것을 배우지 못하는 한, 그는 물론 조바심과 두통 때문에 파멸해 버릴 위험을 겪게 될 것이다.*45

332 고약한 시간
어떤 철학자에게도 이런 식으로 생각하는 고약한 시간이 있을 것이다. '사람들이 나의 보잘것없는 주장을 믿지 않는다 해도 내 탓은 아니다!' 이때 심술궂은*46 작은 새가 그의 곁을 날아가며 지저귀었다. '네 탓은 아니다! 네 탓은 아니야!'

333 인식의 의미
인식한다는 것은 '비웃지 말고, 탄식하지 말고, 욕하지 말고 이해하는 것이다! (*Non ridere, non lugere, neque detestari, sed intelligere!*)'라고 스피노자는*47 그답게 단순하고 숭고하게 말했다. 그러나 이 '이해한다'는 것은 궁극적으로, 앞의 세 가지가 한꺼번에 우리에게 느껴지게 되는 형식과 무엇이 다르겠는가? 인식은 비웃고, 한탄하고, 욕하고자 하는, 서로 모순관계에 있는 여러 충동으로부터 생겨나는 결과가 아닐까? 인식이 가능하기 전에 이들 각각의 충동은 우선 그 사물 또는 사건에 대한 일면적 견해를 제출할 필요가 있다. 그 다음에 이들 일면적인 것 사이에 투쟁이 생기고, 그로부터 중용, 안정, 세 측면 모두에 대한 용인이 발견되어 하나의 정의(正義)와 계약이 생긴다. 왜냐하면 정의와 계약을 통해 이러한 모든 충동들은 존재를 유지할 수 있고 서로에 대해 권리를 내세울 수 있기 때문이다. 우리의 의식에는 이 긴 과정의 마지막 화해 장면과 총결산만이 오르기 때문에, '이해한다'는 것은 무언가 유화적이고 정의롭고 선한 것이며 충동과는 본질적으로 대립하는 것이라고 생각돼 버린다. 그런데 그것은 **여러 충동들이 서로 억제하는 관계**에 놓여 있는 것일 뿐이다.

매우 오랜 시대에 걸쳐 의식적 사고만이 사고 자체인 것으로 여겨져 왔다. 이제 가까스로 정신적 행위의 대부분은 무의식적이며 우리가 못 느끼는 상태에서 진행된다는 진실이 보이기 시작했다. 그러나 여기서 **상호** 주장하고 있는 이들 충동 자체는, 서로를 느끼고 서로에게 고통을 가하는 방법을 매우 잘 안다고 나는 생각한다. 이것이 모든 사색가들을 괴롭히는 갑작스러우며 격렬한 소모(그것은 전쟁터에서 겪는 소모이다)의 근원일지도 모른다. 어쩌면 우리 내부의 투쟁에는 숨겨진 **영웅주의**(*heroism*)가 있을지도 모르지만, 스피노자가 말한 바와 같이 신적(神的)이고 영원한 휴식으로 다스려지는 것은 그 속에 전혀 존재하지 않는다. **의식적인 사고**, 특히 철학자의 사고는 가장 힘이 미약하며 따라서 상대적으로 사고의 가장 부드럽고 고요한 형태이다. 그러므로 철학자야말로 인식의 본질에 관해 잘못된 생각을 하기 쉽다.

334 사랑하는 것을 배워야만 한다

다음은 음악을 들을 때 우리 내부에서 일어나는 것이다. 첫째, 우리는 전체적으로 주제와 선율을 **듣는 법을 배워야 한다.** 곧 소리를 골라내서 듣고, 구분하고, 독립된 생명으로 분리하고, 경계를 정해 주는 법을 배워야만 한다. 다음으로 이러한 음악이 낯설어도 그것에 **견뎌 내려는** 노력과 의지가 있어야만 한다. 즉, 그 음악의 눈길이나 표정을 견디며 잘 응대해 주어야 하고, 그 기이한 점도 관대히 받아들여야 한다. 그리하여 마지막에는 우리가 음악에 길들여진 순간, 다시 말해 그것을 기대하고, 그것이 없으면 적막하다고 생각되는 순간이 온다. 그러면 이제 우리가 그보다 더 나은 것을 세상으로부터 원하지 않으며 오로지 그것만을 원하는, 겸손하고 진심으로 감동한 연인들이 될 때까지, 그 음악은 우리를 강제하며 박력있게 매료하기를 계속한다.

이러한 일이 음악에서만 일어나는 것은 아니다. 우리가 지금 사랑하고 있는 모든 것에 대한 **사랑도 그런 방법을 통해 배웠다**. 우리는 결국 생소한 것에 대해서 우리의 선의와 인내, 공정함, 부드러움을 베푼 보상을 받는다. 점차 그것은 베일을 벗고 그려낼 수 없는 새로운 아름다움으로 드러난다. 그것이 우리의 환대에 대한 **보답**이다. 자기 자신을 사랑하는 사람들도 이러한 방식으로 사랑을 배울 것이다. 왜냐하면 다른 방법이 없기 때문이다. 우리는 사랑도 배워야만 한다.

335 물리학이여 영원하라!

얼마나 많은 사람들이 관찰하는 법을 알고 있는가? 그것을 아는 소수의 사람들 가운데 몇 사람이나 자기 자신을 관찰할 수 있는가? '각자는 자기 자신으로부터 가장 멀리 있는 존재이다.'[48] 그러므로 '너 자신을 알라'는 격언은, 신의 입으로부터 나와 인간에게 이야기된 것으로서는 거의 악의에 가까운 요구이다. 그런데 자기관찰이 그만큼 절망적이란 **사실**을 무엇보다도 뛰어나게 증명하는 것은, **대부분의 인간이** 도덕적 행위의 본질에 대해 말하는 저 태도이다. 곧, 저 눈빛, 저 미소, 들뜬 열정을 지닌 성급하고 의욕적이고 확신에 찬 수다스러운 태도! 그들은 네게 이렇게 말하려는 듯이 보인다. '그래, 친애하는 친구여, 이것이야말로 바로 **나의** 일이다. 너는 그것에 대답할 **자격이 있는** 사람에게 질문을 던진 것이다. 나는 무엇보다도 이 문제를 잘 알고 있으니! 만일 누군가가 '이런 까닭에 **이것이 옳다**'고 판단하고 그로부터 '**따라서 이것은 이루어져야만 한다**'고 결론 내려, 마침내 그가 이런 식으로 필요하다고 생각하고 옳다고 인정한 일을 **실행한다면**, 그의 행위 본질은 **도덕적인 것이다**!'

그러나 나의 친구여! 네가 나에게 말한 것은 하나가 아닌 세 가지 행동들이다. 네가 '이런 까닭에 이것이 옳다'고 판단할 때, 그것은 이미 하나의 행동이다. 그것은 이미 도덕적 또는 비도덕적으로 판단되어 있지 않을까? 너는 왜 바로 이것을 옳다고 하였는가? —'왜냐하면 나의 양심이 내게 그와 같이 말하고 있기 때문이다. 그리고 양심의 소리는 결코 부도덕하지 않다. 양심이야말로 무엇이 도덕적인가를 결정한다!'

그러나 왜 너는 네 양심의 소리를 **듣는가**? 무엇이 네 판단이 진실되고 오류가 없다고 여길 권리를 너에게 주었는가? 이 **신념**에 대해서는 아무런 양심도 존재하지 않는가? 너는 지적 양심에 관해서는 아무것도 모르는가? *⁴⁹ 네가 말하는 '양심'의 배후에 있는 양심에 관해서는? '이런 까닭에 이것이 옳다'는 네 판단은 네 충동, 호감, 반감, 경험, 무경험 안에 그 과거의 경력을 담고 있다. 그러므로 '**어떻게** 그것이 생겨났는가?' 하고 너는 질문해야만 한다. 또 더 나아가 '나로 하여금 양심의 소리를 듣도록 강제하는 것은 **무엇인가**?'라고 물어야 한다. 너는 장교의 명령을 듣는 충직한 사병처럼 양심의 명령을 들을 수도 있다. 또는 명령하는 남자를 사랑하는 여인처럼, 명령하는 자를 두려워하는 아첨꾼이나 겁쟁이처럼, 또는 반대하는 말을 모르기 때문에 무조건 복종하는 멍청이처럼. 한마디로 네가 네 양심의 소리를 들을 수 있는 방법은 수백 가지이다. 그러나 네가 이런저런 판단을 양심의 소리로 듣는 **것**—다시 말하면 네가 어떤 것을 올바르다고 느끼는 **것**—은, 네가 일찍이 자기 자신에 관해 깊이 성찰하지 않았다는 사실과, 네가 어린 시절부터 **옳다고** 들어 왔던 것을 맹목적으로 받아들였다는 사실에 그 원인이 있을 것이다. 또는 네가 네 의무라고 부르는 것이 이제까지 네게 재산과 명예를 가져왔다는 사실에 근거할 것이다—그리고 너는 그것이 '옳다'고 생각하고 있다. 왜냐하면 그것은 네게 너 자신의 '존재조건'으로서 나타나기 때문이다. (아울러 네가 존재할 권리가 있다는 것이 너에게는 반박의 여지가 없는 사실처럼 보일 것이다!)

너의 도덕적 판단의 **확고함**은 인격적 부족함에 대한, 아니 비인격성에 대한 증거가 될 수 있다. 또 너의 '도덕적 힘'은 너 자신의 아집 속에 그 근원을 가지고 있는지도 모른다—또는 새로운 이상(理想)을 마음속에 그려 볼 수 없는 너의 무능력 속일지도. 요컨대 만약 네가 더 면밀하게 생각하고 더 잘 관찰하고 더 많이 학습했다면, 너는 분명히 너의 이러한 '의무'와 '양심'을 두 번 다시 의무라든가 양심으로 부르지 않았을 것이다. **애초에 어떻게**

도덕적 판단들이 생겨났는가에 대한 통찰은, 너에게 이들 장중한 언어를 역겹게 느껴지도록 할 것이다. 마치 '죄', '영혼 구제', '구원' 등 그 밖의 장중한 말들이 이미 네게 미움을 받게 되었듯이. 친애하는 나의 친구여! 이제는 내게 정언적(定言的) 명령 같은 이야기는 꺼내지 말게! 그런 말은 내 귀를 간지럽혀서, 심각한 네 모습을 보면서도 웃지 않을 수 없게 되니까. 여기서 난 늙은 칸트를 염두에 두고 있다. 칸트는 '물자체(物自體)'—이 또한 아주 우스꽝스러운 대물(代物)인데—를 사기쳤던 까닭에 그 벌로 '정언적 명령'으로 살며시 다가가, 그것을 가슴에 숨기고 다시 '신' '영혼' '자유' 그리고 '불멸' 등으로 **되돌아왔다**, 마치 길을 잃고 우리로 되돌아가는 여우처럼. 이전에 이 우리를 **부수었던 것**이야말로 **그의** 힘이요 지혜였음에도 불구하고!*[50] 무엇이라고? 너는 네 마음속의 정언적 명령에 경탄한다고? 이른바 너의 도덕적 판단의 확고함을? 모든 사람들이 너와 똑같이 판단해야 한다는 느낌의 '절대성'을? 그보다는 차라리 그 점에서 너의 **아집**을 경탄하는 편이 낫다! 아울러 너의 아집의 맹목성과 너그럽지 못한 도량과 과욕(寡欲)을. 결국 아집이 **자기** 판단을 보편적 법칙인 듯 느끼게 하는 것이다. 게다가 이러한 아집은 맹목적이며 너그럽지 못하며 간소하다. 왜냐하면 그것은 네가 너 자신을 발견하지 못했다는 사실을, 또 너 자신을 위한 진실로 고유한 이상(理想)을 아직 만들어 내지 못했다는 사실을 드러내기 때문이다. 즉 그러한 것이 있다면 그것은 결코 타인의 것이 될 수 없다. 더구나 만인의 것은 더더욱 될 수 없다!

'이 경우에는 누구나 이렇게 행동해야 한다'라고 판단하는 사람은 아직 자기인식에서는 신출내기이다. 그렇지 않다면 그는, 세상에 동일한 행위란 없으며 또 있을 수도 없음을 알 터이다. 지난날 행해져 왔던 모든 행동은 유일하며 돌이킬 수 없는 방법으로 행해져 왔다는 것, 미래의 모든 행위 역시 그러리란 것, 행위의 모든 규정은 대략적인 외적 측면에만 관계했다(지금까지의 모든 도덕 가운데 가장 내면적이고 섬세한 규정들조차)는 것, 이들 규정에 의해 행위들의 겉모습은 비슷해졌어도 **결국 겉모습만** 그럴 뿐이라는 것, 모든 행위는 그 행위의 미래를 내다보거나 지난날을 회고할 때 좀처럼 짐작하기 어려운 불가해한 행위라는 것, 그리고 '선함' '고귀함' '위대함'에 대한 우리의 견해는, 모든 행위가 인식될 수 없는 것인 이상 우리 행위를 통해서는 결코 진실임이 **판명될** 수 없다는 것, 또한 분명히 우리의 견해나 평가나 가치 목록은 우리 행위의 메커니즘에서 가장 강력한 지렛대이지만, 그러나 모든 개별 경우에는 그 행위 메커니즘의 법칙이 증명될 수 없다는 것, 이런 것들도 그는 알 터이다.

그러므로 우리의 견해나 가치평가를 정화하는 일이라든가, **새롭고 고유한 가치의 목록을 만드는 일만 바라도록 하자.** 그러나 '우리 행위의 도덕적 가치'에 대해 머리를 썩히는 짓은 그만두자! 그렇다! 내 친구여. 서로 간에 늘어놓는 온갖 도덕적 수다에는 이제 구역질이 날 뿐이다! 도덕적으로 남을 판단하는 일은 우리 취미에 맞지 않는다! 지난 시대의 한순간을 질질 끌어갈 수밖에 달리 아무것도 할 수 없는 사람들, 자기 자신은 결코 현재에 산 적이 없는 사람들—그것도 많은, 아주 많은 수의 사람들—에게 그러한 수다와 고약한 취미일랑 다 맡겨 버리자! 그러나 **우리는 현재의 우리 자신이 되고자 한다.**[*51] 새로운 인간, 다시는 없을 인간, 비교할 수 없는 인간, 자율적인 인간, 자기창조적인 인간이 되고자 한다! 이를 위해 우리는 이 세상의 모든 법칙과 필연성을 배우고 발견하는 일에 최고의 역량을 쏟아야 한다. 바로 이런 의미에서 **창조자**가 되려면, 우리는 **물리학자**가 되어야 한다. 그런데 지금까지의 모든 가치평가나 이상은 물리학의 **무지** 위에, 또는 물리학과의 **모순** 위에서 구축되어 있었다. 그러므로 물리학이여 영원하라! 또한 우리를 물리학으로 향하게끔 **강요하는 것**—우리의 성실성이여, 더욱더 영원하라!

336 자연의 인색함
왜 자연은 인간이 각자 내면의 빛의 풍요함에 따라 빛나는 것조차 허용치 않을 정도로 인간에게 인색한가? 왜 당연히 주어야만 할 것도 주지 않는가? 어떤 자는 강하게 어떤 자는 약하게 빛난다는 식으로. 왜 그토록 위대한 인간들이 태양과 같이 뜨고 질 때 그렇게 아름다운 모습을 보이지 않는가? 만약 그렇다면 모든 인간의 일생은 훨씬 분명해질 텐데!

337 미래의 '인간성'
어떤 먼 시대를 보는 눈으로 이 시대를 바라볼 때, 나는 '역사적 감각'이라고 불리는 그들의 고유한 미덕과 질병 이상으로 눈여겨볼 만한 어떤 것도 현대인에게서 발견할 수 없다. 이것은 대체로 역사에서 새롭고 낯선 무엇인가를 꽃피워 낼 것이다. 만일 이 씨앗이 자라도록 몇 세기 또는 그 이상 세월이 주어진다면, 이로부터 경이로운 향기를 지닌 경이로운 꽃이 피어 우리의 오랜 지구는 지금보다 더 살기 좋아질지도 모른다. 현재 우리는 바로 지금, 매우 강력한 미래적 감정의 사슬을 한 고리 한 고리씩 엮어 가기 시작하고 있다. 다만 우리는 지금 우리가 하는 일이 무엇인지 거의 알지 못한다. 우리에게 그것은 새로운 감정 문제가 아니라 마치 모든 낡은 감정의 배제에 관한 문제처럼 보인다. 역사적 감각은 아직 그렇게 빈약하고 차갑다. 그리고 많은 인간들은 역사적 감각에 사로잡힐 때 오한을 느끼며, 그 때문에 더한층 가난하고 냉혹하게 돼 버린다. 또한 다른 사람들에게 이 역사적 감각은 은밀히 다가오는 노년의 징후로서 나타난다. 이들에게 우리의 지구는, 자신의 현재를 망각하기 위하여 청춘의 역사를 쓰고 있는 우울한 병자로 보일 것이다. 그러나 실제로 이러한 것은 이 새로운 감정이 띠는 하나의 색조이다. 인류의 역사 전체를 자기 **자신의 역사**로 느낄 수 있는 자는 무엇이든 다 무서우리만치 보편화해 버리는 방식으로, 저 건강할 때를 떠올리는 병약자의 슬픔을, 청춘을 꿈꾸는 노인의 비애를, 연인을 잃어버린 자의 참담함을, 이상이 파괴되어 버린 순교자의 아픔을, 아무런 결실도 보지 못한 채 다만 상처 입고 친구를 잃은 전쟁터의 저녁에 서 있는 영웅의 비통함을, 온몸으로 느낄 것이다.

하지만 이 모든 종류의 엄청난 비통함을 짊어지고 견딜 수 있다면, 또한 자기의 앞 또는 뒤로 몇 천 년을 바라보는 인간으로서, 지난날 모든 정신적으로 고귀한 유산의 계승자—그것도 책임 있는 계승자로서, 과거의 모든 숭고한 자 가운데서 가장 숭고한 자인 동시에 아직 누구도 보지 못하고 꿈꾸지도 못했던 새로운 숭고함의 첫 상속자로서, 제2의 전쟁이 시작되는 날 새벽 서광(曙光)을 맞으며 자기 행운과 악수하고 있는 영웅일 수 있다면, 이러한 모든 것을—인류의 가장 오래된 것, 가장 새로운 것, 손실, 희망, 정복, 승리 등을—그의 영혼이 받아들일 수 있다면, 그가 마침내 이 모두를 하나의 영혼에 포함시켜 그것을 유일한 감정으로 묶을 수 있다면—이는 확실히 인간이 지금까지 알지 못했던 행복을 낳을 것임에 틀림없다. 그것은 힘과 사랑이 충만하며, 눈물과 웃음이 넘치는 신의 행복이다. 그것은 노을지는 태양과 같이 계속적으로 없어지지 않는 풍부함을 부여하며 바다로 흘러 들어가는 행복, 게다가 태양처럼, 매우 가난한 어부조차 황금으로 된 노를 젓는 모습을 보며 스스로의 한없는 부유함을 깨닫는 그러한 행복이다! 이러한 신적인 감정을 그때 우린 다음과 같이 부르리라. '인간성'이라고!

338 고뇌에 대한 의지와 동정자들
어떤 경우를 막론하고 동정심 깊은 인간이 된다는 것은, 과연 너 자신에게 도움이 되는 일인가? 그리고 그것은 고뇌하는 사람에게 도움이 되는 일인가? 일단 첫 번째 질문은 대답하지 말고 남겨 두자.

우리의 가장 심각하고 가장 개인적인 고뇌는 대부분 타인으로선 이해할 수도, 접근할 수도 없다. 이 점에서 우리는 비록 한솥밥을 먹는다 해도 가장 친한 사람에게조차 숨겨진 존재이다. 그러나 우리가 고뇌하고 있다는 사실이 **발견될** 경우, 늘 우리의 고뇌는 피상적으로 해석되고 만다. 다른 사람의 고뇌로부터 개인 고유의 특징적인 요소를 **빼앗아 버리는 것**이 동정이라고 하는 감정의 본질이다. 자혜로운 '후원자'들은 다른 적들보다 더욱더 우리의 가치와 의지를 왜소하게 만드는 자들이다. 불행한 사람에게 선행을 베풀 때에 동정자들이 보여 주는, 운명을 마음대로 조작하는 그 지적인 경솔은 나를 분노케 한다. 그는 **나** 또는 **너의** 그 고통스러운 불행의 내적 경위와 착잡함의 전모를 전혀 모른다! 내 영혼 전체의 경제(*Economy*)와 '불행'으로 말미암은 그 결산, 새로운 원천과 요구의 분출, 오랜 상처의 유착, 모든 과거의 거부—이러한 불행과 연관되어 있는 전체를 동정자들은 마음에 담지 않는다. 그들은 **도우려고** 생각하지만, 불행의 개인적 필요성이란 것이 존재함을 생각지 못한다. 나에게도 너에게도 공포·결여·빈곤·어두운 밤·모험·도박·큰 실패가 그 반대의 것과 마찬가지로 필요하다는 사실, 아니, 신비적 표현을 빌리자면 자기 천국에는 늘 자기 지옥에 대한 욕정을 통해 이른다는 사실을 그들은 모른다. 요컨대 '동정의 종교(또는 심정)'가 도우라고 명령하면 그들은 누가 뭐라고 하든 재빨리 도우기만 하면 그것이 가장 잘 돕는 것이라고 생각한다!

이러한 종교에 집착하고 있는 너, 네가 네 동포들을 위해 취했던 것과 똑같은 태도를 스스로에게 취한다면, 마침내 네 고뇌를 단 한 시간 동안조차 자기 내부에 놔두길 거절하며 온갖 고뇌를 앞질러 예방한다면, 또한 네가 고뇌와 불쾌 자체를 악하고 미워할 만하며 근절해야 할 것으로, 다시 말해 존재의 오점으로 느낀다면, 너는 네 동정의 종교 외에 별개의 종교를 마음속에 품고 있음이 분명하다. 그것은 필시 동정의 종교의 어머니일 터이다. 바로 안락의 종교이다. 아, 안락하고 선량한 무리여! 너는 인간의 행복에 대해 몰라도 너무 모르는구나! 행복과 불행은 오누이요 쌍둥이이다. 그것들은 함께 성장해 가거나, 너의 경우처럼 함께 **성장을 멈춰 버리기** 때문이다! 그러나 여기서 첫 번째 문제로 돌아가자.

애초에 **자신의** 길을 지킨다는 것이 과연 가능한가? 끊임없는 어떤 외침이 우리를 부르고 있다. 우리 눈에 비치는 것은 거의 전부가, 우리 자신의 문제는 제쳐 두고 도우러 달려갈 필요가 있는 것들뿐이다. 나는 알고 있다. 내가 **나의 길에서** 벗어날 수 있는 버젓하고 칭찬할 만한 많은 방식, 그것도 진실하고 지극히 '도덕적'인 많은 방식이 있다는 것을! 실제로 오늘날 동정의 도덕 설교자들은 정확히 이것, 오직 이것만이 도덕적이라고 한다—곧, 이웃을 구원하러 뛰쳐나가기 위해 그 **자신의** 길에서 벗어나는 것. 그러나 나는 그들 못지않은 확신을 가지고 이야기할 수 있다. 현실의 비참한 광경에 홀려 자기를 잊으면 자신에게서 벗어나게 **된다는 것을!** 예컨대 고통을 겪고 있는 친구가 나에게 '보라! 나는 죽어 가고 있다. 나와 함께 죽을 것을 약속해 다오. 제발'이라고 말한다면, 나는 그것을 약속할 것이다. 마찬가지로 부적절한 예일지 모르지만 감히 이야기한다면, 자유를 위하여 싸우고 있는 저 소수 산악 민족의 모습을 보았을 때, 나는 그들을 돕기 위해 내 생명마저 바칠 것이다. 이처럼 동정심을 불러일으키고 도움을 청하는 모든 것에는 특히 은밀한 유혹이 숨어 있다. 우리 '자신의 길'은 너무 어렵고 요구사항이 많으며 남의 사랑과 감사로부터 멀리 떨어져 있기 때문이다. 그래서 우리는 자신의 길로부터 또한 가장 고유한 양심으로부터 도망치기를 꺼리지 않는다. 다른 사람의 양심 속에 있는 '동정의 종교'의 가련한 사원 속으로 도피해 들어가는 것이다.

오늘날 그 어떤 방식으로든 전쟁이 일어나면, 민족의 가장 고귀한 인간들 속에서마저 비밀스런 쾌락이 반드시 생겨난다. 그들은 열광하며 **죽음**이라는 새로운 위험 속으로 몸을 던진다. 왜냐하면 조국을 위한 희생은 그들이 오랫동안 구했던 허락, 곧 **그들 자신의 목표에서 벗어나도 좋다는 허락**을 주는 것처럼 보이기 때문이다. 그들에게 전쟁은 자살의 우회적 방법을 제공한다. 게다가 그것은 양심에 거리끼지 않는 우회적 방법이다. 여기서 슬슬 입을 다물어야 하겠지만, 그래도 나는 스스로에게 다음과 같이 이야기하는 나의 도덕에 대해서는 입을 다물지 않겠다. 즉, 너 자신으로서 **생존하려거든** 숨어 살아라! 너의 시대에 가장 중대하다고 생각되는 것에 대해 **무지한 상태로** 살아라. 너 자신과 이 시대 사이에 적어도 3세기의 껍질을 입혀라! 그래서 오늘날의 외침, 전쟁과 혁명의 소음이 내게는 단지 속삭임에 불과하게 되도록. 너는 또 남을 돕고자 할 것이다. 그러나 너와 고뇌를 하나로 하고 희망을 하나로 하는 까닭에 그의 고통을 네가 완전히 **이해할 수 있는 사람**, 바로 **너의 친구만**을 도와라! 그것도 오직 네가 자신을 돕는 그러한 방법으로만. 나는 그들을 보다 용기 있고, 보다 인내심 강하고, 보다 단순하고 보다 유쾌하게 만들고자 한다! 나는 그들에게 지금은 소수밖에 이해하지 못하는 것, 이들 동정의 설교자들은 거의 알고 있지 못한 것을 가르치려고 한다. 바로 **함께 나누는 즐거움을!** *52

339 여성적 삶*53

한 작품의 궁극적 아름다움을 보기 위해서는 지식과 선한 의지만으로는 부족하다. 이 아름다움의 산봉우리를 덮은 구름의 베일이 사라지고 태양이 그곳에서 빛나기 위해서는 매우 드문 우연의 행운이 필요하다. 그 모습을 보기 위해서는 정확한 지점에 서 있어야 할 뿐 아니라, 바로 우리 자신의 영혼으로써 베일을 벗겨야 한다. 또한 이 아름다움을 붙들어 산봉우리를 계속 지배하게 하기 위해서는 외적인 표현과 비유를 구사해야 한다. 그러나 이 모든 조건이 동시에 충족되는 일은 거의 없기 때문에, 좋은 것—작품이든, 행동이든, 인간이든, 자연이든—중에서도 최고봉에 속하는 것은 지금까지 대다수의 사람들에게, 또 가장 뛰어난 사람들에게조차 감춰지고 숨겨져 있었다고 나는 믿고 싶다. 더구나 우리 앞에 그것은 **딱 한 번만 드러날 뿐이다!**

그리스인들은 '아름다운 모든 것이 두 번 그리고 세 번 주어지기를' 하고 기도했다. 아아, 그들은 신에게 하소연할 정당한 이유가 있었던 것이다. 왜냐하면 신적이지 않은 현실은 우리에게 아름다움을 전혀 주지 않거나 또는 오직 한 번만의 아름다움을 주기 때문이다! 내가 말하고자 하는 것은 이렇다. 즉 이 세계는 아름다움으로 가득 차 있다고. 그럼에도 불구하고 그 사물들의 아름다운 순간이나 그것이 드러날 기회는 너무 빈곤하다고. 그러나 분명 이것이 생의 가장 강력한 매력이리라. 삶은 아름다운 가능성의 황금실로 짜인 베일—약속하고 거부하고 수줍어하며, 냉소적이고 동정적인, 또 유혹적인—로 싸여 있다. 그렇다. 삶은 여성이다!

340 죽어 가는 소크라테스

나는 소크라테스가 실천하고 말한 것, 그리고 말하지 않은 것, 그 모든 것에서 발견되는 그의 용기와 지혜에 경탄한다. 가장 불손한 젊은이들도 전율하고 흐느껴 울게 만들었던 아테네의 이 냉소적이고 매혹적인 괴물이자 유혹자는, 역사상 가장 현명한 변설가만은 아니었다. 그는 침묵에서도 똑같이 위대했다. 나는 그가 생의 마지막 순간에도 역시 말없이 남아 있기를 바랐다. 그랬다면 그는 더욱더 높은 정신을 지닌 사람이 되었을 것이다. 그러나 죽음 때문이든지, 독약 때문이든지, 외경심 때문이든지, 그렇지 않으면 악의 때문이든지 간에, 그 순간 무엇인가가 그의 혀를 풀었고 그는 말했다. '오, 크리톤! 나는 아스클레피우스에게 닭을 한 마리 주어야 하네.' 이 우스꽝스럽고 끔찍한 '마지막 말'은 귀가 있는 사람에게는 다음과 같이 들린다. '오! 크리톤, **인생은 질병이다!**' 쾌활하게 살아온 그, 누구의 눈으로 보아도 한 병사처럼 살던 그가 실은 염세주의자였던 것이다! 그는 오랜 삶 내내 자신의 궁극적 판단, 자기 내부의 감정을 숨긴 채 단지 유쾌한 태도만 보여 왔을 뿐인 것이다. 소크라테스, 그는 **삶을 고통스럽게 견뎌 왔다!** 게다가 그는 이에 복수를 했던 것이다—이 완곡하며 무시무시하고, 종교적으로 경건하며 동시에 모독적인 말로! 소크라테스와 같은 인물조차 그러한 복수를 할 수밖에 없었는가? 지나칠 만큼 넘치는 그의 덕목들 안에서도 조금의 관대함이 부족했던 것인가? —아! 친구여, 우리는 그리스인도 극복해야만 한다.

341 최대의 무게*54

어느 날 낮 또는 밤에 한 악마가 가장 깊은 고독에 잠겨 있는 그대 뒤로 살며시 찾아와 다음과 같이 말한다면, 그대는 어떻게 하겠는가! '너는 네가 현재 살고 있고 지금까지 살아온 생을 다시 한 번, 나아가 수없이 몇 번이고 되살아야만 한다. 거기에 무엇 하나 새로운 것은 없으며, 모든 고통, 모든 쾌락, 모든 사념과 탄식, 네 삶에서 이루 말할 수 없이 크고 작은 온갖 일들이 다시금 되풀이되어야 한다. 게다가 이것들이 모조리 똑같은 순서와 맥락으로 되돌아오는 것이다—이 거미도, 나무 사이의 달빛도, 지금 이 순간도, 그리고 나 자신도. 존재의 영원한 모래시계는 언제까지나 다시 뒤집어져 되풀이되고, 그와 함께 미세한 티끌에 불과한 너 역시 같이 되풀이될 것이다!' 그대는 땅에 엎드려 이를 악물고서, 그렇게 말한 그 악마를 저주하지 않을 것인가? 아니면 갑자기 무시무시한 순간을 경험하고는 그 악마에게 '너는 신이다. 지금까지 이보다 더 신성한 이야기를 나는 듣지 못했노라!'고 대답할 것인가. 이러한 생각이 그대를 지배한다면 그는 현재 있는 그대로의 그대를 변화시킬 것이며, 아마도 분쇄해 버릴 것이다. 모든 일 하나하나에 행해지는 '너는 이것이 다시 한 번, 또는 수없이 계속 되풀이되기를 원하느냐?'라는 질문은 가장 무거운 무게로 그대 행위 위에 얹힐 것이다! 과연 이 최종적이고 영원한 확인과 확증 말고는 **더 이상** 어떤 것도 **원하지** 않으려면, 그대는 얼마만큼 그대 자신과 인생을 사랑해야 할 것인가!

342 비극이 시작되다*55

차라투스트라는 30세가 되었을 때 고향과 고향의 호수를 떠나 산속으로 들어갔다. 거기서 그는 자신의 정신과 고독을 즐기면서 10년 동안이나 권태를 모르며 살았다. 그러나 결국 그의 마음에 변화가 왔다. 어느 날 아침 차라투스트라는 새벽같이 일어나 태양을 마주하고 서서 다음과 같이 말했다.

'너! 위대한 천체여! 만약 네 빛을 흠뻑 쬐는 자들이 없다면 너는 과연 행복하다고 말할 수 있을까?

너는 10년 동안 여기 내 동굴을 비춰 주었다. 내가, 그리고 내 독수리와 뱀*56이 없었다면 너는 네 햇살과 네 빛의 여정에 지쳐 버렸으리라.

그러나 우리는 아침마다 너를 기다렸고 너로부터 충만함을 받아들이고 감사하며 너를 축복해 왔다.

보라! 지나치게 많은 꿀을 모아들인 벌처럼 나 역시 내 충만한 지혜에 싫증이 나 있다. 이제 나에게는 나의 넘치는 지혜를 구하기 위해 뻗쳐오는 손이 필요해졌다.

사람들 가운데서 지혜롭다는 자들이 다시금 그네들의 어리석음을 깨달아 기뻐하고, 가난한 이들이 다시금 그네들의 풍성함을 기뻐할 때까지, 나는 내 지식을 선물하고 싶고 나눠 주고 싶다.

그러기 위해 나는 하계로 내려가야만 한다. 마치 네가 저녁마다 바다 속에 잠겼다가 다시금 이 세상을 비춰 주는 것처럼. 이 충만한 천체여!

나 또한 너처럼 **몰락해야만** 한다! 나는 내가 이제 내려가고자 하는 곳의 인간들이 말하는 대로 몰락하지 않을 수 없다.

그러니 축복해 다오! 크나큰 행복을 질투 없이 응시할 수 있는 너 고요한 눈초리여!

이 잔을 축복하라! 금빛으로 빛나는 물결이 흘러넘쳐 사방을 기쁨으로 물들이는 이 잔을!

보라! 이 잔은 다시 비워지기를 갈망하고, 차라투스트라는 다시 인간이 되기를 갈망한다.'

이리하여 차라투스트라의 몰락이 시작되었다.[57]

⟨주⟩

[1] 성(聖) 자누아리우스의 기적에 관한 유명한 토론을 위해 프로이트의 《*Zur Psych-opathologie des Alltagslebens*》 2장을 보라. '나폴리(Naples)에 있는 한 교회에는 유리병에 담긴 성 자누아리우스의 마른 피가 있다. 어느 축제일 기적이 일어나 그것은 다시 액체가 되었다.' 노골적으로 말해 니체가 4부를 '성 자누아리우스'로 부른 이유는 그 자신의 피가 다시 물로 변하고 있다고 느꼈기 때문이다.

[2] 이 공식을 유명하게 만들었던 데카르트의 말을 인용한 것이다.

[3] 운명애. 여기에서 처음 소개되는 이 중요한 개념은 제5부에서 보다 발전된다. 또한 《차라투스트라는 이렇게 말했다》와 《이 사람을 보라》에서도.

[4] 《차라투스트라는 이렇게 말했다》 Ⅲ, ⟨모르는 체하고 지나가는 것에 관하여⟩ 참조.

[5] 《차라투스트라는 이렇게 말했다》 Ⅲ, ⟨해뜨기 전⟩과 ⟨7개의 봉인⟩ '또는 예, 그리고 아멘의 노래' 참조.

[6] 마태복음 10장 30절과 누가복음 12장 7절로부터 따온 이 인용은, 의심할 바 없이 에피쿠로스 신들과 복음서의 '소심한 신'을 대조시키려는 니체의 의도에 따른 것이다. 《반그리스도》 58항 참조.

[7] 《이 사람을 보라》 중 차라투스트라에 관해 언급한 세 번째 에세이 참조.

＊8 이 아포리즘은 바그너에 대한 니체의 태도를 보여 주는 글로서 가끔 인용된다. 그러나 두 배의 이미지는 그가 프란츠 오버베크(Franz Overbeck)에게 1881년 11월 14일에 보낸 편지에서 더욱 소박하고 겸손하며 보다 생동감 있는 문장으로 표현되었음을 기억하라.

'사랑하는 나의 친구, 우리 인생이란 무엇일까. 큰 바다에서 헤엄치는 하나의 배, 모든 사람은 그것이 언젠가 뒤집히리라 확신한다. 여기서 우리는 이웃에 서로 충실해 왔던 두 척의 선하고 낡은 배이다. 그리고 무엇보다도 먼저 네 손길은 내 배가 뒤집히는 것을 최선을 다해 막고 있다. 따라서 우리는 우리의 항해를 계속하도록 하자. 서로 상대를 위하여 '한층 오래도록', 오래도록! 우리는 서로서로 그렇게 많이 그리워해야 한다! 특히 조용한 바다와 좋은 바람, 무엇보다도 태양을. 나를 위해 바랐던 것은 또한 너를 위해 바랐던 것이다. 나의 감사가 그러한 '소망' 속에서만 표현되었다는 것, 그리고 바람이나 날씨에는 아무런 영향을 주지 못했다는 것을 미안하게 생각한다.'

이 편지의 뒷부분은 316항의 각주에 인용되어 있다. 이 편지 원본은 Karl Schlechta가 펴낸 니체의 《Werke》의 편지 선집에는 들어 있지 않지만, 〈니체가 프란츠 오버베크에게 보낸 편지(Friedrich Nietzsxckes Briefwechsel mit Franz Overbneck)〉에서는 발견된다.

＊9 이 장엄한 형식화는 니체 저작 가운데 오직 이 한 곳에서만 발견된다. 그러나 이 사상은 그의 중심 주제 중 하나이다. 특히 마지막 항과 154항 참조.

＊10 124항을 비롯해 289, 291, 343항 참조.

＊11 신을 가리킨다. 277항의 첫 단락 끝부분 참조.

＊12 이 책의 앞부분에 있는 문장들은 이 문제를 분명히 하는 데 도움이 된다. '우리의 분출'로 제목이 붙은 9항은 '우리 모두는 분출 시간이 점점 다가오는 화산으로서 자라가고 있다'는 것을 암시한다. 15항 '멀리서'는, 산들은 오직 멀리서나 아래에서 볼 때만 멋있다는 것을 암시한다. 27항 '속세를 떠난 사람(Der Entsagende)'에서는 우리가 해석하고자 하는 이 말을 정점까지 끌어올린다. 그런데 27항의 요점은 다음과 같다. 즉 세상을 단념한 인간이 그토록 많은 희생을 감수하는 것은 단지 보다 높이 날기 위해서라는 점, 그리고 그의 포기는 그에게 결코 부정(否定)으로 생각되지 않는다는 점이다. 고지를 향해 높이 날고자 하는 열망은 그의 참된 요소이기 때문이다. 이러한 이미지들은 285항에서도 계속된다. 285항에서는 그 단념이 '보다 높이' 오르려는 값으로 간주된다.

만일 산악들이 15항에서 암시하는 것처럼, 오직 지상에서 올려다볼 때에만 아름답고 인상적인 경치를 보여 준다면, 수수께끼 같은 구절이 이제 뜻이 통하게 된다. 그러한 가정이 사실상 잘못됐기 때문에, 그리고 산꼭대기에서 날고 있을 동안만 눈 덮인 산의 기막힌 정경을 볼 수 있기 때문에, 그것은 9항이나 283항에 도움을 준다. 만

일 베수비오 화산의 경사진 곳에 집을 지었다면 만(灣) 저 너머에 있는 산의 아름다
운 경치를 볼 수 없을 것이다. 그리고 전망창(展望窓) 뒤에 앉아 있는 것과, 화산의
'경치'를 즐기는 것, 그리고 화산이 '되어 버리는' 것은 각기 다르다.

＊13 이것은 어떻게 니체가 그의 '영겁회귀'라는 개념을 처음으로 밝히는가를 보여 준다.
341항 참조.

＊14 2년 전인 1880년에 니체는 《방랑자와 그의 그림자》라는 책을 출판했는데, 이것은 나
중에 《인간적인 너무나 인간적인》의 일부가 된다.

＊15 승선하라는 명령은 124, 283항의 콜롬부스에 관한 주제에서 따온 것이다. 선(善) 속
에서 악을 만든다는 주제, 정원의 이미지(꽃, 열매, 잡초), 필요 없는 것과 없어서는
안 될 것에 대한 논쟁─이 모든 것이 다음 항 속에 들어 있다.

＊16 이것은 니체가 도덕심리학에 관해 쓴 어떤 글보다도 가장 중요한 것 중의 하나이다.

＊17 콜럼버스에 관한 암시.

＊18 이러한 결론은 위험하게 살기를 결의할 만한 자격을 준다. 그러나 문제들에 관한 정
신적, 감정적인 자원의 집중을 허락하려면 안정과 임시적인 평안함이 필요하다. 사람
들은 한꺼번에 모든 것을 질문할 수는 없다. 할 수 있는 가장 중요한 것은 '영원한'
(의무의) 면제를 부여하지 않는 것이다. 3, 4항과 머리말 참조.

＊19 43, 143, 149항 참조.

＊20 《선악을 넘어서》 296 참조. 295~297항은 그의 뜻을 설명하는 데 도움을 줄 것이다.

＊21 oder sie so stellen, dass sie sich teilweise verstellen und nur perspectivische Durchblicke
gestalten.

＊22 독일어로 '검은 눈을 가지고 달아나다'는 '가볍게 면하다'를 의미한다.

＊23 나중에 니체는 이 책의 머리말을 《니체 대 바그너》에서 사용하며 이렇게 덧붙였다.
'나는 가끔 스스로에게 묻는다. 다른 어떤 사람들보다 더 내가 어려운 생애를 보내야
하는 의무를 진 것은 아닌지 하고.'

＊24 원칙.

＊25 아테네에 있는 에피쿠로스의 집과 정원은 그의 학파의 주거지가 되었다. 그는 시장에
서 가르치지 않고 그의 정원에서 가르쳤다.

＊26 헤겔의 정신현상학과 이 항을 비교해 보면 재미있으리라.

＊27 der du ein Wissen um das Gewissen hast : 니체의 작품에는, 독일어일 때만 뜻을 알아
낼 수 있는 이런 말장난이 자주 등장한다.

＊28 Gewissen : '확실한'을 의미한다는 것은 문법적 문맥으로 볼 때 분명하다. 그럼에도 이
단어는 Gewissen(니체가 강조한)이 양심이라는 뜻으로 쓰였던 308항의 결론을 생각
나게 한다.

＊29 르네상스 시대 이탈리아의 대시인 토르콰토 타소(1544~1595)의 대서사시 《해방된

예루살렘》에 나오는 여자 마술사. 십자군 전쟁 시절, 십자군의 영웅 리날도에게는 알미레나라는 약혼녀가 있었다. 아르미다는 사라센 왕과 공모해 알미레나를 납치하고, 오히려 리날도를 사랑하게 된다. 아르미다의 정원에서 리날도는 그녀에게 살해당할 뻔한 알미레나를 구한다.

*30 이 항은 니체의 인간성을 잘 드러내 준다. 니체가 Gast에게 보낸 편지(1880년 8월 20일)와 비교해 보라. '……오늘날 나의 모든 철학은 완전한 이방인들과 나누는 한 시간 정도의 동정적인 대화 뒤에 비틀거리게 된다. 사랑의 대가로 옳게 되기를 기대하는 것이 내게는 너무 어리석게 보인다. 사람은 동정(同情)을 파괴하지나 않을까 하여 가장 가치 있다고 생각하는 것을 전달하지 못한다. 여기에 내 눈물이 있는 것이다.'

*31 이 과장된 문장은 도리어 날카롭게 그 문맥과 대조를 이룬다. 사자와 독수리는 다시는 한 쌍으로 나타나지 않는다. 그러나 이 책 342항이나, 차라투스트라가 '나의 독수리와 뱀'이라고 말한 것을 포함하여 《차라투스트라》에서는 상징적으로 사자가 몇 번 나온다.

*32 니체는 자신의 불꽃이 거의 꺼져 가는 동안 스스로 그것을 불어 끄는 데 실패했다. 그의 정신이 떠나 버린 뒤에도 사람들은 7년 반 동안이나 그를 살아 있도록 두었고, 그의 누이는 그의 살아 있는 '시체'의 스케치, 에칭, 조각 들을 주문했다. 그리고 20세기에 그의 많은 찬미자들과 출판업자들은 이 '초상'을, 창조적으로 일하던 때의 니체의 사진보다 더 좋아하게 되었다.

*33 1881년 10월 28일 니체는 오버베크에게, 그에게 보내 줄 책이 있는가를 물었다. '내 위의 공중 전기의 가공할 효과를 설명해 주는 책―그것들은 머지않아 나를 지구 저 너머로 데리고 갈 것이네. 거기에는 분명 나의 본성에 더 나은 삶의 조건들이 있어야만 하지. 예컨대 멕시코 고원이나 대서양 쪽(스위스 식민지 '뉴번' 등. 날마다 너무너무 고통받고 있다네.' 1881년 11월 14일, 279항의 주에서 인용된 편지에서 니체는 오버베크에게 책을 받았노라고 썼다. Foissac이 쓴 '의학적 기상학'에 관한 책이었다. 그러나 그것은 실망스러웠다. '나는 파리에 있는 전기(電氣) 전시관에 있어야 했다. 얼마간은 가장 최근의 발명품을 배우기 위함이고, 얼마간은 전시물로서 말이다. 왜냐하면 전기 변화를 느끼는 사람으로서, 또 말하자면 하나의 기상 예언자로서 나는 원숭이와 비슷할 뿐만 아니라 거의 '특별한 사람'이기 때문이다. 하겐바흐(Edward Hagenbach: 바젤의 물리학 교수)는 어떤 의복(또는 사슬, 반지)이 이 지나친 효과들에 대항해서 우리를 가장 잘 보호해 줄지, 우리에게 가르쳐 줄 수 있을까? 결국 나는 언제나 비단의자 속에 매달려 있을 수는 없다. 진짜 스스로 더 낮게 매달리자! 정말로 급진적으로……'

'내 눈은 점점 더 안 보인다네. 아주 잠깐만 눈을 써도 닥쳐오는 극심한 고통이 나를 사실상 학문으로부터 멀어지게 하고 있어(내 시력이 극도로 약하다는 것과는 별도

로), 지금 나는 얼마나 오랫동안 읽지 못했는지 모른다네!'

*34 파토스(*pathos*)란 '문자 그대로 생의 보다 덧없고 수동적인 경험이다. 에토스와 대조해 볼 때, 에토스는 보다 영원하고 능등적인 경향과 성격이다'(James Mark Baldwin, *Dictionary of Philosophy and Psychology*, vol. Ⅱ, 1902).

*35 안락함에 대한 경멸이라는 주제는, 그리고 '이런 종류의 행복'은 《차라투스트라》 머리말에서 고전적으로 해석되었다.

*36 이것이 니체의 정수다. 이 책의 2항에 소개되고 제5부에서 더욱 발전되는, 그리고 《반그리스도》의 50~55항에 씌어 있는 이 주제를 무시하는 사람들은 니체를 잘못 이해하는 것이다.

319항은 니체의 해석, 그리고 '종교적인' 경험의 평가뿐만 아니라 비종교적, 비교파적인 '신비한' 경험과도 관계가 있다.

*37 276항, 304항과 비교해 보라.

*38 《차라투스트라》 머리말의 5항 참조. '사람은 그 자신 속에 혼돈을 여전히 간직할 수밖에 없다. 춤추는 별을 탄생시키기 위하여는.'

*39 니체는 그의 경력을 리하르트 바그너와 싸우는 투사로서 시작했다.

*40 283, 310, 319항 참조. 설명이 상세하게 되어 있다.

*41 311항을 보라. 특히 앞부분. 니체를 처음 읽는 독자들에게 고통의 원인을 제공하는 이 항의 그 고통이, 바로 니체의 요점을 설명해 준다. 니체는 알고 있었다. 그의 발전과 책들이 바그너의 어머니와 누이, Richard와 Cosima Wagner, 그리고 바그너의 숭배자들, 또 다른 많은 사람들에게 얼마나 고통을 주는지를.

*42 여기서의 이 진술은 니체가 쇼펜하우어를 염두에 두었다는 것을 분명히 해 준다. 젊은 니체는 세상 고통을 거칠고 유행과 상관없이 주장한 쇼펜하우어를 숭배했다. 그러나 이미 그의 첫 저작 《비극의 탄생》에서 쇼펜하우어의 '의지의 불교적 부정(否定)'에 등을 돌렸다. 그리스적 비극 시인들은 고통 앞에서 눈을 감지 않았다. 그들은 삶을 긍정했고 모든 고통에도 불구하고 세상을 아름다운 것으로 보았다. 처음부터 마지막까지 니체 저작 속에는 이것이 중심 주제로 남아 있다. 우리의 고통이 세상을 비방하는 행위에 대한 변명이 되지는 못한다.

*43 Geistlosigkeit.

*44 《Histories》 Ⅳ, 6 : '현명한 사람조차도 명성에 관한 열망은 마지막에나 포기하는 욕망이다.' 밀턴의 《리시더스(*Lycidas*)》 71항 : '고귀한 지성의 마지막 질병'.

*45 부분적으로는 그 이유가 여기에 적혀 있고, 또 한편으로는 그가 바그너와 경쟁했기 때문이며, 또 다른 이유는 고독과 자신의 책에 대한 무반응이 그를 참을 수 없게 만들었기 때문이다. 니체 저작의 어조는 결국 날카롭게 되어 갔다.

*46 schadenfrohes.

*47 *Tractatus Politicus,* Ⅰ. §4.

*48 가장 멀리(*der Fernste*)는 가장 가까이(*der Nächste*)의 반대로서 독일어 성경에서 사용된 말이다.

*49 2, 319, 344항 참조.

*50 칸트 이후 모든 철학자와 마찬가지로 니체도, 칸트는 '물자체(物自體)'라고 이름 짓지 않았으며 이 개념은 인식에 관한 칸트 이론의 중심 교의와는 어긋난다고 믿었다. 칸트 이후 대부분의 철학자들은, 칸트 윤리학의 핵심인 '지상명령'에 관한 이론은 지켜질 수 없다는 점에서 니체에 동의했다. 또한 그의 윤리학, 특히 그의 《실천이성비판》에서 칸트는 신, 자유, 불멸—그의 《순수이성비판》에서는 이 셋을 증명할 수 없는 것으로 설명해 놓았다—을 분명한 것이라고 주장했다. 이러한 점들 때문에 칸트를 따르는 학자들이 거의 없는 동안, 니체의 반박은 그 불손한 재치 덕에 구별되었다.

*51 270항 참조.

*52 이것은 동정에 대항하는 그의 진술 중 최상의 것이다.

*53 Vita femina.

*54 Das grösste Schwergewicht.

*55 Incipit tragoedia.

*56 독수리는 긍지를, 뱀은 지혜를 가리킨다.

*57 독일어 원본에서는 이 항의 마지막 말이 '몰락(*untergang*)'이다.

제5부
우리 두려움 모르는 존재들

육체여! 떨고 있느냐?
내가 너를 어디로 데리고 가는가를 안다면
더욱 떨게 되리라.

튀렌

343 우리의 쾌활함이 의미하는 것*1

근대의 가장 큰 사건—'신은 죽었다'*2는 것, 그리스도교의 신에 대한 믿음이 힘을 잃었다*3는 것—은 이미 유럽에 맨 처음 그림자를 드리우기 시작했다. 적어도 그 눈이, 그 눈이 갖고 있는 **의혹**의 힘이 이 연극을 꿰뚫어 볼 만큼 충분히 강하고 예민한 소수자가 보기에는, 확실히 하나의 태양이 지고*4 하나의 오래된 깊은 확신이 의문으로 변해 버린 듯하다. 그들에게 우리의 옛 세계는 황혼처럼 매일 불신감이 늘어나며, 멀어져 가고, '낡아져' 가는 것으로 보임에 틀림없다. 그렇지만 결국 이렇게 말할 수 있을 것이다. 사건 자체가 너무 크고 멀며, 많은 인간들의 이해력으로부터 동떨어져 있어, 이 소식은 가까스로 지금 **도착했다고** 표현할 수조차 없는 실정이다. 더구나 도대체 어떤 일이 그것을 통해 일어났던가, 또 이런 신앙이 뒤집어진 뒤에는 대체 무엇이 무너지지 않을 수 없을 것인가를, 벌써 많은 사람들이 재빨리 알았다고는 생각할 수 없다. 결국 그렇게 무너질 것들은 이 신앙 위에 이룩되어 그것에 의존하고 깊숙이 기생하여 자랐기 때문이다. 예컨대 유럽의 도덕 그 자체와 같이. 이러한 장기적이고 엄청난 붕괴, 파괴, 몰락, 전복*5이 우리 눈앞에 다가와 있다. 오늘날 어떤 사람이 이 소름 끼치는 공포 논리를 가르치고 예고하는 자로서의 역할을, 지상에서 일찍이 그 유례를 볼 수 없었던 암흑화와 일식의 예언자로서의 역할을 스스로 떠맡지 않을 수 없다는 자각과 통찰에 이르렀을 것인가?

태어나면서부터 수수께끼를 푸는 일에 타고난 능력을 지닌 우리, 오늘과 내일 사이에 놓여 오늘과 내일 사이의 모순에 마음 졸이며 산 위에서 상황을 살피는 우리, 오는 세기의 첫아이이자 조산아인 우리에게는, 마침내 유럽을 에워쌀 그림자가 빨리 눈에 들어올 수밖에 없었다—그러나 이러한 우리, 우리조차 이런 사태를 유감스럽게 여기지 않으며, 무엇보다도 우리 자신을 위한 걱정이나 공포도 없이 다가오는 어둠을 눈여겨보는 것은 어째서인가? *6 우리는 어쩌면 이 사건의 맨 처음 결과들에 대한 인상에 너무 짓눌려 있는 것은 아닌가? 그런데 이러한 **맨 처음 결과들, 우리에** 대한 작용들은 사람들이 예상하는 바와는 정반대일 것이다. 그것은 전혀 슬프거나 우울하지 않으며, 오히려 새롭고 표현하기 어려운 빛, 행복, 안심, 유쾌함, 격려, 새벽빛 등으로 설명될 수 있다.

실제로 우리 철학자이며 '자유로운 정신'인 자들은 '늙은 신이 죽었다'는 소식을 들었을 때 새로운 새벽빛을 받는 기분을 느낀다. 이때 우리 가슴에는 감사, 놀라움, 예감, 기대가 흘러넘친다. 비록 아직 밝지는 않다 하더라도 마침내 수평선이 우리 앞에 다시 펼쳐진 것이다. 기다리고 기다린 끝에 우리 배는 다시 모험을 떠날 것이며 온갖 위험을 무릅쓸 것이다. 인식의 모든 '모험'이 다시 허락되었다. 바다가, **우리의** 바다가 다시 열리고 있다. 아마도 이렇게까지 '열린 바다'는 아직까지 한 번도 없었으리라. *7

344 우리는 아직도 얼마나 경건한가

학문 세계에서 확신은 아무런 시민권도 얻지 못한다는 말이 옳을 것이다. 즉 확신이 겸손하게도 하나의 가설, 실험을 위한 임시적 입장, 하나의 규제적인 가정이라는 위치에까지 스스로를 낮추기로 결정할 때만, 그것에는 인식의 나라의 입국허가와 그 나라에서의 일정한 가치인정이 허용된다. 비록 확신은 항상 경찰의 감독, 의혹의 경찰 아래 놓인다는 제한이 있지만. 그러나 보다 엄밀하게 살펴본다면, 이는 확신이 확신이기를 **그만둘** 때만 학문 세계에 들어갈 수 있음을 의미하는 게 아닌가? 학문 정신의 훈련은 확신을 더 이상 허용하지 않는 데에서 시작되는 것은 아닌지?

아마도 그럴 것이다. 단지 남은 문제는, **이 훈련을 시작할 수 있기 위해서는** 이미 어떤 확신이—그것도 다른 모든 확신을 희생으로 삼을 만큼 지배적이고 무조건적인 확신이—존재해야만 하는 것 아닌가? 하는 점이다. 우리는 알고 있다. 학문 역시 하나의 믿음에 근거하고 있음을, '아무런 전제 없는 학문'은 존재할 수 없음을. **진리가** 과연 필요한가 하는 문제는, 단순히 기정 사실처럼 긍정되는 것이 아니라 다음과 같은 명제, 신앙, 확신이 거기에 표현되는 정도에 따라 긍정되어야 한다. 즉 '진리보다 **더 필요한 것은 없**

다. 진리와 비교하면 그 밖의 다른 것은 모두 이차적인 가치를 지닐 뿐이다.'

진리에 대한 이런 무조건적 의지는 도대체 무엇인가? 그것은 **기만당하지 않으려는** 의지인가? 아니면 **기만하지 않으려는** 의지인가? 이렇게 말하는 까닭은 후자와 같은 방식으로도 진리를 향한 의지가 해석될 수 있기 때문이다. 다만 '나는 속이기를 원하지 않는다'라는 보편적 명제에 '나는 **나 자신을** 속이기를 원하지 않는다'라는 개별적 경우가 포함될 때의 이야기지만. 그러나 왜 속이지 않으려는 것인가? 왜 속임을 당하지 않으려는 것인가? ─전자의 이유는 후자의 이유와는 전혀 다른 영역에 속한다는 사실을 우리는 주목해야 한다. 인간은 속임을 당하지 않으려고 한다. 왜냐하면 속임을 당한다는 것은 해롭고, 위험하고, 불행을 가져온다고 생각하기 때문이다. 이런 의미에서 학문은 앞을 내다보는 영리하고, 조심스럽고, 이로운 것이라 할 수 있다. 그러나 이에 대해 당연히 다음과 같은 반론을 제기할 수 있다. 정말로 그럴까? 과연 '속임을 당하지 않는다는 것이' 손해를 줄이고, 덜 위험하고, 더 적은 불행을 가져오는 것인가? 그대들은 더 커다란 이익이 무조건적 불신의 편에 있는지, 아니면 무조건적 신뢰의 편에 있는지를 결정할 수 있을 만큼 미리 현존재의 성격에 대해 잘 아는가? 그러나 많은 믿음과 의혹이 둘 다 필요하다면, 학문은 그 자신이 기초로 하는 바의 '진리가 다른 어느 것보다 또한 다른 모든 확신보다 중요하다'는 무조건적 신앙, 확신을 어디에서부터 취할 수 있겠는가? 만약 진리와 비진리 둘 다 계속적으로 이로운 것으로 밝혀진다면─실제로도 그런데─이 확신은 결코 생길 수 없을 것이다. 그러므로 바야흐로 현실에 분명히 존재하는 학문에 대한 믿음이 그러한 공리적 타산(그 기원이 유용성이었을 것이라는)으로부터 생겨났다는 것은 불가능한 일이다. 오히려 그것은 '진리를 향한 의지'라든가 '어떤 대가를 치르더라도 진리를 구해야 한다'는 생각의 무익성과 위험이 끊임없이 증명되어 **왔음에도 불구하고** 생겨난 것이 분명하다. '어떤 대가를 치르더라도'─아, 우리는 이 의미를, 많은 믿음들을 우리가 잇따라 제단 위에서 산 제물로 바쳐 도살해 버렸을 때 얼마나 충분히 이해하게 되었는가!

그러므로 '진리를 향한 의지'는 '나는 속고 싶지 않다'가 **아니라** 오히려─선택의 여지 없이─'나는 속이고 싶지 않다. 나 자신조차도'를 뜻한다. **그리고 이로써 우리는 도덕의 기초 위에 서 있는 것이다.** 철저하게 스스로에게 물어보라. '왜 너는 속이고 싶지 않는가?' 특히 삶이 결국 오류, 속임, 위장, 현혹, 자기기만 등의 겉모습에 기초하고 있으며—실제로 그렇게 보인다! —또 한편 실제로 삶의 위대한 형식이 어디까지나 '다재다능한 임기응변(*polytropoi*)'*8의 편에서 있는 것처럼 보이는 때는 더욱 그렇다. 이 경우 속이고 싶지 않다는 것은, 너그럽게 해석한다면 돈키호테주의*9 또는 보잘것없는 공상적 착란일지도 모른다. 그러나 그것은 한편 더욱더 심각한 어떤 것일 수도 있다. 다름 아닌 삶에 적대적인 파괴적 원리일 수 있는 것이다. '진리를 향한 의지'—그것은 숨겨진 죽음에 대한 의지일지도 모른다.*10

이렇게 하여 '왜 학문은 존재하는가'라는 질문은 다음과 같은 도덕 문제로 되돌아간다. '삶, 자연, 역사가 비도덕적인데 **도대체 무엇 때문에 도덕은 존재하는가?**' 성실한 인간—학문에 대한 신앙이 전제로 하는 것처럼 저 과감한 의미에서 성실한 인간—은 분명히 그 신앙을 통해 삶·자연·역사의 세계와는 **다른 세계를 긍정한다.** 그들이 이 '다른 세계'를 긍정하는 한 그들은 바로 그 때문에 반대의 것, 즉 **우리** 세계를 부정할 수밖에 없는 것은 아닐까? —그러나 사람들은 내가 무엇을 말하고자 하는지를 이미 파악했을 것이다. 곧 우리 학문에 대한 신앙은 여전히 **형이상학적 신앙**에 기초한다는 사실이다. 그리고 오늘날 인식자인 우리, 신을 경멸하는 반형이상학도들도 마찬가지로 몇 천 년 이래의 오랜 믿음—그것은 또한 플라톤의 믿음이기도 했다—, 즉 신은 진리이고 진리는 신성한 것이라는 그리스도교적 신앙이 붙인 거대한 불꽃으로부터 우리의 불길을 얻어 오고 있다는 사실이다. 그러나 '신은 진리이며, 진리는 신성하다'는 신앙의 내용이 점차 믿을 수 없게 된다면, 오류·맹목·허위 그 밖에는 아무것도 더 이상 신성한 것으로서 증명될 수 없다면—신 자체도 우리가 꾸며 낸 가장 오래된 허위임이 입증된다면—어떻게 될 것인가? *11

345 문제로서의 도덕

인격성(*personality*)의 결함은 여기저기서 대가를 치러야 한다. 약하고 얄팍하며 활력을 잃어 가는, 자기 자신을 부정하고 부인하는 인격은 더 이상 좋은 일에는 아무 쓸모가 없다. 특히 철학에는 가장 쓸모없다. '무사무욕(無事無欲)'은 하늘에서나 땅에서나 아무런 가치가 없다. 모든 위대한 문제들은

위대한 사랑을 요구한다. 그리고 위대한 사랑을 할 능력은, 자기 자신에 대해 확고히 아는 강하고 원숙하며 태연한 정신에만 있다. 한 사상가가 자신의 문제에 인격적으로 관계하고, 그 문제에서 자신의 운명과 고난과 가장 훌륭한 행복까지 발견하는가? 아니면 그는 그 문제에 비인격적으로 관계하는가? ―요컨대 그는 이 개인 문제를 단지 냉정한 호기심의 더듬이로 더듬어 파악할 줄만 아는가? 이런 두 경우 사이에는 매우 중대한 차이가 있다. 후자의 경우에는 그로부터 아무것도 생기지 않는다. 왜냐하면 위대한 문제들은 설사 그것이 파악될 수 있다 해도 개구리나 나약한 자들에게는 **붙잡히지** 않기 때문이다. 이것이 위대한 문제들이 지닌 영원한 취향이다. 또 이러한 취향은 모든 건강한 여성들의 취향이기도 하다.

그런데 도덕에 대하여 이런 인격적 입장을 취하며, 도덕을 문제로 삼아 이 문제를 **자기 자신의** 고난, 고통, 욕정, 정열로서 이해하는 사람을 내가 단 한 명도, 심지어 책에서조차 마주친 적이 없는 것은 어찌된 일일까? 확실히 도덕은 지금까지 전혀 문제가 되지 않았다. 오히려 도덕은 인간이 모든 불신, 충돌, 모순을 겪은 뒤에 행한 서로 간의 일치였다. 그것은 사상가가 자기 자신으로부터도 도피하여 휴식하고, 안도의 숨을 내쉬며 활기를 되찾았다고 느끼는 신성한 평화의 장소이다. 나는 도덕적 가치판단의 **비판**을 감행했던 어떤 사람도 본 적이 없다. 이에 대해 나는 아쉬운 대로 학문적 호기심의 여러 시도나, 안이한 모색적인 심리학자 또는 역사가의 공상적인 시도라도 있으면 좋겠다고 생각한다. 다만 이러한 공상은 별 생각 없이 문제에 주제넘게 접근해, 거기에서 무엇이 파악되는지를 바로 알지 못하고 황급히 파악하려 드는 것이긴 하겠지만. 나는 이러한 감정과 평가의 **성립 역사**를 탐구하기 위한(이것은 그 비판과는 또 다른 것이며 윤리체계의 역사와도 또한 다른 것이다) 어떤 사소한 단서도 거의 발견할 수 없었다. 나 자신도 어떤 경우에는 이러한 종류의 역사에 대한 애호와 천부의 재능을 북돋기 위해 가능한 일을 해 왔지만, 지금 와서 볼 때 이 노력은 물거품이 된 모양이다. 이런 도덕사가들(특히 영국인들) 역시 성과를 거두지 못했다. 그들은 대개 아무런 의심 없이 일정한 도덕의 명령에 복종하며, 자기도 모르는 새 그것의 방패지기나 시종 역할을 하고 있다. 예컨대 이날까지 그토록 충직하게 지켜져 오고 있는 그리스도교적 유럽의 민중적 미신, 곧 '도덕적 행위의 특성은 무사무욕, 극기, 자기희생, 동정 또는 연민이다'라는 미신을 공유함으로써. 그 전제 안에서 그들이 흔히 저지르는 과오는, 여러 민족이나 적어도 개화된 여러 민족이 도덕의 특정 종류의 명제에 관하여 동의한다는 점을 그들이 주장하고, 그로부터 너와 나에 대한 그 명제의 무조건적인 구속력을 추론해 낸다는 것이다. 아니면 반대로 그들은 '민족이 다르면 **필연적으로** 도덕적 가치평가도 다르다'는 진리로부터 **모든** 도덕은 전혀 구속력이 없다는, 도덕의 비구속성을 추론해 낸다. 이 두 가지 추론은 똑같이 유치하다.

그들이 범하는 더욱더 세련된 오류는, 특정 민족의 도덕이나 또는 모든 인간적 도덕에 담긴 어리석은 견해들을 발견해 비판함으로써, 예를 들면 그 유래나 종교적 승인이나 자유의지의 미신*12 등을 발견해 비판함으로써 도덕 자체를 비판했다고 착각하는 점이다. 그러나 '너는 마땅히 해야 한다'라는 규범의 가치는, 그러한 규정에 관한 온갖 견해라든가 그 규정을 넘어서서 지나치게 자랐을 오류의 잡초와는 철저하게 다르며 독립된 것이다. 마치 환자에 대한 어떤 약제의 가치는, 그 환자가 약에 대해 학문적으로 생각하는지 또는 노파와 같이 생각하는지 하는 문제와 완전히 독립되어 있듯이 말이다. 도덕이 오류에서 생겨났다고 생각할 수도 있다. 그러나 이러한 통찰이 도덕의 가치 문제와 연관되는 것은 절대로 아니다.*13

그러므로 모든 약들 중에 가장 유명한 의약, 이른바 도덕의 가치를 검증해 본 사람은 지금까지 아무도 없었던 셈이다. 그리고 그 일을 최초로 행하기 위해서는 무엇보다도 먼저 가치를 **문제 삼아야** 한다. 그렇다! 이것이야말로 우리가 해야 할 일이다!*14

346 우리의 의문부호

그렇지만 너는 이것을 이해하지 못한단 말인가? 하긴 사람들이 우리를 이해하기 위해서는 노력을 해야 한다. 우리는 할 말을 찾고 있다. 또한 들을 귀까지도 찾고 있다. 그런데 도대체 우리는 누구냐? 우리는 자신을 단순히 진부하게 그저 무신론자, 불신자 또는 비도덕주의자라고 부를 수 있을는지 모른다. 그러나 스스로 그런 호칭이 알맞은 것이라고는 절대로 생각지 않는다. 우리는 가장 말기 단계에 이른 위의 세 가지(무신론자, 불신자, 비도덕주의자)를 결합한 자이다—인간의 이해력, 참으로 호기심 많은 너희 이해력으로는 우리 심정에 도저히 미치지 못할 정도로, 그만큼 말기 단계에 있는 우리다. 그렇다! 자신이 품은 불신에서 또 하나의 신앙과 목적과 순교를 만들어 낼 수밖에 없는 이단자의 까다로움도 격한 정열도 이제 우리에게는 없다! 세상은 결코 신적인 것이 아니며, 인간적 기준에서조차도 이성적이거나 자비롭거나 정의로운 것이 아니라는 통찰로 뜨겁게 달아올랐던 우리는 그 통찰 때문에 또 차갑게 식어 있다. 우리는 우리가 살고 있는 세계가 신적인 것도, 도덕적인 것도, '인간적인' 것도 아니라는 점을 안다. 그럼에도 우리의 세계를 너무나 오랫동안 부당하고 그릇되게, 그것도 우리 존경의 소원이나 의지, 즉 **필요**에 따라 해석하여 왔다. 왜냐하면 인간은 존경하는 동물이니까! 그러나 인간은 또한 불신하는 동물이기도 하다. 그리고 세계는 우리가 믿었던 만큼 가치 있는 것은 아니라는 바로 그 사실이야말로 우리의 깊은 의혹을 뒷받침하는 가장 확실한 사실이다. 불신이 많으면 그만큼 철학도 많다.

이 세계의 가치가 **감소됐다고** 말해지지 않게끔 주의하자. 인간이 현실세계의 가치를 **넘어서는** 가치를 창안하려고 한다면, 오늘날 우리에게는 그것이 더 가소롭게 여겨진다. 바로 그런 데에서, 즉 오랜 세월 동안 제대로 인식되지 못했던 인간의 허영과 비이성이 빚어낸 미혹에서 우리는 막 벗어난 참이다. 이 미혹은 최근에는 근대 염세주의*15에서 표현되고 있다. 그리고 그것의 보다 오래되고 강한 표현을 우리는 부처의 가르침에서 느낄 수 있었다. 아울러 그리스도교 또한 이 미망을 지니고 있으니, 비록 보다 불확실하고 애매하기는 하되 그에 못지않게 유혹적이다.

'세계에 **적대적인** 인간', '세계 부정'을 원칙으로 삼는 인간, 사물의 가치 기준으로서의 인간, 결국은 현존재 자체를 자신의 저울 위에 올려놓고는 그것을 너무 가볍다고 단정하는 세계 심판관으로서의 인간—이러한 모든 태도의 터무니없는 어리석음은 이제 그 정체를 드러내어 우리에게 혐오감을 느끼게 한다. 우리는 '인간과 세계'가 '~과(und)'라는 귀여운 단어의 숭고한 외람됨을 통해 분리되면서도 나란히 놓여 있는 모습을 보면 웃지 않을 수 없다. 그러나 이것은 또 어떤가? 우리 웃는 자들은 바로 그렇게 함으로써 인간 경멸을 향해 한 걸음 더 내딛는 것은 아닌가? 다시 말해 염세주의에, 우리에게 인식이 가능한 현존재에 대한 경멸에 한 발자국 더 내딛는 셈은 아닌가? 바로 그러함에 있어서 우리는 그 반대의 의혹에 빠진 것은 아닌지? 곧 우리가 이때까지 존경심을 보이며 마음 편히 지내 온—그 때문에 우리가 삶을 참고 **견딜 수 있었던**—세계와 또 다른 세계, 즉 **우리 자신**과의 모순 대립에, 그 모순 대립의 의혹에 빠진 것은 아닌가? 이 의혹은 우리 자신에 대한 가차 없는, 가장 근본적이고 심각한 의혹으로서 우리들 유럽인을 더욱더 가혹하게 지배하며, 미래 세대에게 다음의 두려운 양자택일을 강요할 것이다. '너희 존경을 폐기하라! 그렇지 않으면—너 자신을!' 후자는 허무주의일 것이다. 그러나 전자 역시—허무주의가 아닐까? *16 이것이 **우리의** 의문 부호이다.

347 독실한 신자들과 그들의 신앙에 대한 요구

인간은 삶을 꽃피우기 위하여 얼마나 많은 **신앙**을 필요로 하는지, 또 자신을 지탱해 줄 **흔들림 없이** '확실한 것'을 얼마나 많이 필요로 하는지. 이것이야말로 그 사람의 역량(더 분명하게 말하면 그의 약함)을 측정하는 척도이다.*17 내가 보는 바로 해묵은 유럽에서는 오늘날에도 대다수 사람이 그리스도교를 필요로 한다.*18 이로 인해 그리스도교는 아직도 여전히 신심을 얻고 있다. 왜냐하면 인간은 그런 존재이기 때문이다. 신앙의 명제를 그 앞에서 몇 천 번이나 논파한다 해도, 만일 그가 그것을 필요로 한다면 또다시 그것을 '진실'이라고 생각할 것이다—성경에서 이야기하는 그 유명한 '힘의 증명'에 따라.

아직도 누군가는 형이상학을 필요로 한다. 그러나 오늘날 광범위한 대중을 과학적, 실증주의적으로 석권하고 있는 저 격렬한 **확실성에 대한 바람**, 무엇이든 부디 확고한 것을 갖고 **싶다는** 바람(이러한 요구의 격렬함 때문에 확실성의 기초는 오히려 임시방편으로 다져지게 되지만)—이것 역시 기둥이나 발판에 대한 바람이다. 한마디로 이것은 종교, 형이상학, 또는 여러 종류의 신앙을 정말로 창조는 하지 않을망정 보존은 하는 저 **나약함의 본능**인 것이다.

실제로 이 모든 실증주의적 학설 주위에서는 염세주의적인 암울한 연기가 내뿜어지고 있다. 거기에는 피로, 숙명론, 환멸, 새로운 환멸에 대한 공포가 스며 있다—그렇지 않으면 과시하는 분노라든가 나쁜 기분, 분노의 아나키즘, 또는 그 밖에 약한 감정의 징후나 가면으로 보이는 모든 것이 들어 있다. 우리의 가장 현명한 동시대인들을 비참한 한쪽 구석이나 막다른 길로 몰아 넣는 격렬성—예를 들면 애국심*[19](프랑스에서 쇼비니즘, 독일에서 '독일적'이라고 하는 것을 나는 이처럼 부른다)이라든가, 또는 파리의 자연주의(자연에서 구토와 동시에 경악을 일으키는 부분만을 끄집어내 폭로하는 것—사람들은 오늘날 그 부분을 '순수한 진리'*[20]라고 부른다)와 같은 미학적인 조촐한 신조, 또는 상트페테르부르크를 본보기로 한 허무주의(그것을 위해 순교까지 감수하는 **불신에 대한 신앙**)*[21] 등으로 몰아넣는 격렬성이 있다. 이 맹렬함은 항상 무엇보다도 먼저 신앙, 버팀대, 기둥, 의지할 것에 대한 요구를 보여 준다.

신앙은 의지가 결여된 곳에서는 항상 가장 심하게 기대되고 긴급히 요구된다. 왜냐하면 의지는 명령의 정열로서 자주성과 힘의 결정적 표징이기 때문이다. 곧, 명령할 줄 모르는 자는 그만큼 더 간절하게 명령하는 자를, 준엄한 명령을 하는 자를, 신, 왕후, 신분, 의사, 고해신부, 교의, 당파심을 더욱 시급히 갈망한다. 이로부터 추정할 수 있는 것은, 세계의 양대 종교인 불교와 그리스도교가 성립되어 빠르게 전파된 원인은 **의지**의 커다란 **병약화**에 있음이 틀림없다는 사실이다. 그리고 실제로 그랬다. 두 종교는 의지의 병약화에 직면하였으며 거의 절망적이 되었던 '넌 마땅히 행해야 한다(thou shalt)'는 것에 대한 바람을 그곳에서 보았던 것이다. 이 두 종교는 의지가 닳아 없어진 시기에 열광주의의 선생이 되었다. 그것들은 수많은 사람들에게 지지를, 의지에 대한 새로운 가능성을, 의지하는 것에 대한 기쁨을 제공했다. 왜냐하면 열광주의는 약하고 불안정한 자조차 가질 수 있는 유일한 '의지력'이기 때문이다. 그것은 이윽고 힘을 발휘할 유일한 시점 또는 감정에 과도한 영양을 공급하므로, 모든 체계의 감각적, 지적 조직에 베풀어지는 일종의 최면술이다. 그리스도교인은 그것을 **신앙**이라 부른다. 어떤 인간이 자기는 명령을 받아**야만 한다**는 근본 신앙에 이르면 그는 '독실한 자'가 된다. 그 반대는 자기결정의 기쁨과 힘, 의지의 **자유**이리라—즉 정신이 모든 신앙이나 확실성에 대한 바람과 결별하고, 가느다란 밧줄이라든가 가능성 위에 몸을 바로 세우고 심연 가까이에서조차 춤출 수 있는 힘을 얻게 되는 것이다. 이러한 정신이야말로 틀림없이 **자유로운 정신**일 것이다.*[22]

348 학자의 출신 성분에 관하여

유럽에서 학자들은 특별한 토양이 필요 없는 식물처럼 모든 신분이나 사회적 배경에서 배출된다. 그래서 본질적으로 그리고 무의식중에 민주주의 사상의 담당자가 된다. 그러나 이런 태생은 그 정체를 드러내는 법이다. 만약 우리가 학자의 책이나 학술 논문에서 학자의 **지적인 특질**—모든 학자가 그것을 가지고 있다—을 발견해 내고 즉시 포착할 수 있을 만큼 안목을 훈련해 왔다면, 틀림없이 이 특질의 배후에서 학자의 '전력(前歷)'을, 그의 가족을, 특히 그 가족의 가업과 사업을 알아챌 수 있을 것이다.

'이것은 이제 입증되었다. 이것으로 해결됐다'라는 감정이 나타날 때, 이 '완성된 일'을 허가하는 것은 보통 학자의 피와 본능 속에 있는 선조이다. '증명'이라는 것에 대한 이러한 신앙은, 고되게 일해 온 가계에서 오랜 옛날부터 '좋은 기술'로 여겨져 왔던 것이 무엇인지를 보여 주는 한 징후에 불과하다. 예를 들어 언제나 다양한 서류들을 정돈하고 서류함에 분류해 넣어 체계를 잡는 것이 주된 업무인 서기와 모든 사무직 노동자들의 자손들이 학자가 되었을 때, 그들은 단순히 체계를 잡은 순간 문제가 거의 해결되었다고 여기는 경향을 보인다. 근본적으로 체계적인 두뇌에 불과한 철학자들이다. 그들의 경우에는 아버지 직업의 형식이 곧 내용이 되어 버렸다. 분류하고 범주표*23를 만들어 내는 재능에는 그만한 유래가 있는 것이다.

사람은 그 부모의 자식이 되는 데 일정한 대가를 치른다.*24 변호사의 자식은 학자로서도 변호사가 될 수밖에 없다. 그는 무엇보다도 자신이 선택한 문제에 관해 첫째로는 자신의 주장이 관철되기를 원하고, 둘째로는 그 주장의 정당성을 원할 것이다. 프로테스탄트 목사*25나 교사의 자식들에게는, 학자로서 용감함과 열정을 가지고 문제를 제기하기만 하면 그것이 머지않아 입증된다고 생각하는 순진한 확신이 있다. 그들은 아버지 직업에 흔히 따르는 현상, 즉 사람들이 자신의 말을 **믿어 주는 데**에 완전히 익숙해져 있는 것이다. 반면에 유대인들은 민족의 직업 범위나 과거로 인해 바로 이 점—사람들이 그들의 말을 믿는다는 점—에 거의 익숙하지 못하다. 그 관점에서 유대인 학자들을 살펴보라. 그들 모두는 논리를 매우 중요시한다. 사람들에게 동의를 **강요하기 위해** 이유의 힘을 빌려야 하기 때문이다. 그들은 자신들에 대한 인종적·계급적 반감이 존재하여 사람들이 그들의 말을 믿지 않으려고 할 때에도, 논리로써 승리해야만 한다는 것을 잘 알고 있다. 생각건대 논리보다 더 민주적인 것은 없다. 논리는 개인을 생각하지 않으며, 비뚤어진 사람이 하는 말조차 바르다면 바르다고 여겨지게끔 한다(덧붙여 말하면 유럽은 논리화라는 점에서, 그리고 **보다 명석한** '두뇌 습관'에 있어서 유대인들에게 적잖이 신세를 지고 있다. 오늘날에도 우선 '두뇌 세탁'을 해 줘야 할 만큼 한탄스러울 정도로 비이성적인*26 종족인 독일인들은 특히 그렇다. 유대인은 자신들의 세력이 미치게 된 곳이라면 어디에서나, 더욱 정교하게 분석하고 날카롭게 추론하고 뚜렷하고 깨끗하게 쓰는 법을 가르쳐 왔다. 그들의 사명은 늘 민중을 '이성(*raison*)'*27에 다다르게 하는 것이었다).

349 다시 한 번 학자의 출신 성분에 관하여

자기 자신을 보존코자 하는 것은 궁색함의 한 표현이다. 그것은 자연적 삶의 근본충동—**힘의 확대**를 원하며 그 의지 때문에 누차 자기보존에 회의를 품고 이를 희생하기까지 하는 것—의*28 위축을 나타내는 징후이다. 몇몇 철학자들, 예컨대 폐결핵을 앓던 스피노자처럼 철학자들이 자기보존 충동을 가장 결정적인 것으로 여길 때, 우리는 이것을 병적으로 볼 수밖에 없다. 왜냐하면 그들은 특히 궁색한 인간들이었기 때문이다.

근대 자연과학이 이러한 스피노자의 도그마에 그토록 완전하게 말려들어 왔다는 사실(가장 최근이자 가장 나쁜 사례는 이 도그마와, 이해할 수 없을 정도로 편파적인 '생존 투쟁' 이론이 조잡하게 얽힌 다위니즘(*Darwinism*)이다)은 아마 대다수 자연과학자들의 출신에 근거할 것이다. 그들은 이 점에서 '서민'에 속한다. 그들의 조상은 생존의 어려움을 뼈저리게 겪었던 가난하고 미천한 사람들이었다. 영국 다위니즘의 주변에서는 영국의 인구과잉에서 비롯된 질식할 것 같은 공기, 곤궁에 처한 영세민의 냄새가 난다.*29 그러나 자연과학자는 그 인간적 모퉁이로부터 벗어나, 자연을 **지배하는 것**이 곤궁이 아니라 과잉과 낭비라는 사실을 인식해야 한다. 그것도 무의미할 정도로 굉장한 과잉과 낭비이다. 생존을 위한 투쟁은 단지 **예외**일 뿐이며, 삶의 의지의 일시적 제한 상태에 불과하다. 크고 작은 투쟁은 곳곳에서 항상 우월,*30 성장, 확대, 권력을 둘러싸고 이루어진다. 이것들은 힘에 대한 의지에 따르며, 이 힘에 대한 의지야말로 삶의 의지이다.

350 종교적인 인간들에게 경의를*31

교회에 대항하는 투쟁은 특히—왜냐하면 그것은 많은 의미를 지니고 있기 때문에—무겁고 깊고 명상적인 인간들, 곧 존재의 가치와 그들 자신의 가치에 대해서도 계속 의혹을 품는 악의 있고 의심 많은 인간들의 지배에 대항해, 비속하고 무례하고 경박하고 만족에 찬 사람들이 벌이는 투쟁이기도 했다. 즉 민중의 속된 본능, 그 감각적 쾌락주의, 그들의 '선한 마음'은 교회에 대항하여 궐기하였다. 로마 가톨릭교회는 인간 본성에 대해 남유럽적인 의심에 기초하고 있는데, 북유럽에서는 항상 이것이 잘못 이해되었다. 남유럽은 심원한 동양이나 태고의 신비스런 아시아와 그 명상으로부터 이러한 의심을 물려받아 왔다. 프로테스탄티즘은 그 자체로서 이미 솔직하고 정직하며 심각하지 않은 인간들을 위한 민중 반란이었다(북쪽은 항상 남쪽보다 사람은 좋지만 천박했다). 그리고 프랑스혁명이 처음으로, 이 '선량한 인간'의 손에 주권을 완벽하고도 엄숙히 쥐어 주었다(양, 노새, 거위에게, 그리고 손을 댈 수 없을 정도로 천박하고 불평이 많은 자들, '근대 이념'이라는 정신병원에 어울리는 모든 자들에게).

351 사제의 천성을 지닌 인간들에게 경의를

내 견해로는 민중*32이(그런데 오늘날 민중이 아닌 자가 어디에 있느냐?) 지혜라고 여기는 것—즉 목장에 누워 인생을 진지하게 되새김질하면서 **관망하는**, 저 영리한 암소 같은 고요함, 경건함, 시골 목사와 같은 부드러움과 온화함—을 항상 가장 먼 존재로 느끼는 사람들이 철학자들이다. 그 까닭은 그들이 '민중'이 아니든가 시골 목사가 아니기 때문일 것이다. 그들은 그야말로 민중이 그들로부터 가장 멀리 있는 어떤 것을 이해할 수 없으리라 믿는 것 같다. 곧 인식자의 커다란 **정열**이 그것이다. 인식자는 언제나 가장 고귀한 문제들과 가장 무거운 책임의 뇌우 속에서 살고 있으며 또 살아야만 하는 것이다(따라서 그는 결코 방관적이지도, 외면적이지도, 냉담하지도, 확고하지도, 객관적이지도 않다……).

민중이 '현자'의 이상형을 세울 때, 그들은 인식자와는 전혀 다른 형의 인간을 현자로 만들어 존경한다. 이런 형의 인간에게 민중이 가장 좋은 찬사와 존경과 공경을 바치는 것은 지극히 당연한 일이다. 그 인물은 이를테면 온화하며 진지하고 소박하고 순결한 사제의 천성 및 그와 관련된 무언가를 지니고 있다―이러한 인물에게야말로 지혜에 대한 민중적 외경심이 솟아나는 것이다. **이들**보다 민중의 감사를 받을 만한 가치를 지닌 자가 있는가? 이들 인물은 민중에 속해 있고 그들 가운데서 탄생했으며, 민중의 행복을 위해 봉헌되고 선택되고 **희생으로 바쳐졌다**―그들은 신에게 자신을 바쳤다고 믿겠지만. 이들 인물 앞에서만은 민중은 책망 받을 걱정도 없이 마음을 **털어놓고** 이야기할 수 있다. 즉 자신의 비밀, 근심 또는 그 이상의 나쁜 일들을 내쫓아 버릴 수 있다(왜냐하면 인간은 '자기를 알림'으로써 자기를 털어 버리고, 자신을 '고백함'으로써 자신을 잊기 때문이다).

이것은 매우 필요한 일이다. 인간이 영혼의 오물을 처리하려면 하수도와 세탁하는 물이 있어야 하지 않는가. 이러한 공공연하지 않은 위생 관리 임무를 기꺼이 떠맡아 자신을 희생하는 것(확실히 그것은 희생이다. 사제는 어디까지나 희생 제물이다……), 이러한 애정과 강하고 겸허하고 순수한 심정의 격렬한 흐름이 필요하다.

민중은 이처럼 희생으로 바쳐진 조용하고 엄숙한 '신앙'의 인간을 **현자**로 느낀다. 즉 득도의 경지에 이른 자로서, 자신의 불안에 비해 '평온을 얻은 자'로서 느끼는 것이다. 대체 그 누가 민중으로부터 이러한 말과 외경심을 빼앗겠는가? ―그러나 반대로 철학자들이 사제를 또 하나의 '민중'으로서, 그러므로 '철인'이 **아닌 것으로** 여긴다면 그 역시 당연한 일이다. 무엇보다 먼저 철학자들 자신이 '참지식'이라는 것을 믿지 않으며, 이러한 신앙 또는 미신 자체에서 모든 민중의 냄새를 맡을 수 있기 때문이다. 그리스에서 '철학자〔愛知者〕'*[33]란 말을 만들어 내고, 자신을 지혜롭다고 부르는 화려함이나 오만을 정신의 배우들에게 맡겼던 것은 바로 **겸손**―긍지와 자주 정신으로 가득 찬 괴물들, 곧 피타고라스나 플라톤 같은 인물의 겸손이었다.*[34]

352 도덕은 어느 정도로 필수 불가결한가?

벌거벗은 사람은 일반적으로 부끄러워한다. 나는 우리 유럽 남성들에 대해 말하고 있다(결코 유럽 여성들까지 말하는 것은 아니다!) 한창 즐기고 있는 연회에서 사람들이 돌연히 한 마술사의 장난 때문에 서로 옷이 벗겨져 나체로 있는 모습을 보게 되었다고 가정해 보자. 단지 흥이 깨지고 왕성한

식욕도 떨어지는 정도로는 끝나지 않을 것이라고 나는 상상한다―. 우리 유럽인들에게서 의복이라고 불리는 이 가장을 없애 버리기란 불가능할 것이다.

지금 '도덕적 인간'이 옷을 입는 방법을 생각해 보라. 그들이 도덕적인 통칙이나 의례라고 부르는 사고로 몸을 가리는 것, 의무, 도덕, 공공심, 명예, 극기 등의 여러 가지 개념들과 함께 선의에 기초하여 우리의 행동을 숨기는 것도, 의복을 입는 것과 똑같은 이유에서가 아닐까? 이런 식으로 말했지만, 나는 인간의 악의와 비열함, 한마디로 우리 내부에 있는 악한 야수가 가장을 필요로 한다고 말하려는 것은 아니다. 내 생각에는 이와 반대이다. 곧 내 생각은, 보기 부끄러운 대상이며 도덕적 가장이 필요한 것은 정확히 **길들여진 동물**로서의 인간이며, 유럽의 '내적 인간'은 조금도 수치 없이 자신을 보일 만큼(**아름다운** 존재가 될 만큼) 아직 충분히 악하지 않다는 것이다. 유럽인은 자신을 **도덕적으로** 위장한다. 길들여지기에 좋은 이유들을 달고 있는 아프고, 병약하며, 절름발이인 동물이 되어 왔기 때문이다. 그는 거의 반도 완성되지 않았으며[*35] 약하고 발육이 정지된 자이기 때문이다.

도덕적 위장이 필요한 쪽은 무서운 맹수가 아니라 심각한 평범함과 불안, 권태를 지닌 무리동물이다. **도덕이 유럽인들에게 화장을 시키고**―그것을 고백하자! ―그들을 더욱더 고귀하게 중요하게 당당하게 '신성하게' 보이도록 꾸미는 것이다.[*36]

353 종교의 기원에 관하여

종교 창시자들이 본디 창안한 것은 첫 번째로 일정한 일상생활을 규정하는 것, 즉 의지의 훈련[*37]으로서 작용함과 동시에 권태를 쫓아내는 일상생활의 방식을 규정하는 것이다. 두 번째로는 이렇게 세운 생활에 하나의 해석을 부여하는 것, 그 해석으로 생활에 최고의 후광이 비치게 하고 그 결과 바야흐로 그 생활을, 인간이 그것을 위해 싸우고 경우에 따라서는 생명까지 포기하는 귀중품으로 만드는 것이다. 실제로 이 두 가지 발명 중에서 두 번째 것이 더 중요하다. 첫 번째 발명품, 즉 생활방식은 이전부터 이미 있어 왔던 것으로 다만 다른 생활방식과 병존하여 그것의 고유한 가치가 제대로 의식되지 않았을 따름이다. 종교 창시자의 중요성과 독창성은 흔히 그가 위에 언급된 것을 **발견**한다는 점, 그것을 **선택**한다는 점, 그것이 어디에 쓸모가 있고 또 어떻게 해석되는가를 처음으로 **알아챈다**는 점에 있다.

예컨대 예수(또는 사도 바울)는 로마 속국의 하층민 생활을 발견했다. 바로 겸손하며 덕 있고 고통받는 삶을. 그는 그 삶을 해석하고 거기에 최고 의미와 가치를 부여했다—그리고 이와 함께 삶의 다른 모든 방식을 경멸하는 용기를, 조용하면서도 격한 헤른후트(Herrnhut)파적*³⁸ 광신을, 그리고 성장을 거듭해서 마침내 '세계(여기서는 로마와 제국 전체의 상층계급)를 정복한다'는 의지에 이르는 잠재적인 자기확신을 그들에게 심어 주었다. 부처 역시 일정한 종류의 인간들—나태함으로 인해 선량하고 친절한(무엇보다도 공격성이 없는), 또한 똑같이 태만하기 때문에 금욕적인, 거의 욕망 없이 살아가는 종류의 인간들을 발견했다. 게다가 이러한 인간들이 그들 민족의 온갖 신분과 사회계급에 흩어져 있는 것을 발견하였다. 부처는 그러한 종류의 인간들이 불가피하게 그야말로 타성의 힘*³⁹ 때문에 지상의 노고(노동이나 행동 전체)의 **반복을 방지하겠다고** 약속해 주는 신앙에 이끌려 들어갈 수밖에 없다는 것을 깨달았다. 이 '깨달음'이야말로 부처의 천재성이었다. 종교 창시자가 되기 위해서는, 자기들이 같은 부류에 속해 있다는 것을 아직 **인식**하지 못한 사람들에게 공통되는 어떤 평균적인 심성에 대해, 확실한 통찰을 해낼 만한 심리학적 지식을 갖춰야 한다. 그는 이 인간들을 하나로 모으는 자이다. 이런 의미에서 종교를 창시한다는 것은 늘 오랜 세월에 걸친 인식의 제전인 셈이다.

354 '종(種)의 수호신'에 관하여

의식(보다 바르게 말하면 자신을 의식하는 것)의 문제는, 우리가 얼마나 그것 없이 지낼 수 있는가를 파악하기 시작할 때 비로소 우리 앞에 드러난다. 그리고 오늘날 생리학과 동물학은 그러한 이해의 출발점에 우리를 세워 놓고 있다(따라서 이들 학문은 **라이프니츠**의 선구적 의문을 따라잡는 데 200년이 걸린 셈이다). 우리는 생각할 수 있고, 느낄 수 있으며, 의욕을 가질 수도 있다. 또 기억할 수 있으며, 언어의 온갖 의미에 따라 '행동할' 수 있다. 그럼에도 불구하고 이 모든 일에 우리의 '의식 속에 들어가는'(비유적으로 말한다면) 과정이 필요하진 않다. 말하자면 삶 전체는 거울로 자기 자신을 비춰 보지 않아도 이루어지는 것이다. 실제로 현재도 우리 생활의 대부분이 이러한 거울효과 없이 이루어지고 있다. 게다가 이것은 우리의 생각, 느낌, 의욕에 관한 삶에조차 해당된다. 이 말이 늙은 철학자에게는 모욕적으로 들릴지 모르지만. 의식이라고 하는 것이 대체로 **불필요하다면**, 의식은 대체 무엇을 위해 존재하는가?

지금 그대가 내 답변을 듣고자 한다면, 그것도 그 답변이 포함하고 있는 엄청난 추측을 듣고자 한다면, 나는 이렇게 말하겠다. "생각건대 의식의 정밀함과 강함은 항상 인간(또는 동물)의 **전달능력**에 비례하며 그 전달능력은 또한 **전달의 필요성**에 비례한다." 그러나 후자의 경우, 자신의 필요성을 타인에게 전달하고 이해시키는 일에서 실로 달인이라고 할 만한 개개인이 또한 다른 사람의 필요에 의존해야 하는 것이라고 이해해서는 안 된다. 하지만 종이라는 것, 세대의 연쇄라는 것에 관해서는 그렇게 말할 수 있다고 나는 생각한다. 필요와 고통이 오랫동안 사람들에게 서로 빠르고 세세하게 전달하고 이해할 것을 강요해 온 경우, 결국에는 이러한 전달의 힘과 기술이 넘쳐나게 될 것이다. 이와 동시에 이 능력이 점점 축적되고 다음에는 이것을 낭비하는 상속자가 나타나게 된다(예술가라고 불리는 자들이 바로 그들이다. 웅변가들, 설교자들, 작가들도 마찬가지이다. 그들은 항상 긴 혈족 연쇄의 마지막에 오는 사람들, 진정한 의미에서의 '후손', 이미 말했던 것처럼 본질적인 낭비자들이다).

이러한 고찰이 옳다면 나의 추측도 다음과 같이 나아갈 수 있으리라. 곧 **의식 일반은 오로지 전달의 필요에서 오는 압력 때문에 발전된 것이다.** 본디 의식은 인간과 인간 사이에서만(특히 명령하는 자와 복종하는 자 사이에서만) 필요하고 쓸모가 있다. 게다가 그것은 이러한 유용성의 정도에 비례해서만 발전했다. 의식이라는 것은 본디 인간과 인간 사이의 연락망에 불과하며, 단지 그런 것으로서만 발달할 수 있었을 것이다. 맹수처럼 살았던 고독한 인간이라면 의식을 필요로 하지 않았을 것이다. 우리의 행동, 생각, 감정 그리고 움직임조차—적어도 그 일부분이—우리 자신의 의식 속으로 들어오는 것은, 놀랄 만큼 오랫동안 인간을 지배했던 '필요'의 결과이다. 가장 위기에 처한 동물로서 인간은 도움과 보호가 **필요했다.** 그는 동료가 있어야 했고 자신의 위급함을 표현하는 법을 배워야 했으며 자기를 남에게 이해시켜야 했다. 이 모든 것을 위해 인간은 그 무엇보다도 먼저 '의식'을 필요로 했다. 즉 자기에게 무엇이 부족한지, 지금 어떤 기분인지, 자기가 무엇을 생각하는지를 '알' 필요가 있었다. 반복해서 말하건대 인간은 모든 살아 있는 것과 똑같이 끊임없이 생각하고, 그럼에도 그것을 알지 못하기 때문이다. **의식**된 사고는 이 모든 사고 중에서 단지 가장 작은 부분—가장 피상적이고 조악한 부분—일 뿐이다. 왜냐하면 의식된 사고만이 **언어** 형태를 띠고 있으며, 따라서 **전달기호**(이것에서 의식의 기원이 드러나게 되었다)**를 통해** 이루어지기 때문이다.

한마디로 언어 발달과 의식 발달(이성이 아니라 단지 이성의 자의식화 발달)은 나란히 협력하여 간다. 여기에다 시선이나 압력이나 몸짓도 인간 사이의 다리 구실을 하고 있다. 우리 인식 속에서 감각인상을 의식하는 능력, 그것들을 고정하는 능력, 그리고 그것들을 외부로 드러내는 능력은, 그런 인상들을 기호로써 **다른 사람에게** 전해야 할 필요가 늘어남에 따라 함께 증가했다. 기호를 발명하는 인간은 동시에 자신을 더욱 예리하게 의식하게 된 인간이다. 인간은 사회적 동물로서 처음으로 자기 자신을 의식하는 법을 배웠다—그는 아직 그것을 더욱더 행하는 과정 중에 있다.

이제 파악했겠지만 나는, 본디부터 의식은 인간의 개인적 실존이 아니라 오히려 그에게 내재한 공동체이자 무리로서의 본성에 속한 것이라고 생각한다. 그 결론으로서 의식은 그것이 공동체와 무리를 위해 유용성을 지니는 한에서만 정교하게 발달해 왔다는 것이다. 결국 우리는 자기 자신을 되도록 개인으로서 **이해하고** '자기 자신을 알고자 하는' 최선의 의지를 지녔음에도 불구하고, 단지 비개인적인 것, '평균적인 것'만을 인식하는 데 그칠 뿐이다. 우리의 생각 자체는 지속적으로 의식의 성격에 따라—그 속에서 군림하는 '종의 수호신에 따라'—, 다시 말하면 **다수결 원칙에 따라** 무리 관점으로 해석된다. 근본적으로 우리의 모든 행동들은 대체로 비교할 수 없이 개인적이며, 독특하고 끝없이 개성적이다. 그것에는 추호의 의심도 없다. 그러나 우리가 그들 행동을 의식으로 번역해 놓자마자 **그 행동들은 더 이상 그렇게는 보이지 않는다.**

이것이 내가 이해하는 참된 현상론이며 원근법주의이다. **동물의 의식** 본성에는 필연적으로 다음의 사실들이 뒤따른다. 우리가 의식할 수 있는 세계는 피상적 세계, 기호 세계, 일반화되고 평범해진 세계에 불과하다.*40 의식된 모든 것은 확실히 그 의식되는 것 자체 때문에 천박하고 얇고 비교적 어리석으며 일반적인 기호이자 군중(무리)의 표지가 **돼 버린다.** 모든 의식화에는 커다랗고 철저한 붕괴, 위조, 피상화, 일반화가 결합되어 있다. 결국 의식의 증가는 위험한 것이다. 가장 의식적인 유럽인 가운데서 사는 사람은 그것이 하나의 질병임을 알고 있다.

이 경우 내가 문제로 삼는 것은, 사람들이 생각하듯이 주관과 객관의 대립이 아니다. 이러한 구별은 문법(곧 민중의 형이상학)의 함정에 빠진 인식론자들에게 맡기겠다. 더욱이 그것은 '물자체'와 현상의 대립은 아니다. 우리의 **인식**은 그러한 **구별**을 할 만큼 충분히 안다고*41 할 수 없기 때문이다. 우리에게는 인식을 위한, '진리'*42를 위한 기관(器官, *organ*)이 전혀 없다. 우리는 인간 무리나 종족에 **유익한** 딱 그만큼만 '안다'*43(또는 믿거나 상상한다). 게다가 여기에서 '유익'이라 불리는 것조차 결국은 단순한 믿음이나 상상에 불과하다. 아마 그것은 언젠가 우리를 멸망시킬 운명적인 어리석음일지도 모른다.

355 '인식'*44이라는 개념의 기원

이에 대한 해명을 거리에서 시작하려 한다. 나는 민중 가운데 누군가가 "그가 나를 인식했어"라고 말하는 소릴 들었다.*45 그때 나는 스스로에게 물었다. 사람들은 대체 인식(*Erkenntnis*)을 무엇이라고 이해하는가? 그들이 인식을 바랄 때, 그들은 무엇을 바라는 것인가? 곧 어떤 낯선 것을 **친숙한** 것으로 환원하는 일, 그 외의 것은 아니리라.*46 그리고 우리 철학자들—우리가 인식이라고 말하는 것은 과연 **이 이상의 것**을 의미하는가? 이미 알고 있어 친숙하다는 것은, 우리가 익숙해져서 그것에 더 이상 놀라지 않는 것을 의미하며, 우리의 일상, 우리가 굳게 지켜 왔던 규칙, 편안하게 느끼는 모든 것을 뜻한다. 나는 묻고 싶다. 인식에 대한 우리의 욕구는 이 친숙한 것을 향한 바람이 아닐까? 모든 낯선 것, 익숙하지 않은 것, 의심스러운 것 속에서, 이제는 우리를 불안하게 하지 않을 어떤 것을 발견하려는 의지가 아닐까? 우리에게 인식하라고 명령하는 것은 사실 **두려움의 본능**이 아닐까? 아울러 지식을 성취한 자들의 환희는 안전감의 회복에 대한 환희가 아닐까?

세계를 '이념(*idea*)'으로 환원하고는 그것을 '인식'이라고 생각한 철학자가 있었다.*47 그것은 '이념'이라는 것이 그에게는 이미 친숙했고, 그가 그것을 매우 잘 알고 있었기 때문이 아닐까? 그는 더 이상 이념을 두려워하지 않았기 때문이 아닐까?

오! 인식하는 자들의 이 욕심 없는 태도란! 그들의 원칙이나 세계의 수수께끼를 해결하는 모습을 이 관점에서 보라! 그들이 사물에서—사물 아래서든 배경에서든—무엇인가를 발견했을 때 그것은 유감스럽게도 우리의 구구표라든가, 우리의 논리라든가, 우리의 의도 또는 욕망처럼 이미 너무나 친숙한 것이다. 이때 그들은 얼마나 행복할까! 왜냐하면 '친숙한 것은 이미 알고 있는 것'이기 때문이다.*48 이 점에서 그들은 일치하고 있다. 그들 가운데 가장 신중한 사람조차, 적어도 친숙한 것은 낯선 것보다 **쉽게 인식할 수 있다**고 생각한다. 예컨대 '내면 세계'나 '의식의 사실'에서 출발하자는 방법론적 제안이 나오는 것은, 그것이 **우리에게 더 익숙한** 세계이기 때문이다. 이야말로 오류 중에서도 가장 큰 오류이다! 친숙한 것은 습관적인 것에 불과하다. 그런데 습관적인 것은 '인식하기' 가장 어려운 것이다. 이 말은 문제로서 바라보기에 곤란하다는 뜻이다. 즉 그것은 낯익지 않은 것으로서, 멀리 있는 것으로서, '우리 밖에 있는 것으로서' 바라보기에 가장 어려운 것이다.

심리학이나 의식 요소의 비판—**비자연과학**이라고 이를 수도 있는 것—과 비교했을 때, 자연과학의 높은 확실성은 그것이 **낯선 것**을 대상으로 취한다는 데 근거한다. 반면에 낯설지 않은 대상을 선택하고자 하는 것은 매우 모순적이고 바보 같은 짓이다.*49

356 유럽은 어느 정도까지 계속 '예술적'이 될 것인가?

생활 문제가 오늘날 여전히—실제로 그렇게 많은 강요가 폐지된 이 과도기에도—거의 모든 유럽 남성에게 일정한 역할을, 그들이 이른바 직업이라고 부르는 것을 강요하고 있다. 이때 아주 적은 사람들에게는 이 역할을 스스로 선택할 자유, 외관상의 자유가 남아 있다. 그러나 아주 많은 사람들에게는 이 역할이 골라져 강요되고 있다. 그 결과는 정말 이상하다. 거의 모든 유럽인들은 나이가 듦에 따라 자기와 자신의 역할을 혼동하게 된다. 그들은 자기 자신의 '우수한 연기'에 희생되고 있다. 그들은 스스로 천직을 결정했을 때 얼마나 많은 우연과 기분 또는 변덕에 좌우됐는가를 잊고 있다―또한 그들이 연기**할 수 있는** 다른 역할들이 얼마나 많았는가를 잊고 있다. 어차피 지금은 너무 늦었지만 말이다! 더 깊게 생각해 보면 역할은 실제 성격이 **되고**, 연기라는 예술은 천성이 **되었다.** 사람들이 굳센 믿음과 심지어 경건함까지 가지고 자신의 일 또는 생업에 종사하는 운명을 믿고, 거기에서 우연이라든가 역할이라든가 또는 변덕의 요소를 인식하기를 거절하는 시대가 있었다. 신분이나 조합, 세습되는 직업적 특권이 이 믿음 덕분에 엄청난 사회적 피라미드를 이루는 데 성공한 것이다. 이것이 중세의 특징이며, 이 피라미드에선 적어도 내구력(내구성은 지상에서 제일의 가치이다!) 하나만은 칭찬받을 만하다. 그러나 이와 반대 시대, 곧 근본부터 민주적인 시대도 있다. 거기에서는 인간이 이러한 신념을 빠르게 잊어버리고, 그와 반대되는 대담한 믿음과 관점이 전면에 나타나게 된다. 그것은 페리클레스 시대에 맨 처음 주목받기 시작한 아테네인의 믿음이며, 더 나아가 오늘날 점점 유럽인의 믿음이 되고 있는 미국인의 믿음이다. 이런 시대의 개인은 자신이 모든 것을 할 수 있고 곧 **모든 역할을 잘할 수 있다고** 확신한다. 모든 이가 자신을 실험하고, 즉석 연기를 실험하고, 새롭게 실험하고 또한 즐겁게 실험한다. 거기에서는 모든 자연은 종말을 고하여 이제 예술로 변한다.

이러한 역할 신앙을 받아들인―예술인 신앙이라 해도 좋다―그리스인은, 잘 알려진 대로 모든 면에서 모방에 가치를 두지 않는 기이한 변화를 점진적으로 겪었다. **그들은 실제로 배우가 되어 버린 것이다.** 그런 배우로서 그들은 온 세계를 매혹하였으며, 결국 '세계의 정복자'조차 정복했다(왜냐하면 순진한 사람들의 말처럼 그리스 문화가 **아니라,** 바로 보잘것없는 그리스 배우 *Graeculus histrio*가 로마를 정복하였기 때문이다). 그러나 내가 두려워하는 것, 그리고 우리가 관심을 기울인다면 분명히 알 수 있는 것은, 우리 근대인도 이미 완전히 똑같은 길을 걷고 있다는 점이다. 자신이 어디까지 하나의 역할을 연기할 수 있는가, 어디까지 배우가 될 수 있는가를 발견하기 시작할 때마다 인간은 배우가 된다. 그리고 이와 함께 고정적이고 제약된 시대에는 결코 자랄 수 없는―또는 '하층에서' 오욕과 의혹을 뒤집어쓴 채 방치돼 버리는―새로운 인간의 식물군과 동물군이 나타난다. 이와 더불어 반드시 역사상 가장 흥미롭고 가장 광적인 시대가 나타나서 거기에서는 '배우'

가, **온갖** 종류의 배우가 진정한 주인공이 된다. 바로 이 때문에 다른 인간 유형은 점차 불이익을 받게 되며 결국 그 출현이 불가능하게 된다. 특히 무엇보다도 먼저 위대한 '건축가'들이 그렇게 된다. 건설하는 능력은 마비되고 먼 미래를 위한 계획을 세우려는 용기는 사리진다. 조직을 만드는 천재가 부족하게 된다. 이 시대에 누가 감히 몇 천 년에 걸쳐 완성될 일에 과감하게 착수하려 들 것인가? 확실히 이러한 근본신앙—인간이 그 위에 서서 예상과 약속을 하고 미리 헤아린 미래를 자기 계획 속에 짜넣는 근본신앙—, 곧 인간은 그들이 **위대한 건축물에 속하는 하나의 주춧돌**이며(이를 위해서 인간은 무엇보다도 우선 **견고해야 하고** 주춧돌이 되어야 한다. 그리고 배우는 절대 아니어야 한다!), 주춧돌인 한에서 가치와 의미를 지닌다는 근본적인 믿음이 사라지게 되었다.

결국 아아! 여전히 이 사실은 당분간 침묵에 부쳐질 것이다! 지금부터 더 이상 세워지지 않을, 그리고 세워질 수 없는 것은—그 말의 오랜 의미에서의 사회(*Gesllschaft*)이다. 이러한 건축물을 세우기에는 무엇보다도 특히 재료가 결여되어 있다. **우리 모두는 더 이상 사회를 이루는 재료가 아니다.** 이것이 이 시절의 진리이다! 오늘날 존재하는 가장 근시안적인, 아마도 가장 진지한, 어쨌든 가장 소란스러운 종류의 인간, 즉 우리 사회주의자 제군이 지금도 대개 그 반대를 믿으며, 바라며, 꿈꾸고, 열심히 소리치고 글로 쓰고 있다는 것은 내 관심 밖의 일이다. 사람들은 그들의 미래의 표어, '자유로운 사회'를 벌써 모든 탁자와 벽 위에서 읽는다.[*50] '자유로운 사회?' 옳거니! 그렇다! 그러나 너희는 그것이 무엇으로 건축되는지 알고 있는가? 나무로 된 쇠로! 저 유명한 나무로 된 쇠로! 그러나 그것은 나무로 된 것이 아님이 분명하다.

357 '독일적이란 무엇인가'라는 오래된 문제[*51]

독일인 두뇌의 혜택을 입었다고 하는 철학적 사유의 업적에 대해 곰곰이 따져 보자. 그것들은 어떤 의미에서 종족 전체의 가치에 보탬이 되는가? 독일인의 철학 사상은 '독일 영혼'의 작품이든가 적어도 그 징후를 나타내고 있다고, 과연 우리는 말할 수 있는가? 마치 플라톤의 이데아를 향한 열광과 종교적인 형상(Forms)에 대한 집념을, 동시에 '그리스 영혼'의 사건이며 증명으로서 보는 것이 보통인 것처럼 말이다. 아니면 그 반대가 진실인가? 그들 독일 철학은 지극히 개인적인 것, 종족 정신과는 아주 동떨어졌던 **예외**인 것인가? 예컨대 편안한 양심으로 이교도 문화를 받아들인 괴테처럼.*52 아니면 그 철학은 비스마르크의 경우처럼 양심에 부끄러워하지 않는 마키아벨리즘, 독일인의 '현실정치(*Realpolitik*)*53와 같은 것일까. 어쩌면 우리 철학자들은 실제로 '독일 영혼'의 **요구**조차 등지고 있는 것은 아닌가? 한마디로 독일 철학자들은 정말로—철학적인 **독일인**이었을까?

나는 세 가지 경우들을 되새겨 보려 한다. 첫째로, 데카르트의 학설 뿐 아니라 그 이전에 세워진 모든 이론을 극복한 **라이프니츠**의 비교할 수 없이 뛰어난 통찰을 보자. 즉 의식은 표상*54의 예기치 않은 속성(우발성)*55에 불과하며 그 필연적·본질적인 속성은 **아니라는** 것, 따라서 우리가 의식이라 부르는 것은 단지 우리 정신과 영혼 세계의 한 상태(아마도 병적인 상태)일 뿐 **정신 세계 그 자체는 아니라는** 통찰이다. 그 심오함이 오늘까지 고갈되지 않고 있는 라이프니츠의 이 사상은 독일적인 것인가 어떤가? 라틴 인종이라면 이렇게 명백해 보이는 사항에 대한 발상의 전환을 쉽게 해낼 수 없다고 추정해도 되겠는가? 실제로 그것은 발상의 전환이기 때문이다.

둘째로, 칸트가 '인과성'의 개념에 찍었던 엄청난 의문부호를 떠올려 보자. 단 칸트는 흄과 같이 그 권리일반을 의심한 것은 아니다. 칸트는 오히려 이 개념이 일반적 의미를 갖는 영역을 신중하게 한정하기 시작했다(오늘날에도 이 경계 설정은 계속되고 있다).

셋째로, **헤겔**이 종의 개념*56이 **상호발전**한다는 것(이 명제 덕분에 유럽의 여러 사상가는 근대의 위대한 과학운동인 다위니즘과 마주할 준비를 미리 갖출 수 있었다. 왜냐하면 헤겔 없는 다윈이 있을 수 없기 때문이다)을 감히 가르쳤을 때, 모든 논리적 습관이나 나쁜 습관들을 물리쳤던 그의 경탄할 만한 방법을 살펴보자. 학문에다 '발전'이라는 결정적 개념을 처음으로 도입했던 헤겔의 이 혁신에 독일적인 요소가 있는가?

그렇다. 의문의 여지가 없다. 이상의 세 가지 경우를 통해 우리는 우리 내부의 무엇인가가 '폭로'되고 파악되는 것을 느끼며, 그에 대해 감사한 마음과 동시에 놀라움을 깨닫는다. 이 세 가지 명제는 독일적 자기인식·자기경험·자기파악에 나타나는 깊이 있는 사고의 한 조각이다.

'우리의 내면 세계는 더욱 풍부하고 넓으며 은밀하다'라고 우리는 라이프니츠를 읽으며 느낀다. 칸트와 함께 우리 독일인들은 자연과학적 인식의 궁극적 타당성을 의심하고, 또한 보통 인과율적*[57]으로 인식**되는** 모든 것에 의문을 던진다. 인식**될 수 있는** 것은 그뿐으로 우리에게는 이미 **가치 없는** 것처럼 보인다. 우리 독일인은 설사 헤겔이 존재치 않는다 할지라도 헤겔주의자들이다. 우리가(모든 라틴계 인종과는 반대로) '존재하는' 것보다도 생성 및 발전에 한층 깊은 의미와 풍부한 가치를 본능적으로 내주는 한, 우리는 헤겔주의자인 것이다. 우리는 거의 '존재'*[58]라는 개념의 권능을 믿지 않고 있다. ─똑같이 우리가, 우리의 인간적 논리가 논리 그 자체이며 유일한 논리라고 인정하기를 꺼리는 한에서 그렇다(오히려 우리는 그것이 단지 특수한 경우이며 분명 가장 기이하고 어리석은 경우 가운데 하나라고 믿고 있다).

그런데 네 번째 문제는 다음과 같다. 즉 **쇼펜하우어** 역시 그 염세주의, 곧 **현존재의 가치문제**를 다루었다는 점에서 독일인이 틀림없지 않을까? 나는 그렇다고 믿지 않는다. 이 문제가 확실하게 일으키리라 예상되던 사건─영혼의 천문학자는 그 발생 날짜와 시간을 계산할 수 있었을 것이다─, 곧 그리스도교 신에 대한 신앙의 몰락과 과학적 무신론의 승리라는 사건은, 모든 민족이 그 공로와 명예를 나누어 갖는 것이 가능했던 전 유럽적 사건이다. 반대로 이 무신론의 승리를 가장 길고 가장 위험하게 지연시켰던 것은 바로 독일인이라고 말할 수 있을 것이다. ─쇼펜하우어와 같은 시대에 살았던 독일인들, 특히 헤겔은 그것을 **지연시킨** 대표적 인물이었다. 이는 그의 거창한 시도, 우리의 제6감인 '역사적 감각'이라는 궁극적 수단으로써 우리에게 현존재의 신성성을 설득하려는 시도를 통해서였다. 쇼펜하우어는 철학자로서 우리 독일인이 소유했던 **맨 처음**이자 움직일 수 없는 무신론자였다. 이것이 헤겔에 대한 그의 적대감의 배경이었다. 현존재의 비신성성은 그에게는 확실하고 논의의 여지가 없는 주어진 사실이었다. 누군가 이 문제에 대해 머뭇거리거나 에둘러 말하는 것을 보았을 때 그는 철학자로서의 침착성을 잃고 분노하였다. 바로 여기에 그의 성실성이 있다. 무조건적으로 성실한 무신론이야말로 그의 문제 제기의 **전제조건**이었다. 그것은 유럽의 양심이 매우 노력하여 간신히 손에 넣은 승리이며, 마침내 신에 대한 신앙의 **허위**를 금지하기에 이른, 진리를 위한 2000년에 걸친 훈련이 열매 맺은 가장 영향력 있는 사건이었다.

우리는 본디 **무엇이** 그리스도교의 신을 무찔러 이겼던가를 알고 있다. 그것은 그리스도교의 도덕성 자체, 점점 엄격하게 이해되던 성실의 개념, 학문적 양심과 극도의 지적 결벽에까지 해석되고 승화되었던[*59] 그리스도교적 양심을 지닌 고해신부의 예민성 등이었다. 자연을 신의 자비와 가호에 대한 증거로서 보는 것, 신적 이성을 중요시하여 역사를 윤리적 세계질서와 윤리적 궁극목적의 부단한 증명으로 해석하는 것, 자신의 체험을 신앙심이 두터운 사람들이 오랫동안 해석해 온 것처럼, 마치 하나에서 열까지 모두 다 섭리이며 경고이며 영혼을 구하기 위하여 고안되고 우리에게 주어진 것처럼 해석하는 것, 이제 이러한 사고방식은 다 **지나갔다.** 그것은 양심에 **위배된다.** 그것은 모든 섬세한 양심에 비추어 볼 때 추한 불성실로서, 허위와 페미니즘으로서, 약함으로서, 비겁함으로서 생각된다. 무엇인가 때문에 우리가 **선한** 유럽인[*60]이며 유럽의 가장 오래된, 가장 용감한 자기극복의 계승자라면, 그것은 이러한 엄격함에 의해서야말로 그렇다.

우리가 그리스도교적 해석을 이렇게 거절하고 그 '의미'를 위조지폐라고[*61] 심판할 때, 곧바로 놀랄 만한 방식으로 우리에게 닥쳐오는 것이 있으니 바로 **쇼펜하우어**의 다음과 같은 질문이다. '도대체 **인간의 실존에는 의미가 있는가?**' 그것의 가장 깊은 의미까지 완전히 듣는 데만도 몇 세기가 필요한 문제이다. 쇼펜하우어 자신이 이 문제에 대해 제출한 답은—이런 표현을 용서하길 바란다—성급하고 미숙한 것이었다. 그 답은 단순한 타협이며, 신에 대한 신앙과 함께 **그 믿음도 철회된** 그리스도교의 금욕적인 도덕관에 머무는 것이었다. 그러나 그는 이 문제를 **제기했다**—위에서 말했듯이 독일인으로서가 **아니라** 선한 유럽인으로서.

그런데 독일인은 적어도 쇼펜하우어의 문제를 평가했던 태도를 통해 그들의 내적 소속성과 친근성, 쇼펜하우어의 문제에 대한 그들의 각오나 **요구**를 일러주지 않았는가? 쇼펜하우어 이후 독일에서도—상당히 늦기는 했지만—사람들은 그가 내놓은 문제에 대해 생각하고 인쇄물들을 출판했다. 그러나 이것이 밀접한 내적 유사성을 입증하는 확실한 증거가 되지는 않는다. 쇼펜하우어 이후의 염세주의가 보여 준 특유의 **미숙함**이 그것을 반증한다. 독일인은 확실히 이 경우 전혀 무대에 어울리지 않는 태도를 보이고 있다. 이렇게 말한다고 해서 내가 에두아르트 폰 하르트만*62을 풍자하는 것은 결코 아니다. 오히려 그 반대다. 오늘까지 나는 하르트만이 우리에게 너무 **영리하다**는 오래된 의심을 떨쳐 버리지 않고 있다. 내 생각에 그는 아마도 처음부터 악의적인 익살꾼으로 독일인의 염세주의를 비웃었을 뿐만 아니라—별안간 생겨났다 없어지는 회사설립시대*63의 독일인을 어디까지 우롱하는 것이 가능한가를 독일인에게 이른바 '유언'으로 남겼던 것이다. 그런데 묻지만—우리는 현실 변증법적 비참과 '개인적 불운'의 주위에서 일생 동안 즐겁게 빙빙 돌았던, 그 낡은 윙윙 소리를 내는 팽이 반센*64을 독일인의 영예로 여길 수 있는가? 이것은 분명하게 독일적인 것인가? (나는 이 기회에 그의 저술을, 내가 그것을 사용했던 목적을 위해 추천한다. 그의 글은 염세주의에 반하는 것으로서 특히 그 심리적 멋스러움으로, 더없이 꽉 막힌 육체와 정서에도 도움을 줄 것이다.) 또는 어떤 달콤한 순결의 사도 마인렌더*65와 같은 딜레탕트들과 늙은 미혼녀들을 참된 독일인으로 여길 수 있는가? 결국 그들은 유대인이었을 뿐이리라(모든 유대인은 도덕을 이야기할 때 달콤하다). 반센도, 마인렌더도, 하물며 에두아르트 폰 하르트만도 쇼펜하우어의 염세주의가, 신이 사라진 어리석고 맹목적이며 광적이고 의심스러운 곳이 된 세계에 쏟아지던 쇼펜하우어적 공포의 시선이, 그의 **진지한** 공포가…… 단지 독일인 가운데 한 예외가 아니라 **독일적** 사건이었던가 아닌가 하는 질문에 대해 분명한 해답을 우리에게 주고 있지 못하다. 이와 반대로 전면에 나타난 그 밖의 모든 것, 이를테면 우리 과감한 정치나 우리 기쁨이었던 애국주의—이것은 그야말로 단호하게 모든 것을 철학적이지 못한 원리("독일, 세계에서 으뜸가는 독일")에 비추어 종의 모습 아래에서, 즉 독일적 종족의 모습 아래에서 본다—등은 분명하게 그 반대 사실을 입증하고 있는 것이다. 그렇다! 오늘날 독일인은 결코 염세주의자가 **아니다**! 그리고 쇼펜하우어를 다시 한 번 말한다면, 그는 독일인으로서가 **아니라** 선한 유럽인으로서 염세주의자였다. *66

358 정신의 농민혁명

우리 유럽인들은 거대한 폐허의 세계를 응시하고 있다. 거기에는 소수의 것들은 높이 솟아 우뚝하고 많은 것들은 완전히 썩어 기분 나쁜 모양새를 하고 있는데, 대부분은 이미 붕괴되어 그림과 같은 아름다운 광경을 이루고 있다. 일찍이 이보다 아름다운 폐허가 어디에 존재했던가? 그것도 크고 작은 잡초로 뒤덮여 있는 정경이다. 교회, 이것이 이 멸망의 도시인 것이다. 우리는 그리스도교의 종교적 공동체(사회)가 가장 낮은 밑바탕까지 흔들리는 것을 본다. 신에 대한 믿음이 붕괴해 가고 있다. 그리스도교적·금욕적 이상에 대한 신앙은 아직도 그 마지막 투쟁을 하고 있다. 그렇게 오랜 시간 동안 그렇게 주의 깊게 세워져 온 그리스도교와 같은 작품—그것은 로마인의 맨 마지막 건축물이었다! —은 물론 한번에 모두 파괴될 수는 없었다. 모든 유형의 지진이 그 유형물을 흔들어 대고, 모든 유형의 정신이 거기에 구멍을 뚫으며 파고, 그것을 갉아먹으며 축축하게 적시며 파괴에 힘을 빌려 주어야만 했다. 그러나 가장 기이한 것은, 그리스도교를 지키고 유지하는 데 최선을 다했던 자가 바로 그리스도교 최대의 파괴자가 되었다는 점이다. 그들이 곧 독일인이다.

독일인은 교회 본질을 이해하지 못하는 것처럼 보인다. 그들은 충분히 정신적이지 못한 건가? 의심이 모자라는 것은 아닌가? 어쨌든 교회라고 하는 구축물은 정신의 **남국적인** 자유와 활달함 위에, 또는 자연이나 인간 및 정신에 대한 남국적인 불신 위에 서 있다. 그것은 북국이 소유하고 있는 것과는 전혀 다른 인간의 지식과 경험에 토대하고 있다. 루터의 종교개혁은 전체적으로 볼 때 단순하고 우직한 것이 '복잡하고 풍부한 것'에 대해 터뜨리는 분노였다. 조심스럽게 말한다면 그것은 너그러이 봐주어야 할 구석이 많이 있는, 거칠고 우직한 오해였던 셈이다. 그들은 **승리를 과시하는** 교회의 표현을 이해하지 못하고 다만 퇴폐만을 보았다. 그들은 고귀한 회의를, 승리에 빛나며 자신에 찬 모든 권력이 스스로에게 허락하는 어떤 회의와 관용의 **사치**를 오해했다.

오늘날 사람들이 아무렇지 않게 지나치는 점은, 권력의 모든 근본 문제에 관한 루터의 태도가 얼마나 운명적이고 경솔하며 피상적이고 부주의했는가 하는 것이다. 민중 출신인 그는 무엇보다도 지배계급의 모든 유산과 권력에 대한 본능이 결여되어 있어서 그런 운명적인 성격을 지니고 있었다. 그 때문에 로마인의 작품을 다시 세우려 했던 루터의 사업, 루터의 의지는 본의 아니게도 부지중에 파괴작업의 시작이 되어 버렸다. 그는 늙은 거미가 그렇게 오랫동안 조심스럽게 짜 온 것을, 마음으로부터의 분노에 따라 풀어 내고 갈기갈기 찢어 버렸다. 그는 성서를 만인의 손에 넘겨주었다. 그 때문에 그것은 결국 문헌학자의 손에, 즉 책들에 기초한 모든 믿음을 무너트리는 인간의 손에 들어가게 되었다. 그는 종교회의의 영감에 대한 신앙을 내던짐으로써 '교회' 개념을 파괴했다. 왜냐하면 '교회' 개념은 교회의 기초인 영감적 정신이 아직 교회에 살아 있고, 아직 세워져 있으며, 계속 세워지고 있다는 전제 아래에서만 힘을 갖기 때문이다. 그는 성직자에게 아내와의 성교를 허용했다. 그러나 민중 특히 민중의 여성들이 가질 수 있는 외경심의 4분의 3은, 성교에 관해 예외일 수 있는 인간이라면 한층 다른 많은 점에서도 예외일 것이라는 믿음에 의존해 있다. 바로 여기에, 인간 안에 있는 초인적인 것, 기적, 인간 속의 구원의 신에 대한 민중적 신앙이 가장 완전하며 빈틈없는 변호인을 두고 있는 것이다. 성직자에게 여인을 주었던 루터는 그들로부터 비밀참회를 들는 자격을 **빼앗아야만** 했다. 그것은 심리적으로는 옳은 처사였다. 그러나 그 때문에 궁극적 의미의 그리스도교 성직자 자체는 없어지게 되었다. 성직자의 가장 중대한 효용은 그가 항상 신성한 귀요 침묵의 샘, 비밀을 위한 무덤이라는 데 있었기 때문이다. '만인이 자기 자신의 성직자이다' —이러한 표어와 그 농민적인 교활함 뒤에는, 교회가 품고 있던 '고급한 인간'과 '고급한 인간의 지배'에 대한 루터의 끝을 알 수 없는 증오가 숨어 있었다. 그는 자신이 도달할 수 없었던 이상을—그 이상의 퇴화(타락)를 혐오하며 막으려 한 것처럼 보이지만—부숴 버렸다. 실제로 이 못 말리는 성직자는 '종교적 인간(homines religiosi)'의 **지배**를 밀어제쳤다. 이리하여 자신이 시민 질서와 관련하여 그토록 철저히 공격했던 것—'농민혁명'—을 스스로 교회의 사회적 질서 내부에서 일으켰던 것이다.

이후 그의 종교개혁으로부터 나왔던 선하기도 하고 악하기도 한, 오늘날 대체로 예측할 수 있는 모든 것, 그 결과 때문에 루터를 칭찬하거나 비난하는 단순한 인간이 있을까? 루터는 모든 것에 대해 아무런 죄가 없다. 그는 자기가 했던 일을 알지 못했다. 유럽 정신의 천박화, 특히 북방에서 일어난 천박화는, 듣기 좋게끔 보다 도덕적인 언어로 말한다면 유럽 정신의 **선량화**는, 루터의 종교개혁과 함께 놀랄 만큼 진일보하였다는 점에서 의심의 여지가 없다. 이와 마찬가지로 이 개혁을 통해 정신의 동요와 불안이, 그 독립성에 대한 갈증이, 그 자유에 대한 권리의 신앙과 그 '자연성'이 커졌다. 이제 마지막으로 인간이 오늘날 '근대과학'으로서 존중되는 것을 준비하고 촉진했다는 사실에서 종교개혁의 가치를 인정한다면, 우리는 물론 이렇게 덧붙일 수밖에 없다—종교개혁은 근대학자의 퇴화에도 연대책임이 있다고. 학자들의 외경심이나 수치심 그리고 깊이의 결여에, 그 인식에 관한 순수함이나 우직함에, 한마디로 지난 두 세기의 특징을 이루어 지금까지의 염세주의도 전혀 우리를 구제할 수 없게 만든 저 **정신의 천민주의**에 책임이 있다고.

'근대사상'은 그리스도교 교회 속에 그 최대의 기념비를 구축했던 남유럽의 냉정하며, 애매하고, 의심 많은 정신에 대항한 북방 농민혁명의 소산이었다. 우리는 최후로 교회의 실체가—그것도 온갖 '국가'에 대립하는 의미에서—무엇인가를 잊지 말자. 교회는 무엇보다도 먼저 고도로 **정신적인** 인간들에게 지극히 높은 순위, 가장 높은 지위를 보증하며 갖가지 난폭한 강압수단을 금지하기 위하여 정신성의 힘을 **믿는** 지배조직*[67]이다. 바로 이 점 하나 때문에 교회는 모든 경우에 국가보다 더 **고귀한** 제도인 것이다.

359 정신에 대한 복수 그리고 도덕의 여러 다른 배경들*[68]

그대들의 도덕에 대한 생각은 어떠한가? —그것의 어디쯤에서 그대들은 가장 위험하고 간교한 변호인을 발견할 것인가?

여기에 한 쓸모없게 된 인간이 있다.*[69] 그는 자기의 정신을 즐길 수 있을 만큼 충분한 정신을 지니고 있지는 못하지만, 그것을 알 만큼의 교양은 갖춘 쓸모없게 된 인간이다. 싫증 내고 지겨워하는 자기경멸자이다. 그는 상속받은 얼마간의 재산 때문에 불행히도 최후의 위로, 즉 '노동의 축복'이나 '일상적인 일'을 통해서 자기를 잊는다는 최후의 위로조차도 빼앗겼다. 마침내 그는 자신의 생존을 부끄러워한다—아마 그는 그 위에다 약간의 악덕을 갖추고 있을 것이다. 한편으로 그는 자기와는 어울리지 않는 책들과, 또는 자기가 미처 소화할 수 없는 정신적 사교 등으로 인해, 더욱더 자신을 망치고 허영에 찬 신경질적인 사람이 돼 버린다. 그러한 인간은 독으로 철두철미하게 망쳐져 왔다. 이런 쓸모없는 인간에게는 정신도 독이 되고, 재산도 독이 되고, 교양도 독이 되며, 고독도 독이 되기 때문이다. 마침내 이런 인간들은 복수, 복수하려는 의지가 습관화되는 상태에 빠져 든다.

그가 그 자신보다 더욱더 정신적인 인간을 뛰어넘을 만큼 우월해 보이는 외관을 만들어 내며, 적어도 그의 상상 속에서 **성취된 복수**의 즐거움에 이르는 데 필요한, 절대적으로 필요하다고 여기는 것을 그대들은 무엇이라고 생각하는가? 그것은 언제나 **도덕성**이다. 내기를 해도 좋다. 항상 위대한 도덕 용어들, 말하자면 정의라든가, 지혜라든가, 성스러움, 미덕과 같은 요란한 미사여구들, 그리고 으레 금욕주의 태도이다. (금욕주의는 인간에게 **결여되어** 있는 것을 얼마나 잘 숨겨 주는지!) 항상 현명한 침묵이나 겸손이나 부드러움의 모든 이상주의적 외투의 유형들에게 휘감겨서, 불치의 자기경멸자나 불치의 허영주머니가 여기저기 돌아다니고 있다.

나의 말을 오해하지 마라. 그와 같이 타고난 **정신의 적대자들** 중에서 때로는 인류의 보배가, 민중에게 성자나 현자라는 이름으로 존경받는 인물이 생겨나는 것이다. 소란을 피우며 역사를 만드는 저 도덕의 괴물들—성 어거스틴이 그들 가운데 하나이다—은 이러한 사람들로부터 나온다. 정신에 대한 두려움, 정신에 대한 복수—아! 얼마나 자주 이러한 원동력으로서의 악덕이 미덕의 뿌리가 되어 왔던가! 아니, 미덕 **자체가** 되어 왔던가!

그리고 은밀한 질문들. 지금까지 이따금 이 세상에 나타났던 **지혜**에 대한 저 철학자의 요망, 온갖 요망 가운데 가장 어리석고 불손한 요망조차, 이제까지 항상 인도에서건 그리스에서건 무엇보다도 **은신처** 역할을 하지 않았던가? 어쩌면 이 은신처는 때때로 교육적인 의도로 선택된 장소인지 모르지만, 어쨌든 실로 많은 거짓들을 성스럽게 만들고 있다. 그것은 생겨나고 자라는 사람들, 제자들에 대한 친절한 배려일 수도 있다. 어린 제자들은 종종 어떤 한 인물을 믿는 것으로써(결국 오해를 통해) 자기방어를 할 수밖에 없기 때문이다.

그러나 그것은 대개 철학자가 자기 자신을 구하는 은신처이다. 즉 그들이 피로, 노령, 신체가 냉각되고 굳어짐을 느꼈을 때 그 속에 몸을 숨겨 자기를 구하기 위한 것이다. 거기에서는 닥쳐오는 종말의 감정이, 죽음에 직면한 동물들이 품는 저 본능적 영리함이 엿보인다. 그들은 홀로 떠나, 조용히 되어 고독을 택하며 동굴에 숨어서 **현자**가 된다……. 뭐라고? 지혜는 철학자가 정신으로부터 숨으려는 은신처라고?

360 사람들이 혼동하는 두 종류의 이유

다음은 나에게 나의 가장 본질적인 진보 중 하나처럼 보인다. 나는 행동 자체의 이유를, 특정한 방향을 잡아 특별한 목적을 위해 이러이러하고 여차여차해서 했다고 말하는 행동의 이유로부터 구별하는 법을 배웠다. 첫 번째 종류의 이유는, 어떤 목적을 위해 어떤 식으로 소모되도록 기다리고 있는 일정한 양의 축적된 힘이다. 반면에 두 번째 종류의 이유는 이 에너지와 비교할 때 매우 무가치한 어떤 것으로, 대체로 이 축적된 에너지가 바야흐로 특정 방식에 따라 해방될 때 그 계기 역할을 하는 작은 우연이므로, 말하자면 화약고에 대한 성냥과도 같다. 나는 이러한 작은 우연이나 성냥의 범주에 이른바 모든 '목적'을—이와 더불어 '천직'도—넣어 생각한다. 그런 목적이니 천직이니 하는 것들은 앞서 말했듯이, 어떻게 써 버리도록 밀어닥치는 거대한 양의 에너지와 견준다면 상대적으로 임의적이고,*70 자의적이고, 거의 아무래도 좋은 것이다. 보통 사람들은 이것에 대해 나와 견해가 다르다. 사람들은 태고 이래 착각대로 확실히 목표(목적·천직) 자체에서 **원동력**을 발견하는 데 익숙해 있다. 그러나 목표는 단지 **방향을 가리키는 힘**에 불과한 것으로, 사람들은 그때 키잡이와 증기를 혼동했던 셈이다. 게다가 그 목표가 항상 키잡이이거나 방향을 지시하는 힘인 것도 아니다.

'목표'나 '목적'이라는 것은 흔히 배가 우연히 급류에 휘말려서 **따르고 있다**는 사실을 외면하려는 허영심에서 비롯된 자기기만, 즉 현실을 미화할 핑계가 아니던가? 배가 거기로 **갈 수밖에 없는** 까닭에 거기로 가려 한다는 것, 분명히 방향은 잡혀 있지만 전혀 키잡이는 없다는 것, 이런 사실을 승인하지 않으려는 허영심이 사후에 만들어 낸 자기기만이 아닌가? 우리는 '목적'이라는 개념을 비판해야 할 것이다.

361 배우 문제에 대하여

배우 문제만큼 오랫동안 나를 괴롭힌 난제도 없을 것이다. 이 문제를 단서로 '예술가'라는 위태로운 개념—그토록 오래도록 용납할 수 없을 정도의 관용으로 다루어졌던 개념—에 다가갈 수 있는가 없는가에 대해서 나는 방황해 왔다(아직까지도 방황할 때가 있다). 양심에 흠이 없는 허위, 권력으로서 분출되어 이른바 '성격'을 한쪽으로 밀어제치고 그 위를 덮으며 때때로 그것을 없애버리는 위장의 희열, 가면과 역할과 가상에 대한 내적 욕구, 가까이 있는 근시안적 이익에 대한 봉사만으로는 더 이상 만족하지 못하는 온갖 종류의 적응능력 과잉—이 모든 것은 아마도 배우 그 자신에게만 특별한 것은 아닐까?

이러한 본능은 하층계급의 가족에게서 가장 쉽게 볼 수 있는 것이리라. 그들은 부단한 압박과 강제 아래에서 참으로 예속적인 삶을 영위해야 했다. 또한 처지에 따라 임기응변을 하고 새로운 사태에 항상 새롭게 적응하고 언제나 다른 태도나 모습을 보일 수밖에 없었다. 그리하여 그들은 차츰, 외투를 바람이 부는 대로 나부끼게 하다가 그 때문에 거의 외투 자체가 되어 갔고, 동물의 경우 흉내라고 불리는 영원한 숨바꼭질이 몸에 붙은 숙련자들이 되었다. 그리고 마침내 여러 세대에 걸쳐 이어지며 축적된 이 모든 능력이 지배적이고 비합리적이며 분방한 본능으로 변해서 다른 본능에게 명령하는 법을 배워 배우를, '예술가'를 생산해 낸다(익살꾼, 이야기꾼, 어릿광대, 바보, 희극배우로부터 시작하여 고전적인 하인, 질 블라스*⁷¹를 낳는다. 결국 우리는 이러한 유형 속에서 예술가의 전신뿐만 아니라 이른바 '천재'의 전신을 볼 수 있다).

보다 고급한 사회적 조건 아래에서도 역시 비슷한 압박이 있다면 유사한 유형의 인간이 나타난다. 다만 그 경우에는 대체로 배우적 본능이 다른 본능에 억눌린다. 예컨대 '외교관'이 여기에 해당한다. 그러나 내 생각에 좋은 외교관은 그가 자유롭다면 언제나 자유로이 훌륭한 배우가 될 수 있을 것이다.

그러나 적응 기술이 매우 뛰어난 유대 민족은 어떤가? 유대인에게 이상의 추리를 적용했을 때 우리는 일찍이 존재했던 배우 육성을 위한 세계사적 준비, 진정한 배우의 온상을 보게 되리라. 게다가 다음 사항이야말로 오늘날의 문제이다. 무릇 오늘날 뛰어난 배우치고 유대인이 아닌 자가 있는가? 또한 유대인은 타고난 문필가*⁷²로서, 유럽 신문계의 사실상 지배자로서 이런 면에서 그들의 역량을 그 배우적 능력에 토대하여 발휘하고 있다. 왜냐하면 문필가는 본질적으로 배우이기 때문이다. 즉 문필가는 '숙련가', '전문가'를 연기하는 셈이다.

이제 마지막으로 **여성**을 보자. 여성의 모든 역사를 되돌아보라. 그들은 무엇보다도 먼저 배우일 수밖에 없는 것 **아닌가**? 여성들에게 최면을 걸었던 의사들의 소리를 들어 보라. 또는 그녀들을 사랑하여—'최면을 당해 보라!' 그 결과는 무엇인가? '몸을 맡길 때'조차 그녀들은 '무언가를 상연한다'는 것.[73] 여성들은 그토록 예술적인 것이다.

362 유럽의 남성화에 대한 우리의 믿음

바야흐로 역사에서 그 유례를 찾아볼 수 없는 전쟁 시대가 몇 세기 동안 계속 이어지리라는 것, 한마디로 **고전적인 전쟁의 시대**, 즉 최대 규모(수단이나 재능이나 훈련에 있어)의 학문적인 동시에 국민적인 전쟁의 시대, 장차 몇 천 년에 걸쳐 모든 사람들이 하나의 완성품으로 여기며 선망과 외경심을 품고 되돌아보게 될 전쟁의 시대에 접어들었다는 것에 우리는 나폴레옹에게 감사해야 한다(이는 국민 사이의 '동포애'라든가 보편적이고 빛나는 마음의 교환을 목적으로 삼았던 프랑스혁명 덕은 결코 아니다). 왜냐하면 이러한 전쟁의 영광을 낳는 국민운동은 나폴레옹에 대한 반동에 불과한 것으로, 나폴레옹 없이는 존재하지 않는다고 생각되기 때문이다. 따라서 언젠가는 남성이 유럽에서 다시 상인이나 속물을 지배하고 더 나아가 그리스도교와 18세기의 공상적 정신을 통해, 또는 그 이상으로 '근대사상'을 통해, 어리광을 부려 왔던 '여성'을 지배하게 되는 것도 나폴레옹 덕분이라고 여겨지는 때가 오리라. 나폴레옹은 근대사상을 또 문명 그 자체를 자신의 적[74]으로 생각하여, 이 적의를 통해 자신이 르네상스의 가장 훌륭한 계승자임을 입증했다. 그는 고대적 본질의 한 가지, 아마도 그 결정적인 화강암의 한 조각을 또다시 끄집어낸 것이다. 누가 알겠는가? 고대적 본질의 이러한 한 조각이 결국 국민운동을 또다시 지배하게 될지. 또한 그것이 그 **긍정적 의미**에서 나폴레옹의 상속자·계승자일 수밖에 없는 것은 아닐까? 나폴레옹은 알다시피 **지상의 지배자**로서 하나로 통합된 유럽을 바랐다.[75]

363 양성 (兩性)은 사랑에 대해 저마다 어떤 선입견이 있는가

나는 일부일처제의 선입견은 전면적으로 인정할 수 있지만, 남자와 여자가 사랑에서 **동등한** 권리를 가진다는 주장은 결코 승인할 수 없다. 이러한 권리는 존재하지 않는다. 남자와 여자는 사랑을 서로 다르게 이해하기 때문이다. 그리고 한쪽 성이 다른 성에 대하여 똑같은 감정을, '사랑'에 대한 똑같은 개념을 전제로 하지 **않는다는** 것이, 양성 사랑의 조건들 중 하나이다. 여성이 이해하는 사랑의 의미는 확실하다. 그것은 몸과 마음의 온전한 헌신(단순히 몸만 맡기는 것이 아니다),*⁷⁶ 아무런 주저도 미련도 없고 오히려 특별한 제한이나 조건이 따르는 헌신에 대해 수치와 공포를 느끼는 헌신이다. 이처럼 조건이 없다는 의미에서 그녀의 사랑은 **믿음**이다. 여자는 이외에 다른 믿음을 갖고 있지 않다.

남자는 한 여성을 사랑하는 순간 그녀에게 바로 이러한 사랑을 **바라게 되며**, 따라서 자기 자신은 여성적인 사랑의 전제로부터 가장 멀리 있게 된다. 만일 온전한 헌신이라는 바람을 조금이라도 스스로 품고 있는 남자가 있다면 그는 결국 남자가 아니다. 여자처럼 사랑하는 남자는 노예가 된다. 반면 여자처럼 사랑하는 여자는 더욱더 **온전한** 여성이 된다.

자신의 권리를 무조건적으로 체념해 버리는 여자의 정열은 상대편에게는 똑같은 파토스, 똑같은 체념의 의지가 **없다**는 사실을 분명히 전제하고 있다. 만일 남녀 모두가 사랑 때문에 자신을 포기한다면 그로부터 생기는 것은—나로선 잘 모르겠지만, 빈 공간이 아닐까?

여성은 소유물로서 여겨지고 받아들여지기를 바란다. '소유물'과 '소유된다'는 개념으로 변해 버리기를 바라는 것이다. 따라서 그녀는 자기 자신을 주거나 포기하는 남자가 아니라 **받아들이는** 남자를 원한다. 받아들이는 남자는 '그 자신' 안에서 더욱더 부유하게 될 것이다—여성이 헌신적으로 그에게 준 힘, 행복, 믿음의 증대를 통해. 여자는 자기를 버리고, 남자는 그것을 받아 자신에게 더한다. 나는 생각한다. 이 자연적인 대립을 우리는 어떠한 사회계약으로도, 정의를 바라는 가장 좋은 의지로도 극복할 수 없으리라고. 설령 우리가 이런 대립이 얼마나 가혹하고 두려우며 비도덕적인가를 알고 이를 피하는 것이 바람직하다고 보더라도 말이다. 생각건대 완전히 위대하고 완벽하게 생각되는 사랑은 곧 자연이며, 또한 자연으로서 영원에 걸쳐 '비도덕적'인 것이다.

정조는 이런 의미에서 여성의 사랑 속에 포함되어 있다. 그것은 사랑의 본질적인 정의로부터 나온다. 남성의 경우 정조란 그의 사랑에 수반하여 일어나는 일도 가끔씩 **있을 수 있다**—이를테면 감사로서 또는 특이한 기호로서 또는 이른바 친화력으로서. 그러나 그것은 남성 사랑의 **본질**이 아니다. 심지어 남자에게서 사랑과 정조는 자연적 모순관계에 있다고 말해도 상관없을 정도이다. 남성의 사랑은 실로 소유하고자 하는 의지이지, 체념이나 포기가 **아니다**. 그러나 소유하고자 하는 의지인 한 그것은 **소유**와 동시에 끝나 버린다.

그러나 실제로 이 '소유' 사실을 좀처럼 인정하지 않는 남성의 빈틈없고 의심 많은 강렬한 소유욕이야말로 그의 사랑을 지속시키는 것이다. 따라서 여성의 헌신 뒤에 그의 사랑이 더욱 증대하는 일은 있을 법하다. 남성은 여성이 그를 위해 '헌신할 것'이 더 이상 없다는 사실을 쉽게 인정하지 않을 것이다.

364 은둔자는 말한다

본디 사람 사귀는 기술은 조금도 믿지 못할 요리를 능숙하게 먹는 솜씨 (오랜 훈련이 필요하다)에 달려 있다. 만일 그대가 굶주린 늑대처럼 게걸스럽게 먹는다면 이야기는 간단하다('가장 나쁜 인간조차도 교제할 때는 그대에게 한패라는 **느낌**을 줄 것이다'라고 메피스토펠레스는 말했다).*77 그러나 이러한 허기는 막상 필요한 순간이면 준비되지 못하는 것이다! 아! 다른 인간을 소화하기란 얼마나 어려운가!

첫 번째 원칙 : 재난이다 하고 생각하여 용기를 내는 것, 용감하게 덤벼드는 것, 자신을 칭찬하는 것, 혐오를 억누르고 욕지기를 삼켜 버리는 것.

두 번째 원칙 : 다른 사람을 '좋은 인물로 만드는' 것, 예컨대 칭찬을 하는 방법으로. 그러면 상대는 그 행복감에 젖어 노력하기 시작하리라. 또는 그의 착한 성질, '흥미 있는' 성질의 한끝을 움켜쥐어 잡아끄는 것. 이렇게 하면 그 미덕 전부가 끌려 나오니, 그 안에 상대를 가둬 버릴 수 있다.

세 번째 원리 : 자기최면. 마치 교제 상대를 유리 버튼 보듯이 볼 것. 이렇게 하면 마침내 거기에서는 유쾌도 불쾌도 느끼지 않게 되고 어느덧 잠에 떨어져 부동 자세가 된다. 이것은 결혼이나 교우 관계로부터 생겨난 아마추어 요법이지만 그 효험이 충분히 증명되어 절대 필요한 것으로 찬양되고 있다. 물론 아직 과학적으로는 공식화되지 못했다. 이것의 대중적 명칭은, 인내이다.

365 은둔자는 다시금 말한다

우리도 '사람들'과 교제한다. 우리 역시 예의바른 의상을 몸에 걸친다. 이렇게 옷을 **입음으로써**(그 옷에 어울리는 사람으로서) 우리는 사람들에게 알려지고 존경과 기대를 받는다. 그리하여 인간적 교제 속으로, 즉 변장하지 않은 척하는 변장한 사람들 속으로 들어가는 것이다. 우리는 또한 모든 영리한 가면을 쓴 일당들과 같이 행동하고, 우리의 '의상'과 관계없는 모든 호기심은 점잖게 문 앞에서 돌려보낸다. 그러나 인간 사이에 '변신해 출몰하여' 인간과 접촉하는 별도의 방식, 별도의 책략도 있다. 예를 들면 유령으로 나타나는 식이다. 이는 사람들로부터 빨리 달아나고 싶고, 그들에게 두려움을 주고자 바란다면 대체로 권할 만하다. 예를 들어 사람들은 우리에게 손을 뻗치지만 아무것도 잡을 수가 없다. 그것은 두려움을 준다. 또는 닫혀 있는 문으로부터 우리가 나타난다. 또는 모든 불이 꺼진 뒤에 우리가 나타난다. 또는 우리가 이미 죽은 뒤에 모습을 나타낸다.

마지막 방법은 특히 **죽은 뒤 명성**을 누리는 인간들의 책략이다. ('너희는 어떻게 생각하느냐'라고 그들 중 한 명이 조급하게 물었다. '우리는 주변의 이 소외된 느낌,[*78] 차가움, 묘지와 같은 적막, 우리 사이에서 삶이라고 불리지만 똑같이 죽음이라고 불려도 될 이 지하의, 숨겨진 무언의, 인간에게 발견되지 않는 고독을 과연 견디려 하겠는가—우리가 어떤 사람이 **될지** 몰랐다면 말이다. 우리가 죽은 후에 비로소 **우리의** 삶에 이르고 생생해진다는 것, 아아! 생기 넘치는 존재가 된다는 것을 몰랐다면 말이다! 우리들 죽은 뒤에 살아 있는 인간들이여!')[*79]

366 어떤 학문적인 책을 앞에 놓고

우리는 책 사이에서, 책에 자극을 받아 비로소 사상으로 더듬어 가는 그런 인간이 아니다. 문밖에서 생각하는 것이 우리의 습관이다—걸으면서, 뛰면서, 오르면서, 춤추면서, 우리는 즐겨 적막한 산이나 바닷가의 길을 사색하며 걷는다. 길조차 생각에 잠긴 것 같은 길가를 걸으면서 생각한다. 책, 인간, 음악의 가치에 대한 우리의 첫 번째 질문은 다음과 같다. '그들은 걸을 수 있는가? 더욱이 춤출 수 있는가?'

우리는 거의 책을 읽지 않지만 그렇다고 해서 나쁜 독자인 것은 아니다.

우리는 한 인간이 어떻게 그의 사상에 도달했던가를 누구보다도 빠르게 파악할 수 있으니까. 그가 자리에 앉아 잉크병을 앞에 놓은 다음 배를 압박하며 종이 위에 머리를 구부리고 앉아서 사상에 도달했는지 어쨌는지를. 오, 우리는 얼마나 빨리 그의 책을 읽어 치우는가! 거기서는 경련하는 창자가 뚜렷이 보인다—내기해도 좋다. 방의 공기, 방의 천장, 방의 비좁음이 똑같이 뚜렷하게 보인다. 이것이 성실하고 박식한 그 책을 덮은 순간, 나의 감정이다. 감사하고 매우 감사하면서도 안도감을 느끼며.

박식한 학자들의 책에서는 거의 항상 무언가 압박하고 또 압박당하는 것이 느껴진다. '전문가'는 어디에서나 얼굴을 내민다. 그의 열정, 그의 진지함, 그의 격정, 그가 앉아서 생각을 짜내는 구석 자리에 대한 과대평가, 그리고 그 곱사등이에서. 대부분의 전문가는 곱사등이다. 학자의 책은 또한 으레 일그러진 영혼을 반영하고 있다. 모든 전문 수공업은 사물을 비틀고 구부려서 일을 하기 때문이다.

청년시대를 같이 보낸 친구를, 그가 학문을 정복해 전문가가 된 뒤에 다시 만나 보라—얼마나 반대 결과가 되었는가. 아아, 그는 얼마나 학문에 지배당하고 예속되어 버렸는가. 그는 예의 구석 자리에 뿌리를 내리고 누구도 이해할 수 없을 정도로 짓눌려 절름거리며, 마음을 평화를 잃고 쇠약하며, 여기저기 다 모가 난 가운데 오로지 한 부분에서만 비상할 정도로 원만하다. 이런 그와 다시 만날 때 우리는 감정이 북받쳐 할 말을 잃는다. 모든 전문 수공업은 설사 그것이 황금의 바닥을 갖췄다 해도 머리 위에 납[鉛] 천장이 덮여 있어서 혼을 바싹바싹 내리눌러, 마침내 영혼의 성질을 기이하게 비틀어 버린다. 그것은 어떻게도 할 수 없다. 어떤 교육수단으로 이러한 기형화를 피할 수 있지 않을까 하는 생각은 꿈도 꿀 수 없다. 이 지상에서는 어떤 **대가**(大家)든지 높은 값을 치른다—지상에서는 무엇을 해도 비싼 값을 치르긴 하지만. 전문가가 되기 위해 인간은 전문이라는 것의 희생자가 됨으로써 값을 치른다. 그러나 그대는 그것과는 다른 방법을 바란다—'더 싸게', 무엇보다도 '더 편하게', 그렇지 않은가? 우리 친애하는 동시대인들이여! 좋다! 그러나 그 경우에 그대는 곧바로 그 밖의 무엇을 가지게 될 것이다. 요컨대 전문 수공업자나 명장 대신 문필가를.*80 '능수능란하며 다재다능한'*81 문필가를. 이러한 인간들에게는 물론 곱사등이 보이지 않는다—그가 정신의 점원, 교양의 '배달부'로서 그대 앞에서 짐짓 공손하게 인사할 때의 곱사등을 제외하고는. 그는 본디 아무것도 **아니면서**, 거의 모두를 '대표'하고 전문가를 연기(演技)하며 그 '대리(代理)'에 힘쓴다. 또 그렇게 대역을 함으로써 돈을 받고, 존경받으며 칭찬**받는** 것을 아주 그럴싸하게 받아들인다.

아니, 나의 학식 풍부한 친구들이여! 나는 그 곱사등 때문에도 그대들을 축복한다! 또한 그대들이 나와 똑같이 문필가나 문화기생충들을 경멸한다는 점 때문에! 정신을 사고파는 법을 모르는 까닭에! 금전적 가치로는 환산이 불가능한 견해만을 품은 까닭에! 자기 자신답지 **않은 것**을 대신하려고 힘쓰지 않기 때문에! 그대들의 유일한 의지는 그 수공업의 대가가 되는 데 있기 때문에! 또 이때 온갖 종류의 명인과 장인에 대해 깊은 경의를 나타내고, 학문과 예술 분야에서 겉치레 같은 것, 불순한 것, 장식적인 것, 명장인 체하는 것, 선동적인 것, 예술과 문학*82에서의 연극적인 것—요컨대 훈련과 예비교육에서의 절대적 **성실성**에 관한 한 그대들 앞에서 자신을 내세울 수 없는 모든 것을 사정없이 거부하기 때문에! (예를 들어 천재일지라도 이러한 결함을 속이는 것은 가능해도 뚫고 헤쳐 나가기란 불가능하다. 이 사실은 우리의 가장 재능 있는 화가나 음악가들을 가까이서 바라본다면 이해할 수 있다. 그들은 거의 예외 없이 기교나 일시적인 고안품을 통해서, 저 성실성이나 견실한 훈련이나 연마를 **겉으로 꾸며내는** 방법을 체득하고 있다. 물론 자기 자신을 계속 속이거나, 그 양심의 가책을 언제까지고 침묵하게 할 수는 없다. 아무튼 그대들도 알 것이다. 근대의 모든 위대한 예술가들이 양심의 가책 때문에 고통받는다는 사실을).

367 우리는 예술작품을 우선 어떤 방식으로 구별해야 하는가? *83

사색하고, 시를 짓고, 작곡하고, 나아가 건축과 조각을 하는 모든 것은 독백 예술에 속하거나 아니면 관객 앞에서의 예술에 속한다. 후자에는 또한 신에 대한 믿음을 내용으로 하는 외양상 독백 예술로 보이는, 기도풍의 모든 서정시가 포함된다. 신앙심이 돈독한 인간에게는 고독이 있을 수 없기 때문이다. 이러한 구별은 우리 신을 믿지 않는 자들이 처음으로 생각해 낸 것이다. 나는 총체적으로 봤을 때 예술가의 광학이라는 것에 관해, 다음의 구별보다 더 심오한 구별은 알지 못한다. 예술가가 관객의 시점으로부터 스스로 만들어 왔던 예술품을('자기'를) 조망하고 있는가, 또는 모든 독백 예술의 본질이 그렇듯이 '세계를 망각해 버리고' 있는가 하는 점에서 구별하는 것이 다—독백 예술은 **망각에 기초한 것이다.** 그것은 망각의 음악이다.

368 냉소주의자들은 말한다

바그너 음악에 대해 나는 생리적인 이의를 제기한다. 이제 와서 무엇 때문에 이것을 미학 용어로 가장해야만 하는가? 내가 알고 있는 사실은 이렇다—이 음악이 내게 작용하기 시작하면 나는 이미 편히 호흡할 수 없으며 내 발은 즉시 그것에 분노하여 폭동을 일으킨다. 내 발은 박자, 춤, 행진을 요구한다. 그것은 쾌적하게 걷고 뛰고 활보하며 춤추는 데서 발견되는 기쁨을 무엇보다도 먼저 음악으로부터 요구하고 있다—그러나 나의 위도 역시 항의하고 있지 않은가? 내 심장은? 내 혈관은? 내 내장은? 나는 어느 사이엔가 그 때문에 귀가 먹어 버리지는 않을까? 그래서 나는 자신에게 이렇게 묻는다—내 전신이 진실로 음악에서 기대하고 있는 것은 무엇인가 하고. 내 생각으로 그것은 가벼운 안도감이다. 마치 모든 동물적 기능이 경쾌하고 대담하며 자유롭고 차분한 리듬을 통해 촉진되는 것처럼. 마치 청동이나 납의 생활이 황금의 즐거운 조화를 통해 금색으로 도금돼 빛나는 것처럼. 나의 멜랑콜리는 완벽이라는 숨겨진 심연 속에서 쉬기를 바란다. 그 때문에 나는 음악을 필요로 하는 것이다. 연극이 내게 무슨 필요가 있는가! 세상의 '민중'이 만족하고 있는, 그 연극의 도덕적 황홀경이 다 무엇인가! 배우의 능숙한 몸짓이 무엇인가!

그대가 이해하는 것처럼 나는 본질적으로 반연극적이다—그러나 반대로 바그너는 뼛속부터 연극주의자였으며, 배우였으며, 음악가로서도 전 시대에 걸쳐 가장 열광적인 팬터마임광이었다. 계속해서 말하길 '연극이 목적이고 음악은 단지 그 수단에 지나지 않는다'는 것이 바그너 이론이라면, 그의 실천은 반대로 시종일관 '포즈(겉치레)가 목적, 연극도 음악도 결국 그 수단에 불과하다'는 것이었다. 음악은 극적인 포즈와 배우의 감각적 매력을 분명히 하고 강조하며 심화하는 수단이었다. 게다가 그의 연극은 온갖 극적인 포즈를 낳는 기회에 불과했다! 바그너는 모든 의미에서 다른 온갖 본능과 함께 위대한 배우의 명령하는 본능을 지니고 있었다. 이미 말했듯이 그것도 음악가로서.

나는 한때 고생해서 이것을 충성스런 바그너 숭배자들에게 설명해 줬다. 그런데 이런 말을 또한 덧붙여야 했다. '자신에 대해 좀더 솔직하라! 무엇보다도 우리는 극장에 있는 것이 아니다. 극장에서 사람들은 오로지 대중으로서만 솔직하다. 개인으로서 사람은 거짓말을 하며 자기를 속인다. 극장에 갈 때 우리는 자기 자신을 집에 둔 채 스스로의 발언과 선택의 권리를 포기한다. 자기의 취미도 버린다. 아니, 자기 집의 네 벽 가운데에서 신과 인간에 대해 품었고 또 발휘했던 용기까지도 단념한다. 극장에 갈 때 섬세한 예술 감각을 지니고 가는 사람은 아무도 없다. 극장을 위해 일하는 예술가조차도 그렇다. 극장에서 사람들은 모두 민중이며, 청중이며, 무리, 부녀자, 바리새인, 위선자, 민주주의자, 이웃, 동포 등 보통사람이 된다. 그곳에서는 가장 개별적인 양심도 '최대 다수'의 평준화하는 마력에 굴복하게 된다. 어리석음이 욕정이나 전염병으로서 작용한다. 그리고 '이웃'이 지배한다. 우리는 단순한 이웃이 된다.'(나는 내 설명을 들었던 바그너 숭배자들이 이러한 내 생리적 항의에 어떻게 답했는지 말하는 것을 잊었다. '결국 당신이 우리의 음악을 즐길 만큼 충분히 건강하지 않은 것뿐이 아닌가?')

369 우리의 내적인 평행선

우리 예술가들은 자기들 내부에서 우리의 취미와 우리의 창조력 간에 무서운 차이가 존재하고 있음을 인정해야 하지 않을까? 그것들은 기묘하게 나란히 독립되어 있으며, 각자는 그 자신의 방식으로 자라고 있다. 말하자면 그 노화, 젊음, 성숙, 피폐, 부패의 정도와 속도가 전적으로 다르다는 이야기다. 예컨대 어떤 음악가는 청취자 입장에서 길들여진 자신의 무른 귀나 심장이 평가하고 음미하며 즐기는 바와는 **모순되게** 평생 동안 창작해 왔을지도 모른다—그는 이러한 모순에 대해 생각할 필요조차 없다! 또한 우리의 고통스러우리만치 빈번하게 되풀이되는 경험이 보여 주듯, 사람들의 취미는 쉽게 그 창조력의 범위를 뛰어넘어 자랄 수 있다. 또 그렇다고 그 때문에 창조력이 쇠퇴하거나 방해받는 것도 아니다. 그러나 그 반대 또한 일어날 수 있다. 나는 바로 이것에 대해 예술가들의 주의를 환기하고 싶다. 부단히 창조하는 자, 위대한 의미에서 인간의 '어머니' 같은 자, 자기 정신의 잉태와

분만밖에는 아무것도 알지 못하고 듣지 않는 자, 자기와 자기 작품을 반성하거나 비교할 시간을 전혀 내지 않고 자신의 취미를 한층 갈고닦으려는 의지도 깨끗이 잊어 내버려 둔 자를 생각해 보라! 틀림없이 이러한 자는 마침내 **자신의 비판력이 이미 미치지 않는** 작품을 만들게 될 것이다. 그 결과 그는 자신의 작품과 스스로에 대해 어리석은 이야기를 하게 된다—말할 뿐만 아니라, 믿기까지 한다. 이것은 풍부한 생산력을 지닌 예술가에게 흔히 나타나는 상황처럼 보인다. 아이를 가장 잘 알지 못하는 사람은 그 부모인 것이다. 게다가 거창한 예를 들면, 이런 사정은 그리스의 모든 시인과 예술가 세계 전체에도 해당된다. 그 세계는 자기가 완성한 바를 전혀 '알지' 못했다.

370 낭만주의란 무엇인가?

어쩌면 내 친구들 중에는 깨달은 자도 있으리라, 내가 처음에는 약간의 조악한 오해와 과대평가를 하기는 했을망정 어쨌든 **희망에 가득 찬** 인간으로서 이 근대세계에 부딪쳐 왔다는 것을. 어떤 식의 개인적 경험에 바탕을 두고 그랬는지 누가 알랴마는, 나는 19세기의 철학적 염세주의가, 18세기의 흄, 칸트, 콩디야크 그리고 감각론자들의 시대를 특징지은 것보다 더욱더 고상한 사상의 힘, 대담한 용기, 승리로 가득 찬 삶의 **충일함**의 징후이리라 해석했다. 그래서 나에게는 비극적 인식이 우리 문화의 진짜 **사치**인 것으로 생각되었다. 그것은 가장 값비싸고 고귀하며 위험한 종류의 낭비이자 가득 차 넘쳐 흐르는 풍부함의 증거로서, 그 문화에 **허락된** 사치로 여겨졌다. 같은 방식으로 나는 독일 음악을 마치 독일 정신의 디오니소스적 위력의 표현인 것처럼 자유로이 다시 해석하였다. 그 독일 음악 안에서, 시대를 위해 억제당해 온 태고의 힘이 드디어 자신을 해방하는 지진—문명이라고 불리는 것 이외의 모든 것들이 떨리는—소리를 들었다고 믿었다. 그 시절에 분명 나는 철학적 염세주의에 관해서도 독일 음악에 관해서도 그들 본디의 성격—그들의 **낭만주의**—을 잘못 판단했던 것이다.

낭만주의란 무엇인가? 모든 예술과 철학은 성장하고 투쟁하는 삶에 봉사하는 치료제요 보조 수단으로 간주되어야 할 것이다. 그것들은 항상 고뇌와 고뇌하는 자들을 전제하고 있다. 그러나 고뇌하는 자들에도 두 종류가 있다. 첫째, **삶의 충일** 때문에 고뇌하는 자들이다. 이들은 디오니소스적 예술을 원하며, 똑같이 삶에 대한 비관적 견해와 통찰을 구한다. 둘째는 **삶의 궁핍** 때문에, 삶의 불모성 때문에 고뇌하는 자들이다. 이들은 안식, 정적, 고요한 바다, 예술과 인식을 통한 자기로부터의 구제를 구하든가, 또는 도취, 경련, 마비, 광란을 추구한다. 예술과 인식의 모든 낭만주의는 **후자**와 같은 유형의 이중적 요구에 호응하고 있다. 뿐만 아니라 이러한 요구에는, 그 무렵 내가 **오해했던** 가장 유명하고 두드러진 낭만주의자들인 쇼펜하우어와 바그너도 호응했다(그리고 호응하고 있다). 하지만 나의 그러한 오해는, 사람들도 인정해 주겠지만 특별히 그들에게 손해를 입히지는 **않았을** 것이다. 한편 최고의 풍부한 삶으로 충만한 자인 디오니소스적인 신과 인간은, 공포스럽고 의심스러운 외관을 스스로에게 허락하는 정도가 아니라, 끔찍스러울 만한 행위 자체와 파괴, 해체, 부정이라고 말할 수 있는 온갖 사치조차도 허락한다. 이러한 자에게는 어떠한 사막도 풍요로운 옥토로 만들어 버리는 충만한 힘, 생산하고 결실 맺을 수 있는 힘의 결과로서 악(惡), 무의미, 추악함마저 허용된다. 그 반대로 가장 병든 자, 삶에서 가난한 자들은 사상에서든 행동에서든 온화함, 평온, 선량을 무엇보다도 가장 필요로 한다—가능하다면 신을, 그것도 참으로 병자를 위한 신, '구세주'와 같은 신을. 그리고 이와 똑같이 논리학, 즉 현존재의 개념적 이해도 필요로 한다. 왜냐하면 논리학은 마음을 안정시켜 주고 신뢰를 주기 때문이다. 요컨대 그들은 낙관적인 시야에 들어오는 어떤 따뜻한 장소, 두려움으로부터 나를 지켜 줄 좁고 꽉 막힌 장소를 필요로 한다.

이리하여 나는 점차 디오니소스적 염세주의자의 반대인 에피쿠로스를 이해하기 시작했다. 게다가 똑같이 '그리스도교 신자'를—그리스도교 신자는 실제 하나의 에피쿠로스파에 불과하며 에피쿠로스와 똑같이 본질적으로 낭만주의자이다—이해하기 시작했다. 그리고 내 눈은 가장 많은 오류가 발생하는 저 지극히 어려운 **역추론** 형식에 대해 더욱더 날카로워졌다. 즉 작품으로부터 작자에게로, 행위로부터 행위자에게로, 이상으로부터 그 이상을 **필요로 하는 자**에게로, 갖가지 사고와 평가 방법으로부터 그 배후에서 명령하는 **욕구**에게로 거슬러 올라가는 역추론의 형식에 대해.

모든 심미적 가치에 관하여 나는 지금 다음과 같은 중요한 구별을 한다. 즉 하나하나의 경우에 다음과 같이 묻는 것이다. '여기에서 창조 작용을 하는 것은 굶주림이냐 풍요로움이냐?' 얼핏 또 다른 구별 방법이 이보다 더 알맞게 보일지도 모른다—즉 창조 원인은 고정되고 불변하고자 하는 욕망, **존재**하고자 하는 욕망인가 아니면 파괴, 변화, 새롭고 기이함, 미래, **생성**하고자 하는 욕망인가 하는 문제에 주목하는 것이다. 이는 훨씬 일목요연해 보인다. 그러나 이 두 종류의 욕망은 좀더 깊이 음미해 보면 더욱 애매한 것이 된다. 게다가 내가 먼저 거론했던, 바른 선택이라고 생각되는 첫 번째 도식을 통해 해석될 수 있다. **파괴**, 변화, 생성하고자 하는 욕망은 미래를 잉태하는 지나친 힘의 표현일 수 있다(이것을 표현하는 내 용어는 그대도 알다시피 '디오니소스적'이다). 그러나 그것은 또한 모자라고 가난하며 혜택받지 못한 자들의 증오일 수도 있다. 그 증오가 사물을 파괴하고, 또 파괴할 **수밖에 없는** 것이다. 왜냐하면 존재하는 것, 실제로 모든 존재 자체가 그들에게는 분노와 화를 불러일으키는 것이기 때문이다. 이러한 격정을 이해하려면 우리의 무정부주의자들을 자세히 살펴보면 된다.

영원하고자 하는 의지*[84]는 이중으로 해석해야 한다. 첫째로 그것은 감사와 사랑의 표현일 수 있다. 이러한 기원에서 비롯된 예술은 항상 신을 찬미하는 예술이 된다. 그것은 루벤스(Rubens)의 주신 찬가이자 하피즈(Hafiz)의 행복에 겨운 조소이며, 괴테의 경우처럼 밝음과 선의가 넘치고 호메로스적인 빛과 영광을 모든 사물 위로 펼칠 것이다. 그러나 두 번째로 이것은 깊은 병으로 괴로워하는 자, 투쟁하는 자, 학대받는 자의 폭군 같은 의지일 수도 있다. 이러한 자는 지극히 개인적이며 개별적이며 편협한 것, 그 고뇌와 본디 분리되어 있지 않은 그러한 병적 특질을, 구속된 법칙과 강제로 전환시키고자 한다. 또한 **자신의** 이미지, **자신의** 고통의 모습을 모든 사물에게 찍어 누르고 쑤셔 넣어 흔적을 남김으로써 이른바 모든 것들에 복수한다. 이 후자는 쇼펜하우어의 '의지철학'이든 바그너의 음악이든 간에, 가장 인상적인 형태로 나타난 낭만적 염세주의, 우리 문화의 운명에서 가장 최근에 생긴 **위대한** 사건인 **낭만적 염세주의**다. (그리고 이와 참으로 다른 염세주의, 고전적 염세주의가 존재할 수 있다는 것—이 예감과 환영은 나로부터 떨어질 수 없는 나의 특성이자 진정한 고유성을 이루는 것이다. 다만 '고전적'이라는 단어는 내 귀에 거슬린다. 그것은 너무나 오래 쓰인 나머지 밝고 둥글게 되어 분별이 어려워져 버렸다. 나는 이 미래의 염세주의를 **디오니소스적** 염

세주의라고 부른다.*85—그것은 오고 있다! 그것이 오고 있는 광경이 내게
는 보인다!)

371 우리 이해하기 어려운 자들

오해받고, 잘못 판단되며, 오인되고, 중상받고, 우리 이야기가 잘못 들리
거나 흘려보내지는 것에 대해 우리가 불평해 본 적이 있는가? 바로 이것이
우리 운명이다! 오, 앞으로도 오랫동안! 겸손하게 말해도 1901년까지는.
이것은 또한 우리의 영광이다. 이와 다른 것을 바란다면 우리는 자기존중이
부족한 것이다. 우리는 잘못 판단된다—우리가 계속 자라며 변화하기 때문
이다.*86 우리가 우리의 허물을 벗고 새봄마다 새 껍질을 입으며 계속해서 더
욱 젊어지고 미래로 가득 차며*87 더 커지고 더 강해져서, 우리 뿌리를 더
강하게 땅속으로—악을 향하여—깊이 박기 때문이다. 또한 동시에 우리가
더욱더 애정을 품고 더 넓게 하늘을 끌어안아, 우리의 모든 가지와 잎을 통
해 더욱더 갈망하며 그 빛을 빨아들이기 때문이다. 나무들처럼 우리는 자란
다—모든 생명이 그렇듯 이것은 이해하기 어렵다! 우리는 한 장소만이 아
닌 모든 곳에서, 한 방향이 아닌 위로, 밖으로, 안으로, 아래로 똑같이 성장
한다. 우리의 에너지는 줄기, 가지 그리고 뿌리로 동시에 내닫는다. 우리가
어떤 일을 개별적으로 행한다든가, 개별적인 어떤 것으로서 **존재하기란** 불
가능하다.

이것이 이미 내가 말했듯이 우리의 운명이다. 우리는 저 **높은 곳**을 향해
자라고 있다. 비록 이것이 우리의 불행이라 할지라도—우리는 번개에 점점
더 가까이 다가서며 살기 때문이다! 그렇다면 우리는 바로 그 점에서 우리
의 숙명을 에누리 없이 존중하리라. 우리는 이것을 다른 사람과 나누어 가지
거나 전하지*88 않을 것이다. 높은 고지의 숙명, **우리의** 숙명이여…….

372 우리는 왜 관념론자가 아닌가

지난날 철학자들은 감각을 두려워하였다. 우리는 혹시 이러한 두려움을
너무 많이 잊어버린 것은 아닐까? 현재와 미래의 철학자 모두가 다 이런 감
각론자이다. 그것도 이론이 **아니라** 실천을 통해 실제로.

이에 반해 이전의 철학자들은 자기들이 **그들** 세계, '이념(idea)'의 냉정한

나라로부터 위험한 남쪽 나라 섬으로 감각을 통해 유혹된다고 생각했다. 그리고 그 섬에서는 철학자로서의 그들의 미덕이 태양에 눈 녹듯 녹아 없어지지 않을까 두려워했다. '귀에 밀랍을 채운다'가 그 시대에는 거의 철학적 사색의 조건이었다. 참된 철학자라고 불리는 사람은, 삶이 음악인 한 더 이상 삶을 들을 수 없었다. 그는 삶의 음악을 **부정하였다**—모든 음악이 마녀 사이렌의 음악이었다고 말하는 것은 고대 철학자의 미신이었다.[*89]

오늘날 우리는 이와 정반대의 판단을 하는 경향이 있다(그것 자체는 똑같이 잘못일 수 있다). 즉 **이데아**(이념)는 그 차가운 빈혈증 환자의 외관에도 불구하고, 정확히는 그 빈혈증이 단순한 외관에 그치지 않는다는 의미에서 감각보다 더 나쁜 유혹자라는 판단이다. '이념'은 언제나 철학자의 '피'로 살아왔으며, 항상 철학자의 감각을 먹었고, 감히 말한다면 그의 '심장'까지도 먹어 치웠던 것이다. 이들 지난날의 철학자들은 '심장(감정)'이 없는 인간이었다. 철학을 한다는 것은 하나의 흡혈이었다. 스피노자 같은 인물에게조차 무언가 불가해하며 무시무시한 것이 느껴지지 않는가? 여기에서 펼쳐지는 연극, 끊임없이 **더 해쓱해지는 모습**, 그리고 그것에 비례해서 점점 관념론적으로 해석되는 탈감각화를 그대는 깨닫지 못하는가? 감각부터 손대기 시작해 피를 빨아먹고 마지막에는 뼈와 뼈를 울리는 덜커덕거리는 소리밖에 남기지 않는 흡혈귀가, 그 이면에 오랫동안 숨어 있는 것을 그대는 깨닫지 못하는가? —나는 범주, 형식, **언어**를 가리키는 것이다. (감히 말한다면 스피노자의 사상에서 **남은 것**, '신에 대한 지적 사랑(amor intellectualis dei)'은 단지 뼈의 울림이며 그 이상 아무것도 아니다! 마지막 피 한 방울도 남아 있지 않다면 무엇이 사랑인가? 무엇이 신인가?)

요컨대 모든 철학적 관념론은 지금까지 질병과 같은 것이었다. 그것이 플라톤의 경우처럼 위험할 정도로 지나쳤던 건강에 대한 주의, **초강력한** 감각에 대한 공포, 또는 현명한 소크라테스파의 심려(深慮)가 아니라면. 우리 근대인들은 어쩌면 플라톤의 관념론을 **필요로 할 정도로** 충분히 건강하지는 않은 것이 아닐까? 그런데 우리는 감각을 두려워하지 않는다. 왜냐하면—.

373 편견으로서의 '과학'
서열 질서의 법칙[*90]에서 다음과 같은 사실이 도출된다. 학자들이 정신적 중간계급에 속하는 한, 진실로 **위대한** 문제라든가 의문부호를 결코 발견할 수 없다는 것이다. 게다가 그들의 용기나 시각도 거기에 이르지 못한다. 특히 그들을 연구자가 되도록 이끄는 욕망이나 **그러그러한** 상태까지 가고 싶다는 예상과 바람, 그들의 공포와 희망은 너무나 빨리 휴식과 만족에 이른다. 예컨대 그 현학적인 영국인 허버트 스펜서를 보라. 그를 그 나름의 방법으로 열중하도록 만들며 희망의 한 선(線), 바람의 지평을 긋도록 인도해 버렸던 것—즉 그가 멋대로 설명하고 있는 '이기주의와 이타주의'의 최종적인 화해—은 우리 같은 인간들을 거의 구토하게 한다. 이런 스펜서의 관점을 궁극적인 관점으로 삼은 인류 따위, 우리에게는 경멸하고 절멸시킬 만한 존재로밖에 생각되지 않는다! 그러나 그 밖의 사람들에게는 단지 역겨운 가능성으로 여겨질 수 있고 또 그래도 될 법한 것이, 그에게는 최고의 희망으로 느껴질 수밖에 없었다는 사실 자체가, 이미 스펜서가 예견할 수 없었던 하나의 의문부호인 셈이다.

오늘날 그 많은 유물론적 자연과학자들이 만족하고 있는 예의 믿음도 그와 똑같다. 그것은 곧 인간의 사유와 가치의 개념 속에 이 세계의 등가물과 기준이 들어 있다는 믿음, 우리의 어색한 작은 인간이성을 통해 '진리 세계'를 궁극적으로 파악할 수 있다는 믿음이다.

이게 무엇인가? 우리는 진실로 이처럼 수학자에게나 어울릴 조견표 연습 문제나 사무적 문제 수준으로까지 현존재를 떨어뜨릴 셈인가? 무엇보다도 먼저 사람은 현존재로부터 그 풍부한 **모호성***91을 빼앗고자 바라서는 안 된다. 이것은 **좋은** 취미가 요구하는 바이다! 우리 신사들이여! 그대들의 시야 너머에 있는 모든 것에 대한 외경이라는 취미다! **그대들의** 존재를 정당화하고 **그대들이** 말하는 의미에서 과학적으로—'그대들은 본디 **기계론적**이라고 말할 생각이었는지?'—연구되고 완성되는 세계 해석만이 바르다고 보는 것, 세어 보고, 계산하기도 하고 무게를 재거나, 보거나, 쥐어 보는 것 이외에는 아무것도 승인하지 않는 세계 해석만이 바르다고 보는 것, 이러한 것은 만약 미치광이나 천치의 행위가 아니라면 졸렬함이나 유치함 이외에 아무것도 아니니다.

오히려 현존재의 가장 피상적이고 외적인 것—가장 외양에 해당하는 그 피부와 감각—을 그대들은 무엇보다도 먼저 파악하는 것은 아닌지? 아니,

어쩌면 그것이 그대들에게 파악되는 유일한 대상이라는 것이 차라리 더 진실에 가깝지 않을지? 그러므로 그대들이 이해하는 '세계의 과학적 해석'은 세계의 가능한 모든 해석들 중 가장 **어리석은** 것의 하나이며, 그 의미도 가장 빈곤한 것 중 하나일지도 모른다. 나는 이 이야기를 기계론자들의 귀와 양심에 들려주고 싶다. 오늘날 철학자들 사이에 끼어들어, 기계론이야말로 최초의 그리고 최후의 법칙들의 원리라고 여기며 그 법칙을 바탕으로 그 위에 현존재의 전모를 구축해야 한다고 믿는 우리 기계론자들의 귀와 양심에 말이다. 본질적으로 기계론적 세계는 필연적으로 **무의미한** 세계이다! 한 음악이 얼마만큼 계산될 수 있는가, 세어질 수 있는가, 공식으로 표현될 수 있는가에 따라 그 가치가 평가된다고 가정하자. 그러한 음악의 '과학적' 평가는 얼마나 어리석은 짓인가! 대체 음악의 무엇을 파악하고 무엇을 이해하고 인식했다는 것인가! 하나도, 여기에 진짜 음악은 실제로 하나도 없다!

374 우리의 새로운 '무한'

현존재의 관점적 성격은 어디까지 미치고 있는가, 또는 현존재는 실제 무언가 이와 다른 어떤 성격도 지닌 것은 아닌가, 해석과 '의미'가 없는 현존재란 바로 '부조리한 것'이 되어 버리는 것은 아닌가, 한편으로 모든 현존재는 본질적으로 **해석하는** 현존재이지 않는가*92—이러한 문제는 가장 부지런하며 가장 양심적인 분석과 지성의 자기검증으로도 당연히 해결될 수 없다. 왜냐하면 인간 지성은 이러한 분석 과정에서 자신을 자기 관점의 형식을 통해, 곧 **오직** 그러한 형식을 통해서 볼 수밖에 없기 때문이다. 우리는 우리가 사는 구석의 주위를 둘러볼 수 없다. 다른 종류의 지성이나 관점이 존재할 **수 있는지** 여부를 알고자 하는 것은 헛된 호기심이다. 그것은 예컨대 어떤 존재들이 시간을 되돌리거나 앞뒤로 번갈아가며 느낄 수 있을지의 여부를 묻는 것이다(그게 가능하다면 그로 인해 삶의 또 다른 방향과 원인, 결과의 다른 개념이 주어질 수 있으리라). 그러나 내 생각에 오늘날 우리는 적어도, 인간이 오직 이 구석에서의 관점만 **지닐 수 있다고** 규정하는 가소로운 오만에서는 멀리 떨어져 있다. 오히려 **세계가 한없는 해석을 포함할 것**이라는 가능성을 우리가 거부할 수 없다는 점에서, 세계는 우리에게 다시 '무한한' 것이 되었다. 다시 한 번 우리는 커다란 전율에 사로잡힌다. 그러나 과연 낡은 방법으로, 알려지지 않은 세계라는 이 괴물을 즉시 신성화하여 숭배할 마음이 누구에게 있겠는가? 그리고 그 누가 '알려지지 않은 자'로서 이 미지의 것을 새삼 숭배하려 들겠는가? 아아, 이 알려지지 않은 것 속에는 너무나 많은 **신성하지 않은** 해석의 가능성들이, 너무나 많은 악마적이고 어리석고 바보스러운 해석이 포함되어 있다. 우리와는 친한 사이인 우리 자신의 인간적인, 너무나 인간적인 해석이……

375 우리는 왜 에피쿠로스파로 보이는가*93

우리 근대인들은 궁극적 확신이라는 것을 경계한다. 우리의 불신은 모든 강한 신념, 모든 무조건적인 '긍정'과 '부정'에 포함되어 있는 양심의 기만과 마력을 붙잡으려고 기다리고 있다. 이는 어떻게 설명될 것인가? 아마 여기서 발견되는 것은 '화상을 입은 어린아이'나 실망한 관념론자의 염려일지도 모른다. 그러나 여기에는 또 다른 우월한 요소가 있다. 지난날 존재의 구석에서 살던 자가 그 구석의 존재 때문에 절망하고 있었는데 이제는 구석의 반대편에서, 끝없는 것, '자유 자체' 속에서 들뜨기 시작하고 꿈속에 있는 것처럼 기뻐하는 호기심이 발견될지도 모른다. 여하튼 이런 관점에 따라 사물의 문제되는 성격을 쉽게 눈감아 주지 않으려는, 거의 에피쿠로스적이라고 할 만한 인식 경향이 형성된다. 똑같이 거창한 도덕적 언어와 몸짓에 대한 반감도. 게다가 모든 조잡하고 거친 대립을 거부하며 보류 자세를 유지하는 자기훈련을 자랑스럽게 의식하려는 취향도 형성된다. 왜냐하면 누가 뭐래도 확실성을 향해 무턱대고 질주하려는 충동을 멈추게 하는 경쾌한 조임, 날뛰는 말을 모는 기사의 자기억제, 바로 **이런 것이** 우리의 자랑이기 때문이다. 우리는 아직도 난폭한 미친 짐승에 타고 있는데, 거기에서 우리가 주저의 빛을 보인다 해도 이때 우리를 주저하게 하는 것은 결코 위험한 것이 아닐 터이다.

376 우리 인생의 완만한 시기

모든 예술가나 '작품'을 만들어 내는 인간, 곧 모성적 인간은 다음과 같이 느낀다. 그들은 항상 자기 인생 각각의 장(章)에서—이 장은 하나의 작품으로 그때그때 나뉜다—목표 자체에 이르렀다고 믿는다. 그들은 늘 죽음을 다

음과 같은 심정으로 조용하게 바라본다. '우리는 그럴 만큼 충분히 성숙했다. 이제 죽어도 좋다.'

이것은 피로의 표현이 아니다—오히려 작품 그 자체, 작품이 성숙되어 있다는 사실이 항상 작가에게 남기고 있는 가을날의 햇볕과 따스함의 표현이다. 이때 인생 속도는 느려지고 충만해지며 꿀처럼 감미로워진다—마침내 긴 늘임표[*94]에 이르기까지, 긴 늘임표에 대한 믿음에 다다르기까지.

377 우리 실향민들

오늘날 유럽인 가운데 지극히 영광스런 의미에서 고향을 잃은 인간이라고 자칭할 만한 권리를 가진 자가 없지는 않다. 나의 비밀스런 지혜와 즐거운 지식을 바로 그들의 가슴속에 바치고 싶다. 생각건대 그들의 운명은 가혹하고 그들의 희망은 불확실하기에 그들을 위해 위안을 마련하기란 지극히 어려운 일이다—그것이 다 무슨 소용이란 말인가? 우리 미래의 어린이들이 어떻게 오늘날 마음 평안할 **수 있을까**? 덧없고 허물어진 이 해체되는 과도기에까지 아직도 고향의 편안함을 선사하는, 그 모든 이상을 우리는 혐오한다. 그런데 그 '현실'에 관해 말한다면, 우리는 이것이 영원히 지속되리라고 믿지 않는다. 오늘날 우리를 아직도 떠받치고 있는 얼음은 벌써 매우 얇어졌다. 훈풍은 불고 있다. 우리 자신이, 우리 실향민들이 바로 얼음과 그 밖의 너무 얇은 '현실'을 깨뜨리는 그 무엇이다.

우리는 그 무엇도 '보수'하지 않는다. 우리는 어떤 과거로도 되돌아가고 싶지 않다. 우리는 결코 '자유주의적'이지 않다. 우리는 '진보'를 위하여는 일하지 않는다. 우리는 이제 미래를 노래하는 사이렌(Sirens)에 대해 귀 막을 필요가 없다. 그녀들이 노래 부르는 것, '평등한 권리' '자유로운 사회' '이미 아무런 지배자도 없고 노예도 없다' 등이 우리를 유혹하지는 못한다! 우리는 정의와 융화의 제국이 지상에 건립되는 것을 결코 바람직한 일이라 생각지 않는다(왜냐하면 그 나라는 어떤 여건에서든지 지극히 범속한 중국주의[*95] 국가일 것이기 때문에). 우리는 우리처럼 위험과 전쟁과 모험을 좋아하는 사람들, 타협하지 않고 구속되지 않으며, 화해하지 않고 거세당하지 않는 모든 사람을 기꺼이 맞이한다. 우리는 우리 자신을 정복자 가운데 한 사람으로 헤아린다. 우리는 새로운 질서의 필연성에 관해서, 또한 새로운 노예제도의 필연성에 관해서 생각한다. 왜냐하면 '인간'이란 유형을 강화하고 향상하기 위해서는 또한 새로운 노예화가 필요하기 때문이다. 그렇지 않은 가? 이 모든 것 때문에 우리는, 태양 아래에서 일찍이 본 적이 없었을 정도로 가장 인간적이고 온화하며 정의로운 시대라고 불리는 명예를 요구하는 이 시대에 살면서 마음이 편안할 수는 없다. 우리가 바로 이같이 아름다운 말을 들을 때마다 거기서 추한 저의를 찾아낸다는 것은 불행한 일이다! 그 속에서 우리가 오로지 쇠약, 피로, 노령, 약화된 힘의 표현만을—또 가면극만을—발견한다는 것은 불행한 일이다! 병자가 자신의 쇠약함을 감추기 위해 어떤 화려한 화장을 한들, 우리에게는 아무 관심도 없다. 그는 자신의 쇠약함을 자신의 **미덕**으로 자랑할는지 모른다. 쇠약함이 사람을 온화하게 만든다는 것, 아아! 실로 온화하게, 공정하게, 무해하게, '인간적'으로 만든다는 것은 의심할 여지가 없다!

사람들이 우리를 설득하여 끌어들이고자 하는 '동정의 종교'—오, 우리는 오늘날 바로 이 종교를 베일과 장신구로서 필요로 하는 히스테릭한 사나이와 부인네들을 아주 잘 알고 있다! 우리는 휴머니스트가 아니다. 우리는 우리의 '인류애'에 대해서 결코 말재주를 부리지는 않을 것이다. 우리와 같은 사람에게는 그럴 만한 배우의 자격이 불충분하니 말이다! 우리는 생시몽주의자*⁹⁶도 아니고 프랑스인도 아니다. 그토록 화려한 방법으로 정욕을 불태우며 인류에게 덤벼들기 위해서는, 확실히 호색적인 민감성과 사랑에 빠진 자의 초조인 **갈리아인** 특유의 과잉병에 감염되어 있어야 한다.

인류에게 덤벼들려고! 일찍이 모든 부인네들 중에서 이보다 더 역겨운 늙은 노파가 있었던가? (만약 있다고 한다면 그것은 철학자들의 문제인 '진리'*⁹⁷가 아닐까). 아니다. 우리는 인류를 사랑하지 않는다. 또 한편으로 우리는, 요즘 유행하는 '독일적'이란 말의 의미에서 충분히 '독일적'이지는 않다. 즉 국가주의와 인종적 증오를 옹호할 만큼, 민족 감정에 따른 심장의 격분이나 패혈증에—이런 질병 때문에 현재 유럽에서는 국민과 국민이 검역에 의해 서로 분리되고 차단된 형편이나—기쁨을 느낄 정도로 독일적이지는 않다. 그러기에 우리는 너무 자유분방하고 악하며, 너무 사치스럽고 밝다. 또한 너무 훌륭한 교육을 받았으며, 너무 여행을 많이 했다. 우리는 산 위에서 사는 것, 세상을 떠나 '반시대적으로' 과거 또는 미래 속에서 사는 것을 훨씬 더 좋아한다. 단지 어떤 정치—독일 정신을 하나의 허영으로 바꿔 버려 황량하게 만드는 **작은** 정치, 이런 정치를 목격하는 데에서 치밀어 오르는 말 못할 분노로부터 멀리 있기 위해서도 우리는 우리 사는 방식을 좋아한다. 이러한 작은 정치는 자신의 창조물이 또 금방 무너지지 않도록 하기 위해서, 그것을 두 개의 극단적인 증오 사이에 고정시켜야만 하는 게 아닐까? 그 정치는 소국으로 분열된 유럽을 영구화하려고 할 수밖에 없는 게 아닐까? *98

우리 실향민들은 근대인이기에는 종족과 혈통상 너무도 다양하며 서로 혼합되어 있다. 따라서 오늘날 독일에서 독일적 정신의 표지로서 과시되고 있으며, 게다가 이 '역사적 감각'*99을 지닌 국민에게는 이중적 기만이자 불합리한 것으로 생각되는, 저 그릇된 인종적 자기예찬과 음탕에 참여할 필요를 우리는 전혀 느끼지 않는다. 한마디로 우리는—이것이야말로 우리의 명예를 건 한마디이다! —**선량한 유럽인**이며, 유럽의 상속자이다. 풍부하고 엄청나게 축적된 재보와 더불어서 엄청난 의무를 맡게 된, 몇 천 년에 걸쳐 내려온 유럽 정신의 상속자인 것이다. 그리고 이러한 자로서 우리는 또한 그리스도교를 벗어나 성장하고 그것을 혐오하기에 이르렀다. 왜냐하면 바로 우리가 그리스도교**에서** 성장해 나왔기 때문이며, 우리 선조가 그 믿음을 위해 재산, 생명, 신분, 조국조차도 기꺼이 희생할 정도로 철저하게 성실한 그리스도교 신자였기 때문이다. 우리가 하려는 일은 이와 똑같은 것이다. 그러나 무엇 때문에? 우리의 불신을 위해서인가? 모든 종류의 불신을 위해서인가? 아니다. 그것은 그대들이 더 잘 안다. 친구여! 그대들 속에 숨겨진 저 **긍정**은, 그대들의 시대적 병인 저 모든 '부정'과 '의혹'보다 더 강력하다. 그리고 그대들이 바다로 나가야 한다면, 그대들을 그렇게 세차게 밀어붙이는 것도 또한—하나의 **믿음**인 것이다! *100

378 '그리고 다시 맑아질 것이다'

영혼이 너그럽고 풍요로운 우리는 길가의 공동 우물처럼 우리의 물을 길으러 오는 누구의 손도 거부하지 않는다. 불행히도 우리는 거절하고 싶다 한들 거절하는 방법을 모른다. 우리는 사람들이 우리를 **탁하고** 더럽고 어둡게 하지 못하도록 하는 방법을 모른다. 우리가 살고 있는 시대가 그 '가장 시대적인 것들'을 우리 안에 던져 넣고, 시대의 부정한 새들이 오물을 떨어뜨리고, 어린아이들이 그 허섭스레기를 쏟아 두고, 피로에 지친 나그네가 우리 곁에서 쉬면서 그 크고 작은 고통을 우리 안에 던져 넣는데, 우리는 이를 막지 못한다. 그러나 우리는 여태까지 우리가 했던 대로 해 나갈 것이다. 사람이 우리에게 던지는 것은 무엇이든지 간에 우리의 깊은 곳으로 끌어들이리라—왜냐하면 우리는 깊으며, 잊지 않기 때문이다—**그리고 다시 맑아질 것이다.**

379 어릿광대의 한마디

이 책의 지은이는 인간을 싫어하는 자가 아니다. 오늘날 인간을 증오하려면 꽤 비싼 대가를 치러야 한다. 만일 옛날 사람들이 인간을 증오했던 것처럼, 곧 회의주의자 티몬이 인간을 증오했던 것처럼[*101] 예외 없이 전적으로 마음을 기울여, 증오에 대한 온전한 **사랑으로** 증오하려면, 우리는 경멸을 포기해야만 할 것이다. 그러나 우리는 그 경멸로부터 얼마나 많은 정교한 기쁨, 인내, 선의를 구해 왔던가! 이를 통해 우리는 '신에게 선택된 자'가 된다. 섬세한 경멸은 우리의 취향이자 특권이며, 우리 근대인 중에서도 가장 근대적인 인간에게는 예술이요 미덕이리라.

반면에 증오는 사람을 똑같이 만들고, 마주 보게 한다. 증오에는 명예심이 들어 있으며, 결국 **두려움이**, 대단한 두려움이 존재한다. 그러나 우리 두려움 모르는 존재들, 이 시대의 보다 정신적인 인간존재인 우리는 보다 정신적이라는 바로 그 사실 덕분에 이 시대의 두려움으로부터 벗어나 충분히 자유롭게 살아갈 수 있는 장점이 우리에게 있음을 잘 안다. 우리는 좀처럼 참수되거나 감금되거나 추방되지 않을 것이다. 사람들은 결코 우리의 책을 금지하거나 불에 태우지 않을 것이다. 이 시대는 정신을 사랑하고, 우리를 사랑하고, 우리를 필요로 한다. 설령 우리가 다음과 같은 사실을 이 시대에 가르쳐 주지 않고는 못 배긴다 해도. 곧 우리는 경멸의 예술가라는 것, 인간과의 교제는 늘 우리에게 가벼운 전율을 준다는 것, 우리의 온화함, 인내, 상냥함,[*102] 예의바름에도 불구하고 우리는 주변의 일들에 대한 편견을 포기하는 쪽으로 생각을 양보할 수 없다는 것, 인간적인 요소가 적은 자연일수록 우리는 사랑한다는 것, 그리고 예술이 인간으로부터 달아나는 예술가의 도피이거나 인간에 대한 예술가의 비웃음이거나 또는 예술가 자신에 대한 비웃음일 때 우리는 그 예술을 사랑한다는 것을.

380 '방랑자'는 말한다

우리 유럽의 도덕성을 한번 멀리서 보고 그것을 과거 또는 미래의 다른 도덕성과 비교해 보고자 한다면, 한 도시의 탑이 얼마나 높은지 알려는 방랑자와 똑같은 방법을 써야 한다. 그 때문에 방랑자는 그 도시를 **떠나가는** 것이다. '도덕적 편견에 관한 고찰'*[103]이 편견에 관한 편견이 되지 않기 위해서는, 도덕 **밖**, 즉 사람이 오르고 등정하고 날아야 할 선악을 넘어선 저편*[104]을 전제해야 한다. 현재로선 아무튼 **우리의** 선악을 넘어선 저편, 이 모든 '유럽'으로부터의 자유가 전제로서 중요하다. 그리고 이 모든 '유럽'은 우리의 피와 살이 돼 버린 명령적 가치판단의 전체로 해석된다. 우리가 한결같이 그것의 밖으로 나가고 위쪽으로 **오르고자 하는** 사실은 어쩌면 다소간의 광기, 기이하고 불합리한 '어쩔 수 없는 일'인지도 모른다—말하자면 우리 인식자들도 자기 자신의 '자유롭지 못한 의지'라는 특질을 지녔다는 뜻이리라. 문제는 사람이 실제로 그 위에 오를 **수 있을까** 하는 것이다.

이를 위해서는 수많은 조건들이 요구될 것이다. 대개 그것은 우리가 어느 정도 가벼운가 무거운가 하는 문제, 우리 '특수한 무게'의 문제이다. 자신의 시대를 넘어 그렇게 먼 곳까지 인식에 대한 의지를 몰고 가기 위해서는, 그리고 수천 년 기간들을 조망할 눈을 보유하며 더 나아가서 이러한 눈 속에 순수한 하늘을 받아들이기 위해서는, 우리는 **매우 가벼워야** 한다. 우리는 억압하고 금지하며 억누르는, 오늘날 우리 유럽인들을 무겁게 만드는 많은 것들에서 풀려나야만 한다. 자기 시대 최고의 가치기준을 스스로의 눈으로 보고자 하는 이 피안의 인간은 무엇보다도 먼저 이 시대 자체를 자신 속에서 '극복'해야만 한다—이것이 그의 능력에 대한 시험이다. 따라서 우리는 또 자신의 시대뿐만 아니라 이 시대에 **대한** 지금까지의 반감이나 반항을, 이러한 시대에 산다는 데서 비롯되는 고통을, 우리의 비시대성을, 우리 **낭만주의**를 극복해야만 한다.

381 이해 문제에 대하여

사람들은 글을 쓸 때 오로지 이해되기를 원하는 것만은 아니다. 그들은 또

확실히 이해되지 않을 것도 바라고 있다. 누군가 이해할 수 없다고 말해도 그것은 책에 대한 항의는 전혀 아니다. 아니, 그것이야말로 지은이 의도의 일부인지도 모른다―지은이는 '어디의 아무개 씨한테' 이해되기를 **바라지** 않았다. 모든 고상한 정신과 취미는 자기를 전달하고자 할 때 청중을 선택한다. 그리고 이러한 선택과 동시에 '다른 사람들'에 대해 울타리를 세운다. 문장의 모든 섬세한 법칙은 여기에 그 기원을 두고 있다. 이 법칙을 통해 그는 사람들을 멀리하고, 거리를 두고, '출입'을 금지하며, 이해를 금하는 것이다―반면에 우리와 귀가 비슷한 사람들에게는 귀를 열어 둔다.

솔직히 나의 경우를 이야기하면, 나는 내 무지 때문이든 내 활발한 기질 때문이든 **그대들에게** 이해되는 것을 방해받길 바라지 않는다. 내 친구들이여, 덧붙이자면 아무리 그 활발함이 내게 빨리 문제에 달라붙어서 처리하도록 강요한다 할지라도, 그런 것은 바라지 않는다. 나는 심각한 문제를 다룰 때에도 마치 냉수욕을 하는 것처럼 빨리 하기 때문이다. 날쌔게 날아 들어가 날쌔게 나온다. 그렇게 하면 충분히 깊은 곳까지 **내려갈** 수 없다고 믿는 것은 물을 두려워하는 자나 차가운 물을 싫어하는 자들의 미신이다. 그들은 아무런 경험도 없이 말하고 있다. 아아! 강렬한 차가움은 움직임을 빠르게 한다!

하는 김에 묻겠는데, 어떤 사물은 단지 순간적으로 건드려졌거나 보였거나 비추어졌다는 이유로 더 이상 이해도 인식도 되지 못하는 것으로 간주돼야 하는가? 우리는 아무래도 그 위에 가만히 앉아 있어야만 하는가? 마치 닭이 알을 품는 것처럼? 뉴턴이 자신에 대해 말했듯이 '밤낮으로 생각에 골몰하면서(Diu noctuque incubando)?' 적어도 드물게 부끄럼이 많고 성미가 까다로운 진리가 있어, 이것은 느닷없이 붙잡을 수밖에 없다―**불시에 붙잡든지, 놓쳐 버리든지**……

마지막으로 내 간결함은 또 하나의 가치가 있다. 내가 맞붙어 싸우고 있는 이런 문제 속에서 나는 많은 것을 간결하게 말하지 않을 수 없다. 그래야 이야기가 귀에 한층 간략하게 들어오기 때문이다. 요컨대 비도덕주의자로서 말할 때 우리는 순결을 더럽히지 않도록 주의해야 한다―여기에서 내가 가리키는 것은 바보와 남녀 양성과 늙은 노처녀들이다. 그들은 삶으로부터 그 순결밖에 아무것도 얻는 것이 없다. 그뿐만 아니라 나의 저작들은 그들을 감동시키고 분발시켜 미덕에 다다르기까지 격려해야만 한다. 달콤한 덕의 감정들에 취해 감격하는 노처녀들이나 늙은 바보들에게 영감을 불어넣는 것보다 더 유쾌한 장면은 세상에 다시없다. 그리고 '나는 이것을 보아 왔다'—차라투스트라는 그렇게 말했다.

간결함에 관해서는 이 정도로 해 두자. 무지 쪽은 한층 사정이 나쁘다. 나는 이 무지를 스스로에게 숨기려고 하지는 않지만 이에 대해 수치를 느끼고는 있다. 물론 그러한 수치 자체가 부끄러울 때도 있고. 오늘날 우리 철학자들은 대체로 지식에 관하여 나쁜 상황에 처해 있다. 과학은 계속 성장하며, 우리 중에 가장 학식 있는 자도 자신이 너무 무지하다는 사실을 발견하는 데 이르고 있다. 그러나 만일 그것이 아니라 우리가 **지나치게 많이** 아는 것이라면, 그 사정은 더욱 나쁘리라. 우리의 사명은 우선 우리 자신을 잘못 파악하지 않는 것이다. 우리는 학자와는 무언가 다른 **존재이다.** 물론 우리도 학식을 지니고 있다는 것을 부인할 수 없다 해도, 우리는 별도의 요구를 가지고 별도의 성장, 별도의 소화를 한다. 우리는 보다 많은 것을 필요로 하지만 또 보다 적은 것도 필요로 한다. 하나의 정신이 자신을 기르기 위해 얼마나 많은 것을 요구하는가 하는 데에는 공식이 없다. 그러나 그들의 취미가 자주독립을 향해 있고, 신속한 왕복과 편력을 좋아하고, 또는 가장 빠른 자만이 할 수 있는 모험을 지향한다면, 이런 인간은 부자유한 포만 상태에서 사는 것보다 자유로운 걸식 상태에서 사는 편이 더 낫다. 훌륭한 무용수가 자신의 식사에 바라는 것은 비만이 아니라 최대의 유연함과 힘이다. 그리고 나는 훌륭한 무용수가 되는 것보다 더한 염원을 철학자의 정신이 안고 있는지 모르겠다. 생각건대 무용은 철학자의 이상이자 예술이며, 결국 그의 유일한 신앙이자 '신에 대한 예배'이다.

382 위대한 건강
우리 새로운 자, 이름 없는 자, 이해하기 어려운 자, 아직 불확실한 미래의 조산아들은 새로운 목적을 위해 역시 새로운 수단을 필요로 한다. 즉 새로운 건강, 기존의 어떤 건강보다도 더 강하고 빈틈없으며, 더 유연하고 대담하고도 활기찬 건강을. 기존의 가치와 절실한 요구들의 모든 영역을 체험하고, 이 이상적인 '지중해'의 모든 해안을 항해하기를 바라는 영혼을 가진 자는 누구든지, 또 이상을 발견하고 정복하는 자, 예술가, 성인, 입법자나 현자, 학자, 신앙심 깊은 사람, 예언자나 오래된 형태의 교회 이탈자가 어떻게 느끼는지를 자기의 독자적인 체험이라는 모험을 통해 알려는 자는 누구든지—그 바람을 위해 무엇보다도 먼저 한 가지를 필요로 한다. 곧 **위대한 건강**이다. 이런 건강은 단지 보유하는 것이 아니라, 끊임없이 새롭게 얻고 계속 얻어야만 하는 것이다. 그 건강은 반복해서 희생으로 제공되며 또 제공되어야만 하기 때문이다!

이리하여 우리 이상을 찾는 아르고호의 뱃사람이 현명하다기보다는 오히려 용감하게, 또 자주 난파라든가 재난을 당하면서도 이미 말했던 바와 같이 믿기 어려울 정도로 건강하게, 위험하다 싶을 만큼 건강하게, 몇 번이라도 건강을 되찾으면서 오랜 항해를 계속한 끝에—이제 우리는 가까스로 그 보수로서 지금까지 누구도 그 경계를 보지 못한 미지의 땅을 발견한 기분을 느끼게 된다. 지금까지 존재했던 모든 이상의 나라나 이상의 오지 저편에 있는 세계, 아름다운 것, 진귀한 것, 수상쩍은 것, 무서운 것, 신적인 것으로 가득 찬 세계, 그것을 보는 우리의 호기심과 소유욕도 정신을 차릴 수 없을 정도의—아아, 우리가 이 이상 더 만족할 수 없다 할 정도의 세계!

일단 그런 풍경에 접근하여 그 같은 양심과 지식의 갈망[105]을 느낀 뒤라면 어떻게 **현대의 인간**에게 만족할 수 있겠는가? 그것은 매우 어려운 일이다. 그러나 현대 인간들의 가장 소중한 목표와 희망을, 우리가 어찌어찌 모양새를 고치는 정도의 성실성으로만 바라볼 뿐이라는 것, 아니, 어쩌면 이미 바라보지도 않는다는 것, 이것은 불가피한 일이다.

또 다른 이상이 우리 앞에 놓여 있다. 기이하고 유혹적이고 위험에 가득 찬 이상이다. 우리는 누구에게도 그것을 권하려 하지 않는다. 누구에게도 **그에 어울리는 권리**가 있다고는 좀처럼 생각하지 않기 때문이다. 그것은 지금까지 성스럽다고, 선하다고, 불가침이라고, 신성하다고 불렸던 모든 것을 상대로 천진난만하게—즉 아무런 저의 없이 넘칠 정도의 충만함과 강함을 갖고 재롱을 부리는 정신의 이상이다. 이 정신 앞에서는 민중이 당연하다는 듯 가치기준으로 내건 최고의 것이 자칫하면 위험, 타락, 저하, 또는 적어도 휴양, 맹목, 일시적인 자기망각밖에 의미하지 않을지도 모른다. 그것은 인간적, 초인간적인 행복과 선의라는 이상[106]이지만, 그럼에도 가끔 **비인간적으**

로 보이리라. 예컨대 지금까지 지상에서 엄숙한 것으로 취급되어 온 것이라든지, 온갖 종류의 거드름 피우는 태도나 말, 억양, 시선, 도덕, 사명 등의 모든 것 옆에서, 그 이상이 이런 것들의 예상치 못한 패러디로서 드러난다면 비인간적으로 보이리라. 하지만 그럼에도 불구하고 이 이상과 더불어 **위대한 진지함**이 비로소 시작되고, 참된 의문부호가 비로소 찍힐 것이다. 영혼의 운명이 바뀌고, 시곗바늘이 움직이며, 비극이 **시작**될 것이다.[*107]

383 에필로그

그런데 내가 마지막으로 이 암울한 의문부호를 천천히 그려 내며, 아직도 내 독자들에게 올바른 독자의 미덕을—아아! 그것은 얼마나 망각되고 알려지지 않은 미덕인가—환기하려 할 때, 나는 주위에서 실로 악의에 차고 활발하며 짓궂은 코볼트[*108] 같은 웃음소리를 듣는다. 내 책의 정령들이 나를 갑자기 공격하고 있는 것이다. 그들은 내 귀를 잡아당기고 소리친다. '우리는 더 이상 참을 수 없다.' 그들은 나에게 하소연한다. '중지하라, 이 까마귀처럼 새까만 음악을 중지하라. 밝은 아침이 우리를 둘러싸고 있지 않은가? 우리 주위에는 녹색의 부드러운 땅과 잔디, 춤의 왕국이 있지 않은가? 즐기기에 이보다 더 좋은 때가 과거에 있었는가? 누가 우리에게 노래를, 아침의 노래를 불러줄까? 햇살처럼 밝고 가볍고 날개가 돋친 노래를—귀뚜라미를 내쫓기는**커녕** 함께 노래하고 춤추자고 친구로 끌어들일 정도의 노래를 불러주는 자 그 누구인가? 오! 그대 속세를 떠난 미래의 음악가여, 그대가 지금까지 그대의 황야에서 우리에게 들려준 신비로운 음조, 두꺼비 울음소리나 무덤으로부터 들려오는 소리나 모르모트가 찍찍대는 소리 같은 것보다는, 차라리 단순한 백성의 피리소리가 훨씬 낫다![*109] 아니! 그런 음조가 아니다! 우리는 더 유쾌한, 더 기쁜 음으로 노래 부르자!'[*110]

그것이 네 맘에 드느냐, 내 참을성 없는 친구들이여! 좋다! 누가 너희에게 반대하겠는가? 내 피리는 이미 기다리고 있다. 내 목청 또한 그렇다—단지 그것은 조금 거친 목소리가 날지 모르지만 참아 달라! 사실 그 때문에도 우리는 산속에 있는 것이다. 그러나 적어도 너희가 듣는 것은 새롭다. 그리고 너희가 그것을 이해하지 못하고 **가수**를 오해한들 신경 쓸 이유가 있겠는가! 그것이 '가수의 저주'[*111]라는 것이다. 너희가 그의 음악이나 곡조를 잘 알아들으면 알아들은 만큼, 그의 피리소리에 맞추어 한층 잘 춤출 수 있다.
그대들은 그것을 **원하는가**? ……

〈주〉

＊1 쾌활함 Heiterkeit :《즐거운 지식》의 제목과 취지에 대한 언급.

＊2 108항과 125항 이하 참조.

＊3 이 절은 '신은 죽었다'의 설명으로 확실히 할애되고 있다.

＊4 지다(몰락)untergegangen : 342항의 마지막 주 참조.

＊5 Abbruch, Zerstörung, Untergang, Umsturz.

＊6 5부의 제목에 대한 해석.

＊7 125항 이하가 124항을 통해 어떻게 소개되었는지 주의하라. 또 283항, 289항, 291항
참조.

＊8 호메로스가 오디세우스의 인품을 표현한 단어.

＊9 니체가 돈키호테를 사랑했으며 돈키호테와 그를 동일시하는 경향이 있었던 사실과 관
련이 있다.

＊10 1920년《쾌락의 원리를 넘어서Beyond the Pleasure Principle》에서 프로이트는 죽음의
의지에 대한 인식을 부활시켰다.

＊11 니체는 세 번째 저서인《도덕의 계보》24항 마지막에서 이 항을 인용하며 다음과 같
이 말한다. '너무 간략하게 기술되어 있다고 느껴진다면, 우리는 아직도 얼마나 경건
한가(344항)라는 제목이 붙은《즐거운 지식》의 해당 항을, 더 나아가 5부 전체를 읽
어야 한다……'

＊12《우상의 황혼》에 있는 〈자유의지의 오류〉에 관한 항과《선악을 넘어서》에 있는 19항
참조.

＊13 여기에 암시되어 있는 것은, 도덕의 가치는 건강이나 생명 또는 결국 권력에 대한 도
덕 관계에 의존한다는 점이다.

＊14 그 해야 할 일은 도덕적인 사람들에 대해 도덕이 미치는 영향이 과연 이로운지 여부
에 의문을 제기하는 것이다. 물론 이 의문은, 오직 하나의 가치기준만이 있다는 가정
에 사람을 빠뜨리는 것은 아니다. 서로 다른 도덕들 아래에서 인간답게 되는 것을 비
교함으로써 그리고 일정한 도덕 없이 인간답게 될 수 있을지에 의문을 던짐으로써 시
작할 수 있을 것이다.

＊15 쇼펜하우어의 철학.

＊16 니체에 대해 일부 학자들은, 니체 자신의 견해에 따르면 그는 허무주의자였다고 주장
한다. 그러나 그 학자들은 일반적으로 이 용어가 의미하는 바를 상세히 설명하지 못

한다. 여기에는 두 형태의 허무주의가 언급되어 있으며, 니체가 어느 형태에서나 허무주의자가 아님은 분명하다.

*17 이런 중요한 관점은 니체 저서들 어느 곳에서나 정기적으로 되풀이되며 '그가 얼마나 경건하지 않은지'에 대해 분명하게 말해 주고 있다. 따라서 344항을 해석할 때에는 좀 더 생각을 해야 한다.

*18 이것은 1886년에 쓰였다.

*19 vaterländerei.

*20 la vérité vraie.

*21 여기서도 니체는 자신을 허무주의와 분리해서 생각하고 있음이 분명하다.

*22 《우상의 황혼》 49항 참조. 또한 《반그리스도》 50~55항 참조.

*23 칸트에 대한 암시.

*24 Man ist nicht ungestraft das kind Seiner Eltern. 괴테의 《친화력(Elective Affinities)》 2, 7에서 Ottilie의 일기 참조. 대가를 치르지 않고는 종려나무 밑을 지나가지 않는다. Es wandelt niemand ungest-raft unter Palmen.

*25 니체의 부친과 조부는 그리스도교 목사였다. 또한 더욱더 거슬러 올라가서 그의 많은 조상들이 도살업자였음을 니체는 깨닫지 못했을 수도 있다.

*26 원어는 불어의 déraisonnable.

*27 불어. 불어는 그 자신을 독일어로부터—그리고 독일의 반유대인 기질로부터—따로 떼어 생각하려는 니체의 결심을 뒷받침한다.

*28 이 전체 항은 생명 또는 생존에 대한 의지를 유행하는 관념에 따라 인식하는 것을 반대하는 권력에의 의지, 그것에 대한 니체 이론을 지지하는 몇몇 논거들을 제공해 준다.

*29 《우상의 황혼》에서 〈반다윈〉 참조 : '맬서스를 자연으로 오해해서는 안 된다'. 맬서스 (Thomas Robert Malthus, 1770~1834)는 세상에 커다란 영향을 끼친 저서 《An Essay on the Principle of Population》를 1798년에 출간했다.

*30 Übergewicht.

*31 homines religiosi : 종교적인 것 또는 종교적인 형태라는 뜻.

*32 민중 Volk은 이 항 전체에서 일반 사람들이라는 의미로 사용되고 있다.

*33 이것은 글자 뜻 그대로 '지혜를 사랑하는 자'를 의미한다.

*34 여기서 니체의 주장은, 많은 다른 사람들이 안다고 잘못 주장했던 문제들에 대해 소크라테스만이 몰랐다는 것뿐만 아니라, 더 중요하게는 플라톤같이 '자만심의 괴물'이 랄 정도로 자만심이 강했던 사람까지도 이에 대해 안다고는 믿지 않았다는 것이다.

*35 etwas Halbes : 문자 뜻 그대로 반(半)인 어떤 것. 그 번역은 《리처드 3세》 서막의 독백을 암시하고 있다 :

나는 이 공정한 비율을 줄이겠다.
본성을 숨김으로써 얼굴을 가리는
불구의, 끝나지 않은, 우리 시대 이전에 보내진
이 숨 쉬는 세계 속에서, 거의 반도 완성되지 않은······

＊36 중심 생각은 차라투스트라의 생각에 가깝다. '집게발이 없기 때문에 자신을 선하다고 생각했던 병약자들을 가끔 나는 비웃는다'(〈숭고한 사람들에 관하여〉) ; 집게발이 없는 창조물처럼 자신을 드러내 서 있는 대신에 인간은 잔인한 듯이 가장하여, 도덕에 대한 높은 존경만이 인간으로 하여금 잔인한 짓을 못하도록 하는 것으로 꾸미고 있다. 《우상의 황혼》에 있는 〈우리가 더욱더 도덕적으로 변하고 있는가〉라는 항 참조.

＊37 distiplina voluntatis.

＊38 모라비아교회 신자의 형제애.

＊39 Vis inertiae.

＊40 eine verallgemeinerte, eine vergemeinerte Welt.

＊41 erkennen.

＊42 das Erkennen.

＊43 wissen.

＊44 Erkenntnis.

＊45 er hat mich erkannt.

＊46 etwas Bekanntes.

＊47 니체는 헤겔을 생각하고 있었는지도 모른다. 그러나 그 문장은 한 명의 철학자보다 더 많은 철학자들에게 적용될 수 있다.

＊48 was bekannt ist, ist erkannt. 니체는 《정신현상학》 서문에서 헤겔이 말했던 이야기를 깨닫지 못했는지도 모른다. '친숙한 것은 단순히 그것과 친숙하다는 이유 때문에 알지 못한다 Das Bakannte überhaupt ist darum, weil es bekannt ist nicht erkannt.' 헤겔은 니체의 말장난뿐만 아니라, 익히 앎을 통해서 알게 된 것, 그래서 친숙한 것은 바로 그러한 이유로 또한 '알려진' 또는 이해된 더 강력한 의미에서 모르는 것이라고.

＊49 우리가 '이해'라고 부를 수도 있는 그런 강한 의미에서 친숙함은 지식을 포함하지 않는다고 하면서 니체가 헤겔에 동의하고 있는 동안, 헤겔은 그러한 이해가 가능하며 철학의 임무를 성립시켰다고 생각하였다. '무엇인가를 이해한다는 것이 바로 철학의 일이다'(헤겔의 《정신현상학》 서문에서). 니체는 그러한 '이해'는 자기기만을 포함한다고 주장한다.

＊50 전체 부록의 시 〈절망하는 바보 Fool in Despain〉 참조.

＊51 이 문제는 그 후 독일에서 많이 논의되었다. 그것에 대한 니체의 많은 논의는 특히 《우상의 황혼》 전체 장과 《이 사람을 보라》에 있는 〈바그너의 경우〉에 관한 항에 포함

되어 있다.

* 52 괴테는 자신을 이교도라 불렀으며, 하이네는 자신을 위대한 비이교도 기호 2라고 일컬었다.

* 53 비스마르크에 대한 니체의 반응은 지나치게 부정적이었다.

* 54 accidens.

* 55 Vorstellung.

* 56 die Artbegriffe.

* 57 Causaliter.

* 58 '존재(*Sein*)'. 헤겔에 대한 니체의 평가는, 헤겔에 대한 쇼펜하우어의 광범위하고 신랄한 논박들에 비추어 눈여겨볼 만하다. 그리고 니체의 '존재'에 대한 끊임없는 경시는 하이데거의 철학과 흥미로운 대조를 이룬다.

* 59 sublimiert.

* 60 니체는 《인간적인 너무나 인간적인》 가운데 '유럽의 인간과 국가의 폐지'라는 제목의 475항에서 최초로 '선한 유럽인'이란 개념을 소개하였다. 이 용어는 그의 저작에서 종종 발견되며, 보통 민족주의와 반유대주의에 대한 니체의 반대와 연관되어 있다. 377항 참조.

* 61 Falschmünzerei. 자기기만과 관련하여 니체는 이 용어를 자주 사용했는데, 이는 자신의 유일한 소설로 여겼던 작품을 《사전꾼들》이라 이름 지었던 앙드레 지드에게 영향을 미쳤다.

* 62 Eduard von Hartmann. 헤겔과 쇼펜하우어의 철학을 종합하려고 애썼던 매우 대중적인 철학자(1842~1906). 하르트만에 대한 니체의 멸시는 그에 관한 모든 언급에서 분명하게 나타나 있다. 《선악을 넘어서》 204항 참조.

* 63 Zeitalter der Gründungen. 니체는 신 독일 제국 성립(1871) 후에 산업이 매우 빠른 속도로 성장하던 때인 이른바 Gründerjahre에 대해 언급하고 있다. 이러한 '촉진주의와 끓어오르는 동료들의 시대' 이후 곧 경제적 위기가 닥쳤다(1873~74).

* 64 Julius Bahnsen(1830~81)은 인물학, 역사철학, 그리고 세계 법칙으로서의 비극에 관한 저서들을 출판했다. 자신의 〈Realdialektik〉으로 헤겔의 변증법에 반대했으며, 쇼펜하우어에게 영향을 받은 극히 적은 수의 독일 철학자들 가운데 한 명이었다.

* 65 필립 마인랜더(Philipp Mainländer)는 Phillipp Batz의 필명이었다. 그는 1841년에 태어나 1876년에 자살했다. 그의 《구제의 철학 *Philosophie der Erlösung*》(1876)은 죽음에 대한 의지, 순결, 자살을 중요시하고 있다. 이것이 니체의 작품들 속에 나오는 마인랜더에 대한 유일한 언급이며, 물론 니체의 주된 관심은 쇼펜하우어의 염세주의가 독일철학에 실제로 영향을 미치지 못했다는 데 있다. 쇼펜하우어의 영향을 받은 소수의 작가들은 전혀 문제가 되지 않는 것이다.

* 66 전체적으로 살펴볼 때 이 항은 니체가 귀에 거슬리게 하지 않고, 주로 반독일적이지 않으면서 독일인들에 대해 장황하게 다루고 있는 그 밖의 문장들과는 다르다(이 항의 첫 번째 주를 보라). 라이프니츠, 칸트와 헤겔의 업적은 독일인들에게 신뢰를 받았으며, 성실한 것이다. 이는 위 항이 집필된 후에, 그러나 《우상의 황혼》이 집필되기보다는 전에 있었던 한 사건이 독일인들에 대한 니체의 마음을 바꾸었다는 것을 암시하고 있다. 만일 그렇다면, 그것은 확실히 마지막 황제의 취임이었을 터이다(각주 6에 인용된 자료를 포함하여 《이 사람을 보라》에서 차라투스트라에 관해 논의하고 있는 첫 번째 항을 보라). 그러나 《즐거운 지식》 중 134, 149, 377항은 니체의 맨 마지막 견해의 경향을 나타내고 있다.

* 67 Herrschafts—Gebilde.

* 68 Hinteigründe.

* 69 ein missratener Mensch.

* 70 beliebig.

* 71 77항의 주 14를 보라.

* 72 Literat는 가장 좋은 사전들에서 '문학자, 작가'로 번역되어 있다 할지라도, 가끔씩 가치를 떨어뜨리는 느낌을 함축하고 있다. 366항을 보라.

* 73 Daas sie 'sich geben' selbst noch, wenn sie—sich geben.

* 74 Feindin : 적(敵)의 여성형, 독일어로 문명은 여성형이다.

* 75 민족주의에 대한 니체의 일관된 반대는 충분히 확실한데, 하나로 통합된 유럽에 대한 그의 생각은 그렇지 않다. 그는 결코 아프리카에서 벌어지는 식민지 정복에 관해 논하지 않았다.

* 76 이 문장의 '헌신'과 마지막 문장에서 다시 나오는 '헌신'은 '굴복'의 의미에 가깝다.

* 77 괴테의 《파우스트》 1637행에서 메피스토펠레스가 한 말은 다음과 같다. '가장 나쁜 인간조차도 교제할 때는 상대에게 한패라는 느낌을 줄 것이다(lässt dich fühlen)'.

* 78 Fremde.

* 79 262항 참조. '어떤 이는 죽은 후에 태어난다'(《반그리스도》 서문과 《이 사람을 보라》 제3장의 첫 항에서). '인간은 비도덕성에 대해 비싼 값을 치른다. 인간은 살아 있는 동안 여러 번 죽어야만 한다'(《이 사람을 보라》 중 차라투스트라의 논의에 관한 5항에서).

　　우리는 때때로 다음과 같은 낙서들을 본다. '신은 죽었다'—니체. '니체는 죽었다' —신. 드물게는 누군가가 이렇게 세 번째 줄을 덧붙인다. '니체는 잘못 이해되고 있다'—카우프만. 내가 본 것 중 가장 좋은 세 번째 줄은 다음과 같다. '어떤 이는 죽은 후에 태어난다'—니체.

* 80 361항을 보라.

＊81 polytropoi에 관한 344항의 주 8을 보라.

＊82 litteris et artibus.

＊83 370항의 마지막 3개 문단 참조.

＊84 immortalize.

＊85 모든 작품 중 가장 중요한 항들 가운데 이러한 마지막 문구들은 니체의 스타일과 기질에 대해서, 그리고 그의 후기 작품에서 주신제가 지니는 의미에 대해서 깊이 나타내고 있다. 현재 디오니소스적인 것은 더 이상 아폴로적인 것과 대조되지 않는다. 대신에 낭만주의자와 그리스도교 신자와 대조된다. 《차라투스트라는 이렇게 말했다》이후의 모든 작품들에서, 술의 신과 주신제가 니체에게 매우 중요한 것으로 여겨지는 한편, '아폴로적인 것은 거의 언급조차 되지 않는다'(《우상의 황혼》끝에서 둘째 장 중 10항과 《이 사람을 보라》에서 비극의 탄생에 관한 논의 중 첫째 항이 유일한 예외들인 것 같다). 니체가 후기 작품들에서 찬양하고 있는 술의 신은 아폴로신의 대응자는 아니다. 그리고 아폴로신의 대응자로서 술의 신이 언급되고 있는 《비극의 탄생》에서도 술의 신은 찬양되고 있지 않다.

　　술의 신이 찬미되고 있는 니체의 후기 작품들 속에서 술의 신이 나타내는 바가 무엇인지 궁금한 사람은 누구든지 《즐거운 지식》의 370항을 보는 것이 가장 좋으리라. 여기서 주신제는 풍요로움과 관련되어 있으며, 혜택을 받지 못했다는 느낌에서 생겨난 복수에 대한 욕구와 대조된다. 아폴로신은 니체의 작품에서 결코 분개와 관련되어 있지 않았다. 그러나 현재의 그리스도교 사상은 그것과 더욱더 관련되어 있다.

＊86 독일어로 자라다(wachsen)와 변화하다(wechseln)는 어원이 똑같다.

＊87 zukünftiger.

＊88 nicht teilen, nicht mitteilen.

＊89 《오디세이》제12편에서, 오디세우스는 배가 사이렌의 섬에 도착했을 때 동료들이 사이렌의 노래를 듣지 못하도록 그들의 귀를 밀랍으로 막고, 자기 몸은 돛대에 묶었다.

＊90 이 개념에 대해서는 특히 《선악을 넘어서》와 《권력에의 의지》를 보라.

＊91 실증주의에 대한 이러한 비평은 독일 실존주의에 영향을 미쳤다.

＊92 '현존재(Dasein)'가 인간실존만을 가리키고 있는 것은 하이데거의 이론에서뿐이다. 니체와 보통 독일인의 시각에서 '현존재'는 일반적으로 실존을 가리킨다.

＊93 각주를 포함하여 45, 277, 306, 370항 참조.

＊94 늘임표(Fernmata) : 악보, 화음에서 연주자의 재량에 따른 연장 또는 주어진 시간을 초과한 쉼.

＊95 24항 참조.

＊96 클라우드 헨리 생시몽(Claude—Henri Saint—Simon, 1760~1825)은 프랑스의 공상적 사회주의의 중심 인물이었다.

＊97 부록의 세 번째 시 〈남쪽에서〉 참조.

＊98 소국분립주의 *Kleinstaaetre*는 Kleine Politik로 되돌아간다. 니체가 파시즘의 선두 주자였다고 주장하기 위해서 문맥을 무시하고 이 항을 부분적으로 인용하기는 쉬우리라. 그러나 민족주의와 인종 증오에 대한 그의 표명이나 '심장의 격분과 패혈증'과 같은 표현을 본다면, 니체는 확실히 궁극적으로 국가사회주의(*national socialism*)를 실현했던 이러한 경향들과 그 자신을 나눠서 생각하는 경향이 있었다.

＊99 여기서도 니체는 독일의 초기 나치스에 대한 그의 혐오에 의문을 품지 않았다.

＊100 344항 참조.

＊101 티몬(Timon)은 플루타르코스의 《영웅전》 중 〈안토니우스의 전기〉에 나오는 아테네의 유명한 인간 혐오자이다.

＊102 Menschenfreundlichkeit.

＊103 이것은 1886년 새로운 서문으로 다시 출간된 니체의 《서광(*The Dawn*)》(1881)의 부제였다.

＊104 이것은 1886년 니체가 낸 저서의 제목 《선악을 넘어서》가 되었다.

＊105 In Wissen und Gewlssen.

＊106 Wohlseins und Wohlwollens.

＊107 《즐거운 지식》 원판의 결말인 342항을 보라.

＊108 독일 신화에 나오는 요정.

＊109 Zukunftsmusikant : 바그너의 음악은 '미래악(바그너 일파의 음악을 경멸해 부르는 말)'으로 알려져 왔다. 니체의 첫 번째 책은 적대적인 철학가들에게 '미래의 철학'이라며 비웃음을 샀다. 그리고 니체는 미래의 철학자로서 가끔 언급되기도 하였다. 특히 377과 382 같은 앞의 항들 참조.

＊110 베토벤 교향곡 9번에서는 '기쁨의 송가(*Freude*)'가 바리톤으로 시작된다. '오 친구들이여, 이러한 음조가 아니다. 더욱 찬양하여 더욱 기쁜 음조로 노래 부르자.'

＊111 Ludwig Uhland(1786～1862)가 지은 유명한 발라드곡의 제목이다. 시에서 노래 부르는 자는 저주의 말을 하고 성의 폐허를 빌면서 왕에게 "네 이름은 망각될 것"이라고 말한다. 니체는 노래 부르는 자의 저주의 말이 이해되지 않으며─심지어 오해되기까지 한다고 말하고 있다. 문맥에서 볼 때 니체는 특히 이 항 다음에 나오는 부록의 노래에 대해 언급하고 있다. 이러한 '노래들'을 헤아리지 못하는 독자들조차 그 노래들을 즐길 수 있을 것이다.

포겔프라이 왕자의 노래들

괴테에게 바친다

영원,
그것은 오직 너의 발명품!
수상쩍은 신,
그것은 시인의 허구.

세계의 바퀴는 구르고 굴러
목표를 차례차례 밟아 뭉갠다.
원망하는 자는 이를 운명이라 하고
어릿광대는 유희라 한다…….

세계의 유희는 만물의 주재자로서
존재와 가상을 뒤섞어 놓는다.
영원한 어릿광대가
우리를 그 안에 뒤섞어 놓는다.

시인의 소명

예전 언젠가 쉬기 위해
어스레한 나무 그늘 아래 앉았는데
멀리서 조그맣게 똑딱이는 소리
기분 좋게 박자 맞추듯이 들려왔지.

화가 나서 얼굴을 찡그리다가
결국 마음을 돌려
나는 마치 시인처럼
그 이상한 똑딱 장단에 맞춰 말하였지.

그렇게 시구를 만들어 가며
한 구절, 한 구절마다 네 장단과 함께 뛰어노느라니
갑자기 웃음이 터져 나왔지.
15분 동안이나 웃고 또 웃었지.
내가 시인이라고? 내가 시인이라고?
내 머리도 그토록 이상해졌단 말이냐?
—'물론, 친구여. 그대는 시인이랍니다.'
딱따구리는 어깨를 움츠리며 말했지.

나는 이 숲 속에서 무엇을 기다리는가?
강도처럼 매복하고서 누구를 기다리는가?
격언을? 비유를? 갑자기
내 시의 운율이 그 뒤에서 덮쳐 온다.
몸부림치는 그 운율을
시인은 시구로 요리하지.
—'물론, 친구여. 그대는 시인이랍니다.'
딱따구리는 어깨를 움츠리며 말했지.

운율은 화살과도 같은가?
저 떨림을 보라, 저 흔들림을 보라.
화살이 도마뱀의 급소를 맞혔을 때,
그 버둥대고, 떨고, 뛰어오르는 모습!
아, 죽어 가고 있구나, 가엾은 녀석.
술 취한 것처럼 비틀거리며!
—'물론, 친구여. 그대는 시인이랍니다.'

딱따구리는 어깨를 움츠리며 말했지.

서투른 문구들이 당황해서 허둥거리고
술 취한 단어들이 서로 밀치락달치락!
그러다 결국 하나도 남김없이 한 행 한 행
박자의 사슬에 매달리네.
이것을 기뻐하는 잔인한 종족들
시인은 고약한 자인가?
―'물론, 친구여. 그대는 시인이랍니다.'
딱따구리는 어깨를 움츠리며 말했지.

새여, 비웃는 건가? 놀릴 셈인가?
내 머리가 이상해졌다면
내 마음은 더 끔찍해지지 않았겠는가?
두려워해라, 오, 내 분노를 두려워해라! ―
그러나 시인은 비록 노한다 해도
어쨌거나 운율을 자아낸다.
―'물론, 친구여. 그대는 시인이랍니다.'
딱따구리는 어깨를 움츠리며 말했지.

남쪽에서

나는 굽은 나뭇가지에 매달려
지친 몸을 흔든다.
새 한 마리가 나를 불러 나는 그의 손님이 되어
그의 둥우리 안에서 휴식한다.
그런데 여기는 어디인가? 아, 아득히 먼 곳!

하얀 바다는 잠이 들고

심홍색 노을에 물든 돛단배 하나 그 위에 떠 있다.
바위, 무화과나무, 항구,
주위의 목가적인 풍경, 양 떼의 울음소리.
남국의 순결함이여, 나를 맞아다오!
그저 한 발 한 발 나아가는 것—이것은 결코 삶이 아니다!
끊임없이 한 걸음씩 옮기는 것은 독일적인 둔중함이다!
바람에게 말했지, 나를 하늘 높이 올려 달라고.
나는 새들과 어울려 나는 법을 배웠다.
바다 건너 남녘을 향해 나는 날아갔다.

이성이라고! 그것은 불쾌한 것—하나의 홍수다.
그것은 우리를 너무 빨리 목적지에 데려간다.
나는 하늘을 날며 나를 우롱하고 있던 것들을 깨달았다.
벌써 새로운 삶, 새로운 놀이를 위한
용기와 피와 활력을 느낀다.

고독한 사색은 지혜롭다고 하지.
그러나 고독한 노래는—어리석지 않을까!
내 주위에 조용히 둘러앉아라.
내가 너희 찬양을 노래하리라.
너희, 몹쓸 새들아, 둘러앉아라!
그렇게 젊고 어리석으며 분주한 새들아,
너희는 오직 사랑을 위해,
아름답게 시간을 잊은 채 놀기 위해 태어난 것 같구나.
나는 망설이며 고백하지만, 북국(北國)에서
몸서리치게 늙은 여인을 사랑했다.
진리라는 이름의 노파를……

신앙심 깊은 베파(Beppa)

내가 아름다워 보이는 한
신앙심이라는 것도 의미가 있지.
우리는 알고 있지. 신은 젊은 여자를 사랑한다는 것을.
특히 그녀가 아름답다면 더더욱.
나의 가련한 작은 수도사여,
신은 그대에게도 기꺼이 허락하실 것이다.
많은 다른 수도사들이 그러하듯이
나에게 접근하는 것을.
늙은 교부는 안 돼!
아니, 아직 젊고 뺨이 불그레하고
심하게 도취돼 있어도
강하게 질투하면서 질책하고 보채는 저 사람.
나는 늙은이를 싫어하지.
늙은이는 나의 취미가 아니야.
이 얼마나 놀랍고 현명한
신의 조화일까!

교회는 세상 사는 법을 잘 알고 있어,
마음과 얼굴을 살펴본다.
그리고 언제나 나를 용서하지.
누가 나를 용서치 않겠는가?
조그만 입으로 중얼중얼 속삭여 대며
무릎을 꿇고 걸어 나가
또다시 새로운 죄로
묵은 죄를 덮어씌우네.
살아 있는 신께 찬미 있으라!
아름다운 여인을 사랑하여
이렇게 스스로 범한 탈선을

기꺼이 용서하시는 신께.
내가 아름다워 보이는 한
신앙심이라는 것도 의미가 있지.
내가 늙어 비칠거리는 노파가 되면
악마가 나를 사랑해 주리라!

신비한 조각배

만물이 잠든 어젯밤,
항구의 바람도 그 변덕스러운
탄식을 거두었지만
요도 아편도 나를 잠재우지 못하고
언제나 효과가 있었던
양심의 편안함도, —내게 휴식을 주지 못했다.
결국 나는 잠을 포기하고
바닷가로 달려나갔다.
달빛은 밝고 부드러웠고
따스한 모래 위에서 나는
한 남자와 작은 나룻배를 보았다.
마치 양치기와 양처럼 둘 다 잠에 취해 있었다.
졸음에 겨워 나룻배는 육지를 떠났다.

한 시간, 아마 두 시간일까
아니면 일 년쯤 지났을까?
갑자기 내 마음도 생각도
영원한 혼일 속으로 가라앉아
끝없는 심연이
입을 열었다가 금세 사라져 버렸다!

아침이 오고, 짙푸른 먼바다에 우뚝 선

나룻배 하나 미동도 하지 않는다……
무슨 일이 일어났는가? 하고 외치는 소리, 이윽고
소리가 소리를 낳는다. '무슨 일인가? 누가 죽었나?'…….
아무 일도 없었어! 우리는 잠을 잤지,
모두 잤던 것이야. ─아아 진짜 얼마나 잘 잤던지!

사랑 고백
─바로 그 순간 시인은 구덩이에 빠졌다

오 놀라워라! 그는 아직도 날고 있는가?
그는 높이 높이 올라간다. 그의 날개는 움직이지 않는데도!
무엇이 그를 그토록 높이 띄워 올리는가?
무엇이 그의 목표이며, 진로이며, 의지인가!

별처럼 영원처럼
이제 그는 생명마저 뛰어넘는 높은 곳에서 살고 있다.
사람들의 질투조차 동정하면서─.
그저 떠도는 듯 보이지만, 그는 사실 높이 오르고 있는 것이다!

아! 앨버트로스여!
영원한 충동이 나를 휩싸 높은 곳에 이르게 하노라!
너를 생각하면 눈물이 나서
그칠 수가 없다─고귀한 새여! 나는 너를 사랑하노라!

테오크리토스*¹의 양치기의 노래

속이 아파서 나는 여기 누워 있다.
빈대들이 기어다닌다.
저 너머에는 여전히 빛과 소음이!

나는 그들이 춤추는 소리를 듣는다.

이 시간에 숨어 들어오겠다고
그녀가 내게 말했던가.
나는 개처럼 기다리지만
아무런 신호도 없구나!

십자가도 그었던 그녀의 약속!
거짓이었던가?
마치 한 마리 양처럼
그녀는 모든 남성들을 따라가는가?

누가 너에게 비단 웃옷을 주었느냐?
아, 내가 자랑하는 여자에게?
여기 이 숲에
다른 염소라도 살고 있는가?

사랑에 빠진 기다림은
우리를 초조해하고 원망하게 만든다.
무더운 밤에는 독버섯이
뜰 한가득 마구마구 생겨나리라.

사랑은 불치병처럼
나를 여위게 한다.
음식도 목에 넘어가지 않는다.
안녕! 양파들이여!

달은 이미 바닷속으로 잠기고
별들도 희미하니 지쳐 있고
아침이 밝아져 온다.

아아, 차라리 죽음을 맞이하련다.

불확실한 영혼들에게

이 불확실한 영혼들에게는
정말이지 화가 치밀 만큼 싫증이 난다.
그들의 모든 명예는 고통이고
그들의 모든 찬양은 자기혐오와 수치.

그들의 끈에 묶여서
살아가지 않는다 하여
나는 그들의 눈길에 쫓기게 되었다.
희망 없는 질투의 눈길.

차라리 심하게 나를 저주하고
나를 멸시해 다오!
그런 불확실한 눈길의 방황은
영원히 거절하고플 뿐이다.

절망하는 바보

아아! 내가 탁자와 벽 위에 쓴 모든 것
어리석은 마음과 어리석은 손으로 휘갈긴 것,
그것들이 탁자와 벽을 아름답게 꾸며 줄까?

그러나 **너희는** 말한다. '바보의 낙서는
탁자와 벽을 더럽힐 뿐이니
그 모든 것을 지워야만 한다.

흔적도 없이!'

용서해 다오! 나도 도울 테니까.
나는 배웠다. 스펀지와 솔 쓰는 방법을.
비평가처럼, 그리고 사공처럼.

그러나 지우는 일이 끝나거든
부디 보고 싶다. 지혜를 뽐내는 너희여,
탁자와 벽 위에 지혜로 어떤 짓을……

치료의 시
—또는 병든 시인은 자신을 어떻게 위로하는가

오, 너 침을 흘리는 마녀의 '시(時)'여,
네 늙은 입에서
한순간 한순간이 물방울처럼 천천히 떨어져 내린다.
나는 기분이 언짢아 절규하지만 아무 소용이 없다.
'저주 있으라! 저주 받을지어다!
영원의 목구멍이여!'

세계는 청동으로 된
빛나는 황소, 사람의 절규를 듣지 못한다.
고통이 던진 비수가
내 몸에 푹 꽂혀 새겨 넣는다.
'세계에는 심장이 없나니
그것을 원망하는 자 어리석도다!'

쏟아 부어라 모든 아편을,
오, 열병이여! 내 뇌수에 독을 쏟아 부어라!

넌 언제까지 내 손과 이마를 조사할 셈이냐.
너는 무엇을 더 물으려느냐, 뭐라고? '보수는—얼마냐고?'
―흥! 매춘부 같으니,
너무 심한 모욕이구나!

아니! 돌아와라! 멈추어라!
밖은 차고, 빗소리가 들려온다.
좀더 상냥하게 말해야 하는가?
―가져라! 번쩍번쩍하는 것, 금화다!
너를 '행복'이라고 불러야 하나?
너, 열병이여, 내가 너를 축복해 주어야 하느냐?

문이 활짝 열린다!
소나기가 내 침대까지 들이친다!
바람에 등불이 꺼져 버렸다— 설상가상이다!
―지금 손안에 백 개의 **시구**가 없다면,
감히 단언하건대
죽음을 맞으리라!

나의 행복이여!

오늘도 평소처럼 산마르코 성당의 비둘기는 떼지어 노네.
오전 광장의 고요한 분위기.
상쾌한 산들바람에 실려 제멋대로 퍼지는 내 노래가
비둘기 떼가 되어 푸른 창공에 떠돌고 있다.
이윽고 나는 노래들을 도로 불러들인다.
운율을 하나라도 더 그 날개에 달아 주기 위해.
―나의 행복이여, 나의 행복이여!

빛나는 푸른 비단으로 덮인 고요한 하늘이여,
너는 온갖 화려한 구조물 위를 떠다닌다.
그 모습을 나는—무어라 말할까? —사랑하고, 두려워하고, **질투한다.**
사실 나는 그 정수를 전부 마셔 버리고 싶다!
그러나 내가 언제 그것을 되돌려 줄 수 있을까?
아니, 고요히 머물라. 아름답고 뛰어난 경치여!
—나의 행복이여! 나의 행복이여!

너 장엄한 탑이여, 사자 같은 모습으로
여기 지칠 줄 모르고 위풍당당하게 솟아 있구나!
깊은 종소리로 광장을 뒤덮고 있는 너는—
프랑스어로 말하면 광장의 악상떼귀(accent aigu)일는지?
만일 내가 마치 너처럼 지상에 머무른다면
비단처럼 부드러운 덫에 걸렸기 때문이리라.
—나의 행복이여! 나의 행복이여!

가거라, 사라져라, 음악이여! 짙은 그림자 드리우고
다갈색 부드러운 밤이 오는 그때에!
종을 울리기에는 너무 이르고
황금장식이 아직 장밋빛으로 물들지 않았다.
햇빛은 아직도 많이 남아 있다.
시를 짓고 산책하며 혼자 소곤대기에는.
—나의 행복이여! 나의 행복이여!

새로운 바다로

저편으로—나는 **가련다.** 이제 믿을 것은
나 자신과 내 실력뿐.
눈앞에 열린 저 아득한 바다 끝으로

나는 내 배를 띄운다.

모든 것은 더욱더 새롭게 나를 비춘다.
시간도 공간도 잠으로 감싸 안는 정오—
오직 너의 눈동자만이 두렵게
나를 응시한다. 너, 끝없는 영원이여!

질스마리아

여기에 기다리고 또 기다리며 앉아 있다—아무것도 기다리지 않는 가운데,
선악을 넘어서, 빛을 즐기고
또 그림자를 즐기고—모든 것은 유희이며,
호수며, 정오며, 아무 목적 없는 끝없는 시간일 뿐.

그때 갑자기, 친구여! 하나가 둘이 되고—
—그리고 차라투스트라가 내 곁을 지나갔다.

북서풍에게 바친다

북서풍이여, 너 구름 몰아내는 사냥꾼이여!
우울을 죽이고 하늘을 깨끗이 하는 청소부,
울부짖는 자여, 나는 얼마나 너를 사랑하는지!
우리 둘은 하나의 배에서 나온
첫아이, 영원히 하나의 운명을 지니도록
예정된 자는 아닐까?

여기 매끄러운 바윗길에서

나는 춤을 추며 너를 맞으러 달려간다.
네 노래와 휘파람 소리에 맞추어 춤추면서.
지극히 자유분방한 형제여,
너는 배도 노도 없이
거친 바다 위에서 춤추는구나!

눈을 뜨자마자 네가 부르는 소리가 들려
나는 바위 층층대
바닷가에 우뚝 선 황색 절벽으로 달려간다.
오, 기쁘게도! 너는 벌써 밝게 빛나는
다이아몬드의 격류처럼
위풍당당하게 산에서 내려와 있다.

하늘의 너른 광야 위에서
나는 너의 말들이 달리는 것을 본다.
네가 모는 마차를 보며,
말 등을 향해 번갯불처럼
채찍을 휘두를 때
네 손이 번쩍이는 것을 본다.

빠르고 힘차게 불어 내려오려고
네가 마차로부터 뛰어내리는 모습을 본다.
화살처럼 네 몸이
심연 속으로 돌진해 들어가는 것을 본다.
물든 장밋빛 아침놀의 깊은 품속으로
파고드는 황금빛 햇살처럼

자, 한없는 등을 타고 춤춰라.
파도의 등을 타고, 거친 파도의 유희 위에서—
새로운 춤을 창조하는 자에게 영광 있으라!

우리는 끝없이 변화하며 춤을 추리라.
자유로워라—**우리의** 예술이여!
즐거워라—**우리의** 지식이여!

모든 꽃들로부터
한 송이 정화(精華)를 피워 내라. 우리의 영광을 위해.
그리고 화관을 휘감는 두 개의 잎을 피워 내자!
마치 음유시인처럼
성자와 매춘부 사이에서
신과 세상 사이에서 춤을 추자!

바람과 같이 춤추지 못하는 자들
기저귀나 차야 할 허약한 인간들
불구자, 늙고, 지나치게 까다로운 것들
얌전한 척하는 자들
허영에 찬 녀석에 수다스런 도덕가들,
너희는 우리 천국에서 썩 꺼져라!

거리에 먼지바람을 일으켜
병든 자들의 콧속으로 불어넣어라.
병든 자들을 모두 내몰아라!
모든 해안을 우리 힘으로 해방하라.
폐병 환자의 잡소리로부터
결코 위험을 무릅쓰지 않으려는 침울한 눈길로부터.

하늘을 어둡게 하는 자를 쫓아내라.
세상의 비방자, 비구름을 강매하는 자를 내쫓아라.
우리 천국을 밝게 빛나게 하라!
우리는 성내고 소리친다.
오, 더없이 자유로운 영혼의 숨결이여,

너와 함께 둘이서
나의 기쁨은 폭풍우처럼 **소리치며 성낸다.**

그러면 이 기쁨의 추억이
영원하길 바라며 그 유산을 물려받아라.
더불어 이 **화관**을 물려받아라!
더 높이, 더 멀리, 더 아득히 그것을 던져 올려라.
하늘사다리를 달려 올라가
화환을 매달아라—천상의 별들에!

〈주〉
＊1 Theocritus : 기원전 3세기 초, 전원시·목가시로 유명했던 그리스의 시인.

Der Antichrist
반그리스도교

머리글

　지금부터 내가 하는 말은 어쩌면 극소수의 사람들에게만 받아들여질지도 모른다. 솔직히 말해 독자 여러분이 이 책의 내용을 완전히 이해하는 것은 어려울 것 같다는 생각이 든다.

　나는 이 책을 열정적으로 써 내려갔다. 나의 이런 열정을 이해하려면 독자 여러분의 마음이 '정신적'인 문제에 엄격할 정도로 정직해야 할 듯 싶다.

　내가 가장 하고 싶은 말은 인간은 고귀하게 살아야 한다는 것이다.

　그러면 '고귀하게 산다'는 것은 어떤 것일까.

　이를테면 현재의 정치상황을 지긋지긋하게 생각하는 사람들이 많을 줄 안다. '정치 같은 건 아무래도 상관없다'는 사람도 꽤 있을 것이다. 내가 볼 때 이는 지극히 옳은 태도이다.

　그런데 정면으로 부닥치면 안 된다. 높은 산에 올라가 발 아래를 내려다보며, 바보 같은 짓이다, 하면 되는 것이다. 진리가 유용한지, 화가 되지는 않을지 심각한 표정을 짓는 것은 좋지 않다. 그런 것은 참 문제가 아니다.

　쉽게 생각할 수 없는 문제를 사랑하는 것.

　'그런 건 생각하면 못써.' 그런 말을 듣는 문제를 잘 생각하는 것.

　그쪽이 훨씬 중요하다.

　홀로 미로 속을 걸어가는 것.

　새로운 음악을 들을 수 있는 귀를 갖는 것.

　멀리 내다볼 수 있는 눈을 갖는 것.

　그리고 지금까지 침묵해 왔던 진리에 순박한 마음으로 다가가는 것,

　그게 중요하다.

　이러한 모든 힘을 나는 '의지(意志)의 힘'이라 부른다. 독자들도 늘 '의지(意志)의 힘'을 갖고 있기 바란다. 그리고 '의지(意志)의 힘'을 갖는 자신을 존중하고 사랑하고 자랑스럽게 생각하기 바란다.

나는 그런 사람들을 위해 이 책을 썼다. 그렇지 않은 사람은 유감스럽게도 나와는 관계없는, 그저 단순한 인류에 불과하다. 나는 단순한 인류와 나와는 다르다고 생각한다. 힘과 영혼의 드높음에 의해 인간은 단순한 인류에서 벗어나야 한다.

그러기 위해 독자 여러분은 하찮은 것은 하찮다고 하며 확실히 경멸할 줄 알아야 한다.

프리드리히 빌헬름 니체

제1장 신이란

'악'이란 무엇인가?

이야기를 시작하기 전에 먼저 내 소개를 하겠다.

나는 북극에 살고 있다. 세상과 크게 거리를 두고 있는 것이다. 내가 왜 여기서 사느냐고? 진정한 행복은 여기 있다는 것을 잘 알기 때문이다.

우리는 '근대'라는 병을 앓고 있다. 그런데 앞이 보이지 않으니 다들 그저 한숨만 내쉬고 있다.

이를테면 지금 아무리 세상이 평화롭다 해도 그것은 임시변통식의 평화이다. 거의 전부가 비겁한 타협의 산물이다.

이해심이 매우 깊어지더니 뭐든지 용서해 버리는 풍조가 생겨났다.

마음이 넓다는 증거일지 모르나 그런 미적지근한 태도는 버려야 한다.

세상이 어떻든 나와는 상관없다는 식으로 나가면 성격은 점점 어두워지고, 주위 사람들은 '운명론자야'하며 뒤에서 수군댄다. 그런 소리를 듣는 것은 괴로운 일이지만 그게 현실이다.

왜냐하면 기본적인 사고방식이란 게 있기 때문이다. 이에 대해 간단히 말하겠다.

먼저 '선(善)'이란 무엇일까부터 생각해 보자.

'선'이란 권력의 감정, 권력에 대한 의지, 권력 자체를, 인간 안에서 강화시키는 모든 것을 말한다.

그러면 '악(惡)'이란 무엇일까. 나약함에서 비롯되는 모든 것이다.

'행복'이란? 힘이 넘쳐난다는 느낌, 승리했다는 느낌, 정점에 올랐다는 느낌이다.

약자와 실패자는 몰락해야 한다. 이렇게 말하면 모두들 놀랄 것이다.

하지만 정말 인간을 사랑한다면 그들의 몰락을 도와야 한다. 인간이라는 존재가 정말 훌륭하게 발전하려면 마땅히 그래야 하는 것이다. 그것이 진정한 인류애다. 그러므로 약자와 실패자를 동정하는 것은 매우 안 좋은 일이다. 그리스도교는 그런 걸 모르고 그들을 한없이 동정한다.

그리스도교

1세기 중엽, 팔레스티나에서 발생된 종교로, '그리스도'는 구세주라는 뜻이다. '예수가 죄에서 인류를 해방시키기 위해 십자가에 못박혔다'고 믿는다. 4세기 로마 제국이 국교로 인정, 현재 유럽을 중심으로 세계 각국에 널리 퍼져 있다. 로마가톨릭, 그리스정교, 프로테스탄트 세 갈래로 나뉘어져 있다.

'진보주의'는 잘못된 개념

이 책의 테마는 '어떻게 하면 더욱 가치 있는 인생을 살 수 있을까'다. 가치 있는 인생을 보낸 사람은 매우 많지만, 대다수 사람들의 눈에는 그들이 예외적인 존재로 보인다.

그들이 의식적으로 가치 있는 인생을 보냈는지 아닌지는 알 수 없다. 그들은 눈에 잘 띄기 때문에 세상에서 겉돌았다. 그래서 '위험한 자'로 낙인 찍혀 세상 사람들에게 미움을 받았으며 두려움의 대상까지 되었다.

그러는 가운데 그들과는 정반대의 유형이 환영을 받게 되었다. 바로 그리스도교를 믿는 자들이다.

그들은 마음이 병든 동물이다.

여러분은 어쩌면 '인류는 차근차근 발전을 이루어 가며 꽤 잘하고 있지 않느냐'고 생각할지 모른다. 하지만 그것은 큰 착각이다. '진보'는 현대에 들어와서 완성된 잘못된 개념일 뿐이다.

오늘날의 유럽인과 르네상스 시대의 유럽인을 비교해 보면, 르네상스 시대의 유럽인이 훨씬 낫다는 것을 알 수 있다. '진보'는 향상이나 강화 같은 것이 아니라는 말이다.

지구는 넓다. 소수이긴 하지만, 세상 여러 곳의 문화 속에서 위대한 사람들이 끊임없이 등장해 왔다. 물론 근대적 '진보'와는 다른 의미에서. 참으로 위대한, '초인(超人)'이라고밖에는 말할 수 없는 사람들이다.

앞으로도 그런 유형의 인간이 출현할 가능성은 얼마든지 있으며, 민족 전체가 그런 위대한 인간으로 탈바꿈할 수 있을지도 모른다.

르네상스

14세기 이탈리아에서 발생해서 16세기까지 전 유럽에 퍼진 학문과 예술의 혁신 운동이다. 프랑스어로 '재생'을 뜻하며, 글자 그대로 고대 그리스 로마 문화를 부활시킴으로써 그리스도교의 가치관에 지배되어 인간성이 사라진 세상에 생기를 불어넣었다.

'원죄'에 속아 넘어간 철학자들

역사를 되돌아 보면 그리스도교는 내가 말한 위대한 인간들을 모조리 적대시했다는 사실을 알 수 있다. 그리스도교는 '악'을 만들어 냈다. 그들은 강한 인간을 '악인'으로 단정 지어 놓고서 철저히 배제했다.

그리스도교는 늘 마음이 약한 자, 천한 자, 실패자들의 편을 들어 주었다.

그리스도교는 이상에 대해 곧잘 이야기한다. 하지만 속아서는 안 된다. 지금까지 강한 정신력을 지녔던 사람들이 그리스도교에 의해 차례로 무너지지 않았던가.

파스칼을 예로 들어 보자. 그는 그리스도교의 '원죄'에 대한 가르침을 믿었다. 그리스도교에 따르면 '원죄'는 '모든 인간이 태어날 때부터 가지고 있는 죄'이다. 원죄를 믿었던 파스칼은 자신의 이성이 타락한 것은 바로 그 '원죄'때문이라고 생각했다. 하지만 내가 보기에는 애초부터 원죄 같은 것은 믿지 않았어야 옳았다.

파스칼의 이성이 타락한 것은 '원죄' 때문이 아니라 그리스도교 때문이었던 것이다.

파스칼 (1623~1662)

프랑스의 수학자, 물리학자, 철학자. 〈파스칼의 원리〉를 발견하는 등 물리학자로 위대한 업적을 남겼으며, 얀세니즘에 빠져 인간에게는 '원죄'가 있다고 주장했다. 그의 사후에 정리 간행된 저서 《팡세》에서 그리스도교를 옹호했다. '인간은 생각하는 갈대'는 너무나 유명한 말이다.

그리스도교는 '동정(同情)'의 종교

요즈음 사람들은 정말 이래서는 안 된다고 생각한다. 그렇다고 도덕적으로 큰 문제라는 식의 설교를 하자는 게 아니다. 데카당스에 빠져 있음을 한탄하고 있는 것이다. 데카당스란 의욕을 잃고, 허무를 느끼며, 적당히 타협해버리는 것을 말한다.

늘 생각하는 일인데, 현재의 세상이 가치 있는 것이라 여기는 것은 모두 데카당스뿐이다. 태어날 때부터 가지고 있는 본능을 잃으면 인간은 자기에게 해를 끼치는 것을 좋아하게 된다. 바로 데카당스이다.

세상이 '인류의 이상'이라 부르는 것을 보라. 데카당스 그 자체가 아닌가. 완전히 타락해 버리지 않았는가 말이다.

삶이란 힘이 넘쳐 나고, 힘이 유지되고, 힘을 축적하고, 권력을 손에 넣고 싶어하는 본능이다, 나는 그렇게 생각한다. 하지만 세상이 가치 있다고 여기는 것은 온통 이와 정반대의 것들이다.

한마디로 딱 잘라 말하겠다. 그리스도교는 '동정(同情)'의 종교다.

여기서 주의해야 할 점이 있는데, 이 동정이라는 감정이다. 동정을 베풀면 인간은 힘을 잃게 된다.

자연도태라는 말이 있다. 자연계에서 약자는 살아남을 수 없다. 강자만이 살아남음으로써 그 종(種)은 더욱 강해져 가는 것이다. 약자를 동정하는 것은 자연계의 법칙을 방해하는 일이다.

이와 같이 '동정'은 수준 낮은 인간을 세상에 넘치도록 많이 살려둠으로써 인간의 삶 자체를 의문스럽게 만들어 왔다.

'약자에게 따뜻함을 베풀어라', 여러분은 그렇게 배웠는지 모른다.

하지만 이는 본질적인, 고귀한 도덕에서 보면 새빨간 거짓말이다.

'지금 사람들 정말 이래서는 안 된다'고 한 것은, 다들 '동정'을 좋은 것으로 알고 있기 때문이다.

쇼펜하우어를 아는가? 독일의 철학자인 그는 무슨 일이든 나쁜 쪽으로만 생각했다. 삶조차 비관적으로 생각했을 정도니 그가 '동정'을 긍정적으로 받아들인 것은 지극히 당연한 일이다. 어찌보면 그는 매우 날카로운 사람이다. 왜냐하면 동정은 삶을 부정해 버리니까 말이다.

'동정'은 인간의 가치를 끌어내리는 도구이다. 그것은 인간으로 하여금 '저 세상'이라든가 '신의 구원'이라는 잘못된 것에 관심을 갖게 만든다.

고대 그리스의 대 철학자 아리스토텔레스를 잘 알 것이다. 그가 말하길, '비극은 설사약 같은 것'이라 했다. '동정'처럼 병적이고 메슥거리는 것을 없애는 데는 비극 관람이 제일이라고 했던 것이다. 설사약을 먹고 깨끗이 나아라. 참으로 좋은 처방이 아닐 수 없다.

우리는 이처럼 불건전한 '동정'에 일격을 가해야 한다.

그것이 바로 우리의 인류애이며, 그래야만 우리는 철학자가 될 수 있다.

쇼펜하우어 (1788~1860)

독일의 철학자. 그는 '세상은 절망적이고 인생은 고통으로 가득차 있다'했다. 저서 《의지와 표상으로서의 세계》에서, '인간은 채워지지 않는 욕망을 추구하므로 영원히 행복해질 수 없다. 그것이 세계의 본질이다. 그 고통을 면하기 위해서는 의지를 부정하는 수밖에 없다'고 주장했다.

아리스토텔레스 (BC 384~BC 322)

고대 그리스의 대철학자. 플라톤의 제자였으나 플라톤의 '이데아론'을 비판. 플라톤이 '세상의 모든 것에는 이데아라는 '본질'이 존재한다'고 한 데 대해, 아리스토텔레스는 '사물의 관계성 속에서만 '본질'이 존재한다'고 주장했다. 그 외에 《형이상학》 등의 많은 저서를 남겼다.

아무렇지도 않게 거짓말을 하는 사람들

우리의 적이 무엇인지 점점 뚜렷해지는 것 같다. 우리의 적은 그리스도교 신학자와 지금까지의 철학 전체이다.

철학 전체라는 말에 독자 여러분은 '뭘 그리 야단스럽게' 그러냐 할지도 모르겠다. 그러나 이건 괜한 말이 아니다. 세상 일을 좀 생각하는 사람은 벌써 눈치챘겠지만, 지금까지의 유럽 철학은 하나같이 그리스도교에 바탕을 두고 있다.

따라서 당연히 철학에도 그 악영향이 미치고 있는 것이다.

이를테면 이상주의자들을 생각해 보자. 그들은 그리스도교의 성직자와 한 뿌리다. 대단한 얼굴을 하고 좀 까다로운 이론을 들먹거리지만, 결국 높은 데 서서 현실을 비판할 뿐이다. 자신들은 그 본질적인 하찮음을 깨닫지 못하니 어떻게 해 볼 도리가 없다.

그들은 엷은 미소를 지으면서 '사물을 판단하는 힘' '감각' '명예' '일상생활의 즐거움' '과학'을 경멸한다. 그리고 어딘가 순수한 '정신'이 있다고 생각한다.

참으로 바보 같은 짓이 아닐 수 없다. 이쯤되면 공해 그 자체이다. 순수한 정신? 그건 당연히 순수한 거짓말이다.

인간의 가치 얕잡아보기. 이것이 마치 자신의 일인냥 생각하는 자들, 즉 사제들이 '고급 인간'으로 군림하는 이상 '진리란 무엇인가'에 대한 해답은 나올 수 없다.

요컨대 그들 속에는 진리가 거꾸로 서있는 것이다.

그들에게는 성실함이란 보이지 않는다. 그들의 신앙은 자신이 한 거짓말에 고통받지 않으려고 눈을 감아버린 채 자신을 속이는 그런 것이다.

이런 그들이 일그러진 관념으로 '도덕'을 날조해 버리니 참으로 통탄할 일이 아닐 수 없다. 그리고 자신들이 마음대로 만들어 낸 가치관을 '신' '구원' '영원성'에 연결 지어 놓고 다른 가치관을 가진 사람들은 아예 인정하려 들지 않는다.

이처럼 자기 멋대로인 사람들은 어디에나 있다. 그들이야말로 인류에게 본질적인 문제가 아닐 수 없다.

이런 엉터리짓은 신학자의 본능이 되어 버렸다. 그들이 '참'이라고 느끼는 것은 전부 거짓이라서, 이를 기준으로 진위를 가려도 될 정도다.

그들은 인간에게 해가 되는 것을 '참'이라 하고, 인간에게 풍요로움을 주는 것을 '거짓'이라 한다.

그들의 본능은 현실을 부정한다. 신학자의 영향이 미치는 이상 가치판단은 완전히 뒤바뀌어 버리는 것이다.

이런 방법으로 그리스도교 신학자들은 왕이나 영주, 민중의 '양심'을 이용해 권력을 움켜쥐려 한다.

칸트철학은 모순덩어리이다

철학, 하면 괜히 어렵고 고급스런 학문처럼 들릴지 모른다. 하지만 이는 완전한 오해다. 그리스도교 신학자들에 의해 현재의 철학이 손을 쓸 수 없을 정도로 변형됐기 때문이다. 독일 철학 역시 그리스도교에 뿌리를 두고 있다.

철학자 칸트도 그쪽 사람이다. 독일 학회는 거의 그리스도교인으로 구성되어 있었던 터라 칸트가 나타났을 때 그들은 환호성을 올렸다.

칸트는 위험인물이다. 그는 두 가지 사악한 잘못을 저질렀다. 하나는 실제로는 존재하지도 않는 '참된 세계'를 꾸며낸 것, 또 하나는 '세계 본질로서의 도덕'이라는 애매한 개념을 꾸며낸 것이다.

칸트는 두 가지 잘못된 개념을 아주 잘 요리해서 철학으로 완성시켰다. 즉 '이성, 또는 이성의 권리는 참된 세계에까지는 미치지 못한다' '현실은 가상에 지나지 않는다'면서 아무도 그 개념을 반박하고 나서지 못하도록 튼튼하게 장치해 놓은 것이다.

그러니 그리스도교의 지배를 받고 있는 독일학회가 크게 기뻐한 것은 당연한 일이다.

이로써 칸트는 철학계의 스타로 발돋움했는데, 나는 그가 철학자로서 아니라 그리스도교의 신학자로서 성공했다 생각한다.

내가 칸트에게 하고 싶은 말은 아주 간단하다. '도덕'이란 우리 자신이 만들어 낸 것이며, 우리를 지켜 주고 우리에게 꼭 필요한 것이어야 한다는 사실이다. 그 이외의 도덕은 어떤 의미에서든 한갓 위험일 뿐이다.

칸트처럼 단순하게 '도덕을 소중히 여기자'라고 부르짖는 것은 백해무익한 일이다. 보편적인 '도덕' '의무' '선' 같은 것은 환영에 지나지 않는다.

칸트의 사상과 자연계의 법칙은 정반대이다.

인간은 저마다 '자신의 도덕'을 스스로 발견하게 마련이다.

높은 곳에 서서 발밑을 내려다보는 듯한 추상적이고 일반적인 '도덕'은 어디에도 존재하지 않는다.

민족의 경우도 마찬가지이다.

자신들의 의무, 즉 자신의 손으로 해야하는 일을 일반적인 '의무개념'과 혼동할 때 민족은 몰락하게 된다.

칸트가 가지고 있는 위험한 사상이랄까, 매우 위험한 부분을 지적하는 사람은 지금껏 아무도 없었다. 이는 큰 문제가 아닐 수 없다.

인간의 본능은 행위의 옳고 그름을 판단할 때, 그 행위에 즐거움이 따르느냐 아니냐로 판단한다. 하지만 그리스도교 본능을 가진 칸트는 '쾌락'을 잘 못 이해하고 있다.

이래서는 얘기가 안 된다. 칸트는 정말 성질이 고약한 범죄자이다. 같은 시대에 활약했던 대작가 괴테가 무덤 속에서 울고 있지나 않을는지. 이런 수준 낮은 자가 아직도 철학자로 대접받고 있다니 놀라움을 금치 못하겠다.

칸트가 실패한 원인은 역사를 정확히 꿰뚫어 보지 못한 데 있다. 칸트는 프랑스 혁명에서, 도덕적 성향을 가지고 '선을 추구하는 인간의 경향'을 본 것인데, 그렇다면 그 '경향'이란 걸 증명할 수 있다는 말인가.

칸트의 본질은 데카당스에 불과하다.

칸트 (1724~1804)

독일 철학자. 인간 이성의 한계를 주장했다. '인간은 감성과 직관이라는 인식형식을 사용함으로써 사물을 이해하고, 그 형식이 적용되지 않는 것(이를테면 신이나 자유)은 절대 이해할 수 없다'면서 그것을 '물자체(物自體)'라 이름지었다. 저서에 《순수이성비판》《실천이성비판》 등이 있다.

괴테 (1749~1832)

독일 시인, 극작가, 소설가, 과학자, 철학자, 정치가. 젊은 시절에는 고전주의와 계몽주의에 반대하는 문학 혁신운동 '질풍노도'의 대표적 존재였으나, 고대 그리스 로마 작품을 규범으로 한 고전주의를 실러 등과 함께 확립했다. 소설 《젊은 베르테르의 슬픔》, 희곡 《파우스트》 등을 썼다.

진리란 '꼭 그렇다고 믿는 것'에 불과하다

철학사를 살펴볼 때 분별 있는 사람, 즉 사물을 정확히 비판적으로 볼 줄 아는 사람도 물론 있었다. 하지만 그런 사람들은 극소수였다.

그들은 자기 마음대로 생각하고 자기 마음대로 확신한 것을 진리로 간주했다. 그들에게선 도무지 분별력이라곤 찾아볼 수 없었다. 거기에 칸트까지 덩달아서 자기 마음대로 생각해 낸 것을 '실천이성'이라 이름 붙여 학문으로 만들려 했다.

전세계 어떤 철학자도 마찬가지겠지만 그들의 원형은 사제이다. 그래서 그들 역시 '인류를 개선하고, 구원하고, 해방시키겠다'고 생각한다. 변변치 못한 인간일수록 잘난 체하는 법인데, 그 대표적인 인물이 바로 철학자들이다.

사제는 자기 좋은대로 '진리'와 '비진리'를 결정하므로 '학문'을 싫어한다. 우리는 학문적 방법을 통해 그러한 사고방식과 맞서 싸워야 한다.

그리스도교인이 세력을 넓히는 세상에서 학문은 '신의 적'으로 불리어 오랜 기간 부당한 대우를 받아 왔다. 학문적으로 생각하는 것, 즉 신중하고 깊이 의문을 품는 것은 경멸의 대상이 됐던 것이다.

왜 이렇게 말도 안 되는 일이 계속 이어져 왔을까.

오랜 세월 동안 인류가 생각할 수 있는 힘을 잃었던 것은 인간에게 진리가 하나의 미적 취향에 불과했기 때문이 아닐까 하는 생각이 든다.

말하자면 인간은 아름다운 그림을 볼 때 느끼는 감동을 진리에서도 똑같이 느끼려 한 게 아닐까. 그리고 인간의 감동에 직접 호소하는 것을 진리라고 여긴 게 아닐까.

하지만 우리에게 그런 '취미'는 없다.

우리는 처음부터 다시 배웠다. 우리는 '정신'이나 '신 같은 애매한 데서 인간의 본질을 찾으려 하지 않는다.

우리는 인간을 다시 한번 스타트라인에 서게 해 '인간은 동물이다'라고 생각했다. 인간은 지구상에서 가장 강한 동물이다. 왜냐하면 인간만큼 영악한 것은 없으니까.

그렇다고 인간이 가장 많이 진화했다는 뜻은 아니다. 그렇게 생각하는 것은 인간이 자만하기 때문이다. 자연계의 생물은 어느 것이나 인간처럼 완전하다.

다른 동물과 비교하면 인간은 오히려 완전하지 못한 편이다. 자신의 본능에서 벗어난 동물이기 때문이다.

프랑스 철학자 데카르트는 대담하게도 '동물은 기계다'라고 말해 버렸다. 그의 말은 많은 사람의 지지를 받았다. 현재의 생리학도 이 명제를 증명하려 전념하고 있다.

데카르트는 인간을 별도로 다루고 있지만 이론적으로 생각하면 인간도 그 속에 포함된다.

이전에 사람들은 인간의 '의지'와 '정신'안에서 고도의 기원과 신성한 것에 대한 증거를 보았다.

인간을 완성시키기 위해서 인간에게 충고하길, 거북처럼 머리와 손발을 안으로 움추려 집어넣고 쾌락을 추구하지 말라 했다. '육체를 초월하라'. 그러면 최후에 인간의 '순수한 정신'이 남을 것이라 했다.

나는 이 말이 틀렸다고 생각한다.

'순수한 정신'이란 게 대체 어디 있단 말인가. 정신이란 참으로 애매한 것이라서 완전함을 지닐 수 없다. 인간의 육체와 신경조직, 쾌락을 일절 배제하고 정신을 알 도리가 없지 않은가.

데카르트(1596~1650)

프랑스 철학자, 수학자. 저서 《방법서설》에서 그리스도교 신학을 발판으로 발전한 스콜라철학을 비판. 그는 자신의 존재를 근거로 '나는 생각한다. 그러므로 존재한다'라는 유명한 말을 남겼다. 보편적 시각, 신의 시각에서 벗어나 철학의 출발 지점을 자기 자신에게 두었다.

진짜 신, 가짜 신

이야기가 많이 복잡해졌으니 이쯤에서 그리스도교의 문제점을 정리해 보자.

첫째, '신' '영혼' '자아' '정신' '자유의지' 등과 같은 존재하지도 않는 것을 정말 존재하는 것처럼 말했다.

둘째, '죄' '구원' '신의 은총' '벌' '죄의 용서' 등과 같은 공상적인 이야기를 만들어냈다.

셋째, '신' '정령' '영혼'등과 같은 존재하지도 않는 것을 꾸며냈다.

넷째, 자연과학을 왜곡시켰다(그들의 세계관은 항상 인간이 중심이라 자연에 대해서는 조금도 이해하지 않았다).

다섯째, '후회' '양심의 가책' '악마의 유혹' '최후의 심판'같은 연극 세계의 이야기를 현실 세계로 가져와 심리학을 왜곡시켰다.

이밖에도 많지만 대략 이 정도로 정리해두자.

공상 세계는 꿈의 세계와는 또 다른 것이다. 꿈의 세계는 현실을 반영하지만, 그들의 공상은 현실을 비틀고 가치를 떨어뜨리고 부정한다.

그리스도교의 적은 '현실'이다. 그들이 생각하는 세계와 현실은 너무 동떨어져있기 때문이다.

그들은 현실이 너무 고통스러워서 도망쳐 있을 뿐이다.

너무 심하게 고통받다보니 현실을 순순히 인정하지 못하게 된 것이다.

그것은 놀라운 작품이 갖는 도덕과 종교의 본질이다.

그리스도교를 정확히 비판해 보면, '신'에 대해서도 지금까지 내가 말한 내용과 거의 같은 결론이 나온다.

자기 자신을 믿는 민족은 자기들 고유의 신을 갖는다. 그들이 신을 숭배하는 것은 자신들의 긍지를 위해서다. 즉 자신들이 번영을 누릴 수 있었던 조건과 미덕을 신에게 투영시키는 것이다. 긍지에 찬 민족은 희생을 바치고 감사하기 위해 신을 필요로 하는데, 실은 자기 자신에게 감사하는 것이다.

그런 신은 단순하지 않다.

인간에게 이로울 수도 있고 해로울 수도 있다. 내 편일 수도 있고 적일 수도 있다.

선과 악, 신은 양쪽에 다 필요하다.

그것이 진정한 신의 모습이다.

신이 가진 한쪽 면을 던져 버린 채 그저 선하기만한 신으로 만드는 것은 바람직하지 않다. 선한 신이 필요한 것처럼 악한 신도 필요하다.

일상생활을 생각해 보라. 용서하고 사랑하는 감정만으로 사는 게 아니지 않는가. 우리는 화를 내고, 복수를 꿈꾸고, 질투를 하고, 남을 비웃으며 산다. 그 점을 이해하지 못하는 신이 무슨 가치가 있을까. 인간은 그런 신을 이해하지 못하며 필요로 하지도 않는다.

하지만 유감스럽게도 이전에는 그런 신을 필요로 했다. 한 민족이 몰락할 때, 완전한 체념 속에 빠졌을 때, 적에게 굴복하는 것만이 최선의 선택이라 여겨졌을 때 그들의 신 또한 변화할 수밖에 없었다.

신은 비겁하고 겁쟁이이고 소극적이 되더니, 급기야 '적을 사랑하라'는 바보 같은 소리를 하기에 이르렀다.

이런 신은 '도덕'으로 모습을 바꾸어 세상으로 퍼져 나간다. 그러다가 마침내 모든 이의 신이 되고, '세계 시민'이 된다.

신이란 원래 민족의 강인함과 민족의 권력을 갈망하는 감정이었지만, 이제는 그저 '선한 신'일뿐이다.

한 마디로 '신'이라 해도 두 가지가 있다.

하나는 '권력에 대한 의지'가 있는 신. 즉 민족의 신들이다. 또 하나는 '권력에 대해 무기력'한 신이다. 그런 신은 반드시 선한 신인데, 그리스도교의 신이 그렇다.

신은 두 얼굴을 가지고 있다

'권력에 대한 의지'를 잃어 버리면 생리적으로 퇴보한다. 남성다움이 사라진 신, 약자는 그런 데카당스(décadence)의 신을 우러러 받든다.

그들은 스스로를 약자라 부르지 않고, '선한 자'라 부른다.

그러면 역사상에서 선한 신과 악한 신이라는 이원론적인 허구는 언제쯤 발생했을까. 여기까지 읽은 독자라면 벌써 알아차렸을 것이다. 정복된 민족이 자신들의 신을 '선 그 자체'로 끌어내렸을 때다.

게다가 그들은 지배자에 대한 복수로 지배자의 신을 악마로 만들어 버렸다. 하지만 한쪽 면만 본다는 점에서는 선한 신도 악마도 데카당스의 산물일 뿐이다.

그리스도교 신학자는 신의 개념이 '이스라엘의 신'에서 '그리스도교의 신'으로, '민족의 신'에서 '선 그 자체'의 신으로 전개된 것을 진보라 공언한다. 참으로 단순한 자들이다. 누가 이들과 보조를 맞추며 그 단순성을 따를 수 있을까.

하지만 사실은 그들이 말하는 것과 정반대다.

그리스도교는 신이 가진 '강인'과 '용감'과 '긍지'를 제거해 버렸다. 고작 '어려울 때 신에게 의지하는' 정도로 신을 끌어내렸다.

지금은 가난한 자들의 신, 죄인들의 신, 병자들의 신이 '구세주'로 불리고 있으니 과연 세상이 어떻게 되는지 의문스럽다.

'신의 나라'는 신의 개념이 변화함에 따라 확대되었다.

원래의 신은 자기 민족, 즉 선택된 민족만을 갖고 있었다. 그런데 신이 외국으로 나가 사방을 돌아다니더니 지구상의 절반 이상이나 되는 사람들을 자기편으로 만들어 놓았다.

그 '다수자의 신'의 정체는 유대인의 신이며, 컴컴한 곳의 신이며, 불건전한 지역의 신이다.

이치에 닿지 않는 이론으로 신을 논하는 시대이다 보니, 이제 신은 너무 약해 졌고 또 너무 창백해 졌다.

그리고 신은 '이상'이 되었고, '순수한 정신'이 되었고, '절대자'가 되었고, '물자체(物自體 : 인식 주관에 나타나는 현상으로서의 물(物)이 아니라, 그 자체로서 존재하는 물(物). 칸트 철학의 중심 개념, 칸트의 말)'가 되었다.

'물자체'란 대체 무엇인가. 무슨 뜻인지 하나도 모르겠다. 거기까지 신은 무너진 것이다.

그리스도교 신에 대한 개념은 지구상의 모든 신의 개념 중에서 제일 수준이 낮다. 그리스도교 신이 어디까지 망가지는지 참고로 하고 싶을 정도다.

그리스도교의 신은 인생을 밝혀 주고 미래의 희망을 지켜주는 것이 아니라 인간을 불행하게 만든다. 그리고 신의 이름으로 인생이나 자연, 삶의 의지 같은 소중한 것을 부정한다.

그리스도교에서는 신의 이름으로 '무(無)가 신이 되고, '무(無)에 대한 의지'가 신성시 된다.

현재 북유럽에서 그리스도교가 널리 퍼지고 있는데, 유럽인이 그리스도교를 거부하지 않은 것은 매우 불명예스런 일이다. 그리스도교의 본성을 알아차리고 빨리 대처했으면 좋았을 것을 그러지 못해서 그들은 저주를 그대로 받고 있다. 그들은 질병, 노쇠, 모순을 그들의 본능 속으로 받아들였다.

그 후로 그들은 어떤 신도 창조할 수 없게 되었다. 새로운 신은 2천 년 동안이나 태어나지 못했다. 아직까지도 그리스도교라는 일신교의 가련한 신이 존재할 뿐이다.

일신교

유대교, 그리스도교, 이슬람교와 같이 유일하고 절대적인 신만을 믿는 종교. 예루살렘은 이 세 종교의 성지이다. 한편 다신교는 다수의 신을 숭배하는 종교이다. 저마다의 신이 저마다의 고유한 활동영역을 갖는 경우가 많다. 고대 그리스 로마의 종교과 힌두교 등.

제2장 그리스도교가 세계를 망친다

불교의 훌륭한 점

지금까지 그리스도교의 문제점을 짚어 가며 그리스도교가 최악의 종교임을 설명했다. 다른 종교에 대한 내 생각도 매우 중요하므로 이번에는 이에 대해 말하겠다.

종교 중에 불교가 있다는 것은 누구나 아는 일이다. 불교인 그리스도교에 뒤질세라 많은 신자수를 자랑한다. 불교는 그리스도교와는 전혀 다르다는 이미지를 갖고 있지만 실은 양쪽 모두 허무주의 종교이다.

하지만 불교는 그리스도교에 비해 백배는 더 현실적이다.

불교는 객관적이고 냉정하게 문제제기를 하는 전통을 가지고 있다. 이는 몇 백년이나 철학 운동이 지속된 뒤에 등장했기 때문인데, 인도에서 불교가 등장했을 때 '신'개념은 이미 제거되어 있었다.

따라서 역사적으로 봤을 때 불교는 매우 논리적으로 생각하는 단 하나의 종교라 해도 좋을 것이다.

불교는 현실적으로 세상을 본다. 그리스도교는 '죄에 대한 싸움'을 말하지만 불교는 그렇지 않다. 현실을 정확히 보고 '고통에 대해 싸울 것'을 강조한다.

불교에서는 '도덕'을 자기 자신에 대한 기만으로 여긴다. 이것이 불교와 그리스도교가 크게 다른 점이다.

불교는 '선과 악의 저편'에 서 있다. 즉 선과 악에서 멀리 떨어진 곳에 존재한다. 이는 불교의 태도를 보면 잘 알 수 있다.

불교가 주의하는 것은 다음 두 가지이다.

하나는 지나치게 예민한 감수성이다. 감수성이 예민하면 고통을 느끼기 쉽기 때문이다. 또 하나는 무슨 일이든 정신적으로 생각하거나 어려운 개념을 사용하거나 논리적으로만 생각하는 것이다. 그런 세계에 너무 오래 있으면 정신적으로 이상해 진다.

독자 여러분도 '아, 그런 적이 있어'라든가 '아, 그 사람 이야기군'하며 고개를 끄덕일 것이다.

붓다는 이 점을 경계하기 위해 여행을 떠나 야외에서 생활했다. 붓다는 음식에 돈을 들이지 않았다. 술을 조심했다. 욕망도 경계했다. 또 그는 자신을 위해서도 타인을 위해서도 근심하지 않았다.

요컨대 붓다는 갖가지 상념에 주의했던 것이다. 그는 오직 마음이 평온해지고 명랑해 질 수 있는 상념만을 추구했다.

붓다는 '선의(善意)'란 인간의 건강을 좋게 하는 것이라 생각했다. 그리고 기도와 금욕을 가르침에서 배제했다.

불교에서는 강하게 명령하거나 단정하는 법이 있고, 가르침을 받아들이라고 강요하지도 않는다. 한번 출가한 사람이라도 '환속', 즉 다시 일반 사회로 돌아갈 수 있다.

붓다가 걱정했던 것은 기도나 금식, 강제나 명령이 인간의 감각을 지나치게 예민하게 만든다는 점이었다.

불교인은 아무리 자기와 생각이 틀려도 공격하지 않는다. 붓다는 원한을 품고 복수하려는 마음을 경계했다.

'적대감은 적대감으로 없어지지 않는다', 이것은 붓다가 남긴 감동적인, 말인데 참으로 지당하다 할 수 있으리라. 그리스도교의 토대를 이루는 '원한'이나 '복수'는 건강한 사상이 아니다.

지금 세상에서는 '객관성'이란 말은 좋은 뜻으로, '이기주의'란 말은 나쁜 뜻으로 쓰인다. 하지만 '객관성'이 지나치게 커지는 바람에 '개인적 견해'가 약해지는 것은 문제가 아닐 수 없다. 또 '이기주의'가 계속 부정되면 정신적으로 피로해 진다.

이런 문제에 대해 붓다는 '이기주의는 인간의 의무'라 말했다. 요컨대 문제를 개인 안으로 끌어당겨 생각하자는 것이다.

소크라테스의 생각도 이와 같았다. 소크라테스는 인간의 이기주의를 도덕으로 끌어올렸다.

불교

석가모니는 '인생은 고통이다'에서 출발해 여덟 가지의 '덕목'을 행함으로써 깨달음의 경지에 도달할 수 있다고 했다. 기원전 5세기, 인도 갠지스강 중류에서 발생했으며, 분파되면서 아시아 전역으로 퍼져 나갔다. '붓다'란 산스크리트 어로 '깨달은 자'라는 뜻.

소크라테스(BC 470~BC 399)

고대 그리스 철학자. '무지(無知)의 지(知)', 즉 올바른 인식에 도달하려면 자신의 무지를 자각해야 한다고 주장했다. 또 대화를 통해 철학을 전개하는 문답법으로 당대 현인들의 학설을 논파했다. 그러나 그런 행동이 주위의 반발을 불러 와 결국 사형에 처해지고 말았다. 저서는 없으나, 제자 플라톤이 수많은 발언록을 남겼다.

다양한 문화를 인정하지 않는 그리스도교

불교는 왜 이렇게 그리스도교와 다를까.

불교는 따뜻한 지역에서 발생했다. 그리고 거기 사는 사람들은 관대하고 온유했으며 전쟁을 좋아하지 않았다. 게다가 불교는 상류계급과 지식계급에서 시작되었는데, 이는 불교 시작에서 아주 중요한 대목이다.

불교의 최고 목표는 명랑과 평정과 무욕을 이루는 것인데, 이러한 목표는 달성되기 위해 있는 것이며 또한 실제로 달성 가능하다.

불교는 완전성을 향해 맹렬히 돌진하는 타입의 종교가 아니다. 평소의 상태가 바로 완전성이기 때문이다.

하지만 그리스도교는 정복당한 자들과 압박받는 자들의 불만이 토대를 이루고 있다. 즉 그리스도교는 최하위층 사람들의 종교인 것이다.

그리스도교는 매일 기도를 하고 자신의 죄를 고백하고 자신을 비판한다. 그래도 그리스도교에서는 최고의 목표에 절대 도달할 수 없으니 참으로 온당치 못하다.

어두운 곳에서 슬금슬금 무엇인가를 하는 것이 그리스도교이다. 그리스도교는 육체적인 것을 경멸하고 약간 이상하기만 해도 금방 트집을 잡는다. 그리스도교인은 무어인(8세기 스페인을 침입한 아라비아인)을 이베리아 반도에서 추방해 버렸는데, 그들은 코르도바에만 270개나 있었던 공중목욕탕을 전부 폐쇄해 버렸다.

그리스도교는 다른 문화를 인정하려 들지 않는데다가, 생각이 다른 자들을 증오하고 철저히 박해한다. 그리스도교도들은 매우 어둡고 건강치 못하고 위험한 사람들이다. 그리스도교는 신경증 환자와 비슷하다. 늘 신경이 예민한 상태로 있는데, 그것은 오히려 그들에게 자연스런 현상이다.

그리스도교는 풍요한 대지와 정신이 풍요로운 사람에게 적대감을 품는다. 그들에게는 '육체'만을 허용하고, 자신들은 '영혼'만을 믿는다. 그리고 적개심을 품는다.

그리스도교는 높은 정신, 힘, 자유, 감각적인 즐거움, 기쁨을 증오한다.

그리스도교가 하위층 사람 사이에서 발생하더니 이윽고 야만적인 민족에게로 퍼져 나갔다. 야만적인 민족은 불교인과 달라서, 적에게 위해를 가하는 형식으로 자신들의 불만과 고통을 방출한다.

반대로 말하면, 그리스도교는 야만인을 지배하기 위해 야만적인 가르침과 가치관이 필요했던 것이다. 이를테면 첫 자식을 희생 제물로 바치거나 만찬에서 피를 마시는 의식을 행하는 것이다.

이와 같이 그리스도교는 인간의 정신과 문화를 경멸한다.

불교는 좋은 의미에서 나이를 먹은, 선량하고 온화하고, 지극히 드높은 정신을 가진 종족의 종교이다. 안타깝게도 유럽은 아직 불교를 수용할 수 있을 만큼 성숙되지 못했다. 불교는 사람들을 평화롭고 명랑한 세계로 안내해, 건강한 정신과 육체를 갖도록 도와 준다.

그리스도교는 야만인들을 병약하게 만듦으로써 그들을 지배하려 한다. 상대방을 약하게 만드는 것은, 적을 길들이고 '문명화'시키기 위한 그리스도교적 처방전이다.

불교는 문명의 발달이 종말로 들어서는 가운데 지쳐 버린 상태에서 생겨난 종교지만, 그리스도교는 여태껏 문명에 도달하지 못하고 있다.

진리와 '진리라는 신앙'

그리스도교에 비하면 불교는 더 할 나위없이 진실되고 객관적인 종교이다. 불교에서는 고통을 죄의 결과로 생각할 필요가 없다. 불교에서는 정직하게 '나는 괴롭다'고 말할 뿐이다.

하지만 야만인은 자신이 괴로워하고 있다는 사실을 인정하고 싶지 않으므로 거기에 이유를 붙이려 한다. 하지만 결과적으로는 말없이 고통을 감내하게 될 뿐이다.

'악마'라는 말은 그들에게 아주 편리하다. '악마처럼 두렵고 강한 적 때문에 괴로워하는 것을 부끄러워 할 필요가 없다'는 변명이 가능하기 때문이다.

그리스도교는 동양에 어울리는 사고방식을 이용하고 있다.

'어떤 것이 진리이냐'는 전혀 상관없이, '진리라고 믿어지는 것'을 중요시한다.

'진리'와 '진리라고 믿어지는 것'은 전혀 다른 정반대의 세계이다.

동양의 현자들은 이 문제를 확실히 이해하고 있었다. 바라몬교, 비교, 밀교가 모두 그랬으며 플라톤도 그랬다.

이를테면 '죄에서 구원되었다고 믿는 데에 자신의 행복이 있다'고 하면, 이때 필요한 전제는 '인간에게 죄가 있다'가 아니라 '인간인 자기에게 죄가 있다고 느낀다'이다.

즉 그리스도교에서는 '믿음'이 가장 중요하다.

그리스도교의 진리란 관찰이나 연구를 통해 발견하는 것이 아니다. 요컨대 진리의 길은 닫혀져 있다는 말이다.

그리스도교는 '희망'을 능수능란하게 이용한다. 실현되어도 사라져 버릴 가능성이 없는 '희망'을 괴로워하는 자의 손이 닿지 않는 곳에 일부러 올려놓는다. 그런 방법으로 사람을 잡아두는 것이다.

또 그리스도교는 인기를 끌기 위해 많은 '연구'를 한다.

'신의 사랑'이라 말할 정도이니 신은 인간 모습을 하는 게 좋다. 서민에게 인기를 얻으려면 신은 젊은 편이 좋다. 여성의 열정을 만족시키기 위해서는 성자를, 남성의 열정을 위해서는 성모마리아를 전면에 등장시킨다.

그런데 이런 어처구니없는 말이 어떻게 유럽에서 받아들여졌을까.

유럽에는 그리스 신화에 나오는 미의 여신 아프로디테나 그녀가 사랑했던 미소년 아도니스에 대한 숭배 사상이 있기 때문이다.

아무튼 이런 '연구'덕에 그리스도교 숭배는 점점 열광적이 되어 갔다.

그들은 '사랑'을 이용했다. '사랑'이란 사물을 있는 그대로 보지 않는 상태이다. 인간은 거기서 사랑이나 환영을 본다. 또 '사랑'은 인간에게 참는 것을 가르친다. 그런 이유로 그리스도교는 사람들에게 사랑받을 만한 이야기를 꾸며 냈던 것이다.

그리스도교가 '신앙' '사랑' '희망'이라는 키워드를 이용한 것은 어떤 의미에서 보면 현명한 방법이었다. 그 방법으로 능숙하게 사람을 속였으니까.

하지만 불교는 사물을 정확히 현실적으로 생각하는 기술이 있어 그런 방법을 쓰지 않는다.

바라몬교

고대 인도의 민족종교. 성전(聖典)은 《베다》. 복잡한 제식을 행했는데, 최고신을 따로 정하지 않고 의식 때마다 다른 신을 최고신의 위치에 두었다. 승려 계급인 브라만은 신에게 가까운 존재로 여겼다. 카스트 계급 제도를 갖는 것이 특징. 4세기경 민간신앙이 더해지면서 힌두교로 발전했다.

플라톤(BC 427경~BC 347)

고대 그리스 철학자. 소크라테스의 제자. 모든 사물에는 '이데아'라는 본질이 존재한다고 주장했으며, 서양철학사에 큰 영향을 미쳤다. '인간의 의식가능한 미(美)는 이데아를 흉내 낸 것에 지나지 않는다'며 예술을 비판. 저서에 소크라테스를 주인공으로 한 《소크라테스의 변명》《국가》 등이 있다.

아프로디테 / 아도니스

아프로디테는 그리스 신화에 나오는 미와 사랑의 여신이다. 올림포스 12신 중 하나. 제우스와 디오네의 딸로 거품 속에서 태어났다. 아도니스는 아프로디테가 사랑했던 미소년. 멧돼지의 이빨에 찔려 죽었는데, 그가 피를 흘린 곳에서 아네모네가 피어났다. 나중에 농업의 신이 되었다.

그리스도교와 유대민족과의 관계

그리스도교가 어디서 발생했느냐를 생각하는 것은 매우 중요하다. 그리스도교가 유대민족에서 생겨난 종교라는 사실은 독자들도 잘 알 것이다.

예수는 유대교의 모든 제도에 반대했지만, 그리스도교는 유대민족의 본능에 맞선 것이 아니라 오히려 유대민족의 본능을 더욱 단단히 다져 놓았다.

《신약성서》에 '구원은 유대 민족에게서 온다'는 말이 있다.

예수의 출신지인 갈릴리 사람들의 인간성이 점점 변질되더니 급기야는 예수에게 '인류의 구세주'라는 역할이 부여되었다.

유대인은 이 세상에서 가장 주의해야 할 민족이다. 그들은 무엇이든 한번 눈독을 들인 것은 무슨 수단을 써서라도 손에 넣으려 한다.

그들은 모든 자연과 모든 현실성과 모든 정신세계를 철저히 왜곡시켰다. 민족이 민족으로서 살아가기 위해 필요한 모든 것에 맞서고, 자신들의 손으로 자연 법칙에 대립되는 개념을 만들어 냈다. 종교나 예배, 도덕이나 역사, 심리학 등을 원래와는 전혀 다른 모습으로 뒤집어 놓았다.

즉 그리스도교의 행위는 유대인을 흉내 낸 것이다. 그리스도교는 원조(元祖)가 아니라는 말이다.

이것만 보아도 유대민족이 얼마나 엄청난 일을 저질렀는지 잘 알 수 있다. 그들의 행위는 인류 전체에 대한 배반이다.

현재의 그리스도교인은 자신들이 유대적인 것의 최종적 모습을 하고 있다는 사실을 전혀 깨닫지 못한 채, 스스로를 '반유대적'이라 생각한다.

나는 《도덕의 계보》를 쓸 때 '고귀한 도덕'과 '원한의 도덕'이라는 대립된 개념을 설명한 적이 있다.

'원한의 도덕'이란 약한 인간의 원한에서 생겨난 도덕이다. 즉 유대적, 그리스도교적 도덕으로, '고귀한 도덕'을 부정하기 위해 생겨났다.

인생을 더욱 잘 사는 것, 뛰어남, 힘, 아름다움, 자기 긍정. 이런 중요한 것들을 철저히 부정하기 위해, 그들은 전혀 다른 세계를 꾸며 냈다.

심리학적으로 유대민족은 매우 강력한 생명력을 갖고 있다. 그들은 불행한 상태에 빠지면 자발적으로 모든 데카당스의 편이 된다. 그것은 데카당스에 지배되기 위함이 아니라, 데카당스를 이용해서 권력을 잡으려 함이다.

즉 유대인과 데카당스인은 한 부류인 것이다.

그들은 인생을 긍정하는 사람들에게 맞서기 위해 천재적인 배우처럼 데카당스를 연기한다. 그 연기야말로 바울이 시작한 그리스도교이다.

데카당스는 유대교, 그리스도교의 권력자나 사제들에게는 수단에 불과하다. 그들이 인간에게 흥미를 갖는 것은 인류를 병들게 만들고, '선과 악' '참과 거짓'이라는 개념을, 마치 세상 전체를 폄하하는 것처럼 위험한 의미로 뒤집어 놓기 위해서다.

바울(BC 10경~65경)

《신약성서》 저자 중의 한 사람. 소아시아 타르수스 출신의 유대인으로 직업은 천막 장인. 예수의 '사도'임을 자칭했으나, 12사도에는 포함되지 않는다. 처음에는 유대교인으로서 그리스도교를 박해했었다. '예수의 희생과 부활'신학으로 그리스도교의 이론가가 되었다.

'기분 좋은 것'은 양심에 가책이 된다?

이스라엘은 자연의 가치를 억눌러 온 국가이다.

아주 오랜 옛날, 왕국시대의 이스라엘에는 자연의 아름다움이 있었다. 이스라엘의 신 야훼는 힘과 기쁨과 희망의 상징이었다. 사람들은 야훼께 승리를 기도했고 구원을 바랐다. 그리고 자연은 사람들이 필요로 하는 비를 내려 주었다.

야훼는 이스라엘의 신이었다. 따라서 정의의 신이었다.

이것은 힘을 갖고 있고, 이에 대해 양심의 가책을 느끼지 않는 모든 민족의 논리이다.

신을 숭배하는 것은 민족의 강성함과 계절의 변화, 농작에서 얻은 모든 복에 감사하는 것이다.

그런데 이스라엘에서 큰 혼란이 일어났다. 나라가 무정부 상태에 빠지고 앗시리아인이 쳐들어 온 것이다.

나라는 황폐해지고 모든 희망은 사라져 버렸다. 야훼도 완전히 무능해졌다.

그때 이스라엘 사람들은 신을 버렸어야 했다. 하지만 그들은 신을 지금까지와는 전혀 다른 모습으로 바꿔 놓았다.

그래서 신과 자연은 별개가 되고 말았다.

야훼는 이제 이스라엘의 신도, 민족의 신도 아닌, 조건에 의해 제약된 신이 되어 버렸으며, 성직자들이 굴리기에 좋은 도구가 되어 버렸다.

성직자들은 '모든 행복은 신의 은총이다', '모든 불행은 신을 믿지 않은 데 따른 벌이다'라고 하며 떠들기 시작했다.

'원인'이 있고 나서 그것이 '결과'로 이어지는 것이 자연계의 법칙이거늘, 그들의 입에서는 정반대의 말만 나왔다. 그러더니 '도덕적 세계질서'라는 뭐가 뭔지 모를 이상한 말이 버젓이 통하게 되었다.

바로 '보상과 벌'이라는 장치이다.

그들은 자연계의 법칙을 부정하더니 이번에는 자신들에게 아주 편리한 반자연적인 법칙을 만들어 갔다.

'도덕'은 한 민족이 살아가는 데 필요치 않아 졌으며, 더 이상 민족이 살아가기 위한 본능도 아니었다. '도덕'은 매우 까다로워 졌으며, 더욱 나은 삶을 사는 데 오히려 걸림돌이 되었다.

이와 같이 유대인의 도덕, 그리스도교의 도덕은 인간의 자연스런 모습을 송두리째 뒤바꾸어 버렸다.

우리는 재난을 당해도 우연한 불행이라 생각하지만, 그들은 '죄에 대한 벌'이라 단정 짓는다. 기분 좋은 것은 '악마의 유혹'이고, 기분 나쁜 것은 '양심이 아프기 때문'이라니, 이 얼마나 제멋대로 된 해석인가.

이스라엘

《구약성서》에 의해 전해 내려오는 고대국가. 히브리어로 '신이 지배하는 땅'이란 뜻. 기원전 11세기 후반 통일왕권을 이루지만 결국에는 분열되었다. 앗시리아 등의 외국 세력에 의해 멸망. 현재의 이스라엘은 전 세계에 흩어져 살던 유대인이 영국 등의 지원을 등에 업고 2천년이란 세월을 뛰어넘어 부활시킨 국가이다.

야훼

유대교와 그리스도교의 성전인 《구약성서》에 나오는 이스라엘 민족의 신. 천지만물의 창조주이며, 우주의 지배자이며, 인류의 구원자로서 유일하고 절대적인 신이다. 고대 이스라엘이 멸망한 뒤 '바빌론 포로' 생활을 하는 가운데 박해를 받으면서 일신교의 성격을 띠게 되었다.

앗시리아

셈족이 티그리스강 상류의 아슈르를 중심으로 건설한 제국. 기원전 3천년 무렵부터 번영을 이루어, 기원전 7세기 초반에는 제철무기에 의한 군사력을 증강. 메소포타미아에서 이집트에 이르는 오리엔트 최초의 통일제국을 건설했다. 기원전 612년, 분열과 내란이 계속 되는 가운데 칼데아 메디아 연합군의 공격을 받아 멸망했다.

《성서》가 뒤바꿔 버린 이스라엘 역사

유대의 사제들은 신과 도덕을 변조함으로써 원래 이스라엘의 역사를 지워나갔다. 그 증거로서 현재 남아있는 것이 《성서》이다.

그들은 자기 민족의 구전과 역사적 사실을 경멸하면서 종교적인 것으로 바꿔 썼다. 그것은 야훼에 대한 '죄'와 '벌', 야훼에 대한 '기도'와 '보상'이라는 어린아이 속이기 같은 행위였다.

교회는 이러한 엉터리 역사를 수천 년 동안 계속 가르쳐 왔다. 그 결과 우리는 완전히 바보가 되어 역사가 왜곡당하고 있다는 사실조차 깨닫지 못하고 있었다.

더욱 기가 막히는 것은 철학자들이 교회를 변호하고 나섰다는 사실이다. '도덕적 세계질서'라는 거짓말은 근대 철학의 전개 과정에 고스란히 스며들어있다.

'도덕적 세계질서'란 무엇일까. '인간이 해야 할 것과 하지 말아야 할 것은 신의 의지에 의해 결정된다'는 뜻이다. 또한 '한 민족이나 개인의 가치는 신의 뜻을 얼마나 따르느냐에 따라 측정되며, 한 민족이나 개인의 운명은 신의 뜻을 따르느냐 아니냐에 따라 벌을 받기도 하고 구원을 받기도 한다'는 뜻이다.

말하자면 새빨간 거짓말이다. 사제는 건강한 사람들의 정신을 좀먹으며 살아가는 기생충이다.

그들은 자기에게 편리한 쪽으로 신을 이용한다. 사제들은 자신들의 바람이 실현되는 사회를 '신의 나라'라 이름 붙이고, 그 '신의 나라'를 실현하기 위한 수단을 '신의 의지'라 이름 붙였다.

사제들은 '자신에게 유용한지 아닌지'로 민족, 시대, 개인을 평가했다.

이것이 이스라엘의 위대한 시기가 완전히 쇠퇴하게 된 원인이다.

게다가 유대 사제들은 필요에 따라 이스라엘의 역사에서 위대한 인물을 뽑아내 '신을 믿지 않는 불쌍한 인간'으로 몰아세운 뒤 단죄해 버렸다.

말하자면, 역사적으로 위대한 사건을 '신에게 복종 아니면 불복종'이라는 어처구니없는 이론으로 단순화시켰던 것이다.

사제들은 실권을 유지하기 위해 '신의 의지'라는 시스템을 만들어 냈다.

그들은 '신성한 책', 즉 《성서》를 마음대로 변조시킨 뒤 자신들의 손으로 신의 의지를 '발견'하고는 아주 공손히 공개했다. 이런 연극이 어디에 또 있을까.

그들은 이렇게 말한다. '신의 뜻'은 옛날부터 세워져 있었다. 모든 불행의 원인은 '신성한 책'으로부터 멀어진 데 있다고.

사제들은 그렇게 자신들이 소망했던 바를 '신의 뜻'으로 만들어 버렸던 것이다. 이를테면 사제들에게 바쳐진 세금. 그들은 아무리 소액이라도 끈질기게 청구해서 비프스테이크를 먹는다.

인생의 모든 장면에서 사제는 없어서는 안 될 존재로 우뚝 서게 되었다.

결혼, 출산, 질병, 죽음 등, 인생에서 중요한 때에 사제들은 이상한 의식을 하고는 사람들에게 돈을 요구했다. 또 사제들은 국가나 재판소 등과 같이 가치 있는 것에 기생충처럼 달라붙어, '도덕적 세계질서'를 운운하며 아무런 가치도 없는 것으로 뒤바꿔 놓았다.

사제는 자연의 가치를 인정하지 않고 신성함을 빼앗아가 그 영향을 흡수하며 삶을 이어 간다.

이런 얼토당토 않은 자들에게 복종하지 않는 것이 '죄'가 된다니.

이리하여 '신에 대한 복종과 사제에 대한 복종'이 되어, 사제만이 인간을 구원할 수 있다는 이론이 완성되었던 것이다.

사제의 조직과 유사한 조직 사회에서는 반드시 '죄'를 필요로 한다. 왜 그럴까. '죄'를 이용해서 힘을 휘둘러야 하기 때문이다.

사제들이 '죄'를 이용해서 살아가려면 '죄를 범하는 것'이 필요하다.

사제들은 '신은 회개하는 자를 용서한다'고 말하는데, 그것은 결국 '사제에게 복종하면 용서한다'는 말이나 마찬가지이다.

예수는 단순한 아나키스트

그리스도교는 지금까지 설명한 거짓말, 엉터리, 속임수 속에서 자라났다.

그리스도교 사제의 말만 존중되고 지상의 힘 있는 모든 것이 부정되었다. 말 그대로 전대미문의 사건이다.

사제들은 교회를 조직하고, 알 듯 모를 듯한 환상의 세계를 만들어 갔다.

여기서 중요한 것은 예수의 이름 아래 행해지는 폭동은, 실은 '선하고 정의로운 자'와 '이스라엘의 성자'와 사회의 위계질서에 대한 반항이었다는 점이다.

요컨대 잘못된 사회를 바로 잡겠다는 반항이 아니라, 계급과 특권과 질서에 대한 반항이었던 것이다. 다시 말해 '신분이 높은 자'에 대한 불신이 있었던 것이다. 그 결과 유대교 사제와 신학자가 몸에 걸치고 있던 모든 것이 부정되기에 이르렀다.

하지만 이런 반란을 통해 문제시되었던 유대의 사제정치는 유대민족을 '홍수' 속에서 살아남게 한 방주 같은 것이었다. 그것을 공격한다는 것은 실로 대단한 일이었다. 민족의 본능이나 생활, 의지처럼 아주 중요한 심층적인 부분을 공격하는 것이나 다름없기 때문이다.

예수는 하위층에 있는 자와 배제된 자와 범죄자들을 부추겨 유대교가 지배하는 사회를 공격했다.

말하자면 예수는 아나키스트(무정부주의자)였던 것이다. 《성서》에 적혀 있는 게 사실이라면 오늘날에도 정치범으로 몰려 교도소에 들어갈 말을 하고 있는 것이다.

결국 예수는 자신의 죄 때문에 죽었다. '예수는 다른 이들의 죄 때문에 죽었다'지만 실은 그렇지 않다. 십자가에도 분명히 그렇게 적혀 있다.

예수는 자신이 유대의 사제정치에 대립하고 있다는 것을 자각했다. 주위 사람들이 예수를 어떻게 파악했느냐와 예수 자신이 어떻게 생각하고 있었느냐와는 전혀 다른 문제이다. 예수는 단순히 유대의 사제정치와 대립하고 있는 것이다, 남의 눈에는 그렇게 비쳤는지도 모른다.

예수에 대해 쓴 책이 바로 세계 제일의 베스트셀러 《신약성서》이다.

솔직히 말해 이렇게 읽기 어려운 책이 또 있을까 싶다. 어렵다는 말이 아니다.

나도 젊었을 때에는 독일 신학자 슈트라우스가 쓴 《예수의 생애》를 열심히 읽었다. 예수에 대해 과학적으로 분석해 놓은 책이었다.

그것은 스무살 무렵에 읽었던 책인데, 지금은 읽고 싶지 않다. 그럴 여유가 없을 뿐만 아니라, 지금 나는 모든 사물을 진지하게 생각하기 때문이다. 예수에 대한 전승의 모순 같은 것은 이제 나와는 아무 상관없는 일이다.

'성자의 전승'은 애매하게 꾸며낸 이야기에 불과하다.

그런 책을 학문적으로 읽는다고 무슨 소용이 있으랴. 학자들의 시간 때우기에 불과한 짓을 말이다.

슈트라우스(1808~1874)

독일의 철학자이며 신학자. 저서 《예수의 생애》에서 《성서》에 기록된 기적은 '신화'일뿐 사실성를 갖지 못한다고 했으며, '참 그리스도교는 예수 개인이 아니라 인류전체에 의해 실현되어야 한다'고 주장했다. 즉 학문적 포장으로 새로운 오컬트를 세운 것이다.

그리스도교는 '은둔형 외톨이'

내가 가장 흥미 있어 하는 것은 '예수는 어떤 사람이었을까'하는 점이다.

시간이 흐르면서 정보는 정확성에서 점점 멀어져 간다. 엉터리책 《신약성서》는 예수를 생각할 때 어느 정도 참고로 할 수 있을지도 모른다.

하지만 문제는 예수가 어떤 행동을 했으며, 무엇을 말했으며, 어떻게 죽었느냐가 아니라, 예수가 어떤 인간이었으며 또 제대로 전해져 오고 있느냐 하는 점이다.

예를 하나 들어 보자.

프랑스 종교사가이며 작가인 르낭은 《예수전》을 썼다. 그는 예수의 유형을 설명하기 위해 '영웅'과 '천재'라는 가장 합당치 않는 개념을 끌어들였다.

'영웅'은 《신약성서》와는 정반대의 개념이다.

그리스도교에서는 저항하지 않는 무능력이 도덕이 되기 때문이다.

'악에 저항하지 마라'는 말은 《신약성서》에도 나와 있다. 이는 그리스도교의 가장 뜻깊은 말이며, 어떤 의미에서는 그리스도교를 이해하는 '열쇠'이기도 하다.

그런데 '모든 인간은 신의 자손이므로 평등하다'고 말한 예수를 '영웅'으로 드높이다니 앞뒤가 맞지를 않는다. '천재'도 그렇다. 예수 시대의 '정신'이라는 말은 우리 시대와는 전혀 다른 의미로 쓰였다.

그리스도교인의 정신구조는 이렇다.

자기 안에 틀어박혀 있으면 불안과 공포 속에 빠져들게 된다. 그런 심리상태가 아주 심해지면 현실적인 것을 증오하기 시작한다. 그리고 잡을 수 없는 것을 향해 달아나기 시작한다.

즉 확고하게 정해진 것, 시간, 공간, 관습, 제도 등, 현실에 존재하는 모든 것에 반항하며 '내적인 세계' '참된 세계' '영혼의 세계'속으로 숨어드는 것이다.

《성서》에도 이렇게 적혀 있다. '신의 나라는 네 안에 있다'고.

현실 증오는 고뇌나 자극에 대해 지나치게 예민해져서 나타나는 결과이다. 그래서 '누구와도 상대하고 싶지 않게'된다.

신경이 예민해져서 고통받기 시작하면, 혐오, 적개심, 감정의 한계에 대한 느낌을 잃게 된다. 이는 자신의 본능이 '더 이상은 저항하지 못하겠다고 느끼기 때문이다.

그들은 최종적으로 현실세계와는 다른 '사랑'이라는 곳으로 도피해 버리는데, 이것이 바로 그리스도교의 속임수이다.

그리스도교는 하나의 질병으로, 어떤 의미에서는 쾌락주의가 발전한 것이라 생각한다. 이 말에 놀랄지도 모르겠다. '쾌락을 부정하는 그리스도교와 쾌락주의는 정반대가 아닌가'하고.

하지만 쾌락주의를 설파한 고대 그리스의 에피쿠로스는 전형적인 데카당스였다.

이렇게 말한 사람은 나 이외에는 아무도 없는데, 쾌락주의는 약간의 고통에도 아주 커다란 공포를 느낀다. 그리고 이 공포는 오직 '사랑'의 종교 안에서만 사라질 수 있다.

르낭 (1823~1892)

프랑스의 사상가, 종교사가. 과학주의, 실증주의 입장에서 《신약》을 연구했다. 그 결과는 저서 《그리스도교 기원사》(전7권)에 정리되어 있는데, 니체가 비판했던 《예수전》은 그 제1권으로, 《성서》의 기술(記述)에 대해 〈문헌학적〉 연구를 실시했던 책이다.

에피쿠로스(BC 341경~BC 270)

고대 그리스 철학자. 쾌락주의를 제창. 여기서 말하는 '쾌락'은 일반적으로 쓰이는 뜻과 달리 육체적 쾌락보다 정신적 쾌락을 추구한다. 번잡한 현실에서 해방된 마음의 평정이야말로 추구해야 할 대상이라 했다. 육체적, 정신적 고통이 없는 상태가 유일 최고의 '선'이며, 그것이 인간 생활의 목표라고 주장했다.

제3장 그리스도교는 예수의 가르침이 아니다

'있는 그대로의 모습'을 안 보는 것이란

왜 긴 역사 속에서 예수라는 인간의 유형이 왜곡되었을까. 나는 이미 답을 내놓았다. 그리스도 교회가 자기들 편한 대로 예수를 자꾸 변형시켰기 때문이다.

《신약성서》 속의 세계는 거의 질병 수준이다. 낙오자, 신경 질환자, 지능지수가 떨어지는자, 이런 자들을 한데 모아놓은 마치 러시아 소설 같은 세계이다.

여기에 예수의 유형이 변형된 원인이 있다.

예수의 초대 제자들은 상징과 불가해로 범벅되어 있는 예수를 이해하지 못했다. 어떻게든 예수를 이해하려고 했지만 무리였다. 그래서 자신들이 이해할 수 있는 범위 안에 예수를 집어넣었다.

즉 자신들이 가진 지식만으로 예수를 이해했던 것이다.

그들은 예수를 이해했다고 생각했으나 이는 오해를 낳았을 뿐이다.

신앙, 즉 신을 믿고 따르는 행위에는 주의가 필요하다. 신앙은 숭배되는 존재의 특징과 결점을 못보게 하기 때문이다.

좀 어렵게 말하면 '신앙이란 숭배하는 존재를 있는 그대로 안 보는 것'이다.

러시아의 대작가 도스토예프스키처럼, 숭고한 것, 병적인 것, 유치한 것들의 혼합이 갖는, 그런 매력을 느낄 수 있는 사람이 데카당스 가까이 살지 않았다는 것은 유감스러운 일이다.

예수라는 인물의 특징에는 모순이 들어 있다.

산 위, 호수, 들판에서 조용히 설교하는 이미지. 공격적인 모습으로 유대교의 신학자와 사제들에게 맞서는 이미지. 이 두 이미지 사이에는 모순이 존재한다.

전자는 배경이 인도는 아니지만 마치 붓다처럼 온화한 이미지의 예수이며, 후자는 르낭이 《예수전》에서 쓴 과격한 이미지의 예수이다.

이 점을 어떻게 생각해야 할까.

예수라는 인간의 유형은 그리스도교를 선전할 때의 격양된 상태에서 만들어졌다. 독자들도 아는 바와 같이 종교에 푹 빠진 사람은 자신을 변호하는데 자신이 믿는 신을 이용하기 때문이다.

요컨대 초대 그리스도 교단은 힘을 가지고 있던 유대교 신학자에 대항하기 위해 새로운 신학자가 필요했던 것이다.

이리하여 그리스도 교단은 자기네 편리한 대로 '신'을 만들어 내 '재림'이나 '최후의 심판'같은 예수의 가르침과는 아무런 관계도 없는 말을 주저없이 사용하게 되었다.

지금에 와서는 그것이 그리스도교의 중요한 가르침이 되었으니 참으로 어처구니없는 일이다.

도스토예프스키 (1821~1881)

러시아 소설가. 《가난한 사람들》로 작가 데뷔. 공상적 사회주의 서클 멤버로 활동했다는 죄목으로 체포돼 사형판결을 받지만, 황제의 특사로 감형되어 시베리아로 유형을 떠났다. 귀환 후 이성만능주의에 의한 폭력혁명을 부정하고 그리스도교적 인도주의자로 전향했다. 《죄와 벌》《카라마조프의 형제들》 등 저서 다수.

예수를 논리적으로 부정 못하는 이유

나는, 예수를 광신자라고 생각하지 않는다.

르낭은 어리석게도 '명령적'이라는 말을 썼지만, 예수의 가르침 가운데 그런 사상은 존재하지 않는다.

예수가 말한 신앙이란 싸워 얻는 것이 아니라, 처음부터 '있는 것'이다.

'기적' '보상' '약속'처럼 《성서》의 말로써 증명되는 것이 아니다.

예수가 말하는 신앙은 고정된 것이 아니라서 말로는 정의할 수 없다.

물론 신앙의 형태는 주위 환경이나 언어, 문화 등에 따라 어느 정도 고정되게 마련이다. 초기 그리스도교도 단순히 유대의 개념을 이용했을 뿐이다.

만약 예수가 인도에서 태어났다면 인도철학을, 중국에서 태어났다면 노자의 가르침을 이용했을지 모른다.

예수는 자유로운 정신의 소유자라서 고정된 모든 것을 인정하지 않았다.

예수는 생명, 진리, 빛처럼 정신적인 것을 자신만의 언어로 설명했다. 그에게 자연이나 언어처럼 현실 세계에 있는 것들은 단순히 기호로서의 가치를 지닐 뿐이었다.

교회의 유혹이 아무리 클지라도 이런 점을 잊어서는 안 된다.

예수는 역사학이나 심리학 등과 같은 학문, 예술이나 정치, 경험이나 판단, 서적, 종교 등 모든 것을 넘어서 있다.

예수는 문화라는 것을 알지 못하므로 문화와 싸우는 일도 없으며, 부정하지도 않는다. 국가, 사회, 노동, 전쟁 등에 대해서도 마찬가지이다.

즉 예수는 '이 세상'을 부정할 이유를 갖고 있지 않았던 것이다.

'이 세상'은 교회가 만들어낸 것이라서, 예수는 '이 세상'에 대한 개념을 어렴풋하게라도 알지 못했다.

부정한다는 것. 이는 예수에게 불가능한 일이다.

예수는 논리를 바탕으로 생각하지 않았으며, '신앙이나 진리가 정확한 근거를 가지고 증명될 수 있으리라'고 생각하지도 않았다.

예수는 어디까지나 자기의 내적인 문제를 순수하게 증명했을 뿐이다.

예수는 세상에는 다른 많은 가르침이나 의견이 존재한다는 사실을 몰랐으며, 그렇다는 것을 의식하는 일조차 없었다.

만약 예수가 다른 가르침을 알게 되었다면 마음 속 깊은 곳에 있던 동정심이 발동해 그 맹목성을 불쌍히 여길 것이다. 자신은 '빛'을 보니까 말이다.

즉 논리적으로 이렇다 저렇다 할 차원의 문제가 아닌 것이다.

노자(BC 5세기경)

중국 춘추시대의 사상가. 사상서 《노자》를 썼으며, 복수의 저서를 남긴 것으로 알려져 있다. 만물의 근본인 '도(道)'에 대해 말하길, 모든 것을 규정하고 모든 것을 낳는 우주의 근간이라 했다. 지나친 지적 호기심, 욕심을 멀리하고 자연체로 살아갈 것을 주장.

예수와 그리스도교는 아무런 관계가 없다

이쯤에서 예수의 가르침을 간단히 정리해 보자.

가장 먼저 짚어 두고 싶은 것은, 예수의 가르침 중에는 '죄와 벌' '보상'의 개념이 없다는 사실이다. 신과 인간과의 관계를 멀어지게 할만한 것들은 전부 제거되어 있는 것이다.

예수에게 '신앙을 통해 얻을 수 있는 행복'은 약속된 게 아니라 현실적인 것이었다. 그것은 '신앙'이 아니라 행동하는 과정을 통해 결정되었다.

예수의 가르침은 이렇다.

자신에게 악의를 품고 있는 사람에 대해서는 말로도 마음으로도 맞서지 않는다.

유대인과 비유대인을 구별하지 않는다.

누구에게도 화내지 않으며, 누구도 경멸하지 않는다.

법정에 나서지 않고, 나서라고 요구하지도 않는다.

어떤 경우라도, 아내의 부정이 밝혀진 경우라도 이혼하지 않는다.

예수는 이런 가르침을 실행으로 옮기려고 했다.

예수에게는 유대인의 의식이나 기도가 아무런 의미도 없었다. 오로지 가르침의 실천만이 신에게 인도되는 길이었다.

이리하여 예수는 자신이 '신의 아들'임을 느끼기 위해, 실천하는 삶을 살아갈 수밖에 없었다. 예수는 그렇다는 것을 본능적으로 알고 있었다.

온갖 방법을 다 써봐도 '천국'에 살고 있다는 느낌이 들지 않는다. 그럴 때는 어떻게 해야 '나는 천국에 있다' '나는 영원하다'는 느낌을 가질 수 있을까. 예수는 그런 의문을 가졌다.

말하자면, 이는 예수의 라이프스타일이지 새로운 신앙은 아니었다.

예수는 정신적인 것만을 '진리'로 간주했다. 예수에게 시간이나 공간, 역사처럼 실제로 존재하는 것은 단순한 기호나 비유적 이야기의 재료가 되는 정도였다.

예수의 가르침에서 '사람의 아들'이란 개념은, 역사상의 구체적 인물이 아니라 현실적인 모든 것에서 자유롭게 된 하나의 심적 상징을 가리킨다.

'신' '신의 나라' '천국' '신의 아들' 같은 말도 마찬가지이다.

인간의 모습을 하고 있는 '신', 앞으로 도래하게 될 '신의 나라', 저 세상에 있는 '천국', 삼위일체 속의 '신의 아들'이라는 그리스도 교회의 사고방식은 예수의 가르침과 아무런 관계가 없다.

교회가 '아버지'와 '아들'이라는 말로써 무엇을 표현하고 있는지는 아주 명확하다.

'아버지'는 '영원성' '완결성'을, '아들'은 '모든 것에 빛이 넘쳐흐르는 듯한 감정 속으로 걸어 들어가는 것'을 의미한다.

교회는 이런 상징을 사용해 이야기를 꾸며내 왔다. 참으로 부끄러운 일이라 할 수 있겠다.

교회는 그리스도교를 널리 퍼뜨리기 위해 고대 그리스의 에로틱한 이야기를 끌어들이더니 마침내는 '성모마리아는 처녀의 몸으로 임신했다.' 말하기 시작했다. 어떻게 그런 일이 있을 수 있단 말인가. 이와 같이 교회는 임신이란 귀중한 것을 마구 더럽혀 놓았다.

'천국'은 마음의 상태이다. 지상 어딘가에 있는 것도 아니고, 저 세상에 있는 것도 아니다. 예수의 정신세계는 전혀 다른 곳에 있어서 죽음이나 시간, 질병 같은 현실적인 것과는 차원을 달리 한다.

예수의 가르침에서 '신의 나라'는 천 년을 기다려도 오지 않는다. 어디까지나 마음의 문제이기 때문에, '신의 나라'는 어디에든 있으며 또 어디에도 없다 할 수 있다.

그리스도교의 '바보의 벽'

예수가 죽은 것은 '인간을 구원'하기 위해서가 아니라, '어떻게 살아야 하는가'를 보여 주기 위해서였다.

그가 인류에게 남긴 것은 실천, 즉 실제로 행동하는 것이다.

예수는 재판관이나 경찰관, 자신을 고발한 자들의 비난이나 조롱에 대해 반항하지도, 권리를 주장하지도, 자신의 몸을 보호하지도 않았다. 오히려 그러는 자들을 부추겼다. 어디 그뿐인가. 예수는 자신에게 위해를 가하는 사람들에게 반항은커녕 그들을 사랑했다.

우리는 19세기 동안 오해해 왔던 문제를 이제야 비로소 이해할 수 있게 되었다. 즉 '신성한 거짓말'에 맞서 싸울 성실함을 지니게 된 것이다.

하지만 세상 사람들은 완전 딴판이다.

사람들은 부끄러운 줄도 모르고, 어느 시대에서나 '신성한 거짓말' 속에서 자신의 욕망과 이익만을 추구했다. 그리고 예수와 정반대의 가르침을 따르는 교회를 세웠다.

　세계를 이해하는 수단은 그리스도교에 다 들어 있다.

　인류는 예수의 가르침과 반대되는 것에 무릎을 꿇었으며, 예수가 가장 싫어했던 것을 '교회'라는 이름 아래 신성이라 말해 왔다.

　이처럼 세계적이고 엄청난 아이러니를 나는 여태껏 본 적이 없다.

　그리스도교에는 '기적을 행하는 사람'이나 '구세주'가 등장한다. 그리스도교의 정신이나 상징은 전부 이런 거짓말에서 비롯된 것이다.

　그러면 왜 이런 이야기가 오늘날에도 활개를 치고 있는 것일까.

　사실은 그 반대이다.

　그리스도교의 역사는 예수가 십자가 위에서 죽은 뒤, 그 근본을 이루고 있던 상징주의를 왜곡시켜 온 역사이다.

　그리스도교는 머리가 나쁜 사람들 사이로 점점 퍼져 나갔다. 동시에 그리스도교 측은 그런 사람들이 이해하기 쉽도록, 원래의 가르침을 간단하고, 받아들이기 쉽고, 야만적인 것으로 자꾸 변형시켜 갔다.

　그리스도교는 로마제국의 지하적 예배의 교양이나 의식, 불합리한 이야기를 그대로 꿀꺽 삼켜 버렸다. 물론 이는 그리스도교를 선전하기 위함이었다.

　그 결과 그리스도교는 예수의 가르침에서 점점 멀어져 미신, 주문, 하찮은 이야기 덩어리가 되고 말았다.

　그리스도교의 운명은 이로써 결정되어 버렸다.

　그리스도교가 병들고 천박하고 저속한 것을 요구한 그대로, 신앙도 병들고 천박하고 저속화되어 갈 수밖에 없었던 것이다. 게다가 그 병적인 증상이 결집되더니 교회라는 형식으로 권력을 잡으려 했다.

　그리스도 교회는 인간의 좋은 점, 이를테면 정직성, 영혼의 드높음, 정신력, 공명함의 적이다.

　그리스도교의 가치관과 고귀한 가치관의 대립은 우리 시대에 와서야 겨우 제대로 알아보게 되었다.

교회의 '자학사관'을 비웃는다

나는 한숨을 내쉴 수밖에 없다. 현대인에 대한 경멸의 한숨 말이다.

나는 옛사람들에 대해선 좀 관대한 시선으로 보려 한다.

수천 년 동안 이어져 내려온, 마치 정신병원과도 같은 그리스도교 세계에 대해 생각할 때 나는 주의하고 또 주의한다. 정신병원이 되어 버린 책임을 인류에게 돌리지 않으려 주의하는 것이다.

하지만 오늘날에 대해서는 잘 알고 있으므로 그럴 수 없다.

예전에는 단순한 병이었지만 오늘날 그리스도교를 믿는 것은 용서할 수 없는 일이다. 분노를 넘어서 토할 것만 같다.

그리스도교 사제가 '진리'라는 말을 입에 담는 것만으로도 참을 수 없다. 그리스도교의 신학자나 사제, 교황의 말은 모두 거짓말이라는 사실. 오늘날의 주역인 여러분은 꼭 알고 있기 바란다.

그들 역시 '신'이 없다는 것쯤은 다 안다. '죄인' '구세주' '자유의지' '도덕적 세계질서'가 거짓말이라는 사실까지도. 그러므로 오늘날의 보통 사람이 '신'은 존재한다고 생각하는 것은 그냥 넘길 일이 아니다.

그리스도 교회의 정체는 이미 명확하게 밝혀졌다.

교회는 자연스럽게 존재하는 모든 가치를 빼앗기 위한 조직이다. 악의적인 허위 날조 집단이다. 사제의 정체도 분명하다. 그들은 가장 위험한 유형의 인간으로 타인의 인생에 달라붙어 사는 기생충이다.

그리스도교의 사제와 교회가 행한 범죄는, 인류가 자신의 손으로 자신을 더럽히고 모욕했다는 데 구역질을 느끼게 하는 일이었다.

사제들은 '저 세상' '최후의 심판' '영혼 불멸'이라는 엄청난 거짓말을 무기로 지배자가 되었다. 누구나 이 사실을 다 알고 있다. 그럼에도 불구하고 세상은 변한 게 없다.

정치가도 그렇다. 지극히 보통 사람으로 반그리스도적인 행동을 하면서도 그리스도교인이라 자처하며 교회 의식에 참가하는 사람이 있다. 그들에게는 절도도 자존심도 없다.

군대의 정점에 있던 독일 군주(빌헬름2세)까지도 전혀 부끄러운 기색도 없이 자기가 그리스도교임을 공언했다.

그리스도교가 '이 세상'이라 부르며 부정한 것은 '군인이라는 것' '재판관이라는 것' '애국자라는 것' '방어하는 것' '부끄러움을 아는 것' '이익을 추구하는 것' '긍지를 지니는 것' 등 인간이 가지고 태어나는 본능이다. 이런 중요한 본능들이 반그리스도교적인 것으로 인식되고 있는 것이다.

그리스도교인이라 불리는 것을 부끄러워 하지 않는 사람, 그들은 거짓말에서 태어난 실패작이다.

안 보고, 안 듣고, 말하지 않고

'그리스도교'란 말 자체가 벌써 오해를 불러 온다.

그리스도인은 근본적으로 오직 한 사람이 있었을 뿐이며, 그는 십자가 위에서 죽었다. 그리고 그의 가르침은 사제들에 의해 왜곡되어 갔다.

그리스도교임을 나타나는 표시를 '신앙' 속에서 찾는 것은 잘못이다. 십자가에서 죽은 예수 같은 인생을 사는 것만이 그리스도교적이라 할 수 있으리라.

오늘날에도 그런 삶은 가능하며, 그런 삶밖에 살지 못하는 사람도 있다.

원래의 그리스도교, 근원적인 그리스도교는 신앙이 아니라 행동이다.

사제가 만들어 낸 '신앙'은 어디까지나 정신적인 문제이다. 그것은 인간의 본능이 갖는 가치에 비하면 정말 중요하지 않다.

머릿속에서만 복잡하게 생각해서 진리라고 규정짓는 것은 원래 그리스도교의 태도가 아니다.

2천 년 동안 그리스도교라 불리었던 사람 가운데 예수의 가르침을 지킨 사람은 단 한 명도 없었다. 말하자면 자기 오해에 불과했을 뿐이다.

하지만 그들 역시 신앙이 아니라 본능에 의해 움직였다. 그들에게 '신앙'은 본능을 감추기 위한 눈가림에 지나지 않았다. 종교개혁을 실시한 루터도 신앙을 눈가림으로 이용하기는 매한가지였다.

어떤 의미에서 '신앙'은 그리스도교적 영리함이었다. 겉으로는 신앙을 말하지만, 사실은 늘 감추어진 본능에 의해 행동하니 말이다.

그리스도교는 현실에 반항하는 본능을 가지고 있다. 그것이 그리스도교의 뿌리이다.

그리스도교는 모든 악의 근원이다.

그리스도교는 인간에게 해가 되기에 힘을 갖는 종교이다.

원숭이가 눈가림용 보자기를 뒤집어쓴 채 벌이는 것 같은 그리스도교의 유치한 연극을 신들도 하늘에서 내려다보고 있지 않을까. 지구라는 작은 별은 그리스도교라는 기묘한 종교가 있는 것만으로도 신의 주목을 끌기에 충분할지 모른다.

원숭이가 벌이는 연극이라고 했으나 과연 그들은 원숭이보다 나을까. 그 점이 매우 의심스럽다. '인간은 원숭이에서 진화되었다'는 다윈의 진화론도 원숭이 이하의 그들에게는 분수에 지나치는 말일지 모른다.

루터 (1483~1546)

독일의 수도사. 가톨릭 교회의 면죄부(교회가 죄를 사하는 대가로 신자에게 금품을 받고 발행해 주었던 죄의 면제 증명서) 발행에 대해 '95개 조항'을 들어 비판. 교황으로부터 파문되었는데, 이 사건이 종교개혁 운동으로 이어졌다. 저서 《그리스도인의 자유》에서 《성서》에 기반을 둔 신앙만을 인정. 교회의 모든 권위를 부정했다.

다윈 (1809~1882)

영국의 박물학자. 진화론을 제창. 군함 비글호의 세계일주항해에 가담, 동식물과 지질을 조사. 갈라파고스 제도에서 조류의 이변에 영감을 받아 귀국 후 비둘기의 품종개량을 실시하던 중 자연현상 속에서 선택과 도태를 발견. 생물학자 월리스와 함께 '진화론'을 발표했다. 저서에 《종의 기원》 등이 있다.

제자가 왜곡시킨 예수의 모습

예수의 죽음은 제자들을 당황하게 만들었다.

'저 죽음이 자신들의 존재를 부정하게 되지나 않을까' 하고 동요했던 것이다. 제자들은 예수를 죽인 것이 누구였는지, 예수의 진짜 적은 누구였는지 곰곰이 생각했다. 그들에게 예수의 죽음은 단순한 우연이어서는 안 되었다.

마침내 그들은 '세상을 지배하고 있는 유대인 상류계급이 예수를 죽인 적이다'는 결론을 냈다. 즉 유대인의 사회질서를 적으로 간주했던 것이다. 그들은 자신들을 사회질서에 반항하는 존재라고 생각하기 시작했으며, 예수를 질서에 대해 반란을 일으켰던 사람이라고 생각했다.

제자들이 그렇게 생각할 때까지 '전투적' '단언적'이라는 예수의 이미지는 없었다. 오히려 예수는 그와 정반대의 사람이었다. 모든 감정을 초월해 예수는 죽었다. 예수는 십자가 위에서 죽음으로써 자신의 가르침을 드러내려고 했지만, 제자들은 그 점을 전혀 이해하지 못했다.

제자들은 예수의 죽음을 이해할 수 없었기에 예수처럼 죽을 마음도 없었다. 그들은 예수의 가르침에 정반대되는 '복수'라는 감정에 의해 움직이기 시작했다.

'보복' '벌' '심판' 등 예수의 가르침에 위배되는 말을 사용하는가 하면, 대중의 인기를 끌 구세주 대망론을 부각시켰다. 즉 '신의 나라'가 도래해 자기들의 적을 심판한다는 것이다.

이리하여 오해가 생겨났다.

예수의 가르침에서 현실 세계에 존재하는 '신의 나라'가, 제자들에 의해 '약속되는 것'이나 '종말에 찾아오는 것'이 되어 버리고 말았다.

예수의 제자들은 바리사이인이나 신학자들에 대한 경멸과 반감을 모두 예수 속으로 집어넣었다. 그 결과, 예수는 바리사이인이나 신학자와 같은 레벨에 서게 되었다.

제자들로서는 '누구나 신의 아들로 평등하다'는 예수의 가르침은 더 이상 받아들이기 힘들었다. 그들은 예수를 치켜세우는 척하면서 실은 자신들로부터 예수를 멀찍이 떨어뜨려 놓았다.

유대인이 자기 민족의 신을 버렸듯이, 예수의 제자들도 똑같이 자기 스승을 버렸던 것이다.

유일한 신, 유일한 신의 아들이란 발상은 하위층 사람들의 온갖 원통함에서 발생한 허튼 짓에 불과했다.

바리사이인

고대 유대교의 일파로 랍비파의 원류로 알려져 있다. 고대 이스라엘 민족의 지휘자 모세의 율법이나 예언자의 계시를 중시하며, 율법을 엄격하게 지킴으로써 신의 정의가 실현된다고 주장. 그 율법에 대해 예수는 '당초의 이념에서 멀어진 형식주의가 되어 버렸다'고 비판했다.

예수의 죽음을 이용한 바울

예수의 사후, '왜 신은 예수를 죽게 내버려 두었을까'하는 엄청난 문제가 대두되었다.

예수의 죽음이 혼란스러웠던 예수의 제자들은 '신은 인간의 죄를 용서해 주기 위해 예수를 희생물로 주었다'는 답을 내놓았다. 예수가 들었으면 펄쩍 뛸 소리다.

예수는 죄를 용서 받기 위해 희생물이 되겠다는 생각을 하지 않았다. 신과 인간 사이에 거리가 벌어지는 것을 인정하지 않았기 때문이다. 예수는 신과 인간과의 일체화를 가르침으로 여기고 살아간 사람이다.

하지만 제자들의 소행으로 예수의 가르침 속에 '최후의 심판' '희생적 죽음' '부활'이라는 이상한 교리가 뒤섞여 버렸다. 그리고 예수의 가르침은 어디론가 자취를 감추고 말았다.

바울은 랍비(유대교의 종교지도자)같은 뻔뻔스러움으로 이 문제를 다음과 같이 이론화시켰다.

'만약 그리스도가 죽은 자들 가운데서 다시 살아나지 않았다면 우리의 신앙은 헛된 것이다.'

정말 야비한 자가 아닌가. '사람은 죽지 않는다'는 말도 안 되는 교리를 어떻게 만들어 낼 수 있단 말인가. 게다가 바울은 그것을 보상이라 가르치기까지 했다.

예수가 죽자 불교의 평화운동 비슷한, 단순히 약속으로 끝나지 않는 구체적 행복을 안내해 주는 길잡이가 사라져 버렸다.

불교는 약속하는 것이 아니라 실행한다. 반면, 그리스도교는 무슨 일이든 약속을 하지만 정작 실행으로 옮기는 것은 하나도 없다.

예수의 가르침과는 정반대되는 것이 바울이 만들어 낸 현재의 그리스도교이다. 바울은 예수와는 정반대의 유형으로 '증오의 논리'를 만들어 내는 데 천재였다. 바울은 예수를 포함해 모든 것을 증오의 희생제물로 만들어 버렸다.

바울은 예수를 자신의 십자가에 못박았다. 자신이 이용할 수 있는 부분만 이용한 것이다. 바울이 만들어낸 그리스도교에는 예수의 중요한 가르침은 아무 것도 남아있지 않다. 말하자면 바울은 거짓 그리스도교의 역사를 고안해 냈던 것이다. 심지어는 이스라엘의 역사까지 자기 편한 대로 바꿔 썼다. 그 결과 모든 예언자가 바울이 만든 그리스도교에 대해 말한 것이 되어 버렸다. 그 후 교회는 인류의 역사를 그리스도교의 역사로 변조시켰다. 하지만 이런 일들은 예수와는 아무런 관계가 없다.

마침내 바울은 예수가 부활했다는 헛소문을 퍼뜨렸다. 결국 바울은 예수의 가르침에서 아무 것도 배우지 않은 채 오직 십자가 위의 죽음만을 이용했을 뿐이었다.

바울은 '예수는 아직 살아있다'고 말하면서 정작 자신은 예수의 부활을 믿지 않았다. 어디까지나 자신의 목적을 달성하기 위해 퍼뜨린 헛소문이었으니까. 바울은 오직 권력이 필요했고, 바울을 비롯한 그리스도교의 사제들은 대중을 억누르기 위한 수단으로서 '교의(敎義)'나 '상징'이 필요했을 뿐이었다.

이슬람교를 창시한 마호메트는 '불멸의 신앙'을 그리스도교에서 빌려 와 이용했는데, 이 역시 바울이 발명한 '사제에 의한 사회지배의 도구'였던 것이다.

'세상의 중심에서 사랑을 외친다'는 교만함

우리가 생활하고 있는 현실의 세상보다 저 세상이 더 중요하다, 그렇게 되면 무엇을 의지해서 살아가야 할지 막막해진다.

'불멸'이라는 거짓말은 인간 본능 속에 있는 이성을 파괴해 버린다. 더욱 잘 살기 위한 본능이, 밝은 미래를 약속하는 모든 것이 불신으로 이어지기 때문이다.

'삶은 아무런 의미도 없다'는 식으로 사는 것이 이제는 '의미'가 되어 버렸다.

공공심(公共心)은 무엇을 위해? 조상에게 감사하는 것은 어째서? 함께 일하고 서로 신뢰하며 공공의 이익을 추구하는 것은 무엇 때문에?

이런 중요한 문제가 그리스도교에서는 '유혹'이나 '바른 길에서 벗어나는 것'으로 취급된다.

꼴 사나운 위선자나 정신이 좀 이상한 사람들은 '인간의 영혼은 소멸되지 않으므로 모두 평등하고 한사람 한사람의 구원이야말로 중요하다'며, 자신들을 위해 자연 법칙이 계속 무너지는 것을 당연하다는 듯이 주장한다.

모든 종류의 이기주의가 여기까지 커져 버린 것이다.

이렇게도 부끄러운 줄을 모르다니, 아무리 경멸해도 지나치다 말할 수 없으리라.

그리스도교는 이런 교만방자함을 바탕으로 널리 퍼져 나갔다. 실패자, 반사회적인 자 등 인류의 쓰레기 전부를 설득해 자기편으로 만들어 갔던 것이다.

그들이 말하는 '영혼의 구원'이란, 말하자면 '세상은 나를 중심으로 돈다'이다. 이 역시 그리스도교가 '모든 인간은 평등한 권리를 갖는다'는 바보 같은 소리를 철저히 퍼뜨린 결과였다.

그리스도교는 서로를 존중하는 마음이나 인간이 이룩해 온 문화에 대해 은밀한 구석에서 싸움을 벌여 왔다. 그리스도교는 사람들의 원한을 이용해 지상의 고결하고 기쁘고 고상한 모든 것에 맞서는, 우리의 행복을 파괴할 무기를 만들어 냈다. 베드로나 바울 같은 무리들이 꾸며 낸 '불멸'이라는 발상이 고귀한 인간성을 짓밟아 버린 것이다.

그리스도교는 이제 정치에까지 끼어들고 있으니 큰 문제가 아닐 수 없다.

오늘날의 정치가는 자신이 가지고 있는 특권이나 지배권에 대한, 그리고 자신과 동료를 경외하는 것에 대한 마음가짐이 전혀 되어 있지 않다. 우리 시대의 정치는 기력을 잃고 완전히 병들어 버렸다.

예전의 귀족주의는 '영혼의 평등'이란 엄청난 거짓말에 의해 힘을 잃었다. 만약 '다수자의 특권'을 믿는 혁명이 일어난다면, 그것은 그리스도교나 그리스도교의 사상이 만들어 낸 것이리라.

그리스도교는 모든 악의 근원이다. 저속한 인간을 위한 교의는 인간을 저속하게 만든다.

베드로(? ~64경)

갈리래아 어부로 예수의 12제자 중 한 사람. 그리스도교 신학의 제일인자. 본명은 시몬이었으나 교회의 기초가 되는 돌이라는 의미로 '바위'를 뜻하는 베드로라 불리게 되었다. 가톨릭 교회에서는 '베드로의 권위는 로마 교황이 계승하고 있다'며, 베드로를 초대 교황으로 생각한다.

제4장 전쟁을 부르는 《신약성서》

교회는 '도덕'으로 사람을 지배한다

《신약성서》는 대단치 않은 책이긴 하지만, 초대 그리스도 교단의 부패에 대한 증거로서 나름대로의 가치를 지닌다.

《신약성서》를 읽을 때는 상당한 주의가 필요하다. 문장의 배후까지 샅샅이 이해하기란 쉽지 않기 때문이다. 심리학자에게는 매우 재미있는 책일 것이다. 왜냐하면 인간의 심리가 어디까지 망가지는지를 보여 주는 본보기가 되니까 말이다.

이런 책, 아마 어디에도 없을 것이다.

이 책이 원래 유대인의 것이라는 사실을 잊어서는 안 된다.

'성스러움'을 멋지게 흉내내고, 그럴 듯하게 말하고, 속임수를 쓰는 것은 우연히 생겨난 것이 아니다. 이는 유대민족이 존재하고 나서야 생겨났다.

'성스럽게 거짓말 한다'는 그리스도교의 기술은 유대민족이 수백 년에 걸쳐 갈고 닦은 것이다.

사제의 생각만 받아들인 채 세상의 다양한 사고방식이나 가치관을 완고히 거부하는 것은 유대민족의 전통이 아니라 유전이라 해야 옳을 것이다. 그래서 당신에게도 자연스럽게 행동할 수 있는 것 아닌가.

그런 엉터리에 전 인류는 물론이요, 가장 머리가 좋다는 사람들까지도 속아 넘어갔다. 오직 한 사람, 사람 아닌 사람을 제외하고. 즉 나를 제외하고 말이다.

지금까지 《신약성서》는 순진하고 깨끗한 책으로 받아들여 졌다. 이는 사람을 속이는 고도의 기술이 있었다는 증거이다.

물론 나였다면 위선자나 사이비 성자의 정체를 얼른 간파했을 것이다. 그들의 말 속에 숨겨진 것을 밝혀내 끝장을 내 버리는 것이 내 일이니까.

그리스도교의 바보들은 '심판하지 말라'면서, 정작 자기에게 방해가 되는 것이 있으면 모조리 지옥으로 보내 버린다. '신이 심판한다'고 말하지만 실제로는 자신들이 심판하고 있는 것이다.

신을 기림으로써 그들은 자신을 기린다.

또 자신들의 권력을 잡는 데 필요한 '덕'을 위해 싸우면서도 마치 '덕 그 자체'를 위해 싸우는 것처럼 연기한다. '우리는 선을 위해 살고, 선을 위해 죽으며, 선을 위해 희생한다'고 말하지만, 실은 자신들이 꼭 해야 하는 일을 하는 것일 뿐이다. 비굴하게 자신을 억누르고, 음침한 구석에 웅크리는 것을 하나의 의무로 만들어 낸 뒤, 자신들은 그 '의무'를 다하고 있으니 겸허하고 경건하다는 것이다.

이것이 그리스도교의 속임수 기술이다.

《신약성서》는 '도덕'으로 사람을 잡아끈다.

'도덕'은 그리스도교의 사제들에게 독점되었다. 그들은 '도덕'을 가지고 사람들을 지배할 수 있다는 사실을 알고 있었다.

그들은 동료와 교단을 '진리'쪽에, '현실의 세상'을 반대쪽에 두었다. 이는 과대망상이었다 할 수 있으리라.

그들은 '신' '진리' '빛' '정신' '사랑' '지혜' '생명' 등으로 자신을 표현했는데, 그것은 자신들과 '현실의 세상'을 구분짓기 위함이었다. 이리하여 정신병원에 들어갈 정도로 정신 나간 유대인들은 자신들에게 편리한 대로 모든 가치를 비틀어 버렸던 것이다.

이러한 일이 발생한 것은 과대망상증에 걸린 유대민족이 있었기 때문이다.

유대인과 그리스도교인은 결국 분열했지만, 그들이 취했던 행동은 양쪽 모두 똑같다.

그리스도교는 약간 자유로워진 유대인에 불과했던 것이다.

오컬트 책 《신약성서》 폭언집

그들이 예수의 입을 빌어 했던 말을 가려내 보자. 이럴수가! '아름다운' 고백밖에 없다니!

'너희를 영접하지 않거나 너희의 말을 듣지 않는 고장이 있거든, 그곳을 떠나면서 그들을 반대하는 표시로 발에 붙은 먼지를 털어버려라.'(마르코 복

음 6장 11절)

'나를 믿는 이 보잘것없는 사람들 가운데 누구 하나라도 죄짓게 하는 자는 그 목에 맷돌을 달고 바다에 던져지는 편이 훨씬 낫다.'(마르코 9장 42절)

참으로 그리스도교적인 말 아닌가!

'네 눈이 너를 죄짓게 하거든 그것을 빼 던져 버려라. 두 눈을 가지고 지옥에 던져지는 것보다 외눈박이로 하느님 나라에 들어가는 편이 낫다. 지옥에서는 그들을 파먹는 구더기도 죽지 않고 불도 꺼지지 않는다.'(마르코 9장 47절)

'나는 분명히 말한다. 여기 서 있는 사람들 중에서 죽기 전에 하느님 나라가 권능을 떨치며 오는 것을 볼 사람들도 있다.'(마르코 9장 1절)

대단한 말솜씨 아닌가!

'나를 따르려는 사람은 누구든지 자기를 버리고 제 십자가를 지고 따라야 한다.'(마르코 8장 34절)

'남을 판단하지 마라. 그러면 너희도 판단받지 않을 것이다. 남을 저울질하는 대로 너희도 저울질당할 것이다.' (마태오 7장 1절)

'너희가 자기를 사랑하는 사람들만 사랑한다면 무슨 상을 받겠느냐? 세리들도 그만큼은 하지 않느냐? 또 너희가 형제들에게만 친절하다면 남보다 나을 것이 무엇이냐? 세리들도 그만큼은 하지 않느냐?'(마태오 5장 46절)

이것이 그리스도교적 사랑의 원리이다. 이런 사랑은 나중에 보답받기를 원한다.

'너희가 남의 잘못을 용서하지 않으면, 아버지께서도 너희의 잘못을 용서하지 않으실 것이다.'(마태오 6장 15절)

'아버지'까지 억지로 끌어내다니!

'너희는 먼저 하느님의 나라와 하느님께서 의롭게 여기시는 것을 구하여라. 그러면 이 모든 것도 곁들여 받게 될 것이다.'(마태오 6장 33절)

여기서 곁들여 받게 될 것이란 음식이나 옷, 생활 필수품을 말한다. 상식적으로 생각할 때 일어날 수 없는 일이다. 이 말 바로 앞에 신이 옷 만드는 사람으로 나오지만….

'그날에 기뻐하고 즐거워하라. 보라, 너희가 하늘에서 받을 상이 크다. 그들의 조상들도 예언자들을 그렇게 대하였다.'(루가 6장 23절)

정말 부끄러운 줄도 모른다. 자신을 재빨리 예언자와 비교하다니!

'여러분은 자신이 하느님의 성전이며 하느님의 성령께서 자기 안에 살아 계시다는 것을 모르십니까? 만일 누구든지 하느님의 성전을 파괴하면, 하느님께서도 그 사람을 멸망시키실 것입니다. 하느님의 성전은 거룩하며 여러분 자신이 바로 하느님의 성전이기 때문입니다.'(고린토 전서 3장 16절)

그냥 쓸데없는 이야기이다.

'여러분은 성도들이 세상을 심판하게 되리라는 것을 모르십니까? 온 세상을 심판하게 될 여러분이 지극히 작은 사건들조차도 심판할 능력이 없다는 말입니까?'(고린토 전서 6장 2절)

유감스럽게도 정신 질환자의 입에서 나온 헛소리가 아니다.

사기꾼은 계속 이렇게 말한다.

'우리가 천사들까지도 심판하게 되리라는 것을 모르십니까? 그런 우리가 이 세상에 속한 사소한 사건을 심판할 수 없겠습니까?'

'세상에서 자기 지혜로는 하느님을 알 수 없습니다. 이것이 하느님의 지혜로운 경륜입니다. 그래서 하느님께서는 우리가 전하는 소위 어리석다는 복음을 통해서 믿는 사람들을 구원하시기로 작정하셨습니다. 그런데 하느님께서는 지혜있다는 자들을 부끄럽게 하시려고 이 세상의 어리석은 사람들을 택하셨으며, 강하다는 자들을 부끄럽게 하시려고 이 세상의 약한 사람들을 택하셨습니다. 또 유력한 자를 무력하게 하시려고 세상에서 보잘것없는 사람들과 멸시받는 사람들, 곧 아무것도 아닌 사람들을 택하셨습니다. 그러니 인간으로서는 아무도 하느님 앞에서 자랑할 수 없다는 말입니다.'(고린토 전서 1장 21절 이하)

이것은 그리스도교를 비롯한 모든 하위계층민의 심리학 증언이다.

이 구절은 조금 어려울 수도 있다. 이 구절을 완전히 이해하고 싶거든 전에 내가 썼던 《도덕의 계보》를 읽어 보라. 거기에서는 고귀한 도덕과 원한에 찬 복수심에서 나온 하위계층민의 도덕 사이의 대립을 확실히 해 두었다.

말하자면, 《성서》를 꾸며 낸 바울은 복수를 꿈꾸는 모든 자들 가운데 최고였던 것이다.

《성서》에 등장하는 단 한 명의 '성실한 사람'

《신약성서》를 읽을 때 나는 늘 장갑을 낀다. 불결해서 만지고 싶지 않기 때문이다.

유대인이나 그리스도교인에게서는 뭔가 부패한 듯한 냄새가 난다.

나는 《신약성서》에서 단 하나라도 공감 가는 부분을 찾아내려고 했지만 결국 '자유' '선량' '공명정대' '정직성' 등은 하나도 찾지를 못했다.

나쁜 본능은 있어도 나쁜 본능에 대한 용기는 보이지 않았다. 거기 있는 것이라고는 겁쟁이가 되어 현실에 눈을 감은 채 스스로를 속이는 모습뿐이었다.

《신약성서》를 다 읽고 나면 모든 책이 깨끗해 보인다.

그들은 정말 바보라고 할 수밖에 없다. 그들은 곧잘 공격하지만, 공격받은 쪽이 되레 좋게 부각된다. 그리스도교인에게 공격당한다는 것은 명예이지 결코 수치가 아니니까.

《신약성서》를 읽어 보면 그 안에서 공격받는 것을 더 좋아하게 된다. 예를 들어 '이 세상의 지혜'가 그렇다.

바리사이인이나 율법학자들조차 그리스도교인의 공격을 통해 이득을 보았다. 그리스도교도에게 미움을 받는다는 것은 그들의 존재가 조금은 가치가 있다는 증거였다. 결국, 그리스도교인이 타인을 공격했던 것은 상대의 특권을 빼앗기 위함이었을 뿐 그 이상의 이유는 없었다.

그리스도교인은 가장 수준 낮은 본능으로 대항한다.

그들은 늘 '평등의 권리'를 위해 살고 투쟁한다 말하지만, 그 실태를 들여다보면 '정직' '남성다움' '긍지' '마음의 아름다움' 등을 '이 세상의 악'으로 단정짓고 투쟁한다.

그리스도교는 본능을 거슬리는 거짓말만 해댄다.

그들의 가치관이나 목표는 해롭지만, 그들이 증오하는 것은 반대로 가치를 지닌다. 그런 의미에서 그리스도교인은 가치의 기준이 된다.

그런데 《신약성서》에 성실한 사람이 딱 한 명 등장한다. 예수에게 사형판결을 내린 로마총독 빌라도이다.

빌라도에게 유대인들끼리의 다툼은 아무 상관이 없었다. 유대인 하나를 살리느냐 죽이느냐 하는 것은 중요하지 않았던 것이다.

문제는 '진리'라는 말이 오용되는 현실을 목격한 빌라도가 '진리란 무엇인가'를 말했다는 점이다.

이 말은 《신약성서》 전체를 통틀어 유일하게 가치를 지니는 말이라 해도 좋을 것이다. 이 말이야말로 《신약성서》에 대한 비판이었던 것이다.

빌라도(재위 26~36)

로마인 유대 총독(행정장관). 예수의 재판에 입회했다. 《신약성서》에 따르면 처음에 빌라도는 유대인을 엄하게 관리했지만 점차 타협하는 쪽으로 방향을 돌렸다. 또 예수의 처형을 막으려 했지만, 유대교 사제의 비위를 거스르지 않기 위해 최종적인 판결을 군중에게 위임했다.

지식은 그리스도교 최대의 적

그리스도교를 비판한다고 우리가 역사나 자연의 배후에서 신을 발견하지 못한다는 것은 아니다. 지금까지 그리스도 교회가 '신'으로 불렀던 것이 가짜였다 말하는 것이다.

그 '신'은 단순히 사고방식의 차이가 아니라 인간성에 대한 범죄이다.

우리는 그런 신을 인정하지 않는다. 누군가 신을 증명해 보인다면 우리는 더욱 의심을 품게 될 것이다.

방정식으로 나타내자면 이렇다.

바울이 만들어 낸 신, 이퀄 신에 대한 부정.

현실 세계를 무시한 그리스도교는 필연적으로 과학을 적으로 간주하고 공격한다. 또 정신의 고결함이나 자유, 양심을 공격한다.

그리스도교를 믿는다는 것은 곧 과학을 부정하는 일이다.

바울은 '신앙'이라는 거짓말의 필요성에 눈을 떴다. 그리고 나중에는 교회도 바울의 의도를 이해했다.

바울은 '신'을 만들어 내 문헌학이나 의학같은 '미신에 대한 적'을 공격했다. 이는 바울의 강한 결심에 따른 것이었는데, 자신의 의지를 '신'이라 이름 붙인 방법은 매우 유대적인 짓이었다.

문헌학자는 《신약성서》의 배후를 꿰뚫어 보고, 의사는 그리스도교인이 왜 병에 걸렸는지를 생각한다. 그런 다음 문헌학자는 '사기'라 말하고, 의사는

'치유 불가'라는 진단을 내리게 될 것이다.

그리스도교가 전쟁을 부르는 이유

《성서》의 앞머리에 나오는 이야기는 지금까지 제대로 이해된 적이 없었다. 그 속에는 과학에 대한 신의 공포심이 드러나 있다.

이야기는 사제들이 내면적인 위험에 빠져 약해져 버린 장면부터 시작된다.

다음은 그 내용이다.

옛날, 신은 자신의 정원인 전세계를 자유롭게 거닐었다. 그런데 그만 지루해지고 말았다. 아무리 신이라 해도 지루함에는 약한 법이다. 그래서 신은 인간을 만들었다. 자신 이외에도 인간이 있다는 것에 신은 위로를 받았다. 그런데 인간 역시 지루해서 어쩔 줄 몰랐다. 지루함을 느낀다는 것은 사치스런 고민거리에 불과하나, 신은 인간을 가엾이 여겨 이번에는 동물을 만들었다. 그런데 이는 신이 저지른 첫 번째 실수였다. 인간은 동물들과 친구가 되지 못한 채 동물을 지배하고, '우리는 동물이 아니다'고 생각했던 것이다.

그래서 신은 여자를 만들었다. 인간은 더 이상 지루함을 느끼지 않게 되었으나, 이것은 신이 저지른 두 번째 실수였다. '여성의 본질은 뱀이며 이브이다', 그리스도교 사제들은 그렇게 말했다.

요컨대 그리스도교에서는 '여자로부터 세상 온갖 악이 나온다'고 보기 때문에 '지식 역시 여자로부터 나온다'고 생각한다. 그들에게 지식은 악이기 때문이다.

'여자'가 만들어짐으로써 인간은 비로소 '인식의 나무 열매'를 맛보는 법을 배웠다. 그런데 이는 신의 계산 착오였다. 자신의 적을 만들어 냈으니 말이다. 인간이 지식을 갖게 되면 사제도 신도 끝장이다. 그래서 그리스도교는 지식을 금했던 것이다. 《성서》에 '인식해서는 안 된다'는 말이 있을 정도로, 지식은 그들에게 최초의 죄이며 모든 죄의 씨앗이며 원죄였던 것이다.

'지식으로부터 어떻게 몸을 보호해야 하느냐'가 오래도록 신을 골치 아프게 했다. 그러다가 마침내 신은 이 문제에 대한 답을 찾아냈다. 인간을 낙원에서 추방해 버린 것이다.

한가하고 행복하면 인간은 머리를 써서 생각하기 시작한다. 그래서 사제들은 인간이 생각하지 못하도록 '죽음' '고난' '온갖 괴로움' '노화' '질병'등을 만들어 냈다. 이러한 것들을 가지고 지식을 무너뜨리자는 계획이었다.

하지만 하늘을 거스르고 신들이 몰락하는 것을 알려 주겠다는 듯이 생각하는 힘은 나날이 발전해 갔다.

인간은 생각하기를 멈추지 않았다. 그래서 신은 이번에는 전쟁을 고안해 냈다. 민족과 민족을 분열시키고 인간이 서로 공격하고 멸망하도록 손을 쓴 것이다. 전쟁은 지식의 발달을 방해한다. 그리스도교 사제가 늘 전쟁을 필요로 해 온 것도 바로 이 때문이다.

그러나 생각하는 힘은 매우 강했다.

전쟁이 되풀이되며 일어났으나 인간은 지혜를 쏟아 신과 사제로부터 해방되었다. 신은 최후의 결단을 내리지 않으면 안 되었다.

'인간은 너무 영리해졌다. 더 이상 손을 쓸 도리가 없으니 인간을 익사시켜 버리자'고.

이브

《구약성서》의 〈창세기〉에 등장하는 인류 최초의 여성. 히브리어로 '생명'이라는 뜻. 최초의 인류인 아담의 갈비뼈로 만들어졌다. 신의 명령에 따라 아담과 함께 지상의 낙원 '에덴동산'을 관리하고 있었는데, 그만 뱀의 꼬임에 넘어가 금단의 열매를 따 먹은 죄로 추방되었다.

지식이란 '원인과 결과'이다

자, 이제 내 말이 무슨 뜻인지 이해가 가는가. 《성서》의 앞머리에 나오는 이야기에는 그리스도교인의 심리 전체가 들어 있다.

그리스도교 사제들은 지식의 위험성을 알아차렸다. 지식은 '원인이 있으므로 결과가 있다'는 건강한 개념이기 때문이다. 건강한 생각을 위해서는 많은 시간과 정신력이 필요하므로, 지식은 행복한 세상에서만 발전한다. 그런 까닭에 그리스도교 사제들은 지식 발전을 방해하기 위해 인간을 불행으로 이끌려는 것이다.

그들의 비뚤어진 논리는 '죄'를 만들어 냈다. '죄와 벌' '도덕적 세계질서'

가 지식을 억누르기 위해 날조되었다.

그리스도교 사제들은 '인간은 다른 세계를 기웃거려서는 안 된다. 자신의 내면만을 들여다봐야 한다'고 가르쳤다.

인간이 사물의 본질을 배우고, 연구하고, 이해하는 것은 악이다. 모르는 것이 있으면 그냥 고민만 하면 된다. 게다가 언제나 사제를 필요로 하게끔 고민해야 한다. 의사 같은 건 필요없다. 필요한 것은 오직 구세주뿐이다.

이와 같이 그리스도교의 가르침 전부는 머리끝에서부터 발끝까지 거짓말이다. 그리스도교는 인간의 '생각하는 힘'을 파괴하고, '원인과 결과'라는 지식의 기본적인 개념에 공격을 퍼붓는다.

겁쟁이에다 비겁하고 교활하며 가장 수준 낮은 본능을 가진 그들만의 방식. 마치 인간의 피를 빨아먹는 거머리 같은 방식이다.

다시 한번 강조하는데, 지식은 '원인과 결과'이다. 원인이 있기 때문에 결과가 있는 것이다. 그리고 이것은 지극히 당연한 일이다.

지식은 미신에 의해 변형된다. '신' '영혼' '보상' '벌' '암시' 등에 의해 그리스도교에 편리한 '도덕적'인 결과가 생겨난 것이다.

'생각하는 힘'을 파괴하는 것.

이는 인류에 대한 최대의 범죄 행위이다.

그리스도교는 '죄'를 고안해 내 인간을 더러운 존재로 추락시켰다. 이는 지식과 문화에 대한 공격으로, 인간이 훌륭해지는 것, 자부심을 갖고 살아가는 것을 방해한다.

그리스도교 사제들에게 '죄'는 쓰기 편리한 지배 도구였다.

진리는 '인간이 쟁취해야 하는 것'

'믿는 자'에게 도움을 주기 위해서라도 '믿음'에 대해 좀더 생각해 보도록 하자.

내가 그리스도교 신자에게 하고 싶은 말은, '믿는다는 것은 매우 부끄러운 일'이라는 점이다. 믿는다는 것은 쓸모없는 인간임을 증명하는 것밖에 안 된다.

하지만 오늘은 그렇더라도 내일이 되면 그들도 깨닫게 되리라. 내 말에는 귀가 안 들리는 사람에게도 잘 도달되는 힘이 있으니까.

그리스도교에는 '힘의 증명'이라 불리는 진리의 판단 기준이 있는 모양이다. 그래서 '믿으면 행복해진다, 그러므로 신앙은 진리다'라고 말하는 게 아닐까.

하지만 이는 아무리 생각해도 이상하다. 그 '행복'은 증명된 게 아니라 단지 약속된 것일 뿐이다. 즉 신앙과 행복을 제멋대로 연결시키고 있는 것이다. 신자들이 살아 있는 동안에는 '저 세상'에 대해 알지 못한다. 약속이 정말 지켜지는지 어떤지는 죽지 않는 이상 알 수 없다는 말이다.

그렇다면 그리스도교가 말하는 '힘의 증명'은, '믿으면 행복해진다는 약속은 반드시 지켜진다는 것에 대한 믿음'이 된다. 뭐가 뭔지 복잡하게 들리는데 요약하면 이렇다.

'그리스도를 믿으면 행복해진다는 것을 나는 믿는다. 따라서 믿음은 진리이다'. 이 시점에서 정상적인 사람이라면 더 이상 따라가기 힘들다.

'그러므로'라니, 대체 어디에 어떻게 연결된다는 말인가.

이것이 그들이 말하는 '진리'의 정체이다.

많이 양보해서, 믿으면 행복해진다는 것이 증명되었다고 치자. 그러면 믿으면 행복해진다는 것이 진리의 증명이 될 수 있을까. 그건 불가능하다.

'진리란 무엇인가'라는 문제와 믿음으로 얻어지는 행복의 존재와는 아무런 관계가 없다.

그런 말을 꺼내는 것 자체가 '진리'가 아님을 증명하는 것이다. 정확히 생각하는 힘을 가진 사람이나, 깊이 생각해 본 사람은 이와 정반대의 말을 한다. '진리'란 인간이 오랜 세월에 걸쳐 하나하나 쟁취해 온 것이라고.

그 때문에 인간은 많은 것을 희생시켰다. 훌륭한 영혼도 필요했다. 진리를 추구하는 것은 정말 엄청난 일이 아니다.

정직하게 생각하는 것은, 자기 마음에 거짓말을 하지 않는 것, 그리고 '아름다운 감정'에 휩쓸림 없이 자신의 판단에 대해 양심을 갖는 것이다.

'믿으면 행복해진다'는 거짓말, 절대 믿어서는 안 된다.

민주주의는 필요없다

지금까지의 이야기를 통해 그리스도교가 '믿음'을 어떻게 이용해 왔는지 잘 알았을 것이다. 역시 그리스도교는 정신병원이다.

그런데도 그리스도교 사제는 이 점을 모른다. 병이 병이라는 사실을, 정신 병원이 정신병원이라는 사실을 절대 인정하지 않기 때문이다.

그리스도교는 병을 필요로 하는 종교이다. 인간을 병들게 만드는 것이 교회의 목적이다. 그리고 무엇보다 교회자체가 정신병원이다.

어느새 세상 전체가 정신병원이 되어 버렸다. 교회가 바라는 종교적 인간은 전형적인 데카당스다. 한 민족이 종교에 물들어 종교가 민족을 지배하게 되면 정신질환자가 늘어나는 법이다.

종교적인 사람의 머리 속은 흥분하거나 피로에 지친 사람의 머리 속 상태와 매우 비슷하다. 그리스도교가 인류의 머리 위에 걸어 놓은, 가장 가치 있는 최고의 상태는 마음이 병든 상태이다.

나는 전에 이런 말을 한 적이 있다.

'그리스도교의 참회나 기도 등의 의식은 치매노인이 되는 가장 손쉬운 방법이다'.

그리스도교가 발생한 토지는 원래 병적이었다.

그리스도교인이 되고 싶다고 다 되는 게 아니다. 참회를 통해 그리스도교인이 되는 것도 아니다. 충분히 병들어 있어야 그리스도교인이 될 수 있는 것이다.

건강하고, 하찮은 것을 경멸하는 우리는 육체에 대해 잘못된 생각을 가르치는 종교, 영혼의 미신을 버리지 않는 종교, 영양실조를 '공적'으로 삼는 종교, 건강을 적대시하고 공격하는 종교를 경멸한다. 육체는 이미 죽은 것이나 다름없는데 완전한 영혼을 가질 수 있다며 온갖 거짓말을 꾸며대는 종교를 경멸한다. 그들은 '신성함'이란 개념을 '완전함'으로 바꾸어 버렸다. 그들의 육체는 이제 썩어 버렸다.

그리스도교는 하나의 유럽적인 운동이다.

요컨대 모든 종류의 쓰레기 같은 요소들이 한데 모여 이루어진 것이다. 말하자면 그리스도교는 '인간의 데카당스적 부분'의 총집합체이다. 사회의 온갖 저질적 요소와 쓰레기 같은 요소들이 그리스도교를 통해 권력을 움켜쥐려 하는 것이다.

그리스도교가 발생한 것은 많은 이들이 생각하는 것처럼 고귀한 고대문명이 부패해서가 아니다. 오늘날에도 그런 식의 주장을 하는 학자가 있는데 터

무니없는 말이다.

사실은 이렇다.

로마제국에서 머리 나쁜 하위층 사람들이 그리스도교에 물들어 갔던 시기는 그와 정반대되는 고귀하고 아름답고 성숙한 유형의 인간이 존재했던 시기이도 하다.

그런데 다수자가 지배자가 되었다. 그리스도교와 똑같은 본능을 가진 민주주의가 승리하게 된 것이다.

왜 병에 걸린 그리스도교가 승리하게 된 것일까.

'민족적'이지 않았기 때문이다. 그리스도교는 한 민족을 위한 종교가 아니었다. 건강하지 못하고 쓸모없는 온갖 종류에 달라붙는 종교라는 말이다. 그런 까닭에 도처에 자기 편을 두었다.

그리스도교의 바탕에는 건강한 자에 대한 증오심이 깔려있다.

아름답고, 긍지가 있고, 힘이 있는 것을 보고 듣는 것, 그들에게는 고통이 아닐 수 없다.

바울이 말한 중요한 말을 떠올려본다.

'신은 세상의 약한 자, 어리석은 자, 보잘것없는 자를 택하셨습니다.'

이것이 그리스도교의 핵심이며, 이에 의해 그리스도교가 승리했다.

우리는 '십자가에 달린 신'이라는 상징 뒷면에 감추어진 끔찍한 의도를 간파해야 한다. '십자가에 달린 모든 것은 신과 같다. 우리는 모두 십자가에 달리고, 따라서 우리는 신적이다'라는 속임수를 말이다.

그리스도교가 고귀한 사상을 몰락시킨 것은 인류 최대의 불행이었다.

거짓말로 범벅된 2천년

그리스도교는 전부 엉터리라고 심하게 말했지만, 그렇다고 그리스도교가 이성을 갖지 못했다는 뜻은 아니다. 하지만 그 이성은 병든 이성이다. 말하자면, 그리스도교 전용의 이성인 것이다.

그들은 저속한 인간들을 모두 자기 편으로 끌어들였으며, 건강한 정신에 대해 저주를 퍼부었다. 그리스도교의 본질이 병이다 보니 그리스도교를 믿는 것 역시 일종의 병일 수밖에 없다.

그리스도교에서는 의심을 '죄'로 간주한다. 따라서 교회는 사물을 바로 생각하는 학문적 방법을 방해해 왔다.

그리스도교 사제들의 눈은 흐려져있다. 마음이 더러워져 있고, 정신이 병들어 있다는 증거이다.

자기도 모르게 거짓말을 하는 것, 거짓말을 위한 거짓말을 하는 것, 올바른 판단이 불가능한 것, 이 모든 것이 데카당스이다.

즉 '믿음'이란 무엇이 '진리'인지 알려고 하지 않는 태도인 것이다. 그리스도교 사제들의 본마음은 '진리'를 무시하는 것이다. 그들은 인간을 병들게 만드는 것을 '선'이라 하고, 건강하게 만드는 것을 '악'이라 말한다.

거짓말을 하는 것은 그리스도교 사제의 숙명 비슷한 것이 아닐까.

그들은 문헌학에 무지하다. 여기서 말하는 문헌학이란 아주 일반적인 의미로 '잘 읽는 기술'로 이해하면 된다. 즉 사실을 해석에 의해 왜곡시키지 않고 신중함과 끈기를 가지고 읽는 방법을 말하는 것이다. 이러한 능력은 책이나 신문을 읽을 때 혹은 일기예보에 응용할 수 있다.

반면 신학자는 '성서의 말'을 해석할 때, '조국 군대의 승리'를 다윗의 시편에 비춰 보는 방법을 쓴다.

문헌학자인 내가 볼 때 상당히 대담스런 짓인데…… 솔직히 말해 도저히 참을 수가 없다.

시골뜨기 그리스도교인과 그밖의 많은 어리석은 인간들이 그들의 궁핍한 생활을 '신의 은총'이네 '구원의 과정'이네 말하니, 우리 문헌학자들은 무엇을 어떻게 말해야 좋을지 모르겠다.

아주 조금이라도 머리를 돌려 보자. 이건 뻔한 속임수이다. 게다가 천박하기 이를 데 없다.

예를 들어 코감기를 제때 낫게 해 주는 신, 폭우가 쏟아질 때 얼른 마차에 올라타라 말해 주는 신, 실제로 그런 신이 존재한다 하더라도 그런 수준의 신은 너무 모순된 모습을 하고 있기 때문에 버려야 옳다.

샐러리맨이나 우편배달부, 일기예보관 같은 신, 너무 시시하다고 생각지 않는가.

그런대로 '문화국가'라는 소리를 듣고 있는 독일이지만, 오늘날에도 여전히 세명에 한 명은 '신의 인도'를 믿는다. 이런 독일인이 있다는 사실에 맥이 쑥 풀려 버릴 지경이다.

다윗(재위 **BC 1000경~BC 960**)

고대 이스라엘 통일국가 제2대 왕. 남쪽의 유대와 북쪽의 이스라엘을 통일하여 왕조를 건국, 큰 번영을 이루었다. 수도는 예루살렘. 이스라엘을 구해 낼 구세주는 다윗의 자손에서 나온다는 것을 굳게 믿었으며, 《신약성서》에서는 예수를 '다윗의 자손'으로 기록했다.

제5장 적은 그리스도교이다

신앙이란 자기자신을 잃어버리는 것

순교자란 자신이 믿는 종교를 위해 자기 생명을 버리는 사람을 말한다.

그리스도교 세계에서 순교는 매우 중요한 테마인데, 순교자와 '진리'사이에는 아무런 관계도 없다.

순교자들은 자신이 '진리'라 굳게 믿는 것을 세상을 향해 이야기하지만, 그 수준이란 게 형편없이 낮다. '진리'가 무엇인지 전혀 모르니 어쩔 수 없는 노릇이다.

너무 한심해서 반론할 기분조차 들지 않는다.

'진리'란, 어떤 사람은 가지고 있고 또 어떤 사람은 가지고 있지 않은 그런 것이 아니다. 그렇게 생각하는 것은 농민 정도이다. 양심 있는 사람은, '진리'는 그렇게 간단히 깨달을 수 있는 게 아니란 사실을 잘 알고 있다.

예언자나 종교 지도자들은 '진리'에 대해 말한다. 또 자유주의자나 사회주의자들도 '진리'를 말하지만, 이는 그들이 정신적으로 미숙하다는 사실을 증명하는 일밖에 안 된다.

순교자들의 죽음은 사람들의 마음을 흔들어 놓았다. '자기 목숨을 내놓는 데는 분명히 어떤 중대한 의미가 들어 있을 것이다', 사람들은 그렇게 생각했다. 이런 어리석은 자들 때문에 사물을 올바로 생각할 수 없게 되는 것이다.

순교자들은 진리를 왜곡시켰다.

약간의 박해에도 그들은 순교자라는 '명예'를 얻을 수 있었다. 하지만 뭔가를 위해 목숨을 버린다고 그 대상의 가치가 변하는 것은 아니다.

그리스도교 신학자가 만들어 낸 순교자는 이미 그 정체가 드러났다. 그리고 그리스도교를 박해한 자들은 자신들의 박해를 받은 자가 명예를 얻었다고 믿는 잘못을 저질렀다. 즉 '순교'라는 도구를 적에게 적절히 사용했던 것이다. 여성은 지금까지 그 점을 오해하고 있다. 왜냐하면 '누군가가 너 대신 십자가에 못박혀 죽었다'고 하기 때문이다.

논리적으로 생각하면 간단한 일인데, 예수가 십자가에 못박혀 죽은 것은 '진리'의 근거가 되지 못한다. 여태껏 이런 당연한 일조차 지적하는 사람이 없었다니!

아니 딱 한 사람 있었다. 차라투스트라이다.

'그리스도교인은 자신들이 걸어온 길 위에 피로 글자를 썼다. 머리 나쁜 그들은 피에 의해 진리가 증명된다고 생각했지만, 피는 진리에 대한 최악의 증인이다. 피는 더없이 순수한 가르침조차 망상과 증오로 더럽혀 놓는다.

만약 누군가가 자신의 가르침을 위해 불 속에 들어간다 해도, 증명되는 것은 자신의 몸을 태워 없앰으로써 나오는 자기자신의 가르침이지 진리는 아니다.'

차라투스트라는 그렇게 말했다. 위대한 정신은 의심을 품는다. 정신력이나 자유는 의심하는 데서 비롯되는 것이며, 의심할 줄 모르는 사람은 가치를 판단하지 못한다. 확신은 감옥에 갇혀 있는 것과 마찬가지라서, 바깥 세상이 어떻게 돌아가는지 모르는 것은 말할 나위도 없고 자신의 일조차 알지 못한다. 물론 자기 생각을 말하기 위해서는 확신이 필요하다. 자기 발언의 줄기가 되기 때문이다. 하지만 그래도 위대한 정신은 반드시 의문을 품는다. 모든 종류의 확신으로부터 자유롭게 생각하는 강한 힘을 가지고 있으며, 확신에 대항하는 것이다.

경우에 따라서 그들은 확신을 수단으로 삼는다. 의심하는 위대한 정신은 확신을 이용한다. 그들은 확신에 굴복하는 일 없이 자기 자신이야말로 주권자임을 알고 있다.

확신하는 사람은 자신이 주권자가 아니다. 그는 믿는 대상에 이용되고 있을 뿐이다. 그리고 동시에 그는 자신을 이용하는 누군가를 필요로 하는 것일 뿐이다.

믿는 자는 자신을 잃어버리는 것을 명예라 굳게 믿는다. 그의 '지혜' '경험' '허영심'이 원인인 것이다.

즉 자신을 잃어버리는 것, 자신을 소홀히 여기는 것, 그게 바로 '신앙'인 것이다.

요컨대 그들은 외부로부터의 강제나 제한을 필요로 하는 노예에 지나지 않는다. 확신하는 사람은 성실한 사람을 미워한다. 그리고 성실한 사람을 향해 '진리에 등을 돌리고 있다'고 말한다.

'진리란 무엇인가'하는 문제를 정확히 생각하려면 믿음의 문제는 별도로 취급해야 한다. 그러면 광신자들의 입장 같은 것은 금방 없어져 버린다.

하지만 유감스럽게도 사보나롤라, 루터, 루소, 로베스피에르, 생 시몽처럼 광신자들의 과장된 태도는 사람들의 감정에 영향을 미친다.

광신적인 사람은 역시 눈에 잘 띈다. 사람들은 정확하고 논리적인 설명을 듣기보다 과장된 몸짓을 하며 말하는 사람을 보고 싶어 하게 마련인 것이다.

차라투스트라(BC 7세기 중반 무렵)

조로아스터교의 창시자 조로아스터의 독일어명. 성전 《아베스타》에 의하면 우주의 역사는 선한 신과 암흑 신과의 싸움인데, 최종적으로는 선한 신이 승리해 전세계가 정화된다고 했다. 니체는 그의 저서 《차라투스트라는 이렇게 말했다》에서 자신의 사상을 조로아스터에 비추어 성전형식으로 말했다.

사보나롤라(1452~1498)

도미니크회 수사. 피렌체의 성마르코 수도원에서 메디치가(家)의 지배 체제를 비판. 메디치가가 추방된 뒤 공화국의 정치고문이 되어 신정정치(신권정치)를 실시했다. 교황청을 비판했다는 이유로 파면당했는데 끝내는 사형 판결이 내려졌다. 종교개혁의 선구자.

루소(1712~1778)

프랑스 철학자, 정치사상가, 소설가. 스위스 출생. 저서 《학문과 예술론》에서 문명사회를 비판하고 '자연으로 돌아가라'를 주장. 국가와 사회는 구성원인 개인의 자유의지에 기초하는 계약에 의해 성립된다는 《사회계약론》을 발표. 프랑스 혁명에 지대한 영향을 미쳤다.

로베스피에르(1758~1794)

프랑스 정치가. 프랑스 혁명 후 파리의 자코뱅 수도원 내에 본부를 둔 자코뱅당(급진파)의 중심인물이 되었다. 지롱드당(보수파)을 추방한 뒤 정권을 잡았으며, 1793년부터 독재체제를 유지하면서 반혁명파를 철저히 탄압하는 공포정치를 실시했다. 1794년, 테르미도르 반란 때 축출되어 처형당했다.

생 시몽(1760~1825)

프랑스 사회주의자. 루소의 영향을 받아 미국독립전쟁에 참가. 프랑스 혁명을 지지. 공포정치에 반대하다가 체포당했다. 자본가를 포함한 모든 산업가가 지도하는 새로운 사회체제를 제창. '공상적 사회주의자'로 불리는데, 이는 '과학적 사회주의'를 자칭한 엥겔스가 명명한 것이다.

'거짓'의 구조

나는 오랜 기간 '확신'이야말로 진리의 적이라 생각해 왔다. 여기서 나는 결정적인 문제를 하나 제기하려고 한다. '거짓'과 '확신'은 정말 대립 관계에 있느냐 하는 점이다. 세상은 이 둘 사이에 대립이 존재한다고 믿으면서도 뭐든지 다 믿는다. '확신'은 시행 착오와 많은 실패를 거듭했던 역사를 가지고 있다. '확신'은 긴 역사 속에서 생겨난다. 물론 '확신'이 생겨나는 과정에서 '거짓'이 섞이기도 한다. 인간은 세대 교체하므로 부친의 세대에는 '거짓'이었던 것이 자식 세대에 와서는 '확신'으로 변하는 경우가 있는 것이다.

여기서 내가 '거짓'이라고 이름 붙인 것은 보이는 것을 보려 하지 않는 태도를 말한다. 보이는 대로 보려고 하지 않는 것은 당파적인 인간의 특징이다. '당파적'이란 '하나의 생각 아래 이해득실을 따지며 모여든 그룹'인데, 그들은 필연적으로 거짓말쟁이다.

이를테면 독일 역사학회에서는 '로마는 전제정치였다'나 또는 '게르만인은 자유 정신을 세계에 들여왔다'는 등과 같은 자기 쪽에 좋은 말만 '확신'한다. 이런 '확신'과 '거짓말' 사이에 대체 무슨 차이가 있단 말인가.

이러한 당파적 인간이 본능적으로 입에 담는 말이 바로 '도덕'이다. 모든 종류의 당파적 인간들이 도덕을 필요로 하므로 도덕이 사라지지 않는 것이다.

'이것이 우리의 확신이다. 우리는 이 확신을 전 세상에 고백한다. 우리는 이것 때문에 살고, 또 이것 때문에 죽는다. 확신을 갖는 모든 것에 경의를 표하라.' 이런 식의 말을 반유대주의자에게서도 들은 적이 있는데, 이런 말은 해서는 안 된다. 그저 품위만 떨어뜨릴 뿐이다.

그리스도교 사제들은 '확신'을 능수능란하게 이용한다. 그들은 '확신'이란 개념 안에 약점이 있음을 잘 알고 있기에 '확신'자리에 '신' '신의 의지' '신의 계시' 개념을 빈틈없이 밀어 넣었다. 이런 영민함은 유대인에게 전수받은 것이다.

칸트 역시 같은 길을 걸었다. 그들이 이용했던 속임수를 정리하면 다음과 같다.

＊ 제1단계

'무엇이 진리인가' '무엇이 진리가 아닌가'를 생각하다 보면 인간의 머리로는 도저히 해결할 수 없는 문제가 있다는 사실을 깨닫게 된다. 최고의 문제, 최고의 가치문제들은 전부 인간의 이성이 닿지 않는 곳에 있다. 인간의 이성에는 한계가 있다는 사실을 이해하는 것. 이것이 진정한 철학이다.

＊ 제2단계

왜 신은 인간에게 계시를 내렸을까. 인간은 무엇이 '선'이고 무엇이 '악'인지를 스스로는 알지 못하기 때문이다. 그래서 신은 인간에게 '신의 뜻'을 가르치는 것이다.

＊제3단계

사제는 거짓말을 하지 않는다. 사제의 말에는 '진리'나 '비진리' 따위의 문제가 존재하지 않는다. 사제의 말에는 거짓말이 들어갈 틈이 없다. 거짓말을 하려면 무엇이 '진리'인지 결정할 수 있어야 하기 때문이다. 하지만 인간은 '진리'를 결정할 수 없다. 그래서 사제는 신의 대변인이 되어 '진리'를 말하는 것이다.

이러한 사제의 논리 구조법은 유대교나 그리스도교만이 갖는 특징이 아니다. '거짓'에 대한 권리와 '신의 가르침'은 사제에 속하는 것으로서 다른 종교의 경우도 이와 거의 유사하다.

'율법' '신의 의지' '성스러운 책' '영감' 등은 사제가 권력을 유지하기 위한 도구라서 사제적인 모든 조직에서 공통적으로 볼 수 있다.

'신성한 거짓말'은 중국에서 유교를 가르쳤던 공자, 고대 인도의 《마누법전》, 이슬람교의 창시자 마호메트, 그리스도교 등 모든 종교에 공통되는 대목이다. 플라톤의 사상 또한 여기에 속한다.

'진리는 여기에 있다'는 말은 어디에서 쓰이건 거짓말이다.

공자(BC 552~BC 479)

중국 춘추시대의 사상가. 산둥성(山東省) 남서부의 노나라에서 태어났다. 예부터의 사상을 집대성하여 유교를 체계화했다. 최고덕목을 '인(仁)'(어진 마음, 함께 살아가는 마음)에 두었으며, 인(仁)이 관철됨으로써 도덕이 지켜진다고 주장했다. 한무제가 유교를 국교로 정한 뒤 전국으로 전파되어, 중국봉건왕제의 사상 기반을 이루었다.

마누법전

바라몬교의 법전. BC 2세기~ AD 2세기 성립. 총 12장 2,684조로 이루어져 있다. '마누'는 산스크리트 어로 '인류의 시조'라는 뜻. 종교와 도덕, 카스트 제도에서 우주의 존재까지를 규정. 바라몬교인, 힌두교인의 정신적인 규범이 되었다.

마호메트(570경~632)

이슬람교의 창시자. 메카에서 태어났다. '정식 이름은 무함마드. 알라신의 계시를 받아 포교 시작. 엄격한 일신교를 주장하고 우상숭배를 거부했다. 박해가 심해져 메디나로 이동했으며, 630년에는 메카를 제압하고 아라비아 반도를 통일했다. 이슬람 교단 발전의 기초를 확립.

그리스도교는 여자를 부정하게 본다

그들이 거짓말을 하는 목적은 무엇일까. 이는 가장 중요한 문제이다. 그리스도교에는 '신성한' 목적이 결여되었다고 생각하는데, 이것이 내가 그리스도교에 대항하는 이유이다.

그리스도교에는 나쁜 목적밖에 없다. '죄'라는 개념을 이용해 인간의 삶을 모독하고, 비방하고, 부정한다. 인간의 가치를 얕보고 인간을 모독시킬 궁리밖에 하지 않는다. 따라서 수단 역시 안 좋다.

《성서》를 읽을 때는 기분 나쁜 느낌이 들지만, 고대 인도의 법전인 《마누법전》은 그렇지 않다. 《성서》와 비교하는 것이 결례가 될 정도로 《마누법전》은 정신적으로 뛰어난 작품이다. 좀 읽어 보면 알테지만 《마누법전》에는 진정한 철학이 깃들어 있다.

《성서》와 다른 가장 중요한 포인트는 《마누법전》에서는 철학자나 군인 같은 고귀한 계급이 대중을 보호한다는 점이다. 어디를 펼쳐 봐도 고귀한 가치, 완전한 감정, 삶에 대한 기쁨, 승리의 행복감이 마치 태양처럼 빛나고 있다.

《마누법전》은 그리스도교가 부정적으로 다루는 '생식' '여성' '결혼' 등을 경외심과 사랑과 신뢰를 가지고 진지하게 다루고 있다.

'음행이 성행하고 있으니 남자는 각각 자기 아내를 가지고, 여자는 각각 자기 남편을 가지도록 하십시오. 욕정에 불타는 것보다는 결혼하는 편이 낫습니다.'(고린토 전서 7장 2절, 9절)

이처럼 저속한 말이 들어있는 《성서》를 자녀나 여성이 읽게 내버려 둬도 괜찮은 걸까.

그리스도교에서는 인류의 탄생이 그리스도교화 되어 있어 처녀가 임신을 한다. 처녀의 개념이 더럽혀져 있는데도 그리스도교인임이 용서될 수 있을까.

《마누법전》은 정반대이다. 여성에 대해 이렇게 많은 배려와 호의를 보인 책이 또 있을까 싶다. 《마누법전》을 쓴 백발 노인 성자들은 여성에게 최대한의 예를 갖추고 있다.

'여성의 입, 소녀의 가슴, 소년의 기도, 희생 제물의 연기는 언제나 순결하다.'

또 이런 구절도 있다.

'태양 빛, 암소 그림자, 대기, 물, 불, 소녀의 숨결보다 더 순결한 것은 없다.'

그리고 마지막 구절에서는 '배꼽 위쪽 몸의 구멍은 전부 순결하다. 배꼽아래는 순결하지 않다. 소녀의 경우에는 온몸이 순결하다.'고 적혀있다. 이 또한 모든 종교에 공통되는 '신성한 거짓말'의 일종이겠지만….

법률은 인간이 만들지 않았다

그리스도교의 목적과 《마누법전》의 목적을 비교해 보면 그리스도교의 저속함이 확연히 드러난다.

마치 범행 현장에서 스포트라이트가 비춰진 것 같아 웃음이 나올 정도이다.

《마누법전》은 다른 모든 훌륭한 법전과 마찬가지로 몇 세기나 되는 오랜 세월의 경험과 지혜에 의해 생겨났다. 이는 결정판이지 새롭게 생겨난 것이 아니다.

이러한 법전을 만들 때는 다음의 개념이 전제되어야 한다.

오랜 시간과 많은 희생을 바쳐 얻은 '진리'에 권위를 부여하는 것과 그 '진리'를 입증하는 것은 전혀 다르다는 개념이다.

법전에는 법률의 효용이나 근거, 법률이 완성되기 전에 가졌던 의문 등은 적혀 있지 않다. 그것을 말했다가는 '~하지 않으면 안 된다'는 법률의 명령문을 수호할 전제조건을 잃게 되기 때문이다.

문제는 여기에 있다.

한 민족이 어느 시점까지 발전하면 그 안에서 역사를 날카롭게 관찰하는 사람들은 '우리 인생을 의탁할 사회는 이미 완성되었다'고 선언한다. 새로운 경험을 받아들임으로써 사회가 술렁거리는 것보다는 지금까지 수확한 것을 가지고 되도록 풍족하게 살기를 원하기 때문이다.

따라서 사회의 가치가 결정되지 못한 상태는 반드시 피해야 한다. 또 결정된 가치에 대해 계속 검증하고 선택하고 비판하는 것도 마찬가지로 피해야 한다.

그러면 어떻게 정당화시켜야 할까.

첫째, '계시'를 이용한다.

'법은 신께서 주신 것이므로 반드시 지켜야 한다. 사람들이 많은 시간을 들여 탐구하고 또 실패를 되풀이하면서 발견한 것이 아니다. 신의 계시라는 기적이 있었던 것이다.'

둘째, 전통을 이용한다.

'아주 오랜 옛날부터 이 법은 이미 완성되어 있었다. 여기에 의문을 품는 것은 조상에 대한 불경이고 범죄 행위이다.'

즉 법의 권위에 '신이 준 것이니까' '조상이 그 법을 따라 살았으니까'라는 이유를 다는 것이다. 오랜 세월 쌓아 온 경험을 토대로 의식적인 것을 배제하자는 것이니 과연 맞는 말이구나 하는 생각이 든다.

이렇게 하여 민족의 본능이 생겨나는 것인데, 이는 민족이 살아가는 데 필요한 명인의 재주 같은 기술로 민족을 결집시킨다.

《마누법전》과 같은 법전을 성립시키는 것은 그 민족이 '잘 사는 민족'이 되는 것으로, 그 민족에게 더욱 나은 삶의 추구를 허락하는 일이다.

평등주의는 '악마의 사상'

내가 지금까지 말했던 '신성한 거짓말'의 목적은 민족을 무의식적으로 만드는 데 있다. 신분계급의 질서, 최고의 법, 지배하는 법 등은 인간이 아무것도 손대지 않는 진정한 자연의 질서, 자연의 법칙성을 인정한 것에 지나지 않는다. 근대적 이념은 이러한 것들을 좌지우지하지 못한다.

건강한 사회라면 인간은 자연과 세 가지가 다른 유형으로 분류된다.

정신적인 면이 뛰어난 유형, 근육이나 활력이 강한 유형, 그리고 특징적인 데가 없는 평균적인 사람들이다.

이 가운데 평균적인 사람이 가장 많다. 그밖에 선택된 엘리트는 극소수이다. 그런데 이 소수자들은 고귀한 자의 특권을 가지고 있으며, 그 특권에는 '행복' '아름다움' '선' 등을 실현시키는 것이 포함되어 있다.

또한 정신적인 인간에게는 아름다움을 즐기는 것이 허락되어 있으며, 그들에게 '선'은 약점이 되지를 않는다. 아름다움은 소수자의 것이기에 '선' 또한 특권이다.

반면 더러운 손을 사용하고 비관적으로 바라본다, 추하게 보는 눈을 가졌다, 사물의 총체적인 면에 마구 화를 낸다, 이런 것은 하위층민의 특권이다.

'세상은 완전하다', 정신적인 사람의 본능은 그렇게 말한다.

세상에는 불완전한 것과 수준 낮은 것도 많지만, 그런 것을 전부 포함해서 완전하다고 말하는 것이다.

가장 정신적인 사람은 강자의 자각을 가지고 있다. 그러므로 다른 사람이 '이제는 틀렸다'고 좌절하는 데서, 미궁에서, 냉혹한 인간관계에서, 그리고 시도해 보는 데에서 자신의 행복을 발견한다.

그들은 자제를 추구한다. 정신적인 사람에게는 인내가 본능이 되고, 그들은 무거운 과제를 특권으로 받아들인다. 그리고 약한 인간이었다면 벌써 눌려 버렸을 무거운 짐을 가지고 즐겁게 논다.

정신적인 사람은 존경할 만하며, 동시에 쾌활하고 사랑스럽다. 그들은 자신들이 원해서 통치하는 게 아니라 그들의 존재가 원래 그런 것이다.

그들은 '제2인자'가 될 수 없다. '제2인자'는 가장 정신적인 사람 곁에서 지배에 통치할 때 발생하는 온갖 성가신 문제를 떠맡는다. 가장 정신적인 사람의 오른팔이 되어 일하는 것이다.

이와 같이 인간이 구별되는 것은 자연스런 현상이다.

이는 인간이 의식적으로 만든 제도가 아니다. 만약 예외가 있다면 그것은 인간이 자연을 일그러뜨려 만든 것이다.

신분계급 질서는 인간이 살아가는 데 가장 위에 오는 법칙이다.

인간을 세 유형으로 분류하는 것은 사회 유지를 위해, 그리고 더욱 높은 유형을 가능하게 하기 위해 필요하다.

권리의 불평등이야말로 권리가 존재하기 위한 조건이다. 다시말해 권리는 특권인 것이다. 물론 각자는 저마다의 특권을 갖는다. 평범한 사람에게도 특권이 있다. 그리고 가장 정신적인 사람들은 그런 평범한 사람이 가지고 있는 특권을 업신여기지 않는다. 높은 곳을 지향하는 삶은 위로 올라가면서 추위도 심해지고 책임도 무거워지기 때문이다. 말하자면 높은 문화는 피라미드같아서 넓은 지반 위에서만 설 수 있다.

그러므로 숱하게 많은 평범한 사람들의 존재가 중요한 것이다. 수공업, 상업, 농업, 학문, 예술, 이런 일의 대부분은 평균적 능력과 평균적 욕망에만 관계가 있고, 귀족주의나 무정부주의자와는 아무런 관계가 없다.

공공의 이익을 위해서 하나의 톱니바퀴로서 일하는 것은 매우 자연스러운 일이다. 그들을 톱니바퀴로서 일하게 만드는 것은 사회가 아니다. 단지 '뭔가를 할 수 있는 능력을 가졌다는 데서 오는 행복감'이 그렇게 만드는 것이다. 평범한 사람에게는 평범한 게 행복이다.

하나의 능력을 가지고 전문적인 일을 하는 것은 인간의 자연스런 본능이다. 높은 문화의 조건은 평범함이다. 그러므로 평범한 사람을 시시하게 봐서는 안 된다.

예외적인 인간이 평범한 인간을 따뜻한 마음으로 대하는 것은 단순히 매너에 관한 문제가 아니라 예외적인 인간의 의무이다.

세상에는 초라하고 볼품없는 사람들이 아주 많다.

그 중에서도 사회주의자가 제일 그렇다.

일에 대한 의욕, 일하는 기쁨, 일을 완성했을 때의 만족감에 악의를 가지고 공격하는 것이 사회주의자라는 이름의 하위층 사람들이다.

노동자를 시기하게 만들고, 복수를 가르치는 것이 그들의 수법이다.

불평등한 권리가 부당한 것은 아니다. 평등한 권리를 주장하는 것이 부당한 것이다. 지금까지 말해 왔지만, 나쁜 것은 '약함' '시기' '복수'에서 나온다. 무정부주의자와 그리스도교인은 결국 한통속이다.

그리스도교가 파괴한 로마제국

사람은 어떨 때 거짓말을 할까. 상반되는 경우이지만, 거짓말로 뭔가를 지켜야 할 때, 혹은 파괴해야 할 때가 아닐까.

하지만 그리스도교는 무정부주의자와 똑같아서 파괴만을 목표로 삼는다.

이는 역사를 되돌아 보면 금방 알 수 있다. 역사가 증명하기 때문이다.

아까 말했지만, 종교적인 법의 목적은 더욱 나은 삶을 위한 조건과 사회의 위대한 조직을 '영원화'시키는 것이다.

위대한 조직에서는 삶이 풍요로워지기 때문에, 그리스도교는 거기에 공격을 가한다.

《마누법전》에서는, 오랜 세월을 통해 얻은 수확물은 더욱 큰 이익을 얻기 위해 운용되고, 또 더욱 크고 풍요롭고 완전한 수확을 거두어들일 수 있어야 한다.

반면 그리스도교는 로마인의 거대한 업적을 하루 밤 사이에 파괴했으며, 세상을 파괴했다. 그리스도교와 무정부주의자는 양쪽 다 데카당스이다. 둘 다 해체시키고, 독약을 주고, 왜곡하고, 피를 빠는 것 외에는 아무 능력도 없다. 서 있는 것, 지속하는 것, 미래를 약속하는 것, 이 모든 것을 증오하고 저주한다.

그리스도교인은 로마제국의 피를 빨았다.

로마의 역사는 위대했다. 로마제국이 파괴되지 않았더라면 분명 더욱 웅성해졌을 것이다. 로마제국이라는 놀라운 대규모적 예술작품은 아직 하나의 시작이었으며, 수천년의 시간이 흐른 뒤에야 그 진가를 발휘하게 되는 빅 프로젝트였던 것이다.

이렇게 위대한 대사업은 일찍이 한 번도 이루어진 적이 없었다.

로마제국은 위대했다. 형편없는 사람이 황제가 되어도 로마제국의 토대는 흔들리지 않았다. 누가 황제가 되든 그것은 우연에 불과한 일이라 별 관계가 없었다. 이는 위대한 모든 건축물의 조건이다.

하지만 그런 위대한 로마제국조차 다 썩어 버린 그리스도교인을 막아 내지는 못했다. 이 벌레 같은 자들은 암흑이나 안개에 묻어 사람들에게 슬금슬금 다가가서는 '참된 것'에 대한 진지함과 현실 세계에서 살아가기 위한 본능을 빨아먹는다. 그들은 그렇게 한 걸음 한걸음 로마제국이라는 거대한 건축물에서 '영혼'을 빼앗아 갔다.

로마제국 사람들은 자기 나라의 고유한 것에 대해 진지함과 긍지를 지니고 있었다. 그런데 그 남성적이고 고결한 본성을 삐앗겨 버린 것이다.

위선자들의 음모가 로마를 지배해 버렸다. '지옥' '죄없는 자의 희생' '피를 마심으로써 이루어지는 신비적 합체' 등의 음산한 개념들이 하위층의 원한을 등에 업고 널리 퍼져 나갔다.

고대 그리스 철학자 에피쿠로스는 '죄를 지은 부담감' '벌' '불멸' 등의 개념에 의해 영혼이 더럽혀지는 것을 비판했다. 이에 대해 로마 철학시인 루크레티우스는《사물의 본성에 관하여》라는 책을 썼으니 한번 읽어 보기 바란다. 에피쿠로스는 지하적인 예배와 그리도교적인 발상 전체에 맞서 싸웠다. '불멸'을 부정한다는 것은 당시에 이미 진정한 구원이었다 할 수 있으리라.

로마제국의 존경할 만한 사람들은 모두 에피쿠로스 같은 사상을 가지고 있었으므로 에피쿠로스는 승리했을 수도 있다.

그런데 거기에 바울이 나타난 것이다.

로마와 '세상'에 적의를 품은 하위층, 증오의 천재, 유대인 중의 유대인, 엄선된 영원한 유대인 바울.

바울은 이렇게 생각했다.

유대교에서 멀어진 그리스도교인의 작은 종파운동을 이용해서 세계를 불태워 버리자. '십자가에 달린 신'이라는 이야기로 사람들을 속이자. 로마제국 안에서 납작 엎드려 있는 하층민과 반란을 일으키고 싶어 하는 무리들과 음모를 가지고 있는 무정부주의자의 거대한 힘을 모두 이용하자고.

'구원은 유대인에게서 온다.'(요한 4장 22절)

바울은 모든 종류의 지하적 예배를 이용했다. 머리가 좋다고 해야 할까, 아니면 영민하다고 해야 할까.

바울은 그런 개념을 밑바탕으로 진리를 공격하고, '구세주'를 날조했으며, 자신의 편의에 부합되는 것만 말하도록 했다.

바울은 깨달았다.

'세상'을 가치 없는 것으로 만들기 위해서는 '불멸의 신앙'이 필요하다는 것을.

'지옥'이란 개념을 이용하면 로마를 지배할 수 있다는 것을.

'저 세상'을 이용해 사람들을 위협하면 세상을 파괴할 수 있다는 것을.

로마제국

고대 서양 최대의 제국 BC 8세기경 라틴 민족이 이탈리아 반도 티베레 강변에 도시국가를 건설. 포에니 전쟁에 승리, 지중해 연안 일대를 지배했다. BC 27년에는 옥타비아누스가 제정(帝政)을 시작하며 영토를 확장. 최고 융성기였던 5현제 시대에는 대서양 해안에서 소아시아에 이르는 대제국이 되었다. 395년 동서로 분열.

루크레티우스(BC 94년경~BC 55년경)

로마 공화정 시대의 시인, 철학자. '우주는 원자로 구성되어 있다'는 에피쿠로스의 세계관을 테마로 그의 유일한 저서인 철학시 《사물의 본성에 관하여》(전6권)를 집필. 자연과 신에 대한 미신이나 오해에 맞섰으며, 사후에 받는다는 벌의 공포에서 인간을 해방시키려 했다. 유물론에 큰 영향을 미쳤다.

이슬람에게 바보취급 당하는 것은 당연하다

고대 세계의 모든 사업은 헛수고로 끝났다. 이 엄청난 일을 어찌 말로 표현할 수 있으랴.

이 사업은 아직 준비작업의 단계에 있었다. 수천 년이 걸릴 사업의 기초공사가 확신 안에서 막 시작되었으나 안타깝게도 물거품으로 돌아갔다. 그리스인이나 로마인이 온 힘을 기울여 이룩한 일이 전부 헛일이 된 것이다.

모든 문화와 학문의 전제가 되는 과학적 방법은 이미 거기에 존재하고 있었다. 자연과학은 수학이나 역학(力學)과 손잡고 순조롭게 발전해 갔다. '사실을 정확히 파악한다'는 가장 가치 있는 궁극적 감각은 이미 수천년의 오랜 전통을 갖고 있었다.

여러분은 이것을 이해하겠는가.

큰 일을 시작하기 위한 모든 본질적인 것이 이미 발견되어 있었다는 것을.

그런데 가장 본질적이며, 가장 어려운 것. 그리고 습관과 게으름을 극복하고 손에 넣은 것들이 그리스도교에 의해 파괴되었다.

오늘날의 우리는 말로는 표현할 수 없을 만큼 심하게 자기 극복을 해야 한다. 모두가 나쁜 본능인 그리스도교적 본능을 체내에 갖고 있기 때문이다. 우리를 위해 되찾은 것, 즉 자유로운 시선, 신중한 방법, 자잘한 일에 대한 인내와 진지함, 인식의 정직함은 2천년도 전에 이미 있었던 것이다.

이러한 것들은 표면적인 지식이나 막되어 먹은 독일적 교양으로서 존재하지 않았다. 육체로서 행동으로서 본능으로서, 한마디로 말해 현실적으로 존재하고 있었다. 하지만 모든 것이 헛수고로 끝나 버려 이제는 밤 사이의 단순한 추억이 되고 말았다.

그리스인과 로마인이 가지고 있었던 고귀한 본능, 취미, 방법적인 연구, 조직과 관리의 우수한 기술, 신념, 인류의 미래에 대한 의지, 이런 소중한 것들이 밤 사이에 묻혀 버리고 만 것이다.

만사에 대한 긍정, 단순한 기술이 아닌 로마제국의 위대한 양식이 헛된 것이 되어 버리고 말았다. 그것도 자연재해로 그렇게 된 것이 아니다. 외국인의 발에 짓밟혀 버린 것도 아니다. 교활하고, 그림자 뒤에 숨어서 모습을 드러내지 않는, 피에 굶주린 흡혈귀에게 당한 것이다. 격파된 게 아니라 피를 다 빨려 버린 것이다. 그리고 은밀한 복수심과 시기심이 지배자가 되어 버렸다.

가엾은 것, 고통받는 것, 나쁜 감정에 번민하는 것, 유대인의 거리 같은, 마음이 병든 세계가 단번에 위로 올라섰다.

왜 이런 불결한 자가 위에 올라서게 되었을까.

그것을 이해하려면 그리스도교를 부추긴 자, 그들 가운데 성아우구스티누스가 쓴 책을 읽어 보라.

그리스도교 운동의 지도자들은 논리적 사고 능력을 갖추지 못했다고 생각하지 마라. 그들은 머리가 매우 비상했다. 그들이 갖추지 못한 것은 완전히 다른 것이다. 말하자면 자연이 그들을 소홀히 했던 것이다.

자연은 그들에게 존경할 만하고 품위가 있으며 순수한 본능을 선사하는 것을 까맣게 잊어버렸던 것이다.

우리끼리 하는 이야기이지만, 그들은 남자도 아니었다.

이슬람교는 그리스도교 알기를 우습게 아는데 그들에게는 그럴 만한 권리가 있다. 이슬람교는 남자를 전제조건으로 하기 때문이다.

성 아우구스티누스(354~430)

초기 그리스도 교회의 가장 위대한 신학자. 북아프리카 출생. 처음에는 마니교를 신봉했으나, 밀라노에서 세례를 받고 그리스도교로 개종. 고향인 북아프리카로 돌아가 히포의 주교로 취임. 인간은 신의 절대적 은혜에 의해서만 구원될 수 있으며 교회는 절대적인 존재라 주장했다. 저서에 《고백론》《삼위일체론》 등이 있다.

십자군은 해적이다

그리스도교는 우리에게서 고대문화의 수확물을 빼앗아 갔다. 그리고 나중에는 이슬람 문화의 수확물까지 빼앗아 가 버렸다.

스페인은 로마나 그리스보다 독일과 더 친근한데, 그 땅에서 꽃피운 경이로운 이슬람 문화세계가 그리스도교의 십자군에 의해 짓밟혀 버렸다.

왜 그랬을까. 이슬람 문화세계가 고귀한 본능과 남성적 본능으로 이루어졌기 때문이며, 이슬람교인의 삶이 월등히 세련되고 화려한데다가 삶을 긍정했기 때문이다.

십자군들은 그 앞에 머리를 숙여야 할 상대와 싸웠다. 이슬람 문화에 비하면 19세기의 독일 문화는 매우 빈약하고 뒤쳐져 있다 할 수 있으리라. 그런데도 그런 이슬람 문화에 맞서 싸웠던 것이다.

십자군의 목표는 금품 수확이었다. 동방의 나라는 부자였기 때문이다. 거리낌없이 말하면 십자군은 고급 해적에 지나지 않는다.

고급 해적에 불과한 독일 귀족이 그 특성을 발휘했을 뿐이다. 교회는 어떻게 해야 독일 귀족을 잘 이용할 수 있는지에 대해 너무나 잘 알고 있었다.

독일 귀족은 언제나 교회를 수호하고, 교회의 나쁜 본능을 위해 봉사해 왔다. 교회는 독일인의 검과 용기, 피를 빌려 세상의 고귀한 모든 것들을 공격했다.

정말 가슴 아픈 일이다.

독일 귀족은 고급 문화의 역사에서 거의 모습을 드러내지 않는다.

이유는 간단하다. '그리스도교와 알콜'이라는 부패의 두 가지 커다란 원인 때문이다. 아랍인과 유대인을 앞에 두었을 때는 선택의 여지가 있지만, 이슬람교와 그리스도교를 앞에 두었을 때는 선택의 여지가 전혀 없다.

결정은 이미 나와 있다.

누구에게도 선택의 자유는 없다. 하위층이든가 아니든가 둘 중 하나이다. 위대한 자유정신을 가졌던 독일 황제 프리드리히 2세는 '로마와는 혈전이다! 이슬람교와는 평화 아니면 우호!'를 외치며 이를 실행했다.

독일인의 경우, 어지간한 재능과 자유정신이 없이는 정확한 감각을 갖기 어려웠던 모양이다.

십자군

11세기 말에서 13세기까지 7회에 걸쳐 감행된 그리스도교인의 군사 원정. 교황 우르바누스 2세가 최초로 군대를 소집. 성지 예루살렘에서 이슬람교도를 몰아낸다는 당초의 목적은 이루어지지 못했으나, 교황권 확대와 동방무역의 권리확보, 이슬람 문화에서 챙긴 수확 등 거대한 부를 얻게 되었다. 가톨릭 교회의 패권을 동방정교회의 세력권까지 확대시키는 것이 목적이었다.

드리히 2세 (1194~1250)

호엔슈타우펜 왕조의 신성 로마황제. 시칠리아 왕. 중세유럽 최초로 국법전(國法典)을 제정. 최첨단의 과학과 예술에 정통했다. 9개국어가 가능했는데, 그 중 7개국어를 읽고 썼을 정도로 명석했다. 이슬람 문화를 높이 평가

하는 관용을 보였으며, 십자군 원정에 적극적인 자세를 보이지 않아 로마교황과 대립하면서 '반(反)그리스도인'라는 비난을 받았다.

르네상스는 반그리스도교 운동이다

이쯤에서 독일인에게는 떠올리기도 싫은 일 하나를 건드려야겠다. 어리석은 독일인의 잘못으로 최후의 위대한 문화 수확물이었던 르네상스를 빼앗긴 사건이다.

이에 대해 이해하기 바란다.

르네상스는 그리스도교적인 모든 가치를 돌려놓았다.

그리스도교와 반대되는 가치, 즉 고귀한 가치가 승리할 수 있도록 최고의 지성이 힘을 모았던 시도, 이 위대한 싸움이 르네상스이다.

르네상스는 지금까지 존재하지 않았던 아주 강력한 물음이었다.

그리고 내가 말하는 것은 르네상스가 제기하고 있는 물음이다. 르네상스만큼 근본적이고 단도직입적으로 그리스도교의 중심부를 파고드는 공격방식은 일찍이 없었다.

그리스도교의 중심부와 결정적인 지점을 공격하는 것. 고귀한 가치를 왕좌에 올리는 것.

르네상스는 뛰어난 매력과 가능성을 넓히는 사업이었다. 그 가능성은 아름답게 빛나고 있었다. 거기서 하나의 예술이 시작되고 있었으며, 그것은 악마로 착각할 정도로 신적이었다. 몇 천년 걸려 다음의 가능성을 찾아도 있을 것 같지 않는 그런 것이었다.

나는 하나의 광경을 떠올려 본다. 매우 뜻깊고 놀랄 만큼 역설적인 광경을. 올림포스 신들도 이 광경을 봤다면 박장대소하지 않았을까.

거기에 이탈리아 군주 체사레 보르지아가 교황으로 등장한다.

내 말의 의미를 알겠는가.

이런 일이 일어났더라면 그야말로 승리다. 오늘 내가 바라고 있던 바가 승리를 거두고 그리스도교가 제거됐을 게 분명하다.

그런데 독일인 수도사 루터가 로마에 왔다. 복수심에 불타고 있던 이 수도사는 로마에서 르네상스에 대항했다.

로마에서는 그리스도교라는 병이 극복되고 있었다. 그것도 본거지에서.

원래대로라면 감사해야 마땅하지만, 루터는 그리스도교를 이용할 생각밖에 하지 않았다. 종교적 인간은 정말 제멋대로다.

루터는 교황이 타락했다고 생각했지만, 사실은 그와 정반대였다.

그리스도교는 교황의 자리에 없었다. 거기에 앉아 있었던 것은 그리스도 교가 아닌 '삶'이었다. '삶'에 대한 승리의 노래. 드높고 아름답고 대담한 모든 것에 대한 긍정.

그런데 루터가 교회를 부활시켜 놓았다. 그는 교회가 '추락했다'면서 공격을 퍼부은 것이다. 그 때문에 르네상스는 엄청난 헛수고가 되고 말았다. 이런 바보 같은 독일인 때문에 우리는 지금 큰 피해를 입고 있다. 독일인은 정말 변변치도 못하다.

종교개혁, 라이프니치, 칸트 등의 독일 철학, '해방'전쟁, 제국. 어느 것하나를 놓고 봐도 두 번 다시 되돌릴 수 없는 헛수고로 만들어 버린 것이다.

이런 독일인들은 나의 적이다. 그들의 사고방식, 가치관의 불결함과 성실한 비판 앞에서의 비겁한 모습을, 나는 경멸한다.

거의 천 년 동안 그들의 손에 닿은 것은 모두 망가지고 엉클어졌다. 유럽에 병이 확산된 것은 독일의 책임이다. 세상에서 가장 불결한 유형인 그리스도교, 나을 기색도 보이지 않는 중병에 걸린 그리스도교, 즉 프로테스탄티즘에 대해서도 독일은 책임이 있다. 서둘러 그리스도교를 끝장내지 않으면 독일인이 그 책임을 다 져야 할 것이다.

체사레 보르지아 (1475경~1507)

이탈리아의 군주. 르네상스가 이탈리아에서 권력을 쥐었던 스페인계의 명문귀족 가문에서 태어났다. 권모술수에 능했으며 지배 영역을 넓혔다. 정치를 그리스도교적 논리관으로부터 해방시켰던 이탈리아의 정치이론가 마키아벨리는 그의 저서 《군주론》에서 보르지아를 이탈리아의 혼란을 구제한 이상적 군주로 표현했다.

종교개혁

16세기 유럽에서 발생했던 그리스도교 혁신운동. 루터가 면죄부 판매와 가톨릭 교회의 부패를 공격하면서 전 유럽으로 확산되어 수많은 분쟁을 일으켰다. 행동에 나선 사람은 주로 무식한 농민이었는데, 나중에 농민폭동과 프로테스탄트 발생으로 이어졌다.

라이프니치 (1646~1716)

독일 철학자. 17세기 여러 학문의 체계화를 시도했다. 세계 전체를 모나드(단자 單子)의 집합체로 보는 존재론을 제창. 뉴튼과는 다른 미적분법 발견. 가톨릭과 프로테스탄트 통합 시도에 참가. 저서 《변신론(辯神論)》에서 신의 존재를 옹호했다.

프로테스탄티즘

16세기 종교개혁에 의해 발생된 그리스도교의 분파인 프로테스탄트 사상의 총칭. 가톨릭, 그리스정교와 더불어 그리스도교 3대 교파의 하나가 되었다. '사람은 신앙에 의해 구원된다'는 신앙 의인론(義認論)과 성서를 신앙의 유일한 근거로 보는 성서주의가 근간을 이루고 있다.

피고 그리스도교에 대한 최종 판결문

이것으로 결론에 도달했으므로 판결을 내린다.

피고 그리스도교는 유죄다.

나는 지금까지 그 어떤 고발자가 입에 담았던 것보다 더 혹독한 말로 그리스도교를 고발한다. 그리스도교보다 더 심한 부패는 없기 때문이다. 그리스도교는 주위의 모든 것을 부패하게 만들었다.

모든 가치를 무가치로, 모든 진리를 거짓으로, 모든 정직성을 비겁한 마음으로 부패시켰다.

이래도 여전히 그리스도 교회의 '인도주의적' 축복에 대해 말하고 싶다면 마음대로 하라 할 수밖에 없다.

그리스도 교회는 사람들의 약점을 이용해 생존해 왔다. 자신들의 조직을 영원화시키기 위해 불행을 만들어 왔다. 이를테면 '죄악감'을 만들어 냄으로써 교회는 인간을 '풍요롭게' 만들었다.

'신 앞에서의 영혼의 평등'이라는 계략. 저열한 인간의 증오심을 속이기 위한 변명, 혁명, 근대적 이념, 사회질서를 파괴하는 폭발성 개념. 이것이 그리스도교라는 다이너마이트이다.

'인도주의적' 축복이라고? 인간 안에 자기 모순과 자기 모독과 거짓말과 모든 본능에 대한 경멸을 만들어 내는 것이 그리스도교 세계가 말하는 축복이다.

그리스도 교회라는 기생충은 그 '신성한' 이상을 수단으로 모든 피와 모든 사랑과 삶에 대한 모든 희망을 전부 다 마셔 버렸다.

그들은 눈앞의 현실을 부정하기 위해 '저 세상'을 만들어 냈다. 십자가는 이제껏 존재했던 것 가운데 가장 지하적인 반란의 상징이다.

건강, 아름다움, 좋은 바탕, 용감성, 정신, 훌륭한 영혼, 그리고 인간의 삶 그 자체에 대한 반란. 역사상 이렇게 대규모적인 반란이 어디에 또 있단 말인가. 십자가를 치켜올리고서.

나는 그리스도교에 대한 이 영원의 고발을 장소를 가리지 않고 어디에든 내걸려고 한다.

그리스도교는 저주이다.

그리스도교는 타락이다.

유해하고, 음험하고, 지하적인 거대한 복수의 본능이다.

그리스도교는 지워지지 않는, 인류 최대의 오점이다.

하지만 달력은 이런 비참함이 시작된 불행한 날을 기점으로, 즉 그리스도교가 시작된 첫날을 기점으로 날짜 계산을 하고 있다. 왜 그리스도교 최후의 날부터 계산하지 않는가.

오늘을 기점으로 하라!

모든 가치를 바꿔 놓아라!

니체의 생애와 사상

니체의 생애와 사상

생애

프리드리히 니체는 전통적인 서유럽 종교·도덕·철학에 깔려 있는 근본 동기를 밝히려 했으며, 신학자·철학자·심리학자·시인·소설가·극작가에게 깊은 영향을 미쳤다. 그는 계몽주의라는 세속주의의 승리가 가져온 결과를 반성했다. '신은 죽었다'는 그의 주장은 20세기 유럽 지식인의 주요한 구호였다.

니체는 1844년 독일의 작센 주에 있는 뢰켄에서 태어났다. 친가와 외가의 할아버지가 모두 개신교 계열 성직자였으며, 니체 자신도 소년 시절에는 독실한 신자였다. 니체의 집안은 루터의 경건주의를 신봉했다. 친할아버지는 프로테스탄트를 옹호하는 책을 썼고, 외할아버지는 시골 목사였다. 아버지 카를 루트비히 니체는 프로이센의 프리드리히 빌헬름 4세(니체의 이름은 이 왕의 이름을 딴 것임)의 명으로 뢰켄의 목사로 임명되었다. 아버지는 니체가 6세가 되기 전에 죽었고, 어머니 프란치스카, 누이동생 엘리자베트와 함께 할머니 집에서 어린 시절을 보냈다. 1850년 잘레 강변의 나움부르크로 옮겨 돔 김나지움을 다녔고, 1858년 그리스도교 학교인 슐포르타에서 고전교육을 받았다. 졸업 후 본 대학교에서 신학과 고전문헌학을 공부했다. 재학 중 두 학기는 성공적이지 못했는데, 그 까닭은 2명의 대표적인 고전학 교수 오토 얀과 리츨 사이의 날카로운 대립 때문이었다. 그는 음악에서 안식처를 찾았고, 낭만파 음악가 로베르트 슈만의 영향이 두드러진 곡들을 작곡하기도 했다. 1865년 리츨 교수를 따라 라이프치히 대학교로 옮겼다.

1867년 10월 군에 입대했으나 다음해 3월, 말을 타다가 가슴을 심하게 다쳤다. 장기간의 병가를 받고 그해 10월 라이프치히 대학교에서 공부를 계속했다. 그동안 쇼펜하우어의 철학을 알게 되었고, 위대한 오페라 작곡가 리하르트 바그너를 만났으며 고전문학자 에르빈 로데와 우정을 쌓았다.

스위스 바젤에 고전문헌학 교수직이 비었을 때, 리츨의 추천으로 학위도 없이 교수로 임명되었다. 1869년 라이프치히 대학교에서 시험과 논문 없이 출판된 저술들만으로 박사학위를 받았다. 1870년 프랑스—프로이센 전쟁이 일어나자 의무병을 지원했는데, 1개월도 안 되어 환자를 수송하다가 이질과 디프테리아에 걸렸다.

바젤의 교직을 맡기 위해 니체는 스위스 시민이 되었고 거기서 10년간 (1869~1879)을 가르쳤다. 그러면서 그동안 그는 자신의 초기 저작들을 내놓았다. 《비극의 탄생》(1872)과 《반시대적 고찰》(1873~1876)이 그것이다. 그는 또한 바그너의 '사도'가 되어 있었고, 바이로이트 제전의 창립을 도와 많은 시간과 정력을 바쳤다. 바이로이트 제전은 1876년부터 시작되었다. 그러나 그때쯤 해서 니체는, 바그너를 독일 예술의 새로운 구원자로 본 것이 잘못되었다는 생각을 하고 있었고, 그 환멸감은 새로 건설된 독일제국이 속물주의의 승리라는 생각과 결부되어 그로 하여금 모든 독일적인 것에 등을 돌리게 만든 계기가 되었다. 그리고 해가 갈수록 '새로운 독일'에 대해 더 비판적이 되어 갔다. 이때의 그의 심정은 《우상의 황혼》 중 〈독일인에게 부족한 것〉에서 잘 나타나 있다. 그 뒤 바그너가 《파르지팔》에서처럼 그리스도교적 모티프를 많이 이용하고 국수주의와 반유대주의에 빠지자 그와 결별했다.

니체의 첫 번째 저서 《비극의 탄생》(1872)은 그가 고전학의 굴레에서 벗어났음을 보여 준다. 그는 이 작품에서 그리스 비극이 아폴론적인 것과 디오니소스적인 것(전자는 중용·제약·조화를, 후자는 거침없는 정열을 표현함)의 결합에서 나왔으며, 소크라테스의 합리주의와 낙관주의가 그리스 비극을 죽였다고 주장했다. 이 작품은 오늘날에도 미학사(美學史)의 고전으로 꼽힌다.

1878년 니체는 《인간적인 너무나 인간적인》을 쓰기 시작했다. 1878년에 그것이 나왔을 때 그는 이미 완전히 과거와 결별하고 있었다. 1년 후 그는 거의 완전히 건강을 상실하고 교수직을 그만둘 수밖에 없었다. 이후 1889년까지 10년간 그는 계속되는 병고에 시달리다가 마침내 정신병을 일으켰다. 이 기간 동안 그는 주로 스위스와 이탈리아의 하숙방과 여관방을 전전하면서 그의 중요한 저작을 다 써냈다. 그 10년 동안, 그는 분명 가장 고독한 사람 중의 하나였을 것이다. 물론 근본적으로는 고독을 좋아했고 또 고독을 필요로 했지만 말이다. 그는 끝까지 결혼을 하지 않았다. 그는 중병에 시달렸고

아버지 카를 루트비히 니체

어머니 프란치스카

누이동생 엘리자베트

시력도 거의 잃었으며, 몇몇 사람을 제외하고는 아무와도 접촉하지 않았다.

이 10년 동안 그는 아주 많은 책들을 써냈다. 1878년에는 그의 천재성이 뚜렷이 발휘된 최초의 저작 《인간적인 너무나 인간적인》이 나왔다. 그리고 그 뒤를 이어 《여러 의견과 잠언》(1879), 《방랑자와 그림자》(1880), 《아침놀》(1881), 《즐거운 지식》(1882, 1887 증보), 《차라투스트라는 이렇게 말했다》(1883~1885), 《선악을 넘어서》(1886), 《도덕의 계보》(1887) 등이 나왔다. 이 기간의 후반에 그는 《권력에의 의지》라고 이름붙일 대규모의 저작을 준비하고 있었다. 그 저작을 위한 노트와 단편적인 초고가 후에 같은 이름으로, 그리고 《생성의 순진성》이라는 2권의 책으로 묶여 발간되었다. 1888년에 그는 《권력에의 의지》를 단념하고 《모든 가치의 재평가》를 내기로 했다. 《반그리스도교》는 원래 그 책의 앞부분에 해당하는 글이었다.

《비극의 탄생》과 《반시대적 고찰》의 초판은 그에게 악명이나마 약간의 명성을 얻어다 주긴 했지만 그 이후의 책들은 전혀 언론의 관심을 끌지 못했다. 《인간적인 너무나 인간적인》은 첫 해에 고작 170부가 팔렸을 뿐이었다. 그리고 성서 이야기 형식의 문학적·철학적 대작 《차라투스트라는 이렇게 말했다》는 1883~1885년에 네 권이 나왔는데, 제4부는 출판비도 자신이 부담해야 했다. 그가 쓴 대부분의 책들과 마찬가지로 이 책도 당시에는 별로 주목받지 못했다. 철학을 더욱 직접적인 산문 형식으로 표현하고자 한 《선악을 넘어서》(1886)과 《도덕의 계보》(1887) 역시 독자를 확보하는 데는 실패했다. 그는 당시의 독일 문학에 있어서는 유례를 찾아볼 수 없었고 이제는 세계적으로 유명해진 일련의 책들을 내놓았음에도 불구하고, 1887년이 다 갈

때까지 사실상 무명인으로 묻혀 있었다.

1888년은 니체의 생애가 여러 가지 면에서 사실상 절정에 이른 해였다. 이전까지도 그는 늘 저작 출판이 왕성한 편이었지만 1888년에는 엄청날 정도였다. 이 해 그는 《바그너의 경우》를 출판했고 《우상의 황혼》, 《반그리스도교》, 《니체 대 바그너》, 《이 사람을 보라》 등을 썼다.

1888년부터 그는 비로소 명성을 얻기 시작한다. 주로 적대적이긴 했지만 그에 관한 논문 몇 편이 잡지에 실렸고, 덴마크의 비평가 게오르그 브란데스가 코펜하겐에서 그에 관한 강의를 했다. 이 해에 쓰인 글들이 니체의 전 저작에 대해 일종의 축도를 이루고 있다는 점에서 이 해는 절정의 해였다. 그의 철학은 이미 완성되어 있었고 그는 이제 그것을 결산하고 있었던 것이다. 《우상의 황혼》은 더없이 간결하게 이전 10년 동안에 다룬 주제의 대부분을 간추리고 있었고, 《반그리스도교》는 그리스도교와 그리스도교 도덕에 관한 산발적인 성찰들을 하나의 도전적 에세이로 묶어, 어떠한 타협이나 저의의 틈입도 허용하지 않는 명료한 단도직입적 태도 속에 정리하고 있었다.

니체의 책들은 대부분 다른 철학책처럼 논변과 반론을 가지고 상세하게 설명하는 확장된 산문의 형식이 아니라 경구, 성경 구절, 몇몇 문단으로 이루어진 단편화된 형태로 이루어졌다. 독자로 하여금 모든 것을 새로운 방식으로 보게 하는 니체의 전형적인 방법은 설득적인 논변을 제공하는 것이 아니라 강렬한 인상의 이미지를 주는 것이다.

여기에도 주장은 있지만 암시의 형태로 등장하기 때문에 은유에서 의미를 이끌어 내야 한다. 무엇보다도 이러한 방식은 논변이 아니라 통찰, 독자에게 번개의 섬광처럼 다가오는 통찰을 보여 주기 위해 채택된 것이다.

때때로 '부부가 함께 살지 않으면 행복한 결혼이 더 많아질 것이다' 또는 '허영심은 스스로를 세우려는, 자신도 모르는 경향이다. 그러나 허영심을 통해 자기 자신이 되는 사람은 없다' '고집스럽게 관습을 회피하는 것은 이해받지 않기를 원하는 것이다'와 같이 수수께끼같은 형태를 취하기도 한다.

그러나 대개는 이보다는 철학적으로 더 심오하다. 좀 더 괴상한 것으로는 '사상가는 늘 한 사람에게 국한되는 것이 불리함을 안다', '당신이 심연을 너무 깊이 들여다보면 심연이 당신을 들여다볼 것이다', '모레는 나에게 속한다. 어떤 것은 죽은 후에 태어난다' 등이 있다.

1888년은 또한 니체 생애의 마지막 해였다는 점에서도 절정의 해였다. 학생 시절에 걸린 것이 분명한 매독 때문에 그는 거의 16년간을 병으로 고생해 왔다. 1889년 초부터 그는 완연한 정신병자가 되어 있었고, 1900년 8월까지 살기는 했지만 더는 아무것도 쓰지 못했다. 그가 1888년 한 해 내내 겪었던 정신적 흥분 상태에 대해서는 책이 아닌 서신들에 기록되어 있다. (《이 사람을 보라》는 예외이다. 거기서는 습관적이고 의도적인 자기 선전이 때로 도가 지나쳐 과대망상증에 이르고 있다) 그러나 그것이 극단적인 절박

니체(1844~1900)

성을 부여하여 그의 최후의 문체를 특징짓는 데 기여했다는 사실만은 의심할 여지가 없다. 물론 니체 본인에게는 그것이 별 놀라운 일은 아니었을 것이다. 그는 늘 예술적 성취가 병리적 상황에서만 이루어지는 것이라고 생각하고 있었기 때문이다.

1889년 1월 니체는 이탈리아 토리노의 광장에서 쓰러진 뒤 정신적 능력을 완전히 상실했고, 1900년 8월 25일 세상을 떠났다.

오늘날 니체의 이름은 철학의 상징으로서 우뚝 서 있다. 그러나 독일과 외국의 대중들이 그를 인식하기 시작한 것은 그의 말년인 1890년대가 되어서였다. 그러다가 그의 성가가 갑자기 치솟았고 1900년 무렵에는 그는 아주 유명해져 있었다. 물론 악명이 높았다는 것은 아니다. 그런데 그는 그 사실을 전혀 모르고 있었다. 이미 정신적으로 다시 유아가 되어 있었기 때문이었다. 그는 홀로 병고에 시달리면서 자신의 성공도 모르고 있었지만 그렇다고 해서 1880년대의 그는 동정을 보내야 할 인물은 아니었다. 왜냐하면 그는, 분명 끝없는 기쁨을 느끼며 이룩했을 자신의 문체로 한 권 한 권 책을 써 내면서 어느 누구보다도 더 삶에 대한 경이와 힘과 기쁨을 찬양하고 있었기 때문이다.

저서

《비극의 탄생》

"원시적인 인간이나 민족 모두가 찬가 안에서 이야기하는 마취적인 음료의 영향에 의해 또는 전 자연을 환기시키는 봄이 찾아올 때에 그 디오니소스적 흥분은 각성한다."

니체가 갈구한 인간의 참된 모습은 고뇌를 극복하여 힘차게 산다는 그리스 비극적인 자세였다. 그는 거기에서 인간의 근본적인 의지를 발견한다.

니체는 쇼펜하우어 사상의 영향을 크게 받는다. 어느 날 그는 책방에서 쇼펜하우어의 저작 《의지와 표상으로서의 세계》를 발견하고, 빠져들듯이 읽었다 한다. 그 염세사상은 니체를 매료시켰다.

실제로 니체의 사상은 디오니소스적 세계관으로부터 시작되는데, 이는 인간의 근원적인 생명력을 찬미하는 것이다.

니체의 세계관과 사상은 《비극의 탄생》에 자세히 기록되어 있다. 그는 세계를 비극적이라고 생각하여 이를 인식하는 방법으로서 고대 그리스 비극과 바그너의 음악을 강조한 것이다.

니체에 의하면 일반적으로 그리스 인은 아름다움과 빛의 신인 아폴로를 상징하는 강한 빛을 갈구한 긍정적인 민족처럼 여겨지지만 실제로는 인생의 어둠이나 모순, 비합리성에 대한 감수성이 민감했다 한다.

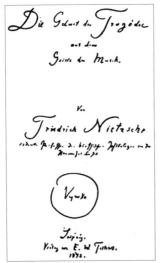

《비극의 탄생》 표지 초고

그래서 그리스 인은 부정적인 세계를 정규하면서 굳이 인생을 긍정적으로 생각하려 했던 것이다. 그것은 형체 있는 사물을 파괴하여 새로운 사물을 탄생시키는 근원적인 의지력이다. 이 의지를 니체는 '디오니소스적'이라고 이름 붙였다.

그러나 니체는 《비극의 탄생》에서 바그너를 너무 찬미한 나머지 학계로부터 비판을 받으며 고립된다.

디오니소스적인 세계에서는 형체에 집착하고 자기에 고집하는 자에게는 고뇌와 절망이 계속된다. 게다가 쇼펜하우어는 세계는 괴로움에 가득 차 있다고 설명했다.

그러나 니체는 그렇게 생각하지 않았다. 고뇌의 세계 속에야말로 디오니소스적으로 살아간다는 선택이 있다. 즉 생 그 자체의 근원으로 돌아가 그것과 일체하는 생을 받아들이는 것이다.

그렇게 하면 창조와 파괴로 가득한 유전(流轉, 끊임없이 변천함)의 세계 속에서 망아(忘我)와 도취에 둘러싸여 인생의 진정한 긍정자의 삶을 살 수 있다.

이와 같은 디오니소스적 세계관을 전형적으로 표현하고 있는 것이 그리스 비극이다. 그리스 비극의 주인공들은 인간의 힘찬 모습을 표현한다. 비극을 받아들이는 것은 인생의 긍정이었던 것

통음난무의 디오니소스 제전
니체는 그리스 문명에서 아폴론 정신과 디오니소스 정신을 동시에 보았다. 아폴론 정신은 엄숙하고 절제된 것이며, 디오니소스 정신은 광적이고 자유로운 것이다. 광적인 디오니소스 신도인 메나데스의 끔찍한 방랑은 디오니소스 정신의 지배하에서 이루어지던 것으로, 에우리피데스는 비극 《바쿠스 신의 여사제들》 속에 이들의 모습을 담았다.

이다. 비극의 영웅들과 같이 자기몰락도 긍정하려는 입장이야말로 니체가 갈구하는 모습이었다.

이 사상이 더 발전하여 모든 비극을 긍정한다는 니체 만년의 '초인' 사상으로 이어지게 된다.

《즐거운 지식》

《즐거운 지식》 이 책은 20세기의 정신을 날카롭게 예측하는, 니힐리즘(허무주의)의 끝을 보여 준다기보다 지적 용기를 북돋워 주는 교훈으로 가득 차

있다.

> 겁먹지 말고
> 네가 서 있는 곳을 깊게 파 내려가라!
> 그 밑에 샘물이 존재한다!
> "밑은 언제나 지옥이다!"라 외치는 것은,
> 검은 옷의 은자(隱者)에게 맡기자.

"이것을 하지 말라! 그만 둬! 자신을 이겨 내라!" 이렇게 외치는 도덕을 니체는 마음에 들어 하지 않았다. 그는 그와는 반대로 "무언가를 해라, 계속해서 해라, 아침부터 밤까지 해라, 그리고 밤에는 그것을 꿈꾸라." 이러한 격려와 용기를 주는 도덕, 그리고 이를 훌륭히 해내는 것, 가능한 한 혼자 훌륭히 해내는 것 외에는 무엇도 생각할 수 없게 만드는 도덕을 높이 평가했다. 이와 같이 살아가는 자들 중 삶에 복종하지 않는 자는 차례로 탈락한다. 니체의 엄격한 눈은 오로지 앞을 본다. "무엇을 버릴지의 결정은 자신이 해야만 합니다. 나는 행함으로써 버리는 것입니다." 이는 니체의 신조였다. 그는 살아 있는 한 자신의 영락(零落)을 갈구하지 않았으며, 모든 퇴영적인 덕, 본질이 부정과 자기단념 자체인 덕을 원치 않았다.

"당신은 현재를 살고, 또 살아 온 인생을 계속해서 살아야 할 것이다. 아무런 새로운 것 없이, 온갖 고통과 쾌락, 사상과 탄식, 당신의 인생에서의 무수한 크고 작은 일들 전부가 당신의 몸을 회귀(回歸)해야 한다. 더욱이 하나에서 열까지 전부 같은 순서와 맥락을 따라……" 악마가 이와 같이 고하였다면 어떻게 할 것인가? 분에 못 이겨 스스로 목숨을 끊을 것인가? 이 질문은 최대 위기를 맞은 여러분의 행위에 더욱 압박을 가할 것이다. 인간은 얼마만큼 자신과 인생을 안타까워해야 할까?

무언가를 쓰다 보면 점점 이해받고 싶다고 생각할뿐 아니라 이해받고 싶지 않다고 생각할 것임이 분명하다. 누군가가 이 책은 이해하기 어렵다고 했어도 책에 대한 저항은 아니다. 어쩌면 그것이야말로 저자 니체의 의도였을지 모른다. 그는 '아무에게나' 이해받는 것을 원치 않았다. 모든 고귀한 정신과 취미는 그 자신을 전달하려는 경우, 듣는 자를 고른다. 듣는 자를 고르는 것으로 방어하는 것이다. 무언가를 쓰는 문체상의 섬세한 법칙은 동시에 사람을 멀리하고 거리감을 느끼게 하며 '출입'과 이해를 금한다.

《반그리스도교》

《반그리스도교 *Der Antichrist*》는 1888년 9월 3일에서 30일 사이에 쓰인 것이다. 《우상의 황혼》이 완성된 직후이다. 원래 이 책은 《모든 가치의 재평가》라는 책의 제1부를 삼으려고 의도된 것이었다. 그 책의 구상은 아직도 남아 있는데 다음과 같다. '모든 가치의 재평가 제1권 : 반그리스도교. 그리스도교에 대한 비판 시도. 제2권 : 자유 정신. 허무주의 운동으로서의 철학에 대한 비판. 제3권 : 불멸자. 가장 숙명적인 무지인 도덕에 대한 비판. 제4권 : 디오니소스. 영겁회귀의 철학' 등이다. 여기서 지적해 두어야 할 점은 니체가 책의 구상을 아주 좋아했다는 것이다. 사후에 출판된 자료 중에도 이런 구상들이 수십 개나 포함되어 있고, 그 중에는 계획만 되고 실현은 안 된 《권력에의 의지》에 관한 25가지의 서로 다른 구상들이 들어 있으며, 구상으로서만 남아 있는 책들의 구상도 몇 개 된다. 그는 또한 가상의 책들을 위해 수많은 표지를 그려 놓았고 출판 일자만 빼놓고는 거기다 제목, 저자, 출판사명 등을 잉크로 깔끔하게 써 놓았다.

그러고 보면 《모든 가치의 재평가》를 위한 위의 구상도 반드시 써 내야겠다는 확실한 의도가 있었다고는 보기 어렵다. 사실 《반그리스도교》가 완성된 후 곧 니체는 자신의 어느 편지에서 그것을 '모든 것의 재평가'라고 일컫기도 했던 것이다. 그것이 1888년 가을이었다. 이때는 임박한 재앙이 그 그림자를 드리우고 있었던 때였다. 니체는 거의 병적일 정도로 초조하게 《모든 가치의 재평가》를 출판하고 싶어했는데 그것을 기다리지 못하고 《반그리스도교》의 길이 남을 만한 '책'을 세 권이나 더 써냈다. 그는 이미 자기 고백적 저서인 《이 사람을 보라》를 쓰기 시작하였으며, 《바그너의 경우》의 속편격으로 《니체 대 바그너》를 준비하고 있었던 것이다. 새해에 그는 세상 사람들의 머리를 향해 자신이 가진 모든 정신적 포탄을 남김없이 쏴대기로 한 것 같았다. 《반그리스도교》가 단독으로 나온 것은 그 때문이었다. 《반그리스도교》는 1888년 말까지 인쇄 준비가 되어 있었지만 실은 원고가 나우만에 가 있지 않았다. 그러는 동안 '재평가'라는 표현은 제목에서 빠져 있었다. 원고 상태의 표지 두 종류가 아직 남아 있다. 그 중 시간적으로 앞선 것은 말한 구상대로 '반그리스도교, 그리스도교에 대한 비판 시도. 모든 가치의 재평가 제1권'이라고 되어 있다. 아마 9월 3일에 쓰인 것 같다. 나중의 것은 '반그리스도교. 모든 가치의 재평가'라고 고쳐 쓰여 있다. 이 마지막의 것은 니체의 정신이상 초기의 특징을 잘 나타내는 뾰족뾰족한 필체로 쓰여져 있다. ―그의 필체에 익숙한 사람이라면 아무도 그것을 의심하지 않는다. 그가 발병한 후의 필체 변화는 그처럼 뚜렷했던 것이다. 그런데 《반그리스도교》는 부제를 달지 않은 편이 더 좋았을지 모른다. 이 책은 1895년 《Gesamtausgabe in Grossoktav》(나우만 출판사, 라이프치히) 제2권으로 초판이 나왔다. 원문에서 몇 군데 빠졌던 부분은 나중에 출판되었고 현재는 카알 슐레흐타(Karl Schlechta)판에 다시 들어가 있다.

'Der Antichrist'라는 제목은 아마 '반그리스도 교도'라는 의미도 될 수 있을 것이다. 독일어 Christ는 그리스도 교도라는 뜻이고, 그리스도에 해당하는 말은 Christus이기 때문이다. 그런데 니체는 《비극의 탄생》 1886년판의 서문으로 '자기 비판의 시도'라는 글에서 "……wer wüsste der rdchten Namen des Antichrist? (누가 안티크리스트의 올바른 이름을 알겠는가?)"라고 쓰고 있고 《이 사람을 보라》(Ⅲ2)에서는 "ich bin……der Antichrist(나는 안티크리스트다)"라고 쓰고 있다. 그로 보면 그는 분명히 그것을 '반그리스도'의 뜻으로 쓰고 있으며 '반그리스도 교도'라는 뜻으로는 쓰고 있지 않은 것 같다. 따라서 그리스도교에 대한 그의 반론 중에서도 가장 난폭하고 가장 도발적인 타이틀로 그가 말하려고 했던 것은 바로 《반그리스도교》라고 할 수 있다.

《차라투스트라는 이렇게 말했다》

"이전에는 신을 모독하는 것이 최대의 모험이었다. 그러나 신은 죽었다. 그리고 신과 함께 모독한 자들 또한 죽은 것이다." 《차라투스트라는 이렇게 말했다》는 니체의 분신인 차라투스트라(조로아스터)가 주인공으로, 그가 사람들에게 다양한 사상을 전한다는 서사적 철학서이다.

차라투스트라는 10년간 고독한 산 속에서 생활한 후 사람들에게 '신의 죽음, 니힐리즘의 도래, 초인' 등의 이상을 설명한다. 이 책은 표현이 난해하여 아래에 간단히 정리해 본다.

니체에 의하면 인간은 보다 높은 가치를 탄생시켰다는 '권력에의 의지'를 가진다. 그러나 현실에서는 그 '권력에의 의지'가 대부분 채워지지 않는다. 그렇게 되면 인간은 '어차피 현실에는 가치가 없다. 진정한 가치는 사후의 세계에 있다'는 원망에 빠진다.

그리하여 완성된 것이 과거의 철학이나 종교, 도덕이다. 그러나 그것들은 전부 허구였다. 그것은 '신의 죽음'이다. 이 세계에 절대적인 가치는 처음부터 존재하지 않았다.

이처럼 세계에는 처음부터 절대적인 진리·가치가 존재하지 않는다는 사고방식을 니힐리즘이라 한다. 니힐리즘에서는 인간은 '무엇을 위해?'에 대한 대답을 잃는다. '신은 죽었다'란 인간의 최고 가치를 잃는다는 것을 의미했던

《차라투스트라는 이렇게 말했다》표지
오늘날 세계 문학의 걸작으로 꼽는 이 책은 네 권으로 되어 있다. 니체는 이 책에서 자신의 철학사상을 개관했다. 그 형식과 사상, 특히 도덕 심리학에 대해 대담했으며 초인개념을 소개하고 있다.

것이다. 니체는 사람들이 언젠가는 니힐리즘에 직면하는 때가 오리라 예언한 것이다.

의미 없는 세계를 긍정적으로 산다. 니힐리즘이 공공연해진 이 세계에서 어떻게 인간은 힘차게 살아야 하는가? 인생에 의미가 없다 한다면, 그것은 견디기 어렵지 않을까? 이 의미 없는 반복이라는 자세를 니체는 '영겁회귀'라는 극단적인 본보기로 표현한다.

신이 존재하지 않는다면, 이 세계에는 창조도 종말도 없다. 시간은 둥근 원이다. 같은 것의 반복이 영원히 계속되는, 즉 '영겁회귀'이다.

이러한 세계에는 꿈도 희망도 없다. 그럼에도 불구하고 니체는 생각한다. 이 세계를 있는 그대로 받아들여 사랑해야만 한다고. 창조와 파괴가 영원한 둥근 고리의 디오니소스적 세계를 있는 그대로 긍정하고, "이것이 생이었던가, 그렇다면 한 번 더!" 하며 순간을 다시 사는 것이다.

같은 것이 반복되는 매일을 오히려 적극적으로 긍정한다. 그러한 태도를 니체는 '운명애'라 불렀다. 그리고 어떠한 괴로움도 있는 그대로 받아들이는

긍정적인 인간을 '초인'이라고 이름 붙여 언젠가 원망하지 않고 《권력에의 의지》를 솔직히 나타내는 '초인'으로 가득찬 세계가 출현하기를 바란 것이다.

《선악을 넘어서》

"그것은 유기적인 근본기능으로서 살리는 자의 본성에 속한다. 그것은 생명의 의지인 권력에의 의지 그 자체가 낳은 결과이다."

이야기되는 것 모두 《권력에의 의지》에 의한 해석에 불과하다.

니체는 이 세계에 진실은 없고, 강한 해석이 있을 뿐이라고 간파했다.

현실에 가치를 두지 않으면 힘이 안 난다.

니체는 소크라테스의 도덕주의나 플라톤의 이데아론은 현실도피이고 생의 데카당스(퇴폐현상)라고 비판했다.

본래 그리스 인은 디오니소스적인 생의 힘을 가지고 있었지만 그는 조금씩 시들고, 현실을 넘은 이데아계의 피안을 갈구하게 되었다. 이는 디오니소스적인 힘을 약화시킬 것이다.

왜냐하면 현실의 인생을 긍정하지 않고 현실을 초월한 세계를 갈구한다는 것은 자신이 약한 것을 폭로하는 것과 마찬가지이기 때문이다.

예를 들어 자신이 있는 사회의 세일즈맨이었다고 하자. 회사로부터는 할당량(책임)이 부과되어 있다. 자신은 할당량을 좀처럼 채우지 못한다. 다른 사원들은 자신을 점점 추월해 간다.

그런 이유로 '뭘 이 정도 가지고! 힘내서 할당량을 채우자!'고 생각하면 좋지만, '내가 나쁜 게 아니야, 상사가 나쁜 거지"라든가 '회사가 나쁜 거야', '이 자본주의 사회가 나쁜 거야'라고 생각한다면, 그는 현실을 원망하는 것이다.

니체는 현실세계를 원망하는 것으로 인간의 힘찬 생을 잃어버린다고 생각했다.

지금 자신이 살고 있는 환경은 허구로, 진리의 세계는 달리 있다면 의욕이 사라진다는 것이다. 니체의 사상이 참신했던 것은 그가 도덕을 비판한 곳에 있다. 일반적으로 도덕은 좋은 것이고, 누구도 그 진위에 대해 의심치 않는다. 그러나 그는 도덕을 비판했기 때문에 비난도 많이 받는다. 처음에는 모두에게 이해받지 못했다는 사실도 이해가 간다.

우선 니체는 진리라는 것이 있다면, 그것은 인간의 자만이 탄생시킨 망상에 불과하다 말한다.

그러나 진리가 존재한다고 설명하는 철학자는 많이 존재했다. 소크라테스나 플라톤 이래, 진리는 설명되었고 나아가서는 그리스도교 철학 또한 진리를 주장했다.

니체에 의하면 진리가 존재하는 것이 아니라 진리를 알고 싶어하는 인간적·생물적인

《차라투스트라는 이렇게 말했다》의 삽화
제단에 성스러운 불을 바치는 차라투스트라. 구름 위에 올라가 있는 인물도 차라투스트라이다. 18세기 목판화. 피카르 작.

'진리에의 충동'이 존재하는 것뿐이다. 그렇게 되면 진리란, 개개인 자신이 편한 쪽으로 만들어 나간 것임에 틀림없다. 이데아도 신도 인간의 날조이다. 그리고 또한 도덕도 그것에 포함된다. '이것이 옳다'고 외치는 사람은 어째서 그것이 옳다는 것을 알고 있는 것인가? 그렇다, 그는 알고 있는 것이 아니다. 그렇게 생각하고 있었을 뿐이다. 그러므로 시간에 도덕은 권력으로서 작용하는 것이다.

사상

충실한 삶이란 무엇인가

니체는 학교에서 주로 고전을 공부하였다. 그는 매우 명석했고 20대 중반에 정교수가 되었다. 이는 매우 드문 일이었다. 그러나 니체는 정식으로 철학을 전공한 일은 없다. 그가 철학에 입문하게 된 계기는 쇼펜하우어의 책을 접하면서였다. 그는 쇼펜하우어처럼 학계에 남아 있기를 포기하고 오랫동안 스위스와 이탈리아에서 고독하고 적적한 삶을 살았다. 16년이 넘는 세월 동

안 니체는 난해한 문체의 저작을 쏟아 냈다.

젊은 시절 니체는 쇼펜하우어를 추종하는 동시에 작곡가 바그너에 심취했다. 나이 차가 컸지만 바그너와 니체는 친구가 되었다. 그러나 니체는 결국 바그너와 쇼펜하우어 모두에 반대함으로써 홀로 서게 된다. 니체는 유명한 반(反)바그너 논쟁을 불러일으킨 두 권의 책, 《바그너의 경우》과 《니체 대 바그너》를 썼다.

니체는 또 신은 없으며 인간은 불멸의 영혼을 가지지 않는다는 쇼펜하우어의 주장에 동의했다. 그리고 그는 우리의 삶이 대체로 무의미한 고군분투이며, 우리가 의지라고 부르는 비합리적인 힘에 따라 움직인다는 것에 동의했다. 그러나 그는 이 세계가 전체 실재의 부분, 그것도 중요하지 않은 부분에 불과하다는 쇼펜하우어의 견해는 받아들이지 않았다. 니체는 이 세계가 실재의 전체라고 믿었다. 무엇보다도 니체는 우리가 이 세계를 혐오하고 외면하고 거부하며 떠나야 한다는 쇼펜하우어의 결론을 거부했다. 오히려 우리는 우리의 삶을 그 자체로 충실하게, 할 수 있는 모든 것을 하면서 살아야 한다고 생각했다. 니체의 철학이 제기한 주된 내용은 신도 없고 의미도 없는 이 세계에서 어떻게 하면 잘 살 수 있는가에 대한 것이었다.

니체의 저서들은 뚜렷하게 세 가지로 구분된다. 초기 작품 《비극의 탄생》과 《반시대적 고찰》(1873)에서는 쇼펜하우어와 바그너의 영향을 받은 낭만주의적 관점이 지배적이었다. 중기 작품 《인간적인 너무나 인간적인》에서 《즐거운 지식》(1882)까지는 이성·과학·문학 장르의 실험 등을 찬양했고 초기 낭만주의, 바그너, 쇼펜하우어 등에게서 벗어났음을 보여 주었다.

원숙기 철학은 《즐거운 지식》 이후에 나타난다. 원숙기 저작에서는 주로 가치의 기원과 기능을 다루었다. 생에 내재적 가치가 있는 것도 없는 것도 아니면서 항상 생이 평가되고 있다면 그러한 가치평가는 평가자의 조건을 나타내 주는 것으로 볼 수 있다. 그는 특히 서유럽의 철학·종교·도덕의 기본적인 문화적 가치들을 금욕주의적 이상(理想)의 표현이라고 보았다.

금욕주의적 이상은 고통이 궁극적 중요성을 갖는다는 생각에서 나온다. 니체에 따르면 유대─그리스도교 전통은 고통을 신의 의도이자 죄값음의 기회로 해석함으로써 견딜 만한 것으로 만들어 버렸다. 따라서 그리스도교의 승리는 개인의 불멸성이라는 교리와 개인의 삶과 죽음은 우주적 의의를 갖는다는 기만에 힘입은 것이었다. 이와 마찬가지로 전통철학은 신체에 비해 영혼, 감각에 비해 정신, 욕망에 비해 의무, 현상에 비해 실재, 시간적인 것(일시적인 것)에 비해 무시간적인 것(영원한 것)에 특권을 부여함으로써 금욕주의적 이상을 표현했다. 그리스도교가 죄지은 자들에게 구원을 약속한 반면, 철학은 현자들에게 세속적인 것이긴 하지만 구원의 희망을 제시했다. 전통적인 종교와 철학의 공통점은 존재는 설명·정당화·속죄

쇼펜하우어 (1788~1860)

등을 필요로 한다는 가정을 숨기고 있다는 점이다. 양자는 경험을 다른 세계, 이른바 '참된' 세계를 빌려 훼손한다. 양자는 몰락하는 생이나 비탄에 빠진 생의 징후로 볼 수 있다.

진정한 가치란 무엇인가

가장 매력적인 니체의 이론은 스토아적 영웅주의라고 할 수 있다. 즉 우리는 스스로 가장 어렵고 마땅치 않은 진리에 맞서 이를 분명하게 직시해야 한다는 것이다. 그리고 삶 그 자체 외에는 어떠한 보상도 없이 이 진리에 따라 살아야 한다는 것이다. 종교적 믿음의 부재를 의식적으로 손실이라고 느끼는 많은 대담한 사람들은 자신들에게 이러한 본보기를 보여 준 니체에게 고마워했다. 이러한 길을 걷는 니체의 고유한 영웅주의는 의심할 바 없는 것이다. 정신분석학의 창시자 프로이트는 니체에 대해 "나의 젊은 시절에 니체는 내가 얻을 수 없던 고귀함을 의미했다"라고 말했다. 프로이트의 전기 작가는 또한 "프로이트는 니체를 두고 지금까지 살아 온 사람들이나 살아 갈 사람들 중에서 가장 잘 스스로를 꿰뚫어 본 사람이라고 여러 번 말했다"고 한다.

니체의 철학은 기존의 도덕과 가치를 고수하는 우리의 태도에 대한 맹공

으로 시작한다. 기존의 도덕과 가치는 크게 보면 고대 그리스와 유대─그리스도교 전통에서 비롯된 것이다. 이는 사람들이 그다지 믿지 않는 종교와, 오늘날의 사회와는 아주 다른 사회에서 나온다는 것을 의미한다. 그러므로 이는 옹호될 수 없다고 니체는 말한다. 우리가 받아들이지 않는 토대 위에 세워진 가치 체계에 따라 살 수는 없다. 이는 우리와 우리의 삶을 엉터리로 만들어 버린다. 우리는 우리의 가치를 지지할 진정한 토대를 찾지 못하면 우리가 진정으로 추구할 수 있는 다른 가치들을 찾아야 한다.

전통 도덕에 대한 니체의 비판 초점은 '주인' 도덕과 '노예' 도덕의 유형학이다. 니체는 독일어 어휘 'gut'(좋은, 선한)·'schlecht'(나쁜)·'böse'(악한) 등을 검토하면서 선악의 구별은 원래 비도덕적인 기술(記述)에 쓰인 것으로 선은 우월한 주인, 악은 열등하고 천한 노예를 가리켰다고 주장했다. 그런데 노예가 주인에게 복수하기 위해 지배의 속성들을 악으로 규정함으로써 선과 악의 대조가 생겨났다는 것이다. 그리하여 우월함은 악덕이 되었고, 자애·겸손·복종이 경쟁·자존심·자율성으로 대체되었다. 노예 도덕의 승리에 결정적으로 이바지한 것은 노예 도덕만이 참된 도덕이라는 주장이었다.

이러한 절대성에 대한 주장은 종교적 윤리와 마찬가지로 철학적 윤리에도 중요하다. 니체는 주인·노예 도덕의 역사적 계통학을 제시했으면서도, 이 계통학은 모든 사람에게 나타나는 특성에 대한 비역사적 유형학이라고 주장했다.

니체는 계속해서 우리의 기존 가치를 공격하고 우리가 이를 버려야 한다고 주장한다. 동물 상태에서 인간이 출현하고 문화와 문명이 발전된 것은 강자가 약자를, 능력 있는 사람이 무능력한 사람을, 지혜로운 사람이 어리석은 사람을 지속적으로 도태시켰기 때문이다. 이러한 과정이 무수한 세대를 거치며 진행되었으므로 이러한 것들을 가치 있다고 생각할 뿐, 다른 이유는 없다. 그러나 니체는 이른바 소크라테스나 예수와 같은 성인들을 예로 들어 이러한 가치들은 모두 잘못된 것이라고 말한다. 여기서 이러한 가치라 함은 강자에 반해 약자를 보호하는 법칙이 있어야 하고, 힘이 아닌 정의가 지배해야 하며, 모험적인 사람이 아니라 겸손한 사람이 세력을 가져야 한다는 것이다.

이러한 가치에 따라 인간이 동물보다 나은 존재가 되고 문화와 문명이 존재하게 되는 과정이 지속되는 것이다. 자연의 지도자들, 즉 대담한 사람들, 용

기 있는 사람들, 그리고 혁신자들은 자신들을
죄인으로 취급하는 가치 체계에 속박된다. 그
리고 다른 사람들을 위해 봉사하는 삶, 자기
부정, 자기 희생과 같은 노예의 전형적인 특징
이 도덕으로 여겨진다. 재능 있는 사람들조차
도 니체가 '자기가 박탈되었다'고 한 경우에 해
당된다. 그리고 이것은 모두 도덕의 이름으로
행해지는 일이다. 이 모든 것은 가능한 최악의
타락, 문화와 문명을 만든 모든 것에 대한 거
부라고 니체는 말한다. 이것이 지속된다면 이
는 우리가 이 세계에서 가장 가치 있다고 하는

바그너(1813~1883)

모든 것을 끝장나게 할 것이다. 우리는 결코 이 노예 도덕을 지속해서는 안
된다.

그러나 우리가 노예 도덕을 거부하면 우리는 어떻게 새로운 도덕과 가치,
즉 우리가 기준으로 삼을 만한 진정한 도덕을 찾을 수 있을 것인가? 니체는
신은 없고 오직 이 세계만이 유일하기 때문에 도덕·윤리·가치 등은 이른바
초월적인 것이 될 수 없다고 주장한다. 즉 이 세계가 아닌 '다른' 곳은 없으
므로 세계의 외부에서 새로운 도덕을 끌어올 수는 없다. 결국 인간이 만들어
야 하는 것이다. 예전에 우리가 스스로를 격하시켰던 노예 도덕은 어떤 성스
러운 것에서 우리에게로 내려온 것이 아니다. 이는 노예 도덕의 가치 체계를
작동시키는 데에 관심을 가진 노예, 평민, 하층민들 스스로가 인정하도록 한
것일 뿐이다. 물론 그들이 왜 노예 도덕을 받아들이기를 원했는지는 너무나
자명한 일이다.

일단 우리 인간이 가치의 창조자라는 사실을 이해하면 모든 가치를 선택
하는 자유를 우리가 가지고 있다는 것 또한 깨달을 수 있다. 그리고 이는 우
리로 하여금 동물의 왕국에서 벗어나 문화와 문명을 창조하게 하는 가치들
임이 분명하다. 이는 삶의 모든 측면에서 우월한 사람이 열등한 사람을 제거
하는 것이다. 상상력이 있는 사람들, 대담한 사람들, 창조적인 사람들, 용감
한 사람들, 호기심 많은 사람들과 같은 자연의 지도자들은 노예 도덕에 속박
되지 않고 마음껏 삶에 충실해야 하며 자유롭게 스스로의 존재를 실현해야

한다. 니체는 이러한 충동을 '힘에의 의지'라고 불렀다. 그는 힘에의 의지라는 표현을 정치뿐 아니라 문화에도 적용한다.

자신의 가능성을 최대한 실현하는 인간은 일종의 '인간을 넘어선 존재'가 된다. 따라서 니체는 '초인'이라는 용어를 만들어 냈고 이는 영어를 포함한 유럽 언어에 새롭게 등장하게 되었다. 니체는 나폴레옹 1세 같은 사람들뿐 아니라 루터나 괴테와 같은 사람들, 심지어는 그 스스로 부정적으로 생각했던 소크라테스까지도 강력한 개인적인 힘과 용기로 자신의 삶의 기획을 실현한 초인이라고 불렀다. 이러한 가치들을 받아들인다면 두 가지 효과를 가져올 것이다. 먼저 인류의 창조적인 잠재력이 속박되지 않을 것이다. 따라서 삶의 모든 영역에서 가장 최고의 목표가 성취될 것이며 문화와 문명이 가능한 한 가장 빠른 속도로 발전할 것이다. 또 재능을 부여받은 사람들은 자기 실현의 삶을 영위할 수 있을 것이다. 그리하여 좌절이 아닌 개인적인 행복, 단순히 순간적인 쾌락을 즐기는 것이 아니라 자기 실현의 행복을 누릴 것이다.

긍정적인 삶

무엇보다 삶을 긍정하는 가치를 받아들여야 한다고 니체는 말한다. 우리는 저마다 온전한 자기 자신이 되어야 하며 자신의 가능성을 완전히 실현하면서 긍정적인 삶을 살아야 한다. 니체가 자주 쓴 표현 중 하나는 '대담하게'이다. 아마도 니체의 본질적인 가르침은 '대담하게 너 자신이 되어라'일 것이다.

이는 결국 모든 생물의 본성에서 나오는 즉각적인 행동 양식일 것이다. 물론 이는 우리가 다른 사람과 갈등하게 만들 수도 있다. 그러나 그것은 별 문제가 되지 않는다. 용감하고 모험적인 사람들은 갈등을 자극으로 받아들이고 즐긴다. 갈등은 사람들을 가장 멀리 뻗어 나가도록 도와 준다. 이 또한 용감하고 모험적인 사람들이 좋아하는 것이고 이들의 능력을 계발하는 것이다. 물론 약한 자들은 압도당할 것이다. 이것도 좋다. 투쟁·고통·패배 등을 없애려는 것은 나쁜 날씨를 없애려는 것처럼 이해할 수 없는 무모한 일이다.

니체는 다른 모든 가치들을 삶에 대한 긍정이라는 척도로 판단한다. '선하다'는 것은 삶 또는 삶의 긍정을 주장하는 것이다. 심지어 '참이다'라는 것도 삶의 편에 있는 것이지 삶에 반대하는 것이 아니다. 비판가들은 니체에게 "그런데 도대체 주장하는 바가 무엇인가? 당신은 지금 이 삶 이외의 다른 삶은 없고 이 세계 이외의 다른 세계도 없다고 말한다. 그러면 누가 무엇을 하든 그것이 무슨 상관인가? 승승장구하고 자기 실현을 하는 삶도 곧 죽음으로 끝날 것이다. 그렇다면 그 사람들도 곧 더 이상 존재하지 않을 터이며 모든 것이 결국 잊혀지고 말 것이다. 모든 것이 영원한 무(無)로 사라져 버릴 것이다. 그런데 도대체 뭐가 어떻다는 말인가?"라고 반문할 수도 있다.

프로이트(1856~1939)

이에 대해 니체는 두 가지 답변을 내놓는다. 먼저 니체의 결론은, 삶은 자기 실현을 위한 방편으로서 그 자체로 살 만한 가치가 있다는 것이다. 자기 실현을 향한 삶은 자신의 외부에서 의미를 구하고자 하지 않는다. 즉 삶은 삶 그 자체로만 의미 있는 것이다. 이러한 측면에서 삶은 예술 작품과 같다고 말할 수도 있겠다. 이러한 사실을 통해 니체 자신과 다른 사람들은 그가 삶에 대한 미적 이해(이는 삶에 대한 니체의 태도에 예술적인 면이 없으므로 오해될 수 있는 표현이다)를 가지고 있다고 말한다. 그의 두 번째 답변은, 모든 것은 영원한 무로 사라져 버리는 것이 아니라 영원으로 되돌아온다는 것이다. 시간의 흐름은 광대한 우주적 주전원(周轉圓 : 중심이 다른 큰 원의 주변에서 회전하는 작은 원)의 형태로 이루어진다. 따라서 예전에 생겨난 모든 것은 결국 다시 돌아올 것이고 오랜 시간이 흘러 다시 또 돌아올 것이다. 우리의 존재를 완전히 실현하면서 살면 그것은 영원히 사는 것과 마찬가지이다. 그리고 시간의 영원회귀는, 유한하고 제한된 세계에서 우리를 영원한 삶에 최대한 가깝게 데려다 줄 것이다.

우리는 니체의 철학이 제기하는 도전과 그 도전에 대한 니체 자신의 대답을 구분해야 한다. 사람들은 대부분 니체의 대답은 거부하는 반면에 니체의 도전은 타당하고 매우 강력한 것으로 생각한다. 도전의 본질적인 내용은, 우리가 더 이상 전통적인 종교의 믿음을 유지하지 않는다면, 이로부터 정당화되는 도덕과 가치를 받아들이는 태도는 비합리적이라는 것이다. 만일 이를 받아들인다면 우리의 입장은 엉터리가 될 것이다.

우리는 니체가 말한 대로 우리의 가치를 재평가해야 하는 의무를 가지고 있다. 다른 말로 하면, 우리는 진정한 믿음에 기초하고 있는 우리의 도덕과 가치에 대한 근본적인 재평가를 수행해야 한다. 이는 점점 더 비종교적으로 변해 가는 이 세계에 대한 근본적이고 섬뜩한 도전이다. 니체가 이 도전을 제기한 이래로, 이는 서유럽 인뿐 아니라 종교에 대한 믿음을 더는 가지고 있지 않은 사람들이 직면하는 최고의 윤리적 도전이 되었다. 니체의 도전은 20세기 실존주의 철학자들에게 도덕적인 논쟁거리를 제공해 주었다. 이 문제를 진지하게 고려해 본 사람들조차 대부분은 여전히 답을 찾지 못하고 있다. 많은 사람들의 견해에 따르면, 이것이 오늘날 우리가 직면한 가장 중요한 철학적 문제이다. 이 문제에만 관련해서 볼 때 니체는 다른 철학자들을 이끄는 선구적인 문제 제기를 한 것이다.

허무주의

니체는 금욕주의적 이상에 의해 최고의 가치로 정립된 것을 평가절하하기 위해 '허무주의'란 용어를 썼다. 자신이 살았던 시대를 수동적 허무주의 시대, 즉 19세기에 실증주의가 출현함으로써 종교적·철학적 절대성이 이미 해체되었음을 아직 모르고 있는 시대라고 보았다. 형이상학적이고 신학적인 기초와 전통적인 도덕이 허물어짐으로써 이제는 무목적·무의미 등의 느낌만이 남았다. 무의미의 승리는 곧 허무주의의 승리이며, 따라서 '신은 죽었다.' 그러나 니체는 대부분의 사람들이 금욕주의적 이상의 쇠퇴와 존재의 본래적 무의미를 받아들일 수 없을 것이므로 삶에 의미를 주는 대리 절대자를 찾으리라고 보았다. 당시 등장하던 민족주의가 그러한 불길한 대리 신이고 민족국가는 초월적 가치와 목적을 부여받게 될 것이라고 그는 말했다. 철학과 종교가 교의의 절대성을 표현한 것으로 볼 수 있듯이, 절대성은 사명감과 정열을 지닌 민족국가에도 나타난다고 보았다. 경쟁자에 대한 살육과 영토의 정복은 보편적 형제애와 민주주의·사회주의의 깃발 아래 진행된다. 니체의 이러한 선견지명은 날카로운 것이었다.

니체는 자신의 저작들을 허무주의와의 투쟁으로 보았다. 종교·철학·도덕에 대한 비판을 바탕으로 퍼스펙티브주의(perspectivism), 권력을 지향하는 의지, 영원한 회귀, 초인(超人)에 관한 독창적인 사상을 발전시켰다.

퍼스펙티브주의는 지식이 항상 특정한 퍼스펙티브에 의존한다고 주장하는 태도이다. 즉 순수한 지각은 존재하지 않으며, 관점 없는 지식이란 특정한 관점 없이 본다는 것만큼이나 모순적이다. 퍼스펙티브주의는 모든 것을 포괄하는 퍼스펙티브가 가능하다는 주장을 거부한다. 모든 것을 포괄하는 퍼스펙티브란 대상을 가능한 모든 관점에서 동시에 본다는 생각과 마찬가지로 받아들일 수 없는 것이다.

니체의 퍼스펙티브주의는 때로는 상대주의나 회의주의로 오해받아 왔다. 그렇다고 해서 퍼스펙티브주의에 문제가 없는 것은 아니다. 퍼스펙티브주의는 니체의 주장, 이를테면 지금까지의 지배적인 가치는 금욕주의적인 이상에 따른 것이었다는 주장을 어떻게 이해해야 하는가 하는 문제를 제기한다. 이러한 주장은 절대적으로 옳은 것인가, 아니면 특정한 퍼스펙티브에서만 옳은 것인가? 퍼스펙티브주의는 퍼스펙티브주의 자체가 절대적 참이라고 가정할 수밖에 없을 텐데, 이는 자기모순이 아닐까? 이러한 문제들과 관련해서 지금까지 인식론에서 유용한 작업과 풍부한 주석서가 많이 나왔다.

니체는 종종 생을 권력을 지향하는 의지, 즉 성장과 영속을 위한 본능과 동일시했다. 이러한 개념은 금욕주의적 이상을 해석하는 또다른 방식을 제시한다. 이 점은 그가 "이 의지가 '결여'된 인류의 모든 최고 가치는 쇠퇴와 '허무주의적' 가치의 징후이면서도 신성한 이름을 내걸고 주인행세를 하고 있다"고 주장하는 데서 나타난다. 따라서 전통적인 철학·종교·도덕은 불충분한 권력의지의 옷으로 치장하고 있다. 서유럽 문명을 떠받치고 있는 가치들은 퇴폐의 승화된 산물이었다. 몇몇 주석가는 니체가 말하는 권력을 지향하는 의지라는 개념을 인간의 삶만이 아니라 유기적·무기적 영역에까지 확대 적용함으로써 니체를 권력의지의 형이상학자로 해석하기도 한다. 하지만 이러한 해석은 지지하기 어렵다.

영원회귀의 원리는 《차라투스트라는 이렇게 말했다》의 기본사상이다. 영원회귀란 서로 다른 삶이 무한히 반복됨을 뜻하는 것이 아니라 삶의 매순간과 모든 순간이 조금도 바뀌지 않은 채 무한히 되풀이되는 것을 뜻한다. 니체는 영원회귀를 받아들일 수 있는 사람이야말로 '초인'일 것이고 초인과 보통사람의 거리는 인간과 원숭이 사이의 거리보다 더 멀다고 말하고 있다. 주석가들은 아직도 영원회귀를 기꺼이 받아들이는 인간을 규정하는 특수한 속성들이 있는가에 대해 의견을 달리하고 있다.

민족주의와 반유대주의를 경멸한 니체

니체의 철학은 자신의 문제제기에 대해 스스로 내놓은 답변이 독단적이므로 철학을 주도하는 지위에 있지는 않다. 그러나 니체의 사상은 반세기 동안 커다란 영향력을 행사했다.

파시즘의 창시자 베니토 무솔리니는 니체에 심취해 있었다. 히틀러는 1938년 무솔리니와의 역사적 만남에서 니체 선집을 선물로 주었다. 나치는 선전 문구에서 '초인, 힘에의 의지'와 같은 니체의 표현을 자주 썼다. 니체의 철학은 파시스트 사상을 대변하는 목소리로 여겨졌다. 따라서 이러한 생각은 오랫동안 파시즘을 증오하는 사람들에게 니체 철학의 진가를 알게 하는 데에 걸림돌로 작용하였다.

니체의 이름이 아돌프 히틀러 및 파시즘과 연결된 것은 주로 그의 누이동생 때문이었다. 그녀는 대표적인 국수주의자이자 반유대주의자인 베른하르트 푀르스터와 결혼했는데, 1889년 푀르스터가 자살한 뒤 니체를 푀르스터의 이미지로 개조했다. 그녀는 니체의 작품들을 무자비하게 통제했고, 탐욕에 사로잡혀 니체의 버려진 글들을 모아 《권력에의 의지》(1901) 등을 출판했다. 히틀러에 대한 그녀의 열렬한 지지 때문에 대중은 니체를 독재자 히틀러와 연결지어 생각하게 되었다.

니체가 나치를 옹호한 철학자라는 주장을 볼 때, 니체가 독일 민족주의를 조롱했으며 반유대주의를 경멸했다는 것이 강조되어야 할 것으로 보인다.

니체는 그 자신 또한 독일인이었지만, 독일인에 대해 늘 비판적인 발언을 서슴지 않았다. 예를 들어 '독일인은 위트가 되었든, 지식이 되었든, 감정이 되었든, 지루하게 하는 법을 아는 특별한 재주를 가지고 있다' '위대한 독일인의 깊이는 일반적으로 보기 싫은 상자에 밀봉되어 있다' 등이다.

히틀러(왼쪽)와 무솔리니(오른쪽)
《권력에의 의지》에서 나온 문구는 히틀러와 무솔리니의 파시스트 운동 선동에 이용되었다. 그러나 니체는 결코 민족주의자도 반유대주의자도 아니었다. 니체는 '초인개념'과 '순수 아리아 인'이라고 하는 나치의 개념을 연결짓는 것은 중대한 오류이다. 사진은 1939년 독·이군사동맹 협정 당시 모습이다.

그리고 반유대주의는 우스꽝스러운 것이라고 생각했다. 니체는 "반유대주의는 유대인들이 지성과 돈을 모두 가지고 있다는 이유로 그들을 용서하지 않는 것이다. 반유대주의는 '서투른 실수'의 또 다른 이름이다"라고 말했다.

니체는 특히 반유대주의에 대한 독일인의 태도에 대해 비판적이었다. 반유대주의에 대한 니체의 마지막 말은 "나는 모든 반유대주의자를 빗대어 말한 것이다"였다. 니체는 결코 나치주의자가 아니었다.

뛰어난 철학자이면서 예술가였던 니체

니체는 어떤 사람은 죽은 뒤 다시 태어난다고 쓴 적이 있는데, 이 말은 자신에게도 적용된다.

니체 없이는 20세기의 철학·신학·심리학의 역사를 생각할 수 없다. 예를 들면 독일의 철학자 막스 셸러·카를 야스퍼스·마르틴 하이데거는 그에게 많은 빚을 지고 있으며, 프랑스의 철학자 알베르 카뮈·자크 데리다·미셸 푸코 등도 마찬가지이다. 철학과 문학비평에서 일어난 실존주의와 해체주의는 그에게 힘입은 바가 크다. 신학자 파울 틸리히, 레프 셰스토프는 《신은 죽었다》의 신학자인 토머스 J.J. 알타이저와 마찬가지로 그의 영향을 받았다. 20세기 위대한 유대 철학자 마르틴 부버는 니체가 그의 삶에 가장 큰 영향을 미친 세 사람 가운데 한 사람이라고 지적하고, 《차라투스트라는 이렇게 말했다》의 1부를 폴란드 어로 옮겼다. 니체가 자기를 그 누구보다도 더 철저하게 이해했다고 말한 지그문트 프로이트·알프레트 아들러·카를 융 등 심리학자도 깊은 영향을 받았다.

특히 니체는 창조적인 예술가들에게도 폭넓은 영향력을 발휘했다. 니체는 철학자들 중에서 가장 뛰어난 문학가이다. 많은 독일인들은 니체를 독일 산문가 중에서 가장 위대하다고 생각했다.

국제적으로 인정받은 희곡 작가 아우구스트 스트린드베리와 루이지 피란델로는 특히 니체의 영향을 많이 받았다. 버나드 쇼는 자신의 희곡에 《인간과 초인》이라는 제목을 붙였다. 그리고 이에 대해 "나의 명성은 사람들로 하여금 자신들의 도덕을 다시 생각하도록 만든 지속적인 노력에 따라 얻어진 것이다"라고 말했다. 버나드 쇼는 니체의 사상이, 셰익스피어가 리차드 3세의 입을 통해 말하는 다음 세 줄의 말로 표현된다는 것을 잘 알고 있었다.

"양심은 겁쟁이들을 이용해 먹는 말에 지나지 않고, 원래 강자들을 두려워하게 만들기 위해 고안된 것이다. 우리의 강력한 팔이 우리의 양심이고, 우리의 칼이 우리의 법이다!"

당시 영국의 시인인 윌리엄 버틀러 예이츠는 니체의 책을 읽고 난 후 자신의 시적 발전의 방향을 바꾸었다. 독일 시인들 중에서는 릴케와 스테판 게오르게, 소설가 중에는 토마스 만과 헤르만 헤세가 니체의 영향을 받았다. 프랑스에서는 앙드레 지드·앙드레 말로·알베르 카뮈·사르트르에 이르는 작가들이 그의 영향을 받았다. 이러한 모든 것을 고려해 볼 때, 니체가 뛰어난 유럽 작가들에게 마르크스를 제외한 근·현대 사상가들 중에서 가장 큰 영향을 끼쳤음을 확실히 알 수 있다.

니체가 그렇게 많은 창조적인 예술가에게 영향을 줄 수 있었던 이유는 그 자신이 예술가였기 때문이다. 니체는 좋은 시를 썼으며, 부족한 실력이나마 직접 음악을 작곡했다. 그의 인생에서 가장 중요한 우정은 작곡가 바그너와의 교류였다. 무엇보다도 중요한 점은 그가 화려한 문체를 가지고 있었다는 사실이다. 이는 다른 작가들에게도 아주 매력적이었다.

철학자가 작곡가들에게 영향을 끼치는 것은 흔한 일이 아닌데도 말러·프레더릭 딜리어스·아놀드 쇤베르크 등은 모두 니체의 말을 음악에 사용했다. 특히 리하르트 슈트라우스는 〈차라투스트라는 이렇게 말했다〉라는 제목의 교향시를 작곡했다. 이처럼 니체는 19세기 후반에서 20세기 초반의 문화에 매우 폭넓게 영향을 끼쳤다. 분명히 니체는 지금까지 살았던 가장 영향력 있는 철학자들 가운데 한 사람이다.

평설

왜 니체를 읽는가?

왜 니체의 책을 읽는가? 그것도 한 권이 아닌 여러 권을 말이다. 따지고 보면 읽어야 할 책은 니체의 책 말고도 많다. 또 세상엔 책 읽는 일 말고도 할 일이 많다.

니체는 '한가닥 이성과 자유 의식 이상으로 값비싸게 사들였던 것은 없다. 그것 때문에 우리는 지금 자부심을 느끼고 있다'고 《아침놀》의 잠언 18에서 쓰고 있다. 그는 또 《권력에의 의지》 서문의 초고에서 '더도 덜도 말고, 생각을 자극하는 한 권의 책……'이라고 쓴 적이 있는데 그것이야말로 우리가 니체의 책들을 읽는 이유 중의 하나일 것이다.

니체의 책들은 생각을 자극하는 특유의 과정을 제공해 준다. —그 이상도 그 이하도 아니다. 정신의 독자성이야말로 그가 무엇보다 강조하여 가르친 것이었다. 그는 새로운 사상이나 새로운 학문을 우선시한다기보다 애지(愛智)로서의 철학, 정신을 활동하게 하고 생산적이게 만들고, 원활하게 만드는, 하나의 자극제로서의 철학을 가르쳤다.

그런데 우리가 가진 그 인간 이성의 작은 일편이란, 값비싸게 사들여진 것이기도 하지만 쉽사리 잃어버리기도 하는 것이다. 인류가 그 이성을 잃으면 자랑스러워 할 만한 것이 도대체 얼마나 남을까. 그 사실을 항상 염두에 두지 않는 한 우리는 어쩌면 정말 그것을 잃어버릴지도 모른다. 그런데 그 이성을 잃어버리는 편이, 아니면 적어도 그것을 감퇴시키거나 억제시키는 편이 자기네에게 이롭다고 생각하는 사람들이 있다. 뚜렷한 인간혐오자가 아닌 한 그보다 더 잘못된 생각을 할 수는 없을 것이다. 그러나 오늘날과 같은 격동의 세계에서는 도처에서 지성이 수세에 몰려 있다. 그래서 그것이 살아남기 위해서는 투쟁을 해야 할 판이다.

무엇으로 오늘날의 시대를 특징지을 수 있을까? 감정의 과잉, 감정의 끊임없는 자극 그리고 그것을 더욱더 자극받게 만들고 싶은 욕구, '이성'적인 것이 아니고 순전히 감정적 반사로서 민족주의와 반민족주의, 또 가장 어리석은 정념과 탐욕과 원한을 빤히 들여다보이게 감추고 있는 '이데올로기들', 궁극적인 증거로서의 '증오'(이를테면 전쟁에 대한)와 '사랑'(이를테면 평화에 대한), 물론 그것들도 증거가 되기에는 터무니 없는 것이라, 단 한 가지 체험만으로도 그 양극성을 뒤집어 엎고 하룻밤 사이에 부정을 긍정으로 뒤바꾸어 놓을 수도 있다. 사적인 세계에서 볼 수 있는 감정에 대한 끊임없는 호소. 그것도 지나치게 엄격한 양육을 받은 것에 대한 반발로서가 아니라 두뇌로부터 '가슴'으로의, 그리고 더 아래로의 도피로서, 더 많은 자유의 요구로 표현되는, 어떤 특정한 감정에 사로잡히고 싶은 욕망, 감정의 진짜 반대는 사고(思考)임에도 불구하고 그 반대가 '죽음'이라고 믿는 '감수성의 숭배', 이성이 이처럼 더럽혀지고 있는 데에는 물론 여러 가지 이유가 있다. 수소폭탄이 가장 중요한 이유라고들 한다…… 그러는가 하면 역사를 통틀어 이 시대만큼 음악성을 가진 시대도 없었다. 때로는 지성이 리듬 속에 녹아들고 있는 것처럼 보이기도 하니까. 니체의 책들은 무엇보다 그러한 용해를 막아 주는 구실을 한다. 좋은 생각을 하기 위해서는 먼저 생각을 해야 한다.

니체를 읽는 세 번째 이유는 아마도 '다른 방식으로' 생각해 보기 위해서일 것이다. 어떤 딱 한 가지 주제에 관해서 합당한 의견에 이르기는 아주 어렵다. 충분히 깊게, 충분히 오래 생각하지 않게 되기 때문이다. 데이터도 충분치 못한 상태에서 너무 성급한 결정을 내리게 된다. 어떤 사람들은 어떤 문제에 대해 자기 고유의 견해를 '가져야 한다고' 생각하고 일종의 의무감에서 하나의 의견을 찾아내며 결국 한 가지 의견을 찾아내고야 만다. 젊은 사람 중에는 자기들의 의견을 죄다 완전히 타당하게 생각하는 사람들도 있다. 어떤 사람들은 애매한 것을 못 견뎌 확실한 것을 찾아나서는데 그것을 또 너무 순식간에 찾아낸다. 또 어떤 사람들은 다른 어떤 사람의 생각에 감복한 나머지 그 사람과 같이 되기 위해 그의 의견을 채택하는 수도 있다. 많은 의견들이 인접한 환경에 영향받아 생겨난 일종의 겉치레 치장에 지나지 않는다. 흡사 햇볕에 그을린 얼굴이나 도회지 사람의 희멀건 얼굴꼴이다.

사실 합리적 사고와는 전혀 관계없는 의견들을 얻는 데도 오만가지 방식들이 있다. 물론 니체의 의견만이 합리적 의견이고 모든 사람이 다 당장 그의 의견을 받아들이라는 것은 아니다. 그렇게 되면 니체를 읽었으되 아주 불행하게 읽은 셈이 되며 요령부득의 독서를 한 셈이 된다. 니체를 읽는다는 것, 그를 단호히 거부한다는 것, 그리고 그 이유를 알고 있다는 것—그것이 한결 핵심적인 일이다. 더 나아가 그가 왜 옳을 수도 있는가를 알고, 어떠한 사고 방식에서 그의 의견과 같은 것이 나오는가를 아는 것, 또 얼마나 많은 사고 방식들이 있을 수 있는가를 아는 것, 요컨대 편협성을 버리는 것, 그것이 더 핵심적인 일이다. 한 가지 이상의 의견을 옳다고 생각할 줄 모른다면 그것은 자기가 태어난 곳을 막무가내 떠날 줄 모르는 것이나 마찬가지이다.

니체가 어떤 문제를 한 가지 이상의 관점에서 생각하려고 했을 때 어떤 방식으로 생각했던가를 말해 주는 두 가지 예가 있다. 데카당스와 민주주의를 생각했던 방식이 그것이다. '데카당스(décadence)'(니체는 늘 프랑스 어를 사용한다)는 이 책에 실린 두 가지 저작에 공통되면서 동시에 강박적으로 보이는 주제이다. 그는 도처에서 데카당스를 발견한다. 그것은 우리의 모든 가치 평가의 배후에도 있다. 여기서 그 말에 '동의'할 필요는 없다. 그보다는 '데카당스란 무엇인가?'하는 질문을 던질 수 있어야 한다. 우리 사회에는 타락했다는 의미로 분명 데카당이라고 할 수 있는 사람들이 있다. 그들은 자기네가 살아 있다는 느낌을 갖기 위해 '점점 더 강하고 점점 더 빈번한 자극'을 요구한다. 그런데 이 퇴폐상을 이용함으로써 득을 얻는 사람들은 어떤 사람들일까? 또 그것을 공격하고 비방함으로써 득을 얻고 싶어하는 사람들은? 그들도 데카당일까? 그리고 관능적 자극이 이전과 같은 효과를 내기 위해서는 점점 강해져야 하는 사회에 대해, 또 어떤 의미에서든 '유행'이라는 것이 유행으로 남기 위해서는, 다시 말해 여전히 주목을 끌기 위해서는, 거의 시시각각으로 변해야 하는 사회에 대해 말하는 사람은? 현대의 '관용'은 긍정적인 어떤 것일까 아니면 관심의 결여일까? 아니면 새로이 등장한 해로워 보이는 어떤 것에 대한 자기 방어 능력의 결여일까? 우리 사회는 정말 '변화'하고 있는 것일까, 아니면 타락하고 있는 것일까?

민주주의 문제로 넘어가자. 니체는 반민주주의자로 알려져 있거니와 그 점에서 그는 현대 세계의 일반적인 추세를 거스르고 있다고 생각된다. 그것에 대해서도 찬성하거나 반대할 필요는 없다. 니체는 자신의 도덕적 이론을 비판받았을 때 '우리가 과연 더 도덕적이 되었는가?' 하는 물음으로써 응수했다. 아마 우리도 그처럼 우리가 과연 더 민주적이 되었는지, 그리고 실제로 민주적이 되기를 원하고 있는지를 자문해 볼 수 있을 것이다. 우리는 정말 모든 점에서 다른 모든 남녀들이 우리와 동등하다고 생각하고 있는 것일까? 정치적 민주주의란 무엇을 의미하는 것일까? 그것은 산업적 민주주의와 구별될 수 있을까? 사실상의 지배자는 누굴까? (우리일까?) 우리는 현재 과연 《우상의 황혼》과 《반그리스도교》가 쓰인 1888년보다 문화 민주주의에 조금이라도 더 가까이 가 있는 것일까? 다시 말해 사람과 사람 사이의 문화적 능력에 있어서 사실상의 평등에 조금이라도 더 가까이 가 있는 것일까?

영국·잠비아·레닌그라드·보스턴·메사추세츠에는 얼마나 많은 민주주의가 있을까? 우리는 완전한 민주주의를 원하는 것일까, 아니면 이것으로 충분하다고 생각하는 것일까, 아니면 지금보다 덜 원하는 것일까? 아니면 무엇이든 지나치게 많은 것은 바라지 않는 것일까? 이런 물음에 대해서는 니체도 대답을 하고 있지 않다. 그러나 그는 우리가 전혀 생각지 못했던 방식으로 그것들을 고찰해 보는 법을 제시해 주고 있다…… 120년 전과 마찬가지로 아직 대답이 내려지지 못한 수많은 실제적 이론적 '물음들'에 대해서도 마찬가지이다.

자신의 생에 대한 배려

니체의 니힐리즘(허무주의), 영겁회귀(永劫回歸) 정도는 누구나 알 것이다. 하지만 철학자의 학설은 좀처럼 완벽히 이해할 수 없다. 그래서 니체가 무엇을 주장한 철학자인지 한 마디로 정리하자면 이러하다.

앞에서 언급한 것처럼 플라톤은 인간의 가치를 탐구하는 것이야말로 철학 본래의 테마라고 주장했다. 그래서 니체는 오랫동안 기다려 온 인간적 '가치'의 철학자이다.

유럽의 철학자는 가치라 하면 항상 '선'과 '도덕'을 문제삼았다. 그러나 그는 '에로스' '진실'이야말로 문제삼아야 할 것이고, 이를 근본적으로 이해해야 한다고 주장했다.

좀더 짧게 말하면 인간의 본질(진실)은 도덕인가, 사랑인가? 보통 도덕과 사랑은 인간성의 중요한 두 가지 부분이므로 어느 쪽이 올바른지 물어보지 않는 게 좋다. 그러나 니체의 본질은 오히려 이 양자를 근대 정신에서의 숙명적인 대결로서 묘사하는 경향이 있다. 말하자면 '그리스도교'적인 생의 본질은 허무함과 원한이다. 이는 자신의 생의 조건에 대한 불우함으로부터 생기고 그 반동으로 이타주의, 도덕주의, '올바름'의 과도한 요구, 끝에 가서는 자기부정까지 한다. '디오니소스적' 생의 본질은 불우한 조건의 인수(니체의 인생은 상당히 불우), 긍정 그리고 그를 '반동'으로 반입하지 않고, 어떻게든 생의 환희로 전환하려 노력하는 삶이다.

즉 '선'을 행하는가 아닌가 이전에 우선 근대인은 어떠한 삶이 '진실'인가를 선택할 필요가 있다. 자신과 생을 무의식 속의 불안, 분함, 죄의식으로부터 손상시키는가, 아니면 이를 자각하여 목숨을 끊는가? 내 생각으로는 이 질문 방식에 니체 사상의 독창성이 있었다. 그것은 확실히 우리들에게 자신의 생에 대한 배려에 관해 무엇이 가장 중요한지를 '짐작시키는' 능력을 가지고 있기 때문이다. 영겁회귀는 본인도 말하는 것처럼 '성스러운 허구'이므로 우선 전부 사실로 받아들일 필요는 없지만 '예술로서의 능력 의지'의 생각 등은 특히 재미있다. 니체에 의하면 인간이 '아름다움'이나 예술을 보고 두근거리고 어지러운 것은 아름다움의 본질 때문이 아니다. 본디 인간의 에로스적(성적)욕구에 정신을 혼란시키는 본질이 있기 때문이다. 그것은 동물의 충동과는 완전히 다르다.

이렇게 보면 플라톤·루소·헤겔·니체·바타이유 방식이야말로 유럽철학에서 "'진실' '에로스'야말로 인간의 본질설"의 큰 계보였던 것을 알 수 있다.

또 한 가지 의문이 있다. 니체는 어째서 신을 부정했는가?
이 세상을 지배하는 '신(神)'은 죽어야 할 존재?
'신의 죽음'을 소리 높여 선언한 철학자, 그가 바로 니체였다.
목사의 아들로 태어났음에도 문헌학을 지향하고 후에 철학 비판까지 시작한 니체는 '신의 죽음'에 관해 다음과 같은 우화를 이야기한다.
대낮에 촛불을 든 남자가 사람이 북적거리는 시장에 와서 소리친다. "나는 신을 찾고 있다!" 그리고 차가운 시선을 보내는 군중을 향해 말한다. "우리들이 신을 죽였다! 너희와 우리는 모두 신을 죽인 살인범이다!"
이 신의 살인 사건은 광기의 남성에게 아무런 거리낌도 없다. 그는 실로 '위대한 행위'이다. 이 행위 덕택에 인간은 보다 높은 단계에 속하게 된다고 남자는 주장한다.

이는 물론 니체의 사고방식이다. 니체가 말하는 '신'이란 그리스도교의 하느님이 아니라 그때까지 유럽사회를 지배해 온 이상과 가치관 전반을 가리킨다.

니체는 오랫동안 이상과 가치로서 이야기된 것들 중에서 약자의 강자에 대한 원한과 질투를 날카롭게 알아챈 것이다. '신의 죽음'이란 정확하게는 지금까지의 이상과 가치의 무효를 의미해야 한다.

그러나 니체의 비판적인 눈은 모든 것들 중에서도 특히 그리스도교가 내세우는 이상과 가치에 집중적으로 향해 간다.

그리스도교에는 '죄'라든가 '속죄'라는 관념이 있다. 니체에 따르면 이러한 관념은 '이 세상' 외에 '저 세상'의 존재를 인정함으로써 성립되는 것이고, '저 세상'의 존재를 전제로 구원을 설명하는 그리스도교는 있는 그대로의 '이 세상'을 상대적으로 부정하는, 그야말로 약자를 위한 니힐리즘의 종교이다.

니체에게 이는 유럽 퇴폐의 원흉으로, 방임할 수 없는 중대한 사태이다. 니체의 철학자로서의 반생은 그리스도교 비판에 소비되었다. 거기서 니체는 설명한다. "신은 죽었다. 이제 우리는 원한다. 초인이 사는 것을"

여기서 나오는 '초인'이라는 말도 결코 비상식적인 만능의 구세주가 아니다. 스스로의 힘으로 하찮은 생을 극복하려고 노력하는 자, 자신의 약함을 인정하면서 보다 높은 곳을 목표로 살려 하는 인간을 의미하는 것이다.

이것이야말로 니체에게 있어 인류가 아직 보지 못한 미래의 이상적인 인간상, 창조적인 생을 보내는 인간상이다.

한 가지 더 니힐리즘의 극복에 관해서 중요한 것으로 '영원회귀'의 철학이 있다. 이는 니체 철학 중에서도 특히 난해한 것의 한가지다.

평소 우리는 지나간 일에 대해 '그랬다면' '이렇게 했다면'이라고 후회하며 지낸다. 이 과거를 지우고 싶다는 기분은 다시 말해 지금 그대로의 자신을 긍정하지 않는다는 증거일 것이다.

그리고 최악의 경우, 보다 좋은 처지에 있는 자, 자신보다 훌륭한 자를 원망하여 시원찮은 자신과 함께 세계도 멸망하기를 기원할지 모른다.

그러나 그러한 것으로 사람이 원한으로부터 해방되는 것은 아니다. 스스로의 하찮음, 불우에도 불구하고 그대로의 생에 대해 마음속으로부터 긍정할 수 있는 때에 진정한 구원, 니힐리즘으로부터 해방될 수 있다고 니체는 생각했다.

또한 니체는 말한다. "설령 한 번이라도 마음속에서부터 '맞다'를 말할 수 있었다면 그 사람은 과거 전부를 긍정한 것이다. 왜냐하면 환희의 순간은 두 번 다시 떠올리기도 싫은 괴로운 경험도 포함한 과거 전부가 존재하므로 인해 비로소 얻을 수 있는 순간임이 틀림없기 때문이다."

원한으로부터 해방된 인간은 과거에서 생의 비극·희극 모든 것이 계속 반복되는 것을 굳이 바라지 않아도 된다. 그리고 이것이 니체 철학의 핵심이다.

니체는 '실존'이라는 말은 쓰지 않았다. 그러나 신이 없는 시대의 니힐리즘을 극복하는 '초인'에게 어울리는 것은

니체의 데스마스크
1889년 이탈리아 토리노 광장에서 졸도한 니체는, 바이마르에서 여동생의 간호를 받다가 1900년에 이 세상을 떠났다. 그는 이 death mask에도 나타나듯이 콧수염을 일찍부터 기르고 있었다. 콧수염 그늘 아래 참된 사상을 감추고, 고독하게 살아가는 것을 암시한 아포리즘 등도 있다.

과거 전부를 미래의 양식으로 삼아 가는 것이 가능한 인간이라고 주장하고 지금 여기에 있는 단 하나인 인간존재를 강하게 긍정했다.

그러한 니체의 호소가 실존주의와 깊은 관계가 있다고 이해받게 된다.

철학자이자 스타일리스트로서의 니체

니체는 철학자이다. 그는 서유럽 철학의 전통적인 주제들에 관해서 쓰고 있다. 존재와 생성, 현상과 실재, 결정주의와 자유, 인과, 윤리학, 미학, 언어학, 논리학 그리고 다른 철학자들의 문제들에 관해서 그는 쓴다. 그는 심리학자다. 그래서 그는 인간 행동의 문제들에 관해서 쓰고 있다. 그는 비평가이다. 그래서 그는 여러 예술에 대해서, 특히 문학과 음악에 대해서 쓰고 있다. 그는 문헌학자이며 고적학자이다. 그래서 그는 그리스와 로마의 생활과 학문에 관해 쓴다. 그는 자기가 다루는 문제면 어느 문제에 관해서든 항

상 재미있는 말들을 가지고 있다. 그리고 그의 견해는 대개 독창적이고 자극적이다. 그가 갖는 역사적 중요성도 굉장한 편이다. 그는 라이프니츠로부터 시작되는 독일 철학자의 위대한 계보의 끝에 서서 그야말로 수백 가지 면에서 20세기 사상을 예견하고 있으며 금세기의 역사까지도 아주 놀랄 만하게 예견하고 있다.

그는 철학자들을 위한 철학자이지만 다른 어떤 위대한 철학자보다도 훨씬 더 비철학자들을 위한 철학자이기도 하다. 바로 그것 때문에 그는 얼마간 문학적인 성격을 갖게 되고, 그의 책은 얼마간 '개방된' 숨결을 가지게 된다. 그는 때로 아무런 전환 없이 한 주제에서 다른 주제로 옮아 간다. ('재빨리 들어서고 재빨리 나가는 것이다') 그러면서도 그는 자기가 말하고 싶은 것 이상을 쓰지는 않으며, 이음새를 발라가며 무언가를 '추구하려고' 하지 않는다. 다시 말해 그는 무슨 체계 같은 것을 세우려 하지 않고, 말하자면 생각들이 서로 얽혀 있는 무슨 널찍한 그물망 같은 것을 짜내려 한다. 니체의 짧은 경구들과 챕터들의 뒤에는 풍부한 지적 현실이 있으나 그는 그것을 동화 가능한 양만큼 제시하고 있다. 그러한 제시 방법은 《반그리스도교》와 같이 분명 연속되어 있는 저작 속에서도 고수되어 있으며 그것은 또한 《우상의 황혼》에 등장하는 온갖 형식들—즉 짤막한 경구, 긴 경구, 연속적인 경구, 짧은 챕터—등을 통해서도 훌륭하게 예시되고 있다.

물론 그와 같은 짧은 형식의 채택은 얼마간 그가 가진 사상들의 성격과 관련이 있다. 그러나 그것은 또한 그의 스타일의 성격과도 관련이 있다. 산문 작가로서의 니체의 경향은 때로 고딕적인 언어의 구문을 무정형 상태로 단순화시키는 것이었다. 즉 어떤 주어진 사상에 필요한 낱말의 수를 줄이는 것, 문장들의 길이를 줄여서 단숨에 말할 수 없는 문장들은 없도록 하는 것, 의미가 극적인, 분명한 은유들을 만들어 내는 것(독일 최대의 작가들 사이에서 볼 수 있는 흔한 경향은 모든 은유를 알레고리로 전환시키는 것이었다). 요컨대, 시에 쏟는 주의를 독일 산문에 기울이는 것이었다. 그러한 노력을 기울인 결과 니체는 독일 최대의 산문 스타일리스트가 되었고 그의 글은 로마와 프랑스의 위대한 스타일리스트의 글과 혹은 스위프트·기번·헨리 제임스·쇼 등의 글과 비교해도 손색이 없을 만큼 매우 보기 드문 글들 중의 하나가 되었다. 그는 또 스위프트와도 공통점을 가지고 있었다. 화가 나면 말이 많아지는 게 아니라 속도가 '빨라지는 점'에서 그랬다. 사실 그의 취향은 독일 산문의 속도를 빠르게 하는 편이었다. 그러느라고 그는 간명, 간결하고 경구적이 되었다. 그의 업적은 1888년에 절정을 이룬다. 그 해에 그는 다른 사람들이 한 권의 책으로 말하는 것을—아니, 다른 사람들이 한 권의 책으로도 '말하지 못하는' 것을 단 열 문장으로 말하고 싶은 야망을 사실상 이루는 것이다.

니체 연보

1844년   10월 15일, 프리드리히 빌헬름 니체, 독일 작센 주 뢰켄에서
                목사의 장남으로 태어나다.
1846년 (2세)   7월 10일, 누이동생 엘리자베트 태어나다.
1848년 (4세)   2월, 동생 요제프 태어나다.
1849년 (5세)   7월 30일, 아버지 죽다.
1850년 (6세)   2월, 동생 요제프 죽다. 4월, 가족이 나움부르크로 이사하다.
                초등학교에 들어가다. 벨헬름 빈데르 및 구스타프 크룩과 친
                구가 되다.
1858년 (14세)   10월, 나움부르크 근교의 슐포르타 학교에 입학하다. 파울
                도이센과 평생에 걸친 교제가 시작되다.
1860년 (16세)   빈데르 및 크룩과 함께 나움부르크에서 문학과 음악 서클
                '게르마니아'를 만들다.
1861년 (17세)   크룩을 통해 리하르트 바그너의 〈트리스탄〉 피아노 발레곡을
                알게 되다. 자신도 작곡을 해보다. 부활절에 도이센과 함께
                견신례를 받다. 10월, 편지로 자기가 애호하는 시인을 친구
                에게 추천하는 형식으로 횔덜린을 논하다.
1862년 (18세)   가끔 두통을 앓다(아버지가 뇌경색으로 죽었기 때문에 유전
                적인 것으로 생각하다). '게르마니아' 서클에서 논문 〈운명과
                역사〉 발표하다.
1863년 (19세)   독서 리스트 톱에 에머슨을 들다. 〈에르마나리히론〉을 쓰다.
1864년 (20세)   9월 7일, 슐포르타 학교를 졸업하다. 시 〈알지 못하는 신에
                게〉 발표. 10월, 본 대학교에 입학하여 신학과 고전문헌학을
                전공하다. 리츨 교수에게 배우다.
1865년 (21세)   10월, 리츨 교수를 따라 라이프치히 대학교로 옮겨가다. 고

전문헌학을 전공하다. 전학 당시 우연히 헌책방에서 쇼펜하우어의 《의지와 표상으로서의 세계》를 발견하여 탐독하다.

1866년(22세) 리츨 교수의 권고로 결성된 '문헌학회'에서 1월 18일, 그리스 시인 테오그니스에 관한 연구 발표를 하고, 리츨 교수의 칭찬을 받자 문헌학자가 될 것을 결심하다. 여름, 랑게의 《유물론사》를 읽다. 엘빈 로데와의 교제가 시작되다.

1867년(23세) 10월 9일, 나움부르크 포병 연대에 입대하다.

1868년(24세) 3월 14일, 말을 타다가 떨어져 가슴을 다치고 염증을 일으켜 눕게 되다. 10월 15일, 제대하여 라이프치히 대학교에 복학하다. 10월 28일, 〈트리스탄〉과 〈뉘른베르크의 명가수〉 서곡을 듣고 바그너 음악에 완전히 심취하다. 11월 8일, 리츨 부인의 소개로 라이프치히의 헤르만 브로크하우스 집에서 바그너를 만나다. 그 뒤로 더욱 바그너에 열중하다.

1869년(25세) 2월 13일, 리츨 교수의 추천으로 학위를 받기에 앞서 연봉 3천 프랑의 바젤 대학교 고전문헌학 조교수로서 초빙되다. 3월 23일, 라이프치히 대학교에서 무시험으로 박사학위를 받다. 4월 17일, 독일(당시 프러시아) 국적을 포기하고 스위스인이 되다. 5월 17일, 처음으로 뤼체른 근교 트립센에 있는 바그너의 집을 방문하다. 5월 28일, '호메로스와 고전문학'이라는 제목으로 바젤 대학교 취임 강연을 하다. 동료 야곱 부르크하르트와의 교우 관계 시작되다.

1870년(26세) 1월 18일, '그리스의 악극'이란 제목으로 공개 강연을 하다. 2월 1일, '소크라테스와 비극'이란 제목의 공개 강연을 하다. 《비극의 탄생》의 원형이다. (이듬해 바젤에서 자비로 인쇄되었으나 간행된 것은 1927년) 4월 9일, 정교수로 승진하다. 여름에 '디오니소스적 세계관'을 집필하다(발표된 것은 1928년). 8월, 프랑스—프로이센 전쟁이 일어나자 위생병으로 지원 종군, 중병을 얻어 10월 말 바젤로 돌아오다. 동료인 신학자 프란츠 오버벡을 알게 되어 그와 함께 5년 동안 바우만 집에 하숙하다.

1871년(27세) 2월 25일, 건강상의 이유로 휴가를 얻어 4월 초까지 누이동생과 함께 루가노에 체재하다. 《비극의 탄생》원고 집필하다.

1872년(28세) 연초에 《비극의 탄생》출판하다. 1월 16일부터 3월 23일에 걸쳐, '우리나라 교육 시설의 장래에 대해'라는 제목으로 연속 공개 강연을 5회에 걸쳐 행하다. 4월 25일~27일, 마지막으로(23회째) 트립셴에 있는 바그너를 방문하다. 5월에 문헌학자 비라모이츠 멜렌돌프에 의한 《비극의 탄생》에 대한 공격문이 나오고, 친구인 로데가 다시 이것을 반박하다.

1873년(29세) 이때부터 계속 어딘가 몸이 좋지 못하고, 특히 심한 편두통을 앓게 되다. 전년 겨울부터 단편 《그리스 인의 비극 시대에 있어서의 철학》을 집필하다. 《반시대적 고찰, 제1편, 신앙 고백자며 저술가인 다비드 슈트라우스》출판하다.

1874년(30세) 《반시대적 고찰, 제2편, 삶에 대한 역사의 이해》출판하다. 《반시대적 고찰, 제3편, 교육자로서의 쇼펜하우어》출판하다. 바그너의 초대로 8월 4일에서 15일까지 바이로이트에 머물다. 에머슨을 읽다.

1875년(31세) 눈병과 위장병이 악화되다. 《반시대적 고찰》의 첫 3편에 대한 서평이 〈웨스트민스터 리뷰〉에 실리다.

1876년(32세) 2월 중순, 강의 중지하다. 7월 초, 《반시대적 고찰, 제4편, 바이로이트의 바그너》출판하다. 7월 24일, 최초의 바이로이트 축제극을 위해 바이로이트로 갔으나, 실망하고 전체 시연을 보지 않고 바이에른의 크림겐부른으로 도피하다. 여기서 《인간적인 너무나 인간적인》의 초고를 쓰게 되다. 10월 15일부터 그뒤 1년 동안, 병으로 인해 바젤 대학교의 모든 의무를 면제받다. 10월 20일, 레이와 바젤 대학생인 알베르 브렌넬과 함께 제네바로 가다. 23일, 다시 나폴리로 가다. 모이센부르크도 함께 소렌토에서 겨울을 보내다. 마침 그 무렵 바그너의 가족도 소렌토에 체재하고 있어서 바그너와 니체의 마지막 교제가 이루어지다.

1877년(33세) 마리 바움가르트너에 의한 《바이로이트의 바그너》의 프랑스어 번역판이 출판되어 나오다. 소렌토에서 라가츠, 로젠라위를 거쳐 9월 다시 바젤로 돌아오다. 9월 1일 이후로 누이동생과 함께 지내다 가스트가 조수로서 함께 있게 되다.

1878년(34세) 5월, 《인간적인 너무나 인간적인》 출판하다. 바그너와의 우정이 단절되다. 1월 3일, 바그너가 〈파르치팔〉을 니체에게 보낸 것이 마지막 기증이며, 이에 대해 5월 《인간적인 너무나 인간적인》을 기증하며 함께 보낸 편지가 니체의 마지막 편지가 되다. 〈바이로이트 브레테르〉 8월호에 바그너는 니체에 대한 공격문을 싣다. 6월, 함께 지내던 누이동생이 어머니에게로 돌아가다. 건강 상태 악화되다.

1879년(35세) 《인간적인 너무나 인간적인》 제2부 상권에 해당하는 《여러 의견과 잠언》 출판하다. 병의 악화로 인해 6월 14일부로 바젤 대학을 퇴직, 3천 프랑의 연금을 받게 되다. 6월 말, 오베르엔가디엔에서 체류하다. 9월, 누이동생과 함께 나움부르크로 돌아오다. 그의 '생애의 가장 어두운 겨울'에 《인간적인 너무나 인간적인》 제2부 하권에 해당하는 《방랑자와 그림자》를 집필하다. 이 1년 동안 맹렬한 발작에 시달리게 되다. 발작 일수 1백 18일이나 되다.

1880년(36세) 《방랑자와 그림자》 출판하다. 3월 12일부터 6월 말까지 베니스에서 체류하다. 베니스에 체류하는 동안 스탕달과 슈티프터의 《늦여름》 등을 읽다. 7, 8월, 마리엔바트에 머무르면서 메리메, 생트 뵈브를 읽다. 자주 바그너의 꿈을 꾸다. 9월, 나움부르크의 집으로 돌아오다. 11월부터 제네바에서 겨울을 보내다.

1881년(37세) 1월, 전년부터의 《아침놀》 완성, 출판하다. 7월 4일~10월 1일, 실스 마리아에서의 여름을 보내다. 그 동안 실바푸라나 호숫가에서 영원회귀의 사상이 움트게 되다. 10월 초부터 제네바에 체류하다. 11월 27일 비제의 〈카르멘〉을 듣고 감동하다.

1882년(38세) 시 〈메시나의 목가〉 발표, 3월 29일, 제네바에서 메시나로 가다. 4월 20일까지 메시나에 체류하다. 모이센부르크와 레의 초청으로 로마로 가서 살로메를 소개받다. 살로메, 레와 함께 뤼체른 등지로 여행하다. 살로메에게 구혼했다가 거절당하다. 여름을 타우텐부르크에서 살로메와 함께 보내고 《즐거운 지식》을 탈고, 출판하다. 8월 말, 나움부르크로 돌아가다. 살로메의 시 〈고뇌에 부친다〉를 작곡해서 〈삶에 바치는 찬가〉를 짓다. 11월 23일 이후 라파로에 체류, 해를 넘기다.

1883년(39세) 라파로에서 2월 2일~13일의 열흘 동안에 《차라투스트라는 이렇게 말했다》 제1부를 완성하다(1883년 인쇄). 3월 13일, 바그너 죽다. 5월 4일~6월 16일, 로마에 체류하다. 6월 24일 이후, 실스 마리아에 체류하다. 《차라투스트라는 이렇게 말했다》 제2부를 완성하다(1883년 인쇄). 3월부터 니스에서 겨울을 보내다.

1884년(40세) 1월, 니스에서 《차라투스트라는 이렇게 말했다》 제3부를 완성하다(1884년 인쇄)

1885년(41세) 2월, 《차라투스트라는 이렇게 말했다》 제4부 완성, 출판자가 나타나지 않아 자비로 출판하다. 아우구스티누스의 《고백록》을 읽다. 5월 22일, 누이동생 엘리자베트, 푀르스터와 결혼하다.

1886년(42세) 5월 초까지 니스에 체류하다. 여기서 《선악을 넘어서》 완성하다. 니스를 떠나 베니스, 뮌헨을 거쳐 5월 중순부터 6월 27일까지 라이프치히에 체류하다. 라이프치히 대학교에서 친근한 로데의 강의를 듣다. 이것이 로데와 함께 한 마지막 생활이었다. 9월 16, 17일, 이틀간에 걸쳐 베른의 〈분트〉지에 비트만의 《선악을 넘어서》에 대한 서평이 실리다. 《즐거운 지식》의 제5권 '우리들 공포를 모르는 사람'을 탈고하다. 《비극의 탄생》의 부제를 '그리스 정신과 페시미즘'이라고 바꾸고 '자기 비평의 시험'을 덧붙인 신판을 출판하다. 《인간적인 너무나 인간적인》 제1권 및 제2권에 각각 새로운 서문을 붙여 출판하다.

1887년(43세) 새로운 서문을 첨부한 《아침놀》의 재판 출판하다. '포겔 프라이 공자의 노래' 및 제5권 '우리들 공포를 모르는 사람'을 덧붙인 《즐거운 지식》의 재판 출판하다. 《차라투스트라는 이렇게 말했다》의 1부, 2부, 3부 합판 출판하다. 《삶에 바치는 찬가》 출판하다. 1월, 몬테카를로에서 〈파르치팔〉을 오케스트라로 듣다. 2월, 도스토옙스키를 프랑스 어 번역으로 읽다. 2월 23일, 니스에 대지진 일어나다. 6월, 살로메의 결혼 소식을 접하면서 우울증이 심각해지다. 11월 11일, 로데에게 마지막 편지를 쓰다. 20일 동안에 《도덕의 계보》을 완성하여 11월에 자비 출판하다.

1888년(44세) 4월 2일, 니스를 떠나 토리노로 가다. 4월 4일~6월 5일까지 토리노에 체류하다. 4월 초 브란데스가 코펜하겐에서 '독일 철학자 니체에 대하여' 강연하다. 6월 5일~9월 20일, 실스 마리아에서 체류, 스탕달을 읽다. 5월 8일부터 8월에 걸쳐 《바그너의 경우》 완성, 9월 출판하다. 이어, 주로 8월에 《우상의 황혼》를 완성하다. 9월 21일부터 9월 30일 《반그리스도교》 완성하다. 10월 15일, 그의 44회 생일로부터 《이 사람을 보라》의 집필을 시작, 11월 4일 완성하다. 11월 8일 〈분트〉지에 슈피테레르에 의해 《바그너의 경우》 서평 실리다. 브란데스의 소개로 스트린드베리와 서신 내왕. 12월 중순, 《니체 대 바그너》 완성하다. 시 〈디오니소스 송가〉 완성하다. 연말부터 정신착란 증세가 나타나다.

1889년(45세) 1월 3일, 토리노의 카를로 알베르토 광장에서 졸도하다. 1월 3일부터 7일까지 사이에 '디오니소스' 또는 '십자가에 박힌 자'라고 서명한 괴상한 편지를 곳곳에 보내다. 1월 10일, 바젤 정신병원에 인도되다. 의사 비레의 진단은 '진행성 마비증'. 1월 17일, 어머니와 함께 예나로 가서, 예나 대학병원 정신과에 입원하다. 1월 말, 《우상의 황혼》 출판하다. 전년도의 《니체 대 바그너》로 출판하다.

1891년(47세) 누이동생이 니체의 작품 공간(公刊, 공식적으로 발간함)에 관여하기 시작, 《차라투스트라는 이렇게 말했다》 제4부의 공간을 저지하다.

1892년(48세) 가스트에 의해 전집의 기획, 유고 정리 발표가 행해지다. 《차라투스트라는 이렇게 말했다》 제4부 이 판에 의해 처음으로 공간되다.

1893년(49세) 9월, 누이가 사업에 실패하고 파라과이에서 돌아오다.

1894년(50세) 광인이 된 니체는 거의 외출을 못하게 되다. 누이가 가스트에 의한 전집 발간 중지를 종용하고 2월, '니체 문서보관소'를 나움부르크의 어머니 집에 차리다.

1895년(51세) 《반그리스도교》 및 《니체 대 바그너》 공간되다. 마비증세가 자주 나타나게 되다.

1897년(53세) 4월 20일, 어머니 죽다. 바이마르의 누이동생 집으로 옮기다.

1899년(55세) 누이에 의해 제3회째의 전집출판 시작하다. 출판자는 처음에는 나우만, 나중에는 알프레드 크레네르에 인계되어 19권으로 완결되다.

1900년(56세) 8월 25일, 바이마르에서 사망하다. 고향에서 뢰켄에 묻히다.

곽복록(郭福祿)

일본 조치(上智)대학교 독문학과 수학. 서울대학교 문리과 대학 독문학과 졸업. 미국 시카고 대학교 대학원 독문학과 졸업. 독일 뷔르츠부르크대학교 독문과 졸업(독문학 박사). 서울대학교·서강대학교 독문과 교수 역임. 한국독어독문학회 회장. 한국괴테학회 초대회장. 서강대학교 명예교수. 지은책 《독일문학의 사상과 배경》 옮긴책 요한 볼프강 폰 괴테 《젊은 베르테르의 슬픔》 《파우스트》 《친화력》 《헤르만과 도로테아》 《빌헬름 마이스터 수업시대·편력시대》 요한 페터 에커먼 《괴테와의 대화》 「괴테문학컬렉션」 프리덴탈 《괴테 생애와 시대》 토마스 만 《마의 산》 카를 힐티 《잠 못 이루는 밤을 위하여》 《행복론》 니체 《차라투스트라는 이렇게 말했다》 《비극의 탄생》 《즐거운 지식》 아이스킬로스 《결박당한 프로메테우스》 등이 있다.

World Book 114
Friedrich Wilhelm Nietzche
DIE GEBURT DER TRAGÖDIE
DIE FRÖHLICHE WISSENSCHAFT/DER ANTICHRIST
비극의 탄생/즐거운 지식/반그리스도교
프리드리히 니체/곽복록 옮김
1판 1쇄 발행/1976. 7. 1
2판 1쇄 발행/2009. 11. 1
3판 1쇄 발행/2017. 3. 20
발행인 고정일
발행처 동서문화사
창업 1956. 12. 12. 등록 16-3799
서울 중구 다산로 12길 6(신당동 4층)
☎ 546-0331~6 Fax. 545-0331
www.dongsuhbook.com

사업자등록번호 211-87-75330
ISBN 978-89-497-1629-9 04080
ISBN 978-89-497-0382-4 (세트)